김덕영의 사회학 이론 시리즈

김덕영의 사회학 이론 시리즈 01

에밀 뒤르케임: 사회실재론

김덕영 지음

도서출판 길

옮긴이 김덕영(金德榮)은 1958년 경기도 이천에서 태어나 연세대 사회학과를 졸업했다. 독일 괴팅겐 대학에서 사회학 마기스터(Magister) 학위와 박사 학위를 받았으며, 카셀 대학에서 게오르그 짐멜과 막스 베버에 대한 비교 연구 논문과 사회학 및 철학에 대한 강의를 바탕으로 '하빌리타치온'을 취득했다. 현재 카셀 대학에서 사회학 이론을 가르치면서 저술과 번역에 전념하고 있다.

저서로 『현대의 현상학: 게오르그 짐멜 연구』(나남, 1999), 『주체 · 의미 · 문화: 문화의 철학과 사회학』(나남, 2001), 『논쟁의 역사를 통해 본 사회학』(한울, 2003), 『짐멜이냐 베버냐』(한울, 2004), 『위장된 학교』(인물과사상사, 2004), 『기술의 역사』(한경사, 2005), 『프로메테우스, 인간의 영혼을 훔치다』(인물과사상사, 2006), 『입시 공화국의 종말』(인물과사상사, 2007), 『게오르그 짐멜의 모더니티 풍경 11가지』(도서출판 길, 2007), 『막스 베버, 이 사람을 보라』(인물과사상사, 2008), 『프로이트, 영혼의 해방을 위하여』(인물과사상사, 2009), 『정신의 공화국, 하이델베르크』(신인문사, 2010), 『막스 베버: 통합과학적 인식의 패러다임을 찾아서』(도서출판 길, 2012), 『환원근대: 한국 근대화와 근대성의 사회학적 보편사를 위하여』(도서출판 길, 2014), 『사상의 고향을 찾아서: 독일 지성 기행』(도서출판 길, 2015), 『사회의 사회학』(도서출판 길, 2016), 『국가 이성 비판』(다시봄, 2016), 『루터와 종교개혁』(도서출판 길, 2017), 『에밀 뒤르케임: 사회실재론』(도서출판 길, 2019), Der Weg zum sozialen Handeln, Georg Simmel und Max Weber 등이 있으며, 역서로는 『짐멜의 모더니티 읽기』(공역, 새물결, 2005), 『게오르그 짐멜의 문화이론』(공역, 도서출판 길, 2007), 『근대 세계관의 역사: 칸트 · 괴테 · 니체』(도서출판 길, 2007), 『예술가들이 주조한 근대와 현대: 미켈란젤로 · 렘브란트 · 로댕』(도서출판 길, 2007), 『프로테스탄티즘의 윤리와 자본주의 정신』(도서출판 길, 2010), 『돈의 철학』(도서출판 길, 2013), 『돈이란 무엇인가』(도서출판 길, 2014), 『개인법칙』(도서출판 길, 2014), 『렘브란트』(도서출판 길, 2016) 등이 있다.

김덕영의 사회학 이론 시리즈 01

에밀 뒤르케임: 사회실재론

2019년 4월 10일 제1판 제1쇄 인쇄
2019년 4월 20일 제1판 제1쇄 발행

지은이 | 김덕영
펴낸이 | 박우정

기획 | 이승우
편집 | 이남숙
전산 | 최원석

펴낸곳 | 도서출판 길
주소 | 06032 서울 강남구 도산대로 25길 16 우리빌딩 201호
전화 | 02) 595-3153   팩스 | 02) 595-3165
등록 | 1997년 6월 17일 제113호

ISBN: 978-89-6445-208-0 93300

정민(靜旻)에게

이 책을 쓰기 시작할 때 내가 가졌던 질문은, 개인적 인격과 사회적 연대의 관계였다. 어떻게 개인이 더욱더 자율적이 됨에도 불구하고 더욱더 사회에 더 의존하게 될까? 어떻게 개인이 더 개인적이면서 동시에 사회와 더 연대감을 가질 수 있을까? 이 두 운동은 비록 모순적으로 보이지만 병행한다는 사실을 부정할 수 없다. 바로 이것이 우리에게 주어진 문제였다. 우리에게 이 표면상의 이율배반은 더욱더 강화되는 분업에서 비롯되는 사회적 연대의 변화를 고려해야만 해결될 수 있는 것으로 보였다. 우리가 분업을 우리의 연구 대상으로 삼게 된 것은 바로 이 때문이었다.

─ 에밀 뒤르케임, 『사회분업론』 ─

이 책과 더불어 『사회의 사회학: 한국적 사회학 이론을 위한 해석학적 오디세이』(2016)에서 예고한 바 있는 '김덕영의 사회학 이론 시리즈'를 시작한다. 전자를 총론으로 하여 전개될 이 각론의 대략적인 순서는 다음과 같다.

1. 에밀 뒤르케임: 사회실재론
2. 니클라스 루만: 체계이론
3. 노르베르트 엘리아스: 결합태사회학
4. 카를 마르크스: 유물론적 사회학
5. 피에르 부르디외: 사회실천학
6. 위르겐 하버마스: 의사소통행위이론
7. 알프레트 슈츠: 현상학적 사회학
8. 탤컷 파슨스: 구조기능론
9. 조지 허버트 미드: 상징적 상호작용론
10. 오귀스트 콩트: 실증주의적 사회학
11. 허버트 스펜서: 진화론적 사회학
12. 게오르그 짐멜: 형식사회학
13. 막스 베버: 이해사회학

이러한 순서는 우월성이나 중요도와 같은 기준과는 아무런 상관이 없다. 그것은 오히려 나의 관심사, 나의 연구 상황 및 한국 사회학에서 긴급한 정도를 종합적으로 판단하여 결정한 것이며, 따라서 사정에 따라 얼마든지 바뀔 수 있다. 이 시리즈에서는 열세 명의 거장 모두에게 동등한 가치와 의미가 부여된다. 그 가운데 뒤르케임을 첫 번째 대상으로 선택한 이유는, 그가 다른 사회학 거장보다 탁월하거나 중요하다고 생각해서가 아니라 이 시리즈를 시작하면서 겸사겸사 그의 서거 100주년을 기리기 위함이기 때문이다. 마찬가지로 짐멜과 베버를 맨 뒤로 돌린 것도, 이들이 다른 거장보다 열등하거나 덜 중요하다고 생각해서가 아니라 이 둘에 대해서는 이미 기본적인 연구서를 써냈기 때문이다.

이 시리즈는 한 가지 태생적인 한계를 안고 있다. 그것은 사회학 이론의 흐름을 결정한 열세 명의 거장에 대한 집필을 단 한 명의 작은 연구자가 맡고 있다는 사실이다. 만약 이 시리즈의 각 권을 자타가 공인하는 최고의 전문가가 집필한다면 그 각 권은 훨씬 더 포괄적이고 심층적인 연구서가 될 것이다. 그러나 단 한 명의 연구자가 시리즈의 처음부터 끝까지 담당하는 것도 전혀 무의미한 작업만은 아닐 것이다. 왜냐하면 그리되면 하나의 통일적인 관점 아래 사회학 이론의 중요한 흐름을 전체적으로 조망할 수 있기 때문이다. 집단지성이 포괄성과 심층성을 기할 수 있다면, 개인지성은 전체성과 통일성을 기할 수 있다. 전자가 '현미경'을 가지고 각 사회학 이론을 미시적으로 관찰할 수 있다면, 후자는 '망원경'을 가지고 사회학 이론을 거시적으로 관찰할 수 있다. 전자가 나무를 볼 수 있다면, 후자는 숲을 볼 수 있다. 전자가 정물화를 그릴 수 있다면, 후자는 풍경화를 그릴 수 있다. 전자가 설계도를 그릴 수 있다면, 후자는 조감도를 그릴 수 있다. 앞으로 집단지성에 의한 사회학 이론의 설계도와 정물화가 그려지기를, 그리하여 개인지성에 의한 이 사회학의 조감도와 풍경화가 '지양'되기를 바라마지 않는다.

이 책과 더불어 시작하는 '김덕영의 사회학 이론 시리즈'가 지향하는 바는 한국 사회에 '사회학 이론 생태계'를 조성하는 것이다. 나는 그저 다양한 '이론적 수목'을 심고 가꾸는 '이론 생태계의 정원사'일 뿐이다. 그러므로 비판보다는 가능한 한 원(原)저작에 충실하면서 각 사회학 이론의 기본적인 논리구조와 그 핵심적인 내용을 드러내며, 이를 통해 각 사회학 이론을 통일적으로 이해할 수 있도록 할 것이다. 모든 사회학 이론에는 나름대로의 장점과 단점이 있다. 사회학 이론 생태계의 정원사가 할 수 있는 일은 예쁜 것은 예쁜 대로 미운 것은 미운 대로 꽃을 피우고 열매를 맺도록 하는 것이다. 이 세상에서 가장 아름다운 생태계는 다양성의 정원이다. 이 시리즈의 또 한 가지 특징은 각 사회학자의 지적 배경을 매우 중요하게 다룬다는 점이다. 진정한 사회학 이론 생태계의 정원사는 이 생태계를 구성하는 수목만이 아니라 그 뿌리까지 잘 알고 돌보는 정원사일 것이다. 그리고 이 시리즈의 마지막 특징은 시리즈 전체에 통일적으로 적용되는 분량, 목차, 논리 전개 방식 등의 기준이 없다는 점이다. 예쁜 것은 예쁜 대로 미운 것은 미운 대로 각각에 가장 적합한 기준을 적용할 것이다.

자명한 일이지만 진정으로 풍요롭고 생산적인 사회학 이론의 생태계를 조성하기 위해서는 끊임없는 '오디세이의 항해'가 필요하다. 지속적으로 우리에게 없던 것을 찾아서 우리의 것으로 만들어야 하기 때문이다. 그리고 이 오디세이의 항해는 '김덕영의 사회학 이론 시리즈'에서 끝나서는 안 되고 그 '수평선' 너머로 멀리멀리 확대되어야 한다.

그리고 이들 이론과 한국의 독특한 사회적 구조와 문화적 전통이 접목하면서 자생적인 이론이 많이 나와야 한다. 물론 이는 사회학 이론을 향한 오디세이의 항해만으로 되지는 않는다. 거기에 더해 한국의 사회와 문화에 대한 광범위한 경험적 · 역사적 연구가 필요하다. 나는 이 사회학 이론 시리즈와 더불어 『환원근대: 한국 근대화와 근대성의 사회학적 보편사를 위하여』(2014)를 총론으로 삼아 틈틈이 한국에 대한 연구를 진행할 것이다. 이는 이론과 경험의 결합이자 이론과 역사의 결합이며 또한 근대와 전통의 결합이다. 바로 이 삼중적 결합이야말로 진정한 한국적 사회학과 사회학 이론이 형성될 수 있는 유일한 길이요 대안이다.

나는 이 시리즈가 한국 사회에 사회학 이론 생태계가 조성되고 그 바탕 위에서 한국적 사회학 이론이 구축되는 데 작은 보탬이 되길 바라면서 이 책과 더불어 상당히 긴 시간이 걸릴 오디세이의 항해를 시작한다.

2018년 11월 15일
김덕영

이 책이 나오기까지

    이 책은 '김덕영의 사회학 이론 시리즈' 기획의 첫 번째 결실이다. 앞으로 상당히 긴 시간에 걸쳐 추진할 이 시리즈의 첫 번째 대상으로 에밀 뒤르케임(Émile Durkheim, 1858~1917)을 선택한 것은, 이 시리즈를 시작하면서 겸사겸사하여 그의 서거 100주년을 기리기 위함이다. 그런데 이런저런 일로 한 해 늦게 책이 나오게 되었다.

    이 책을 집필하기 시작한 것은 꽤 이른 시점인 2015년 12월이었다. 아무리 늦어도 2017년 4월 15일 이전에 출간할 것을 목적으로 했기 때문이다. 그런데 4월 15일은 뒤르케임의 서거일이 아니라 탄생일이다. 서거일은 11월 15일이다. 서거를 기리기 위한 책을 서거일이 아니라 탄생일에 맞추어 출간한다는 생각이 의아하게 보일지 몰라도, 책의 출간 일정을 보다 일찍 잡아야 연구와 저술에 좀 더 박차를 가할 수 있을 것 같았기 때문에 그렇게 계획을 세운 것이다.

    그러나 겨우 2개월밖에 작업하지 못한 상태에서 『국가이성비판: 국가다운 국가를 찾아서』를 쓰느라고 2016년 2월부터 중단했다가 그해 6월부터 작업을 재개할 수 있었다. 그러다가 종교개혁 500주년을 맞이하여 『루터와 종교개혁: 근대와 그 시원에 대한 신학과 사회학』을 쓰게 되면서 다시 2017년 1월부터 8월까지 다시 작업이 중단되었다. 그리고 나서는 한국 자본주의와 그 정신에 대한 예비연구를 하느라고 두 달간의 시간을 빼앗기고 말았다. 결국 2017년 11월에 이르러서야 비로소 다른 일에 방해받지 않고 집중적으로 작업을 할 수 있게 되어 2018년 6월에 탈고할 수 있었다. 결국 애초의 계획과 달리 2017년을 훌쩍 넘기고서야 뒤르케임 서거 100주년을 기릴 수밖에 없었다.

솔직히 말해 6개월 정도 더 시간을 투자했어야 뒤르케임의 지적 세계를 제대로 담아내는 책을 쓸 수 있었을 것이다. 그러나 아마추어에 불과한 내가 마냥 뒤르케임 연구와 집필에 매달려 있을 수만은 없었다. 특히 데카르트와 뒤르케임의 관계를 천착하지 못한 것이 진한 아쉬움으로 남는다. 사실 이 주제는 따로 책 한 권을 써야 할 정도로 중차대한 문제임에도 불구하고 이 책에서는 뒤르케임의 저작을 정리하는 수준에 그치고 말았다. 데카르트-뒤르케임 관계에 관한 이 책은 고작해야 예비연구, 아니 습작 정도로 생각하고 읽어주기를 바란다. 그리고 일반적으로 뒤르케임의 3대 저작으로 간주되는 『사회분업론』, 『자살론』, 『종교적 삶의 원초적 형태들』을 보다 심층적으로 다루지 못한 것도, 뒤르케임의 동시대인이자 또 다른 사회학의 창시자인 게오르그 짐멜 및 막스 베버와 비교하지 못한 것도 커다란 아쉬움으로 다가온다. 아무튼 아마추어 뒤르케임 연구자가 쓴 이 책에 대한 뒤르케임 전문가들의 비판과 질책을 겸허히 받아들일 것이다.

나는 이 책이 ─ 사실 누구나 쉽게 알 수 있는 ─ 결정적인 한계점을 안고 있음을 고백하고자 한다. 아니 고백할 수밖에 없고 고백해야만 한다. 그것은 다름 아닌 언어의 문제이다. 나는 이 책을 쓰면서 뒤르케임의 저작을 ─ 한 권의 한국어 번역본을 제외하고는 ─ 프랑스어 원서가 아니라 독일어 번역서를 인용했으며, 보다 정확히 말하자면 내가 독일어를 우리말로 번역하여 인용했다. 이를 독일어 번역서와 대조해 보면 문맥에 따라 조금 다른 부분이 있다는 것을 발견하게 될 것인데, 그 이유는 프랑스어 원서와 비교하면서 인용했기 때문이다. 그러나 구체적으로 쪽수를 언급한 경우를 제외하고는 프랑스어 원서를 참고문헌에 수록하지 않았다. 게다가 이 책은 뒤르케임에 대한 프랑스어 연구 결과물을 참고하지 못했다는 또 다른 '아킬레스건'이 있다. 나에게는 그만한 능력이 없기 때문이다. 참고로 한국어 번역본을 인용한 경우에는 조사, 접속사나 인용부호 등과 같이 아주 사소한 부분을 수정한 경우가 있을 수도 있음을 미리 일러두는 바이다. 더불어 인용구절이나 본문에 [ ]가 나오고 그 안에 일정한 내용이 들어 있는 경우가 있는데, 이는 독자들의 이해를 돕기 위해 내가 첨가한 것임을 미리 일러둔다.

사실 나는 대학 다닐 때 비록 영어나 독일어 수준은 되지 못했지만 그래도 프랑스어 원서를 읽을 수 있었다. 대학 3학년 때는 두 학기 동안 교양 프랑스어 학점도 땄다. 그런데 대학 졸업과 동시에 독일로 유학을 가면서 프랑스어 공부를 중단하고 말았다. 내가 과연 독일 대학의 교육과정을 제대로 소화해 낼 수 있을까 하는 불안감에 ― 그러니까 지레 겁을 집어먹고는 ― 프랑스어에 신경을 쓸 겨를이 없었던 것이다. 그리하여 한국보다 프랑스어를 익히기에 훨씬 더 좋은 환경을 적절히 활용하지 못했다. 그것은 내가 나 자신에게 내린 가혹한 저주이자 형벌이었다. 대학 시절 거의 독학으로 익힌 프랑스어를 계속 향상시키지 않은 것이 지식인으로서 내가 저지른 가장 큰 실수가 아닌가 싶다. 다시 프랑스어를 되찾아야 한다고 몇 번이나 다짐했지만 그뿐이었다.

그러나 연구와 저술이 진행되면서 점점 독일어 번역서를 전적으로 신뢰할 수 없다는 생각이 들어 조금씩 프랑스어 원서를 보게 되었다(물론 독일어가 모국어가 아닌 내가 독일어 번역서가 이렇다 저렇다 평가할 계제는 아니고, 다만 여기저기에서 독일어 번역본이 프랑스어 원본을 충실히 반영하지 못하고 있다는 느낌이 들었고 프랑스어와 독일어 모두가 외국어인 내가 독일어 번역본을 가지고 원래 프랑스어로 표현된 뒤르케임의 지적 세계를 정확하게 포착하는 데에는 명백한 한계가 있음을 깨닫게 되었을 뿐이다). 그러다가 마지막 장을 쓸 때에는 독일어 번역서를 중심으로 하고 프랑스어 원서, 영어 번역서 및 한국어 번역서를 함께 보면서 작업하는 웃지 못할 진풍경이 벌어지고 말았다. 이 과정에서 정신적으로 상당히 지쳤고 시간도 적잖이 허비했다. 어린 시절의 지적 불성실성이 기어코 부메랑이 되어 돌아왔던 것이다.

이 책은 수많은 사람의 크고 작은 도움으로 태어났다. 나의 하빌리타치온 지도교수인 요하네스 바이스(Johannes Weiss) 선생님과는 이번에도 자주 만나서 이 책의 주제와 사회학 이론 전반에 대해 광범위한 토론을 했다. 정수복 선배님은 기꺼이 프랑스어 자료를 빌려주셨다. 박병준, 신진호, 양승현, 이광수, 이세진, 임유진 학생은 자료수집에 도움을 주었으며, 정민종 학생은 산뜻하게 도표를 그려주었다. 프랑스에서 사회학을 공부하고 있는 김정환 학생은 뒤르케임 원서를 찾아주었다. 오정림 님은 박사학위 논문을 마무리하느라 눈코뜰 새 없이 바쁜 가운데도 자료 수집에 도움을 주었다. 큰딸 선민이는 독일어, 프랑스어, 영어 등 외국어 해독에 도움을 주었다. 도서출판 길 박우정 대표님은 여느 때처럼 완성된 원고를 꼼꼼히 읽고 여러 가지 좋은 지적을 해주셨다. 편집자 이남숙 님은 수고를 아끼지 않고 원고를 깔끔하게 정리해 산뜻한 책을 만들어주었다. 이들 모두에게 깊이 감사하는 바이다.

이 책을 쓰면서 특히 민문홍 선배님과 정수남 박사에게 큰 신세를 졌다. 먼저 민문홍 선배님은 수많은 개념적 · 이론적 · 방법론적 · 지성사적 문제를 해결하는 데에 도움을 주셨다. 뒤르케임에 관한 한 한낱 아마추어에 불과한 내가 그래도 이 정도 분량과 수준의 책이나마 쓸 수 있었던 것은 전적으로 선배님 덕분이다. 선배님께 아마추어 뒤르케임 연구자로서의 깊이 감사하는 마음과 사회학 후배로서의 깊이 존경하는 마음을 표하는 바이다. 정수남 박사의 도움이 없었더라면 이 책은 아주 오랜 시간이 지난 다음에야 빛을 볼 수 있었을 것이다. 책을 쓸 때마다 수시로 하는 크고 작은 성가신 부탁을 묵

묵하게 들어준 정 박사에게 심심한 감사의 말을 전하는 바이다.

마지막으로 작은딸 정민이를 언급하고자 한다. 아빠의 박사학위 논문이 막바지에 이르렀을 무렵 태어난, 그리고 아빠가 박사학위 구술시험을 보는 날은 아기가 외출하기에는 유달리 추워서 엄마랑 언니랑 함께 축하해 주러 오지 못하고 이웃집에 맡겨졌던 정민이가 어느덧 장성하여 직장인이 되고 결혼을 하게 되었다(독일 대학은 학위 수여식이 따로 없기 때문에 구술시험이 끝나면 가까운 사람들이 모여서 조촐히 축하를 해주는 것이 관례이다). 뒤르케임 서거 100주년을 기리기 위해 쓴, 그리고 사회학 이론 시리즈의 첫 번째를 장식하는 이 작은 책을, 아빠의 사랑하는 마음을 담아, 늘 연구하는 교사가 되기를 바라는 마음을 담아, 그리고 이 책과 더불어 향후 15~20년 동안 전개될 제2의 창작기를 시작하는 아빠의 지적 여정을 지켜봐 달라고 부탁하는 마음을 담아 사랑하는 작은딸의 결혼선물로 헌정하는 바이다.

2018년 11월 15일
김덕영

차례

논의를 시작하면서:

뒤르케임 사회학의 성격을 찾아서

　나는 지난 2016년에 출간된, 이 책의 총론 격인 『사회의 사회학: 한국적 사회학 이론을 위한 해석학적 오디세이』에서 사회학사의 흐름을 결정지은 열두 명의 거장과 그들이 구축한 사회학적 패러다임을 다섯 개의 범주로 나누어 다루었다(사회의 보편이론; 사회적인 것의 중범위이론 1~2; 사회적인 것의 보편이론 1~2). 당시 각각의 사회학적 패러다임을 명명하고 그에 따라 연구와 저술을 진행하는 데에는 사실상 큰 문제는 없었다. 아니 내가 굳이 명명할 필요가 없었다. 왜냐하면 이해사회학(막스 베버), 형식사회학(게오르그 짐멜), 현상학적 사회학(알프레트 슈츠), 구조기능론(탤컷 파슨스), 결합태사회학(노르베르트 엘리아스), 의사소통행위이론(위르겐 하버마스), 체계이론(니클라스 루만) 등과 같이 이미 오래전부터 국제적으로 확립되어서 통용되어 온 명칭이 있기 때문이다. 그러나 뒤르케임만은 예외였다.

　나는 『사회의 사회학: 한국적 사회학 이론을 위한 해석학적 오디세이』를 쓰는 내내 뒤르케임을 사회실재론과 연결할 것인가 아니면 실증주의적 사회학과 연결할 것인가를 두고 고민에 고민을 거듭했다. 전자가 뒤르케임의 사회학을 다른 사회학으로부터 구별해 주는, 그러니까 뒤르케임의 사회학적 패러다임을 담아내기에 가장 적합한 표현으로 보였다. 그러나 뒤르케임에 대한 논의에 고작 30쪽 정도

할애한 책에서 그를 사회실재론과 연결하는 것은 광범위하고 심층적인 논증의 부족으로 말미암아 자칫 사회학 이론을 사회명목론 대 사회실재론의 이분법적이고 피상적인 도식화에 빠뜨리고 뒤르케임을 개인은 무시한 채 사회만 내세우는 사회학주의자로 오해하도록 만들 수도 있다는 생각이 들었다. 그리고 뒤르케임을 실증주의적 사회학과 연결하는 것은 그를 오귀스트 콩트(1798~1857)의 아류로 오해하도록 만들 수도 있다는 생각이 들었다. 더구나 이 경우에는 '실증주의적 사회학 1 — 오귀스트 콩트'와 '실증주의적 사회학 2 — 에밀 뒤르케임' 식의 조합이 불가피하기 때문에 더욱더 그런 생각이 들었다. 심지어 '실증주의적 사회실재론 — 에밀 뒤르케임'도 대안으로 떠올려보았지만, 그리하면 혼란만 가중될 것이라는 생각이 들었다.

결국 문제를 해결하지 못한 채 뒤르케임을 어정쩡하게 사회학적 칸트주의와 연결하고 말았다. 그것도 나 스스로 결정한 것이 아니라 독일 사회학자들의 해석을 따른 것이다. 이러한 불확실성과 혼돈의 과정은 『사회의 사회학: 한국적 사회학 이론을 위한 해석학적 오디세이』에서 여러 군데 부정확한 논의를, 그리고 심지어는 명명백백한 오류를 흔적으로 남기고 말았다. 물론 뒤르케임이 한편으로 이마누엘 칸트(1724~1804)가 구축한 도덕의 형이상학 대신에 도덕의 형이하학, 즉 도덕의 사회학을 추구했다는 점에서, 그리고 다른 한편으로 칸트가 구축한 인식론의 형이상학 대신에 인식론의 형이하학, 즉 인식론의 사회학을 추구했다는 사실을 감안한다면, '사회학적 칸트주의 — 에밀 뒤르케임'은 충분히 일리가 있고 나름대로 의미가 있는 규정으로 보였다. 다만 뒤르케임의 지적 세계 전반을 담아내기에는 좁다는 문제점이 마음에 걸렸다.

그런데 불행하게도 이 책의 경우에도 집필이 절반을 넘길 때까지 뒤르케임의 사회학을 어떻게 규정해야 할지 모르는 예의 그 불확실성과 혼돈이 계속되었다. 고육지책으로 '개인-사회-도덕'과 같이 뒤르케임의 지적 세계를 관통하는 핵심 개념을 연결하는 방식도 고려해 봤지만 역시 만족스러운 해결책이 될 수 없었다. 급기야 책 제목에 해당 거장의 이름만 넣고 그가 구축한 사회학적 패러다임은 넣지 않는 식으로 — 예컨대 '막스 베버: 이해사회학' 하는 대신에 그냥 '막스 베버' 하는 식으로, 그리고 '니클라스 루만: 체계이론' 하는 대신에 그냥 '니클라스 루만' 하는 식으로 — 이 시리즈 전체를 꾸려 나가는 것이 좋을지도 모른다고 생각하기에 이르렀다.

그러다가 이 책의 집필이 삼분의 이를 넘기면서 700쪽 정도의 그리 작지 않은 책 한 권 전체를 뒤르케임에 대한 비교적 광범위하고 심층적인 논의에 할애한 덕분에 그를 사회실재론과 연결해도 사회학 이론을 사회명목론 대 사회실재론의 이분법적이고 피상적인 도식화에 빠뜨리고 뒤르케임을 개인은 무시한 채 사회만 내세우는 사회학주의자로 오해하도록 만드는 일은 없을 것 같아 보였다. 아니면 적어도 그렇다고 '자위할' 수 있었다.

사실 그보다 큰 문제는 실증주의에 있었다. 뒤르케임의 사회학은 관찰과 실험에 기반하는 사회의 자연과학이라는 점에서 콩트의 차안에 위치한다. 그러나 콩트가 인간정신을 탈형이상학화하려는 시도로 구축한 실증주의는 재형이상학화하고 마는 자기모순에 빠지고 말았다. 뒤르케임은 콩트의 형이상학적 실증주의를 극복하고 엄밀한 경험적 실증과학으로서의 사회학을 구축했다. 이 점에서 뒤르케임의 사회학은 콩트의 피안에 존재한다. 뒤르케임은 완전한 콩트주의자도 아니고 완전한 반콩트주의자도 아니었다. 그는 콩트의 제자이면서 콩트의 비판자였다. 그는 불편한 콩트주의자였다. 그는 콩트에 접목하면서 콩트를 극복함으로써 사회학의 선구자일 뿐 진정한 의미의 창시자가 아닌 콩트와 달리 — 게오르그 짐멜(1858~1918) 및 막스 베버(1864~1920)와 더불어 — 사회학의 창시자가 될 수 있었다.[1] 바로 이 콩트의 피안이 제대로 규명되지 않았기 때문에 뒤르케임 사회학의 성격을 제대로 규정하기가 어려웠으며 그에 대한 온갖 ― 어찌 보면 불필요한 ― 오해가 생겨났다.

나는 결국 콩트의 차안과 피안에 위치하는 뒤르케임의 사회학은 'X적 실증주의' 또는 '실증주의적 X'로 규정되어야 한다는 결론에 도달했다. 이 'X'의 후보로는 누구보다도 이 책에서 콩트와 더불어 뒤르케임 사회학의 지적 배경으로 다루는 칸트와 빌헬름 분트(1832~1920) 그리고 몽테스키외(1689~1755)를 꼽을 수 있을 것이다. 그 가운데에서도 칸트가 가장 강력한 후보로 떠오를 것이다. 왜냐하면 그는 이 책에서 뒤르케임 사회학의 지적 배경으로 다루어질뿐더러 도덕 문제를 논의 주제로 하는 제5장의 한 절과 뒤르케임 사회학의 지평을 논의 주제로 하는 제6장의 한 절이 사회학적 칸트주의에 할애될 정도로 칸트가 뒤르케임 사회학이 발전하는 과정에서 차지하는 비중이 크기 때문이다. 그러나 뒤르케임은 칸트주의의 토대 위에 사회학을 구축하지는 않았다. 그의 사회학적 칸트주의는 도덕과 인식론 차원에서 칸트주의를 사회학적으로, 보다 정확히 말하자면 사회실재론적 관점에서 재구성하는 것이지 칸트주의를 통해 사회학을 재구성하는 것은 아니다. 말하자면 뒤르케임의 사회학적 칸트주의는 칸트주의의 사회학적 재구성이지 사회학의 칸트주의적 재구성이 아니다.[2]

또한 분트의 경우에도 'X적 실증주의' 또는 '실증주의적 X'의 'X'가 될 수는 없다. 왜냐하면 분트가 뒤르케임 사회학에 대해 갖는 의미는 다른 곳에 있기 때문이다. 뒤르케임이 보기에 칸트의 의무론적 윤리학은 도덕의 본질을 가장 정확하게 꿰뚫고 있었다. 그러나 다른 한편으로 형이상학적이고 형식주의적인 성격을 띠고 있으며, 따라

---

1 이에 대한 자세한 논의는 다음을 참고할 것. 김덕영, 『사회의 사회학: 한국적 사회학 이론을 위한 해석학적 오디세이』, 도서출판 길 2016a, 제1~2장 (57~272쪽).
2 칸트와 뒤르케임의 관계에 대한 자세한 논의는 제1장 제3절, 제5장 제2절, 제6장 제3절 참조.

서 '세속화'되어야 한다. 이 세속화의 가능성을 제공한 것이 바로 분트의 실증적 도덕과학, 즉 집단적 또는 공동체적 사고와 행위로서의 도덕에 대한 역사적 · 비교적 연구였다.[3]

그리고 몽테스키외의 경우에도 'X적 실증주의' 또는 '실증주의적 X'의 'X'가 될 수는 없었다. 물론 몽테스키외는 다양한 민족과 집단, 그리고 다양한 사회유형에 대한 경험적이고 귀납적인 비교 연구를 수행함으로써 콩트의 사변적 · 목적론적 실증철학을 벗어나 진정한 의미의 실증과학적 연구의 가능성을 제시했다. 그러나 그것은 어디까지나 엄밀한 경험적 실증과학의 한 예증이었을 뿐, 다시 말해 콩트가 제시한 사회학적 인식의 대상과 방법을 다른 방식으로 — 진정한 의미에서의 실증주의적으로! — 파악하고 실제적인 연구에 적용할 수 있는 가능성을 예시했을 뿐, '몽테스키외주의' 또는 '몽테스키외주의적 콩트주의'나 '콩트주의적 몽테스키외주의' 아니면 '몽테스키외주의적 · 콩트주의적'이나 '콩트주의적 · 몽테스키외주의적' 하는 식으로 뒤르케임 사회학의 인식대상 또는 인식방법을 전반적으로 규정하는 원리는 될 수 없었다.[4]

그 원리는 다름 아닌 르네 데카르트(1596~1650)의 합리주의에 있었다. 뒤르케임은 이미 자신의 첫 번째 사회학적 저작인 『사회분업론』(1892)에서 데카르트의 합리주의에 접목하고 있다. 이어서 그의 방법론이 체계적으로 구축된, 즉 사회학적 방법의 규칙들이 제시된 『사회학적 방법의 규칙들』에서는 데카르트적 합리주의가 사회학적 방법의 첫 번째 규칙으로 격상된다. 바로 이 점에서 뒤르케임의 사회학을 합리주의적 실증주의라고 규정할 수 있는 것이다.[5]

이렇게 보면 뒤르케임 사회학은 인식대상 측면에서는 사회실재론

3 분트와 뒤르케임의 관계에 대한 자세한 논의는 제1장 제3절 참조.
4 몽테스키외와 뒤르케임의 관계에 대한 자세한 논의는 제1장 제3절 참조.
5 이에 대한 자세한 논의는 뒤르케임의 사회학적 방법론을 다루는 제2장 참조.

이라고, 그리고 인식방법 측면에서는 합리주의적 실증주의라고 규정할 수 있다. 이를 다음과 같이 도표로 나타내면 보다 가시적으로 와닿을 것이다.

도표 1 뒤르케임 사회학의 성격

인식대상	사회실재론
인식방법	합리주의적 실증주의

요컨대 뒤르케임의 사회학은 합리주의적 · 실증주의적 사회실재론이라는 결론에 도달한다. 그것은 다시 말해 개인에 외재하면서 그들의 행위에 영향을 끼치고 그것을 결정하는, 즉 실재하는 사회적 사실에 대한, 그러니까 ─ 뒤르케임에게 사회는 사회적 사실의 총합에 다름 아니므로 ─ 실재하는 사회에 대한 합리주의적 · 실증주의적 접근을 추구하는 사회학이다. 뒤르케임의 이 새로운 사회학적 패러다임은 구조적 · 역사적 비교사회학의 틀에서 사회적 사실에 대한 인과적 설명과 기능적 설명, 그리고 정상적 · 병리적 설명을 결합한다. 이 패러다임이 『자살론』이나 『종교적 삶의 원초적 형태들』과 같은 뒤르케임의 주요 저작에서 구체적으로 구현되고 있음은 어렵지 않게 관찰할 수 있다. 물론 그렇다고 해서 이 두 저작만이 합리주의적 · 실증주의적 사회실재론에 근거한다는 뜻은 결코 아니다. 그것은 뒤르케임 사회학 전체를 관통하는 패러다임이다.

그리 작지 않은 이 책을 ─ 공자님 말씀을 원용하자면 ─ "한마디의 말로 대표할 수 있으니"(일언이폐지[一言以蔽之]), 그것은 다음과 같은 공식이다.

도표 2 뒤르케임 사회학의 공식적 표현

뒤르케임 사회학 = 합리주의적 · 실증주의적 사회실재론

바로 이 공식을 논증하는 것이 이 책의 제일가는, 그리고 가장 중요한 과제이다. 그리고 이 책은 나의 첫 번째 뒤르케임 연구서이자 '김덕영의 사회학 이론 시리즈'의 첫 번째 책인 동시에 뒤르케임 사회학의 성격을 새롭게 규정하려는 시도라는 점에서 그 작은 의미를 찾을 수 있을 것이다.

제1장
뒤르케임 사회학의 지적 배경과 형성 과정

　이 장은 뒤르케임 사회학의 지적 배경과 형성 과정을 논의의 대상으로 하며, 총 네 부분으로 구성되어 있다. 제1절은 뒤르케임이 파리 고등사범학교에서 받은 지적 훈련을 다룬다. 그는 이 시기에 사회적 차원에서 사고하는 방식을 배웠다. 제2절은 고등학교 철학교사 뒤르케임의 지적 형성 과정을 다룬다. 그는 이 시기에 철학에서 사회학으로 '절반의 개종'을 하게 된다. 제3절은 독일의 지적 전통과 프랑스의 지적 전통이 뒤르케임에게 끼친 영향을 다루는데, 그 각각은 다시금 콩트와 몽테스키외, 그리고 칸트와 분트로 나누어진다. 뒤르케임의 사회학은 독일의 지적 전통과 프랑스의 지적 전통을 창조적으로 종합한 결과라고 할 수 있다. 데카르트도 뒤르케임의 사회학적 패러다임이 형성되는 과정에서 결정적인 의미를 갖는데, 이는 제2장 제1절에서 자세하게 논하기로 한다. 제4절은 뒤르케임의 보르도 대학 초창기를 다룬다. 그는 이때 철학에서 사회학으로 '완전한 개종'를 하게 되면서 뒤르케임의 사회학이 태동했다. 본격적인 논의를 시작하기 전에, 그리고 본격적인 논의에 도움이 되도록 하기 위해 뒤르케임이 유대교 전통에서 성장하는 과정을 잠시 살펴보기로 한다. 이 장의 중점은 콩트와 뒤르케임의 관계를 논하는 제3절에 있다.

　그리고 미리 한 가지 일러둘 사항이 있으니, 그것은 이 장이 전적으로 시간적 순서에 따라 구성된 것은 아니라는 점이다. 예컨대 제 3절에서 다루게 되는 몽테스키외에 대한 뒤르케임의 박사학위 논문은 제4절에서 다루게 되는 뒤르케임의 보르도 대학 초창기보다 시간적으로 뒤진다. 그럼에도 불구하고 이 둘의 순서를 바꾼 것은 뒤르케임에게 끼친 프랑스의 지적 전통을 한군데로 묶고 이를 다시 독일의 지적 전통과 한군데로 묶으려는 의도, 그러니까—역사적 의도에 대비되는 의미에서의—체계적 의도 때문이다. 우리에게 중요한 것은 이 두 주제의 시간적 순서가 아니라 그 각각이 초기에 뒤르케임의 사회학이 형성되고 발전되는 과정에서 어떤 의미를 갖는가이다.

1. 파리고등사범학교에서의 지적 훈련

에밀 뒤르케임[1]은 1858년 4월 15일 독일과 접경한 프랑스 로렌 지방의—1866년의 인구가 1만 1,870명인—작은 도시 에피날에서 모이즈 뒤르케임(1805~96)과 멜라니 이시도르(1820~1901)의 5남매 중 막내로 태어났다. 아버지는 유대교 랍비였으며 어머니는 부유한 유대인 상인의 딸이었다. 에밀 뒤르케임의 본명은 다비드-에밀 뒤르케임이다. 잘 알려져 있다시피, 다비드는 유대 식 이름이다. 뒤르케임의 8대조부터 그의 아버지에 이르기까지 랍비일 정도로 그의 집안은 유서 깊은 랍비 가문이었다. 뒤르케임은 어린 시절에 정규 학교 교육 이외에도 히브리어와 구약 및 탈무드를 공부했다. 그리고 엄격한 유대교의 종교적 의례를 준수하도록 교육받았으며 의무와 책임을 다하고 진지하게 노력하며 안이한 성공을 하찮게 생각하도록 교육받았으며, 그 결과 뒤르케임은 성인이 되어서도 쾌락을 체험하게

---

1 이 단락과 다음의 단락은 다음을 정리한 것이다. Marcel Fournier, *Émile Durkheim: A Biography*, Cambridge: Polity Press 2013, 13쪽 이하.

되면 일정한 양심의 가책을 느꼈다. 그러나 뒤르케임의 친구들은 그의 무뚝뚝한 겉모습 아래에서 열렬하고 격정적이며 관대한 영혼을 발견했다. 아무튼 뒤르케임은 전형적인 유대인이었다.

1867년 뒤르케임은 에피날 중학교에 입학했는데 두 차례나 월반할 정도로 매우 탁월한 학생이었다. 뒤르케임의 아버지는 아들이 가업을 이어받아 랍비가 되기를 원했다. 그러나 중학교에 다니면서 13세와 16세 사이의 언젠가 가톨릭 여교사의 영향으로 신비주의적 체험을 하게 되면서 불가지론자가 되었다(곧 언급되는 바와 같이, 뒤르케임은 대학에 다닐 때 유대교와 결별하게 된다). 그리고 아버지처럼 랍비가 되는 것을 거부하고 파리고등사범학교에 진학하여 교사가 되기로 결심했다. 300명이 채 안 되는 동기생들의 대부분은 농업이나 상업 분야로 진출할 운명이었다. 그런데 한 가지 흥미로운 점은 아버지가 아들의 선택을 반대하지 않았다는 사실이다. 그는 랍비였지만 젊은 시절부터 세속적 지식, 특히 과학과 철학에 조예가 깊었다. 아무튼 랍비 모이즈 뒤르케임은 아들이 열심히 공부한다는 조건 아래 아들의 선택을 받아들였다. 1875년 에피날 중학교를 마친 뒤르케임은 1876년 가을에 파리의 명문 루이 르 그랑 고등학교에서 파리고등사범학교 입학을 준비했다. 두 번이나 고배를 마시고 1879년 세 번째 도전한 끝에 총 스물네 명의 합격생 가운데 11등으로 파리고등사범학교의 입학시험에 합격했다.

파리고등사범학교는 원래 중·고등학교와 대학에서 연구와 교육에 종사하는 교원을 양성할 목적으로 1794년에 세워진 대학이다. 그러나 우리가 흔히 생각하는 여느 사범학교가 아니다. 오히려 이 대학은 가장 명성이 높은 '그랑제콜'(프랑스의 엘리트 대학) 가운데 하나로서 저명한 학자를 무수히 배출한 프랑스 지성의 상징이다. 예컨대 뒤르케임 이후의 프랑스 사회학을 대변하는 레몽 아롱(1905~83)과 피에르 부르디외(1930~2002)도 파리고등사범학교 출신이다(이들은 각각 1924년과 1951년에 입학했다). 그리고 ─ 한 분야만 더 언급하자면 — 철학에서도 장-폴 사르트르(1905~80), 모리스 메를로-퐁티 (1908~61), 미셸 푸코(1926~84), 자크 데리다(1930~2004) 등과 같이 세계적인 명성의 학자들이 파리고등사범학교에서 공부했다(이들은 각각 1924년, 1926년, 1946년, 1952년에 입학했다). 파리고등사범학교와 '여성 고등사범학교' 출신 가운데 총 열두 명이 노벨상을 수상했고 총 열 명이 수학의 노벨상이라 불리는 '필즈상'을 수상했다. 여성 고 등사범학교는 1881년 파리 근교인 세브르에 설립되었다가 1985년 파리고등사범학교에 합병되었다.[2] 뒤르케임이 재학할 당시에도 파 리고등사범학교에는 후일 그처럼 유명인사가 될 학생들이 많았다. 예컨대 철학자이자 인류학자인 뤼시앵 레비-브륄(1857~1939)과 철 학자 앙리 베르그송(1859~1941), 그리고 역사학자이자 사회주의 정 치가인 장 조레스(1859~1914)의 이름을 거론할 수 있다(레비-브륄은 1876년에, 그리고 베르그송과 조레스는 1878년에 입학했다).

파리고등사범학교는 엘리트 대학답게 지적 수준이 매우 높은 소 규모의 지적 · 과학적 공동체였지만 규율이 매우 엄격하고 정치적으 로 보수적이었다. 그러나 뒤르케임이 재학하던 당시에 파리고등사 범학교는 점차로 사회문제에 관심을 갖기 시작했는데, 그 이유는 당 시 프랑스가 처한 역사적 · 정신적 상황 때문이었다. 프랑스는 보불 전쟁(프로이센 · 프랑스 전쟁, 1870~71)에서 독일에게 패한 후 극심한 무기력감과 패배감에 빠져 있었다. 그리고 보불전쟁의 소용돌이 속 에서 샤를-루이 나폴레옹 보나파르트(나폴레옹 3세, 1808~73)의 제 2제정을 무너뜨리고 수립된 제3공화정이 아직 정착되지 않으면서 프랑스 사회는 심한 사회적 갈등과 혼란을 겪었다. 게다가 19세기 초부터 급속히 진행된 산업화로 인해 노동자 계급이 급부상하였으 며 그 결과로 첨예화된 계급 갈등은 사회적 갈등과 혼란을 가중시

---

2 Wikipedia, École normale supérieure (Paris) (https://en.wikipedia.org/wiki).

켰다.

이 모든 것은 당시 젊은 지식인들로 하여금 프랑스 사회의 갱생 또는 재조직에 대하여 진지한 성찰을 하도록 했다. 그리고 그들은 전통이나 권위가 아니라 과학, 객관적이고 실증적인 진리와 그 위에 기반하는 교육에서 사회를 갱생하고 재조직할 수 있는 최선의 길을 찾았다. 뒤르케임은 "국가의 재건, 세속적 해방 그리고 사회적·경제적 조직"이라는 세 가지 문제에 사로잡힌, 그리고 "사회의 실증적 이해를 진척시키기 위해" 노력한 젊은 지식인 가운데 한 사람이었다.[3]

이처럼 뒤르케임이 사회문제에 관심을 갖게 되고 그 해결책을 과학과 교육에서 찾게 된 것은 파리고등사범학교에서였다. 방금 앞에서 언급한 대로, 원래 정치적으로 보수적이던 파리고등사범학교 학생들은 뒤르케임이 재학하던 시절에, 그러니까 제2제정이 몰락하고 제3공화정이 막 출범한 시기에 점차로 사회문제에 관심을 갖게 되었으며, 이에 대한 해결책을 도덕과 사회에 그리고 사회의 법칙에 대한 과학적이고 실증적인 연구에서 찾았다. 그들에게 과학이야말로 사회적 혼란과 분열을 치유하고 사회통합을 창출할 수 있는 유일한 토대였으며, 또한 전통적인 봉건세력의 지배 이데올로기인 가톨릭을 대체하고 산업적 시민계층의 정치체계인 세속적 공화주의의 이념인 자유와 평등을 창출할 수 있는 유일한 정신적 수단이었다. 요컨대 파리고등사범학교는 프랑스 사회의 재조직화를 추구했으며, 이를 위해서는 정신의 재조직화가 필요하다고 보았던 것이다. 사회의 재조직화—정신의 재조직화, 이 이념은 오귀스트 콩트에게서 빌려 온 것이다.[4] 바로 이러한 파리고등사범학교의 지적 풍토에서 청

3 Marcel Fournier, 앞의 책(2013), 22~23쪽.
4 같은 책, 30쪽. 콩트의 사회의 재조직화와 정신의 재조직화에 대해서는 다음을 참조. 김덕영, 앞의 책(2016a), 35쪽 이하.

년 뒤르케임은 사회문제에 깊은 관심을 갖고 그에 대하여 적극적으로 과학적 해결을 모색하였다.

그리고 이 맥락에서 또 한 가지 반드시 언급해야 할 사실이 있으니, 그것은 에피날이라는 변방의 작은 도시에서 랍비의 아들로 태어나 유대교적 전통에서 성장한 뒤르케임이 파리고등사범학교 재학 시절에 유대교로부터 멀어지기 시작했다는 사실이다. 그 이유는 무엇보다도 뒤르케임이 그 지적 공동체에서 합리주의적이고 실증적인 과학정신을 배웠다는 사실에서 찾을 수 있다. 이유가 어찌 되었든 그것은 "고통스러운 단절"이 아닐 수 없었으며, 그로 인해 뒤르케임은 "처음으로 돼지고기를 먹은 유대인처럼" 크나큰 회한에 빠졌다. 뒤르케임은 방학을 고향인 에피날에서 순박한 사람들과 보냈다. 그런데 그는 점차로 자신의 이 사회적·종교적 배경으로부터 거리를 두었다. 그에게 '지방의 삶'은 참을 수 없게 되었다. 지방에서는 아무것도 일어나지 않았으며 사회적 접촉도 거의 없었다. "작은 도시에서는"—뒤르케임은 언급하기를—"사람들이 서로의 꼭대기에서 살아간다. 그들은 서로를 아주 면밀하게 관찰하기 때문에 모든 사람이 기분을 상하고 마음에 상처를 받을 수 있는 위험이 언제나 존재한다."[5] 뒤르케임이 나중에 발전시키는 개념에 따라 말하자면, 그는 파리고등사범학교 시절에 기계적 연대와 결별하고 유기적 연대를 선택했던 것이다. 전자가 전통 사회에 적합한 형태의 사회적 연대라면 후자는 근대사회에 적합한 형태의 사회적 연대이기 때문이다. 그렇다고 해서 뒤르케임이 유대교로부터 탈퇴하거나 개신교나 가톨릭으로 개종한 것은 아니었다. 그는 세상을 떠날 때까지 공식적으로 유대교도였다. 다만 더 이상 자신의 사고와 행위를 유대교의 틀에 얽매지 않았을 뿐이다. 뒤르케임은 세속주의를 추구한 것이다.

---

5 Marcel Fournier, 앞의 책(2013), 34쪽.

그런데 파리고등사범학교가 뒤르케임에게 끼친 영향은 그로 하여금 프랑스 사회를 정신적으로 재건해야 한다는 지식인으로서의 문제의식, 아니 소명의식을 갖게 한 데에만 국한된 것이 아니었다. 더나아가 거기에는 뒤르케임으로 하여금 그러한 문제의식 또는 소명의식을 실현할 수 있는 과학적 방법을 가르쳐준 스승들이 있었으니, 철학자 샤를 르누비에(1815~1903), 역사학자 퓌스텔 드 쿨랑주(1830~89), 철학자 에밀 부트루(1845~1921)가 그들이다.

첫째로, 샤를 르누비에는 당시 공화주의적 지식인들에게 막강한 영향력을 행사했는데, 그 이유는 그가 제3공화정의 공식적 사회철학 또는 제3공화정의 "공식적 형이상학"을 제시했기 때문이다. 그것은 구체적으로 자유와 정의의 조합을 말하는데, 이 조합은 자유주의와 사회주의를 창조적으로 합성함으로써 얻을 수 있었다. 르누비에는 자유주의자들로부터 자유와 개인적 독립의 이념을, 그리고 사회주의자들로부터 정의와 평등의 이념을 빌려 왔다. 바로 이 자유와 정의의 조합이야말로 공화정에 대한 프랑스적 관념의 가장 결정적인 특징이었다. 그리고 더 나아가 르누비에는 철학자가 적극적으로 인간사회의 도덕적 · 정치적 가치를 정립해야 한다고 역설했다.[6]

르누비에의 철학은 신(新)비판주의라고 불리는데, 이는 그의 철학적 체계가 칸트의 비판철학에 기반하기 때문이다. 바로 이런 연유로 르누비에는 신칸트주의자로 분류되는데, 엄밀히 말해 그의 신비판주의는 칸트주의의 연속이라기보다 변형으로 보는 것이 타당하다. 예컨대 그는 칸트와 달리 물자체나 절대자를 인정하지 않고 철저하게 현상론의 입장을 견지했다. 현상론은 다음과 같은 기본가정, 즉 사물이 존재하고 모든 사물은 표현된다는, 즉 자신을 드러낸다는 한가지 공통적인 특징을 갖는다는 기본가정에서 출발한다. 그리고 모

---

6 같은 책, 41쪽.

든 사물은 범주들을 통해 표현되고 자신을 드러낸다. 다시 말해 현상이 된다. 그러므로 범주들의 연구가 모든 사물의 열쇠가 되고 인식의 제1법칙이 된다. 르누비에에 따르면 관계, 수(數), 연속성, 질(質), 진화, 인과성, 궁극성, 인(격)성 등이 범주에 속한다.[7]

르누비에의 철학에서 또 한 가지 눈여겨볼 대목은, 그가 인간적 삶의 사회적 차원을 강조했다는 사실이다. 그에 따르면 도덕감정은 본능에서 유래하는 것이 아니라 사회에서 유래한다. 사회학이 설파하듯이, 우리가 함께 있음으로 해서 자연스레 도덕성이 창출된다는 것이다. 르누비에가 보기에 사회학은 도덕적 환경의 과학, 또는 달리 말하자면 풍습과 관습, 그리고 사고와 판단 및 행위의 공유된 방식에 대한 과학이다. 그리고 더 나아가 우리는 철학자 르누비에에게서 종교사회학의 단초적인 형태를 발견할 수 있다. 왜냐하면 그는 종교적 관념의 형성이 이미 존재하는 도덕적 판단과 도덕적 관습에 의존한다는 견해를 피력하기 때문이다.[8] 이처럼 르누비에가 인간적 삶의 사회적 차원을 강조한다는 사실을 염두에 둔다면, 그가 자신에게 사물의 열쇠이자 지식의 제1법칙을 뜻하는 범주들을 ─ 칸트의 주장처럼 ─ 인간의 이성에 내재하는 보편타당한 것이 아니라 사회적으로 형성되는 것으로 간주한다는 점은 어렵지 않게 추론할 수 있다.

이 모든 것은 후일 뒤르케임의 사회학이 발전하는 과정에서 결정적인 영향을 끼치게 된다. 도덕의 사회학적 연구는 그의 저작 전체를 관통하는 평생의 화두가 되며,[9] 종교와 사회의 관계는 그의 저작에서 핵심적인 위치를 차지하게 된다. 또한 뒤르케임은 범주가 생래적인 것이라는 칸트의 주장에 반기를 들고 범주는 사회적으로 형성된 것이라는 견해를 고수하면서 이에 대한 실증적 연구를 하는데,

---

7 같은 책, 40쪽.
8 같은 책, 40~41쪽.
9 도덕에 대한 뒤르케임의 논의는 제5장 참조.

이 역시 르누비에로부터 배운 것이다.[10] 그리고 전체는 부분의 합보다 크다는 르누비에의 공리는 후일 뒤르케임의 사회적 실재론으로 발전한다.[11] 르누비에가 뒤르케임에게 끼친 영향은 여기에서 끝나지 않는다. 뒤르케임은 르누비에로부터 한걸음 더 나아가 합리주의적 정신, 즉 이성과 사유의 자유 및 비판적 사고를 중시하고 과학적 독단주의와 결정주의를 배격하는 태도를 배웠다. 뒤르케임은 르누비에를 "당대의 가장 위대한 합리주의자"라고 평가했으며,[12] 후일 자신이 바로 이 위대한 비판주의적·합리주의적 정신에게 가장 큰 지적 빚을 지고 있다고 고백했다.[13]

둘째로, 퓌스텔 드 쿨랑주는 『고대도시: 그리스·로마의 신앙, 법, 제도에 대한 연구』(1864)로 유명한 역사학자이다. 그의 이름과 분리해서 생각할 수 없을 정도로 그의 얼굴과도 같은 이 책에서 쿨랑주는 부제에서 알 수 있듯이 고대 그리스와 로마의 신앙, 법, 제도를 그 인식대상으로 하는데, 구체적으로는 그리스와 로마의 정치적 제도와 소유 개념을 각각의 사회에 특유한 종교적 표상에 의해 설명하고 이해하고자 시도한다.[14] 그리고 1875년부터 1892년까지 총 6권으로 발간한 기념비적 저작 『고대 프랑스 정치제도사』에서 쿨랑주는 프랑크 왕국의 다양한 정치적 제도의 기원을 로마제국에서 찾고 있다.

---

10 종교와 범주에 대한 뒤르케임의 논의는 각각 제6장 제1절과 제6장 제3절 참조.

11 Marcel Fournier, 앞의 책(2013), 41쪽.

12 Émile Durkheim, *Schriften zur Soziologie der Erkenntnis* (Herausgegeben von Hans Joas), Frankfurt am Main: Suhrkamp 1987, 55쪽.

13 Steven Lukes, *Émile Durkheim: His Life and His Work; A Historical and Critical Study*, New York: Harper & Row 1973, 54쪽 이하.

14 이 책은 우리말로 번역되어 있다. 퓌스텔 드 쿨랑주, 『고대도시: 그리스·로마의 신앙, 법, 제도에 대한 연구』, 아카넷 2000 (김응종 옮김; 원제는 Fustel de Coulanges, *La Cité Antique. Étude sur le Culte, le Droit, les Institutions de la Grèce et de Rome*).

쿨랑주는 파리고등사범학교 학생들에게 큰 영향을 끼쳤는데, 그의 가르침은 뒤르케임의 지적 세계에도 깊은 흔적을 남겼다. 먼저 쿨랑주는 독단주의와 딜레탕티슴을 단호하게 거부하고 역사학이 엄밀한 과학적 방법론에 기반해야 한다고 역설했다. 쿨랑주에 따르면 역사학자의 임무는 상상력을 발휘하는 것이 아니라 그리고 성급한 일반화를 추구하는 것이 아니라 엄밀한 사료 분석과 비판에 기반하는 실증사학적 방법을 구사하는 것이다. "실험을 하는 화학자처럼"―그는 주장하기를―"역사학자는 사실을 수집하고 분석하고 비교하며 그것들을 서로 관련지어야 한다." 그리고 쿨랑주가 보기에 역사학은 단순히 사건들의 역사를 다루는 것에서 그쳐서는 안 되고 더 나아가 제도의 역사를 다루어야 하며, 또한 역사학은 사회적 사실의 과학으로서 모든 사회를 전체로서 분석해야 한다. 이렇게 보면 쿨랑주의 역사학은 이미 사회학적 차원을 내포하고 있음을 알 수 있다.[15] 뒤르케임의 사회학은 쿨랑주가 파리고등사범학교에서 설파한 방법론적 엄밀성과 사회적 사실의 과학이라는 틀에서 형성되고 발전해 간다. 뒤르케임이 쿨랑주에게 진 빚이 얼마나 큰가는, 그가 자신의―라틴어로 된―첫 번째 박사학위 논문인 「정치과학의 창시에 대한 몽테스키외의 기여」를 이 걸출한 역사학자에게 헌정하면서 감사를 표했다는 사실에서 단적으로 엿볼 수 있다(뒤르케임은 당시의 관례대로 두 편의 박사학위 논문을 썼는데, 이에 대해서는 다음 절에서 자세하게 언급할 것이다).

셋째로, 에밀 부트루는 신칸트학파 철학자로 과학철학에 관심이 있었으며 파리고등사범학교 학생들에게 과거의 위대한 철학자들을 소개했다. 그는 철학이 경험적 현실과 밀접한 관계를 가져야 하며 경험과학에 의해 지지되어야 한다는 견해를 피력했다. 과학은 관

---

15 Marcel Fournier, 앞의 책(2013), 35~36쪽.

찰하고 일반화하며 법칙을 수립할 수 있기 때문이다. 그렇다고 해서 법칙이 완전하거나 궁극적이라는 의미는 아니다. 1874년에 출간된 그의 저작 『자연법칙의 우연성』의 제목이 암시하듯이, 부트루에게 자연법칙은 무한한 진화 과정에서 일시적이고 우연적인 것에 지나지 않는다. 이에 반해 도덕, 종교, 예술과 같이 인간의 자유롭고 창조적인 활동이야말로 최고의 실천적 목적이라는 관점을 내세웠는데, 이는 후일 베르그송의 생철학에 결정적인 영향을 끼치게 된다.

부트루는 콩트의 견해를 따라 실재에는 다양한 단계와 법칙이 있고 그 각각은 다른 것들로부터 상대적으로 독립적이며, 따라서 모든 과학은 자신의 고유한 원리에 의해 설명되어야 한다고 주장했다. 예컨대 심리학은 심리학적 원리에 의해 설명되어야 하고 생물학은 생물학적 원리에 의해 설명되어야 한다. 뒤르케임은 이러한 가르침에 깊이 감화되었고 후일 자신의 사회학에 적용하게 된다[16](이 점은 다음 절에서 콩트와 뒤르케임의 관계를 논하면서 다시 언급하게 될 것이다). 그리고 1895년에 출간된 방법론 저작 『사회학적 방법의 규칙들』에서 뒤르케임은 사회적 사실이라는 실재의 상대적 독립성을 논증하고 사회적 사실의 과학인 사회학의 원리를 제시한다.

여기까지의 간략한 논의를 요약하자면, 뒤르케임은 이미 파리고등사범학교에 다닐 때 철학자들과 역사학자의 영향으로 사회학적 사고 또는 적어도 사회적 차원의 사고를 배웠다고 할 수 있다. 물론 그렇다고 해서 뒤르케임이 이미 대학 시절에 사회학을 지향하고 사회학을 발견했다는 것은 아니다. 그것이 이루어진 것은 고등학교 철학 교사로 재직하던 시절이다. 이때 뒤르케임은 철학에서 사회학으로 '절반의 개종'을 하게 된다.

---

16 같은 책, 37쪽.

2. 고등학교 철학교사 뒤르케임

뒤르케임은 1882년 7월 중·고등학교 철학교사 자격을 취득하면서 파리고등사범학교를 졸업하고 그해 10월에 르 푸이 고등학교에서 철학을 가르치기 시작했으나 이미 그다음 달에 상스 고등학교로 자리를 옮겼으며, 1884년 2월부터 1885년 10월까지 생캉탱 고등학교에서 재직했다. 그리고 1년간 유급휴가를 얻어 1885년 10월부터 1886년 1월까지 연구차 파리에 머문 후 1886년 1월부터 8월까지 독일의 라이프치히 대학, 베를린 대학 및 마르부르크 대학에서 공부했다. 독일 유학에서 돌아온 후에는 1886년 10월부터 1887년 7월까지 트루아 고등학교에서 철학교사로 재직했다. 그리고 1887년 7월 29일에 보르도 대학의 사회과학 및 교육학 '전임강사'[17]에 임용되었으며, 그로부터 약 3개월 뒤인 10월 17일에 유대인 여성 루이즈 줄리 드레퓌스(1866~1926)와 결혼했다. 뒤르케임 부부는 슬하에 딸 마리 벨라(1888~1953)와 아들 앙드레-아르망(1892~1915)을 두었는데, 아들은 제1차 세계대전에 참전했다가 불가리아 전선에서 전사했다.

한국적인 기준에서 보면, 뒤르케임이 고등학교 교사로 재직한 시기는 그의 과학적 연구가 중단된, 일종의 휴지기 또는 단절기로 보일 것이다. 한국인들에게 고등학교 교사 하면 으레 전문적인 연구와는 아무런 관계도 없이 단지 학생들을 가르치는, 그것도 꽉 짜인 틀에서 대학입시를 위한 내용이나 가르치는 직업이 연상될 것이기 때문이다. 철학을 전공한 교사의 경우에는 고작해야 윤리과목이나 가르치는, 그것도 대학 수준에 한참 떨어지는 수준에서 선다형과 단답형의 문제풀이 식으로 가르친다고 생각하는 것이 일반적일 것이다.

그러나 뒤르케임이 고등학교 철학교사로 재직한 4년 남짓한 시

---

17 이는 프랑스어로 'chargé de cours'라고 하는데, 영국의 'junior lecturer'에 해당하는 지위이다.

간은 파리고등사범학교의 연속선상에 있으면서 뒤르케임이 사회학으로 이행하는 시기로 보아야 한다. 이는 무엇보다도 1883년부터 1884년까지 상스 고등학교에서 한 철학 강의를 보면 단적으로 드러난다. 1880년에 정해진 교과과정에 따라서 뒤르케임은 철학을 심리학, 논리학(방법론), 윤리학 및 형이상학의 네 분야로 나누어 가르쳤는데, 이 교과과정은 어디까지나 참조사항일 뿐 교사의 재량권이 아주 컸다. 뒤르케임이 학생들에게 가르친 주제는 다음과 같이 아주 스펙트럼이 크다. 의식의 본질, 이성의 정의, 진리와 확실성, 물리과학과 도덕과학의 방법론, 공리주의의 역사, 가정윤리, 미학, 영혼, 신의 본성과 속성 등.[18]

뒤르케임이 고등학교 철학교사로 재직한 시기가 우리의 논의에 대해 함의를 지니는 측면은 다음과 같이 세 가지로 정리해 볼 수 있다. 첫째, 뒤르케임은 고등학생들을 위한 강의에서 단지 기존의 학설이나 이론을 요약 · 정리해서 학생들에게 전달한 것이 아니라 자신의 독자적인 해석과 견해를 피력했다는 사실이다. 그러므로 그의 강의록을 보면 고등학교 교사 시절에 뒤르케임의 지적 세계가 발전해 간 과정을 추적할 수 있다. 여기서는 지면 관계상 그 과정 전체를 재구성할 수는 없고 단지 그가 사회라는 개념을 어떻게 파악했는가를 살펴보기로 한다. 그는 윤리학 강의에서 인간을 사회적 동물로 보고 사회의 토대를 노동분업에서 찾는다.

그 누구도 자족적일 수 없고 유럽인들이 삶에 필수적인 것이라고 간주하는 어떤 과제도 혼자 힘으로 수행할 수 없기 때문에 사람들은 자연스레 서로 결합한다. 이 문제의 해결이 노동분업이다. 모든 개인

---

18 Émile Durkheim, *Durkheim's Philosophy Lectures. Notes from the Lycée de Sens Course, 1883~1884* (Edited by Neil Gross & Robert Alun Jones), Cambridge: Cambridge University Press 2004a.

은 특수한 과제를 떠맡기 때문에 그것을 더 잘 그리고 더 빨리 이행하며, 또한 ─ 그들의 노동의 결실을 교환함으로써 ─ 삶에 필수적인 재화를 획득한다. [……] 이것이 노동분업에 의해 제공되는 장점이며, 이 분업이 사회의 토대이다.[19]

둘째, 뒤르케임 사회학의 '출생 신고서'라고 할 수 있는 『사회분업론』은 1892년에 소르본 대학에 박사학위 논문으로 제출하고 그 이듬해인 1893년에 책으로 출간되었는데, 뒤르케임이 논문을 준비하기 시작한 것도 고등학교 교사로 재직하던 시기인 1883년이다. 게다가 방금 살펴본 바와 같이, 뒤르케임이 이미 고등학교 철학 강의에서, 보다 정확하게 말하자면 윤리학 강의에서 노동분업의 '사회학적' 의미, 즉 노동분업이 개인과 사회의 관계에 갖는 의미를 제시했다. 뒤르케임은 원래 박사학위 논문 주제로 개인주의와 사회주의의 관계를 설정했다가 개인과 사회의 관계로 보다 구체화했으며, 이것이 후일 『사회분업론』으로 결실을 맺게 된다. 개인과 사회의 관계, 그리고 『사회분업론』에서 제시한 또 하나의 중요한 개념 쌍인 기계적 연대와 유기적 연대 ─ 향후 뒤르케임의 사고와 저작을 관통하게 된다. ─는 뒤르케임이 단순한 교사로 지낸 것이 아니라 연구에도 충실했음을 암시하는 대목이다.

셋째, 뒤르케임이 사회학을 지향하고 사회학을 발견한 시기도 다름 아닌 고등학교 철학교사 시절이다. 1885년 뒤르케임은 학술지 『철학 저널』 ─ 1876년 철학자이자 심리학자인 테오될 리보(1839~1916)가 창간하였다 ─ 에 세 편의 서평을 싣는데, 그 각각은 독일의 사회학자 알베르트 셰플레(1831~1903), 프랑스의 철학자 알프레드 푸예(1838~1912), 독일의 ─ 보다 정확히 말하자면 오스트리

19 같은 책, 259쪽.

아의 — 사회학자 루트비히 굼플로비치(1838~1909)의 저작을 그 대
상으로 하고 있다. 구체적으로 셰플레의 『사회체의 구조와 삶』(총
4권, 1875~78)의 제1권, 푸예의 『현대 사회과학』(1880), 그리고 굼플
로비치의 『사회학 개요』(1885)가 뒤르케임이 다룬 저작이다. 앞의
둘은 『철학 저널』 제19호에, 그리고 나머지는 제20호에 게재되었다.
이 셋은 뒤르케임이 발표한 첫 번째, 두 번째, 세 번째 글이다.

이러한 사실은 뒤르케임이 늦어도 이 시기에는 사회학을 지향하
고 있었다는 점을 암시하는 대목이다. 물론 푸예는 사회학자가 아
니라 철학자이기 때문에 뒤르케임이 이 시기에 사회학을 지향했다
고 단정적으로 말할 수 없다고 이의를 제기할 수도 있을 것이다. 그
러나 뒤르케임이 평한 『현대 사회과학』에서 푸예는 사회과학을 옹
호했다. 이 책에서 그는 사회과학을 실증적 토대 위에 구축하는 것
이 19세기의 중요한 과제라고 역설하고 있다. 뒤르케임은 1892년에
『사회분업론』을 씀으로써 이 과제를, 그것도 19세기가 가기 전에 수
행하게 된다. 그리고 푸예가 사용하고 다듬은 개념들은 후일 뒤르케
임의 사회학에서 중심적인 위치를 차지하는데, 그 개념들은 다음과
같다. 유기체적 사회개념,[20] 사회체의 모든 부분이 상호 의존적이라

---

20 이와 관련해 한 가지 유념해야 할 점이 있으니, 그것은 뒤르케임이 사회
    를 유기체와 동일시하지 않았다는 사실이다. 그에게 사회는 유기체가 아니
    라 그 자체로서 독자적인 실재이다. 뒤르케임은 사회를 유기체로 보면 사회
    학이 생물학의 하위범주로 전락할 위험을 간파하고 있었다. 사회학은 자체
    적인 인식대상과 자체적인 인식방법을 갖는 독립적인 경험적 · 실증적 개별
    과학이며, 따라서 생물학의 "단순한 연장"도 아니고 생물학의 "마지막 장"
    도 아니다. Émlie Durkheim, "Bau und Leben des sozialen Körpers nach
    Schäffle"(1885), in: ders., *Über Deutschland. Texte aus den Jahren 1887 bis
    1915* (Herausgegeben von Franz Schultheis und Andreas Gipper), Konstanz:
    Universitätsverlag 1995d, 189~216쪽, 여기서는 192쪽. 뒤르케임이 사회학적
    논의에서 유기체 또는 사회적 유기체라는 개념을 사용할 때에는 사회를 생물
    적 유기체에 은유함으로써 또는 생물적 유기체와 유추함으로써 사회가 단순
    한 개인의 운집이 아니라 그들이 상호 유기적으로 결합하고 의존한다는 점을
    강조하기 위함이다. 이러한 은유와 유추는 사회학 초기 단계에서는 매우 유

는 관념, 합의와 사회적 연대, 표상, 사회적 또는 집합적 의식, 기계적 연대 등의 개념(푸예는 기계적 연대를 유기적 연대가 아니라 자원적 연대와 대비했다).[21] 아무튼 철학자 뒤르케임이 발표한 첫 번째, 두 번째, 세 번째 글이 모두 사회학과 관련된 것이라는 점은 함의하는 바가 매우 크다.

그런데 프랑스 철학자 푸예보다는 굼플로비치나 셰플레와 같은 독일 사회학자들이 뒤르케임의 사회학이 형성되고 발전하는 과정에서 더 결정적인 의미를 갖는다. 뒤르케임이 이들에게 관심을 갖게 된 이유는, 프랑스에서와 달리 독일에서는 사회학을 모든 방향으로 촉진하려는 지속적인 노력이 있어왔기 때문이다. 뒤르케임은 굼플로비치의 『사회학 개요』를 서평하면서 그 서두에서 다음과 같이 개탄하고 있다.

> 이러한 흥미로운 운동이 우리에게 그토록 알려지지 않고 그것을 우리가 그토록 추적하지 않은 것은 너무나도 유감스러운 일이다! 이렇게 해서 원래 프랑스에서 발생한 과학이 점차로 더 독일의 과학이 되고 말았다.[22]

뒤르케임이 보기에 프랑스 사회학은 특히 셰플레에게 배울 점이

용한 수단이 될 수 있다. 왜냐하면 사회학의 인식대상인 사회가 — 다른 분야의 학자들에게나 일반인들에게 — 무엇인지 정확히 와닿지 않는 상황에서는 유기체와의 은유와 유추를 통해서 사회를 보다 가시적이고 구체적으로 묘사하고 규정할 수 있기 때문이다. 그러나 사회의 진정한 모습을 은폐할 수 있는 위험이 있는 것 또한 사실이다.

21 Marcel Fournier, 앞의 책(2013), 63쪽.
22 Émile Durkheim, "Die Soziologie nach Gumplowicz"(1885), in: ders., *Über Deutschland. Texte aus den Jahren 1887 bis 1915* (Herausgegeben von Franz Schultheis und Andreas Gipper), Konstanz: Universitätsverlag 1995c, 177~89쪽, 여기서는 177쪽.

많다. 셰플레의『사회체의 구조와 삶』을 서평하면서 그는 총 4권으로 900쪽이 넘는 이 방대한 사회학 저작을 다음과 같이 평가하고 있다.

전체적으로 보아 프랑스인들에게 이보다 더 유익한 작품은 없어 보인다. 그와 같이 끈기 있고 많은 시간과 노력을 요하는 연구를 다루어야 비로소 우리는 너무나 허약하고 너무나 빈약하며 단순함에 너무나 잘 반해 버리는 우리의 사고력을 강화할 수 있을 것이다. 사실의 무한한 복잡성을 직시하는 방법을 배워야만, 우리는 우리가 사물을 쑤셔넣는 좁은 틀로부터 해방될 수 있을 것이다. 바로 거기에 프랑스 사회학의 미래가 걸려 있다고 해도 과언이 아닐 것이다.[23]

뒤르케임은 독일 사회학자들의 저작과 씨름하면서 사회학은 심리학의 한 장도 아니고 생물학에 종속되지도 않는 "하나의 독립적이고 고유한 특성을 갖는(sui generis) 과학"임을 확신하게 되었다.[24] 이처럼 사회학이 진정으로 생물학이나 심리학의 일부분이나 하위범주가 아니라면, 그것의 독립성과 고유성은 일차적으로 생물학적 현상이나 심리학적 현상으로 환원되거나 그것들로부터 도출되지 않는 자신만의 인식대상을 갖는다. 그러므로 사회학의 인식대상은 생물학의 인식대상이나 심리학의 인식대상보다 덜 실재적인 것이 아니다. 그것은 다름 아닌 사회이다. 뒤르케임에 따르면 사회는,

하나의 존재, 하나의 인격이다. 그러나 이 존재에는 형이상학적인 것이 없다. 그것은 많든 적든 초월적 실체가 아니라 부분으로 조직된 전체이다.[25]

---

23 Émile Durkheim, 앞의 글(1995d), 211쪽.
24 Émile Durkheim, 앞의 글(1995c), 180쪽.

그러므로 사회학의 중요한 과제는 — 뒤르케임은 계속해서 말하기를 —

> 이 전체를 그것의 구성요소들로 분해하고 그것의 부분의 목록을 만들고 그것들을 기술하고 분류하며 그것들이 어떻게 배열되어 있고 구조화되어 있는가를 밝혀내는 것이다.[26]

뒤르케임에 따르면 셰플레는 『사회체의 구조와 삶』 제1권에서 이러한 과제를 수행하려고 시도했으며, 그럼으로써 사회학 발전에 결정적으로 기여했다. 셰플레의 사회학적 분석은 정정되어야 하지만 그는 사회학이 앞으로 더 나아가기 위해서 반드시 필요한 문제를 제기하고 해결하려고 노력한 최초의 학자였다는 것이 뒤르케임의 평가이다.[27]

그런데 이 맥락에서 한 가지 중요한 질문을 제기할 수 있다. 만약 뒤르케임이 — 방금 인용한 바와 같이 — 사회를 "하나의 존재, 하나의 인격"으로 규정했다면, 그는 사회학주의자인가? 달리 묻자면, 뒤르케임은 개인을 초월하는 실체론적 존재로서의 사회를 상정하고 사회 그 자체를 사회학적 인식의 대상으로 보는가? 결론부터 말하자면, 뒤르케임은 사회학주의자가 아니다. 왜냐하면 그는 사회와 개인의 관계를 규정하고 규정되는 일방적 관계가 아니라 변증법적 관계로 보기 때문이다. 다음과 같은 일반적인 생각 — "개인은 결과일 뿐 결코 원인이 아니다", "개인은 대양의 물 한 방울에 불과하다", "개인은 행위하는 것이 아니라 행위되어지는 것이며, 개인을 이끄는 것은 사회적 환경이다" — 에 대하여 뒤르케임은 다음과 같이 반문한

---

25 같은 글, 185쪽.
26 같은 곳.
27 같은 곳.

다. "그런데 이 환경이 개인으로부터 형성되지 않는다면 도대체 무엇으로부터 형성된단 말인가?" 개인으로부터 사회적 환경이 형성되기 때문에 "우리는 동시에 행위자이면서 객체이며, 우리 각자는 우리를 실어 나르는, 따라서 저항할 수 없는 항적을 창출하는 데 기여한다." 그러므로 사회학적 · 심리적 현상의 연구는 "사회학의 단순한 부속물이 아니라 사회학의 진정한 실체를 구성한다."[28] 사실 뒤르케임은 사회학주의자인 적이 단 한순간도 없었으며, 따라서 그렇게 보는 것은 지극히 조악한 오해가 아닐 수 없다(이에 대해서는 개인과 사회를 논의 주제로 다루는 제4장에서 다시 자세하게 논의할 것이다).

요컨대 뒤르케임은 독일 사회학자들과 씨름하면서 사회학의 완전한 독립성을 확인하였다. 사회학은 "영웅적 시대", 그러니까 그 독립을 위해 투쟁하던 오귀스트 콩트와 허버트 스펜서(1820~1903)의 시대를 벗어났으며, 따라서 "사회학의 생존권에 대해서는 더 이상 이론의 여지가 없다." 이제 사회학은 "확실한 토대를 구축하고 조직화하고 그 프로그램의 윤곽을 그리며 그 방법을 엄밀하게 규정해야" 하는 과제를 안고 있다.[29] 바로 이것이 뒤르케임이 자기 자신에게 부과한 사회학적 과제였다.

뒤르케임이 고등학교 철학교사로 재식하던 시절에 사회학을 지향하고 발견하게 된 이유는 단순히 이 새로운 과학에 대한 이론적인 관심 때문이 아니었다. 그와 더불어 뒤르케임은 사회의 재조직과 국가적 통합이라는 실천적 문제에 관심이 있었는데, 이 실천에 대한 유일한 이론적 대안을 사회에 대한 과학적 연구, 즉 사회학에서 찾았다. 뒤르케임의 제자이자 집단기억에 대한 연구로 널리 알려진 모리스 알박스(1877~1945)에 따르면, 뒤르케임은 지식과 행위에 대

---

28 같은 글, 186쪽.
29 Émile Durkheim, 앞의 글(1995d), 212쪽.

한 욕구를 동시에 충족시키기 위해 사회학을 선택했다.[30] 이처럼 이론적 관심과 실천적 관심을 결합했다는 점에서 뒤르케임의 철학교사 시절의 지적 세계는 파리고등사범학교 재학 시절의 지적 세계와 연속선상에 있다고 할 수 있다. 고등학교 철학교사 뒤르케임이 사회학을 선택했다면, 보르도 대학의 '사회과학과 교육학' 전임강사 뒤르케임은 철학에서 사회학으로 넘어가 명실상부한 사회학자가 된다. 전자에게서 '절반의 사회학적 개종'이 이루어졌다면, 후자에게서 '완전한 사회학적 개종'이 이루어진다.

3. 독일과 프랑스의 영향

사실 뒤르케임 사상에는 다양한 지적 조류가 나름의 방식으로 영향을 끼쳤는데, 예컨대 몽테스키외, 장-자크 루소(1712~78), 오귀스트 콩트, 알렉시 드 토크빌(1805~59), 허버트 스펜서, 카를 마르크스(1818~83) 등의 이름을 거론할 수 있을 것이다.[31] 그러나 내가 보기에 뒤르케임의 사회학은 무엇보다도 칸트와 분트의 독일적 지적 전통과 콩트와 몽테스키외 — 그리고 제2장 제3절에서 다루게 될 — 르네 데카르트(1596~1650)의 프랑스적 지적 전통을 창조적으로 종합한 결과라고 해도 지나친 말은 아니다. 이 절은 다시금 두 부분으로 나누어 먼저 독일의 지적 전통과 뒤르케임의 관계를 검토한 다음 프랑스의 지적 전통과 뒤르케임의 관계를 검토하기로 한다. 구체

---

30 Marcel Fournier, 앞의 책(2013), 63쪽.
31 다음은 몽테스키외, 루소, 콩트, 토크빌, 스펜서, 마르크스가 뒤르케임에 대해 갖는 지성사적 의미를 간략하지만 일목요연하게 정리하고 있다. Jonathan H. Turner, Leonard Beeghley & Charles H. Powers, *The Emergence of Sociological Theory*, Belmont: Wadsworth Publishing Company 1995 (3. Edition), 284쪽 이하.

적으로 독일의 지적 전통에서는 칸트의 형이상학적 윤리학과 분트의 민족심리학적 도덕과학이, 그리고 프랑스의 지적 전통에서는 콩트의 실증주의와 몽테스키외의 '사회학적인', 보다 정확히 말하자면 '전(前) 사회학적인' 경험적·귀납적 비교 연구가 논의의 주제이다.

(1) 칸트와 분트: 독일의 영향

뒤르케임은 굼플로비치와 셰플레 같은 독일 사회학자들과 씨름한 후 얼마 후 직접 독일 대학을 관찰하고 연구할 수 있는 기회를 얻었다. 1870~71년 보불전쟁에 패한 후 프랑스는 그 중요한 원인들 가운데 하나를 독일 문화가 프랑스 문화보다 '우월'하다는 점에서 찾았으며, 이에 따라 젊은 학자들을 장학생으로 선발하여 독일로 보내 그 문화를 배우도록 했다. 이미 제2절에서 언급한 바와 같이, 고등학교 철학교사로 재직하던 뒤르케임은 1886년 1월부터 8월까지 독일의 라이프치히 대학, 베를린 대학 및 마르부르크 대학에서 공부했다. 그의 독일 유학은 바로 이 문화정책의 일환이었다. 뒤르케임은 1887년에 독일 대학을 관찰하고 연구한 결과를 「독일 대학의 철학」과 「독일의 실증적 도덕과학」이라는 두 편의 프랑스어 논문으로 발표했다. 이들은 각각 『국제 교육 저널』과 『철학 저널』에 실렸다. 전자가 독일 대학의 제도적 측면을 다룬 것이라면, 후자는 그 내용적 측면을 다룬 것이다.

이 두 논문은 뒤르케임의 학자적 명성을 높여 주었으며 1887년 보르도 대학의 사회과학과 교육학 강좌 담당 전임강사 자리를 얻는 데 결정적인 요인으로 작용했다. 1894년에는 부교수가 되어 1895년까지 재직하였으며 이어서 1895~96년에는 사회과학 강좌 담당 부교수로 재직했다. 그리고 1896년에는 사회과학 강좌 담당 정교수가 되어 1902년까지 재직했는데, 이 교수직은 특별히 그를 위해 마련한 것으로 사실상 프랑스 대학 최초의 사회학 교수직으로 간주된다. 그 후 1902년부터는 소르본 대학의 교육과학 강좌 담당 전임강사로 재직하다가 1906년에는 부교수가 되었다. 이어서 1913년에는 정교수가 되어 1917년 세상을 떠날 때까지 재직했다.[32] 그런데 이 강좌명은 뒤르케임의 소망에 따라 그가 정교수가 되면서 교육과학에서 교육학과 사회학으로 변경되었는데, 이는 프랑스 대학에서 '사회학'이라는 명칭이 붙은 최초의 강좌였다.

아무튼 독일에 대한 뒤르케임의 두 논문 가운데 특히 「독일의 실증적 도덕과학」은 그의 사회학이 형성되고 발전하는 과정을 이해하는 데 결정적인 의미를 갖는다. 방금 앞에서 언급한 대로, 뒤르케임은 사회의 재조직과 국가적 통합이라는 실천에 관심을 가졌으며, 이 실천에 대한 유일한 이론적 대안을 사회에 대한 과학적 연구, 즉 사회학에서 찾았다. 그런데 뒤르케임이 이해하는 사회학은 콩트나 스펜서의 사회학과 달리 사회 그 자체의 보편적 발전법칙을 수립하는 것이 아니라 다양한 사회적 현상을 경험적이고 실증적으로 분석하고 설명하는 과학이다. 뒤르케임이 특별히 주목한 것은 도덕의 문제였다. 그는 도덕에 대한 사회학적 연구에서 사회의 재조직과 국가적 통합이라는 실천에서 이론적 대안을 찾았다. 그리하여 뒤르케임의 사회학은 분업화된 유기적 연대의 사회에 적합한 도덕을 실증과학적으로 정립하면서 형성되었으며, 도덕의 문제는 뒤르케임의 저작

---

32 1914년 제1차 세계대전이 발발하자 뒤르케임은 프랑스 국민들에게 전쟁을 독려하는 데에 진력했기 때문에 제대로 건강을 돌볼 수 없었다. 1916년 외아들 앙드레-아르망이 불가리아 전선에서 사망하자 뒤르케임은 큰 정신적 충격을 받았으며 그로 인해 가뜩이나 좋지 않던 건강 상태가 더욱더 악화되어 더 이상 연구를 할 수 없었다. 바로 그해 뒤르케임은 자신이 관여하던 수많은 위원회 중 한 위원회 회의에 참석한 후 뇌졸중으로 쓰러져 몇 달간 요양했다. 그러나 다시 일어나지 못하고 1917년 11월 15일 59세를 일기로 세상을 떠났다. John A. Hughes, Wes W. Sharrock & Peter J. Martin, *Understanding Classical Sociology: Marx, Weber, Durkheim*, London et al.: Sage 2003 (Second Edition), 146쪽.

전체를 관통하는 화두였다. 그는 평생을 이 문제와 씨름했다. 뒤르케임을 일러 도덕과학자 또는 도덕사회학자라고 해도 결코 지나친 말은 아닐 것이다. 이는 뒤르케임이 자신의 사회학의 '출생 신고서'라 할 수 있는 『사회분업론』을 다음과 같은 구절로 마무리하고 있다는 사실만 보아도 단적으로 드러난다.

> 오늘날 우리의 첫 번째 의무는 새로운 도덕을 형성하는 것이다. 그런데 이러한 작업은 서재에 조용히 앉아서 생각한다고 수행할 수 있는 것이 아니다. 그것은 오히려 내적이고 필연적인 원인의 압력에 의해서 자체적으로 그리고 점진적으로 진행될 수밖에 없다. 이 경우 사회학적 성찰은 오늘날의 사회가 추구해야 할 목표를 명료하게 하는 데에 기여할 수 있고 또 기여해야 한다. 이것이 바로 우리가 이 책에서 시도해 온 것이다.[33]

그런데 뒤르케임이 추구한 바는 도덕에 대한 철학이나 형이상학이 아니었다. 그는 도덕에 대한 실증과학적 연구, 다시 말해 실증적 도덕과학을 추구했다. 『사회분업론』이 새로운 도덕을 정립하는 것이 우리에게 주어진 첫 번째 의무라는 역설과 더불어 끝나고 있다면, 그 서문은 도덕에 대한 실증과학, 즉 도덕과학을 추구하는 데에 이 저작의 목적이 있다는 사실을 강조하면서 시작하고 있다.

> 이 책은 무엇보다도 실증과학의 방법에 입각하여 도덕적 삶의 사실들을 다루고자 한다. 그런데 사람들은 이 단어를 우리와 달리 왜곡된 의미로 사용한다. 자신들의 견해를 하나의 선험적인 원칙으로부터 연역해 내는 것이 아니라 생물학·심리학·사회학과 같은 하나의 또는

---

33 Émile Durkheim, *Über soziale Arbeitsteilung. Studie über die Organisation höherer Gesellschaften*, Frankfurt am Main: Suhrkamp 1988, 480쪽.

여러 개의 실증과학에서 전용해 온 인식으로부터 연역해 내는 도덕주의자들은, 그들이 제시한 도덕을 과학적인 것이라고 일컫는다. 그러나 이것은 우리가 이 책에서 적용하려는 방법이 아니다. 우리는 과학으로부터 도덕을 도출하려는 것이 아니라 도덕의 과학을 추구하려는 것이다. 이 둘은 완전히 다르다. 도덕적 사실은 다른 사실과 마찬가지로 현상이다. 그것들은 일정한 특징을 통해 인식할 수 있는 행위규칙들이다. 그러므로 그것들을 관찰하고 기술하고 분류하며 그것들을 설명할 수 있는 법칙을 찾을 수 있어야 한다. 바로 이것이 우리가 여기에서 하려는 작업이다. 사람들은 자유의 존재를 들먹이면서 이러한 기획을 논박할 것이다. 그러나 만약 자유가 진정으로 모든 확고한 법칙을 부정하는 것을 의미한다면, 그것은 심리학과 사회과학뿐만 아니라 모든 과학이 극복하지 못할 걸림돌이 될 것이다. 왜냐하면 인간의 의지행위는 언제나 어떠한 외적인 유인에 연결되어 있는 관계로 자유는 우리의 내면을 결정하는 요소뿐만 아니라 외면을 결정하는 요소도 이해할 수 없도록 만들기 때문이다. 그러나 어느 누구도 자연과학의 가능성을 부정하지 않는다. 우리는 우리의 과학에 대해서도 그와 똑같은 권리를 요구한다.[34]

뒤르케임이 독일에서 배운 것이 바로 이 도덕의 과학, 보다 정확히 말하자면 실증과학적 방법에 입각한 도덕의 연구, 그러니까 실증적 도덕과학이다. 뒤르케임에 따르면 프랑스에는 한편으로는 유심론과 칸트주의, 다른 한편으로는 공리주의 이외에는 다른 도덕철학이 거의 알려져 있지 않다. 이에 반해 독일에서는 최근 들어 윤리학을 형이상학적 전제로부터 분리해 고유한 방법과 고유한 원리를 갖춘 개별과학으로 정립하려는 운동이 전개되고 있다.[35] 뒤르케임은 이러한

---

34 같은 책, 76쪽.
35 Émile Durkheim, 앞의 글(1995c), 85쪽.

지적 운동을 독일학파라고도 부른다. 독일학파는 도덕적 현상을 사회적 기능을 수행하는 사회적 사실이라는 기본전제에서 출발하여 연역적 형이상학의 방법이 아니라 귀납적 경험과학의 방법을 구사함으로써 도덕과학을 독립적인 사회과학으로 정립하려고 노력한다. 독일학파는 ─ 이와 관련하여 뒤르케임은 「독일의 실증적 도덕과학」에서 주장하기를 ─

사실상 도덕과학에서 연역법을 사용하는 것에 대한 저항이며 도덕과학에 마침내 진정한 귀납적 방법을 토착화하려는 시도이다. 우리가 이 논문에서 살펴본 모든 도덕이론가는 지금까지 지배적인 위치를 점해 온 모든 도덕이론이 얼마나 협소하고 인위적인가를 명백히 인지한다. 그들에게 칸트의 윤리학은 공리주의자들의 윤리학 못지않게 불충분하다. 칸트주의자들은 도덕을 하나의 고유한 대상으로 삼지만, 그것은 초월적이며 따라서 과학으로부터 떨어져 나간다. 공리주의자들은 도덕을 하나의 경험대상으로 삼지만, 그것은 아무런 독특한 성격도 갖지 않는다. 대신 그들은 도덕을 유용성의 개념처럼 불명료한 개념으로 환원하며 도덕과학을 단순히 심리학이나 응용사회학으로 간주한다. 이에 반해 독일의 도덕이론가들에 따르면 도덕적 현상은 경험적 성격을 갖는 동시에 고유한 방식으로(sui generis) 존재하는, 일종의 실재이다. 도덕과학은 응용된 과학이나 파생된 과학이 아니라 자율적인 과학이다. 도덕과학은 자신의 고유한 대상을 가지며, 물리학자들이 물리적 현상을, 그리고 생물학자들이 생물적 현상을 연구하듯이 자신의 대상을 연구해야 한다. 그것도 물리학이나 생물학과 동일한 경험적 방법으로 연구해야 한다. 도덕과학의 대상영역은 풍속, 관습, 실증적 법규이며, 경제적 현상도 법적 규정의 객체가 되는 한 도덕과학의 영역에 속한다. 도덕과학은 이 대상영역을 관찰하고 분석하며 비교하며 그렇게 함으로써 그것들을 설명하는 법칙을 점진적으로 구축한다. 물론 도덕적 현상이 개인의 마음에 그 전제조건을 갖고 있는 한 심리학과의 관계가 존재한다. 그럼에도 불구하고 도덕적 현상은 그 명령적 성격만 보더라도 심리적 현상과 구별된다. 게다가 도덕적 현상은 다른 모든 사회적 현상과도 관계를 갖지만 그것들과 융합되지 않는다. 도덕과학은 사회학의 연속이거나 속행이 아니라 다른 사회과학과 어깨를 나란히 하는, 하나의 자체적인 사회과학이다.[36]

그런데 실증적 도덕과학 또는 도덕의 실증과학을 추구하는 독일의 지적 운동 또는 독일학파는 어느 한 지적 분야에 국한되지 않고 (독일 역사학파) 경제학, 사회학, 심리학, 법학 등 다양한 지적 분야를 포괄한다. 뒤르케임은 구스타프 폰 슈몰러(1838~1917)와 아돌프 바그너(1835~1917) 같은 독일 역사학파 경제학자들, 알베르트 셰플레 같은 사회학자, 빌헬름 분트 같은 심리학자 그리고 루돌프 폰 예링(1818~92)과 알베르트-헤르만 포스트(1839~95) 같은 법학자들이 어떠한 저작에서 어떠한 방식으로 실증적 도덕과학을 전개하는가를 검토하고 있다.[37]

---

36 Émile Durkheim, "Die positive Moralwissenschaft in Deutschland"(1887), in: ders., *Über Deutschland. Texte aus den Jahren 1887 bis 1915* (Herausgegeben von Franz Schultheis und Andreas Gipper), Konstanz: Universitätsverlag 1995b, 85~175쪽, 여기서는 165~66쪽.

37 이 맥락에서 짐멜을 언급할 만한 가치가 있다. 1892~93년 짐멜은 두 권으로 된 책『도덕과학 서설: 윤리학 기본개념 비판』을 출간했는데, 여기에서 짐멜은 뒤르케임과 마찬가지로 도덕에 대하여 철학적·형이상학적 관점에서가 아니라 경험과학적 관점에서 접근하고자 한다. 다시 말해 도덕적 원리와 법칙의 순수한 논리적·추상적 정초가 아니라 개별적 도덕현상의 경험적이고 엄밀한 기술과 설명을 추구하고 있다. 짐멜은 이러한 과학적 인식목표를 심리학적이고 역사적이며 사회과학적인 접근방법으로 달성하고자 시도한다. 그는 서문에서 이를 명백히 밝히고 있다. "내가 보기에 도덕과학의 길은 개별적 경험에 대해 하등의 인식론적으로 검증된 관계도 갖지 못하는 추상적 보편성의 형식으로부터, 그리고 이 보편성을 도덕강론 및 지혜의 성찰과 혼합하는 것으로부터 역사적·심리학적 논구로 올라간다. 도덕과학은 한편

뒤르케임은 이들 가운데 분트에게 가장 크게 주목하고 있는데(그러므로 우리의 논의도 분트에 초점을 맞추기로 한다), 그 이유는 분트가 1886년에 출간된 자신의 저서, 『윤리학: 도덕적 삶의 사실들과 법칙들에 대한 연구』에서 "그때까지 조금 우유부단하고 자신과 자신의 목표에 대해 충분히 명료하게 알지 못하던 이 모든 시도에 형태를 부여했기" 때문이다.[38] 뒤르케임이 보기에 분트의 『윤리학: 도덕적 삶의 사실들과 법칙들에 대한 연구』는 방금 언급한 영역에서 고립적

으로는 심리학의 일부분으로서, 그리고 그 밖에 달리 확립된 여러 방법에 따라서 개별적인 의지행위, 감정 그리고 판단을 분석한다. 바로 이것들의 내용이 도덕적인 것으로 또는 비도덕적인 것으로 간주된다. 도덕과학은 다른 한편으로는 인간의 공동체 삶의 형식과 내용을 묘사하므로 사회과학의 일부분이다. 이 공동체적 형식과 내용은 개별인간의 도덕적 당위와 인과관계를 이룬다. 도덕과학은 마지막으로 역사학의 일부분이다. 왜냐하면 방금 언급한 두 가지 길을 통해 모든 주어진 도덕적 표상을 그 가장 원초적인 형태로 소급하고 이 표상의 지속적인 발달을 거기에 영향을 끼치는 역사적 요소로 소급해야 하며, 또한 그럼으로써 이 영역에서는 역사적 분석을 개념적 분석에 비해 주요한 과제로 인정하기 때문이다." Georg Simmel, *Einleitung in die Moralwissenschaft. Eine Kritik der ethischen Grundbegriffe, Bd. 1*(1892): *Georg Simmel Gesamtausgabe 3*, Frankfurt am Main: Suhrkamp 1989b, 10쪽.
물론 짐멜의 『도덕과학 서설』은 뒤르케임이 독일에서 유학하던 시기보다 늦게 출간되었기 때문에 그 보고서 격인 「독일의 실증적 도덕과학」에서는 논의할 수 없었다. 그럼에도 불구하고 뒤르케임이 평생 실증적 도덕과학을 추구했으면서도 짐멜의 『도덕과학 서설』을 단 한 번도 거론하지 않았다는 사실은 퍽 흥미로운 사실이 아닐 수 없다. 여기에서 뒤르케임이 1907년 11월에 보낸 한 편지를 언급할 만하다. 뒤르케임은 언젠가 행한 강연에서 짐멜의 『도덕과학 서설』을 차용했다는 비판을 받았는데(그리고 그 비판자는 이 책이 "프랑스에서는 뒤르케임 측근을 제외하고는 거의 알려져 있지 않다"라고 주장했다), 이 편지에서 다음과 같이 그 비판을 논박하고 있다. "나는 짐멜의 『도덕과학 서설』을 결코 읽은 적이 없다. 이 저자의 작품으로 내가 알고 있는 것은 『사회분화론』과 『돈의 철학』뿐이다." Émile Durkheim, "Zwei Briefe über den deutschen Einfluss in der französischen Soziologie. Antwort auf Simon Deplogie"(1907), in: ders., *Über Deutschland. Texte aus den Jahren 1887 bis 1915* (Herausgegeben von Franz Schultheis und Andreas Gipper), Konstanz: Universitätsverlag 1995h, 238~42쪽, 여기서는 239~40쪽.
38 Émile Durkheim, 앞의 글(1995c), 85쪽.

으로 진행되어 온 도덕의 연구에 대한 일종의 종합이다. 분트는 자신의 저작을 "도덕의 연구가 이처럼 아주 다양한 지적 분야로 분열되고 이 분야들이 서로 무시하는 경향에 대한 반응"으로 이해한다. 그는 그와 같은 경향을 극복하고 "이 전문 영역들 사이에 내적인 끈을 제시하며 이 극단적인 전문화로 인해 간과되고 위태롭게 된 실천적 행위의 통일성을 복구하고자 한다." 이렇게 보면 분트는 절충주의자임이 분명하다. 그런데 그의 절충주의는 거기에 국한되지 않고 한걸음 더 나아가 도덕에 대한 경험적 연구의 다양한 방향을 결합할 뿐만 아니라 경험적 방법을 사변적 방법과 결합하려고 한다. 물론 도덕과학은 경험적 사실들을 관찰하면서 시작해야 한다. 그렇다고 해서 도덕의 문제가 완전히 해명되는 것은 아니다. "왜냐하면 그 특수한 적용들이 도덕적 사실이 되는 보편적 원리들을 확정하는 것이 윤리학의 목표이기 때문이다."[39]

분트[40]는 1875년부터 라이프치히 대학의 철학 정교수로 재직했는데(1889~90년에는 총장을 역임했다), 라이프치히 대학에 교수로 초빙된 지 4년 만인 1879년에 세계 최초로 실험심리학연구소를 개설했다. 이 연구소는 심리학이 실험의 방법을 통해서만 과학적 객관성과 엄밀성을 확보할 수 있다는 그의 확신이 제도적으로 구현된 것이다. 더불어 심리학이 하나의 독립적인 개별과학으로 제도화된 것이다. 분트에 따르면 실험심리학은 우리 의식의 내용을 구성요소로 분해하고, 그 질적이고 양적인 특징을 밝혀내며, 또한 그 공존관계나 연속관계를 엄밀한 방식으로 규명함을 목적으로 하는 자연과학이다.

분트의 지적 관심은 심리학을 넘어서 철학, 생리학, 인류학, 논리

---

39 Émile Durkheim, 앞의 글(1995b), 121~22쪽.

40 다음에는 분트에 대한 간략한 소개가 실려 있다(이 단락과 아래의 세 단락도 그 내용을 요약·정리한 것이다). 김덕영, 『사상의 고향을 찾아서: 독일 지성 기행』, 도서출판 길 2015, 51~66쪽.

학, 윤리학, 언어학, 수학 등 다양한 분야를 포괄하였다.[41] 심리학의 경우도 실험심리학에 그친 것이 아니다. 분트는 그가 개인심리학이라고 부르는 실험심리학을 보편적 심리학의 일부분으로 간주한다. 심리학의 또 다른 중요한 분과는 언어 · 관습 · 도덕 · 종교 · 신화 등 집단적 민족혼 또는 민족정신을 인식대상으로 하는 민족심리학이다. 오늘날 민족심리학은 더 이상 존재하지 않는다. 문화심리학 또는 사회심리학으로 보면 될 것이다. 분트는 1900년부터 1920년까지 20년에 걸쳐 총 10권으로 된 『민족심리학: 언어, 신화 및 도덕의 발전법칙에 대한 연구』를 저술했다. 그리고 1911년과 1912년에는 각각 『민족심리학의 문제들』과 『민족심리학의 요소들: 인류의 심리학적 발달사 개요』를 출간했다.

분트에 따르면 민족심리학은 인간 공동체에 의해 창조된, 따라서 개인적 의식으로는 설명할 수 없는 정신적 현상을 그 인식대상으로 한다. 그것은 『민족심리학의 요소들』의 부제가 암시하듯이, 인류의 심리학적 발달사이다. 그러므로 민족심리학은 개인심리학처럼 직접적인 실험방법에 의존하지 않고 간접적인 실험방법, 즉 역사적 비교의 방법을 구사해야 한다. 그러나 개인심리학과 민족심리학은 상호의존적이고 상호 보완적인 관계에 있다. 왜냐하면 이 둘은 서로를 보다 잘 이해하는 데 도움이 되기 때문이다. 개인심리학과 민족심리학은 인간의 정신적 삶에 대한 서로 다른 방법론적 · 이론적 관점에서의 접근이다.

분트에게 윤리학의 소재를 제공하는 것은 개인심리학이 아니라 민족심리학이다. 개인적 현상이 아닌 집단적 또는 공동체적 현상을

---

41 그래서 그런지 분트는 일반인의 상상을 초월할 정도로 생산적이었다. 심리학의 역사를 연구하는 한 미국의 심리학자는 분트의 저작 494편을 확인했는데, 그 평균이 110쪽이며 따라서 총 5만 3,735쪽에 달한다. 분트는 68년 동안 매년 평균 7편의 저작을 출간했고 매일 평균 2.2쪽을 쓰거나 교정했다고 한다.

그 인식대상으로 하는 "사회심리학(민족심리학)만이 도덕철학자들이 필요로 하는 소재를 제공할 수 있다. 그것은 '윤리학의 입문'이다. 언어사·종교사·풍속사·문화사 일반은, 개인적인 의식이 단지 그 최초의 자극을 받고 또 그 최초의 자극만을 아는 발전의 흔적을 찾아낼 수 있는 영역들이다."[42] 실제로 분트는 민족심리학적 방법에 입각해 다양한 민족의 도덕을 비교 연구했다. 그것은 도덕을 사회적 사실로 간주하고 사회적 유형으로서의 도덕을 역사적이고 비교적 관점에서 연구하는 것이다. 분트에 따르면 종교, 관습, 외적 환경, 일반 문화의 네 가지 중요한 민족심리학적 요소가 도덕의 발전을 규정하는데, 그 가운데에서 앞의 두 가지가 가장 중요한 역할을 한다.

뒤르케임은 이처럼 분트가 제시한 실증적 도덕과학, 즉 집단적 또는 공동체적 사고와 행위로서의 도덕에 대한 역사적·비교적 연구에 접목한다. 분트에서 사회심리학(민족심리학)이 실증적 도덕과학과 연결된다면, 뒤르케임에서는 사회학이 실증적 도덕과학과 연결된다. 물론 그렇다고 해서 뒤르케임이 분트의 윤리학을 아무런 유보조항 없이 그대로 받아들였다는 뜻은 결코 아니다. 뒤르케임은 다른 한편으로 분트를 근본적으로 비판하는데, 이는 도덕의 기능과 구속력이라는 두 가지 관점에서 정리해 볼 수 있다.

먼저 분트는 도덕의 사회적 기능을 과소평가하고 있다는 것이 뒤르케임의 비판이다. 그가 보기에 이 점에서 분트는 자신이 종합한 다른 모든 도덕이론가들보다 뒤처진다. 이들에게 "도덕의 본질적인 기능은 개인을 서로 조화시키며 그럼으로써 집단의 균형과 존속을 보증하는 데에 있다." 도덕의 의미는 무엇보다도 이러한 사회적 기능에서 찾을 수 있다. 그런데 분트의 윤리학에서는 이러한 기능이 약화된 형태로 다루어지고 있다.[43] 물론 분트에게 ― 뒤르케임은 이

---

42 Émile Durkheim, 앞의 글(1995b), 124~25쪽.
43 같은 글, 155쪽.

렇게 비판하고 있다 ── 도덕의 사회적 기능은,

> 사회의 존재에 대한 필수적인 조건이다. 그러나 사회의 본질을 구
> 성하지 않고 그 부산물을 나타낼 뿐이다. 도덕의 진정한 목표는 인간
> 으로 하여금 그가 전체가 아니라 전체의 부분이며 그가 자신을 둘러
> 싼 광대한 세계에 비하면 얼마나 가벼운가를 느끼도록 하는 데에 있
> 다. 사회는 이들 환경 가운데 하나이기 때문에, 그것도 가장 직접적
> 인 환경들 가운데 하나이기 때문에 도덕은 사회의 존재를 가능케 한
> 다. 그러나 말하자면 부지중에 그리고 부수적으로 그렇게 한다. 도덕
> 은 인간이 자신에게 단순히 일시적이 아닌 행복을 향유토록 하는 지
> 속적인 대상과 관계하려는 노력에서 연원한다. 그러나 자기구속으로
> 부터 해방된 인간이 그것을 추구하던 언젠가 맨 처음 부딪치는 대상
> 이 가족 · 도시 · 조국인데, 그는 이것들에서 머물게 되었다. 물론 이
> 때문에 그것들 자체에게 가치가 부여되는 것은 아니다. 오히려 그것
> 들의 가치가 갖는 단 하나의 이유는, 비록 불완전한 방식일지라도 인
> 간이 추구하는 이상을 상징하기 때문이다. 간단히 말해, 사회는 도덕
> 적 감정이 실현되는 수단 가운데 하나이기 때문에 도덕적 감정은 사
> 회의 전제조건을 구성하는 충동이나 성향과 마찬가지로 자신의 방식
> 대로 사회를 창출한다. 그러나 충동과 성향은 도덕적 감정이 달려 지
> ㅏ가는 과도기, 즉 도덕적 감정이 차례차례로 취하는 형식 가운데 하
> 나일 뿐이다.[44]

그리고 분트는 도덕의 사회적 기능을 과소평가하기 때문에 도덕
의 구속력을 제대로 설명할 수 없다는 것이 뒤르케임의 비판이다.
뒤르케임에 따르면 "도덕적 삶에서 진정으로 원천적이고 구체적인

---

44 같은 글, 155~56쪽.

것은" 구속력을 띠는 규범과 명령이다.[45] 그런데 이 도덕적 구속력은 개인적 차원에서 오는 것이 아니다. 이와 관련하여 뒤르케임은 주장하기를 "우리의 행복에 대하여 단순히 관심을 갖는다고 해서 진정한 명령이 창출되는 것은 결코 아니다. 바람직한 것은 의무를 지우지 않는다." 다시 말해 "우리는 우리 자신을 의무지울 수 없다. 모든 명령은 적어도 잠정적인 강제력을 전제하며, 따라서 우리 위에 존재하고 우리를 강제할 수 있는 힘을 전제한다."[46] 개인 위에 존재하면서 개인에게 의무를 지우고 강제적인 구속력을 지우는 이 힘은 다름 아닌 사회이다. 그리고 도덕은 바로 힘에 의하여 자신의 사회적 기능, 즉 사회를 결속하고 통합하는 기능을 수행할 수 있다. 그러므로 뒤르케임에게 도덕의 요체는 동기나 욕구 또는 목적에 있는 것이 아니라 의무에 있다. 이와 관련하여 뒤르케임은 「독일의 실증적 도덕과학」에서 다음과 같이 주장하고 있다.

　　의무는 의무로 남는바, 설령 격정적으로 의무를 다했다 하더라도 그렇다. 그리고 많든 적든 간에 그 지배하는 이념이 의무가 아닌 도덕을 우리는 지금까지 관찰한 적이 없다. 그러므로 다시 물어야 한다. 우리는 누구에 대해 의무를 지는가? 우리 자신에게? 그것은 말장난이다. 도대체 우리가 채무자인 동시에 채권자인 부채는 어떤 것이란 말인가?[47]

이처럼 행복이나 바람직한 것을 추구하는 데에서 도덕의 본질을 찾지 않고, 특히 의무를 도덕의 본질로 파악하는 뒤르케임에게서 우

45　같은 글, 150쪽.
46　같은 글, 156~57쪽.
47　같은 글, 157쪽.

리는 "진정한 칸트주의자"를 만난다.[48] 칸트 윤리학은 흔히 의무윤리학이라고 하는데, 이는 무엇보다도 그가 『실천이성비판』에서 의무를 "숭고하고도 위대한 이름"이라고 표현하는 대목에서 단적으로 드러난다.

> 의무여! 우리에게 복종을 요구하는 숭고하고도 위대한 이름이여! 우리 의지를 움직이기 위해 우리 마음속에 들어온 자연스러운 성향을 쫓아내지 않으면서도, 너에게 저항하는 그 모든 성향을 침묵하게 만드는 너! 너의 존귀함은 어디에서 유래하는가? 자연성향과의 모든 유착을 늠름하게 거부하는 너의 고귀한 혈통은 어디에서 시작되는가? 오직 인간만이 자신에게 부여할 수 있는 가치, 그러한 가치의 필수조건은 도대체 어느 뿌리에서 유래하는가?[49]

그런데 뒤르케임이 칸트와 마찬가지로 도덕에 대한 의무론적 관점을 취함에도 불구하고 「독일의 실증적 도덕과학」에는 칸트의 윤리학이 아주 피상적으로 언급되어 있는데, 이는 그 논문이 추구하는 바를 고려하면 쉽게 납득할 수 있다. 뒤르케임이 보기에 칸트의 정언명령은 "애매모호하고 불확정적인 것이 아니다." 오히려 그것은 "매우 엄밀하며 배우지 못한 사람이나 천재적인 사람에게 똑같이 명료하게 와닿는다."[50] 그 이유는 간드의 징언명령이 보편적이고 절대적이며 구속적인 특성을 갖는 도덕법칙이기 때문이다. 뒤르케임이 파악하는 도덕적 명령이나 규범의 특성이 바로 이 보편성·절대

---

48 Wolfgang Schluchter, *Grundlegungen der Soziologie. Eine Theoriegeschichte in systematischer Absicht, Bd. 1*, Tübingen: Mohr Siebeck 2006, 115쪽.

49 Immanuel Kant, *Kritik der praktischen Vernunft: Werke in zehn Bänden, Bd. 6* (Herausgegeben von Wilhelm Weischedel), Darmstadt: Wissenschaftliche Buchgesellschaft 1983c, 103~302쪽, 여기서는 209쪽.

50 Émile Durkheim, 앞의 글(1995b), 152~53쪽.

성·구속성이다.[51]

뒤르케임과 칸트의 관계는 이는 이미 앞에서 언급한 바 있는 상스 고등학교에서의 철학 강의를 보면 「독일의 실증적 도덕과학」에서 보다 자세하고 명백하게 드러난다. 거기에서 뒤르케임은 공리주의, 애덤 스미스(1723~90), 칸트 등 윤리학의 다양한 철학적 사조를 검토한다. 먼저 아리스티포스(기원전 435~366), 에피쿠로스(기원전 341~270), 제러미 벤담(1748~1832), 존 스튜어트 밀(1806~73), 허버트 스펜서와 같은 공리주의자들은 도덕법칙의 근거를 개인의 이해관계에서 찾으며, 따라서 도덕법칙의 세 가지 기준을 충족시키지 못한다. 그리고 애덤 스미스는 자연적인 도덕감정, 즉 타자에 대한 동감에서 도덕법칙의 근거를 찾기 때문에 공리주의자들과 달리 개인적 차원을 벗어난다. 그러나 감정은 오류를 범할 수 있으며, 우리에게 복종하도록 명령하지 않는다. 게다가 동감은 타자가 존재하지 않으면 불가능해진다. 결국 스미스의 도덕이론도 공리주의적 도덕이론과 마찬가지로 도덕법칙의 세 가지 기준을 충족시키지 못한다. 뒤르케임이 보기에 도덕법칙이 보편성과 절대성 및 구속성을 갖는다는 것을 통찰한 철학자는 다름 아닌 칸트이다. 그러나 다른 한편 칸트의 윤리학을 선험적 연역에 의존하는 순수한 형식주의적 윤리학이라고 비판한다. 순수한 형식적 도덕성은 공허한 도덕성이다.[52]

아무튼 뒤르케임은 분트가 도덕을 사회적 사실로 간주하고 역사적이고 비교적인 방법에 기반하는 실증적 도덕과학의 가능성을 제시했음에도 불구하고 "너무 적게 칸트주의자"였다고, 그리하여 도덕의 본질을 제대로 파악하지 못했다고 비판한다.[53] 그러나 다른 한편 도덕법칙을 인간 이성으로부터 선험적으로 연역하는 칸트의 윤리학

---

51 같은 글, 153쪽.
52 Émile Durkheim, 앞의 책(2004a), 232쪽 이하.
53 Wolfgang Schluchter, 앞의 책(2006), 119쪽.

은 경험과 관찰에 근거하는 실증적 도덕과학에 정면으로 배치된다
고 비판한다.

윤리학의 이러한 지적 판도에 직면하여 뒤르케임은 칸트와 분트
에서 취할 것은 취하고 버릴 것은 버림으로써 양자를 창조적으로 종
합하려고 한다. 그 출발점은 칸트이다. 방금 언급한 바와 같이, 뒤르
케임이 보기에 칸트의 의무론적 윤리학은 도덕의 본질을 가장 정확
하게 꿰뚫고 있다. 그러나 형이상학적·형식주의적이며, 따라서 '세
속화'되어야 한다. 이 세속화의 가능성을 제공하는 것이 분트의 윤
리학이다. 이렇게 칸트와 분트를 — 헤겔 식으로 표현하면 — 지양함
으로써 뒤르케임은 칸트의 도덕형이상학을 도덕형이하학으로 '세속
화'할 수 있었다. 그것은 도덕물리학이다. 칸트 윤리학의 세속화는
구체적으로 그것의 — 예컨대 심리학화가 아니라 — 사회학화를 뜻
한다. 요컨대 뒤르케임은 도덕에 관한 한 칸트주의를 추구했다. 그
런데 그것은 철학적·형이상학적 칸트주의가 아니다. 그것은 사회
학적 칸트주의이다[54](이에 대해서는 뒤르케임의 도덕사회학을 논의 주제로
다루는 제5장 제2절에서 다시 자세하게 논의할 것이다).

이처럼 뒤르케임이 칸트의 의무론적 윤리학에 접목하면서 도덕의
형이하학, 그러니까 도덕사회학을 정립하려고 했다면, 여기에서 한
가지 질문이 제기될 것이다. 뒤르케임은 행복론적 윤리학에 대해서
는 어떠한 입장을 취했는가? 이에 대한 답변은 무엇보다도 상스 고
등학교에서의 윤리학 강의를 보면 얻을 수 있다. 거기에서 뒤르케임

---

54 이 개념은 다음에서 따온 것이다. Hans-Peter Müller, "Gesellschaft, Moral
und Individualismus", in: Hans Bertram (Hrsg.), *Gesellschaftlicher Zwang
und moralische Autonomie*, Frankfurt am Main: Suhrkamp 1986, 71~105쪽;
Hans-Peter Müller, "Die Moralökologie moderner Gesellschaften.
Durkheims 'Physik der Sitten und des Rechts'", in: Émile Durkheim, *Physik
der Sitten und des Rechts. Vorlesungen zur Soziologie der Moral* (Herausgegeben
von Hans-Peter Müller), Frankfurt am Main: Suhrkamp 1991, 307~41쪽;
Wolfgang Schluchter, 앞의 책(2006), 107쪽 이하.

은 도덕법칙과 행복, 즉 목적의 실현 사이에 근본적인 이율배반이 존재한다고 주장하는 칸트와 달리 이 둘은 도덕법칙의 존엄성을 해치지 않으면서 조화를 이룬다고 주장한다. "행복은 도덕적 삶의 필연적인 결과이며 자연적인 보충이다." 뒤르케임이 보기에 아무런 목적의 추구도 없이 도덕법칙 자체를 위해 도덕법칙을 준수하는 것은 인간의 본성에 모순된다.[55]

이는 뒤르케임이 도덕의 사회적 기능과 개인적 기능을 결합하고자 했음을 암시하는 대목이다. 「독일의 실증적 도덕과학」에서 뒤르케임은 "도덕은 무엇보다 사회적 기능"이라고 표현하고 있다. 도덕을 사회적 기능과 완전히 동일시하는, 또는 도덕을 사회적 기능으로 환원하는, 그러니까 "도덕 = 사회적 기능"이라고 표현하지 않고 말이다! 이에 대한 이유는 그 표현에 이어지는 다음과 같은 구절을 보면 명백해진다. "사회는 우리에게 [개인보다] 덜 유한한 충족을 주는데, 그 유일한 근거는 사회가 개인보다 엄청나게 오래 존속한다는 행운에서 찾을 수 있다." 이러한 사회는 "부분적으로 우리의 이해관계에 유익하며", 또한 무엇보다도 "우리의 사회적 경향성이 실현될 수 있는 유일한 환경이다." 사회와 개인들의 관계는 숲과 나무들의 관계와 같다. "나무가 우리로 하여금 숲을 보지 못하게 해서는 안 된다면, 숲도 우리로 하여금 나무들을 보지 못하게 해서는 안 된다."[56]

(2) 콩트와 몽테스키외: 프랑스의 영향

이제 프랑스적 지적 전통과 뒤르케임의 관계로 넘어갈 차례인데, 이는 다시금 콩트와 뒤르케임 그리고 몽테스키외와 뒤르케임의 두 부분으로 나누어 살펴보기로 한다. 먼저 뒤르케임은 콩트와 실증주

---

55 Émile Durkheim, 앞의 책(2004a), 245~46쪽.
56 Émile Durkheim, 앞의 글(1995b), 158~59쪽.

의 정신을 공유했으며, 또한 콩트로부터 한편으로는 사회학이 고유한 인식대상을 갖는 실증과학이라는 관념과 다른 한편으로는 사회학의 인식방법인 관찰, 실험, 분류, 비교 연구, 역사적 비교를 받아들이고 있다. 그리고 뒤르케임은 콩트처럼 사회의 재조직화를 추구했으며, 이를 위해서 정신의 재조직화를 추구했다. 그러나 뒤르케임은 콩트의 제자이자 비판자였다. 뒤르케임이 콩트의 제자인 동시에 비판자가 되는 데 중요한 역할을 한 사상가 가운데 한 사람이 몽테스키외였다. 몽테스키외는 사회학의 창시자는 아니었지만 단선적 진화론에 입각해 인류 전체의 발전법칙을 정립하려는 콩트의 사변적·목적론적 실증철학에서 벗어나 다양한 민족과 집단들 그리고 다양한 사회유형들에 대한 경험적이고 귀납적인 비교 연구를 수행함으로써 진정한 의미의 실증과학적 연구의 가능성을 예증했다.

a. 콩트와 뒤르케임

뒤르케임은 파리고등사범학교 재학 시절인 1880~81년에 콩트를 읽었다. 당시 콩트주의는 프랑스 지성계에 강력한 영향력을 행사하였다. 어느 작가는 이 시기의 지적 풍토를 이렇게 묘사하고 있다.

하나의 정신적 태도, 하나의 교의가 프랑스의 지적 삶을 지배하며 자극하고 있다. 과학적 실증주의가 그것인바, 이는 원래 오귀스트 콩트에서 나왔으며 그때에는 두 "유도등"(誘導燈)에 의해 탁월하게 대변되었다. 파리고등사범학교의 유명한 "추장"[최고 학자] 텐과 "과학의 사제" 르낭이 그 둘이었다. 콩트주의의 독창적인 사고는 다윈-스펜서 진화론에 흔적을 남겼으며 나중에는 뒤르케임의 사회학주의에 흔적을 남기게 된다. 콩트주의는 근본적으로 무엇을 주장했는가? 그것은 다음과 같다. 새로운 시대가 전개되고 있다. 이제부터는 실증적 방법이 인간의 사고를 지배할 것이다. 과학은 종교에서 비롯되었지만, 이제 과학적 지식이 원시적이고 상상적인 신앙을 대체하

고 있다. 철학 자체는 과학에 의해 아무 가치가 없고 공허한 것이 된
다. 왜냐하면 과학이 철학적 문제들을 해결할 수 있는 유일한 도구이
기 때문이다.[57]

이러한 지적 상황에서 뒤르케임은 이미 대학 시절에 콩트의 저작
을 접하게 되었다. 그렇다면 뒤르케임은 콩트를 어떻게 평가하고 있
는가? 보다 정확하게 묻자면, 뒤르케임은 실증철학과 실증주의적 사
회학의 지성사적 위치와 의미를 어떻게 평가하고 있는가? 이에 답하
는 것은 콩트가 뒤르케임에게 끼친 영향을 파악하는 데 반드시 필요
하다. 그런데 내가 보기에 이러한 필요성은 다음과 같은 경향을 고
려하면 더욱더 커진다. 콩트의 실증주의를 1960년대에 벌어진 이른
바 실증주의 논쟁 이후 일반적으로 이해되는 실증주의, 즉 사실과
가치의 분리, 인식과 행위의 분리, 이론과 역사의 분리, 이론과 실천
의 분리, 자연법칙과 사회규범의 분리, 존재와 당위의 분리 등과 같
은 이른바 가치자유적 이원론과 혼동하는 경향이 있는데,[58] 이러한
경우에는 부당하게도 뒤르케임이 콩트와 무관한 것으로 간주되거나
심지어는 뒤르케임이 반실증주의자 또는 반콩트주의자로 간주될 수
밖에 없다.

뒤르케임은 1895~96년 보르도 대학에서 사회주의에 대한 강의를
했는데, 이 강의는 그의 사후인 1928년에 마르셀 모스(1872~1950)
가 『사회주의: 그 정의 ─ 그 초기 형태들 ─ 생시몽의 학설』이라는

---

57 Steven Lukes, 앞의 책(1973), 67쪽에서 재인용. 이 인용구절에 언급된 텐
  은 프랑스의 철학자이자 역사가이며 비평가인 이폴리트 텐(Hippolyte Taine,
  1828~93)을, 그리고 르낭은 프랑스의 철학자, 문헌학자, 종교사학자 에르네
  스트 르낭(Ernest Renan, 1823~92)을 말한다. 텐과 르낭은 19세기 후반의
  실증주의의 지도자였다.
58 실증주의 논쟁에 대해서는 다음을 참고할 것. 김덕영, 『논쟁의 역사를 통해
  본 사회학: 자연과학·정신과학 논쟁에서 하버마스·루만 논쟁까지』, 한울아
  카데미 2003, 제7장(267~303쪽), 제8장(304~39쪽).

제목으로 편집 · 출간하였다. 이 사회주의 강의에는 앙리 드 생시몽 (1760~1825)의 학설과 실증주의의 창시에 대한 부분이 있는데, 거기에서 뒤르케임은 실증철학의 창시를 19세기 철학사에서 가장 인상적인 사건으로 규정하고 있으며, 이 사건을 다시금 19세기의 정신적 상황에 대한 반응으로 파악하고 있다.[59]

    과학이 점점 더 전문화되고 실증적 성격을 띠어가는 상황에 직면하여 인간이 지식의 통일성에 대해 일찍이 가졌던 열망이 그로 인해 환상, 그러니까 반드시 포기해야 하는 기만적인 전망으로 드러나는 게 아닌가 생각하게 되었다. 그 결과 과학과 그것의 통일성이 점점 더 단편화되는 것을 우려하게 되었다. 실증철학은 바로 이러한 경향에 대한 반응이었고, 이러한 포기에 대한 저항이었다. 실증철학은 인간정신의 영원한 야망이 모든 정당성을 잃은 것이 아니며, 또한 특수과학의 진보는 그 야망의 부정이 아니라 다만 그것을 충족시킬 새로운 수단이 동원되어야 할 뿐이라고 역설했다. 철학은 과학을 넘어서려고 하는 대신에 과학을 조직하는 과제를 떠안아야 하고 과학 자신의 방법에 따라서, 그러니까 철학이 스스로 실증적이 됨으로써 과학을 조직해야 한다는 것이 실증철학의 견해였다. 그리하여 사고를 위한 완전히 새로운 전망이 열렸다. 바로 이것이 프랑스 철학사를 통틀어 데카르트주의를 제외하고는 실증철학보다 더 중요한 것이 아무것도 없다고 말할 수 있는 근거이다. 그리고 이 두 철학은 여러 점에서 정당하게 서로 화해할 수 있는데, 그 이유는 둘 다 동일한 합리주의적 신념으로부터 영감을 받았기 때문이다.[60]

---

59 Émile Durkheim, *Socialism and Saint-Simon* (Edited and with an introduction by Alvin W. Gouldner), London: Routledge & Paul Kegan 1959, 66쪽.
60 같은 책, 66~67쪽.

그런데 뒤르케임이 보기에 실증철학이 철학사와 정신사에서 갖는 위치와 의미는 거기에 그치지 않고 실증주의 사회학의 창시라는 또 다른 위대한 혁신을 가져왔다. 실증주의 사회학은,

> 사회과학을 자연과학들의 서클로 통합하는 것이다. 이 점에서 실증주의가 인간의 지성을 풍요롭게 했고 새로운 지평을 창조했다고 말할 수 있을 것이다. 과학들의 목록에 하나의 과학을 추가하는 것은 언제나 힘든 작업이기는 하지만 하나의 신대륙을 구대륙에 합병하는 것보다는 생산적이다. 그리고 과학이 인간을 그 대상으로 하면 훨씬 더 생산적이다. 과학은 거의 인간정신에 폭력을 가해야 했으며, 또한 사물에 의거하여 행위할 수 있기 위해서는 우선 그것을 심리에 붙이는 것이 필요하다는 것을 이해시키기 위해 매우 격렬한 저항을 이겨내야 했다. 저항은 심문해야 하는 대상이 우리 자신이었을 때 특히 완강했는데, 그 이유는 우리 자신을 사물의 바깥에 위치시키고 우주에서 별도의 자리를 요구하는 우리의 경향 때문이었다.[61]

이처럼 실증철학과 그에 기반하는 실증주의 사회학의 정신사적 위치와 의미를 평가한 후 뒤르케임은 생시몽이 콩트에게 빚졌다고 생각하는 콩트주의자들에 반하여 오히려 콩트가 생시몽에게 빚졌다는 견해를 피력하고 있다. 이는 생시몽이 실증주의의 창시자라는 점을 감안하면 쉽게 납득할 수 있다. 그리고 더 나아가 사회학에서도 이 '채무관계'가 성립한다는 견해를 피력하고 있다.[62] 그러나 이는 콩트가 사회학의 창시자라는 사실을 감안하면 쉽게 납득할 수 없는 대목이다. 게다가 방금 인용한 책은 그 제목이 암시하듯이 생시몽과 초기 사회주의를 그 논의의 대상으로 하고 있으며, 따라서 콩트에

---

61 같은 책, 67쪽.
62 같은 곳.

대한 자세한 논의는 찾아볼 수 없다. 내가 보기에는 실증주의 사회학에서 콩트가 차지하는 위치를, 그리고 콩트와 생시몽의 관계를 잘 엿볼 수 있는 뒤르케임의 글이 한 편 있는데, 그것은 1900년 『르뷔 블루』 제4호에 게재된 「19세기의 프랑스 사회학」이다.

이 글에서 뒤르케임은 사회학의 관념이 처음으로 형성된 것은 콩트의 사회학, 즉 사회물리학에서가 아니라 생시몽의 이른바 사회생리학에서라는 견해를 피력하고 있다. 생시몽의 생리학은 사회적 유기체를 그 발전 과정에서 고찰하며, 따라서 개인적 유기체를 대상으로 하는 생리학, 생시몽의 표현을 따르자면 '일상적' 또는 '특수' 생리학과는 확연히 구별된다. 뒤르케임이 보기에 어떤 의미에서 콩트 사회학의 모든 근본적인 개념은 이미 생시몽의 사회생리학에서 발견된다고 말할 수 있다.[63] 그러나 생시몽은 원대한 프로그램의 실행자라기보다는 입안자였다. "그의 저작에는 그가 사회 체계 전체의 주축으로 간주하는 진보의 법칙을 발견하려는 방법적 시도라고 할 수 있는 것이 전혀 없다. 그가 이 문제에 대해 제시한 견해들은 모든 방향에 흩어져 있다. 그 견해들은 짧은 시간 내에 이루어진, 따라서 아주 불완전하게 조정되고 제대로 증명되지도 않은 직관일 뿐이다. 생시몽에 의해 구상된 위대한 프로젝트가 현실이 된 것은 오직 오귀스트 콩트를 통해서이다."[64] 요컨대 생시몽은 실증주의 사회학의 선구자였을 뿐 창시자는 아니었다. 창시자는 콩트였던 것이다.

뒤르케임에 따르면 콩트가 처음으로 사회의 실증과학으로서의 사회학의 틀을 정립하고 그 구체적인 방법을 제시했으며, 그 결과로

---

63 Émile Durkheim, "Sociology in France in the Nineteenth Century", in: ders., *On Morality and Society* (Edited and with an introduction by Robert N. Bellah), Chicago/London: University of Chicago Press 1973a, 3~22쪽, 여기서는 7~8쪽.

64 같은 글, 8쪽. 생시몽과 콩트의 관계에 대해서는 다음을 참조할 것. 김덕영, 앞의 책(2016a), 65쪽 이하.

사회학이 과학적 지위를 획득하게 되었다. 바로 이것이,

> 그[콩트]가 사회학의 아버지로 간주되고 그가 신생과학에 부여한 **사회학**이라는 명칭이 확정적인 것으로 유지되어 온 이유이다. 거기에 더해 그의 학설은 비록 많은 오류가 있기는 하지만 도처에서 정확히 그것다운 것, 즉 그것에 대한 연구를 착수할 수밖에 없는 마음의 상태를 생생하게 느끼도록 한다. 바로 이런 연유로『실증철학강의』의 마지막 세 권을 읽는 것이 우리들에게는 사회학 연구를 시작하는 가장 좋은 길이 된다. 콩트를 제대로 이해하려면 생시몽에게로 돌아가야 한다는 것에는 의심의 여지가 없다. 그러나 콩트가 그의 스승에게 어떤 빚을 지고 있든 간에, 그는 우리에게 가장 탁월한 스승으로 남아 있다.[65]

여기까지의 짧은 논의를 바탕으로 실증철학과 그 하위범주인 실증주의 사회학에 대한 뒤르케임의 평가를 다음과 같이 요약할 수 있다. 실증철학, 그러니까 (자연)과학을 모델로 재조직된 철학은 19세기의 가장 인상적인 사건이자 데카르트주의와 더불어 프랑스 철학사에서 가장 중요한 지적 조류이며, 그 하위범주인 실증주의 사회학은 19세기의 위대한 혁신 가운데 하나이다. 콩트는 실증주의 과학의 목록에 사회학이라는 또 하나의 과학을 추가하는 매우 힘든 작업을 해낸 거장이다. 콩트는 사회학의 창시자로서 사회학자들의 가장 탁월한 스승이며『실증철학강의』의 마지막 세 권을 읽는 것이 사회학 연구를 시작하는 왕도가 된다.『실증철학강의』는 1830년부터 1842년까지 총 6권으로 출간된 콩트의 주저로, 실증주의적 원리 아래 수학, 천문학, 물리학, 화학, 생물학과 사회학(사회물리학)을 포괄

---

65 Émile Durkheim, 앞의 글(1973a), 10쪽.

하고 있는데, 그 마지막 세 권이 사회학에 할애되어 있다.[66]

이러한 지성사적 위치와 의미를 갖는 콩트는 뒤르케임에게 커다란 영향을 끼쳤다. 그 가운데에서도 특히 뒤르케임이 콩트를 통해 사회학의 존재, 즉 고유한 인식대상과 인식방법을 가진 하나의 독립적인 과학으로서의 사회학의 존재를 알게 된 사실을 언급할 만하고 또한 언급해야 할 것이다. 물론 그렇다고 해서 뒤르케임이 콩트의 사상을 알게 되면서 비로소 사회[과]학적 사고 또는 사회적 차원의 사고를 배웠다고 할 수는 없다. 이미 이 장의 제1절에서 언급한 바와 같이, 뒤르케임이 그것을 배운 것은 파리고등사범학교의 스승들인 철학자 르누비에와 부트루 그리고 역사학자 쿨랑주로부터이다. 그보다 뒤르케임은 콩트와 씨름하면서 사회를 인식대상으로 하는 과학이 실제로 존재한다는 사실을 알게 됨으로써 사회[과]학적 또는 사회적 차원에 대한 자신의 인식관심을 보다 구체화할 수 있는 지적 가능성을 발견했다고 할 수 있다. 그러니까 뒤르케임에 대한 콩트의 영향은 파리고등사범학교의 스승들의 영향과 연속선상에서 파악해야 한다. 이 지성사적 연속성은 뒤르케임이 1907년 11월에 보낸 한 편지를 보면 명백하게 드러난다. 그는 거기에서 사회학과 심리학의 분리에 대해 언급하면서 부트루와 콩트를 언급하고 있다.

나는 그것[사회학과 심리학의 분리]을 무엇보다도 나의 스승인 부트루에게 빚지고 있는데, 그는 파리고등사범학교에서 우리에게 모든 과학은 아리스토텔레스의 말처럼 "자신의 고유한 원리"에 의해 설명할 수 있어야 한다고 되풀이하여 강조했다. 예컨대 심리학은 심리학적 원리에 의해서, 그리고 생물학은 생물학적 원리에 의해서 설명해야 한다는 것이다. 나는 이러한 생각에 크게 감명을 받아서 그것을 사

---

66 이에 대한 자세한 논의는 다음을 참고할 것. 신용하, 『사회학의 성립과 역사사회학: 오귀스트 꽁트의 사회학 창설』, 지식산업사 2012, 59쪽 이하.

회학에 적용했다. 이러한 방식은 콩트의 저작을 통해서 옳다는 것이 입증되었다. 왜냐하면 그에게는 생물학이 물리학과 화학으로 환원될 수 없는 것과 마찬가지로 사회학이 생물학으로 (그리고 따라서 심리학으로) 환원될 수 없기 때문이다.[67]

콩트와 부트루의 지성사적 연속성은 ─ 이미 앞 절에서 언급한 바와 같이 ─ 부트루가 콩트에 접목하면서 각각의 과학은 자신의 고유한 원리에 입각한다는 견해를 피력했다는 사실을 감안하면 더욱더 명백해질 것이다. 물론 그렇다고 해서 부트루가 실증주의자라는 의미는 아니다. 그는 오히려 대표적인 실증주의 비판자인데, 그가 콩트에 접목한 것은 데카르트주의를 비판하기 위함이었다. 1895년에 『현대 과학과 철학에서의 자연법칙의 개념에 대하여』라는 부트루의 저서가 출간되었는데, 이 저작은 그가 1892~93년 소르본 대학에서 동일한 제목으로 강의한 내용을 토대로 출간한 것이다. 거기에서 부트루는 다음과 같이 주장하고 있다.

데카르트에게서는 수학 자체가 물질적 세계의 내부에서 실현된다. 게다가 그것은 물질적 사물의 본질을 구성한다. 그러나 데카르트 이후 이러한 관점은 점점 더 줄어들고 부정되었으며, 오귀스트 콩트의 실증주의가 비판의 결과를 요약했다. 왜냐하면 그는 더 높은 것이 더 낮은 것으로 환원될 수 없음을, 그리고 더 높은 것을 해명하려고 하면 고유한 방식으로 특수화될 수 있고 선행하는 법칙으로 환원할 수 없는 새로운 법칙을 도입해야 함을 설파했기 때문이다.[68]

---

67 Émile Durkheim, 앞의 책(1995h), 241쪽.
68 Émile Boutroux, *Ueber den Begriff des Naturgesetzes in der Wissenschaft und in der Philosophie der Gegenwart. Vorlesungen gehalten an der Sorbonne 1892~1893*, Jena: Eugen Diederichs 1907, 22~23쪽.

여기에서 부트루가 말하는 법칙들은 자연의 법칙들, 즉 자연법칙들이다. 그에게는 사회학적 법칙도 자연법칙에 속한다. 사회도 자연의 일부분이기 때문이다. 우리가 자연법칙이라고 부르는 것은―부트루는 정의하기를―"우리가 사물을 전유하고 우리의 의지에 예속시키기 위해 고안해 낸 방법의 총합"이다.[69] 부트루에 따르면 자연법칙에는 논리적 법칙, 수학적 법칙, 기계적 법칙, 물리적 법칙, 화학적 법칙, 생물학적 법칙, 심리학적 법칙, 사회학적 법칙의 총 8개의 법칙이 있다. 이 법칙들을 하나하나 상론하는 것은 이 책의 범위를 훨씬 벗어나는 일이다. 다만 논리적 법칙만 간단히 언급하기로 한다. 부트루가 이해하는 논리적 법칙은 과학적 사고 전체를 지배하는 법칙으로서 아리스토텔레스의 삼단논법보다 더 일반적이다. 그것은 동일성의 법칙, 모순의 법칙, 제3자 배제의 법칙(배중률)의 세 가지 법칙이다.[70] 부트루에 따르면 철학을 내내 딜레마에 빠뜨렸던 보편성과 실재성의 이원론은 과학에 의해 해결될 수 있었다.

인간정신이 자연법칙을 동시에 보편적인 것과 실재적으로 타당한 것으로 파악하는 것은 매우 어려운 일로 보인다. 우리가 보편성을 이해하면 실재성이 우리의 이해를 벗어나고, 그 역으로 실재성을 이해하면 보편성이 우리의 이해를 벗어난다. 만약 우리가 단순하게 합리주의와 경험주의를 결합하고자 한다면, 이 대립적인 관점의 결합은 둘을 기계적으로 나란히 세워놓은 것에 불과할 뿐 결코 종합이 될 수 없을 것이다. 그런데 철학에는 단지 이상이자 문제인 것이 과학에 의해 실현되었다. 과학은 수학을 경험과 결합하며, 그럼으로써 동시에 구체적이고 이해 가능한 법칙을 제시하는 데 성공했다. 과학이 적용한 방법은 실재의 각 단계에 상응하는 실증적 원리를 찾는 것이다. 뉴

69 같은 책, 131쪽.
70 같은 책, 11쪽.

턴은 천체운동의 이론을 순수한 수학적 법칙과 근본적으로 다른 중력의 법칙 위에 정초함으로써 과학적 해석의 전범을 보여 주었다. 그것에 따라서 과학들이 차례로 해방되었다. 과학들은 특수하고 환원 불가능한 원리에 힘입어 독립적이 되었다. 이런 식으로 해서 예컨대 물리적 원리는 순수한 수학적 원리로부터, 화학은 물리로부터, 생물학적 특성은 물리적 특성과 화학적 특성으로부터 구별되었다. 물론 모든 과학이 필요한 수정을 가하면서 수학적 과학과 동격이 되려고 노력한다. 그러나 더 이상 하나의 과학을 다른 과학의 단순한 확장으로 간주되지 않는다. 개별과학들의 원리가 갖는 특수성이 인정된다.[71]

부트루에 따르면 뉴턴의 물리학을 전범으로 하여 독립된 자연법칙과 그에 상응하는 개별과학은 위계를 이룬다. 바로 이 위계로 인해 자연법칙과 개별과학은 서로 더 가까이 가고 더 친숙해질 수 있는 동시에 하나의 유일한 과학과 하나의 유일한 법칙으로 융해되지 않는다. 그리고 바로 이 위계로 인해 자연법칙과 그에 상응하는 개별과학은 상호 독립적인 관계에 있는 동시에 상호 간에 영향을 주고받는 관계에 있다. 예컨대 물리적 법칙은 생물에게도 적용되며, 생물학적 법칙은 물리적 법칙과 공동으로 작용한다. 이렇게 해서 형이상학적 철학을 내내 딜레마에 빠뜨린 이원론이 실증적 과학에 의해 극복될 수 있었다.[72] 이러한 부트루의 논리는 콩트가 이른바 '백과전서적 법칙'에서 제시한 실증철학의 위계를 보다 세분화한 것이다. 콩트에 따르면 수학, 천문학, 물리학, 화학, 생물학, 사회학은 위계를 이룬다(이에 대해서는 곧 다시 자세한 논의가 있을 것이다). 그리고 부트루는 사회의 자연과학인 사회학에 대해 콩트가 갖는 의미를 다음과

---

71 같은 책, 8~9쪽.
72 같은 책, 130쪽.

같이 평가하고 있다.

오귀스트 콩트는 다른 과학들과 유사한 사회학의 개념을 주조한 최초의 인물이다. 그의 견해에 따르면 사회적 법칙은 소망의 표현이 아니라 객관적으로 관찰되어 온 사실의 표현이다. 그런데 사회는 존재의 더 낮은 형태로 소급될 수 없는 특유한 성격을 갖는다고 콩트는 확신한다.[73]

아무튼 뒤르케임은 콩트로부터 사회학이 자체적인 인식대상과 인식방법을 갖는 과학이라는 사실을 배웠던 것이다. 이는 뒤르케임이 1887/88년 겨울학기에 보르도 대학에서 한 사회학 입문 강의를 보면 단적으로 드러난다. 콩트는 ― 그 개막 강의에서 뒤르케임은 이렇게 말하고 있다 ―

존재 양태의 계열에서 사회적 존재에 하나의 특정한 자리를 지정한다. 그는 이것을 위계의 맨 꼭대기에 위치시키는데, 그 이유는 한편으로 사회적 존재가 갖는 보다 큰 복잡성 때문이고, 다른 한편으로 사회적 질서가 다른 자연의 영역을 포괄하고 내적으로 통합하기 때문이다. 이 존재는 다른 존재로 환원할 수 없기 때문에, 또한 다른 존재로부터 도출할 수 없으며 그것을 인식할 수 있기 위해서는 그것을 관찰해야 한다. 이렇게 해서 사회학은 오로지 자신에게만 속하는 대상을 가지며 이것을 연구할 수 있는 실증적 방법을 갖게 된다.[74]

---

73 같은 책, 116쪽.
74 Émile Durkheim, "Einführung in die Sozialwissenschaft an der Universität Bordeaux 1887~1888. Eröffnungsvorlesung", in: ders., *Frühe Schriften zur Begründung der Sozialwissenschaften* (Herausgegeben, eingeleitet und übersetzt von Lore Heisterberg), Darmstadt-Neuwied: Luchterhand 1981a, 26~52쪽, 여기서는 33쪽.

이 인용구절에서 알 수 있듯이, 콩트에게 사회학은 사회라는 고유한 존재를 대상으로 하고 실증주의적 방법을 통해 이 대상에 접근하는데, 이 방법은 구체적으로 관찰, 보다 정확히 말하자면 현상과 그 관계의 관찰이다. 콩트에게 사회학은 사회를 관찰하는 실증과학이다. 콩트는 이처럼 관찰에 기반하는 실증주의 사회학에 의해 기존의 신학적인 또는 형이상학적인 논리를 극복해야 한다고 주장하는데, 뒤르케임은 이러한 실증주의 정신을 공유한다.[75]

뒤르케임이 콩트로부터 배운 실증주의적 사회학은 자연주의적 사회학이다. 왜냐하면 실증주의적 사회학은 수학, 천문학, 물리학, 화학, 생물학 등과 같은 자연과학의 서클에 통합된 사회학이기 때문이다. 콩트에 따르면 사회는 자연의 일부분이면서 자연의 다른 부분들로 환원되거나 그것들로부터 도출될 수 없는 고유한 실재이며, 따라서 사회학은 자신만의 고유한 인식대상과 그에 적합한 인식방법을 가지면서 수학, 천문학, 물리학, 화학, 생물학과 같은 실증주의 과학의 목록에 추가할 수 있다. 이렇게 되면 사회를 인식대상으로 하는 사회학은 실증주의라는 새로운 정신적 체계에 통합되면서 나름대로의 독립성과 전문성을 확보할 수 있다.

그렇다면 뒤르케임이 콩트로부터 받아들인 실증주의적 사회학의 인식방법은 구체적으로 무엇인가? 방금 앞에서 언급한 바와 같이, 콩트에게 실증주의적 사회학은 사회의 관찰과학이다. 콩트의 실증주의, 아니 실증주의 일반은 관찰과학이다. 실증주의는 "그 이전의 신학적 사유체계나 형이상학적 사유체계가 추구한 사실의 내면적

---

75 실증주의는 과학적 세계관에 의해 기존의 신학적·형이상학적 세계관을 극복하려 한 점에서 베버가 말하는 '세계의 탈주술화'의 일환으로 볼 수도 있을 것이다. 이에 대한 논의는 다음을 참고할 것. Bernhard Plé, *Die "Welt" aus den Wissenschaften. Der Positivismus in Frankreich, England und Italien von 1848 bis ins zweite Jahrzehnt des 20. Jahrhunderts. Eine wissenssoziologische Studie*, Stuttgart: Klett-Cotta 1996, 40쪽 이하, 103쪽 이하.

본질과 궁극적 원인을 단호히 거부한다. 콩트는 원인에 대한 인식에서 법칙에 대한 인식으로, 다시 말하자면 '무엇 때문에'에 대한 인식에서 '어떻게'에 대한 인식으로 관심을 전환하고 있다. 이 모든 것은 관찰을 통해 가능해진다. 생시몽에게처럼 콩트에게도 실증주의는 한마디로 관찰과학이다. 그러므로 실증주의적 법칙은 사변적이고 연역적으로 구성되는 것이 아니라 현상 사이에 존재하는 법칙으로서 현상의 직접적인 관찰을 통해 구성된다."[76]

만약 이처럼 실증주의가 관찰과학이라면 사회학은 자신만의 고유한 인식방법을 확보할 수 없게 된다. 왜냐하면 그리되면 단지 사회학뿐만 아니라 모든 실증과학이 관찰의 방법을 공유하기 때문이다. 이 문제를 해결하기 위해서는 콩트의 '백과전서적 법칙'을 살펴볼 필요가 있다. 백과전서적 법칙[77]은 인간정신 삼단계 발전법칙과 더불어 콩트 실증철학의 핵심을 이루는 법칙으로서 실증철학에 기반하는 다양한 실증과학의 관계를 규정하는 법칙이다. 콩트에 따르면 새로이 형성되는 모든 과학은 이미 존재하는 연구방법의 '재고'에 또 다른 연구방법을 추가함으로써 인식의 지평을 확장한다. 실증주의적 과학의 위계에서 맨 아래 단계에 위치하는 수학은 논리 방법을 구사하는데, 그다음 단계의 천문학은 관찰의 방법을 추가하고, 그다음 단계의 물리학은 실험의 방법을 추가하고, 그다음 단계의 화학은 분류의 방법을 추가하고, 그다음 단계의 생물학 또는 생리학은 비교를 추가하며, 마지막으로 사회학은 역사적 비교를 추가한다. 그리하

---

76 김덕영, 앞의 책(2016a), 68쪽. 이 인용구절의 두 번째 문장(콩트는 원인들에 …… 전환하고 있는 것이다)은 다음에서 온 것이다. 오귀스트 콩트, 『실증주의 서설』, 한길사 2001 (김점석 옮김; 원제는 Auguste Comte, *Discours Préliminaire l'Ensemble du Positivisme*), 78쪽.

77 다음에는 콩트의 백과전서적 법칙에 대한 간략한 논의가 있다(이 단락과 다음 단락도 그 내용을 요약·정리한 것이다). 김덕영, 앞의 책(2016a), 88쪽 이하.

여 사회학은 가장 복잡하고 가장 발전된 실증주의적 과학이 된다.

이처럼 다양한 실증과학의 관계는 위계적이지만 그 가운데 어느 것도 다른 것으로 환원되거나 다른 것에 의해 대체될 수 없다. 이는 예컨대 사회학과 그 아래 단계에 속하는 생물학 또는 생리학의 관계를 보면 알 수 있다. 콩트의 실증철학적 체계에서는 생물학 또는 생리학이 사회학의 출발점이 된다. 생물학 또는 생리학의 실증(주의)화가 그다음 단계인 사회과학의 실증(주의)화를 위한 전제조건이 되기 때문이다. 그러나 다른 한편 사회학은 인류 종족의 생리학이다. 사회학과 생리학은 전체 생리학의 두 중요한 부분이다. 그러므로 사회학은 생리학과 마찬가지로 관찰, 실험, 분류 및 비교의 방법을 구사한다. 그러나 다른 한편 인류의 집단적 현상을 다루는 사회학과 개인적 현상을 다루는 생물학 또는 생리학 사이에는 근본적인 차이점이 존재하며, 따라서 전자가 완전히 후자의 일부분이 될 수는 없다. 만약 낮은 수준의 과학인 생물학 또는 생리학이 높은 수준의 과학인 사회학을 침식한다면, 사회학은 유물론으로 전락하고 말 것이다. 방법론적 차원에서 실증철학적 과학의 위계에서 정상에 위치하는 사회학을 그보다 낮은 과학과 구별해 주는 것은 다름 아닌 역사적 비교이다.[78]

뒤르케임은 사회학이 관찰, 실험, 분류, 비교, 역사적 방법을 구사해야 한다는 콩트의 방법론적 원칙을 받아들인다. 그런데 여기에는 어느 정도 설명이 필요하다. 사회학에서 실험의 방법을 구사한다는 말은 언뜻 이해가 가지 않는다. 왜냐하면 인간을 가지고 실험할 수

---

78 참고로 콩트의 실증철학적 과학의 위계에서는 심리학이 존재하지 않는다. 다시 말하자면, 물리적 세계, 생물적(유기적) 세계, 사회적 세계를 인식대상으로 하는 과학은 존재하지만 개인적 차원을 다루는 심리학이 존재하지 않는 셈이다. 콩트가 보기에 인간심리에 대한 내성적 방법은 관찰이 불가능하기 때문에 심리학은 진정한 의미의 과학이 될 수 없다. 콩트에게 심리학은 생물학의 일부분일 뿐이다. 김덕영, 앞의 책(2016a), 91~92쪽.

는 없는 노릇이기 때문이다. 사회학의 실험은 비교의 방법인데, 그 이유는 다음과 같다. 사회학자는 특정한 인식목표 아래 비교를 통해서 다양한 사회의 동일한 사회적 현상을 변주하고 또는 조작하고, 그러니까 실험하고 그로부터 나타나는 결과를 관찰한다. 몽테스키외가 비록 의도적으로 이 방법을 지향하지는 않았지만 법의 정신에 대한 연구에 무의식적으로 이 방법을 적용했다[79](몽테스키외의 비교방법에 대해서는 곧 아래에서 자세히 논하게 될 것이다).

이러한 특성을 갖는 사회학의 실험을 자연과학의 실험과 구별하여 간접실험이라고 한다. 그런데 사회학적 비교는 구조적 측면과 역사적 측면 모두에서 요구되기 때문에 콩트가 주장한 사회학적 방법인 관찰, 실험, 분류, 비교, 역사적 비교는 관찰, 실험, 분류로 귀결된다. 이는 다시금 관찰과 실험으로 귀결된다. 왜냐하면 분류는 사회학적 변주 또는 조작에 속하는 작업으로 볼 수 있기 때문이다. 결국 뒤르케임에게 사회학은 관찰하고 비교하는 또는 실험하는 실증과학이다(실제로 뒤르케임은 비교를 실험이라고 표현하기도 했다). 그리고 뒤르케임에게 비교사회학은 ― 제2장 제2절에서 논하게 되는 바와 같이 ― 사회학의 특수영역이 아니라 사회학 그 자체이다.

그리고 더 나아가 뒤르케임은 이론과 실천의 문제에서도 콩트에게 배운 바가 크다. 뒤르케임은 프랑스대혁명의 이념에 따른 사회의 재소식화를 추구했다. 그리고 이를 위해서 사회학을 통한 정신의 재조직화를 추구했다. 그러니까 뒤르케임은 과학화된 또는 실증주의화된 정신을 통해서 사회를 개혁하고자 했던 것이다. 이 점에서 뒤르케임은 과학주의적이었다. 이는 누구보다도 콩트로부터 온 것이다. 콩트는 사회의 재조직화를 추구했으며, 이를 위해 정신의 재조직화를 추구했다. 콩트의 지적 세계는 프랑스대혁명에 의해 결정적

---

79 René König, *Émile Durkheim zur Diskussion. Jenseits von Dogmatismus und Skepsis*, München / Wien: Carl Hanser 1978, 145쪽.

으로 각인되었다. 그의 실증철학의 역사적·사회적 배경은, 즉 '지식사회학적' 토양은 바로 이 대사건이었다. "콩트가 지향하고 추구하는 궁극적인 실천적 목표는 사회의 재조직화에 있었다. 다시 말해 낡은 체계가 해체되고 새로운 체계가 재조직되는 이른바 공존의 시대에 '사회를 새로운 체계의 길로 계속 끌고 갈 힘을 활성화하는 것'이 그의 진정한 실천적 목표라고 콩트는 선언한다." 그런데 "사회의 재조직화는 정신의 재조직화를 그 전제로 한다. 실천적 재조직화는 이론적 재조직화를 필요로 한다. 말하자면 콩트는 이중적 재조직화를 추구한 것이다. 이처럼 사회적·실천적 재조직화를 가능케 하는 정신적·이론적 재조직화가 다름 아닌 실증주의 또는 실증철학이다."[80]

결론적으로 말해 뒤르케임은 콩트가 창시한 실증주의 사회학을 19세기의 위대한 혁신 가운데 하나로 자리매김할 정도로 그의 지성사적 위치와 의미를 높이 평가했으며 여러 가지 측면에서 그의 근본적인 견해에 전적으로 공감하고 그의 지적 세계에 접목하면서 자신의 사회학을 구축했다고 말할 수 있다.[81] 그런데 여기에서 한 가지 반드시 염두에 두어야 할 사항이 있으니, 이처럼 뒤르케임이 콩트로부터 큰 영향을 받았다고 해서 그가 콩트주의자가 되었다거나 콩트의 사회학을 계승하고 발전시켰다는 식으로 받아들여서는 안 된다는 점이 바로 그것이다. 뒤르케임은 콩트로부터 많은 것을 배웠지만 여러 측면에서 콩트에게 비판적이었고 콩트를 극복하려고 했다. 뒤

---

80 김덕영, 앞의 책(2016a), 61~62쪽. 이 인용구절 안의 작은따옴표는 다음에서 온 것이다. Auguste Comte, *Plan der wissenschaftlichen Arbeiten, die für eine Reform der Gesellschaft notwendig sind*, München: Carl Hanser 1973, 36쪽.

81 이렇게 보면 뒤르케임은 콩트로부터 경험주의, 사회학주의, 자연주의, 과학주의 및 사회개혁주의를 받아들였다는 주장에 동의할 수 있을 것이다. 이 주장은 다음에 있다. Peter Halfpenny, *Positivism and Sociology. Explaining Social Life*, London: George Allen & Unwin 1982, 23쪽.

르케임은 콩트의 제자인 동시에 비판자였던 것이다.[82] 그는 "불편한 콩트주의자"였다.[83]

뒤르케임이 콩트의 제자인 동시에 비판자가 되는 데 중요한 역할을 한 사상가로는 누구보다도 몽테스키외와 데카르트를 꼽을 수 있다. 이들에 힘입어 콩트에게서 큰 영향을 받은 뒤르케임은 콩트를 극복하고 콩트의 사회학과 다른 사회학적 패러다임을 구축할 수 있었다. 콩트가 인간정신을 탈형이상학화하려는 의도로 구축한 실증주의는 종국에 재형이상학화되는 자기모순에 빠지고 말았다. 그의 사회학은 형이상학적 실증주의로 귀결되고 말았던 것이다. 이에 반해 뒤르케임은 합리주의적 실증주의를 구축함으로써 사회학을 엄밀한 경험적 실증과학으로 정립했다. 여기에서는 몽테스키외가 뒤르케임이 불편한 콩트주의자가 되는 데 어떤 '지분'을 갖는가를 살펴보기로 하고, 데카르트의 지분을 따져보는 일은 제2장 제1절의 과제로 남겨두기로 한다.

b. 몽테스키외와 뒤르케임

뒤르케임의 박사학위 논문은 두 편인데, 하나는 라틴어로 된 것이고 다른 하나는 프랑스어로 된 것이다. 전자가 부(副)논문이고 후자가 주(主)논문이라 할 수 있다. 이처럼 뒤르케임이 두 편의 박사학위 논문을 — 그것도 하나는 라틴어로, 다른 하나는 프랑스어로 —

---

82 Wolfgang Schluchter, 앞의 책(2006), 107쪽 이하. 다음은 뒤르케임이 콩트를 어떤 점에서 받아들이고 어떤 점에서 멀리하는가를 간결하게 정리하고 있다. Werner Fuchs-Heinritz, "Zum Gesellschaftsbild der Soziologie: Durkheims Rezeption von Comte", in: Wieland Jäger & Rainer Schutzeichel (Hrsg.), *Universität und Lebenswelt*, Wiesbaden: VS Verlag für Sozialwissenschaften 2008, 229~39쪽.

83 Alvin W. Gouldner, in: Émile Durkheim, *Socialism and Saint-Simon* (Edited and with an introduction by Alvin W. Gouldner), London: Routledge & Kegan Paul 1959, VIII~XXIII쪽, 여기서는 X쪽.

쓴 것은 당시 프랑스 대학의 관례를 따른 것이었다. 이 두 논문은 모두 1892년에 소르본 대학에 제출했는데, 라틴어 논문의 제목은 「정치과학의 창시에 대한 몽테스키외의 기여」이며 프랑스어 논문의 제목은 「사회분업론: 고등 사회들의 조직에 대한 연구」이다. 후자는 1893년에 책으로 출간되었으며, 통상 부제는 생략한 채 『사회분업론』이 원래 제목인 양 받아들여지고 있다. 그리고 전자는 1892년에 책으로 출간되었고 1937년에는 『사회과학의 창시에 대한 몽테스키외의 기여』라는 제목으로 프랑스어로 번역·출간되었다.

뒤르케임의 지적 배경을 논하는 이 부분에서 우리의 관심을 끄는 것은 몽테스키외에 대한 논문이다. 그 제목에 들어 있는 '정치과학'이라는 용어는 '사회과학', 보다 엄밀히 말하자면 '사회학'을 뜻한다. 이 논문에서 뒤르케임은 ─ 몽테스키외 저작의 프랑스어 번역판의 제목처럼 ─ 몽테스키외가 사회학의 선구자였다는 테제를 논증하고 있다. 구체적으로 뒤르케임은 『법의 정신』(1748)에 논의의 초점을 맞추는데, 그 이유는 몽테스키외가 이 저작에서 새로운 과학적 방법의 초석을 놓았다고 보기 때문이다.

뒤르케임에 따르면 콩트가 사회학이라는 새로운 과학의 "일차적인 토대를 구축했고 그 본질적인 구성요소를 식별해 냈으며 그것에 고유한 이름 ─ 사회학 ─ 을 지어주었다."[84] 그러나 몽테스키외 이전에는 "어느 누구도 후대인들을 진정한 사회과학으로 이끈 길을 그만큼 멀리가지 못했다. 어느 누구도 이 과학의 창시에 무슨 전제조건이 필요한가를 그만큼 인식하지 못했다." 몽테스키외는 ─ 뒤르케임은 계속해서 주장하기를 ─ 사회학이라는 새로운 과학에 "자신의 대

---

84 Émile Durkheim, "Montesquieus Beitrag zur Gründung der Soziologie", in: ders., *Frühe Schriften zur Begründung der Sozialwissenschaften* (Herausgegeben, eingeleitet und übersetzt von Lore Heisterberg), Darmstadt-Neuwied: Luchterhand 1981c, 85~128쪽, 여기서는 87쪽.

상을 의식하도록 만들었고 그 방법을 가시적으로 만들었으며 이 방법이 근거하는 토대를 준비했다."[85]

먼저 인식대상의 측면에서 보면 몽테스키외의 과학은 진정한 사회과학이다. 왜냐하면 그것은 "개별인간의 의식이 아니라 사회적 현상을 다루기 때문이다."[86] 몽테스키외는 『법의 정신』의 인식대상이 단순히 법에 한정된 것이 아니라 "모든 나라와 민족의 법, 도덕과 다양한 종류의 풍습"이라고 규정하고 "이것들의 근원을 연구하고 그 물리적이고 정신적인 원인을 규명하고자" 한다.[87] 몽테스키외가 보여 주는 또 한 가지 사회과학적 진면목은 그가 다양한 사회적 현상을 각각 분리하여 개별적으로 다루지 않고 사회라는 전체적인 틀 속에서 이것들이 갖는 상호관계와 상호작용 속에서 다룬다는 사실에

---

85 같은 글, 88쪽.

86 같은 글, 97쪽.

87 같은 글, 96쪽. 몽테스키외는 『법의 정신』에서 다음과 같이 사회과학적 관점에서 법의 정신에 대한 정의를 내렸다. "법은 아주 일반적으로 말해 지구상의 모든 민족을 지배하는 인간이성이다. 그리고 각 민족의 국가법과 시민법은 어디까지나 이 인간이성이 개별적으로 적용되는 경우이어야 한다.
각 민족의 국가법과 시민법은 그 대상인 민족에게 완전히 적용되어야 하며, 따라서 만약 그것이 다른 민족에게도 적합하다면 그것은 실로 엄청난 우연일 것이다. 각 민족의 국가법과 시민법은 기존의 또는 수립하고자 하는 통치 형태의 특성과 원칙에 부합해야 하는데, 이는 통치를 각인하는 국가법이는 통치를 유지하는 시민법이든 매한가지이다.
각 민족의 국가법과 시민법은 나라의 자연적 상태, 즉 춥거나 덥거나 온화한 기후, 토질, 위치와 크기, 농업이나 수렵이나 목축과 같은 국민의 생활방식에 부합해야 한다. 그리고 각 민족의 국가법과 시민법은 국민의 종교, 그들의 성향, 그들의 부, 그들의 수, 그들의 교역, 그들의 도덕, 그들의 관습과 같은 상태와 조화를 이루는 자유 정도에 부합해야 한다. 마지막으로 각 민족의 국가법과 시민법은 그 제정근거, 입법자의 의도, 그리고 그것이 지향하는 사물의 질서와도 관련이 있다.
이것이 이 책의 과제가 될 것이다. 나는 이 모든 관계를 검토할 것이다. 그것들이 함께 '법의 정신'을 구성한다." Charles Louis de Secondat de Montesquieu, *Vom Geist der Gesetze, Band 1* (Übersetzt und herausgegeben von Ernst Forsthoff), Tübingen: J. C. B. Mohr (Paul Siebeck) 1992a, 16쪽.

서 볼 수 있다. 그 이전에는 마치 한 사회적 현상이 다른 모든 사회적 현상으로부터 완전히 고립되어 독립적으로 존재한다는 관념이 지배적이었으며, 따라서 예컨대 도덕철학자들은 논의의 대상이 되는 사회의 경제적·정치적·문화적 측면 등을 고려하지 않은 채 도덕이라는 사회적 현상에 접근하려고 했다.

  그러나 몽테스키외는 이 모든 요소가 밀접한 연관관계에 있다는 사실을, 그리고 그것들은 — 고립적으로 다루면 — 이해할 수 없다는 사실을 정확히 인식했다. 그런 까닭에 그는 법을 도덕, 종교, 상업 등으로부터 분리하지 않고 특히 이것들을 모든 사회적 현상에 영향을 끼치는 사회형태로부터 분리하여 고찰하지 않는다. 이 모든 현상은 아무리 다를지라도 하나의 존재하는 사회구조의 생명력을 표현한다. 그것들은 한 사회적 유기체의 요소들이자 기관들이다. 그것들이 어떻게 조화를 이루고 상호작용하는가를 이해하려고 하지 않는 한, 그것들의 기능을 규정하는 것은 불가능하다. 게다가 그것들의 본질을 인식할 수 없을 것이다. 왜냐하면 실재들은 서로에게서 독립적으로 존재하는 것처럼 보이지만 실상은 한 전체의 부분들일 뿐이기 때문이다. 이를 보면 오늘날에도 여전히 사회과학자들이 범하는 많은 오류가 설명된다. 바로 이런 까닭에 예컨대 경제학은 개인적 이해관계를 사회의 유일한 원리로 간주하고 입법자가 상업과 산업 활동에 개입하는 권리를 부인한다. 이와 상반되게, 그러나 그와 동일한 근거에서, 윤리학자들은 일반적으로 소유권을 확고한 것으로 간주하지만, 경제적 부에 대한 과학적 정의에 따르면 엄청나게 동요하고 변하기 쉬운 조건에 의존한다.[88]

---

88 Émile Durkheim, 앞의 글(1981c), 123쪽.

그리고 인식방법의 측면에서 보면 몽테스키외의 과학은 사회과학에서 최초로 귀납적 방법을 도입했다는 지성사적 의미를 갖는다. 사회과학이 "예술적인 사변"에 불과할 때에는 주로 연역적 방법에 의존했다. 이에 반해 몽테스키외는 사회적 현상에 묻고 사회적 현상을 몰아치며 갖가지 방법으로 검토하는 경험적 관찰의 방법을 구사했다.[89] 그런데 몽테스키외의 궁극적인 인식관심은 개별적인 사회적 현상이 아니라 사회적 유형을 지향하고 있으며, 따라서 그의 경험적이고 귀납적인 관찰의 방법은 비교의 방법으로 귀결되었다. 그는 사회유형을 "선험적으로 주어진 원리들로부터 도출하지 않고 그가 역사로부터, 여행가들의 보고로부터 알게 된 또는 자기 자신의 여행을 통해서 알게 된 사회들을 비교함으로써 얻는다."[90] 이처럼 비교 연구를 통한 사회의 유형학을 추구함으로써 몽테스키외는 두 가지 측면에서 콩트와 결정적으로 구별된다. 첫째, 방법의 측면에서 콩트는 비교 연구가 아니라 단선적 진화론에 입각하며, 둘째, 인식 측면에서 콩트는 민족들 또는 집단들이 아니라 인류 또는 인간사회를 사회학적 논의의 지평으로 끌어들인다. 이 인류 또는 인간사회의 진화론적 발전법칙이 콩트가 궁극적으로 추구한 사회학적 인식관심이다.

그런데 몽테스키외는 사회를 전체로서 비교하는 것이 아니라 통치방식에 따라서 비교하고 있다. 그것은 엄밀히 말하자면 사회유형하이라기보다 통치유형학이다. 이리한 한계는 몽테스키외의 과학이 사회적 현상을 다루는, 진정한 사회과학임에도 불구하고 정치주권을 중심으로 사유하던 당시의 지적 풍토에서 벗어나지 못했기 때문이다. 카를 만하임(1893~1947)의 지식사회학에 기대어 말하자면, 그것은 몽테스키외 과학의 존재구속성이다. 아무튼 몽테스키외는 다양한 민족을 비교 연구함으로써 다음과 같은 통치유형을 분류할 수

---

89 같은 글, 119, 121쪽.
90 같은 글, 103쪽.

있었다. I. 명확하게 규정된 주권, II. 명확하게 규정되지 않은 주권. I에는 군주제, 공화제, 전제가 속하는데, 공화제는 다시금 귀족제와 민주제로 나뉜다. II에는 수렵과 채취를 하는 야만종족과 목축을 하는 미개종족이 속한다.[91]

그러나 여기에서 간과해서는 안 될 점이 한 가지 있으니, 그것은 몽테스키외의 과학에는 단순히 통치유형학이 아니라 사회유형학이 담겨 있다는 사실이다. 뒤르케임의 말대로 몽테스키외는 진정한 사회유형을 구별한다. 그는 통치유형의 구조적 토대를 구별할 뿐만 아니라 "전체적 삶: 도덕, 종교, 가족, 결혼, 자녀양육, 범죄와 처벌"도 구별한다. 왜냐하면 "이 모든 것은 공화제, 전제 그리고 군주제에서 서로 다르기 때문이다."[92] 뒤르케임에 따르면 몽테스키외는,

> 국가주권만이 아니라 사회적 삶 전체가 사회에 따라서 다르다는 것을, 그리고 이 다양한 형태는 그럼에도 불구하고 서로 비교할 수 있다는 것을 보여 준다. 이는 분류를 위한 불가결한 전제조건이다. 왜냐하면 사회들이 이런 측면 또는 저런 측면에서 일정한 유사성을 보이는 것으로는 충분하지 않기 때문이다. 사회들은 전체적인 구조와 사회적 삶에서 비교할 수 있어야 한다.[93]

결론적으로 말해 몽테스키외가 『법의 정신』에서 사회과학의 근본적인 원리들을 최초로 제시했다는 것이 뒤르케임의 평가이다. 뒤르케임에 따르면 나름대로의 방식으로 사회적 현상의 다양한 측면을 연구하던 여러 지적 분야가 사회학에 이르는 길을 준비했다. 사회학은 그것들로부터 자라났다.[94] 그러나 엄밀한 의미의 사회과학은—

---

91 같은 글, 109~10쪽.
92 같은 글, 107쪽.
93 같은 글, 126~27쪽.

뒤르케임은 계속하여 주장하기를 ─

그 개별적인 지적 분야가 절대적인 필연성에 의해 결합되고 한 전체의 부분이라는 것이 명백해졌을 때 비로소 형성될 수 있었다. 그런데 한 사회에서 일어나는 모든 사건은 연관관계에 있다는 사실을 인식하고 난 다음에야 비로소 그와 같은 관념에 도달할 수 있었다. 비록 사물들에 대한 그의 조망이 여전히 아주 미분화된 상태였지만, 몽테스키외는 사회적 현상의 상호작용을 제시함으로써 우리 과학의 통일성을 예견했다. 그는 그가 연구하는 문제들 위에 명백한 경계를 갖는 하나의 과학, 즉 모든 사회적 현상을 포괄하고 자신의 고유한 방법과 자신의 고유한 이름을 갖는 하나의 과학이 근거한다고 어디에서도 말하지 않는다. 그럼에도 불구하고 그는 후대에게 최초로 그와 같은 과학의 실례를 제공했다. 물론 그렇다고 해서 자신의 노력이 갖는 이러한 결과를 의식한 것은 아니다. 그는 비록 자신의 원리들에 있는 결론을 이끌어냈지만 의도하지 않은 채 후대인들에게 길을 준비했는데, 그들은 사회학을 도입했을 때 그가 연구한 영역에 사회학이라는 이름을 부여한 것 이외에 새롭게 한 것이 그리 많지 않았다.[95]

요컨대 몽테스키외는 사회학의 창시자는 아니었지만 그 선구자였다. 창시자의 명예는 콩트의 몫이었다. 이렇게 말한다고 해서 뒤르케임이 몽테스키외와 콩트를 연속적 관계로 파악한다는 식으로 이해해서는 안 된다. 다시 말해 몽테스키외가 사회학을 준비하고 바로 그 토대 위에 콩트가 사회학을 창시했다는 것이 뒤르케임의 해석과 의도라는 식으로 이해해서는 안 된다. 그리고 뒤르케임은 '몽테스키외-콩트의 전통'을 계승 · 발전시키려 했다는 식으로 이해해서도

94 같은 글, 124, 126쪽.
95 같은 글, 124쪽.

안 된다. 오히려 뒤르케임이 콩트나 몽테스키외와 씨름한 것은 자신의 사회학을 구축하기 위한 작업의 일환이었다. 그리고 그는 이 작업 과정에서 콩트냐 몽테스키외냐 하는, 달리 말하자면 콩트주의자가 되느냐 몽테스키외주의자가 되느냐 하는 이분법적 도식에 빠지지 않고 두 거장을 창조적으로 종합하려고 했다.

뒤르케임은 사회학의 선구자 몽테스키외로부터 사회학의 인식대상과 인식방법 모두에서 사회학의 창시자 콩트를 '수정할' 수 있는 가능성을 발견했다. 몽테스키외는 민족들과 집단들을 인식대상으로 그리고 비교 연구를 인식방법으로 삼았다. 이런 식의 논리는 자기모순이 아닌가? 콩트는 — 이미 앞에서 자세하게 논한 바와 같이 — 비교 연구를 사회학의 중요한 인식방법으로 설정하지 않았는가? 그러나 중요한 것은 콩트가 사회학적 방법과 더불어 진정으로 또는 일차적으로 의도한 바가 어디에 있었는지 따져보는 일이다. 그것은 엄밀한 경험적 실증과학이 아니라 역사철학에 있었다. "다른 모든 위대한 역사철학자들과 마찬가지로 콩트도 '역사발전의 **의미**를 해석하고 현재의 위치를 결정하며 미래로의 길을 가리키거나 예측하려고 한다.' 바로 이런 연유로 콩트가 관심을 가진 것은 개별적인 역사적 사건이 아니라 오히려 역사의 법칙성, 즉 사회적 상태의 계기(繼起)의 법칙성에 있다. 콩트의 관심은 바꾸어 말하자면 천문학, 물리학, 화학 및 생물학에서 찾아낸 보편적인 것을 역사에서 찾아내는 데에 있다. 그러므로 콩트에게 관찰, 실험, 분류, 비교, 역사적 비교의 사회학적 방법은 사회발전을 지배하는 필연적 자연법칙에 예속됨으로써 그리고 이 법칙을 예시함으로써 궁극적인 가치와 의미를 얻는다. 이렇게 보면 콩트의 사회학은 엄밀한 의미에서의 실증적인 연구방법에 기반해 인과관계를 추구하는 경험과학이 아니라 인간사회를 지배하는 법칙을 추구하는, 사변적이고 형이상학적인 역사철학이라고 할 수 있다. 엄밀히 말하자면 그것은 사회학적 어법으로 표현된 목적론적 역사철학이다."[96]

아무튼 뒤르케임이 보기에 몽테스키외의 과학은 단선적 진화론에 입각해 인류 전체의 발전법칙을 논하는 콩트의 사변적·목적론적 실증철학에서 벗어나 다양한 민족과 집단들, 그리고 다양한 사회유형에 대한 과학적인 연구, 즉 경험적이고 귀납적인 비교 연구를 가능케 한다. 곧이어 보게 되는 바와 같이, 뒤르케임은 사회 자체에 대한 보편적 이론이 아니라 사회적 유형에 대한 경험적 비교 연구를 사회학의 중요한 인식목표로 제시한다.

4. 뒤르케임의 사회학이 태동하다

여기에서 다시 시간을 거슬러 뒤르케임이 1887~88년 겨울학기에 보르도 대학에서 한 사회학 입문 강의로 돌아가기로 한다. 강의 전체가 어떤 내용인지는 알 수 없지만 그 개막 강의는 1888년『국제 교육 저널』에 실렸기 때문에 그 내용을 알 수 있다. 거기에서 뒤르케임은 사회학의 역사, 사회학적 인식의 대상 및 방법, 사회학이 철학, 역사학, 법학 등 인접 영역에 기여할 수 있는 것 그리고 사회학이 갖는 실천적 함의에 대해 논하고 있다. 다시 말해 뒤르케임은 자신이 지향하고 추구하는 사회학의 구체적인 윤곽을 제시하고 있다.[97] 이

---

96 김덕영, 앞의 책(2016a), 89~90쪽. 이 인용구절 안의 두 개의 작은따옴표(역사발전의 **의미**를 …… 예측하려고 한다./개별적인 역사적 …… 역사에서 찾아내는)는 각각 다음에서 온 것이다. Iring Fetscher, "Einleitung", in: Auguste Comte, *Rede über den Geist des Positivismus. Französisch-Deutsch* (Übersetzt, eingeleitet und herausgegeben von Iring Fetscher), Hamburg: Felix Meiner 1956, XV~XLV쪽, 여기서는 XXIII쪽; Jürgen von Kempski, Jürgen von Kempski, "Einleitung", in: Auguste Comte, *Die Soziologie. Die positive Philosophie im Auszug* (Herausgegeben von Friedrich Blaschke), Stuttgart: Alfred Kröner 1974 (2. Auflage), IX~XXXVII쪽, 여기서는 XXIII쪽.

97 이 개막 강의에서 뒤르케임은 자신의 "사회학적 미션"의 밑그림을 그리고 있으며, 따라서 그 이후의 작업은 이 밑그림이 분화되고 수정되며 정교화되는

강의와 더불어 뒤르케임 사회학이 탄생했다고 해도 과언은 아니다. 그리고 뒤르케임이 철학에서 사회학으로 완전히 '개종'했다는 사실에서 이 강의의 또 다른 의미가 있다. 여기서는 사회학의 역사와 사회학적 인식의 대상 및 방법에 논의의 초점을 맞추기로 한다.

사회학은 — 뒤르케임은 사회학의 역사를 다음과 같이 요약하고 있다 —

> 경제학자들에 의해 태어났고 콩트에 의해 구성되었고 스펜서에 의해 공고해졌고 셰플레에 의해 경계가 확정되었고 독일 [역사학파] 경제학자들과 법학자들에 의해 전문화되었다.[98]

뒤르케임에 따르면 경제학자들은 "사회적 법칙이 물리적 법칙과 마찬가지로 필연적이라고 선언하고 이러한 공리로부터 한 과학[사회학]의 토대를 만든" 최초의 학자들이다.[99] 또한 콩트는 사회학의 대상과 방법을 규정함으로써 사회학에 구체적인 실재성을 부여했다. 그와 더불어 사회학이라는 새로운 과학이 탄생했다. 그리고 스펜서의 사회학은 콩트의 사회학에 비해 그 인식대상이 훨씬 더 정교하게 규정되어 있으며 그 이론도 적용 가능성이 훨씬 더 크다. 그러나 콩트와 스펜서의 사회학은 인류 또는 인간사회의 보편적 발전법칙에 궁극적인 인식관심을 갖고 있기 때문에 결국 사회학이라는 이름을 가진 철학이 되고 말았다. 그리하여 사회학은 사회 자체에 대한 보편이론이 아니라 사회적 사실에 대한 세밀하고 정교한 연구를 요구하게 되었다. 셰플레가 『사회체의 구조와 삶』에서 현대사회를

과정이라고 할 수 있다. Hans-Peter Müller, *Wertkrise und Gesellschaftsrefom. Émile Durkheims Schriften zur Politik*, Stuttgart: Ferdinand Enke 1983, 1쪽.

98 Émile Durkheim, 앞의 글(1981a), 44쪽.

99 같은 글, 28쪽.

아주 세세하게 분석함으로써 그와 같은 요구에 응했다. 뒤르케임은 이 책을 "진정한 사회학의 참된 교과서"라고 높이 평가한다.[100] 그리고 독일 경제학자들과 법학자들은 각각 경제적 현상과 법률적 현상을 새로운 과학의 소재로 삼았다. 이들과 더불어 이제 사회학은 "거의 모든 사물을 포괄하는, 따라서 보편적이고 혼란스러운 성격의 집합과학이 더 이상 아니다." 이제 사회학은 "일정한 수의 특수 분야로 세분되고 이들 분야는 점점 더 특정한 문제들을 떠맡는다."[101] 이미 이 장의 제3절에서 간략하게 언급한 바와 같이, 독일 경제학자들과 법학자들은 각각 구스타프 폰 슈몰러와 아돌프 바그너를, 그리고 루돌프 폰 예링과 알베르트-헤르만 포스트를 가리킨다.

여기에서 특히 우리의 관심을 끄는 것은 콩트와 스펜서에 대한 뒤르케임의 비판이다. 방금 언급한 내용에서 짐작할 수 있는 바와 같이, 뒤르케임의 1887~88년 겨울학기 사회학 입문 강의의 개막 강의에는 콩트와 스펜서에 대한 긍정적 평가에 이어서 상당히 부정적 평가가 이어지는데, 이를 보면 뒤르케임이 이해하는 사회와 사회학이 무엇인가가 보다 명백하게 드러난다.

뒤르케임은 콩트가 사회학의 인식대상으로 설정한 것은 너무나 불명료하다고 비판한다. 사회학은 "사회"를 연구해야 한다는 콩트의 주장에 반해 뒤르케임은 "'사회'는 존재하지 않는다"라고 논박한다.[102] 뒤르케임에게 존재하는 것은 "사회"가 아니라

> "사회들"인바, 이것들은 식물이나 동물과 마찬가지로 종(種)들과 속(屬)들로 분할된다. 그렇다면 우리가 여기에서 말하는 것은 도대체 어떤 종류인가? 모든 종류를 동시에 포함하는 것인가, 아니면 개별적

---

100 같은 글, 42쪽. 셰플레에 대한 뒤르케임의 자세한 평가는 이 장의 제3절을 참조.
101 같은 글, 43쪽.
102 같은 글, 35쪽.

이고 특수한 종류를 말하는가? 콩트에게는 [……] 이 문제가 제기되지 않는바, 그 이유는 그가 단 한 종류의 사회만이 존재한다고 믿기 때문이다. 라마르크의 적대자로서 그는 오직 발전의 사실에 의해서만 피조물이 분화되어서 새로운 종류가 생성될 수 있다는 견해를 옳지 않다고 생각한다. 그에 따르면 사회적 사실은 언제나 그리고 어디서나 똑같으며, 단지 그 강도에서만 차이가 날 뿐이다. 사회적 발전은 어디서나 똑같으며, 단지 그 속도에서만 차이가 날 뿐이다. 가장 원시적인 민족들과 가장 문화화된 민족들은 동일한 발전의 상이한 장(章)들이며 콩트는 이 통일적인 발전으로부터 법칙들을 찾는다. 전체로서의 인류는 일직선으로 발전하며 다양한 사회는 이 단선적 과정에서 차례차례로 나타나는 단계들일 뿐이다. 그리고 사회의 개념과 인류의 개념도 콩트에게서는 구별되지 않은 채 서로를 보증한다. 그리하여 그의 사회학은 사회적 존재방식에 대한 개별과학적 연구라기보다 인간의 사회적 삶 일반에 대한 철학적 명상임이 드러난다.[103]

뒤르케임에 따르면 바로 이러한 특성으로 인해 콩트 사회학은 엄밀한 경험과학적 인식방법을 구축할 수 없다는 한계를 갖는다.

만약 인간의 진보가 어디서나 똑같은 법칙을 따른다면, 그것을 인식할 수 있는 가장 좋은 방법은 당연히 그것이 가장 순수하고 가장 발전된 형태로 드러나는 곳에서 관찰하는 것이다. 그러므로 오귀스트 콩트는 저 유명한 삼단계 법칙, 즉 인류의 삶 전체를 포괄한다고 주장하는 법칙을 입증하기 위하여 게르만적·라틴적 민족들의 역사적 운동을 검토하는 것으로 만족했다. 이러한 방식이 너무나 문제가 많아서 그렇게 협소한 토대 위에서 그와 같은 광범위한 법칙을 수립할 수

---

103 같은 곳.

없다는 점을 보지 못한 채 말이다.[104]

콩트는 사회학을 포함하는, 그리고 사회학이 그 정점에 위치하는 실증과학을 통해 신학과 형이상학을 극복하고자 한다. 그러나 그의 시도는 뒤르케임이 지적하는 바대로,

> 인간의 사회적 삶 일반에 대한 철학적 명상으로 귀결된다. 그것은 일종의 형이상학이다. 그러니까 콩트는 자신이 추방한 형이상학의 자리에 현상의 관찰에 기반하는 경험과학이 아니라 또 다른 형이상학을 앉혔던 것이다. 그가 앞문으로 내다버린 형이상학이 슬그머니 뒷문으로 들어온 것이다. 콩트의 형이상학은 자연과 사회를 연속성의 관계에서 총체적으로 파악하려고 하는 자연주의적 형이상학이다. 그리고 콩트의 사회학, 보다 엄밀히 말하자면 사회물리학은 사회에 대한 자연주의적 형이상학이다.[105]

뒤르케임이 보기에 스펜서의 사회학은 여러모로 콩트의 사회학보다 훨씬 더 발전된 모습을 보인다. 첫째, 스펜서는 "더 이상 보편적이고 추상적인 방식으로 사회에 대해 말하지 않고 다양한 사회적 유형에 대해 말하며, 이 유형들을 집단들과 하부집단들로 세분한다." 둘째, 스펜서는 사회학적 법칙들을 수립함에 있어서도 콩트와 달리 "이 유형들 가운데 어느 하나를 선택해서 다른 것들보다 우선권을 부여하는 것이 아니라" 모든 유형에 똑같은 인식가치를 부여한다. 셋째, 스펜서는 콩트에 비해 사회학의 인식대상을 훨씬 더 정교하게 규정하며 적용 가능성이 훨씬 더 큰 이론을 제시한다. 넷째, 스펜서는 가족, 행정, 정치, 종교, 경제, 언어, 도덕 등 다양한 사회적 현

---

104 같은 곳.
105 김덕영, 앞의 책(2016a), 70쪽.

상을 연구한다.[106]

그러나 뒤르케임에 따르면 콩트에게서와 마찬가지로 스펜서에게
서도 진정한 사회학을 기대할 수 없는데, 그 이유는 스펜서의 사회
학적 인식체계가 콩트의 인식체계와 다르지 않기 때문이다. 스펜서
의 작업은 콩트의 작업과 마찬가지로,

> 사회학자의 작품이라기보다 철학자의 작품이다. 그가 사회적 사실
> 에 관심을 가진 것은 그것들 자체 때문이 아니다. 그가 그것들을 연구
> 한 것은 그것들을 알기 위한 단 하나의 의도에서가 아니라 이 기회를
> 이용하여 자신이 세운 거대한, 그리고 모든 것을 설명해야 하는 가설
> 을 입증하기 위함이다. 그가 수집한 모든 기록과 그 과정에서 획득한
> 모든 특별한 인식은 사회들을 여타 세계와 마찬가지로 보편적 발전법
> 칙에 따라 발전한다는 것을 증명하는 데 기여한다. 간단히 말해, 우
> 리는 스펜서의 저작에서 사회학이 아니라 사회과학의 철학을 찾아야
> 한다.[107]

이러한 특성을 갖는 "그[스펜서]의 '사회학'은"—여기에서 뒤르
케임은 스펜서의 사회학을 인용부호 안에 넣고 있다!—"사회들을
조감도처럼 한눈에 보는 것이나 다름없다." 이 사회학적 조감도에서
는 사회적 존재들을 "더 이상 그 요철(凹凸)에서, 즉 그것들이 현실
에서 확고한 방식으로 그리는 것에서 인식할 수 없다." 그와 정반대
로 "사회적 존재들은 모두가 하나의 균일한 색채의 태내에서 뒤섞이
기 때문에 불명료한 모습만 희미하게 빛날 뿐이다."[108]

요컨대 뒤르케임이 보기에 콩트나 스펜서의 사회학은 엄밀한 경

---

106 Émile Durkheim, 앞의 글(1981a), 38~39쪽.
107 같은 곳.
108 같은 글, 39~40쪽.

험적 실증과학의 지위를 확보한 것이 아니라 사변적 철학의 영역으로 전락하고 말았다. 그리하여 사회학은 사회과학들 가운데 하나가 된 것이 아니라 사회과학들의 철학이 되고 말았다. 다시 말해 사회학이라는 미명 아래 사회철학이 되고 말았다. 1895년에 출간된 『사회학적 방법의 규칙들』에서 뒤르케임은 자신의 실증적 사회학을 콩트와 스펜서의 실증주의적 형이상학과 혼동해서는 안 된다고 강조한다[109](이에 대해서는 다음 장에서 자세한 논의가 있을 것이다).

뒤르케임은 1887~88년 겨울학기 보르도 대학의 사회학 입문 강의에서 사회학적 인식의 대상과 방법을 명백히 규정하고 있다. 사회학은 사회적 사실을 그 대상으로 하며, 관찰과 간접적 실험, 다시 말해 비교를 그 방법으로 한다.[110] 또한 "사회적 사실은 오로지 다른 사회적 사실을 통해서만 제대로 설명할 수 있다"라는 사회학적 방법의 규칙을 제시한다.[111] 그리고 더 나아가 사회적 사실은 두 가지 관점에 따라서 연구할 수 있다고 주장한다. 하나는 구조에 따르는 형태학적 연구이고, 다른 하나는 기능에 따르는 생리학적 연구이다. 사회학은 이 가운데 기능의 연구에 역점을 두어야 한다. 왜냐하면 구조는 공고화된 기능이며 결정화된 행위에 다름 아니기 때문이다. 그러므로 사물을 피상적인 수준에서 보지 않고 그 근원에까지 도달하려면 사회학적 연구는 기능에 집중해야 한다.[112]

이러한 사회학적 기본전제에 입각하여 뒤르케임은 계속하여 다음과 같이 다양한 사회적 사실을 분류하고 있다.

---

109 Émile Durkheim, *Die Regeln der soziologischen Methode* (Herausgegeben und eingeleitet von René König), Frankfurt am Main: Suhrkamp 1984a, 87쪽 (각주).
110 Émile Durkheim, 앞의 글(1981a), 44쪽.
111 같은 글, 37쪽.
112 같은 글, 47~48쪽.

1. 모든 사회에는 세대에서 세대로 전수되며 집단적 삶의 통일성과 연속성을 보증하는 일정한 수의 공통적인 관념과 감정이 존재한다. 이 모든 현상은 심리학적 성격을 갖지만 개인심리학으로가 아니라 사회심리학으로 접근할 수 있다. 왜냐하면 민간 전설, 종교적 전통, 정치적 세계관, 언어 등의 현상은 개인을 훨씬 넘어서기 때문이다.

2. 이러한 관념들과 감정 가운데 몇몇은 실제적인 사회적 삶과 관련되기 때문에 구속성을 띠게 되며, 따라서 개인은 그것들을 존중하고 준수하도록 요구된다. 이 구속성은 도덕이 존재하기 위한 전제조건이 된다.

3. 이러한 준칙의 몇몇은 사회에 대해 중요한 의미를 갖기 때문에 사회는 여론에 의해서 그것들이 존중되고 준수되도록 하지 않고 사법기관과 같은 공식적인 조직을 설치하여 그것들의 존중과 준수를 보증하고 강제하도록 한다. 이 경우 도덕적 판단이 법률적 형태를 띠게 되는데, 법률적 형태는 다시금 형법과 비(非)형법의 형태로 구분된다.

4. 그리고 경제적 현상도 도덕적 현상과 마찬가지로 사회적 사실에 속한다.[113]

이러한 사회적 사실에 상응하여 사회학의 하위범주들이 결정되는 바, 그 각각은 다음과 같다. 풍속사회학 또는 관습사회학, 도덕사회학, 법사회학, 경제사회학. 이 가운데 법사회학은 다시금 형법사회학(범죄학)과 공법 및 사법의 사회학으로 세분된다. 물론 이러한 사회적 사실의 구분과 그에 상응하는 사회학적 범주의 규정은 뒤르케임이 강조하는 바와 같이 불완전하고 일시적이다. 그것은 어디까지나 최초의 시도일 뿐이다. 새로운 과학인 사회학은 나중에 더 확장될 수 있고 더 확장되어야 한다. 예컨대 군대나 외교도 사회적 사실이

---

113 같은 글, 45~46쪽.

며, 따라서 이것들을 인식대상으로 하는 사회학이 가능하며 또한 필요하다.[114]

그런데 여기에서 한 가지 눈에 띄는 점은 뒤르케임이 1887~88년 겨울학기 보르도 대학 강의에서 제시한 사회적 사실에서 1번에서 3번까지는 도덕과 관련된 사실이다. 그 이유는 무엇보다도 뒤르케임의 사회학적 인식관심에서 찾을 수 있다. "사회학의 모든 영역에서"─거기에서 뒤르케임은 이렇게 강조한다─"도덕이야말로 우리가 우선순위를 부여하고 맨 먼저 다루게 될 영역이다."[115] 이는 1892년에 소르본 대학에 제출한 그의 두 번째 박사학위 논문 「사회분업론: 고등 사회들의 조직에 대한 연구」를 예고하는 것이다. 그는 거기에서 사회학적으로 도덕의 문제에 접근하고 있다. 그리고 도덕이라는 주제는 『자살론』, 『사회학 강의: 도덕과 법의 물리학』(1950), 『도덕교육』(1925), 『종교적 삶의 원초적 형태들』 등과 같이 그 이후에 나오는 뒤르케임의 주요 저작들을 관통하면서 그의 지적 세계를 구성하는 핵심적 개념 가운데 하나가 된다. 뒤르케임은 분업화된 현대 산업사회에 적합한 도덕을 창출하는 것이 사회학자인 자신에게 주어진 가장 중요한 의무라고 보았다.

---

114 같은 글, 46쪽.
115 같은 글, 48쪽.

제2장
사회학적 방법론

뒤르케임은 1895년에 『사회학적 방법의 규칙들』을 출간하는데, 이것은 원래 책으로 나온 것이 아니라 그 한 해 전인 1894년에 『철학 저널』에 발표한 일련의 논문을 단행본으로 묶어낸 것이다. 제목에서 명백하게 읽히듯이, 이 저작은 사회학의 방법론적 정초를 통해 이 새로운 과학에 엄밀한 경험적 실증과학의 지위를 부여하려는 뒤르케임의 의도를 반영하고 있다.

이 점에서 뒤르케임은 그와 동년배이자 거의 동시대에 독일에서 독자적인 사회학을 발전시킨 짐멜과 확연히 구별된다. 짐멜은 사회학의 방법론적 정초에 그렇게 커다란 관심을 보이지 않는다. 이제 막 출범한 신생과학인 사회학을 방법론석으로 성초한다는 것은 셜코 달성할 수 없는 목표설정이며, 따라서 비현실적인 과학적 이상이라고 짐멜은 생각한다. 예컨대 짐멜은 그의 사회학적 주저이면서 그때까지 자신이 수행한 사회학적 연구를 집대성한 『사회학: 사회화의 형식들에 대한 연구』(1908)에서 다음과 같이 밝히고 있다. "우리가 무한히 복잡한 사회적 삶을 주시한다면, 그리고 이것을 지적으로 처리하기 위해서 바로 이 가공되지 않은 1차자료로부터 구성되는 개념과 방법을 주시한다면, 현 상태에서 이미 아주 명백한 문제와 올바른 답변을 바라는 것은 아마도 과대망상일 것이다. 내가 보기에는 처음부터 이 사실을 인정하는 것이 더 낫다. 왜냐하면 이렇게 하면 완결을 주장함으로써 이와 같은 시도가 지니는 **바로 그** 의미마저도 [짐멜의 저술에서 이루어지는 시도가 지니는 의미조차도] 의심스럽게 만들지 않고, 적어도 확고한 시작을 할 수 있기 때문이다."[1]

그리고 뒤르케임은 베버와도 구별된다. 베버는 뒤르케임이나 짐멜보다 한참 후인 1908년경부터 본격적으로 사회학에 관심을 가지기 시작했다. 물론 그렇다고 해서 베버가 뒤르케임처럼 철학 등과 같은 다른 지적 영역에서 사회학으로 개종했다는 뜻은 아니다. 그의 사회학은 1890년대 중반부터 형성·발전된 그의 문화과학의 일부분을 구성한다. 그리고 우리에게 흔히 사회학의 방법론이라고 알려진 그의 방법론은 정확히 말해 문화과학과 사회과학의 논리 및 방법론이다. 베버의 방법론은 뒤르케임의 방법론보다 훨씬 광범위하다. 그런데 베버는 뒤르케임과 달리 처음부터 문화과학과 사회과학을 방법론적으로 정초하려고 하지 않았다. 그의 방법론 관련 저작은 주로 다른 방법론을 비판하는 과정에서 제시되었는데, 이 과정은 1903년부터 1918년까지 지속된다.[2]

---

1 Georg Simmel, *Soziologie. Untersuchungen über die Formen der Vergesellschaftung: Georg Simmel Gesamtausgabe 11*, Frankfurt am Main: Suhrkamp 1992a, 31쪽. 그리하여 짐멜은 "직관적 절차에 대해서 이야기한다는 멸시"를 기꺼이 받아들일 준비가 되어 있다. 물론 어디까지나 "사변적·형이상학적 직관과 거리가 먼 경우에" 그러하다는 것이다. 구체적으로 말하자면, 짐멜은 "특별한 관점에 대해서 이야기한다는 멸시"를 수용할 자세가 되어 있는데, 이 관점은 사회적 삶이라는 총체적 현실로부터 상호작용과 그 형식들을 분리해 내서는 사회학 인식의 대상으로 만들도록 해주며, "나중에 개념적으로 표현할 수 있으며 확실하게 인식을 이끄는 방법에 의해서 수용되기까지는, 오로지 예들을 제시함으로써 도달할 수 있는 관점이다." 그리고 "사회학적 기본개념의 적용을 위해서는 명백한 조작이 결여되어 있을뿐더러, 심지어 이 개념이 효과적으로 조작되는 경우에서도 사건의 수많은 요소를 개념이나 또는 **내용적으로** 결정된 개념에 편입하는 것은 아직도 자주 자의적인 수준에 머무는 사실이 이러한 어려움을 가중시킨다." 같은 책, 29쪽.
2 이 과정은 다음에 간략하게 정리되어 있다. 김덕영, 『막스 베버: 통합과학적 인

아무튼『사회학적 방법의 규칙들』은 "'과학적' 사회학의 선언"으로 평가되곤 하며, 그것이 출간된 1895년은 "과학적 사회학의 도래"의 해로 평가되곤 한다.[3] 그러나 다른 한편으로 이 책은 출간 당시부터 수많은 오해와 비판을 불러일으켰으며, 이에 대해 뒤르케임은 반론을 제기하거나 보충을 하거나 표현을 섬세하게 하는 식으로 반응함으로써 자신의 사회학적 방법론을 가다듬어 나갔다. 그럼에도 불구하고 뒤르케임에 대한 조악한 오해와 그로부터 기인하는 잘못된 비판은 오늘날에도 여전히 불식되지 않은 상태이다.

뒤르케임이『사회학적 방법의 규칙들』에서 제시한 과학적 사회학의 방법은 구조적·역사적 비교사회학의 틀에서 사회적 사실에 대한 인과적 설명과 기능적 설명, 그리고 정상적·병리적 설명을 결합하는 것이다. 그런데 내가 보기에는 이에 못지않게, 아니 어떻게 보면 이보다 더 중요할 수도 있는 사실이 한 가지 간과되곤 한다. 그것은 거기에서 뒤르케임이 콩트의 실증주의와 데카르트의 합리주의를 창조적으로 결합하여 새로운 사회학적 패러다임을 구축하고 있다는 사실인데, 그 패러다임은 사회적 사실에 대한 합리주의적·실증주의적 사회학, 또는 합리주의적·실증주의적 사회실재론이다. 방금 언급한 뒤르케임의 사회학적 방법은 바로 이 패러다임의 토대 위에서 가능한 것이고 바로 이 패러다임을 분업, 자살, 종교, 도덕, 교육 등의 다양한 사회적 현상에 적용하고 구현하는 방법적 도구이자 수단이다.

이 장에서는 먼저 뒤르케임이『사회학적 방법의 규칙들』을 중심으로 합리주의적·실증주의적 사회실재론을 구축하는 과정을 추적하기로 한다. 이어서 뒤르케임이 제시한 사회학적 방법의 규칙들을 간단하게 ─ 그러나 가급적 원문에 충실하게 ─ 정리하고 난 다음, 이

식의 패러다임을 찾아서』, 도서출판 길 2012, 80쪽 이하.

3 Heike Delitz, *Émile Durkheim zur Einführung*, Hamburg: Junius 2013, 63~64쪽.

규칙들이 1897년에 출간된『자살론』에 어떻게 적용되었는가를 살펴봄으로써 뒤르케임의 사회학적 방법론에 대한 구체적인 이해를 돕도록 한다. 마지막으로『사회학적 방법의 규칙들』에 대한 오해와 비판은 사회학의 고유한 인식대상과 인식방법을 확보하는 것이 뒤르케임의 사회학적 정언명령임을 제대로 파악하지 못한 결과임을 논증하기로 한다. 이 장은 콩트의 실증주의와 데카르트의 합리주의가 결합하여 뒤르케임의 사회학적 패러다임이 형성되는 과정을 다루는 제1절에 그 중점이 있다. 사실 이 주제는 별도의 단행본 연구를 요할 정도로 중차대함에도 불구하고 지금껏 제대로 주목받지 못하고 있는 실정이다.

1. 뒤르케임, 사회학의 데카르트(?): 합리주의적 실증주의를 위하여

앤서니 기든스(1938~)는 뒤르케임에 대한 콩트의 영향과 관련하여 주장하기를,

> 뒤르케임은 그 자신의 사회학적 방법론의 틀을 세우기 시작하면서 콩트의『실증철학강의』에 강하게 의존했으며,『실증철학강의』몇몇 주안점이『사회학적 방법의 규칙들』에서 다시 나타난다. '사회의 자연과학'이 필요함을 역설; '사회적 사실들'의 연구는 자연적 현상들의 연구와 동일한 객관성을 획득할 수 있다는 주장;『실증철학강의』에서 '정학'과 '동학'을 구별한 것과 같은 근본적인 역할을 수행하는, 기능적 분석과 역사적 분석의 구별; 그리고 심지어 사회학이라는 과학이, 도덕적 질서에 기여할 수 있으며, 따라서 사회적으로 '건강한' 것을 통합에 역행하고 '병리적인' 것으로부터 합리적으로 구분할 수 있다는 믿음.[4]

여기에서 이 주장을 일일이 검토할 수는 없지만, 적어도 뒤르케임이 콩트의 제자라는 것을 다시 한 번, 그것도 『사회학적 방법의 규칙들』에서 그렇다는 것을 확인해 주고 있다. 그러나 다른 한편 이 책에서 뒤르케임은 콩트를 근본적으로 비판하고 있다. 뒤르케임이 콩트의 비판자라는 점을 다시 한 번, 그것도 『사회학적 방법의 규칙들』에서 그렇다는 것을 확인해 주는 대목이다. 『사회학적 방법의 규칙들』에서 콩트의 제자 뒤르케임이 콩트의 비판자가 되도록 한 철학자가 있으니, 그는 다름 아닌 데카르트이다. 뒤르케임은 『사회학적 방법의 규칙들』에서 프랑스 철학사를 통틀어 가장 중요한 두 조류인 실증주의와 데카르트주의를 창조적으로 종합하고 있다.

뒤르케임의 『사회학적 방법의 규칙들』은 데카르트의 두 저작을 연상케 한다. 그 하나는 『방법서설』(1637)인데, 이의 원제는 『이성을 올바로 인도하고 과학적 진리를 탐구하기 위한 방법서설』이다. 그리고 다른 하나는 『정신지도를 위한 규칙들』(1627년 또는 1628년)이다. 그런데 뒤르케임의 사회학 방법론 저작과 데카르트의 이 두 '철학적 방법론' 저작 사이에는 단지 제목의 유사성만 존재하는 것이 아니라 더 나아가 데카르트가 '근대 철학의 창시자'였던 것처럼 뒤르케임은 '근대 사회학의 진정한 창시자'가 되려 했다는 해석도 가능하다.[5] 아니면 적어도 뒤르케임은 데카르트가 철학 일반을 위해 행한 중요한 기여와 유사한 것을 사회학을 위해 했다는 해석이 가능하다.[6] 데카르트가 『방법서설』과 『정신지도를 위한 규칙들』에서 인간의 이성 또는 정신의 엄격한 훈련을 위한 방법의 규칙들, 그러니까 철학적 방법의 규칙들을 제시했다면, 뒤르케임은 『사회학적 방법의 규칙들』에

---

4 Anthony Giddens, *Profiles and Critiques in Social Theory*, Berkeley/Los Angels: University of California Press 1982, 73쪽.
5 Heike Delitz, 앞의 책(2013), 64~65쪽.
6 René König, 앞의 책(1978), 140쪽.

서 사회학자들의 엄격한 훈련을 위한 방법의 규칙들, 그러니까 사회학적 방법의 규칙들을 제시하고자 했다.[7] 물론 그렇다고 해서 뒤르케임이 사회학적 데카르트주의를 추구했다는 뜻은 결코 아니다.

뒤르케임은 합리주의 정신으로 충만한 지적 공간인 파리고등사범학교 시절에 이미 데카르트의 철학을 접했다. 그의 스승들은 데카르트를 '근대 철학의 진정한 창시자'라고 가르쳤다. 파리고등사범학교 졸업시험이자 교사자격시험에도 데카르트의 철학은 필수적이었다.[8] 이 모든 사실을 감안한다면 뒤르케임이 데카르트 철학을 깊이 이해하고 있었다고 추론할 수 있다.

(1) 『사회분업론』에서의 콩트와 데카르트

사실 뒤르케임이 『사회학적 방법의 규칙들』에 이르러서 비로소 데카르트에 접목한 것은 아니다. 이미 그의 첫 번째 사회학적 저작인 『사회분업론』에서 이를 명백히 관찰할 수 있다. 실증과학적 방법에 입각하여 도덕적 삶이라는 사회적 사실에 접근하는 이 책의 초판 서문에서 뒤르케임은 다음과 같이 데카르트의 철학을 방법론적 지침으로 내세우고 있다.

우리는 [……] 이 책이 아무런 불신도 없고 아무런 저의도 없이 읽힐 수 있고 또한 읽혀야 한다고 믿는다. 그럼에도 불구하고 독자들은 이 책에서 기존의 특정한 의견들과 충돌하는 주장들을 만나게 될 것이다. 우리는 우리 행위의 근거를 이해할 필요성을 느끼든지 아니면 그것을 이해한다고 믿을 필요성을 느끼며, 따라서 도덕은 과학의 대상이 되기 훨씬 전부터 성찰되어 왔다. 그리하여 도덕적 삶의 중요한

---

7 Émile Durkheim, 앞의 책(1984a), 128쪽.
8 Marcel Fournier, 앞의 책(2013), 28쪽 이하.

사실들을 표상하고 설명하는 특정한 방식이 우리에게 과학적인 것과는 전혀 무관한 관례가 되어버렸다. 왜냐하면 이 방식은 우연적이고 비체계적으로 형성되었기 때문이다. 그것은 말하자면 개괄적이고 피상적인 검토의 일시적인 결과이다. 만약 우리가 이러한 선입견으로부터 자유롭지 못하다면, 이 책에서 전개되는 논의를 납득할 수 없음이 분명하다. 여기에서 과학은 다른 곳에서와 마찬가지로 정신의 완전한 자유를 전제한다. 우리는 오랜 습관으로 인해 고착된 사고방식과 판단방식을 떨쳐 버려야 한다. 그리고 엄격히 방법적 회의의 규율을 따라야 한다. 그런데 이 회의는 위험한 것이 아니다. 왜냐하면 그것은 여기에서 문제시되지 않는 도덕적 사실에 관련되는 것이 아니라 아무런 권한도 없고 불충분한 정보를 가지고 그 사실에 대해 성찰하고 설명하는 것과 관련되는 것이기 때문이다.[9]

요컨대 과학은 고착된 사고방식과 판단방식, 즉 선입견으로부터 해방된 완전히 자유로운 정신을 전제로 한다는 것이 뒤르케임의 논지인데, 이 정신은 다름 아닌 데카르트의 정신이다. 이 인용구절에 이어서 뒤르케임은 계속 데카르트에 접목하여 이 자유로운 정신에 의한 엄밀한 과학적 논증에 대해 말하고 있다.

우리는 확실한 증거에 기반하지 않는 어떠한 설명도 인정하지 말아야 한다. 사람들은 우리가 우리의 논증에 가장 큰 설명력을 부여하기 위해 사용한 방법적 절차를 바로 그에 따라 판단할 것이다. 과학으로 일련의 사실을 다루기 위해서는 그것들을 신중하게 관찰하고 기술하고 분류하는 것만으로는 충분치 않다. 그보다 훨씬 어려운 것이 데카르트의 말대로 **그 사실들이 과학적이 되도록 하는 방법을 찾는 일이다.** 다시 말해 그것들 안에서 그것들을 정확하게 규정할 수 있게 하며, 또

---

9 Émile Durkheim, 앞의 책(1988), 80~81쪽.

한 가능하다면 측정할 수 있도록 하는, 어떤 객관적인 요소를 찾아야한다. 우리는 모든 과학에 적용되는 이 조건을 충족시키려고 노력했다. 특히 사람들은 우리가 어떻게 사회적 연대를 법률체계와의 관계 속에서 연구했는가를 보게 될 것이다. 그리고 우리가 사회적 연대의원인을 찾아가는 과정에서, 지나치게 개인적 판단이나 주관적 평가에빠져 있는 모든 것을 어떻게 배제했는가를, 그리하여 개념적 사고의대상이 될 수 있으며, 따라서 과학의 대상이 될 수 있을 만큼 심층적인 특정한 사회구조적 사실들에 도달했는가를 보게 될 것이다.[10]

그러니까 뒤르케임은 과학적 방법이라는 데카르트의 말을 모든과학에 적용되는 원리로 보았으며 바로 이 보편적 원리에 따라 분업에 대한 사회학적 연구를 수행했다는 것이다.[11] 그리고 뒤르케임에따르면 거기에 입각한 자신의 사회학적 방법이 기존의 사회학적 방법과 근본적으로 구별되며, 따라서 기존의 사회학적 방법에 대한 근본적인 비판이기도 하다. 방금 인용한 구절에 이어서 뒤르케임은 다음과 같이 말하고 있다.

이와 동시에 우리는 다음과 같은 사회학자들이 빈번하게 사용하는방법을 원칙적으로 포기했다. 그들은 자신들의 주장을 증명하기 위하여 아무런 원칙도 없이 되는 대로 그 주장에 유리하고 눈길을 끄는사실들을 끌어들이는 것으로 만족하는 사회학자들이다. 그러면서 그들은 자신들의 주장에 모순되는 사실들을 개의치 않는다. 이에 반해우리는 실제적인 경험들을 확증하는 일, 다시 말해 조직적으로 비교

---

10 같은 책, 81쪽.

11 여기에 언급된 데카르트의 말은 『방법서설』과 『정신지도를 위한 규칙들』 등에서 찾아볼 수 있다. 다음을 참고할 것. 르네 데카르트, 『방법서설 — 정신지도를 위한 규칙들』, 문예출판사 1997 (이현복 옮김; 원제는 René Descartes, *Discours de la Méthode — Regulae ad Directionem Ingenii*).

하는 일에 전념했다. 물론 아무리 신중을 기한다고 해도 이와 같은 시도는 여전히 아주 불완전할 수밖에 없다. 그러나 비록 결함이 있을 수 있을지라도 우리는 그와 같은 시도를 해야 한다고 믿는다. 사실상 과학을 정립하는 수단은 단 한 가지뿐인바, 그것은 과감히 행하는, 물론 방법과 더불어 과감히 행하는 것이다. 만약 모든 원(原)자료가 결핍되어 있다면 그렇게 하는 것이 불가능함은 자명한 일이다. 그러나 다른 한편, 과학의 출현을 준비하는 가장 좋은 방법이 일단 인내심을 가지고 모든 자료를 축적하는 것이라고 믿는다면, 그것은 헛된 희망을 품는 일이다. 왜냐하면 과학이 이미 자기 자신과 자신의 욕구를 의식하고 있어야만, 다시 말해 과학이 이미 존재해야만, 과학이 어떠한 자료를 필요로 하는지 알 수 있기 때문이다.[12]

요컨대 사회학은 관찰과 비교의 방법에 의존한다. 이는 콩트의 실증주의에서 온 것이다. 그러나 콩트와 그의 뒤를 이은 사회학자들은 엄밀하게 경험적 사실들을 확증하기보다 선입견에 사로잡혀 자신들의 주장에 유리하고 눈길을 끄는 사실들을 끌어들이는 것에 만족한다. 달리 말해 그들은 경험적 세계의 무한한 복잡성을 무시하고 사회적 사실들을 좁은 개념적 틀에 쑤셔넣는 것에 만족한다. 이에 반해 뒤르케임은 개인적 판단이나 주관적 평가를 배제하고 조직적으로 경험적 사실들을 관찰하고 비교해야 비로소 사회학이라는 과학이 정립될 수 있다고 본다. 이는 데카르트의 합리주의에서 온 것이다. 이렇게 해서 우리는 『사회분업론』에서 콩트와 데카르트의 방법론적 조우를 목격한다. 거기에서 뒤르케임은 데카르트의 철학적 원리에 접목함으로써 '탈콩트화된 실증주의'를 실천할 수 있었다. 그것은 데카르트화된 실증주의, 즉 합리주의적 실증주의이다.

---

12 Émile Durkheim, 앞의 책(1988), 81~82쪽.

이 데카르트화된 실증주의, 즉 합리주의적 실증주의를 가장 단적으로 보여 주는 것이 바로 앞의 앞에서 인용한 구절의 다음과 같은 부분이다. "과학으로 일련의 사실들을 다루기 위해서는 그것들을 신중하게 관찰하고 기술하고 분류하는 것만으로는 충분치 않다. 그보다 훨씬 어려운 것이 데카르트의 말대로 **그 사실들이 과학적이 되도록 하는 방법을 찾는 일이다.** 다시 말해 그것들 안에서 그것들을 정확하게 규정할 수 있게 하며, 또한 가능하다면 측정할 수 있도록 하는 어떤 객관적인 요소를 찾아야 한다." 여기에서 사실들을 관찰하고 기술하고 분류하는 것은 실증주의적 방법이다. 그리고 사실들을 과학적이 되도록 하는 것, 즉 사실들을 정확하게 규정할 수 있게 하며, 또한 가능하다면 측정할 수 있도록 하는 어떤 객관적인 요소를 찾는 것은 데카르트적 원리이다. 뒤르케임의 『사회분업론』은 바로 이 데카르트화된 실증주의, 즉 합리주의적 실증주의에 근거하고 있는바, 이는 특히 사회적 연대에 대한 연구에서 그렇다. 뒤르케임은 사회적 연대를 법률체계와의 관계 속에서 고찰하는데, 그 이유는 다음과 같다. 사회적 연대는 "직접적이고 정확한 관찰이 불가능하고 특히 측정이 불가능한 순수한 도덕적 현상이다. 그러므로 이러한 현상을 분류하고 비교할 수 있도록 우리가 파악할 수 없는 내적 사실을, 그것을 상징하는 외적 사실로 대체함으로써 후자를 매개로 전자를 연구해야 한다."[13] 뒤르케임은 사회적 연대의 지각할 수 있는 작용을 다름 아닌 법률에서 찾았는데, 그 이유는 사회적 연대의 모든 기본적인 형태가 법률 속에 반영되기 때문이다. 뒤르케임에게 법률은 사회적 연대를 가시적으로 상징하는 외적 지표이다(이에 대해서는 제3장 제1절에서 다시 자세하게 논의할 것이다).

이렇게 하면 사회적 연대라는 사회적 사실을 사물처럼, 즉 외부로

---

13 같은 책, 111쪽.

부터 관찰하고 실험할 수 있게 된다. 만약 그렇지 않고 콩트적 실증주의에 입각한다면 사회적 연대라는 좁은 관념에다가 분업과 관련된 수많은 사회적 사실을 쑤셔넣게 될 것이다. 이 경우 관찰과 실험 또는 비교는 엄밀한 경험적 실증과학의 방법적 도구나 수단이 아니라 관념적 사유의 방법적 도구나 수단으로 전락하고 말 것이다.

뒤르케임이 『사회분업론』에서 비교의 대상으로 삼는 것은 미분업화된 기계적 연대의 사회와 분업화된 유기적 연대의 사회이다. 전자에는 무리, 씨족사회, 부족사회가 속하고, 후자에는 고대사회, 중세사회, 현대 산업사회가 속한다. 구체적으로 분업과 이와 밀접한 관계에 있는 사회적 연대(기계적 연대와 유기적 연대), 법률(법적 규제), 종교, 집합의식과 개인의식 등이다. 뒤르케임에 따르면 집합의식이 강하면 강할수록 그리고 분업이 초보적이면 초보적일수록, 즉 기계적 연대가 지배하면 지배할수록, 복구법(민법, 상법, 소송법, 행정법, 헌법 가운데에서 형벌 규정을 제외한 모든 것)에 대한 억압법(형법)의 우위가 더욱더 커진다. 이에 반해 개인의식이 발전하고 분업이 발전함에 따라, 즉 유기적 연대가 형성됨에 따라 이 두 종류의 법이 갖는 관계는 역전된다(이에 대해서는 제3장 제1절에서 다시 자세하게 논의할 것이다).

뒤르케임은 이 관계를 실험을 통해서 증명하고 있다. 그는 먼저 다양한 원시사회의 관습을 비교한다.[14] 그런데 그와 같은 관찰은 정확성을 결여하는데, 그 이유는 그처럼 불명료한 관습을 파악하는 것이 아주 어려운 일이기 때문이다. 그리하여 뒤르케임은 성문법에 의거한 실험을 시도한다.

> 우리의 실험을 방법론적으로 엄격하게 수행하기 위해서는 가능한 한 실험을 성문법에 의거하여 수행해야 한다.[15]

---

14 같은 책, 185쪽 이하.
15 같은 책, 190쪽.

뒤르케임이 '성문법적 실험'의 대상으로 삼은 것은 구체적으로 모세5경, 마누 법, 로마의 12동판법, 살리카 법, 부르고뉴 법, 서고트 법, 현대 프랑스 법이다. 이 법들을 실험한 결과 뒤르케임은 다음과 같은 결론에 도달한다.

첫째, 모세5경에 표현된 것처럼 모든 유대법은 근본적으로 억압적인 성격을 갖는다. 둘째, 마누 법도 그와 마찬가지이다. 이 법은 국가제도 중에서 형사재판에 절대적인 지위를 부여하고 있다. 셋째, 12동판법은 유대 사회보다 훨씬 더 발전했고 현대사회에 훨씬 더 가까운 사회의 법이다. 그리하여 형법이 더 이상 모든 삶의 영역에서 영향력을 행사하지 못하게 되었다. 원래 억압법에 흡수되었던 복구법이 그로부터 분리되어서 자신만의 고유한 특징을 갖고 자신만의 고유한 원리에 따라 구성되었다. 그리고 형법을 담당하는 기관과 무관한 특수한 기관에 의해 형법과 무관한 자체적인 절차에 따라 집행되었다. 게다가 우리는 12동판법에서 가족법이나 계약법과 같은 협동법을 발견할 수 있다. 넷째, 살리카 법은 4세기의 로마보다 덜 발전된 사회의 법으로서, 로마법과 유대법의 중간에 해당한다. 여기서도 형법이 훨씬 더 큰 중요성을 가졌다. 19세기에 편집된 살리카 법전의 293개 조항 가운데 형벌의 성격을 갖지 않는 조항은 23개, 그러니까 9퍼센트에 불과하다. 다섯째, 부르고뉴 법은 살리카 법보다 현대에 더 가까우며, 따라서 살리카 법에 비해서 형법의 범위가 더 작다. 그 311개 조항 중에서 98개 조항, 그러니까 거의 1/3이 그 어떤 억압법적 성격도 보이지 않는다. 여섯째, 서고트 법은 부르고뉴 법보다도 현대에 더 가깝고 더 교양 있는 민족을 대상으로 하는 법으로, 새로운 법의 발전단계를 보여 준다. 비록 거기서도 형법이 여전히 지배적인 위치에 있지만 복구법도 거의 대등한 중요성을 가졌다. 우리는 이 서고트 법전에서 완전한 형태의 소송법(제1권과 제2권), 이미 상당히 발전한 혼인법 및 가족법(제3권 제1장과 제3장; 제4권), 그리고 최초로 법전의 한 권 전체(제5권)가 상거래에 할애되

어 있음을 볼 수 있다.[16]

사실 뒤르케임의 성문법적 실험은 여기에서 중단된다. 그 이유는 더 이상 성문화된 법률이 존재하지 않으며, 따라서 프랑스 역사 전체를 추적하는 것이 불가능하기 때문이다. 그러나 그 후에도 법이 같은 방향으로 발전했음에는 논란의 여지가 없다. 실제로 부르고뉴 시대부터 범죄행위와 위법행위의 법률적 목록은 이미 상당히 완벽한 상태에 있었다. 이에 반해 가족법, 계약법, 소송법 그리고 공법은 그 후에도 끊임없이 발전하였으며, 그 결과 어느 시점에서부터 억압법과 복구법의 관계가 역전되었다. 오늘날 프랑스 법에서 형법에 의해 규제되는 관계는 사회적 삶의 가장 작은 부분만을 차지할 뿐이다.[17]

(2) 합리주의적 실증주의 또는 과학적 합리주의가 성립하다

이어서 뒤르케임의 방법론이 체계적으로 구축된, 즉 사회학적 방법의 규칙들이 제시된 『사회학적 방법의 규칙들』에서는 데카르트적 합리주의가 사회학적 방법의 첫 번째 규칙으로 격상된다. 그러니까 뒤르케임 사회학적 방법론의 제1원리로 자리매김하게 된다. 뒤르케임은 『사회학적 방법의 규칙들』에서 데카르트를 두 차례 언급하는데, 그것도 한 단락에서 그렇다. 그 단락은 사회학자들의 엄격한 훈련을 위한 첫 번째 중요한 규칙에 대해 논하는 단락이다. 거기에서 뒤르케임은 주장하기를,

모든 선입견을 체계적으로 배제하는 것이 필수적이다. [······] 이 규칙은 모든 과학적 방법의 기초이다. 데카르트의 방법적 회의는 근본적으로 이 규칙의 한 적용일 뿐이다. 데카르트가 과학을 정초하는 바로

---

16 같은 책, 190쪽 이하.
17 같은 책, 198, 200쪽.

그 순간에 그가 이전에 받아들인 모든 관념을 회의하는 것을 자신의 법칙으로 만든 것은, 그가 과학적으로 획득된 개념만을, 즉 자신에 의해 확립된 방법에 따라 구축된 개념만을 사용하고자 했기 때문이다. 그러므로 다른 원천에서 유래하는 그 밖의 모든 개념은, 적어도 잠정적으로 거부되어야 했다. 우리는 베이컨의 '우상'이론이 이와 다르지 않은 의미를 갖는다는 점을 이미 보았다. 아주 빈번하게 서로 대척적인 것으로 간주되어 온 이 두 위대한 체계도 이 본질적인 측면에서는 일치한다. 그러므로 사회학자는 자신의 연구 대상을 결정할 때나 논증을 하는 과정에서 전적으로 비과학적인 욕구에 의해 과학 외부에서 구성된 개념의 사용을 단호히 거부해야 한다. 그는 보통 사람의 마음을 자명한 것으로 지배하는 잘못된 사고들로부터 해방되어야 하며, 오랫동안 친숙해지면 종국에는 폭군적인 힘이 되어버리는 경험적 범주의 멍에를 완전히 벗어던져야 한다. 만약 그가 때때로 그와 같은 사고들이나 범주들을 이용해야 할 필요성이 대두된다면, 적어도 그것들이 갖는 보잘것없는 가치를 의식해야 하며 과학에서 그것들이 자신에게 부합하지 않은 역할을 수행하지 않도록 해야 한다.[18]

뒤르케임이 사회학자들의 엄격한 훈련을 위해 제시한 이 첫 번째 규칙은, 데카르트가 인간의 이성 또는 정신, 보다 엄밀히 말하자면 자연과학자들의 엄격한 훈련을 위해『방법서설』에서 제시한 네 개의 규칙 가운데 첫 번째 규칙과 상당히 유사하다. 거기에서 데카르트는 주장하기를,

첫 번째 규칙은 명증하게 참이라고 인식한 것 이외에는 그 어떤 것도 참된 것으로 받아들이지 말라는 것이다. 다시 말해 속단과 선입견

---

18 Émile Durkheim, 앞의 책(1984a), 128쪽. 베이컨의 '우상'이론이 언급된 곳은 같은 책, 117쪽이다.

을 신중하게 피하고 조금도 의심의 여지가 없을 정도로 명석·판명하게 내 정신에 나타나는 것 이외에는 그 어떤 것에 대해서도 판단을 내리지 말라는 것이다.[19]

그리고 다음의 인용구절도 데카르트의 이름이 직접 거론되지는 않지만 뒤르케임이 합리주의자라는 자아 정체성을 표출한다는 점에서 뒤르케임이 데카르트의 합리주의에 접목한다는 추론을 가능케 한다.

사람들은 사회적 삶을 이념들의 논리적 발전으로 생각하는 데 익숙해져 있기 때문에, 집단적 현상의 발전을 공간적으로 규정된 객관적인 조건들에 의존하도록 만드는 [우리의] 방법은 아마도 조야하다는 비판을 받을 것이며, 또한 우리가 유물론자로 간주되는 것을 배제할 수 없을 것이다. 그러나 우리는 더 정당하게 그와 상반되는 명칭을 요구할 수도 있다. 심리적 현상들은 유기체적 현상들로부터 직접적으로 도출할 수 없다고 생각하는 데에 본래 관념론의 본질이 있는 것이 아닌가? 우리의 방법은 부분적으로 이러한 원리를 사회적 현상들에 적용하는 것일 뿐이다. 관념론자가 심리적 영역을 생물학적 영역으로부터 구별하는 것처럼, 우리는 사회적 영역을 심리적 영역으로부터 분리한다. 우리는 관념론자가 그리하는 것처럼 복합적인 것을 그보다 단순한 것에 의해 설명하기를 기부한다. 그러나 실은 유물론자라는 명칭도, 관념론자라는 명칭도 우리에게 들어맞지 않는다. 우리가 받아들일 수 있는 유일한 명칭은 합리주의자라는 명칭이다. 실로 우리의 가장 중요한 목표는 과학적 합리주의를 인간 행위에 적용하는 것

19 René Descartes, *Discours de la Méthode. Von der Methode des richtigen Vernunftgebrauchs und der wissenschaftlichen Forschung. Französisch-Deutsch*, Hamburg: Felix Meiner 2011a, 31쪽. 이 책에서 데카르트의 두 저작을 인용하면서 다음의 번역서를 참조했음을 일러두는 바이다. 르네 데카르트, 앞의 책(1997).

이다. 구체적으로 말해 인간 행위는 과거의 관점에서 고찰하면 원인과 결과의 관계로 소급되며 이 관계들은 덜 합리주의적이지 않은 사고 조작을 통해서 미래에 대한 행위규범들로 변형될 수 있다는 것을 입증하는 것이다. 사람들이 우리의 입장을 실증주의라고 불러왔던 것은 단지 이러한 합리주의의 한 귀결일 뿐이다.[20]

잘 알려져 있다시피, 인간의 이성 또는 정신을 중심으로 전개되는

---

20 Émile Durkheim, 앞의 책(1984a), 87쪽. 이 인용구절의 마지막 문장을 한 국어판은 다음과 같이 옮기고 있다. "비판가들이 우리를 실증주의라고 불러왔던 것은 단지 이러한 합리주의의 한 측면일 뿐이다." 에밀 뒤르켐,『사회학적 방법의 규칙들』, 새물결 2002 (박창호·윤병철 옮김; 원제는 Émile Durkheim, *The Rules of Sociological Method*), 26쪽. 사실 이 번역은 — 의도적이든 비의도적이든 — 명백한 오역이며, 뒤르케임 사회학에 대한 심각한 오해를 불러올 수 있다. 왜냐하면 이 번역은 다음과 같이 읽힐 수 있기 때문이다. "뒤르케임은 자신의 사회학을 실증주의가 결코 아니라고 생각함에도 불구하고 실증주의라고 비판하는 사람들이 있기 때문에 이에 대한 반론으로 자신의 사회학을 합리주의의 한 측면이라고 그 성격을 규정한다." 물론 뒤르케임의 사회학은 합리주의적이다. 그러나 그와 동시에 실증주의적이다. 다만 — 아래 116쪽에 나오는 인용문에서 알 수 있듯이 — 자신의 실증주의가 콩트와 스펜서의 실증주의적 형이상학 또는 형이상학적 실증주의와 근본적으로 다른바, 그것은 다름 아닌 합리주의적 실증주의이다. 다시 말해 자신의 실증주의는 합리주의의 한 귀결이며, 그러니까 합리주의와 결합된 실증주의라는 것이다. 비판가들이 아니라(!) 사람들이, 즉 통상적으로 자신의 입장을 실증주의라고 불러왔던 것은 바로 이 합리주의적 실증주의이지 콩트와 스펜서의 형이상학적 실증주의가 아니라는 것이 뒤르케임이 진정으로 하고자 하는 말이다. 참고로 프랑스어 원본과 영어 번역본 및 독일어 번역본은 각각 다음과 같다. (1) 프랑스어 원본: "Ce qu'on a appelé notre positivisme n'est qu'une conséquence de ce rationalisme." Émile Durkheim, *Les Règles de la Méthode Sociologique*, Paris: Presses Universitaires de France 1937, IX쪽; (2) 영어 번역본: "What has been termed our positivism is merely a consequence of this rationalism." Émile Durkheim, *The Rules of Sociological Method and Selected Texts on Sociology and its Method* (Edited with an introduction by Steven Lukes), London: Macmillan 1982a, 33쪽; (3) 독일어 번역본: "Unser sogenannter Positivismus ist nur eine Konsequenz dieses Rationalismus." Émile Durkheim, 앞의 책(1984a), 87쪽.

데카르트의 합리주의는 근대 철학의 출발점으로 간주된다. 그러나 데카르트의 합리주의는 형이상학적 합리주의이다. 왜냐하면 그것은 직관과 연역에 의존하기 때문이다. 예컨대 『정신지도를 위한 규칙들』에서 규칙 3은 다음과 같다(이 책은 총 21개의 규칙으로 구성되어 있다).

우리가 다루려는 대상들에 대해 다른 사람들이 그것들을 어떻게 평가했는가를 물어서도 안 되고 우리 자신이 추측해서도 안 되며, 우리가 무엇을 명석하고 명증하게 직관적으로 인식할 수 있거나 무엇이 확실하게 연역될 수 있는가를 물어야 한다. 결국 그렇게 해서만 우리는 지식을 획득할 수 있는 것이다.[21]

그리고 규칙 5는 다음과 같다.

모든 방법은 어떠한 진리를 발견하기 위해 우리가 정신의 눈을 돌려야 하는 대상들을 정리하고 배열하는 데에 있다. 우리가 복잡하고 불분명한 명제들을 단계적으로 보다 더 단순한 명제들로 환원한 다음에 가장 단순한 명제에 대한 직관에서부터 역시 단계적으로 다른 모든 명제들에 대한 인식으로 나아가면, 우리는 이 규칙을 정확히 지킬 수 있게 된다.[22]

요컨대 데카르트의 철학은 선험적 · 연역적 이성에 기반하는 형이상학적 합리주의이다. 이에 반해 뒤르케임의 사회학은 경험적 · 귀납적 이성, 즉 관찰과 귀납에 기반하는 과학적 합리주의 또는 실

---

21 René Descartes, *Regulae ad Directionem Ingenii. Cogitationes Privatae*, Lateinisch-Deutsch, Hamburg: Felix Meiner 2011b, 14쪽.
22 같은 책, 30쪽.

증적 합리주의이다. 과학적 합리주의를 인간 행위에 적용하는 것이 뒤르케임의 사회학이 추구하는 궁극적 목표이다. 그런데 그것은 데카르트에 의해 대표되는 근대 합리주의의 한 귀결이다. 데카르트가 '근대 철학의 창시자'였다면, 뒤르케임은 '근대 사회학의 창시자'가 되려 했던 것이다. 데카르트가 철학적·형이상학적 규칙들로 인간의 이성 또는 정신을 엄격하게 훈련하고자 했다면, 뒤르케임은 사회학적·경험적 규칙들로 사회학자들을 엄격하게 훈련하고자 했던 것이다.

뒤르케임은 방금 앞에서 인용한 구절의 마지막 부분에 다음과 같은 각주를 덧붙인다.

> 이로부터 그것은 [사람들이 우리의 입장을 실증주의라고 불러왔던 것은] 콩트와 스펜서의 실증주의적 형이상학과 혼동해서는 안 된다는 것이 분명해진다.[23]

물론 여기에서 스펜서의 실증주의에 대해 말할 수 있는가 하는 질문을 제기할 수 있을 것이다. 왜냐하면 그의 사회학은 일반적으로 진화론적 사회학으로 알려져 있기 때문이다. 그러나 스펜서는 — 곧이어 보게 되는 바와 같이 — 콩트와 마찬가지로 자연과학적 관점, 특히 뉴턴적 관점에 따라 현실 세계의 현상이 작동하는 방식을 설명할 수 있는 보편적 법칙들이 존재한다는 입장을 견지하며, 그의 사회학은 바로 그 토대 위에 구축되어 있다. 그러므로 스펜서의 사회학을 넓은 의미의 실증주의적 사회학으로 범주화할 수 있을 것이다. 뒤르케임이 여기에서 말하고자 하는 바도, 스펜서가 콩트의 실증주의 사회학을 계승·발전시킨 콩트주의자라거나 콩트의 아류라는 의

---

23 Émile Durkheim, 앞의 책(1984a), 87쪽(각주).

미가 아니라 이 둘 사이에는 자연과학을 전범으로 사회에 대한 보편 이론을 추구했다는 공통점이 있다는 의미이다. 이 둘은 자연주의에 의해 연결된다. 뒤르케임이 보기에 스펜서의 진화론적 사회학은 콩트의 실증주의적 사회학과 다른 방식으로 전개된 실증주의적 사회학이었다.[24]

아무튼 뒤르케임이 자신의 실증주의를 콩트와 스펜서의 실증주의와 거리를 두고 데카르트의 합리주의적 전통에 위치시킨다는 사실을 보면, 뒤르케임 사회학의 방법론적 특성이 아주 잘 드러난다. 그리고 다른 한편으로는 콩트와 스펜서의 사회학을 보다 정확하게 이해할 수 있게 된다. 그러므로 여기에서 콩트와 스펜서에 대한 뒤르케임의 비판을 자세하게 음미해 볼 필요가 있다. 게다가 내가 보기에 뒤르케임의 비판은 콩트와 스펜서 사회학의 근본적인 논리와 특성을 매우 정확하게 집어내고 있다. 그리고 더 나아가 한국 학계에서는 콩트 및 스펜서 사회학과 뒤르케임 등의 사회학을 연속선상에서 보려는 경향이 강한 듯한데,[25] 콩트와 스펜서에 대한 뒤르케임의 비판을 보면 이러한 경향이 얼마나 잘못된 것인가를 알 수 있다.

뒤르케임이 보기에 콩트와 스펜서의 실증주의가 자신의 실증주의처럼 경험적·귀납적 합리주의가 되지 못하고 실증주의적 형이상학으로 전락한 이유는, 무엇보다도 콩트와 스펜서가 사회적 사실들을 사물처럼 다루지 않고 사회적 현상에 전적으로 관념적인 방법을 적용했기 때문이다. 콩트와 스펜서는 각각 진보라는 관념과 협동이라는 좁은 관념에다가 수많은 사회적 사실을 쑤셔넣었던 것이다. 뒤르케임은 『사회학적 방법의 규칙들』에서 이 둘을 예리하게 비판하고 있다. 먼저 콩트의 경우, 뒤르케임은 일단 콩트가 사회적 현상의 인

---

24 콩트의 실증주의와 스펜서의 실증주의의 관계에 대해서는 다음을 참고할 것. Peter Halfpenny, 앞의 책(1982), 20쪽 이하.
25 예컨대 다음이 그렇다. 신용하, 앞의 책(2012).

제2장 사회학적 방법론 ● 117

식을 개념에서 사실로 전환한 점을 높이 평가한다.

사실 사회학은 지금까지 사물들이 아니라 거의 전적으로 개념들을 다루어왔다. 물론 콩트는 사회적 현상이 자연적 사실이며 그 자체로서 자연법칙에 예속된다는 원칙을 세웠다. 그렇게 함으로써 그는 사회적 현상의 사물적 특성을 함축적으로 인식하였다. 왜냐하면 자연에는 사물만이 존재하기 때문이다.[26]

말하자면 콩트에 의해서 사회적 현상의 인식에서 실증주의적 전환이 일어났던 것이다. 그것은 분명히 과학적 패러다임의 전환이었다. 그럼에도 불구하고 콩트의 사회학은 뒤르케임이 보기에 인류의 진보라는 새로운 관념에 사로잡히고 말았다.

그러나 그가 이 일반적인 철학적 차원을 넘어서 자신의 원리를 실제로 적용하여 하나의 과학을 구축하고자 할 때, 그가 자신의 연구 주제로 삼은 것은 관념들이었다. 콩트 사회학의 주요 대상을 구성하는 것은 시간의 경과에 따른 인류의 진보이다. 그는 인간 종이 연속적으로 발전함으로써 인간성이 점진적으로 완성된다는 관념에서 출발하며, 따라서 이 발전의 법칙을 찾아내는 것이 그의 과제이다. 그러나 이러한 발전이 실제로 존재한다고 가정한다고 하더라도, 그것의 실재는 일단 과학이 존재하고 난 다음에야 비로소 확인될 수 있다. 그러므로 발전은 사물이 아니라 관념으로 파악해야만 연구의 대상이 될 수 있다. 그런데 그런 식으로 생각하는 것은 사실상 완전히 주관적인 것이다. 왜냐하면 사실상 이러한 인류의 발전은 전혀 존재하지 않기 때문이다. 존재하고 진정으로 관찰될 수 있는 것은 상호 간에 독립적으로 생성되고 발전하며 몰락하는 개별적인 사회들뿐이다. 만약 진실로

---

26 Émile Durkheim, 앞의 책(1984a), 118쪽.

보다 새로운 사회가 단지 그 앞선 사회의 계승이라면, 보다 높은 단계의 모든 유형은 바로 그 아래 단계 유형에 약간의 새로운 것을 첨가하여 보다 풍부해진 상태로 그 유형을 단순 반복하는 것으로 파악할 수 있을 것이다. 물론 동일한 발전단계에 있는 사회들을 동일시함으로써 모든 사회를, 말하자면 나란히 늘어놓고는 그렇게 구성된 계열이 인류를 대표하는 것으로 간주할 수도 있을 것이다. 그러나 사실은 그렇게 간단하지 않다. 다른 민족을 대신하는 한 민족은 단순히 몇몇 특성을 덧붙여 앞선 민족을 계승하는 것이 아니다. 그것은 오히려 몇몇 특성은 그 이전보다 더 많이 갖고, 몇몇 특성은 그 이전보다 적게 가짐으로써 새로운 것이 된다. 그것은 하나의 새로운 개체성이며, 이 모든 다양한 개체성은 이질적이기 때문에 연속적인 계열에 위치할 수 없으며, 특히 하나의 유일한 계열에 위치할 수 없다. 왜냐하면 사회들의 계기(繼起)는 기하학적 선으로 나타낼 수 없기 때문이다. 그것은 오히려 그 가지들이 다양한 방향으로 뻗어나가는 나무와 비슷하다. 요컨대 콩트는 역사적 발전의 자리에, 자신이 그것에 대해 갖고 있으며 통속적인 개념으로부터 특별히 벗어나지 않는 개념을 갖다 놓았던 것이다. 멀리 떨어져 보면, 역사는 자칫 단순한 계열적 모습을 띠게 되는 것이 사실이다. 이 경우 잇따르는 그리고 똑같은 본성을 갖고 있기 때문에 똑같은 방향으로 나아가는 개인만 인식된다. 게다가 사회적 발전은 어떤 인간 관념의 발전과 다른 무엇인가일 수 있다는 점을 생각할 수 없기 때문에, 사회적 발전을 인간이 그것에 대해 갖고 있는 관념에 의해 정의하는 것이 아주 자연스러워 보인다. 그러나 그와 같은 방법을 따르면 이데올로기에 빠질 뿐만 아니라 그 자체에 특별히 사회학적인 것을 전혀 갖고 있지 않은 개념을 사회학 대상으로 삼게 된다.[27]

---

27 같은 책, 118~19쪽.

그리고 스펜서의 경우, 콩트를 사로잡은 인류의 진보라는 관념에서 벗어나 사회들을 사회적 인식의 대상으로 선언했지만 결국 협동이라는 또 다른 관념에 빠지고 말았다. 뒤르케임은 다음과 같이 스펜서를 비판하고 있다.

스펜서는 이러한 인류 발전의 개념을 피하긴 했지만 그것과 다르지 않은 성격을 가진 다른 개념으로 대체했을 뿐이다. 그는 인류가 아니라 사회를 과학의 대상으로 삼았다. 그렇지만 그는 사회를 정의하는 과정에서 자신이 말하는 사실이 사라져 버리도록 만듦으로써 자신의 선입견이 즉각 그 자리를 차지하게 되었다. 그는 "병존 외에도 협동이 존재할 때에만" 사회가 존재한다는 것과, 그 때문에 단지 개인의 연합만이 진정한 의미의 사회가 된다는 것을 자명한 전제조건으로 설정한다. 사회적 삶의 본질은 협동에 있다는 원칙에서 출발하여 그는 지배적인 협동의 성격에 따라서 사회를 두 범주로 구분한다. 그는 말하기를 "사적 목적을 추구하는 과정에서 무계획적으로 관철되는 자발적인 협동이 있다. 그리고 계획적으로 조직된 협동이 있는바, 이것은 공공의 목적에 대한 명백한 인식을 전제로 한다."─그는 전자를 산업형 사회, 후자를 군사형 사회라고 부른다. 이러한 구분은 그의 사회학을 수태(受胎)하는 관념이 되었다고 확실히 말할 수 있다.[28]

그러나 이 선도적(先導的) 정의는─뒤르케임의 스펜서 비판은 다음과 같이 이어지고 있다─

하나의 관점에 지나지 않는 것을 대상적 진리로 선언한 것이다. 그것은 즉각 명백하게 알 수 있는 사실의 표현으로 주어지며, 따라서 관찰은 단지 그것을 확인하기만 하면 된다. 왜냐하면 그것은 과학의 시

---

28 같은 책, 119~20쪽.

초부터 공리로 구성되기 때문이다. 그러나 단순한 관찰을 통해서는 정말로 협동이 사회적 삶 전체를 형성하는지 알 수 없다. 그와 같은 주장은 집단적 삶의 모든 표현이 검토되고 그것들 모두가 협동의 다양한 형태라는 것이 입증되어야만 과학적으로 정당화될 수 있을 것이다. 요컨대 다시 한 번 사회적 현실을 고찰하는 특정한 방법이 현실 자체를 대체한다. 이런 식으로 정의된 것은 사회가 아니라 사회에 대한 스펜서의 관념이다. 그리고 그가 아무런 거리낌 없이 나아간 이유는, 그에게도 사회는 관념의 실현, 그것도 그가 사회를 정의한 협동이라는 관념의 실현일 뿐이며, 실현일 뿐일 수밖에 없다는 데에 있다. 그가 자신이 씨름하는 모든 개별적인 문제에서 동일한 방법을 사용하고 있다는 사실을 보여 주는 것은 쉬운 일일 것이다. 비록 그가 경험적으로 나아가는 모양을 하고 있지만, 그의 사회학에 축적된 사실은 사물을 기술하고 설명하는 데에 사용되는 대신에 개념의 분석을 명백히 하는 데에 사용되며, 따라서 사실상 증거의 역할만을 수행하기 위해서 존재하는 듯하다. 실제로 그의 학설에서 본질적인 모든 것은 사회에 대한 그의 정의와 협동의 다양한 형태로부터 직접적으로 도출될 수 있다. 왜냐하면 만약 우리가 오로지 전제적(專制的)으로 강압된 협동과 자유롭고 자발적인 협동 사이에서만 선택해야 한다면, 자명한 일이지만 후자가 인류가 추구하고 추구해야 하는 이상이다.[29]

요컨대 콩트와 스펜서는 관찰과 귀납에 기반하는 사회학을 표방하고 나섰지만 개별적인 사회가 아니라 인류 전체 또는 인간사회의 발전법칙을 사회학의 인식대상으로 설정하고 관념적인 방법에 의존함으로써 엄밀한 의미에서의 실증주의가 아니라 실증주의적 형이상학으로 전락하고 말았다는 것이 뒤르케임의 비판이다. 콩트와 스펜

---

29 같은 책, 120~21쪽.

서의 사회학은 실증적 · 경험적 과학이 아니라 관념적 · 형이상학적 역사철학이자 사회철학이다. 그것은 사회학적 어법으로 표현된 관념적 · 형이상학적 역사철학이자 사회철학인 것이다. 콩트와 스펜서가 앞문으로 내다버린 형이상학이 슬그머니 뒷문으로 들어온 것이며, 그 이유는 이들이 선입견에 사로잡혔기 때문이다.

그렇다면 관찰과 귀납을 통한 형이상학의 극복을 표방하고 나선 실증주의가 다시 형이상학이 되도록 만든 선입견은 도대체 어디에서 오는 것인가? 다시 묻자면, 실증주의의 재(再)형이상학화를 초래한 콩트와 스펜서의 선입견은 도대체 어디에서 오는가? 결론부터 말하자면, 그것은 자연과학, 보다 정확히 말하자면 아이작 뉴턴 (1642~1727)에게서 온 것이다. 콩트는 주장하기를,

> 실증철학의 첫 번째 특징은 모든 현상이 불변의 자연적 **법칙들**에 근거한다고 보는 것이다. 우리의 과제는 ─ 이른바 제일의 또는 최종의 **원인들**이라고 불리는 것을 탐구하는 일이 얼마나 헛된가를 볼 때 ─ 이 법칙들을 엄밀하게 밝혀내 가능한 한 가능 적은 숫자로 줄이는 데에 있다. 무엇이 원인인가 사변하는 방식으로는 원천과 목적에 대한 어려움을 해결할 수 없을 것이다. 우리의 진정한 과제는 현상의 상황들을 엄밀하게 분석하고 그것들을 연속성과 유사성이라는 자연적 관계에 연결하는 것이다. 이에 대한 가장 좋은 실례는 중력에 대한 학설의 경우에서 볼 수 있다. 우리가 우주의 일반적인 현상이 중력의 학설에 의해 **설명된다**고 말하는 것은, 이 학설이 단 하나의 원리 아래 어마어마하게 다양한 천문학적 사실 전체를 연결하기 때문이다. 다시 말해 천체 사이에 존재하는 항구적인 특징, 즉 그 관계가 질량에 비례하고 거리의 제곱에 반비례해 결정된다는 것을 논증하기 때문이다.[30]

---

30 Auguste Comte, *The Positive Philosophy* (With a New Introduction by

그리고 스펜서도 콩트와 마찬가지로 "뉴턴적 관점에서 현실 세계의 현상들이 작동하는 방식을 설명할 수 있는 보편적 법칙들이 존재

Abraham S. Blumberg), New York: AMS Press 1974, 28쪽. 여기에서 잠시 뉴턴의 자연과학에 대해 살펴보는 것이 콩트의 지적 세계를 그리고 스펜서의 지적 세계를 이해하는 데 도움이 될 것이다. 1687년 뉴턴은 16~17세기의 과학혁명을 '총결산'한 ─ 라틴어로 된 ─ 불후의 명저 『자연철학의 수학적 원리』를 출간한다. 이 책은 흔히 줄여서 '원리'라는 의미의 『프린키피아』라고 부른다. 여기에서 자연철학은 자연과학, 보다 정확히 말하자면 물리학 또는 역학을 가리킨다. 당시는 과학을 철학이라고 일컬었다. 그러니까 뉴턴은 『프린키피아』에서 자연과학의 수학적 원리를 추구한다. 자연에 대한 실험적 연구인 물리학을 수학적 원리와 결합하고 있다. 이로써 자연과학은 자연에 대한 실험적이고 수학적인 인식으로 고양된다. 이 책에서 뉴턴은 다양한 자연현상을 보편적 원리에 의해 통일적으로 설명해야 하며, 또한 설명할 수 있다는 원칙을 제시한다. 『프린키피아』 제3권에는 철학적 원인분석의 규칙 네 가지가 나오는데, 그 가운데 앞의 세 가지는 자연과학에서의 보편성과 통일성의 원칙을 명백하게 표현하고 있다.
규칙 I: "자연사물의 원인으로서는 그 현상을 진정하고 충분히 설명하는 것 외의 것을 인정해서는 안 된다."
규칙 II: "따라서 같은 자연의 결과에 대해서는 가능한 한 같은 원인을 부여해야만 한다."
규칙 III: "물체의 여러 성질 가운데 증가되는 것도 감소되는 것도 허용되지 않으며, 우리의 실험 범위 내에서 모든 물체에 속하고 있다는 것이 알려진 것은 이 세상 모든 물체의 보편적인 성질로 보아야 한다." 아이작 뉴턴, 『프린키피아』, 서해문집 1999 (조경철 옮김; 원제는 Isaac Newton, *Philosophiae Naturalis Principia Mathematica*), 799~800쪽.
뉴턴은 자연에서 관찰되는 모든 운동의 현상을 보편적이고 통일적으로 설명할 수 있는 가능성을 만유인력(중력)의 법칙과 세 가지 운동의 법칙에서 찾는다. 첫째, 두 물체 사이에는 서로 당기는 힘, 즉 인력이 작용한다. 인력의 크기는 두 개의 먼지 입자와 같은 미시적 세계에서 우주를 운항하는 행성들과 같이 거시적인 세계에 이르기까지 예외 없이 존재한다. 그리고 죽은 자연의 세계뿐만이 아니라 살아 있는 인간들 세계에서도 작용한다. 인력은 어디서나 보편적으로 존재한다. 그리하여 인력은 곧 만유(萬有)인력이다. 둘째, 뉴턴은 관성의 법칙, 가속도의 법칙, 작용과 반작용의 법칙이라는 세 가지 운동의 법칙을 제시한다. 이 법칙들 역시 우주만물의 운동현상에 보편적이고 통일적으로 적용된다. 만유인력의 법칙과 세 가지 운동의 법칙에 입각해 자연 세계의 무수한 운동현상을 엄밀한 과학적 방법으로 설명하고 증명하는 도구가 바로 수학적 원리인 것이다. 이 각주는 다음을 약간 줄여서 인용한 것이다. 김덕영, 앞의 책(2016a), 72쪽(각주 18번).

한다는, 그리고 각각의 영역은 자신의 독특한 법칙들에 의해 지배를 받지만 가장 추상적인 수준에서는 소수의 또는 제일의 원리가 모든 영역을 지배한다는 관점에서 출발한다. 콩트와 마찬가지로 스펜서는—물론 다른 방식으로!—사회 세계의 뉴턴이 되고자 했다. 그의 종합철학[자연과학과 사회과학 그리고 윤리학과 정치철학이 통합된 인식체계]은 바로 이 뉴턴의 정신에서 태어났다고 보아도 지나친 무리는 아닐 것이다."[31]

물론 그렇다고 해서 자연과학과 뉴턴의 물리학 그 자체가 선입견이라는 말은 결코 아니다. 오히려 자연과학에서는 모든 현상이 불변의 자연적 법칙들에 근거한다고 보고, 이 법칙들을 밝혀내는 것이 가능하고 유의미한 일이다. 콩트의 말대로 자연과학에서는 중력이라는 원리 아래 어마어마하게 다양한 천문학적 사실 전체를 연결할 수 있다. 그러나 콩트의 사회학적 원리인 진보에 의해 어마어마하게 다양한 사회학적 사실 전체가 연결된다면, 이 사실들은 과학적으로 기술되고 설명되는 것이 아니라 그 다양한 역사적·구조적 특성이 사상된 채 그 원리에 의해 획일적으로 정리되고 배열되어 그 원리에서 일정한 자리를 차지하게 될 것이다. 그것은 결국 사회 세계의 무한한 현상들을 선험적으로 '재단하는' 거대한 선입견이 될 수밖에 없다. 아니 사회학적 연구에 이보다 더 거대한 선입견은 있을 수 없다. 요컨대 콩트와 스펜서의 사회학을 형이상학으로 만든 선입견은 뉴턴의 물리학 그 자체가 아니라 이 위대한 자연과학적 인식체계를 사회 세계에 무비판적으로 적용한 결과이다.

아무튼 뒤르케임은 『사회학적 방법의 규칙들』에서 콩트의 실증주의와 데카르트의 합리주의를 창조적으로 결합함으로써 합리주의적·실증주의적 과학으로서의 사회학을 제시할 수 있었다. 또는

---

31 김덕영, 앞의 책(2016a), 101쪽.

달리 말하자면 ─ 선험적 · 연역적 이성에 기반하는 데카르트의 형이상학적 합리주의와 구별되게 ─ 경험적 · 귀납적 이성에 기반하는 과학적 합리주의 또는 실증적 합리주의로서의 사회학을 정립할 수 있었다. 그리고 그는 바로 이 과학적 합리주의를 인간 행위에 적용하는 것, 보다 정확히 말하자면 개인에 외재하면서 그들의 행위에 영향을 끼치고 그것을 결정하는 사회적 사실들에 적용하는 것을 사회학의 진정한 목표라고 선언했다. 그러니까 뒤르케임은 실재하는 사회적 사실들에 대한, 그러니까 ─ 뒤르케임에게 사회는 사회적 사실들의 총합에 다름 아니므로 ─ 실재하는 사회에 대한 합리주의적 · 실증주의적 사회학을 제시했던 것이다. 그것은 합리주의적 · 실증주의적 사회실재론이다. 이렇게 해서 뒤르케임의 사회학이 하나의 패러다임으로 정립될 수 있었다.

(3) 『자살론』에서의 합리주의적 실증주의

우리는 『사회학적 방법의 규칙들』보다 2년 후에 출간된 『자살론』에서 합리주의적 실증주의 또는 과학적 합리주의가 자살이라는 사회적 사실에 체계적이고 심층적으로 적용된 사례를 만날 수 있다. 그 구체적인 논의는 이 장의 제3절과 제3장 제3절을 보기로 하고, 여기서는 『자살론』 서문에 초점을 맞추기로 한다. 내가 보기에 거기에서 뒤르케임은, 사회학이 합리주의적 정신에 입각하여 콩트와 스펜서의 철학적 · 형이상학적 선입견에서 벗어나 명확히 규정된 사실들을 관찰하고 실험해야만, 그러니까 합리주의적 실증주의를 지향해야만 진정한 의미의 실증과학, 즉 엄밀한 경험적 실증과학의 지위를 획득할 수 있다는 논리를 전개하고 있다. 그리고 이를 자살이라는 사회적 사실을 통해 예증하고자 한다. 『자살론』 서문은 그리 길지는 않지만 뒤르케임 사회학의 특성과 그 발전 과정을 이해하는 데 큰 도움을 주기 때문에 자세하게 인용할 필요가 있다. 먼저 뒤르케임이 보기에 사회학은 여전히 철학적 · 형이상학적 단계를 벗어나지 못하고 있다.

과학은 그것이 다루는 문제가 해결되면서 진보한다. 지금까지 알려지지 않았던 새로운 법칙이 발견되거나, 완전한 해결책이 제시되지 못하더라도 최소한 문제를 제기하는 방식을 바꿀 새로운 사실이 발견될 때 우리는 과학이 진보한다고 말한다. 사회학은 이러한 상태에 도달하지 못하고 있는데, 유감스럽게도 거기에는 그럴 만한 이유가 있다. 사회학이 지금까지 제기해 온 문제들은 대개 특정한 것이 아니다. 사회학은 여전히 철학적 구성과 종합의 단계를 벗어나지 못하고 있다. 사회학은 사회적 영역의 제한된 부분들을 보다 정밀하게 조명하는 대신 화려한 보편성의 추구를 선호한다. 그러면서도 실제로는 그 보편성과 관련된 문제들을 하나도 다루지 않은 채 그냥 지나쳐버린다. 이러한 방법은 얼핏 보기에 모든 문제에 대한 해답을 제시하는 것 같기 때문에 대중의 호기심을 기만적으로 충족시킬 수 있다. 그러나 구체적인 것은 아무것도 얻을 수 없다. 그 어떤 개괄적인 연구와 직관으로도 사회와 같이 복잡한 현실의 법칙을 발견할 수 없다. 그리고 무엇보다도 그렇게 광범위하고 성급한 일반화는 증명할 길이 없다. 때때로 가설을 예시하는 적합한 몇몇 사례를 언급할 수 있다. 그러나 예시는 증명이 아니다. 게다가 아주 많은 다양한 문제를 다루게 되면, 그 어느 하나도 제대로 연구할 수 없으며, 따라서 비판적 검증을 거치지 못한 우연적 결론만 제시할 수 있을 뿐이다. 그러므로 순수사회학의 저작들은 엄밀하게 정의된 문제들만 논하는 것을 원칙으로 하는 사람에게는 소용이 없다. 왜냐하면 이 저작들의 대다수가 어떤 특정한 연구 틀에 접목하지 않는데다가 진정으로 권위 있는 문헌자료도 포함하고 있지 않기 때문이다.[32]

---

32 Émile Durkheim, *Der Selbstmord*, Frankfurt am Main: Suhrkamp 1983a,

뒤르케임이 보기에 사회학의 이러한 혼돈상태는 신생과학이 겪는 일종의 '산고'이지만, 이 산고를 극복하지 못하면 사회학에는 미래가 전혀 없다.

> 물론 우리 과학[사회학]의 미래를 믿는 사람이라면 이러한 상태가 끝나기를 진심으로 바라마지 않을 것이다. 만약 지금과 같은 상태가 계속된다면, 사회학은 곧바로 다시 과거처럼 비난의 대상이 될 것이며, 이성의 적들만이 그리되는 것을 반길 것이다. 왜냐하면 현실에서 지금까지 인간정신에 저항해 온[인간정신에 의해 인식되어 오지 않은] 유일한 부분이자 인간정신의 인식대상이 됨을 강력하게 부정한 유일한 부분인 바로 이 부분이 또한 한참 동안 인간정신에서 벗어난다면, 이는 인간정신의 개탄할 만한 패배가 될 것이기 때문이다. 지금까지 얻은 결과가 불분명하다고 해서 낙담할 필요는 없다. 그것은 어디까지나 새롭게 노력해야 할 근거일 뿐 포기할 근거가 되지 않는다. 사회학처럼 지금 막 태어난 과학은 자신의 시행착오를 알고서 이를 되풀이하지만 않는다면 헤매고 더듬어도 비난받을 이유가 없다. 그러므로 사회학은 자신의 어떤 요구도 포기할 필요가 없다. 그러나 다른 한편 사회학이 자신에 대한 기대에 부응하려면 철학적 논의의 한 특수한 유형이 되지 않도록 노력해야 한다.[33]

이 인용구절의 두 번째 문장, 즉 "만약 지금과 같은 상태가 계속된다면, 사회학은 곧바로 다시 과거처럼 비난의 대상이 될 것이며"가 의미하는 바는 다음과 같다. 만약 사회학이 여전히 콩트적 또는 스펜서적 패러다임에 머문다면, 철학과 형이상학의 아류로 남게 될 것이며, 따라서 여전히 엄밀한 경험적 실증과학의 지위를 확보하지 못

17~18쪽.
33 같은 책, 18쪽.

하고 있다는 비난을 받게 될 것이다. 그러므로 사회학은 이제 과감하게 철학적 · 형이상학적 '탯줄'을 자르고 철저하게 합리주의적 정신에 '젖줄'을 대야 한다.

> 사회학자는 사회적 사실들에 대한 형이상학적 명상에 빠지지 말고 명확하게 규정된 사실들을 자신의 연구 대상으로 삼아야 한다. 그는 이 사실들을 말하자면 손가락으로 가리킬 수 있어야 하며 그것들이 어디에서 시작하고 어디에서 끝나는가를 말할 수 있어야 한다. 사회학자는 오로지 그것들에만 매달려야 한다![34]

여기에서 말하는 "명확하게 규정된 사실들"은 예컨대 결혼, 과부와 홀아비의 삶, 가족, 종교 공동체 등이다. 사회학은 철학이나 형이상학처럼 "전체적인 조망이나 보편적인 진술"을 추구할 것이 아니라 이러한 사실들에 대한 몇 가지 법칙을 정립하도록 노력해야 한다.[35] 그렇게 하는 것이 경험적 실증과학의 '신생아'인 사회학이 성숙하는 데, 즉 과학성을 확보할 수 있는 유일한 길이다. 이 성숙 과정에서 도움을 주는 것은 철학이나 형이상학이 아니라 이미 그 과학성이 입증된, 다시 말해 명확하게 규정된 사실들을 자체적인 연구대상으로 삼고, 이에 대한 자체적인 연구방법을 발전시킴으로써 과학성을 확보하고 대학에 제도화한 개별과학들이다. 방금 인용한 구절에 이어 뒤르케임은 다음과 같이 주장한다.

> 당연히 사회학자는 모든 보조과학을 활용해야 한다. 역사학, 민족지학, 통계학 등이 사회학의 보조과학인바, 이것들이 없으면 사회학은 아무것도 할 수 없다! 사회학자가 보조과학을 활용함에 있어서 무

---

34 같은 곳.
35 같은 책, 19쪽.

언가 염려할 것이 있다면, 그것은 보조과학이 거둔 모든 성과에도 불구하고 그 성과가 사회학자가 연구하고자 하는 주제와 결코 완전히 부합할 수 없다는 점뿐이다. 왜냐하면 사회학자가 자신의 연구 대상을 아무리 세심하게 제한한다고 할지라도, 그 대상이 대단히 풍부하고 다양한 관계로 예상치 못한 것에서 수많은 유보가 생기기 때문이다. 그러나 이것은 전혀 문제가 안 된다. 사회학자가 그런 식으로 연구를 진행한다면, 비록 그가 다룬 사실들이 불충분하고 그가 제시한 이론이 협소하다 할지라도, 그는 유용한 작업을 수행한 것이며 그의 이 유용한 작업은 미래에도 속행될 것이다. 왜냐하면 객관적인 개념들은 그 창안자 개인에게 국한되지 않기 때문이다. 그것들은 비인격적인 것이며, 따라서 다른 사람들도 받아들여서 더 발전시킬 수 있기 때문이다. 객관적인 개념들은 전파될 수 있다. 그리하여 과학적 작업에서의 일정한 연관성이 확보되고 이 연속성은 과학이 진보하는 조건이 된다.[36]

이 인용구절의 다섯 번째 문장, 즉 "사회학자가 그런 식으로 연구를 진행한다면, [……] 그는 유용한 작업을 수행한 것이며 그의 이 유용한 작업은 미래에도 속행될 것이다"가 의미하는 바는 다음과 같다. 사회학자가 명확하게 규정된 사실들을 연구 대상으로 선택하고 모든 보조과학을 활용하면서 연구를 진행한다면, 그러니까 역사학, 민족지학, 통계학 등과 같은 경험과학의 연구결과를 활용하면서 연구를 진행한다면, 그는 유용한 작업을 수행한 것이며 그의 이 유용한 작업은 미래에도 다른 사람들에 의해서 속행될 것이다.

요컨대 사회학이 합리주의적 실증주의 또는 과학적 합리주의에 입각해야만 비로소 콩트나 스펜서처럼 철학과 형이상학의 아류가

---

36 같은 책, 18~19쪽.

되는 것이 아니라 엄밀한 경험적 실증과학이 될 수 있으며, 또한 그렇게 됨으로써 인간정신과 과학의 진보에 기여할 수 있다는 것이 뒤르케임의 논지이다. 그는 이를 입증하기 위해 자살을 연구 대상으로 삼았는데, 그 이유는 자살이 그 어떤 대상보다도 명확하게 규정할 수 있으며, 따라서 다음과 같은 그의 의도에 특히 적합해 보이기 때문이다. 뒤르케임은 자살에 대한 연구를 통해 "그 어떤 사변적 논의보다 사회학의 가능성을 입증하는 진정한 법칙들을 발견할 수 있다"라고 확신한다.[37]

(4) 『종교적 삶의 원초적 형태들』에서의 합리주의적 실증주의

그리고 한 가지 예만 더 들자면 『종교적 삶의 원초적 형태들』도 합리주의적 · 실증주의적 사회실재론에 입각해 있음을 어렵지 않게 알 수 있다. 그 구체적인 논의는 제6장 제1절에서 보기로 하고, 여기서는 종교의 정의에 대한 부분만 검토하기로 한다. 『종교적 삶의 원초적 형태들』에서 뒤르케임은 종교사회학적 연구의 첫 번째 단계로 종교에 대한 정의를 내린다. 이는 다시금―『사회학적 방법의 규칙들』에서 제시한 원칙에 따라―"쉽게 확인할 수 있는 외적인 표지를 몇 가지 제시하는" 작업을 의미한다. 이 표지들은 "우리로 하여금 어디서나 마주치는 종교적 현상을 인식할 수 있도록 해주고 다른 현상들과 혼동하지 않도록 해준다."[38] 그러나 이 작업에서 만족할 만한 결과를 얻기 위해서는,

모든 선입견으로부터 우리의 정신을 해방하는 일부터 시작해야 한

---

37 같은 책, 19쪽.
38 Émile Durkheim, *Die elementaren Formen des religiösen Lebens*, Frankfurt am Main: Verlag der Weltreligionen 2007, 43~44쪽.

다. 사람들은 종교과학이 조직적인 비교 연구를 시작하기 오래전에 이미 종교가 무엇인가 하는 관념을 형성하지 않을 수 없었다. 실존의 필연성으로 인해 우리 모두는 신자이든 비신자이든 상관없이 우리가 그 한가운데에서 살아가고 끊임없이 판단할 수밖에 없으며 우리의 행위에서 고려하는 사물들을 어떻게든 표상할 수밖에 없다. 그러나 이 과학적 연구 이전의 관념들은 아무런 엄밀한 방법도 없이 삶의 우연성과 환경에 의해서 형성된 것이며, 따라서 그것들은 어떠한 타당성도 가질 수 없고 아래의 연구에서 엄격하게 배제되어야 한다. 우리가 정의를 내리는데 필요한 요소들은 우리의 선입견이나 열정 또는 관습으로부터 나와서는 안 되고 오로지 우리가 정의하려고 하는 사실 그 자체로부터 나와야 한다.[39]

이어서 뒤르케임은 진정한 종교의 정의에 도달하려면 관찰과 비교라는 실증주의적 방법에 의해 종교라는 사회적 사실에 접근해야 한다고 주장한다.

그러므로 이 사실[종교라는 사실]을 직시하기로 하자. 우리는 일반적으로 통용되는 모든 종교의 개념을 제쳐두고 다양한 종교를 그 구체적인 실재성 속에서 고찰하고 그것들이 공통적으로 가지고 있는 것을 끌어내도록 해야 한다. 왜냐하면 종교는 종교가 존재하는 곳에서는 어디서나 찾아볼 수 있는 특성들에 의해서만 정의될 수 있기 때문이다. 그러므로 우리는 이러한 비교 연구에서 우리에게 알려진 모든 종교적 체계들, 즉 현재의 종교체계들과 과거의 종교체계들, 가장 원시적이고 가장 단순한 종교체계들과 가장 현대적이고 가장 정교한 종교체계들을 모두 고려할 것이다. 왜냐하면 우리는 어떤 것들은 배제하고 어떤 것들은 포함시킬 권리도 없고 논리적 근거도 없기 때문이

---

39 같은 책, 44쪽.

다. 종교를 오로지 인간 행위의 자연스러운 표현으로 여기는 사람은 모든 종교로부터 예외 없이 무언가를 배울 수 있다. 왜냐하면 모든 종교는 나름대로의 방식으로 인간을 표현하며, 따라서 우리 본성의 이 부분을 더 잘 이해하도록 돕기 때문이다. [40]

뒤르케임이 보기에 — 제6장 제1절에서 자세하게 논의하는 바와 같이 — 종교에 대한 일반적인 개념은 종교라는 사실 그 자체로부터 나온 것이 아니라 선입견으로부터 나온 것인데, 그 선입견은 크게 초자연성과 신성의 두 가지로 나누어볼 수 있다. 전자는 초자연적인 것을 종교의 본질적 특징으로 간주하는 것이고, 후자는 신성의 개념으로 종교를 정의하는 것이다. 이 둘은 종교 그 자체에서 나온 것이 아니라 "종교의 본질을 직접적으로 그리고 총체적으로 표현하려는" 사변적 시도에서 나온 것이며, 이는 다시금 종교가 초자연성이나 신성과 같은 "일종의 불가시적 통일체"를 구현한다는 선입견에서 기인한다.[41] 그러나 뒤르케임이 보기에 종교는 신앙·의례·교회라는 세 가지 구체적인 요소로 구성된 사회적 사실이다. **"종교란 성스러운 사물들, 즉 분리되고 금지된 사물들과 관련된 신앙과 의례가 결합된 체계이다. 이러한 신앙과 의례는 교회라고 불리는 동일한 도덕적 공동체 안으로 거기에 속하는 모든 사람을 통합한다."**[42]

여기까지의 논의를 다음과 같이 요약할 수 있다. 뒤르케임은 이미 『사회분업론』에서 데카르트의 합리주의와 콩트의 실증주의를 결합하여 분업이라는 사회적 사실의 사회학적 연구에 적용했다. 그리고 이어서 『사회학적 방법의 규칙들』에서는 합리주의적 실증주의 또는 과학적 합리주의를 사회실재론적 사회학을 방법론적으로 구현하는

---

40 같은 곳.
41 같은 책, 60쪽.
42 같은 책, 76쪽.

원리로 정초함으로써 새로운 사회학적 패러다임을 제시할 수 있었다. 그것은 사회적 사실에 대한 합리주의적 · 실증주의적 사회학, 또는 합리주의적 · 실증주의적 사회실재론이다. 뒤르케임의 이 새로운 사회학적 패러다임은 ― 곧 다음 절에서 보게 되는 바와 같이 ― 구조적 · 역사적 비교사회학의 틀에서 사회적 사실에 대한 인과적 설명과 기능적 설명, 그리고 정상적 · 병리적 설명을 결합한다. 우리는 이 패러다임이 『자살론』이나 『종교적 삶의 원초적 형태들』과 같은 뒤르케임의 주요 저작에서 구체적으로 구현되고 있음을 어렵지 않게 관찰할 수 있다. 물론 이 둘만이 합리주의적 · 실증주의적 사회실재론에 근거하는 것은 아니다. 그것은 뒤르케임 사회학 전체를 관통하는 패러다임이다. 예컨대 우리가 이 책에서 심도 있게 다루는 「분류의 몇몇 원시적 형태에 대하여: 집합표상 연구에의 기여」(1903년에 뒤르케임이 마르셀 모스와 함께 발표한 상당히 긴 논문이다), 『도덕교육』과 『사회학 강의: 도덕과 법의 물리학』 등도 마찬가지이다.

2. 사회학적 방법의 규칙들

뒤르케임은 『사회학적 방법의 규칙들』에서 모든 선입견을 체계적으로 배격하고 사회적 사실을 시물처럼, 즉 외부로부터 관찰하고 실험하는 사회학, 그러니까 합리주의적 · 실증주의적 사회실재론의 구체적인 인식방법으로 다음과 같이 여섯 개의 규칙을 제시한다.

1. 사회적 사실이란 무엇인가?
2. 사회적 사실의 관찰을 위한 규칙들
3. 정상적인 것과 병리적인 것의 구별을 위한 규칙들
4. 사회적 유형들의 분류를 위한 규칙들
5. 사회적 사실의 설명을 위한 규칙들

6. 사회학적 증거의 입증을 위한 규칙들

그 각각의 규칙은 다음과 같이 간략하게 요약할 수 있다.

1. 사회적 사실이란 무엇인가?

이 의문문은 사회학적 인식의 대상이 무엇인가를, 그리고 그 속성이 무엇인가를 묻는다. 그러니까 사회학 인식대상의 정의를 위한 규칙을 의문문 형식으로 표현한 셈이다. 뒤르케임은 사회학이 독립적인 개별과학이 되려면 사회적 사실을 그 인식대상으로 해야 한다고 주장하며 사회적 사실의 속성으로 외재성·강제성·보편성·독립성을 제시한다. 첫째, 사회적 사실은 "개인적 의식의 외부에 존재하는 데에 그 본질적인 특징이 있는 특별한 양식의 행위, 사고, 감정"이라는 외재성을 갖는다. 둘째, 사회적 사실은 "개인의 외부에 위치할 뿐만 아니라 개인들에게 그들의 의지에 상관없이 강제적으로 부과된다"라는 강제성을 갖는다.[43] 셋째, 사회적 사실은 사회의 구성원들 모두에게 공통적으로 또는 적어도 그들 대부분에게 공통적으로 부과된다는 보편성을 갖는다. 그것은 "개인에게 부과되기 때문에 그들에게서 반복되는 집단적 조건이다. 그것은 부분에 존재하기 때문에 전체에 존재하는 것이 아니라 전체에 존재하기 때문에 각 부분에 존재하는 것이다."[44] 넷째, 사회적 사실은 개인이 그에 따라 행위하거나 사고하거나 지각하는지의 ―그리고 존재하는지의 ― 여부와 무관하게 존재한다는 독립성을 갖는다. 사회적 사실은 "그것이 개인에 의해 발산되는 것과 구별된다." 다시 말해 사회적 사실은 "집단정신의 한 특정한 상태"로서 "모든 개인적인 경우들을 차별 없이 포함하기 때문에 그것이 성립되는 과정에 참여했을 수 있는 개인

---

43 Émile Durkheim, 앞의 책(1984a), 106쪽.
44 같은 책, 111쪽.

적 상황들은 상호 지양됨으로써 사회적 사실을 궁극적으로 확정짓는 데에 기여하지 못한다."[45] 뒤르케임은 사회학적 인식대상을 논하는 장(章)을 다음과 같은 문장으로 맺고 있다. "**사회적 사실은 고정된 것이든 아니든 개인에게 외적인 강제를 행사할 수 있는 모든 행위양식으로서 주어진 사회의 영역에서 보편적으로 나타나며 자신이 개인들에 의해 표현되는 것과 무관하게 독립적으로 존재한다.**"[46] 여기에서 행위양식은—방금 논의한 바에서 알 수 있듯이—문자 그대로 행위양식에 국한된 것이 아니라 더 나아가 사고양식, 감정양식 그리고 존재양식도 포괄하는 개념이다.

2. 사회적 사실의 관찰을 위한 규칙들

뒤르케임은 다음과 같은 문장과 더불어 사회적 사실의 관찰을 위한 규칙들에 대한 논의를 시작한다. "첫 번째의 그리고 가장 근본적인 규칙은 사회적 사실을 사물처럼 간주하는 것이다."[47] 사회적 사실은—방금 언급한 바와 같이—개인들로부터 독립하여 사회에 보편적으로 존재하면 개인들에게 외적인 강제를 가하는 힘이며, 따라서 개인의 의식으로부터 도출할 수도 없고 그리로 환원할 수 없다. 다시 말해 사회적 사실은 심리학적으로도 설명할 수 없고 철학적으로도—개인주의적으로도—설명할 수 없다. "**그러므로 사회학자가 어떤 유형의 사회적 사실을 연구하려고 할 때에는 그것이 개인들에게서 나타나는 것과 분리되어 보이는 지점에서 관찰하도록 노력해야 한다.**"[48] 뒤르케임에 따르면 사회학은 사회적 사실을 외부의 사물처럼 객관적으로 다루어야만 자연과학처럼 엄밀한 경험적 실증과학의 지위를

---

45 같은 책, 110쪽.
46 같은 책, 114쪽.
47 같은 책, 115쪽.
48 같은 책, 139쪽.

획득할 수 있다. 사회적 사실을 사물처럼 다룬다는 것은 그것을 자료로 취급한다는 것이며, 과학은 바로 거기에서 출발한다.[49] 바로 이런 연유로 사회학적 연구의 자료가 되는 일차적인 기준은 외적으로 규정할 수 있는 특성에서 찾아야 한다. 거기에 비차별성과 비예외성이라는 이차적인 기준이 덧붙여진다. "**언제나 사회학적 연구의 대상으로는 미리 어떤 외적으로 공통적인 특성들로써 정의된 현상들의 집합이 선택되어야 한다. 그리고 그와 같은 정의에 상응하는 모든 현상은 동일한 연구에 포함되어야 한다.**"[50] 예컨대 범죄는 처벌이 수반되는 행위라는 외적인 특성에 의해서 규정할 수 있다. 그리되면 그것이 어떤 종류의 행위이든 그리고 어떤 역사적 시기나 어떤 사회의 어떤 집단에서 일어나는 행위라도 처벌이 수반되면 범죄라는 사회적 사실에 속하게 되며, 따라서 사회학적 연구의 자료가 된다.

3. 정상적인 것과 병리적인 것의 구별을 위한 규칙들

뒤르케임에 따르면 모든 연구를 시작할 때 내리는 정의에는 정상적인 것과 병리적인 것이 포함된다. 그런데 이것들은 어떤 측면에서는 똑같은 본질에 속하지만 두 가지 서로 다른 양상을 보이기 때문에 구별할 필요가 있다. 뒤르케임이 정상성의 기준으로 제시하는 것은 평균성 또는 일반성이다. "**어떤 사회적 현상이 한 특정한 발전단계에 있는 한 특정한 사회적 유형에 대하여 정상적인 것이 되는 것은, 그 사회적 현상이 그 사회적 유형과 동일한 종(種)이면서 그것에 상응하는 진화단계에 있는 사회들의 평균으로 나타날 때이다.**"[51] 이러한 관점에 따르면 범죄도 정상적이다. 왜냐하면 범죄 없는 사회는 있을 수 없기 때문이다. 또한 범죄는 필요하다. 왜냐하면 범죄는 "모든 사회적 삶의

---

49 같은 책, 125쪽.
50 같은 책, 131쪽.
51 같은 책, 155쪽.

기본적인 조건과 관련이 있기"때문이다. 그리고 범죄는 유용하다. 왜냐하면 "범죄와 연결된 조건 자체는 법과 도덕의 정상적인 발전에 불가결하기"때문이다. 예컨대 아테네의 법에 따르면 소크라테스는 범죄자였으며 그에 대한 유죄판결은 정당한 것이었다. 그러나 그의 범죄, 즉 사상의 자유는 그의 조국과 인류에 크게 이바지했다.[52] 그러나 범죄가 급격하게 늘어나거나 줄어드는 경우에는 병리적인 것이 된다.

4. 사회적 유형들의 분류를 위한 규칙들

이처럼 정상적인 것과 비정상적인 것을 구별한다는 사실에서 추론할 수 있듯이, 뒤르케임은 사회적 유형들의 분류를 한 분야로 간주한다. 그는 이 분야를 사회형태학이라고 부른다. 사실 사회적 유형들을 분류할 필요성은 — 이미 앞의 2번에서 언급한 바 있는 — 사회학적 인식대상의 기준인 외적 특성과 비차별성과 비예외성에서 도출된다. 이런 식으로 규정된 사회학적 연구의 자료는 거의 무한하기 때문에 일정한 관점에 따라 소수의 유형으로 분류하지 않으면 사회학적 인식은 단순한 기술(記述)의 수준을 넘어설 수 없다. 뒤르케임은 분류의 토대로서 결합의 원리를 제시한다. "사실 우리는 사회들이 상호 결합된 부분들로 구성된다는 것을 안다. 모든 합성체의 본성은 필연적으로 구성요소들의 본성과 수, 그리고 결합방식에 의존하기 때문에 우리는 분명히 이 특징들을 우리의 토대로 받아들여야 한다. [……] 그리고 사회적 삶의 가장 보편적인 사실들은 그러한 특징들에 의존한다."[53] 뒤르케임에 따르면 결합의 복잡성 또는 사회구조의 복잡성이 사회들을 분류하는 일차적인 원칙이 된다. "맨 먼저 사회들은 그 복합성의 정도에 따라 분류되어야 하는데, 이 경우 완전히

---

52 같은 책, 157, 159~60쪽.
53 같은 책, 169쪽.

단순한 또는 단일 체절로 된 사회를 분류의 기초로 삼아야 한다. 이러한 부류들 내에서 다양한 변종을 구별해야 하는데, 그 기준은 최초의 체절들이 완벽하게 융합되거나 아니거나에 있다."[54]

5. 사회적 사실의 설명을 위한 규칙들

뒤르케임에 따르면 사회적 유형들을 분류하는 것은 그 자체로 의미를 갖는 것이 아니라 "일차적으로 사실들의 해석을 쉽게 하기 위해 그것들을 묶는 수단"으로서 의미를 갖는다. 사회형태학은 진정한 사회학적 설명에 이르는 한 여정이다.[55] 사회학적 설명은 사회적 사실의 원인과 기능을 규명하는 작업이다. "[……] 어떤 사회적 현상을 설명하고자 시도할 때, 우리는 작용하여 그것을 산출한 원인과 그것이 수행하는 기능을 분리해 내어 연구해야 한다."[56] 뒤르케임은 우리가 미리 원인을 안다면 기능을 보다 쉽게 발견할 수 있다고 주장하면서 다음과 같이 그 근거를 제시한다. "사회적 현상들의 원인은 그것들에 수행하도록 요구되는 기능을 관념적으로 예견하는 것이 아니라 대개의 경우 그러한 현상들에 선재하면서 그것들이 유래하는 원인을 유지하는 데에 있다."[57] 사회적 사실의 원인규명과 관련하여 뒤르케임은 다음과 같은 규칙을 제시한다. "사회적 사실을 결정하는 원인을 그것보다 시간적으로 앞서는 사회적 현상들에서 찾아야지 개인의 의식상태에서 찾아서는 안 된다."[58] 그리고 다음과 같은 부가적 규칙을 제시한다. "모든 중요한 사회적 과정의 일차적인 기원은 내적 사회환경의 구성에서 찾아야 한다."[59] 이러한 환경에는 인간과 사물 두 가지가 속하

---

54 같은 책, 173쪽.
55 같은 책, 176쪽.
56 같은 책, 181쪽.
57 같은 책, 182쪽.
58 같은 책, 193쪽.
59 같은 책, 194~95쪽.

는데, 사물의 경우에는 사회에 체화된 물질적 대상 이외에도 이전의 사회적 활동의 산물인 법률, 도덕, 문학작품과 예술작품 등도 포함된 다.[60] 그런데 뒤르케임에 따르면 사회적 사실의 원인규명에 적용되는 규칙은 동시에 사회적 사실의 기능규명에도 적용된다. 그러나 기능의 경우에는 원인의 경우와 달리 사회가 지향하고 추구하는 목적에 기여하며, 따라서 뒤르케임은 다음과 같은 규칙을 덧붙인다. "어떤 사회적 현상의 기능은 언제나 일정한 사회적 목적과의 관계 속에서 연구되어야 한다."[61] 이로써 사회적 사실의 설명을 위한 규칙들의 목록이 완비된다. 이 모든 규칙은 다음과 같은 명제로 요약할 수 있다. 사회적 사실은 다른 사회적 사실(들)에 의해서 설명해야 한다!

6. 사회학적 증거의 입증을 위한 규칙들

마지막으로 뒤르케임은 사회학적 증거, 즉 인과적 설명이 정당하다는 것을 입증하기 위한 두 가지 방법을 제시한다. 하나는 공시적 · 통시적 비교의 방법이고 다른 하나는 공변법(共變法)이다. 먼저 — 이미 제1장 제4절에서 언급한 바와 같이 — 뒤르케임은 1887~88년 겨울학기 보르도 대학의 사회학 입문 강의에서 사회학은 — 관찰과 더불어 — 간접적 실험, 다시 말해 비교를 그 연구방법으로 한다고 주장했다. 이는 『사회학적 방법의 규칙들』에서도 그대로 나타난다. 뒤르케임에게 비교사회학은 사회학의 특수영역이 아니다. "사회학이 단순히 기술적(記述的)인 차원에 머무는 것을 그만두고 사실들을 해명하려고 하는 한, 비교사회학은 사회학 그 자체이다." 그 이유는 다음과 같다. "어느 정도의 복합적인 사회적 사실은 [……] 오직 모든 사회적 유형을 관통하는 전체적인 발전 과정을 추적하는 경우에만 설명할 수 있다."[62] 특정한 시점의 특정한 사회들, 예컨대

---

60 같은 책, 195쪽.
61 같은 책, 193쪽.

근대 유럽 사회를 비교하는 것이 공시적 비교이고 그것들을 역사적으로 비교하는 것이 통시적 비교이다. 그리고 이 공시적 · 통시적 비교는 모든 사회적 유형을 포괄해야 한다. 그리고 만약 하나의 사회적 사실이 다른 하나의 사회적 사실의 원인이 된다고 주장한다면, 그리고 이 관계가 다른 어떤 사회적 사실에 의해 반증되지 않는다면, 인과적 설명이 입증된 것으로 간주된다. 그러나 "만약 우리가 이 사실들 사이에 직접적인 관계를 인식할 수 없다면, 특히 그와 같은 연결에 대한 가설이 이미 증명된 법칙에 모순된다면, 우리는 그 두 사실이 똑같이 의존하는 또는 그것들 사이의 매개로 기능하는 제3의 현상을 찾아야 할 것이다."[63] 바로 이것이 공변법이다.

여기까지의 논의를 종합해 보면, 뒤르케임이 『사회학적 방법의 규칙들』에서 여섯 개의 규칙을 통해 궁극적으로 제시하고자 한 것은 구조적 · 역사적 비교사회학의 틀에서 사회적 사실에 대한 인과적 설명과 기능적 설명, 그리고 정상적 · 병리적 설명을 결합하는 사회학적 방법이라고 결론지을 수 있다. 그것은 모든 선입견을 체계적으로 배격하고 사회적 사실을 사물처럼 관찰하고 실험하는 사회학, 즉 합리주의적 · 실증주의적 사회실재론을 다양한 사회적 현상을 통해 구현하는 방법론적 수단이자 도구이다. 이러한 뒤르케임의 사회학적 방법론의 중심에는 사회적 사실을 사물처럼 간주하고 사회적 사실은 다른 사회적 사실(들)을 통해 설명해야 한다는 두 개의 규칙이 자리하고 있다. 그리고 뒤르케임의 사회학은 역사적, 즉 통시적 지평을 갖는다는 점에서 분명히 진화론적이다. 그러나 어떠한 경우에도 뒤르케임은 콩트와 스펜서에게서 볼 수 있는 단선적이고 목적론적인 관점을 단호히 거부한다.

---

62 같은 책, 216쪽.
63 같은 책, 210쪽.

3. 『자살론』: 사회학적 방법론의 구체적 적용 사례[64]

뒤르케임은 『사회학적 방법의 규칙들』을 출간하고 2년 후인 1897년에 『자살론』을 출간하는데, 이 책은 『사회분업론』이 출간된 후 4년 만에 나온 책으로 『사회분업론』만큼 위대하고 중요한 사회학적 연구서이며 흔히 뒤르케임의 주저로 간주된다. 그런데 우리의 논의를 위해서 그보다 더 중요한 점은 뒤르케임이 『사회학적 방법의 규칙들』에서 제시한 사회학적 인식방법의 규칙을 이 책에서 자살에 대한 경험적 연구에 적용했다는 사실이다. 물론 『사회분업론』도 『사회학적 방법의 규칙들』보다 먼저 나왔지만 전반적으로 후자에서 제시된 방법론의 틀에서 이해할 수 있다. 이는 뒤르케임이 이미 초창기부터 사회학의 방법론적 토대의 필요성을 절감하고 실제로 구체적인 인식방법을 발전시키고 있었음을 암시하는 대목이다. 그러나 『사회학적 방법의 규칙들』을 가장 이상적으로 구현한 연구는 아무래도 『자살론』이라고 할 수 있다. 뒤르케임 자신이 명백히 밝히고 있듯이, 이 저작은 『사회학적 방법의 규칙들』에서 제시한 중요한 방법론적 문제들을 구체적인 형태로 응용하고 있다.[65] 그리고 뒤르케임은 아직 출간되지 않은 『자살론』의 내용을 『사회학적 방법의 규칙들』에 끌어들여 자신의 사회학 방법론을 구축하는 자료로 활용하고 있다.

사실 『자살론』은 뒤르케임이 새로운 과학적 인식형식으로서의 사회학, 그러니까 사회적 사실을 사물처럼 간주하고 사회적 사실을 다른 사회적 사실을 통해 설명하는 과학으로서의 사회학의 존재의의, 독립성 및 설명력을 대내외적으로 과시하고, 사회학의 제도화를 촉진하기 위해 기획하고 수행한 연구라고 해도 과언이 아니다. 이는 무엇보다도 그 원래 제목이 『자살론: 사회학적 연구』라는 사실을 감

---

64 이 절은 다음을 약간 수정한 것이다. 김덕영, 앞의 책(2016a), 196쪽 이하.
65 Émile Durkheim, 앞의 책(1983a), 20쪽.

안하면 명백히 드러날 것이다. 이 책은 통상 부제는 생략한 채『자살론』이 원래 제목인 양 받아들여지고 있다.

뒤르케임이 자살이라는 현상을 연구 주제로 결정한 것은 아주 의도적이고 현명한 선택이었다. 왜냐하면 흔히 전적으로 개인적인 문제로 치부되곤 했던 자살마저도 사회적 현상으로서 사회적 원인에 의해 설명할 수 있음이 논증된다면, 이것은 뒤르케임이 구축한 새로운 과학으로서의 사회학의 위상과 그가 제시한 사회학적 연구방법의 정당성을 입증할 수 있는 더할 나위 없이 좋은 계기가 될 것이기 때문이다.[66]

뒤르케임의『자살론』은 서론과 제1~3부의 총 네 부분으로 구성되어 있는데, 제1부는「비사회적 요인들」, 제2부는「사회적 원인들과 사회적 유형들」, 제3부는「사회적 현상 일반으로서의 자살에 대하여」이다. 이 가운데 서론에서는 사회학적 인식대상으로서의 자살을 정의하고 사회적 사실로서의 자살을 관찰하는 사회학적 방식을 제시한다. 여기에는 자살과 관련하여 정상적인 것과 병리적인 것에 대한 논의가 포함된다. 또한 제1부에서는 유기체적·심리적 기질과 물리적 환경과 같은 비사회적 요인이 사회적 사실로서의 자살과 갖는 관계를 검토하는데, 그 결론은 이 요인들이 자살을 설명하는 데에 부적합하다는 것이다. 그리고 제2부에서는 자살의 유형을 제시하고 그에 입각하여 자살을 인과적으로 설명하며 공시적 비교의 방법과 공변법을 통해 사회학적 증거를 입증한다.[67] 마지막으로 제3부에

---

66 Martin Endress, *Soziologische Theorien kompakt*, München: Oldenbourg 2012, 30쪽.

67 사실 뒤르케임은『자살론』에서『사회학적 방법의 규칙들』에 입각하여 먼저 자살의 사회적 유형을 제시하고 난 다음 그 사회적 원인을 규명하는 절차를 따르지 않고 그 역으로 자살의 원인에 의해 자살의 유형을 분류하는 방식을 취하고 있다. 여기서는『자살론』이라는 사회적 사실로서의 자살에 대한 경험적 연구가 아니라『사회학적 방법의 규칙들』이라는 사회학적 방법론이 우리의 논의의 대상이므로 후자의 순서에 따라 전자를 재구성하기로 한다. 다

시 말해 뒤르케임이 『자살론』에서 실제로 택한 연구절차가 아니라 『사회학적 방법의 규칙들』에서 제시한 대로 택했어야 할 연구절차를 재구성하기로 한다. 이에 반해 『자살론』의 구체적인 내용을 대상으로 하는 제3장 제3절에서는—자살의 유형과 원인이 아니라!—자살의 원인과 유형이라는 논리에 따를 것이다. 뒤르케임은 원인에서 유형으로 나아가면서 자살에 대한 사회학적 연구를 진행하는 방법 자체에 결점이 있음을 인정한다. 그 결점이란 첫째로 다양한 유형을 확인하기도 전에 그 존재를 가정하는 데에 그리고 둘째로 유형의 존재와 수를 규명할 수는 있지만 그 다양한 특성을 규명할 수는 없다는 데에 있다. 그럼에도 불구하고 굳이 이 방법을 택하는 근거를 뒤르케임은 자료의 부족에서 찾는다. 자살을 그 형태와 형태론적 특성에 따라 분류하기 위해서는—그는 주장하기를—"아주 많은 개별적 사례의 자세한 기록이 필요하다. 자살자가 자살을 결심하는 순간에 어떠한 심리적 상태에 있었는지, 그가 어떻게 자살의 실행을 준비했는지, 그리고 마침내 실행에 옮겼는지, 신경과민이었는지 아니면 의기소침했는지, 침착했는지 아니면 격정적이었는지, 불안했는지 아니면 흥분했는지 등을 알아야 한다. 그러나 우리는 정신병자들이 자살한 사례 몇 건을 제외하고는 이러한 종류의 정보를 거의 가지고 있지 않다. 물론 정신과 의사들이 이 사례들을 관찰하고 기록한 바를 가지고 정신병이 결정적 원인인 자살의 주요한 유형들을 구성하는 것이 가능하다. 그러나 정상인들이 자살한 경우에는 우리가 아는 바가 거의 없다. 브리에르 드 부아몽[1797~1881, 프랑스의 정신과 의사]으로부터 유일하게 보다 자세한 기록을 얻을 수 있는바, 그는 자신의 저서에서 자살자가 편지나 여타 문서를 남긴 1,328건의 사례를 다루면서 이들의 편지나 문서를 발췌·인용하고 있다. 그러나 이 발췌문들은 첫째 너무 간략하다. 그리고 둘째 자살자들이 자신의 심신상태를 토로한 것은 대체로 불충분하며 따라서 신중하게 접근해야 한다. 그들은 자기 자신과 자신의 의도를 착각하기 쉽다. 예컨대 극도로 흥분한 상태이면서도 자신이 냉정하다고 생각할 수 있다. 마지막으로 객관성이 부족하다는 점 이외에도 설득력 있는 결론을 도출하기에는 관찰한 경우의 수가 너무 적다. 물론 이로부터 매우 불명확한 경계선을 추정하고 그것들이 가리키는 바를 평가할 수는 있다. 그러나 이것들은 정식인 분류의 토대가 될 수 있을 정도로 충분히 확정적이지 못하다. 게다가 대개의 경우 자살이 실행되는 방식에 대해서는 관찰이 거의 불가능하다고 할 것이다." 이러한 논리에 근거하여 뒤르케임은 자살의 유형에서 원인으로 나아가는 방식 대신에 또는 그 차선책으로 자살의 원인에서 유형으로 나아가는 방식을 제시한다. "그러나 우리의 목표를 달성할 수 있는 다른 길이 있다. 연구의 순서를 거꾸로 하기만 하면 된다. 자살의 원인이 다른 경우에만 자살의 유형이 달라진다. 자살의 각 유형이 특유하려면 자신만의 특별한 존재조건이 있어야 한다. 동일한 과정 또는 일련의 동일한 과정이 때로는 이런 결과를 낳고 때로는 저런 결과를 낳을 수는 없다. 만약 그렇다면 두 가지 유형 사이의 차이는 아무런 원인이 없는 차이가 될 것이며, 따라서 인과론의 원리를 부정하게 될 것이

다. 이 원리에 따르면 원인 사이에 독특한 차이가 확인되는 경우에는 그 결과
에서도 거기에 상응하는 차이를 확인할 수 있다. 요컨대 우리는 자살의 사회
적 유형들을 방금 앞에서 묘사한 특징을 분류함으로써가 아니라 그 유형들의
기저를 이루는 원인들에 따라 구성할 수 있다. 왜 이러한 차이가 나타나는가
하는 연구에 매달리지 말고 곧바로 그러한 차이를 야기하는 사회적 조건을
규명할 수 있다. 그런 다음 이 사회적 조건들을 유사성과 상이성에 따라 특정
한 범주들로 분류하면 이 각각의 범주에 상응하는 특정한 유형의 자살을 찾
아낼 수 있다. 한마디로 말해 우리의 분류체계는 형태학적인 것이 아니라 병
인학적인 것이다. 그렇다고 해서 이것이[형태학적인 분류체계 대신에 병인학
적 분류체계를 택하는 것이] 결점은 아니다. 왜냐하면 현상의 본성은, 아무리
근본적인 것이라고 해도 그 외적인 특성만 아는 것보다는 그 원인을 알 때 훨
씬 잘 이해할 수 있기 때문이다." 물론 뒤르케임은 『사회학적 방법의 규칙들』
에서 제시한 방식과 달리 이처럼 원인에서 유형으로 나아가면서 자살에 대
한 사회학적 연구를 진행하는 방식에 (중대한!) 결점이 있음을 간과하지 않
는다. 뒤르케임은 ─ 이미 앞에서 살펴본 바와 같이 ─ 그 결점을 다음과 같이
두 가지로 요약한다. 첫째는 유형을 확인하지도 않은 채 그 존재를 가정하는
것이고 둘째는 유형의 존재와 수는 규명할 수 있어도 그 다양한 특성을 규명
할 수는 없다는 것이다. 그렇지만 뒤르케임은 이러한 결함은, 최소한 어느 정
도까지는 극복될 수 있다고 확신한다. "일단 원인의 종류를 알면 그로부터 결
과의 종류를 추론할 수 있다. 왜냐하면 결과들은 그것들이 소급되는 근원에
의해서만 분류되고 범주화되기 때문이다. 물론 이러한 추론이 어떻게 해서든
지 사실에 의해 뒷받침되지 않는다면, 순전히 상상력에 의하여 결과와 근원
을 연결할 위험에 빠지고 말 것이다. 그러나 자살의 형태학과 관련하여 우리
가 사용할 수 있는 몇몇 정보를 통해 이 문제점을 해결할 수 있다. 물론 이 자
료들 그 자체만으로 분류의 원칙을 제시하기에는 너무 불충분하고 불확실하
다. 그러나 일단 분류의 틀이 확정되고 나면, 그 자료들을 유용하게 쓸 수 있
다. 그것들은 우리가 어떠한 방식으로 연구를 진행해야 하는가를 보여 줄 것
이며, 우리는 그렇게 연역적으로 구성한 유형이 단순한 상상이 아니라고 확
신할 수 있을 것이다. 아무튼 우리는 이러한 방식으로 원인에서 결과로 나아
가게 될 것이고 우리의 병인학적 분류체계는 형태학적 분류체계를 통해 완벽
해질 것인바, 후자는 전자를 입증할 것이고 역으로 전자는 후자를 입증할 것
이다." 이는 다음을 요약 · 정리한 것이다. Émile Durkheim. 앞의 책(1983a),
154~56쪽. 이 책의 제3장 제3절 (4) 자살의 심리적 차원도 같이 볼 것. 이처
럼 뒤르케임이 『자살론』에서 유형에서 원인으로가 아니라 그 역으로 원인에
서 유형으로 나아가는 연구절차를 택한 것은 자신이 ─ 그 이전에 『사회학적
방법의 규칙들』에서 ─ 제시한 규칙을 스스로 포기한 것이라는 비판이 제기
된다. Mike Gane, "A Fresh Look at Durkheim's Sociological Method", in:
William S. F. Pickering & H. Martins (Ed.), *Debating Durkheim*, London/
New York: Routledge 1994, 66~85쪽; Mike Gane, "The Deconstruction of

서는 자살을 통시적·공시적으로 비교함으로써 사회학적 증거의 입증을 마무리한다. 통시적으로 자살을 고대로부터 현대에 이르기까지 광범위하게 비교하며, 공시적으로 현대사회에서의 자살을 사회적 범죄 및 도덕적 요소와 비교한다. 여기서는 지면 관계상 방법론적 관점에서 『자살론』 전체를 검토할 수 없기 때문에 그 핵심에 해당하는 제2부에 논의를 한정하기로 한다.

먼저 "어떤 외적으로 공통적인 특성으로써 정의된 현상들의 집합"을 사회학적 연구의 대상으로 선택해야 한다는 사회학적 연구방법의 규칙에 따라 뒤르케임은 자살을 다음과 같이 정의한다.

자살은 그 원인이 직접적으로 또는 간접적으로 희생자 자신의 행위나 불이행으로 소급되는 모든 경우의 죽음을 이르는데, 이때 희생자는 자신의 행동의 결과를 미리 알고 있다.[68]

이러한 정의에 상응하는 모든 현상은 자살의 범주에 속한다. 한 가

Social Action: The 'Reversal' of Durkheimian Methodology from *The Rules to Suicide*", in: William S. F. Pickering & Geoffrey Walford (Ed.), *Durkheim's Suicide. A Century of Research and Debate*, London/New York: Routledge 2000, 22~35쪽. 또한 미해결(미증명)의 전제에 근거하여 논증하는 오류(petitio principii)라는 비판이 제기되기도 한다. Steven Lukes, 앞의 책(1973), 31쪽. 그리고 다음과 같이 방법론적 난점에서 비롯된 것이라는 비판도 있다. 뒤르케임의 난점은 이미 발견된 자살의 원인을 자살의 유형과 잘못 동일시한 데에 있다는 것이다. 뒤르케임이 만일 베버적인 이념형을 구사했다면 그의 난점은 제거될 수 있었을 것이라는 것이다. 그러므로 이념형론을 도입함으로써 부당전제를 회피할 방법론적 장치를 세련화하지 못했기에 뒤르케임은 연역과 귀납의 상호보충을 해석학적으로 심화할 수 없었다는 것이다. 김종엽, 「에밀 뒤르켐의 현대성 비판에 대한 연구」, 서울대학교 박사학위 논문 1996, 44쪽. 이에 반해 뒤르케임이 택한 연구절차가 — 전적으로 뒤르케임의 주장을 인용하면서! — 정당하다고 옹호하는 견해도 있다. 김명희, 「한국 사회 자살현상과 『자살론』의 실재론적 해석 — 숙명론적 자살(fatalistic suicide)을 중심으로」, 『경제와 사회』 제96호, 2012, 288~327쪽, 여기서는 304~05쪽.
68 Émile Durkheim, 앞의 책(1983a), 27쪽.

지 예를 들어보자. 전장에서 육탄으로 적의 전차를 저지하고 목숨을 잃은 군인의 행위는 일반적으로 자살로 불리지 않고 '산화', '고귀한 희생', '멸사봉공', '살신성인', '우국충정' 등으로 표현한다. 실제로 국가에 의한 공식적 자살통계는 이러한 죽음을 자살로 분류하지 않는다. 그러나 뒤르케임의 정의에 따르면 그의 행위도 엄연한 자살이다. 왜냐하면 그의 죽음은 그의 행위의 직접적인 결과이고 그는 자신의 행위의 결과를 미리 알고 있기 때문이다. 이처럼 사회학적 사고는 사회학 외적 사고와 전적으로 다르며, 사회학자는 사회학 외적 사고에 의해 지배되어서는 안 된다. 이에 대해서는 다음 절에서 다시 논의할 것이다.

그런데 자살은 사회적 사실이다. 왜냐하면 자살률은 사회마다 다르며 각 사회의 자살률은 ― 심지어 사망률보다도 ― 안정적이기 때문이다. 이는 모든 사회가 자살에 대한 일정한 경향을 갖고 있음을 뜻한다. 만약 자살이 개인적 사실이라면 자살률은 그 사회적 맥락과 무관하게 언제나 똑같을 것이다. 이처럼 어느 사회나 일정한 자살의 경향과 자살률을 보인다면, 자살은 병리적인 것이 아니라 정상적인 것으로 보아야 한다. 그러나 자살률이 갑자기 높아지거나 낮아지면 병리적인 것이다.

뒤르케임은 이 자살률이라는 통계적 자료를 자살에 대한 사회학적 관찰의 대상으로 설정한다. 자살률은 "확고하게 규정된 사실들의 체계로서 동시에 그 시간적 지속성과 가변성에 의해 증명되며", 따라서 "각각의 사회가 집단적으로 가지고 있는 자살에의 경향을 실증한다."[69] 뒤르케임이 자살률을 사회학적 관찰의 대상으로 선택한 이유는, 자살의 개인적 차원을 다루는 심리학자와 달리 사회학자는 자살의 사회적 차원을 다루기 때문이다. 다시 말해 개인의 자살에 관

69　같은 책, 34~35쪽.

심을 갖는 심리학자와 달리 사회학자는 한 사회에서 나타나는 자살의 총체적인 경향에 관심을 갖는다. 전자가 개인적·심리적 현상이자 사실이라면, 후자는 집단적·사회적 현상이자 사실이다. 요컨대 사회학자는 "고립된 개인이 아니라 다수의 인간에 작용할 수 있는 원인을 연구한다. 그러므로 그는 어디까지나 전체 사회에 가시적인 영향을 끼치는 자살의 요인만을 다룬다. 바로 자살률이 이러한 요인들의 결과이며, 따라서 그것들에 대한 관심을 충족시켜 준다."[70] 이러한 관점에 입각하여 뒤르케임은 자살과 관련된 2만 6,000건의 통계자료를 분석했다. 이 방대한 자료는 뒤르케임이 직접 수집한 것이 아니라 프랑스 법무부의 기록 문서를 이용한 것이다.[71]

그다음은 자살의 유형을 제시할 차례이다. 만약 무려 2만 6,000건에 이르는 수많은 통계자료를 그 하나하나에 대한 관찰이나 기술에 머무는 작업은 사회적 현상으로서의 자살 또는 자살의 일정한 경향

---

70 같은 책, 37쪽.
71 같은 책, 22쪽. 과연 국가에 의해 작성된 통계자료에 의존하는 자살의 사회학적 연구가 — 또는 일반적으로 말해 과학적 연구가 — 객관성·타당성·신뢰성을 확보할 수 있는가 한 번 논의해 보는 것은 방법론으로 상당히 큰 의미가 있을 것이다. 예컨대 — 한 가지 문제점만 제기한다면 — 뒤르케임은 자살을 정의하면서 '지식', 즉 자살자가 자신의 행위의 결과를 미리 알고 있다는 점에 초점을 맞추는 반면, 자살의 국가통계를 담당하는 관료들은 자살자의 의도(동기)에 초점을 맞춘다. 사실 자살통계는, 아니 모든 통계는 거기에 사용된 자료들이 스스로 말한, 그러니까 순수하고 객관적인 수치가 아니라 사회적으로 구성된 것이다. 다시 말해 통계를 작성하는 주체들과 그들의 사회적 배경과 특성, 그들이 자료를 수집하고, 토론하고, 분류하며 판단하는 일련의 사회적 과정, 그리고 그들이 다른 개인이나 집단, 예컨대 자살자의 유의미한 타자인 가족이나 친지와 갖는 사회적 상호작용에 의해 영향을 받고 결정되는 일종의 사회적 구성물이다. 이 무척 흥미롭고 생산적인 주제는 이 책의 범위를 한참 벗어나기 때문에 다음을 언급하는 선에서 족하기로 한다. Jack D. Douglas, *The Social Meanings of Suicide*, Princeton: Princeton University Press 1967; John Varty, "Suicide, Statistics and Sociology. Assessing Douglas' Critique of Durkheim", in: William S. F. Pickering & Geoffrey Walford (Ed.), *Durkheim's Suicide. A Century of Research and Debate*, London/New York: Routledge 2000, 53~65쪽.

을 밝히는 데에는 무의미하다. 그것은 몇 가지 유형으로 분류해야 한다. 이를 위하여 뒤르케임은 종교, 가족, 국가, 직업 등 다양한 사회적 요인을 통해 예의 그 무수한 자살의 경우를 분석한다. 왜냐하면 각각의 사회적 요인은 나름대로의 방식으로 자살에 영향을 끼치게 되며, 따라서 자살 사이의 차이가 드러나게 되고 그것들을 몇 가지 범주로 묶을 수 있도록 하기 때문이다. 예컨대 종교의 경우 프로테스탄티즘과 가톨릭이 자살에 끼치는 영향이 다르고 가족의 경우 기혼과 미혼이 자살에 끼치는 영향이 다르다. 이런 방식으로 뒤르케임은 이기적 자살, 이타적 자살, 아노미적 자살, 숙명적 자살의 네 가지 유형을 얻을 수 있었다.

이어서 뒤르케임은 "사회적 사실을 결정하는 원인을 그것보다 시간적으로 앞서는 사회적 현상에서 찾아야"한다는 규칙에 입각하여 자살의 유형에 대한 인과적 설명을 가한다. 그리하여 사회적 통합과 사회적 규제에 자살의 원인이 있음을 밝혀낸다. 다시 말해 자살의 네 가지 유형은 사회적 통합과 사회적 규제의 두 가지 차원에 의해 구별된다. 개인이 사회에 너무 약하게 통합되면 이기적 자살이 일어나는 반면 너무 강하게 통합되면 이타적 자살이 일어난다. 그리고 사회가 개인의 사고나 행위를 너무 약하게 규제하면 아노미적 자살이 일어나는 반면 너무 강하게 규제하면 숙명적 자살이 일어난다(이에 대해서는 제3장 제4절에서 다시 자세하게 논의할 것이다).

여기에서 잠시 종교 공동체와 자살의 관계를 잠시 짚어보기로 하자. 그리하면 뒤르케임이 『사회학적 방법의 규칙들』에서 제시한 여섯 번째의 규칙인 사회학적 증거의 입증이 무엇인지 알 수 있기 때문이다. 방금 앞에서 언급한 바와 같이, 뒤르케임은 사회학적 증거, 즉 인과적 설명의 정당성을 입증하기 위해 두 가지 방법을 제시한다. 하나는 공시적·통시적 비교의 방법이고, 다른 하나는 공변법이다. 바로 이 비교방법과 공변법이 적용된 경우가 종교 공동체와 자살의 관계에 대한 논의이다.

뒤르케임은 가톨릭, 개신교, 유대교 및 성공회의 네 가지 종교 공동체가 자살에 끼치는 영향을 비교한다. 그 결과 자살률이 가톨릭에서는 낮고, 개신교에서는 높고, 유대교에서는 낮으며, 성공회에서는 중간 정도로 나타난다. 그런데 이 네 종교 모두는 자살을 엄격히 금지하며, 따라서 자살률이 상이한 원인을 종교적 교리에서 찾을 수는 없다. 그것은 어디까지나 사회적 통합과 사회적 규제의 문제이다. 가톨릭의 경우에는 집단주의가 지배하고, 즉 사회적 통합이 강하고 사회적 규제가 강하며, 그 결과 자살률이 낮다. 개신교의 경우에는 개인주의가 지배하고, 즉 사회적 통합이 약하고 사회적 규제가 약하며, 그 결과 자살률이 높다. 그런데 유대교의 경우에는 개인주의가 지배하고, 즉 사회적 통합이 약하고 사회적 규제가 약함에도 불구하고 개신교의 경우와 달리 자살률이 낮다. 그리고 성공회의 경우에는 다른 개신교의 경우보다 자살률이 낮다(물론 가톨릭보다는 높다). 이러한 현상은 사회적 통합과 사회적 규제라는 사회적 요인 이외의 또 다른 사회적 요인으로 설명해야 한다.

먼저 유대교의 경우에는 그 제3의 사회적 요인이 유대인들의 강력한 집단 응집력이다. 유대인들은 전통적으로 어느 사회에서나 소수 집단에 머물기 때문에 "모든 공동체는 응축적이고 긴밀하게 결합되고 자기 자신과 자신의 통일성을 생생하게 의식하는 작은 사회가 되었디." 유대인들의 집단 내에서는 "개인의 삶이 갖는 공통성과 개인이 상호 간에 끊임없이 가하는 통제 때문에 개인의 이탈이 거의 불가능하게 되었다."[72] 그 결과 유대교의 경우에는 개인주의가 강하고, 즉 사회적 통합이 약하고 사회적 규제가 약함에도 불구하고 자살률이 낮은 것이다.

그리고 성공회의 경우에는 그 제3의 요인이 개인의 자유로운 비

---

72 Émile Durkheim, 앞의 책(1983a), 171~72쪽.

판과 상충되는 교리들 또는 규범들이다. 첫째로 여전히 많은 종교적 규정이 법의 보호와 인가를 받고 있다. 예컨대 성수주일(聖守主日)에 대한 법, 성서의 인물들을 무대 위에 올리는 것을 금지하는 법, 최근에[뒤르케임이『자살론』을 쓸 때를 기점으로!] 모든 대의기관의 의원들에게 일종의 신앙고백을 요구하도록 한 법 등이 그것이다. 둘째로 영국에서는 전통에 대한 존중이 일반적이고 강하다. 이러한 전통주의가 지배하는 상황에서는 개인의 자율적인 행위가 어느 정도 제한될 수밖에 없다. 셋째로 성공회의 성직자 집단은 모든 개신교 성직자 집단들 가운데 유일하게 위계질서를 갖고 있다. 이러한 외적인 조직은 천명된 종교적 개인주의와 조화를 이룰 수 없음이 자명하다. 게다가 영국은 그 어떤 개신교 국가보다도 많은 성직자를 거느리고 있다. 사실 성직자의 수는 무의미하거나 피상적인 것이 아니라 종교의 본질에 속하는 문제이다.[73] 이 모든 것의 결과로 성공회의 경우에는 개신교에 속하면서도 그 자살률이 가톨릭보다는 높지만 개신교보다는 낮다.

아무튼 뒤르케임은 이미『자살론』과 더불어 1890년대 말에 사회적인 것을 사물처럼 간주하고 사회적인 것을 사회적인 것을 통해 설명하는 사회학의 존재의의, 독립성 및 설명력을 대내외적으로 과시할 수 있었으며 사회학의 제도화에 결정적으로 기여할 수 있었다.

4. 사회학의 고유한 인식대상과 인식방법을 확보하라: 뒤르케임의 사회학적 정언명령

뒤르케임의 방법론적 저작인『사회학적 방법의 규칙들』은 이미

---

73 같은 책, 172~73쪽.

출간 당시부터 숱한 오해와 비판을 불러왔다. 그리하여 뒤르케임은 1901년에 출간된 제2판의 서문과 다른 몇몇 저작에서, 특히 『사회학과 철학』(1924)에서 자신의 사회학적 방법론을 보다 심층적이고 정교하게 만드는 작업을 했다. 그러므로 『사회학적 방법의 규칙들』과 더불어 이 저작들을 ─ 그리고 그 이전에 출간된 저작들을 ─ 같이 고려해야만 뒤르케임의 사회학적 방법론을 제대로 파악할 수 있을 것이다.

참고로 『사회학과 철학』은 뒤르케임 생전에 단행본으로 나온 것이 아니라 그의 사후인 1924년에 제자인 셀레스탱 부글레(1870~1940)가 네 편의 글을 모아서 책으로 펴낸 것으로서, 그 핵심주제는 개인과 사회 그리고 도덕과 사회의 문제이다. 이 책은 총 4개 장으로 구성되어 있는데, 그 각각은 다음과 같다. 제1장은 「개인적 표상과 집합적 표상」으로, 이 글은 1898년 『형이상학 및 도덕 저널』 제6호에 게재되었다. 제2장은 「도덕적 사실의 규정」인데, 이 글은 1906년 『프랑스 철학회 회보』에 게재되었다. 이 글을 읽은 프랑스 철학회 회원들이 그해 2월 11일과 3월 27일에 토론을 벌였다. 제3장인 「비판에 대한 반론」은 3월 27일에 뒤르케임이 회원들의 비판에 답하면서 자신의 도덕과학을 옹호한 것이다(2월 11일에 행한 뒤르케임의 토론은 제2장 뒷부분에 수록되어 있다). 그리고 제4장은 「가치판단과 현실판단」인데, 이 글은 1911년 4월 6일 볼로냐에서 개최된 국제철학대회에서 한 강연으로서 그해 7월 3일 『형이상학 및 도덕 저널』 특별호에 게재되었다.

뒤르케임이 『사회학적 방법의 규칙들』 제2판 서문에서 말하고 있듯이, 그에 대한 오해와 비판은 주로 사회적 사실과 사물이라는 개념을 둘러싸고 전개되었다. 먼저, 뒤르케임의 사회학적 방법론의 가장 기본이 되는 명제, 즉 사회적 사실을 사물처럼 다루어야 한다는 명제에 대한 오해와 비판을 들 수 있다. 그리고 사회적 사실의 외재성과 강제성에 대한 오해와 비판을 들 수 있다. 여기서는 일단 첫 번째의 오해와 비판에 대한 뒤르케임의 반론만을 검토하고 두 번째의 오해와 비판에 대한 뒤르케임의 반론은 개인과 사회의 관계를 다루는 제4장에서 검토하기로 한다.

뒤르케임의 사회학 방법론에 대한 가장 큰 비판은, 그 가장 기본적인 명제, 즉 사회적 사실을 사물처럼 다루어야 한다는 명제에 대한 비판이다. 그 이유는 무엇보다도 뒤르케임 비판자들이 그가 이 명제와 더불어 사회적 현상에 대한 사물화 경향, 아니 심지어 사물주의를 또는 실체론이나 존재론을 추구한다고 생각했기 때문이다. 그러나 뒤르케임이 사회적 사실을 사물처럼 간주해야 한다는 사회학적 방법의 규칙과 더불어 진정으로 추구한 바는, 사회 세계의 사물화, 실체화 또는 존재론화가 아니라, 또는 달리 표현하자면 사물주의적 사회학, 실체론적 사회학 또는 존재론적 사회학이 아니라 사회학의 고유한 인식대상을 — 생물학이나 심리학 등의 인식대상과 구별되는 — 확보하고 그 대상에 접근할 수 있는 엄밀한 과학적 방법, 즉 관념적 방법이 아니라 관찰과 실험이라는 실증주의적 방법을 확보하는 데에 있었다. 먼저 사회학의 인식대상과 관련하여 뒤르케임은 『사회학적 방법의 규칙들』 제2판 서문에서 다음과 같이 말하고 있다.

우리가 사회적 현상을 외부 세계의 현상과 동격으로 하는 것은 모순적이고 언어도단적인 것으로 받아들여졌다. 그러나 그것은 이러한 동격화가 갖는 의미와 효과에 대한 오해일 뿐이다. 우리의 목표는 존재의 상위 형태들을 하위 형태들의 수준으로 환원하는 것이 아니라 오히려 누구나 인정하는 후자의 실재성과 같은 정도의 실재성을 전자에게 부여하는 것이었다. 요컨대 우리가 주장하는 바는 사회적 현상이 물질적 사물이라는 것이 결코 아니고, 비록 그것들이 다른 유형이기는 하지만 물질적 사물과 동등한 권리를 갖는 대상이라는 것이다.[74]

---

74 Émile Durkheim, 앞의 책(1984a), 89쪽.

이 인용구절의 세 번째 문장에 나오는 존재의 형태들로는 — 하위 형태에서 상위 형태의 방향으로 진행하면서 — 물리적 존재, 화학적 존재, 생물학적 존재, 개인적(의식적·심리적) 존재 그리고 사회적 존재 등을 열거할 수 있을 것이다. 그리고 그 각각이 물리학, 화학, 생물학, 심리학 그리고 사회학의 인식대상이 된다. 이 가운데 사회학을 제외한 다른 과학들이 다루는 인식대상은 이미 실재성을 인정받고 있었다. 그리하여 모두가 독립적인 개별과학의 지위를 확보하고 있었다. 그 이유는 이 모든 과학이 자신의 인식대상을 마치 사물처럼 취급했기 때문이다. 심지어 심리학도 물질적 세계가 아닌 정신적 세계를 그 자체로서 실재성을 갖는 현상으로 다룸으로써, 그러니까 물질적 사물처럼 고유한 특성을 갖고 고유한 논리와 법칙성에 따라 작동하는 현상으로 다룸으로써 생물학으로부터 그리고 철학으로부터 독립할 수 있었다. 심리학자들은 자연과학자들이 자연적 사실에 대해 취하는 것과 똑같은 태도를 심리적 사실에 대해 취했다. 다시 말해 심리학자들은 자연과학자들이 물질적 현상을 사물처럼 취급하는 것처럼 심리적 현상, 그러니까 물질적 현상에 상반되는 정신적 현상을 사물처럼 취급했던 것이다. 이와 마찬가지로 사회학자들이 사회적 현상을 사물처럼 취급해야만 사회학이 생물학이나 심리학 또는 철학으로부터 독립적인 실증적 개별과학의 지위를 확보할 수 있다는 것이 뒤르케임의 확신이었다.

그렇다면 도대체 사물이란 무엇인가? 뒤르케임은 사물을 관념 또는 내성과 대비하고 다시금 사물과 관념 또는 내성을 외부 및 내부와 연결한다.

사물이 관념에 대해 갖는 관계는 우리가 외부로부터 아는 것이 우리가 내부로부터 아는 것에 대해 갖는 관계와 똑같다. 사물은 저절로 이성에 의해 파악될 수 없는, 그리고 단순한 사유적 분석에 의해서는 적합하게 표상할 수 없는 모든 인식의 대상이다. 사물이 우리의 오성에 의해 파악될 수 있는 것은 오로지, 우리의 오성이 자신의 밖으로 나와서 관찰과 실험에 의하여 가장 외적이고 가장 직접적으로 접근할 수 있는 특성으로부터 보다 비가시적이고 보다 심층적인 특성으로 점차로 나아갈 때뿐이다. 그러므로 어떤 특정한 질서의 사실을 사물처럼 다룬다는 것은 그것들을 존재의 이 범주 또는 저 범주에 편입하는 것을 의미하지 않는다. 그것은 단지 그것에 대하여 특정한 정신적 태도를 취함을 의미할 뿐이다. 그것은 무엇보다도 다음과 같은 원칙과 더불어 그것들에 대한 연구를 착수함을 의미한다. 우리는 그것들이 무엇인지 절대로 알지 못하며, 또한 그것들의 특징적인 속성과 이 속성들을 야기하는 미지의 원인은 제아무리 세심한 내성에 의해서도 발견될 수 없다는 원칙이 바로 그것이다.[75]

우리는 뒤르케임이 이 인용구절에서 실증주의적 원리와 합리주의적 원리를 설파하고 있음을 쉽게 알 수 있다. 관찰과 실험은 전형적인 실증주의의 방법이다. 그러나 — 이미 앞의 절에서 논한 바와 같이 — 뒤르케임은 콩트와 스펜서의 실증주의를 관념적 방법에 의존하는 실증주의적 형이상학이라고 비판한다. 그리고 데카르트의 합리주의에 접목하면서 과학적 인식에서 모든 선입견 또는 선이해(先理解)를 배격하고 합리주의적 실증주의 또는 과학적 합리주의를 내세운다. 합리주의적 실증주의 또는 과학적 합리주의에서 객관적 인식은 외적 대상의 인식을 의미한다. 다시 말해 객관적 인식은 나의 외부에서 나의 앞에 존재하는 사물을 인식하는 것이다.

방금 인용한 구절을 다음과 같이 객체-주체라는 개념 쌍에 의해 인식론적으로 재구성해 보면 뒤르케임의 실증주의적 합리주의 또는 과학적 합리주의가 보다 명백하게 와닿을 것이다.

---

75 같은 책, 89~90쪽.

모든 과학적 방법에는 주체와 객체의 명백한 분리가 상응한다. 다시 말해 나의 외부에 존재하는 실재적인 대상의 정립이 상응하는데, 주체 또는 의식은 '자신의 밖으로 나와서' 관찰하고 실험함으로써 이 대상에 접근할 수 있다. 이 경우 실재적인 사물의 인식에서 모든 선(先)이해는 완전히 포기되는데, 왜냐하면 주체는 **자신의 앞에** 있는 것에 대해서 우선 아무것도 알 수 없기 때문이다. 항상 주관적 의식의 내부에만 머물고 있는 선이해는 언제나 정신이 스스로 자신의 앞에 세워둔 무엇인가이며, 그 결과 이 무엇인가는 **타자가** 아니다. 그것은 이미 처음부터 타자의 존재를 문제시한다.[76]

이렇게 보면 모든 과학이 사물을 대상으로 한다고 말할 수 있다. 수학이 유일한 예외이다. 왜냐하면 수학은 사물에 대한 언어적 진술이 아니고 언어에 대한 언어적 진술, 즉 형식논리학의 일종이기 때문이다. 수학은 인간정신에 의한 순수한 개념적 조작이다. 그러므로 수학은 관찰과 실험의 방법이 아니라 직관과 연역의 방법에 의존한다. "수학에서는 가장 단순한 대상으로부터 가장 복잡한 대상으로 나아가기 때문에, 이 대상들을 인식하기 위해서는 그것들이 발생하는 우리의 내면을 들여다보고 정신적 과정을 분석하는 것으로 충분하다."[77] 데카르트가 제시하는 인간의 이성 또는 정신을 위한 규칙은 바로 이러한 수학에 기반하고 있다.

그러나 수학을 제외한 모든 과학의 인식대상은 "우리가 과학적으로 연구하려고 하는 순간에 우리에게 알려지지 않은 사실들, 즉 **우리가 전혀 모르는 사물들**이다. 왜냐하면 우리가 일상적인 삶의 과정에서

---

76 Rodolphe Gasché, *Die hybride Wissenschaft. Zur Mutation des Wissenschafts-begriffs bei Émile Durkheim und im Strukturalismus von Claude Lévi-Strauss*, Stuttgart: J. B. Metzlersche Verlagsbuchhandlung 1973, 24쪽.

77 Émile Durkheim, 앞의 책(1984a), 90쪽.

만들 수 있는 표상들은 어떠한 방법도 없이 무비판적으로 만들어지며, 따라서 전혀 과학적 가치가 없다. 결국 그것들은 폐기되어야 한다."[78] 심지어 개인의 내면적 세계와 그 경험을 연구하는 개인심리학도 사물을 그 인식대상으로 하며, 따라서 인식주체가 자신의 밖으로 나와서 관찰하고 실험해야만 인간의 내면적 세계와 그 경험을 제대로 인식할 수 있다. 비록 개인심리학적 사실이 — 이와 관련하여 뒤르케임은 이렇게 말하고 있다 —

> 개념상 개인의 내면세계에 존재하지만, 개인의 내적 경험은 우리에게 그 본질이나 속성을 드러내지 않는다. 물론 개인의 내적 경험은 우리에게 일정한 정도까지 정신적 현상을 알 수 있도록 해준다. 그렇지만 우리의 감각이 우리에게 열이나 빛, 소리나 전기를 인지할 수 있도록 해주는 것과 똑같은 방식으로만 알 수 있도록 해준다. 개인의 내적 경험은 우리에게 불명료하고 순간적이며 주관적인 인상만 줄 뿐 정련된 개념을 제공함으로써 명료하고 판명한 인식을 가능케 하지는 못한다. 바로 이것이 19세기에 정신적 현상을 외부로부터, 즉 사물처럼 연구하는 것을 원칙으로 하는 객관적 심리학이 창시된 이유이다. 사회적 현상은 그와 같은 방식을 더욱더 절실히 필요로 한다. 왜냐하면 의식은 자기 자신을 인식하는 것보다 사회적 현상을 인식하는 데 더 무력하기 때문이다.[79]

이미 앞에서 강조한 바와 같이, 사회학의 인식대상은 사회적 사실에 있으며 사회학의 인식방법은 사회적 사실을 사물처럼 간주하고 그것을 다른 사회적 사실(들)을 통해 설명하는 데에 뒤르케임 사회학 방법론의 핵심이 있다. 사회적 사실의 기체는 — 제4장 제1절

---

78 같은 곳.
79 같은 곳.

에서 자세히 논하게 되는 바와 같이 — 개인들이다. 다시 말해 사회적 사실은 개인들의 연합 또는 상호작용을 통해 형성되며 역으로 개인들의 감정, 사고 및 행위에 일정한 방식으로 영향을 끼친다. 이것은 물질의 구조와 운동을 통해 설명할 수 있는 물리학적 사실이 아니고 원소의 결합과 상호작용을 통해 설명할 수 있는 화학적 사실도 아니고 유기체의 구조와 진화를 통해 설명할 수 있는 생물학적 사실이 아니다. 그리고 개인의 의식을 통해 설명할 수 있는 심리학적 사실도 아니며 인간의 의지를 통해 설명할 수 있는 철학적 사실도 아니다. 사회적 사실은 이 가운데 그 어떤 것으로 환원할 수도 없고 그 어떤 것으로부터 도출할 수도 없다. 요컨대 사회적 사실, 즉 사회학이 다루는 사실은 다른 사실들, 즉 다른 과학적 사실들, 특히 자연과학적 사실인 외적이고 객관적인 물질적 세계들 못지않게 실재적이다. 다시 말해 그 자체적인 논리와 법칙성에 의해 존재하고 작동하는 자신만의 고유한 실재성을 갖는다.

그러므로 사회학자는 자연과학들이 물질적 세계를 사물처럼 다루듯이 사회적 사실을 사물처럼 간주하고 다른 사회적 사실(들)을 통해 설명해야 한다. 이는 사회학자가 사회학적 인식대상에 대하여 특정한 정신적 태도를 취하는 것을 뜻하며, 따라서 사회적 사실은 사물주의적 범주도 아니고 실체론적 범주도 아니며 존재론적 범주도 아니고 방법론적 범주이다. 뒤르케임이 주장하는 바는 사회적 사실을 사물**로서** 다루는 것이 아니라 사물**처럼** 다루어야 한다는 것임에 주의하라! 방법론적 범주로서의 사회적 사실은 곧 사회학적 사실이 된다.

요컨대 뒤르케임이『사회학적 방법의 규칙들』에서 진정으로 추구한 바는 사회학의 고유한 인식대상과 인식방법을 확보하며, 또한 그럼으로써 사회학에 엄밀한 경험적 실증과학의 지위를 부여하는 것이었다. 그것이 진정한 과학적 사회학의 창시자 뒤르케임에게 주어진 정언명령이었다. 이 정언명령은 '사회적 사실'과 '사물'을 중심으로 이행되었다. 뒤르케임은 이 두 개념에 근거하여 사회학을 무엇보다도 심리학과 철학으로부터 독립시키고자 했다. 먼저 그는 인식 대상 측면에서 사회적 현상을 개인적 의식의 표현으로 보는 심리학과 인간의 자유의지의 발로로 보는 철학에 반하여 사회적 사실의 고유성과 실재성을 내세웠다. 전체적으로 보아『사회학적 방법의 규칙들』은 반심리학주의와 반개인주의의 색채를 띤다고 할 수 있다. 그리고 그는 인식방법 측면에서 내성에 의존하는 심리학과 관념에 의존하는 철학에 반하여 사회적 사실을 사물처럼 간주하고 관찰과 실험의 방법을 통해 접근할 것을 주장했다.

그런데 사회학은 단지 심리학과 철학으로부터만 벗어나면 독립적인 개별과학이 될 수 있는 것이 아니었다. 후발주자인 사회학은 그 밖에도 생물학에서 벗어나려고 투쟁하는 등 여러 전선에 걸쳐서 독립전쟁을 수행해야 했다. 그리고 그 독립전쟁은 누구보다도 진정한 과학적 사회학의 창시자 뒤르케임에 의해 수행되었다. 예컨대 그는 1887~88년 겨울학기에 보르도 대학에서 한 사회학 입문 강의에서 생물학적 방법에 의존하는 스펜서를 비판하면서 다음과 같이 주장하였다.

사회학이 존재한다면, 그것은 자신의 고유한 방법과 자신의 고유한 법칙들을 갖는다. 사회적 사실들은 오로지 다른 사회적 사실들을 통해서만 제대로 설명할 수 있다. 그럼에도 불구하고 이 점은 간과되어 왔는데, 그 이유는 과학이 지금까지 사회적 사실들이 생물학적 사실들과 갖는 유사성을 제시해 왔기 때문이다. 그러나 어느 한 영역의 설명에 충분한 것이 다른 영역의 설명에 그대로 적용될 수는 없다. 발전이란 무변화한 반복이 아니다. 자연의 모든 영역은 무언가 새로운 것을 드러내는데, 과학은 그것을 제거할 것이 아니라 찾아내 표현해야 한다. 사회학이 존재할 권리를 가지려면, 사회적 영역에 생물학적 연구로는 파악할 수 없는 무엇인가가 있어야 한다.[80]

뒤르케임은 — 이미 제1장 제4절에서 살펴본 바와 같이 — 이 강의에서도 사회학의 인식대상은 사회적 사실이며 사회학은 관찰과 비교라는 엄밀한 경험적·실증적 방법에 입각하여 사회적 사실을 다른 사회적 사실(들)을 통해서 설명해야 한다는 기본적인 규칙을 제시하고 있다. 이처럼 뒤르케임은 일찍부터 사회학의 과학성과 독립성을 확보하려고 노력했다.

그러나 — 다시 한 번 강조하자면 — 이러한 노력은 강력한 저항에 부딪쳤으며, 그 주된 원인은 '사회적 사실'이라는 개념과 '사물'이라는 개념에 있었다. 먼저 사물은 일반적으로 물질세계에 외적·객관적으로 존재하는 것을 가리키기 때문에 뒤르케임의 사회학은 사물주의, 실체론 또는 존재론이라는 비판에 직면했다. 이는 물론 오해의 소치였다. 뒤르케임이 사회적 사실을 사물로 간주하라는 명제와 더불어 염두에 둔 것은 사회 세계의 사물주의화, 실체론화 또는 존재론화가 아니라 사회학을 관념적 방법과 내성적 방법으로부터 해방하고 진정한 과학적 방법의 토대 위에 구축하기 위함이었다. 물론 뒤르케임은 충분히 오해를 살 수 있는 개념을 사용했다는 책임에서 결코 자유로울 수 없다.

그러나 다른 한편 다음과 같은 지적 전통을 고려한다면 뒤르케임이 그 개념을 사용한 이유를 어느 정도 설명할 수 있을 것이다. 사물을 가리키는 프랑스어 'chose'(복수, choses)는 라틴어의 'rerum'(복수, res)인데, 서구 지성계에서는 전통적으로 어떤 과학의 대상 또는 객체를 표현하려고 할 때 이 단어에 손을 내밀었다.[81] 예컨대 데카르트도 『정신지도를 위한 규칙들』 곳곳에서 이 개념을 구사하고 있다.[82]

---

80 Émile Durkheim, 앞의 글(1981a), 37~38쪽.

81 Heike Delitz, 앞의 책(2013), 64쪽.

82 예컨대 규칙 4, 규칙 6, 규칙 8, 규칙 9에서 그리하고 있다(인용구절의 밑줄은 저자가 그은 것이다). 규칙 4: "사물의 진리를 탐구하기 위해서는 방법이 필요하다."; 규칙 6: "가장 단순한 사물을 복잡한 것으로부터 구별하고 순차적

뒤르케임이 진정으로 하고자 한 말은 자연적 사실과 심리적 사실이 각각 이미 과학성과 독립성을 확보한 자연과학과 심리학의 대상 또는 객체가 되듯이 그렇게 사회적 사실이 사회학의 대상 또는 객체가 되어야 한다는, 그리하여 이들 과학처럼 과학성과 독립성을 확보해야 한다는 것이었다.

그리고 '사회적 사실'도 '사물' 못지않게 문제를 불러일으킨 개념이다. 사회학의 인식대상을 사회적 사실이라고 규정하면 자칫 사회학은 사회에서 관찰되는 모든 현상과 과정, 그러니까 사회적인 것을 모두 다루는 과학으로 간주될 수도 있다. 다시 말해 사회학은 사회의 과학, 즉 '사회학 = 사회 + 학'이라는 동어반복으로 받아들여질 수도 있으며, 따라서 사회학은 고유한 인식대상을 갖지 못한다는 인상을 줄 수도 있다. 왜냐하면 인간에 대한 모든 과학은 사회에서 살아가는 인간에 대한 과학이며, 따라서 궁극적으로 사회에 대한 과학으로 이해될 수 있기 때문이다. 뒤르케임도 이러한 문제점을 직시하고 있었던 것 같다. 그리하여 1901년에 출간된 『사회학적 방법의 규칙들』 제2판 서문에서 사회학을 제도에 대한 과학으로 규정하고 있다.

> 그 통상적인 의미를 조금만 확장하면 이 아주 특별한 존재방식[사회적 사실]을 상당히 잘 표현할 수 있는 [……] 단어가 하나 있다. 그것은 다름 아닌 제도이다. 실제로 우리는 이 표현의 의미를 왜곡하지

으로 따라가기 위해서는 우리가 어떤 진리를 다른 진리로부터 직접적으로 연역한 사물의 각 계열에서 어떤 것이 가장 단순한가, 그리고 나머지 다른 것들이 그것에서 얼마나 더 또는 얼마나 덜 또는 같은 정도로 떨어져 있는가를 주의 깊게 관찰해야 한다."; 규칙 8: "찾고자 하는 <u>사물</u>의 계열에서 우리의 오성이 직관적으로 인식할 수 없는 것이 나타난다면, 우리는 거기에서 멈추어야 하고 다른 것을 고찰해서는 안 되며 공연한 수고를 덜어야 한다."; 규칙 9: "정신은 아주 하찮고 가장 단순한 <u>사물</u>로 완전히 시선을 돌리고 진리를 판명하고 명료하고 선명하게 직관하는 데 익숙해질 때까지 거기에 머물러야 한다." René Descartes, 앞의 책(2011b), 22, 38, 58, 70쪽.

않은 채 모든 신앙표상과 사회를 통해 확정된 모든 행위방식을 제도라고 부를 수 있다. 요컨대 사회학은 제도와 그 형성 및 작용방식에 대한 과학이라고 정의할 수 있다.[83]

여기에서 뒤르케임은 1901년 『대백과사전』에 게재된 폴 포코네 (1874~1938)와 마르셀 모스의 글 「사회학」에 준거하고 있다. 포코네와 모스에 따르면 제도는 "확립된 행위들이나 관념들의 앙상블로서 개인들에게 주어지고 많든 적든 간에 그들에게 강요된다." 예컨대 관습과 유행, 선입견과 미신, 정치적 체계와 법적 조직 등이 제도이다. 자명한 일이지만 제도는 의식적이고 의도적으로 확립될 수도 있지만 무의식적이고 무의도적으로 확립될 수도 있다. 포코네와 모스가 보기에, 제도가 사회적인 것에 대해 갖는 의미는 기능이 생물학적인 것에 대해 갖는 의미와 같다. "생명체의 과학이 기능의 과학인 것처럼, 생명 유지에 필수적인 기능의 과학인 것처럼 사회의 과학은 그렇게 정의된 제도의 과학이다." 그리고 포코네와 모스는 제도의 존재방식이 심리학적임을 강조하는데, 이는 제도들이 그 자체로서 존재하는 것이 아니라 개인들이 그것에 대해 갖는 표상 속에 존재하기 때문이다. 이 표상이야말로 "사회적 삶의 내밀한 근거"이다. 사회적인 것이 갖는 이러한 특성 때문에 사회학은 심리학으로 이해할 수 있다.[84] 이는 물론 사회학이 심리학의 하위범주나 아류 또는 응용심리학이라는 식으로 해석해서는 안 된다. 그보다는 사회적인 것이 개인과 그의 정신이나 의식을 떠나서는 존재하거나 기능할 수 없고 인간의 존재나 사고 또는 행위에 일정한 영향을 끼치는 한에서 의미를 갖는다는 식으로 해석해야 할 것이다.

물론 뒤르케임이 염두에 두고 있는—그리고 포코네와 모스가 염

---

83 Émile Durkheim, 앞의 책(1984a), 100쪽.
84 Heike Delitz, 앞의 책(2013), 72쪽.

두에 두고 있는—제도는 오늘날 사회학에서 말하는 협소한 의미의 제도로 읽어서는 안 된다. 그것은 오히려 광범위한 의미로 개인의 연합 또는 상호작용의 결과로 산출된, 사회적 구성물 전체를 가리키는 용어로 읽어야 할 것이다. 이 구성물은 물질적인 것일 수도 있고 정신적인 것일 수도 있으며, 유형적인 것일 수도 있고 무형적인 것일 수도 있으며, 고정적인 것일 수도 있고 유동적인 것일 수도 있으며, 지속적인 것일 수도 있고 일시적인 것일 수도 있으며, 사회 전체를 포괄하는 것일 수도 있고 특정한 사회적 영역이나 집단에 한정되는 것일 수도 있다. 뒤르케임의 말대로 제도는 그 통상적인 의미를 확장해서 읽어야 한다.

아무튼 뒤르케임이 사회적 사실이라는 개념을 제도라는 개념으로 표현한 것은, '사실'이라는 용어가 지나치게 일반적이며, 따라서 그것으로는 사회학적 인식의 대상을 확보하기 어렵다는 인상을 줄 수 있기 때문에 전자의 개념을 보다 사회학화된 후자의 개념으로 표현하려는, 또는 전자의 개념을 사회학화하려는 의도로 읽어야 한다. 그럼에도 불구하고 뒤르케임이 사회학적 사실에 대한 대안적 개념으로 제시한 제도가 전자보다 큰 설득력을 갖는 것은 아니다. 아니 제도가 사회적 사실보다 설득력이 떨어지는 것이 사실이다. 왜냐하면 제도는 통상적으로 다양한 사회학적 개념 가운데 하나로 받아들여지며, 따라서 사회학의 인식대상을 제도에서 찾게 되면 사회학적 지평이 아주 협소하게 되기 때문이다. 이는 또한 뒤르케임 연구자들 사이에서 뒤르케임의 사회학적 인식의 대상을 제도로 간주하는 경우를 찾아보기 힘든 이유이기도 하다. 사회적 사실을 뒤르케임 사회학의 인식대상으로 보는 것이 일반적이다.

뒤르케임은 『사회학적 방법의 규칙들』에서 사회적 사실을 형태학적 요소, 결정화된 요소, 일시적 집합현상의 세 가지 범주로 분류하고 있다. 첫째, 형태학적 요소에는 인구의 수, 분산 및 밀도, 교통로, 주거지, 기술적 도구 등이 속한다. 둘째, 결정화된 요소에는 법규범,

도덕적 명령, 종교적 신앙, 금융제도 등이 속한다. 셋째, 일시적 집합현상은 다시금 집합적 습관과 사회적 조류로 나뉘는데, 전자에는 관습적 명령, 대중적 어법, 격언, 유행, 종교적 또는 정치적 분파의 신앙고백을 규정하는 교리 등이 속하고, 후자에는 군중의 열광, 분노, 패닉 등이 속한다.[85] 사회적 사실의 첫 번째 범주인 형태학적 요소에서 세 번째 범주의 두 번째 하위범주인 사회적 조류로 갈수록 고정성은 줄어들고 우발성은 커진다.

뒤르케임은 형태학적 요소를 해부학적 사실 또는 집합적 존재양식이라 부르고 그 나머지 요소들은 생리학적 사실 또는 집합적 행위양식이라고 부른다. 전자에는 구조가 결부되고 후자에는 기능, 보다 정확히 말하자면 과정이 결부된다.[86] 전자와 후자를 각각 구조 또는 체계와 문화라고 할 수 있다. 그런데 이 가운데 집합적 존재양식인 형태학적 요소는 집합적 행위양식인 다른 요소처럼 개인에게 외적 강제를 행사하지 않는 것처럼 보일 수도 있다. 예컨대 인구의 분산이나 주거지가 개인에게 도덕적 명령이나 유행처럼 개인에게 사회적 구속력을 가질 수 있는가? 이와 관련하여 뒤르케임은 다음과 같이 형태학적 요소가 개인에 대해 갖는 사회적 강제성을 설명하고 있다.

만일 인구가 농촌으로 흩어지기보다 도시로 밀려든다면, 이는 개인에게 그와 같은 집중을 강제히는 여론과 집힙적 충동에 기인하는 것이다. 우리는 옷의 스타일을 마음대로 선택할 수 없듯이 집의 스타일도 마음대로 선택할 수 없다. 후자는 적어도 전자만큼 강제력이 있다. 교통로는 내부적 이동과 교역의 방향과 심지어 그 강도 등을 구속력

---

85 Émile Durkheim, 앞의 책(1984a), 107~10, 113쪽. 이를 정리하면서 다음을 참조했음을 일러둔다. Daniel Šuber, *Émile Durkheim*, Konstanz: Universitätsverlag 2011, 65쪽.
86 Émile Durkheim, 앞의 책(1984a), 112~13쪽.

있게 규정한다.[87]

　요컨대 사회의 존재양식은 사회의 행위양식만큼이나 강제적이다. 그 이유는 존재양식은 행위양식이 고정된 것이고, 구조는 기능이 고정된 것이기 때문이다. 양자 사이에는 고정화 정도의 차이만 있을 뿐 개인의 의식과 무관하게 보편적이고 독립적으로 존재하면서 개인에게 외적인 강제를 가하는 점에서는 아무런 차이가 없다.

　한 사회의 정치구조는 그것을 구성하는 다양한 부분이 함께 살아가는 데 익숙해진 방식일 뿐이다. 그들의 관계가 전통적으로 긴밀하면 그들은 서로 융합하기 쉬우며, 그 반대의 경우에는 서로 분리되기 쉽다. 우리에게 강제되는 주거양식은 우리 동시대의 사람들과, 부분적으로는 우리의 조상들이 집을 짓는 데 익숙해진 방식일 뿐이다. 교통로는 이동과 교역의 규칙적인 흐름에 의해 만들어진 경로일 뿐이다. 만약 형태학적 성격의 현상들이 그와 같은 지속성을 보이는 유일한 것이라면, 물론 우리는 그것들이 다른 현상들로부터 구별되는 독자적인 종류가 된다고 생각할 수 있을 것이다. 그러나 법적 규범은 비록 생리학적 사실이지만 건축양식 못지않게 영속적인 제도이다. 단순한 도덕적 준칙은 확실히 유연한 편에 속한다. 그렇지만 직업적 관습이나 유행보다는 고정적인 형태를 갖는다. 이렇게 보면 아주 명백하게 구조화된 사실들로부터 아직 확고한 형태를 취하지 않은 채 자유롭게 흐르는 사회적 삶에 이르기까지 일련의 연속적인 단계가 존재함을 알 수 있다. 그러므로 그것들 사이에는 단지 고정화의 차이만이 존재한다. 양자[아주 명백하게 구조화된 사실과 아직 확고한 형태를 취하지 않은 채 자유롭게 흐르는 사회적 삶]는 보다 더 결정화된 삶이거나 보다 덜 결정화된 삶일 뿐이다. 사회의 기체와 관련된 사회적 사실을

87　같은 책, 113쪽.

위해 '형태학적'이라는 용어를 따로 준비해 두는 것이 합당함에는 의심의 여지가 없다. 그렇지만 이 사회적 사실이 본성상 다른 사회적 사실과 동일하다는 점을 간과해서는 안 된다.[88]

결론적으로 말해 뒤르케임 사회학의 인식영역인 사회적 사실은 형태학적 요소, 결정화된 요소 그리고 일시적 집합현상 ─ 집합적 습관과 사회적 조류 ─ 을 포괄할 정도로 그 스펙트럼이 넓다. 도표 3으로 이를 나타내면 보다 가시적으로 와닿을 것이다.[89]

---

88 같은 책, 113~14쪽. 뒤르케임의 (사회)형태학에 대해서는 기체-산물-모델, 즉 사회의 발현적 성격을 논의의 주제로 하는 제4장 제1절에서 다시 논의가 있을 것이다.
89 도표 3은 다음을 참조했다. Hans-Peter Müller, 앞의 책(1983), 85쪽.

도표 3 뒤르케임 사회학의 인식영역

수준	대상	뒤르케임의 범주	고정성의 정도	우발성의 정도
I	**형태학적 요소** - 인구의 수, 분산 및 밀도 - 교통로 - 주거지 - 기술적 도구	- 해부학 - 존재양식 - 구조 - 체계	높음	낮음
II	**결정화된 요소** - 법규범 - 도덕적 명령 - 종교적 신앙 - 금융제도	- 생리학 - 행위양식 - 기능(과정) - 문화		
III	**일시적 집합현상** 1. 집합적 습관 - 관습적 명령 - 대중적 어법 - 격언 - 유행 2. 사회적 조류 - 군중의 열광 - 분노 - 패닉		낮음	높음

제3장
뒤르케임 사회학의 초기 전개 과정

   이 장은 뒤르케임 사회학의 초기 전개 과정을 추적하는 데 그 목적이 있으며, 일차적으로 『사회분업론』과 『자살론』을 논의의 대상으로 삼는다. 이 둘은 뒤르케임의 초기 사회학적 사고를 대표하는 동시에 흔히 『종교적 삶의 원초적 형태들』과 더불어 뒤르케임의 3대 저작으로 여겨지며, 따라서 좁게는 초기 그의 사회학이 전개되는 과정을 이해하는 데에, 그리고 넓게는 뒤르케임 사회학 전반을 이해하는 데에 결정적인 의미를 갖는다. 그런데 『사회분업론』과 『자살론』 사이에는 한 가지 큰 특징이 눈에 띄는데, 그것은 전자에서 집합의식이 결정적인 역할을 하고 있다면 후자에서는 집합표상이 결정적인 역할을 하고 있다는 사실이다. 그러므로 제1절에서 『사회분업론』을 다룬 후 제2절에서 뒤르케임이 집합의식에서 집합표상으로 이행하는 과정을 추적한 다음 제3절에서 『자살론』을 다루기로 한다. 그리고 제4절에서는 〈보론〉 형식으로 뒤르케임의 눈을 빌려 한국 사회의 분업과 자살을 살펴보기로 한다. 우리는 거기에서 강제적 분업과 숙명적 자살이 만연하는 극단적으로 병리적인 사회의 초상을 만나게 된다.

1. 분업과 사회

이 절은 뒤르케임의 첫 사회학 저서인 『사회분업론』을 논의 주제로 하며, 구체적으로 다음과 같이 다섯 부분으로 구성된다. 첫째, 뒤르케임이 『사회분업론』에서 추구하는 인식관심은 분업, 연대, 도덕의 관계에 있음을 살펴본다. 둘째, 뒤르케임은 이론적 연구가 갖는 실천적 함의를 잘 알고 있었고 그 이론과 실천의 결합을 추구했음을 살펴본다. 셋째, 뒤르케임이 연대라는 내적 사실을 그 외적 형식이자 가시적 상징인 법률을 통해 접근하고 있음을 살펴본다. 넷째, 분업의 기능과 원인 및 조건, 그리고 병리적 현상에 대해 살펴본다. 다섯째, 분화와 개인화의 관계에 대해 살펴본다.

이 가운데 우리 논의의 중점은 맨 마지막 부분에 있다. 우리는 거기에서 뒤르케임의 『사회분업론』을 분화와 개인화의 변증법이라는 관점 아래 재구성하려고 시도할 것이다. 이에 반해 앞의 네 부분은 『사회분업론』을 충실하게 요약하는 데에 그 의미가 있다. 분화와 개인화는 근(현)대의 가장 중요한 사회학적 지표, 또는 달리 말하자면 사회학적 근대화 이론의 핵심이다.[1] 뒤르케임이 박사학위 논문이자 첫 사회학 저서인 『사회분업론』에서 ― 언뜻 그 제목만 보면 생각하기 십상인 것처럼 ― 자신의 문제의식을 협소하게 분업에 국한하지 않고 분화와 개인화라는 중요한 사회학적 지표 또는 핵심적인 근대화 이론에 대한 광범위하고 심층적인 논의를 전개했다는 사실은 의미심장한 일이 아닐 수 없으며,[2] 또한 이 사실이 그동안 제대로 주목

---

1 이에 대한 자세한 논의는 다음을 참고할 것. 김덕영, 『환원근대: 한국 근대화와 근대성의 사회학적 보편사를 위하여』, 도서출판 길 2014a, 43쪽 이하, 특히 59쪽 이하.
2 사실 『사회분업론』에서 분업 자체에 대한 논의는 비교적 빈약하고 표피적인 편인바, 그 이유는 뒤르케임의 중심적인 관심사가 분업의 사회적 기능, 즉 분업이 유기적 연대와 도덕에 대해 갖는 의미에 있기 때문이다. 『사회분업론』

받지 못했다는 것도 '의미심장한' 일이 아닐 수 없다.[3]

(1) 분업, 연대 그리고 도덕: 『사회분업론』의 인식관심

이미 제1장 제2절에서 언급한 바와 같이, 뒤르케임의 『사회분업론』은 1892년에 소르본 대학에 제출한 박사학위 논문을 1893년에 책으로 펴낸 것이다. 자신의 첫 사회학 저서인 이 작품을 뒤르케임은 — 이미 제1장 제3절에서 인용한 바와 같이 — 도덕적 삶의 사실들에 대한 실증과학이라고 규정하고 있다. 이 규정이 초판 서문의 맨 앞에 나온다면, 그 맨 끝은 다음과 같은 구절로 장식되어 있다.

은 단순히 분업에 대한 연구서가 아니라 사회적 연대, 집합의식과 개인의식, 법률의 진화, 개인과 사회의 관계의 진화론적 변화 등에 대한 연구서이기도 하다. Hartmann Tyrell, "Émile Durkheim — Das Dilemma der organischen Solidarität", in: Niklas Luhmann (Hrsg.), *Soziale Differenzierung. Zur Geschichte einer Idee*, Opladen: Westdeutscher Verlag 1985, 181~250쪽, 여기서는 181, 226~27쪽(미주 7번).

3 이 맥락에서 짐멜을 언급할 만하다. 뒤르케임과 짐멜은 오늘날 우리가 이해하고 실천하는 사회학의 창시자로 간주되며 거의 같은 시기에 사회학을 시작했다. 뒤르케임의 첫 사회학 저작인 『사회분업론』이 1892년에 나왔다면, 짐멜의 첫 사회학 저작인 『사회분화론: 사회학적 및 심리학적 연구』는 1890년에 나왔다(베버도 사회학의 창시자이지만 이 둘보다 한참 뒤인 대략 1908년부터 사회학자로서의 지아 정체성을 깆게 되있다). 세목만 보아도 이 두 저작이 아주 유사한, 아니 어찌 보면 동일한 주제를 다루고 있음을 알 수 있다. 실제로 짐멜의 『사회분화론』은 뒤르케임의 『사회분업론』과 마찬가지로 분화와 개인화의 관계를 논하고 있다. 이는 "사회학적 및 심리학적 연구"라는 부제를 보면 단적으로 드러난다. 사회학적 연구는 분화의 사회적 차원에 대한 연구이고 심리학적 연구는 분화의 개인적 차원에 대한 연구이다. 짐멜은 이 저작에서 사회성의 증가와 개인성의 증가가 변증법적 관계에 있음을 논증하고 있다. Georg Simmel, *Über sociale Differenzierung. Sociologische und psychologische Untersuchungen*, in: *Georg Simmel Gesamtausgabe 2*, Frankfurt am Main: Suhrkamp 1989a, 109~295쪽. 분화와 개인화의 관계라는 관점에서 뒤르케임과 짐멜을 비교하면 이 두 사회학 거장을 보다 입체적으로 이해할 수 있으며 더 나아가 사회학 이론과 그 역사를 보다 입체적으로 이해할 수 있을 것이다. 다음 기회로 미루는 바이다.

이 책을 쓰기 시작할 때 내가 가졌던 질문은, 개인적 인격과 사회적 연대의 관계였다. 어떻게 개인이 더욱더 자율적이 됨에도 불구하고 더욱더 사회에 더 의존하게 될까? 어떻게 개인이 더 개인적이면서 동시에 사회와 더 연대감을 가질 수 있을까? 이 두 운동은 비록 모순적으로 보이지만 병행한다는 사실을 부정할 수 없다. 바로 이것이 우리에게 주어진 문제였다. 우리에게 이 표면상의 이율배반은 더욱더 강화되는 분업에서 비롯되는 사회적 연대의 변화를 고려해야만 해결될 수 있는 것으로 보였다. 우리가 분업을 연구 대상으로 삼게 된 것은 바로 이 때문이었다.[4]

요컨대 『사회분업론』 서문의 맨 앞과 맨 뒤를 같이 읽으면, 뒤르케임이 분업에 대한 사회학적 연구에서 추구하는 인식관심은 개인과 사회의 관계에 있으며, 그는 이 관계를 도덕의 문제로 본다는 것을 알 수 있다. 또는 달리 말하자면, 도덕적 삶이라는 사회적 사실에 뒤르케임의 인식관심이 있으며, 그에게서 도덕적 삶은 개인과 사회의 관계로 귀결된다고 할 수 있다. 이 관계가 사회적 연대이고 이 연대는 분업과 더불어 변화한다. 다시 말해 도덕은 사회구조에 따라 역사적으로 달라진다. 그러므로 사회분업에 대한 사회학적 연구는 도덕적 삶의 사실에 대한 실증과학이 된다. 분업-연대-도덕, 바로 이 개념 고리가 『사회분업론』을 관통하는 핵심이다. 뒤르케임은 이 개념적 핵심 고리를 통해 개인성과 연대성 또는 사회성이 표면적으로는 이율배반적으로 보이지만 실상은 병행적으로 발전한다는 사실을 밝혀냄으로써 분업이 현대 산업사회의 도덕의 기본조건이 된다는 것을 보여 주고자 한다. 결국 뒤르케임의 박사학위 논문이자 첫 사회학 저작인 『사회분업론』은 분업과 도덕의 관계로 수렴한다.[5]

---

4 Émile Durkheim, 앞의 책(1988), 82쪽.
5 Niklas Luhmann, "Arbeitsteilung und Moral. Durkheims Theorie", in: Émile

이처럼 분업을 도덕과의 관계 속에서 고찰한다는 점에서 분업에 대한 뒤르케임의 논의는, 분업을 순수한 경제적 효과라는 관점에서 접근하는 기존의 논의와 근본적으로 구별된다(이에 대해서는 곧 자세한 논의가 있을 것이다). 그리고 사회분업을 도덕이라는 관점에서 실증과학적으로, 보다 구체적으로 말해 사회학적으로 접근하는 『사회분업론』은 궁극적으로 새로운 도덕을 만드는 일로 수렴된다. 이렇게 보면 뒤르케임이 『사회분업론』을 — 이미 제1장 제3절에서 인용한 것을 다시 한 번 되풀이하자면 — 다음과 같은 구절로 마무리하고 있다는 사실도 잘 이해될 것이다.

> 오늘날 우리의 첫 번째 의무는 새로운 도덕을 형성하는 것이다. 그런데 이러한 작업은 서재에 조용히 앉아서 생각한다고 수행할 수 있는 것이 아니다. 그것은 오히려 내적이고 필연적인 원인들의 압력에 의해서 자체적으로 그리고 점진적으로 진행될 수밖에 없다. 이 경우 사회학적 성찰은 오늘날의 사회가 추구해야 할 목표를 명료하게 하는 데에 기여할 수 있고 또 기여해야 한다. 이것이 바로 우리가 이 책에서 시도해 온 것이다.[6]

이 인용구절은 『사회분업론』이 실증과학적 도덕을 정립하려는 뒤르케임의 과학적 기획이 체계적으로 진개된 첫 번째 사회학석 작업임을 명백하게 보여 준다. 이러한 작업은 『자살론』, 『도덕교육』, 『사회학 강의: 도덕과 법의 물리학』, 『종교적 삶의 원초적 형태들』 등으로 이어진다. 『사회분업론』의 화두인 도덕이 뒤르케임의 저작 전체를 관통하는 화두가 되었던 것이다.

Durkheim, *Über soziale Arbeitsteilung. Studie über die Organisation höherer Gesellschaften*, Frankfurt am Main: Suhrkamp 1988, 19~38쪽.

6 Émile Durkheim, 앞의 책(1988), 480쪽.

(2) 이론과 실천의 문제

이미 제2장에서 자세하게 살펴본 바와 같이, 뒤르케임은 『사회학적 방법의 규칙들』에서 사회적 사실에 대한 설명은 기능적 측면, 인과적 측면 그리고 정상적·병리적 측면을 포괄해야 한다는 견해를 피력하고 있다. 바로 이러한 방법론적 규칙에 입각하여 『사회분업론』은 다음과 같이 크게 세 부분으로 구성되어 있다.

> 첫째, 우리는 분업의 기능을, 다시 말해 분업이 어떤 사회적 욕구를 충족시키는가를 연구하고자 한다. 둘째, 우리는 분업의 원인과 분업이 의존하는 조건을 규명하고자 한다. 그리고 마지막으로 [……] 우리는 분업이 보여 주는 몇 가지 중요한 비정상적 형태를 분류할 것이다. 그리하면 정상적인 분업과 비정상적인 분업의 혼동을 피할 수 있을 것이다. 게다가 생물학에서처럼, 여기서도 병리적인 것이 생리적인 것을 더 잘 이해할 수 있게끔 도움을 준다는 데에서 이 연구의 흥미로운 점을 찾을 수 있을 것이다.[7]

이에 따라 『사회분업론』은 총 3부로 구성되어 있는데, 그 각각은 분업의 기능, 분업의 원인과 조건, 분업의 비정상적, 즉 병리적 형태의 분업을 논의의 주제로 한다. 자명한 일이지만, 이 세 부분은 모두 순수한 이론적 논의이다. 그렇다면 다음과 같은 질문을 제기할 수 있다. 뒤르케임은 『사회분업론』에서 실천적 관심을 도외시하고 단지 이론을 위한 이론을 추구하고 있는가?

---

7 같은 책, 90쪽. 이 인용구절의 마지막 문장은 다음과 같이 읽는 것이 보다 명확하게 와닿을 것이다. "게다가 생물학에서 병리적인 것이 생리적인 것을 더 잘 이해할 수 있게끔 도움을 주듯이, 여기서도 분업의 비정상적인 형태가 분업의 정상적인 형태를 더 잘 이해할 수 있게끔 도움을 준다는 데에서 이 연구의 흥미로운 점을 찾을 수 있을 것이다."

결론부터 말하자면, 결코 그렇지 않다. 이는 무엇보다도 바로 앞의 인용구절만 보아도 단적으로 드러난다. 거기에서 뒤르케임은 다음과 같이 말하고 있다. "[오늘날 우리의 첫 번째 의무인 새로운 도덕을 형성하는 실천적 과제에서] 사회학적 성찰은 오늘날의 사회가 추구해야 할 목표를 명료하게 하는 데에 기여할 수 있고 또 기여해야 한다. 이것이 바로 우리가 이 책에서 시도해 온 것이다." 이처럼 뒤르케임은 이론적 연구가 갖는 실천적 함의 또는 이론과 실천의 결합을 누구보다도 잘 알고 있었다. "우리가 먼저 현실을 연구하기 시작했다는 사실로부터" — 뒤르케임은 『사회분업론』 초판 서문에서 이렇게 주장하고 있다 — "우리가 현실의 개선을 원하지 않는다는 결론이 나오는 것은 아니다. 만약 우리의 연구가 단지 사변적 관심밖에 갖고 있지 않다면, 우리는 그것을 위해 노력할 가치가 전혀 없을 것이다."[8]

그런데 뒤르케임이 보기에 이론과 실천의 관계는 직접적인 또는 순수한 결합의 관계가 아니라 분리된 결합의 관계이다. 이 두 차원은 일단 분리한 후 다시 결합해야 한다는 것이 그의 견해이다. 달리 표현하자면, 뒤르케임은 이론과 실천의 관계를 거리를 통한 참여의 관계로 파악한다.[9] "우리가 여기에서 세심하게 이론적 문제와 실천적 문제를 분리한 것은" — 계속해서 뒤르케임은 『사회분업론』 초판 서문에서 이렇게 주장하고 있디

실천의 문제를 등한시하려는 것이 결코 아니다. 오히려 실천적 문제를 더 잘 해결하기 위한 준비를 하고자 함이다. 도덕을 과학적으로 연구하려는 과학자들이 사회적 이상을 제기하기에는 무능하다고 비

---

8 같은 책, 77쪽.
9 이론과 실천의 관계를 분리된 결합의 관계 또는 거리를 통한 참여의 관계로 설정하는 관점은 다음에서 제시된 것이다. 김덕영, 앞의 책(2012), 534쪽 이하.

난하는 것은 이미 관행이 되어버렸다. 사람들은 도덕과학자들이 사실을 존중하기 때문에 그것을 넘어서는 것이 불가능하다고 주장한다. 사람들은 도덕과학자들이 존재하는 것을 잘 관찰하지만 미래를 위한 행위규칙을 제공할 수는 없다고 주장한다. 우리는 이 책이 최소한 이러한 편견을 깨는 데에 기여할 수 있기를 바란다. 실제로 이 책은 우리의 행위가 지향해야 할 방향을 발견하고 우리가 혼란스러운 와중에 추구하는 이상이 무엇인가를 분명히 밝히는 것을 과학이 도와줄 수 있음을 보여 줄 것이다. 그렇지만 우리는 현실을 관찰하고 난 후에만 그리고 이 현실을 이상과 혼동하지 않는 경우에만 이러한 이상에 도달할 수 있다.[10]

이 점에서 우리는 뒤르케임과 베버의 유사점을 발견한다. 먼저 뒤르케임은 『사회분업론』 초판 서문에서 과학과 실천적 행위의 관계를 다음과 같이 규정하고 있다.

사람들은 과학이 예측할 수는 있어도 명령할 수는 없다고 말한다. 이는 참된 말이다. 과학은 단지 우리의 삶에 필요한 것을 말해 줄 뿐이다. 그러나 **인간이 살기를 원한다고 가정하면** 우리는 아주 간단한 조작도 과학에 의해 확립한 법칙을 즉각적으로 행위준칙으로 변환하는 것을 볼 수 있다. 물론 그와 더불어 과학은 예술이 된다. 그리고 과학과 예술 사이의 이행은 연속적으로 이루어진다. 그러므로 이제 알아야 할 것은, 우리가 살기를 원해야 하는지 아닌지 하는 것이다. 그러나 과학은 이 궁극적 질문에 대하여 대답할 의무가 없다는 것이 우리의 견해이다.[11]

---

10 Émile Durkheim, 앞의 책(1988), 77~78쪽.
11 같은 책, 79쪽.

그리고 이와 유사하게 베버는 1904년에 발표한 논문 「사회과학 및 사회정책 인식의 '객관성'」에서 과학과 실천적 행위의 관계를 다음과 같이 규정하고 있다.[12]

경험과학은 그 누구에게도 결코 그가 무엇을 **해야 하는지**는 가르쳐 줄 수 없으며, 단지 그가 무엇을 **할 수 있는지**, 그리고 — 경우에 따라서는 — 그가 무엇을 **바라는지**를 가르쳐 줄 수 있을 뿐이다.[13]

이처럼 뒤르케임에게서 — 그리고 베버에게서 — 이론과 실천의 관계가 분리된 결합의 관계 또는 거리를 통한 참여의 관계로 설정된다면, 가장 좋은 이론이 가장 좋은 실천이 된다는 결론에 이른다. 왜냐하면 우리가 추구해야 할 이상, 우리의 삶이 갖는 의미와 가치 및 우리의 삶에 필요한 것, 그리고 우리 행위의 규칙과 우리 행위가 지향하는 바 등을 일러주는 데에 이론적 작업의 실천적 의미가 있다면, 이를 가장 잘 일러줄 수 있는, 그리하여 가장 좋은 실천적 의미를 가질 수 있는 이론이 가장 좋은 이론임이 자명하기 때문이다. 현실을 보다 가장 잘 분석하고 설명할 수 있는 이론이 실천적 문제를 해결하는 데에 가장 크게 기여할 수 있다.[14] 그러므로 과학자는 일단

---

12 이론과 실천의 관계에 대한 뒤르케임의 견해를, 그리고 더 나아가 이 주제로 뒤르케임과 베버를 — 그리고 짐멜을 — 비교하는 것은 상당히 흥미롭고, 아니 매력적이고 매우 생산적인 작업임에 틀림없다. 여기서는 지면 관계상 다룰 수 없고 다음 기회로 미루는 바이다.

13 Max Weber, *Gesammelte Aufsätze zur Wissenschaftslehre*, Tübingen: J. C. B. Mohr (Paul Siebeck) 1973 (4. Auflage; 1. Auflage 1922), 151쪽.

14 폴 포코네의 말대로 뒤르케임의 지적 세계에서는 현실주의와 이상주의가 얼마든지 화해할 수 있다. 이상은 곧 현실이기 때문이다. Paul Fauconnet, "Das pädagogische Werk Durkheims", in: Émile Durkheim, *Erziehung, Moral und Gesellschaft. Vorlesung an der Sorbonne 1902/1903* (Mit einer Einleitung von Paul Fauconnet), Frankfurt am Main: Suhrkamp 1984, 7~33쪽, 여기서는 17쪽.

이론을 위한 이론을 추구해야 한다. 이는 실천으로부터 완전히 괴리되어 실천 없는 이론, 이른바 이론지상주의를 추구해야 한다는 의미는 물론 아니다. 칸트 식으로 말하자면, 이론 없는 실천은 맹목적이고 실천 없는 이론은 공허하다.[15] 과학자가 이론을 위한 이론을 추구해야 한다는 것은, 오히려 과학자가 과학 외적 가치, 예컨대 종교적 · 정치적 · 경제적 · 윤리적 · 미학적 가치 등으로부터 자유로워야하고 전적으로 과학 내적 가치에 입각하여 경험적 현실세계에 대한 연구를 진행해야 한다는 것을 의미한다. 이 과학 내적 가치는 진리이며, 이 진리는 뒤르케임의 경우 사회적 사실을 구조적 · 역사적 비교사회학의 틀에서 기능적 · 인과적 · 정상적 · 병리적으로 설명함으로써 획득할 수 있다. 뒤르케임은 『사회분업론』에서 바로 이러한 방식으로 분업이라는 사회적 사실에 대한 사회학적 진리를 추구하고있다. 그리고 이 사회학적 진리는 실천적 측면에서 현대 산업사회에 적합한 새로운 도덕을 형성하는 데에 기여할 수 있다.

그런데 뒤르케임은 『사회분업론』에서 구체적으로 실천적 대안을 제시하지 않는다. 단지 새로운 도덕을 창출해야 한다고 주장하고 있을 뿐이다. 그렇다면 뒤르케임은 자신이 제시한 원칙을 스스로 어

---

15 칸트는 『순수이성비판』에서 다음과 같이 말하고 있다. "내용 없는 사고는 공허하고, 개념 없는 직관은 맹목적이다." Immanuel Kant, *Kritik der reinen Vernunft: Werke in zehn Bänden, Bd. 3~4*, Darmstadt: Wissenschaftliche Buchgesellschaft 1983a, 98쪽. 이 명제는 바로 그 앞에 있는 문장을 같이 보면 보다 명백하게 이해할 수 있을 것이다. "감성이 없다면 우리에겐 아무런 대상도 주어지지 않을 것이고, 오성이 없다면 아무런 대상도 사고되지 않을 것이다." 같은 곳. 칸트에 따르면 "우리의 인식은 마음의 두 원천으로부터 유래한다." 그 첫 번째는 표상들을 받아들이는 능력(인상들의 수용성)이고, 그 두 번째는 이들 표상을 통해 대상을 인식하는 능력(개념들의 자발성)이다. 전자에 의해 대상이 우리에게 **주어지고**, 후자에 의해 이 대상이(마음의 순전한 규정인) 그 표상들과 관련하여 **사고된다**. 그러므로 직관과 개념이 우리의 모든 인식을 구성하는 요소들이며, 따라서 어떻게든 자신에게 대응하는 직관 없이는 어떠한 개념도 그리고 개념 없이는 어떠한 직관도 인식을 제공할 수 **없다**." 같은 책, 97쪽.

긴 꼴이 아닌가? 그렇지 않다. 다만 실천적 대안의 제시를 『사회분업론』 초판 이후로 미루었을 뿐이다. 그 첫 번째가 1902년에 나온 제2판의 서문이다. 이 서문의 제목은 「직업집단에 관한 몇 가지 고찰」이다. 거기에서 뒤르케임은 직업집단을 현대 산업사회가 처한 법적 · 도덕적 아노미 상태를 극복하고 유기적 연대를 창출할 수 있는 대안으로 제시하고 있다. 그리고 뒤르케임은 『사회학 강의: 도덕과 법의 물리학』에서 분업화된 현대 산업사회에 대한 실천적 대안을 보다 '입체적인' 형태로 제시하고 있다. 거기에서 뒤르케임은 직업집단과 민주주의 국가 그리고 개인숭배 또는 도덕적 개인주의가 조화를 이루면 분업화된 현대 산업사회에서 유기적 연대를 창출할 수 있다는 논리를 전개한다. 이 저작은 우리에게 규범적 정치사회학의 '백미'를 선사한다(이에 대해서는 정치사회학을 주제로 하는 제6장 제4절에서 자세한 논의가 있을 것이다).

(3) 분업과 연대 그리고 법률

뒤르케임은 분업과 연대의 도덕적 관련성을 제대로 규명하려면 현대사회에서 분업에 기반하는 연대가 존재하는가를 찾는 데에 그쳐서는 안 되고 분업에서 비롯된 연대를 다른 종류의 연대와 비교해야 한다고 본다. 그리하여 분업이 고도로 발달한 현대사회에서의 사회적 연대와 분업이 미발달한 전통 사회에서의 연대를 비교하게 된다. 뒤르케임에게 연대는 심리적 사실이 아니라 사회적 사실로서 사회학적 인식의 영역에 속한다. 그런데 연대는 "직접적이고 정확한 관찰이 불가능하고 특히 측정이 불가능한 순수한 도덕적 현상이다. 그러므로 이러한 현상을 분류하고 비교하기 위해서는 우리가 파악할 수 없는 내적 사실을 그것을 상징하는 외적 사실로 대체함으로써 후자를 매개로 전자를 연구해야 한다."[16]

이처럼 사회적 연대라는 내적 사실이 외적 사실에 의해 상징된다

함은 구체적으로 다음을 의미한다. "사회적 연대가 존재하면 그것은 어디서나 그 비물질적 성격에도 불구하고 단순히 순수한 잠재성의 상태에 머물지 않고 지각할 수 있는 작용으로 자신의 현존을 표현한다." 여기에서 사회적 연대가 비물질적 성격이라 함은 사회적 연대는 무형적인 것이며, 따라서 비가시적인 것이라고 읽을 수 있다. 이러한 성격을 갖는 사회적 연대의 지각할 수 있는 작용은 구체적으로 다음과 같다. "사회적 연대가 강력한 곳에서는 개인이 강력하게 연결되고 자주 접촉하며 상호관계를 맺는 기회가 증가한다."[17] 뒤르케임은 사회적 연대의 지각할 수 있는 작용을 다름 아닌 법률에서 찾는다. 그에게 법률은 사회적 연대를 가시적으로 상징하는 외적 지표이다.

물론 뒤르케임은 사회적 연대가 법률에 의해 부분적이고 불완전하게밖에는 표현되지 못함을 잘 알고 있다. 법률을 — 그리고 그 전단계인 관습을 — 넘어서 사회적 연대를 창출하는 내면적 상태가 존재하기 때문이다. 다만 법률은 연대라는 사회적·도덕적 사실을 과학적으로 인식하기 위한 매개변수 가운데 가장 객관적이고 가장 측정하기 쉬운 것일 따름이다.[18] 그 이유는 사회적 연대의 모든 기본적인 형태가 법률에 반영되기 때문이다.

물론 여기서는 사회적 연대가 이와 같은 현상들[개인이 연결되고 접촉하며 상호관계를 맺는 현상들]을 불러일으키는 것인지, 아니면 오히려 그것들의 결과인 것인지 단정적으로 말하기 어렵다. 사회적 연대가 강력하기 때문에 개인이 긴밀하게 연결되는 것인지, 아니면 개인이 긴밀하게 연결되기 때문에 사회적 연대가 강력한 힘을 갖

---

16 Émile Durkheim, 앞의 책(1988), 111쪽.
17 같은 곳.
18 같은 책, 113쪽.

는 것인지, 여기서는 단정적으로 말하기 어렵다. 그러나 지금은 이 문제를 해명할 필요가 없다. 다만 이 두 사태가 서로 밀접하게 관련되어 있으며 동시에 그리고 동일한 방향으로 변화한다는 사실을 확인하는 것으로 충분하다. 어떤 사회의 구성원들이 연대하면 할수록 그들은 서로 간에 또는 전체로서의 집단과 더욱더 다양한 관계를 유지하게 된다. 왜냐하면 만약 그들이 자주 만나지 않는다면, 그들은 간헐적으로 그리고 약한 정도로만 서로에게 의존하기 때문이다. 다른 한편 이러한 관계의 수(數)는 필연적으로 그것을 결정하는 법률의 수에 비례한다. 실제로 사회적 삶은, 그것이 지속적으로 존재하는 곳이라면 어디에서나 필연적으로 확정적인 형태를 취하고 조직화되는 경향이 있다. 그리고 법률이야말로 바로 이러한 조직에 다름 아닌바, 그 이유는 법률이 사회적 삶의 그 어떤 측면보다도 안정적이고 정확하게 조직되기 때문이다. 사회적 삶은 법적 삶이 그것과 동시에 그리고 그것과 직접적인 관계를 가지면서 확장되지 않는 한 그 초보적 단계 이상으로 [일정한 수준 이상으로] 발전할 수 없다. 그러므로 우리는 법률 속에 사회적 연대의 모든 근본적인 형태가 반영되어 있음을 확실히 발견할 수 있다.[19]

아무튼 뒤르케임은 법률이 사회적 연대의 가장 중요한 형식이라는 전제에서 출발하여 서로 다른 종류의 법률을 분류하고 거기에 상응하는 서로 다른 종류의 연대를 규명하려고 한다. 그런데 뒤르케임이 보기에 공법과 사법이라는 기존의 구별방식은 사회학적 연구에 도움이 되지 않는다. 왜냐하면 언뜻 명백해 보이는 이 둘의 경계선은 자세히 검토해 보면 사라져버리기 때문이다. 모든 법은 사법이면서 공법이다. "모든 법은 언제나 그리고 어디서나 존재하고 행위하

---

19 같은 책, 111~12쪽.

는 개인에 관한 것이라는 점에서는 사법이다. 그러나 모든 법은 또한 사회적 기능을 가진다는 점에서, 그리고 개인이 비록 그들의 지위가 다양할지라도 모두 사회의 기능을 수행한다는 점에서는 공법이다."[20] 이에 반해 뒤르케임은 "법적 현상에 본질적이며 동시에 이 현상들이 변화하는 범위에서 변화하는 특징"을 찾아야 법과 연대 사이의 도덕적 관련성을 사회학적으로 접근할 수 있다고 주장한다. 그리고 그 특징을 다름 아닌 제재에서 찾는다. 첫째, 법은 제재가 수반되는 행위규칙의 일종, 즉 도덕의 일종이다. 둘째, 제재는 "규정들에 부여된 중요성과 규정들이 공공의식에서 차지하는 위치에 따라서 그리고 규정들이 사회에서 수행하는 역할에 따라서 변화한다." 그러므로 "법적 규칙들을 그것들에 부여된 서로 다른 제재들에 상응하여 분류하는 것이 적합하다."[21]

뒤르케임에 따르면 법적 제재에는 두 가지가 있는바, 억압적 제재와 복구적 제재가 바로 그것이다. 전자는 행위자에게 고통이나 손실을 부과하는 것인 반면, 후자는 손상된 관계를 원래 상태로 회복시키는 것이다. 억압적 제재에 형법 전체가 포함된다면, 복구적 제재에는 민법, 상법, 소송법, 행정법, 헌법 가운데에서 형벌 규정을 제외한 모든 것이 포함된다.[22] 전자의 제재와 후자의 제재를 각각 억압법과 복구법이라고 부를 수 있을 것이다. 억압적 제재 또는 억압법 그리고 복구적 제재 또는 복구법에는 각각 기계적 연대와 유기적 연대가 상응한다(이에 대해서는 분화와 개인화를 다루는 부분에서 다시 논의가 있을 것이다).

---

20 같은 책, 115~16쪽.
21 같은 책, 116쪽.
22 같은 책, 116~17쪽.

(4) 분업의 기능과 원인 및 조건 그리고 병리적 현상

이 절에서는『사회분업론』을 그 구성에 따라 분업의 기능, 원인 및 조건, 비정상적 또는 병리적 분업의 순서로 살펴보기로 한다.

a. 분업의 기능

뒤르케임은『사회분업론』제1부에서 분업의 기능을 논하고 있다. 분업의 기능을 경제적인 것에서 찾는 것이 일반적이다. 분업은 노동생산성을 향상시킴으로써 개인의 복지와 국가의 부를 증대하는 데에 기여한다는 식의 견해가 그것이다. 물론 뒤르케임도 분업의 경제적 효과를 부정하지 않으며, 이 점에서 그의 분업이론은 기존의 분업이론과 다르지 않다. 그러나 분업에서 경제적 기능과 더불어 도덕적 기능을 찾는다는 사실에서 뒤르케임은 기존의 분업이론가들과 다르다. 그는 거기에서 그치지 않고 한걸음 더 나아가 분업의 경제적 효과는 그 도덕적 효과에 비하면 보잘것없다고 주장한다. 뒤르케임이 보기에 분업의 진정한 기능은 경제적 생산성과 효용성의 증대에 있는 것이 아니라,

> 두 사람 또는 그 이상의 사람들 사이에 연대감을 창출하는 데에 있다. 그러한 결과가 어떠한 방식으로 얻어지든 간에, 이 연대는 공동체적 사회관계들을 촉진하고 이들 관계에서 자신의 낙인을 찍는다.[23]

요컨대 분업은 순수한 경제적 효과를 훨씬 넘어서 사회의 도덕질서를 확립하며, 이러한 분업의 도덕적 기능은 다름 아닌 연대, 연대감 또는 연대의식의 창출에 있다는 것이 뒤르케임의 견해이다. 그런

---

23 같은 책, 102쪽.

데 뒤르케임은 연대를 개인들과 전체 사이의 관계의 한 양태, 즉 사회적 관계의 일종으로 이해한다. 다시 말해 사회의 구조 및 기능 방식과 사회의 규칙 및 가치체계 사이의 관계, 즉 사회의 조직과 사회의 도덕 사이의 관계를 표현하는 사회성의 한 형태가 뒤르케임이 이해하는 연대이다. 그것은 어디까지나 분석적이고 관계론적 개념이며, 따라서 사회주의의 이념 또는 노동운동의 이념으로서의 연대와는 아무런 관계가 없다. 규범적이고 윤리적 성격을 갖는 후자는 연대주의라고 할 수 있다.[24]

그렇다면 연대가 어떻게 도덕적 의미나 가치를 갖는단 말인가? 이에 대한 대답은 도덕에 대한 뒤르케임의 정의에서 찾을 수 있다. 뒤르케임에게 도덕은 "우리를 서로서로 그리고 우리를 사회와 연결해주는 끈들의 총합으로서 개인들의 군집이 응집적인 집합체가 되도록 한다." 그러므로 "연대의 근원이 되는 것은 모두가 도덕적이다." 다시 말해 "인간에게 타인을 배려하게 하고, 자신의 행위를 자신의 이기주의적 충동과 다른 무엇인가에 의해 규제하도록 강요하는 것 모두가 도덕적이다." 그리고 이러한 끈들이 많을수록 그리고 강력할수록 도덕성은 더욱더 확고해진다.[25]

이 맥락에서 뒤르케임은 칸트처럼 자유를 통해 도덕을 정의하는 방식을 비판한다. 칸트에 따르면 도덕법칙은 곧 자율이다. 다시 말해 도덕법칙은 신이나 초자연적인 힘 등에 의해서 타율적으로 주어진 것이 아니라 인간 이성이 자율적으로 부여한 것이다. 이와 관련해 칸트는 『실천이성비판』에서 다음과 같이 주장한다. "의지의 **자율**은

---

24 Hans-Peter Müller & Michael Schmid, "Arbeitsteilung, Solidarität und Moral. Eine werkgeschichtliche und systematische Einführung in die 'Arbeitsteilung' von Émile Durkheim", in: Émile Durkheim, *Über soziale Arbeitsteilung. Studie über die Organisation höherer Gesellschaften*, Frankfurt am Main: Suhrkamp 1988, 481~521쪽, 여기서는 489~90쪽.

25 Émile Durkheim, 앞의 책(1988), 468쪽.

모든 도덕법칙과 그에 따르는 의무의 유일한 원리이다. 이에 반해 자의의 모든 **타율**은 책임을 전혀 정초하지 못할 뿐만 아니라, 오히려 책임 및 의지의 도덕성의 원리와 대립적이다. [……] 그러므로 도덕법칙은 다름 아니라 순수실천이성의 **자율**, 즉 자유를 표현한다. 그리고 이 자유는 그 자체로서 모든 준칙의 형식적 조건이 된다. 다시 말해 모든 준칙은 오직 자유 아래에서만 최상의 실천법칙에 부합할 수 있다."[26] 이처럼 칸트에게 자율은 곧 자유이며, 이 자유는 "도덕법칙의 존재근거"가 되고 도덕법칙은 "자유의 인식근거"가 된다.[27] 이에 반해 뒤르케임은 다음과 같이 주장한다.

여기에서 우리는 — 지금까지 빈번히 그래 온 것처럼 — 자유를 통해 도덕을 정의하는 것이 얼마나 부정확한 것인가를 잘 안다. 도덕은 오히려 종속상태를 의미한다. 도덕은 인간을 해방하고 인간을 그를 둘러싸고 있는 환경으로부터 자유롭게 만드는 것이 결코 아니다. 도덕의 본질적 과제는 그와 정반대로 인간을 전체에 통합된 부분이 되도록 하며, 그 결과 인간 행위의 자유로부터 무엇인가를 제거하는 데에 있다. 우리는 고결한 정신을 가지고 있음에도 불구하고 이처럼 인간이 종속된 존재라는 관념을 견디지 못하는 사람들을 때때로 만나는 것이 사실이다. 그러나 그들은 자기 자신의 도덕성이 연원하는 원천을 인식하지 못하는데, 그 이유는 이 원천이 너무 깊기 때문이다. 인간의 의식은 인간 존재의 깊은 곳에서 벌어지는 일을 판단하기에는 적합하지 않은 심판관이다. 왜냐하면 인간 의식은 그곳까지 뚫고 들어가지 못하기 때문이다.[28]

---

26 Immanuel Kant, 앞의 책(1983c), 144쪽.
27 같은 책, 108쪽.
28 Émile Durkheim, 앞의 책(1988), 468~69쪽.

아무튼 뒤르케임에게 연대는 개인을 서로서로 연결하고 개인과 사회를 연결하며, 이를 통해 사회의 질서와 조화를 가능케 하는 사회적 끈 또는 유대이다. 그것은 도덕적 끈 또는 유대의 일종이며, 따라서 사회적 연대에 기여하는 것은 모두 도덕적인 것이다. 그리고 사회적 연대를 창출하는 가장 중요한 기제가 바로 분업이다. 바로 이런 연유로 분업에 대한 뒤르케임의 논의는 분업-연대-도덕이라는 개념고리를 중심으로 전개되고 있다. 분업과 연대의 도덕적 관련성을 규명함으로써 분업의 사회적 기능, 보다 정확히 말하자면 분업의 도덕적 기능을 규명하는 것이 『사회분업론』의 사회학적 과제이다.

이 연구를 통해 뒤르케임은 분업이 도덕적 성격을 보여 줄 뿐만 아니라, 그러니까 연대의 성격을 보여 줄 뿐만 아니라, 점점 더 사회적 연대의 기본조건이 되고 있다는 결론에 도달한다. 다시 말해 분업은 사회적 연대의 주요 원천이며, 또한 그렇기 때문에 동시에 도덕적 질서의 기초가 된다는 것이 뒤르케임의 견해이다.[29]

> 이전에 집합의식이 수행했던 역할을 이제는 점점 더 분업이 떠맡고 있다. 발전된 현대사회의 사회적 결속력을 유지하는 것은 무엇보다도 분업이다.[30]

사회분업에 기반하는 연대는 현대사회의 기본적인 조직원리이다. 바로 이런 연유로 뒤르케임은 『사회분업론』의 부제를 "고등사회들의 조직에 대한 연구"라고 붙였던 것이다. 여기에서 고등사회는 산업화된 현대사회 또는 현대 산업사회를 가리킨다. 참고로 뒤르케임은 베버와 달리 그리고 짐멜과 마찬가지로 자본주의 사회라는 말을 사용하지 않는다.

---

29 같은 책, 470~71쪽.
30 같은 책, 228쪽.

b. 분업의 원인과 조건

뒤르케임은『사회분업론』제2부에서 분업의 원인과 조건에 대해 논하고 있다. 그는 먼저 분업의 원인을 사회의 부피와 밀도의 증가에서 찾는다. 이는 다음과 같은 테제에 요약적으로 표현되어 있다.

> **분업은 사회의 부피와 밀도에 정비례한다. 그러므로 만약 사회가 발전하는 동안 분업이 계속적으로 진전한다면, 그것은 사회의 밀도가 점점 더 높아지고 전반적으로 그 부피가 더 커지기 때문이다.**[31]

여기에서 말하는 사회의 부피란 사회 구성원의 수, 그러니까 인구를 가리킨다. 그리고 밀도는 다시금 물리적 밀도와 도덕적 밀도 또는 역동적 밀도로 나누어진다. 전자는 개인 사이의 실제적 거리를 가리키며, 따라서 물리적 밀도가 증가한다 함은 개인 사이의 실제적 거리가 축소됨을 의미한다. 반면 후자는 개인이 서로 접촉하고 영향을 주고받는 관계, 그러니까 개인 사이의 상호작용을 가리키며, 따라서 도덕적 밀도가 증가한다 함은 물리적 밀도가 증가하고 그에 따라 사회적 상호작용이 증가함을 의미한다. 요컨대 사회 구성원이 증가하고 그들 사이의 물리적 거리가 감소하고 사회적 상호작용이 증가하면 분업이 증가한다는 것이 뒤르케임의 견해이다.

그런데 뒤르케임에 따르면 사회적 부피와 도덕적 밀도의 증가는 분업이 발달하기 위한 필요조건이지만 충분조건은 아니다. 그 충분조건은 다름 아닌 생존경쟁이다. 사회의 구성원이 많을수록 그들의 관계가 밀접할수록 그들 사이의 생존경쟁이 더 커질 수밖에 없다. 이 경쟁의 승자는 기존의 영역과 세력을 유지하거나 확대할 수 있지만, 패자는 승자와 다른 분야나 기능을 개척해야만, 즉 승자와 분업

---

31 같은 책, 321쪽.

의 관계를 이루어야만 생존할 수 있다. 이처럼 사회적 부피와 도덕적 밀도의 증가로 야기되는 생존경쟁은 사회의 분열이나 파괴를 초래하는 것이 아니라 분업을 가능케 함으로써, 다시 말해 사회를 보다 다원적으로 만들고 다양한 기능을 가진 개인과 조직을 보다 서로 긴밀하게 의존하도록 만들며, 그 결과 사회를 기계적 연대에서 유기적 연대로 이행하도록 만든다.[32]

32 이처럼 생존경쟁에서 분업의 충분조건을 찾는 것은 다윈을 연상케 하는 대목이다. 실제로 뒤르케임은 다윈의 진화론을 사회학적으로 전유함으로써 분업에 대한 이론을 전개한다. 먼저 뒤르케임은 다음과 같이 다윈을 인용한다. "다윈은 다음과 같이 타당한 견해를 제시한다. 두 유기체 사이의 경쟁은 그들이 서로 유사할수록 더욱더 치열하다. 그들은 같은 욕구를 갖고 같은 목표를 추구하기 때문에 도처에서 경쟁한다. 그들은 필요한 것보다 많은 자원을 갖고 있는 한에서만 공존할 수 있다. 그러나 그들의 수가 굶주림을 충분히 달랠 수 없을 정도로 증가하면 그들 사이에 투쟁이 일어나는데, 이 투쟁은 그 결핍이 현저할수록, 다시 말해 경쟁자의 수가 많을수록 더욱더 격렬해진다. 반면 공존하는 개체들이 서로 다른 종이나 변종에 속하면 사정은 완전히 달라진다. 그들은 먹는 방식도 다르고 살아가는 방식도 다르기 때문에 서로에게 방해가 되지 않는다. 한 개체에게 유용한 것이 다른 개체에게는 무가치하다. 그 결과 종들이나 변종들이 서로 멀리 떨어져 있을수록, 그들 사이에 갈등이 일어날 계기는 더욱더 줄어든다. [......] 또한 유기체 안에서도 다양한 조직이 다양한 물질로부터 자양분을 섭취하기 때문에 그것들 사이에 경쟁이 완화된다." 같은 책, 325~26쪽. 그리고 이 진화론을 분업의 원인에 대한 사회학적 설명에 적용한다. "인간들도 그와 동일한 법칙의 지배를 받는다. 같은 도시에서 다양한 직업이 서로에게 해를 끼치지 않고 공존할 수 있다. 왜냐하면 그들은 서로 다른 목표를 추구하기 때문이다. 군인은 군사적 명예를 추구하고, 성직자는 도덕적 권위를 추구하고, 정치가는 권력을 추구하고, 기업가는 부를 추구하며, 학자는 과학적 명성을 추구한다. 이로써 각자는 다른 사람들이 그들의 목표를 달성하는 것을 방해하지 않고 자신의 목표를 달성할 수 있다. 이는 심지어 기능들이 서로 비슷한 경우에도 마찬가지이다. 안과 의사는 정신과 의사와 경쟁하지 않고, 구두 제조공은 모자 제조공과 경쟁하지 않고, 석공은 소목장과 경쟁하지 않으며, 물리학자는 화학자와 경쟁하지 않는 등등이다. 이들은 서로 다른 서비스를 제공하기 때문에, 서로 부딪치지 않고 자신의 서비스를 제공할 수 있다.
그러나 기능들은 유사할수록 더욱더 많이 접촉하게 되며, 그 결과로 서로 투쟁하게 될 위험은 더욱더 커지게 된다. 이 경우 그들은 서로 다른 수단을 통해 유사한 욕구를 충족시키기 때문에, 그들이 많든 적든 서로의 영역을 침범 뒤르케임은 사회적 부피와 도덕적 밀도 그리고 생존경쟁에서 분업의 원인을 찾은 다음, 생태적 환경, 이주, 도시화, 통신수단 및 교통수단 등과 같이 이 원인에 영향을 끼치는 다양한 요소를 제시한다. 뒤르케임은 이들 요인을 분업의 조건이라고 하며, 그중에서도 특히 도시의 형성과 발전에 대한 논의에 많은 지면을 할애하고 있다. 도시, 특히 대도시는 주변 지역으로부터의 이주, 통신수단과 교통수단의 집중, 새로운 정보의 생산 및 확산 등으로 인해 사회적 부피와 도덕적 밀도가 크게 증가하며 그에 따라 사회 구성원들 사이의 생존경쟁이 격렬하게 일어나기 때문이다.

여기까지의 논의를 도표 4에 그려 보면 분업의 원인과 조건이 보다 가시적으로 와닿을 것이다.[33]

하려고 하는 것은 불가피하다. 관료는 기업가와 결코 경쟁하지 않는다. 그러나 양조업자와 포도 재배업자, 모직물 제조업자와 견직물 제조업자, 시인과 음악가는 종종 서로를 몰아내고 자신이 그 자리를 대신하려고 한다. 동일한 기능을 수행하는 사람들은 상대방의 희생을 통해서만 번영할 수 있다. 그러므로 이 다양한 기능을 하나의 공통된 나무줄기로부터 갈라져 나온 가지들의 형태로 묘사해 본다면, 가지들의 투쟁이 가장 끝부분에서 가장 적은 반면 중앙으로 갈수록 점점 더 커진다. 이는 도시 내부에서만이 아니라 사회 전체에서도 마찬가지이다. 서로 다른 지역에 위치한 유사한 직업들은 그 유사성이 클수록 더욱더 격렬한 경쟁을 하게 된다. 물론 이 경우 통신과 교통의 어려움이 이들 직업의 행동반경을 제한하지 않는다는 전제 아래 그렇다." 같은 책, 326쪽 이에 대해서는 다음과 같은 비판이 가능하다. 생물 세계의 전문화, 즉 욕구의 전문화는 주어진 생태적 자원에 대한 요구의 전문화를 의미한다면, 사회 세계의 전문화, 즉 직업의 전문화는 생산의 전문화를 의미한다. 그러므로 뒤르케임은 수요가 증가하고 판매시장이 확대되면 경쟁이 격화되는 현상을 제대로 설명할 수 없다. Dietrich Rüschemeyer, "Spencer und Durkheim über Arbeitsteilung und Differenzierung: Kontinuität oder Bruch?", in: Niklas Luhmann (Hrsg.), *Soziale Differenzierung. Zur Geschichte einer Idee*, Opladen: Westdeutscher Verlag 1985, 163~80쪽, 여기서는 174쪽. 그러나 사회 세계의 전문화가 희소 자원을 둘러싸고 일어날 수도 있다. 예컨대 국가의 재정적 지원을 받는 연구소들이 순수과학 연구와 응용과학 연구로 전문화함으로써 평화적으로 공존할 수 있다. Uwe Schimank, *Theorien gesellschaftlicher Differenzierung*, Opladen: Leske + Budrich 2000 (2. Auflage), 41~42쪽.

33 Jonathan H. Turner, Leonard Beeghley & Charles H. Powers, 앞의 책(1995),

도표 4 분업의 원인과 조건

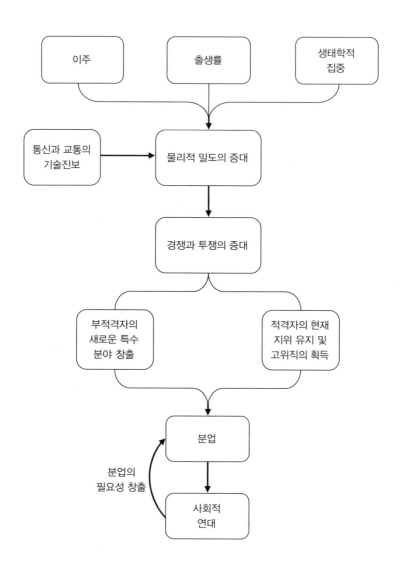

318쪽.

이렇게 보면 뒤르케임은 분업의 원인과 조건을 의식적 측면이나 문화적 측면에서가 아니라 구조적 측면에서 찾는다는 것을 알 수 있다. 분업은 사회구조 변동의 산물이다. 물론 뒤르케임은 집합의식의 점진적 약화와 개인의식의 점진적 강화가, 그리고 이를 가능케 하는 종교, 법률 및 도덕규칙의 보편화가 분업이 발전하는 데 끼친 영향에 대해서도 논하고 있다.[34] 그러나 이 모든 것은 어디까지나 분업의 이차적 요소일 뿐이다.

c. 비정상적 또는 병리적 분업

뒤르케임은 『사회분업론』 제3권에서 비정상적 또는 병리적 분업에 대해 논하고 있다. 그에 따르면 비정상적 분업에는 세 가지 형태가 있는데, 아노미적 분업, 강제적 분업 그리고 또 다른 형태의 비정상적 분업이 바로 그것이다. 세 번째는 구체적으로 부적절하게 조율된 분업을 가리킨다.

첫째, 아노미적 분업은 아노미 상태를 유발하는 분업을 가리킨다. 아노미란 사회의 다양한 기관이나 조직의 관계가 규제되지 않기 때문에 사회적 연대가 창출되지 못한 상태를 가리킨다. 다시 말해 무규제로 인한 사회적 연대의 부재가 아노미인 것이다. 뒤르케임에 따르면, 규제는 "사회적 기능 사이에 자발적으로 형성되는 관계가 시간이 지남에 따라 취하게 되는 확고한 형식"이며, 따라서 사회적 기관이나 조직이 충분히 접촉하지 못하고 그 접촉이 충분히 오랫동안 지속되지 못하면 서로의 욕구에 대한 정보도 얻지 못하고 자신들이 서로 의존되어 있음을 생생하고 지속적으로 느끼지도 못함으로써 아노미 상태에 빠지게 된다.[35] 아노미적 분업은 사회가 급속한 변화를 겪으면서 기존의 사회적 질서가 사라지고 그 자리를 새로운 사회

---

34 Émile Durkheim, 앞의 책(1988), 344쪽 이하.

35 같은 책, 437쪽.

적 질서가 제대로 메우지 못할 때 일어난다. 대표적인 아노미적 분업으로는 산업과 상업의 위기, 과학 세계의 무정부 상태 그리고 특히 노사 간의 갈등을 들 수 있다.

둘째, 강제적 분업은 사회 구성원들에게 주어진 역할이 그들에게 적합하지 않은 경우에 일어난다. 또는 보다 넓게 말하자면, 사회적 불평등이 자연적 불평등에 상응하지 않는 방식으로 사회가 분화된 것이 강제적 분업이다. 카스트제도, 상속제도 및 계급제도를 강제적 분업의 대표적인 예로 들 수 있다. 아노미적 분업의 원인이 무규제라면, 강제적 분업의 원인은 규제 그 자체이다. 설령 분업에 대한 규제가 존재한다 할지라도 사회적 질서나 구조에 적합하지 않고 따라서 사회 구성원들의 도덕적 감정이나 의식에 부합하지 못하면, 그 규제는 강제적이 되고 때에 따라서는 폭력적이 될 수밖에 없다. 이 경우 뒤르케임의 말대로 규제 자체가 "악의 원인"이 된다.[36]

아노미적 분업이 적응의 위기라면, 강제적 분업은 체계의 위기이다. 아노미는 시간이 지남에 따라 규제가 형성되고 사회적 기관이나 조직이 충분하고도 지속적인 접촉을 하면 극복할 수 있지만, 악의 원인이 되는 강제적 규제는 사회적 체계, 즉 소유권, 경제적 생산방식, 희소한 자원 및 재화의 분배기제 등의 근본적인 변화를 통해 비강제적 규제로 대체되어야 한다. 그러니까 강제적 분업은 ─ 아노미적 분업과 달리 그리고 마르크스가 설파하는 바와 같이 ─ 사회적 질서와 구조의 '혁명적' 변화에 의해서만 극복할 수 있다[37](강제적 분

---

36 같은 책, 443쪽.

37 Hans-Peter Müller, "Soziale Differenzierung und gesellschaftliche Reformen. Der politische Gehalt in Émile Durkheims "'Arbeitsteilung'", in: *Beliner Journal für Soziologie 3*, 1993b, 507~19쪽, 여기서는 510쪽. 마르크스는 강제적 분업을 오늘날의 지배적인 유형으로 보고 그 원인을 자본주의적 생산양식에서 찾는다. 이에 반해 뒤르케임은 아노미적 분업을 지배적인 유형으로 보고 강제적 분업은 그것의 일시적인 부수현상으로서 개인의 기능과 그것들의 제도화된 형태인 직업집단을 규제하는 새로운 규범이 정착되면 극복될 수 있

업에 대해서는 이 장의 마지막 부분에 나오는 〈보론〉에서 — 한국 사회와 관련하여 — 다시 논의가 있을 것이다).

셋째, 또 다른 형태의 비정상적 분업은 부적절하게 조율된 분업이다. 뒤르케임이 아주 간략하게 언급하고 넘어간 이 형태의 비정상적 분업은 다음과 같이 요약할 수 있다. 개인의 기능이 제대로 조율되지 않은 채 분할되면 그들은 무엇을 해야 할지 잘 모르고 그들의 행위는 체계적이지 못하고 기관이나 조직의 작동이 일관적이지 못하게 되며, 그 결과 엄청난 에너지가 낭비되고 개인이 연대의식을 가질 수 없게 된다.

(5) 분화와 개인화

여기까지 논한 바에 입각하여 판단한다면 뒤르케임의 『사회분업론』은 사회와 그 변동에 대한 분석과 설명이라는 인상을 받을 것이다. 특히 분업의 원인과 조건에 대한 뒤르케임의 이론을 보면 그러한 인상은 더욱더 커질 것이다. 또한 분업에 대한 논의에서는 개인을 사회적 기능의 담지자로 보는 것이 일반적이다. 그리고 연대와 도덕도 마찬가지이다. 전자는 사회적 끈을, 후자는 사회적 제재가 수반되는 행위규칙이다.[38] 그러나 뒤르케임이 진정으로 추구하는 바는 사회와 개인, (사회)분화와 개인화, 사회성과 개인성의 변증법적 관계이다. 분업을 통해 이 관계를 사회학적으로 포착하고자 하는 것이

다고 본다. 이에 따라 뒤르케임은 병리적 분업에 대한 '치료법'을 혁명이 아니라 계획적이고 점진적인 사회변화에서 찾는다. 마르크스와 달리 뒤르케임은 '진화론적 낙관주의'에 입각하여 전적으로 '거대한 전환'을 환영한다. 다시 말해 산업혁명과 자본주의적 경제질서, 정치적 혁명과 민주주의의 발전 그리고 윤리적 혁명과 개인도덕의 발전에서 사회적 질서와 개인적 자유가 화해할 수 있는 가능성을 찾는다. 같은 글, 510~11쪽.

38 도덕에 대한 자세한 논의는 제5장을 참조.

바로 『사회분업론』이다.

이는 『사회분업론』의 핵심 고리인 분업-연대-도덕을 좀 더 자세하게 들여다보면 금방 명백해질 것이다. 첫째로 분업은 사회성을 향상시키는 동시에 개인성을 증가시키고, 둘째로 분업화된 사회의 연대인 유기적 연대는 다양한 개인의 상호의존과 상호작용에 의해 창출되고 유지되며, 셋째로 도덕은 사회적으로 구성되어 사회에 의해 개인에게 부과되지만 궁극적으로 개인의식을 가진 개인의 행위규칙이다. 뒤르케임에 따르면 분업화되고 유기적 연대에 기반하는 사회의 도덕적 원리는 개인주의, 보다 정확히 말하자면 도덕적 개인주의이다. 그리고 연대의 가시적 상징인 법률도 마찬가지이다. 모든 법은— 이미 제3절에서 살펴본 바와 같이 —사회적 기능을 가지는 동시에 개인의 존재와 행위에 대한 규칙이라는 점에서 공법이면서 사법이다. 법률은 도덕의 일종이다.

요컨대 『사회분업론』의 논의는 개인과 사회의 문제로 수렴된다. 거기에서 뒤르케임은 분화와 개인화의 변증법적 관계[39]를 역사적 ·

---

39 사실 분업은 과정적 개념이라기보다 구조적 개념이며, 따라서 뒤르케임의 진화론적 사고에 적합하지 않다. 이에 적합한 것은 분화이다. 그럼에도 불구하고 뒤르케임이 분화가 아니라 분업을 선택한 이유는 무엇일까? 다음과 같이 추측해 볼 수 있다(이는 어디까지나 추측일 뿐 검증된 것은 아니다!). 먼저 뒤르케임은 당시의 사회학적 사고를 지배하던 스펜서로부터 거리를 두고 콩트에 접목하여 사회분업에 대한 논의를 전개했다. 그는 콩트로부터 분업을 단순한 경제적 현상이 아니라 전(全) 사회적으로 다룰 수 있는 가능성을 발견했다. 그리고 19세기 후반 분화는 일차적으로 생물학, 생리학, 발생학 등과 같은 자연과학의 개념이었다. 그런데 뒤르케임은 사회학을— 자연과학이나 심리학으로부터 구별되는 —고유한 대상과 방법 및 개념을 가진 하나의 독립된 개별과학으로 정착시키고자 했으며, 그 첫 번째 체계적인 시도가 바로 『사회분업론』이었다. 이에 적합한 것은 자연과학적 개념인 분화가 아니라 사회과학적 개념인 분업이었다(분업이라는 개념은 경제학에서 유래했다). 그리고 이 분업의 개념과 더불어 뒤르케임은 분화의 개념과 밀접하게 결합된 유기체론적 사회학 및 '생물사회학'으로부터 의식적인 거리를 두고자 했다. Hartmann Tyrell, 앞의 글(1985), 184쪽 이하.
뒤르케임은 아노미적 분업에 대한 논의의 서두에서 다음과 같이 부수적인 구

구조적으로 논증하고 있다.[40] 이는 구체적으로 연대의 형태(기계적 연

───────────

절을 덧붙이는데, 이 구절은 분업과 분화의 관계에 대한 뒤르케임의 입장을 이해하는 데 결정적인 단서가 된다. "우리는 분업의 비정상적인 형태에 범죄라는 직업과 또 다른 해로운 직업을 추가하고픈 유혹을 느낄 수 있을 것이다. 그러나 그것들은 비록 완전히 전문적인 활동으로 구성되어 있지만 연대를 전적으로 부정하는 것이다. 정확히 말하자면 거기에는 분업이 없고 그저 단순한 분화만 있을 뿐인데, 이 두 개념을 혼동해서는 안 된다. 이와 마찬가지로 암과 결핵도 유기체적 조직의 다양성을 증대시키지만 그 안에서 생물학적 기능의 새로운 전문화를 보는 것은 불가능하다. 이 모든 경우에 공통된 기능의 분할은 존재하지 않고 개인적 유기체 또는 사회적 유기체의 태내에서 또 다른 유기체가 형성되어 전자의 희생을 통해 살아가려고 한다. 거기에는 기능이라는 것이 전혀 존재하지 않는다. 왜냐하면 어떤 활동이 기능을 갖는다는 말을 들으려면 다른 활동들과 결합하여 유기체의 전체적 삶의 유지에 기여해야 하기 때문이다." Émile Durkheim, 앞의 책(1988), 421~22쪽. 요컨대 분업과 분화는 다양성이라는 점에서는 일치하지만 전자는 기능이 결부되는 반면 후자는 기능이 결여된 단순한 분리·분열·분할 등을 의미한다는 것이 뒤르케임의 견해이다. 분업을 긍정적으로 평가하고 분화를 부정적으로 평가하면서 이 둘을 혼동해서는 안 된다고 역설하는 이 짧은 구절에서 뒤르케임은 스펜서가 분업과 분화를 혼동하고 있다는 비판을 잊지 않는다. 방금 인용한 구절의 밑줄 친 문장에 달린 다음과 같은 각주가 바로 그 비판이다. "이것은 스펜서가 하지 못한 구분이다. 아마도 그에게는 이 두 표현이 동의어처럼 보였던 것 같다. 그러나 파괴하는 분화(암, 세균, 범죄)는 생명력을 집중시키는 분화(분업)와는 근본적으로 다르다." 같은 책, 421쪽(각주 1번).
이 모든 것에도 불구하고 뒤르케임은 다음과 같이 근(현)대사회에 대한 분화론적 고찰이 다루어야 할 세 가지 주도적 질문을 던졌다. 첫째, 근(현)대사회의 분화 원리는 전근대사회의 분화 원리와 달리 어떤 특성을 갖는가? 둘째, 이 형태의 분화는 어떻게 일어났는가? 셋째, 어떤 유형의 사회적 연대가 이 분화 원리에 적합한가? Uwe Schimank, 앞의 책(2000), 44쪽.

40 그런데 "역사적·구조적으로 논증하고 있다"라는 명제에는 일정한 상대화가 필요하다. 뒤르케임이 기계적 연대의 분절사회와 유기적 연대의 분업사회를 비교한다는 점에서는 역사적이라고 할 수 있다. 그러나 실제로 분업이 발전하는 과정을 추적하거나 다양한 시대와 사회의 분업을 비교하지 않는다는 점에서는 비역사적이라고 할 수 있다. Dietrich Rüschemeyer, 앞의 글(1985), 176쪽.
그리고 뒤르케임은 사회적 부피와 도덕적 밀도의 증가를 분업의 원인으로 간주하면서도 어느 시기에 이 부피와 밀도가 양적으로 어느 정도가 되면서 분업이 발달하기 시작했는지, 또한 이 역사적 이행 과정이 구체적으로 어떠했는지는 논증하지 않고 있다. 그는 단지 '이념형적으로' 기계적 연대의 분절사회와 유기적 연대의 분업사회라는 두 가지 형태의 사회만을 제시하면서 이

대와 유기적 연대)와 그에 상응하는 사회의 형태(분절적 사회와 분업적
사회), 법률의 형태(억압법과 복구법), 그리고 사회의 구성원리 또는 조
직원리(혈연과 기능), 사회(성)와 개인(성), 의식의 형태(집합의식과 개
인의식) 등의 관계를 통해 살펴볼 수 있다.

뒤르케임은 연대를 두 종류로 나눈다. 첫 번째 종류의 연대는 그
어떤 중개적 심급도 없이 개인을 직접적으로 사회와 연결한다. 이에
반해 두 번째 종류의 연대의 경우에는 개인이 자신이 구성하는 부분
에 의존하기 때문에 사회에 의존한다.[41] 뒤르케임은 이 둘을 각각 기
계적 연대와 유기적 연대라고 부른다. 그리고 그 이유를 다음과 같
이 설명한다. 먼저 기계적 연대이다.

이러한 방식으로만 결속할 수 있는 [개인이 집합적 존재로서 아무
런 매개도 없이 사회와 직접적으로만 연결될 수 있는] 사회적 분자들
은, 마치 비유기체의 분자들의 경우처럼 자신만의 고유한 운동을 하

둘이 불연속적이고 근본적으로 상이하며 전자가 후자에 의해 대체되는 것
은 일종의 역사법칙이라는 견해를 피력하고 있을 뿐이다. Henk Jarring, "A
Rational Reconstruction of Durkheim's Thesis Concerning the Division of
Labour in Society", in: *Mens & maatschappij: driemaandelijks tijdschrift voor
sociale wetenschappen 54*, 1979, 171~201쪽, 여기서는 188~89쪽; Hartmann
Tyrell, 앞의 글(1985), 203쪽. 내가 보기에 뒤르케임의 역사적 · 구조적 접
근방법은 엄밀한 의미에서의 역사적이고 구조적인 접근방법이 아니라 역사
적 접근방법의 어법으로 표현된 사회유형학이라고 규정하는 것이 적합할 듯
하다. 물론 뒤르케임은 ― 곧 아래에서 보게 되는 바와 같이 ― 무리, 씨족(종
족), 부족, 고대 국가, 중세 사회, 근(현)대 산업국가라는 여섯 개의 다양한 사
회유형을 제시하면서 앞의 세 유형을 기계적 연대의 분절사회로 범주화하
고, 뒤의 세 유형을 유기적 연대의 분업사회로 범주화한다. 그런데 중요한 것
은 뒤르케임이 이들 사회를 역사적 · 비교적으로 연구함으로써 기계적 연대와
유기적 연대라는 사회적 연대의 이론을 도출한 것이 아니라 먼저 이 이론을 구
축한 후 그것을 다양한 사회유형이라는 경험적 현상을 예로 들어 설명하고 있
다는 사실이다. Friedrich Jonas, *Geschichte der Soziologie 3: Französische und
italienische Soziologie*, Reinbek bei Hamburg: Rowohlt 1969a, 46쪽.
41 Émile Durkheim, 앞의 책(1988), 181쪽.

지 않을 때에만 함께 운동할 수 있다. 그러므로 이러한 종류의 연대를 기계적이라고 부를 것을 제안한다. 그렇다고 해서 그것이 기계적이고 인위적인 수단에 의해 창출된다는 의미는 아니다. 우리가 이러한 연대를 기계적이라고 부르는 것은 어디까지나, 그것을 비유기체의 요소들을 서로 결합하는 응집력에 비유한 것이며 그것이 생명체의 통일성을 구성하는 응집력에 상반됨을 나타내려고 한 것뿐이다. 이러한 명칭의 또 다른 정당성은, 그와 같은 방식으로 개인과 사회를 결합하는 끈이 사물을 개인에게 연결하는 끈과 아주 유사하다는 점에서 찾을 수 있다. 이 경우 개인의식은 전적으로 집합유형에 의존하고 그것의 모든 운동을 따르는바, 이는 마치 소유물이 소유자가 자신에게 부과한 운동을 따르는 것과 같다. 이러한 형태의 연대가 매우 발달한 사회에서는 [……] 개인이 자기 귀속성을 가질 수 없다. 그는 고작해야 사회가 소유한 사물일 뿐이다. 그러므로 이러한 유형의 사회에서 인격권은 물권과 구별되지 않는다.[42]

그리고 유기적 연대는 다음과 같다.

분업의 결과인 유기적 연대의 경우에는 사정이 완전히 다르다. 앞에서 말한 연대는 개인들이 서로 유사하다는 것을 전제하는 반면, 이 연대는 개인들이 서로 구별된나는 것을 선제한다. 전자는 개인적 인격이 집합적 인격에 흡수되어야만 가능하다. 이에 반해 후자는 각자가 자신만의 고유한 활동영역을 가지고 있어야만, 다시 말해 각자가 인격을 가지고 있어야만 가능하다. 그러므로 집합의식은 자신이 규제할 수 없는 특수한 기능이 생겨날 수 있도록 개인의식의 일부분을 자유롭게 해야 한다. 개인의식의 영역이 클수록 이러한 형태의 연대에서 연원하는 응집력은 더욱더 강해진다. 사실상 한편으로 노동이 분

---

42 같은 책, 182쪽.

화될수록 각자는 더욱더 긴밀하게 사회에 의존하게 되며, 다른 한편으로 노동이 전문화될수록 각자의 행위는 더욱더 개인적인 것이 된다. 물론 그 행위는 아무리 좁게 한정할지라도 결코 완전히 독립적일 수는 없다. 심지어 직업 활동에서도 우리는 우리의 직업집단 전체와 공유하는 관례와 관행을 따라야 한다. 그러나 이 경우에서조차도 우리가 짊어져야 하는 멍에는 전체 사회가 우리를 완전히 통제할 때보다 훨씬 덜 무거우며, 또한 이 멍에는 우리의 창의성이 자유롭게 전개될 수 있는 여지를 훨씬 더 많이 남긴다. 그러므로 여기서는 전체의 개성과 부분들의 개성이 동시에 증가한다. 사회가 전체로서 운동할 수 있는 능력이 더 커지는 동시에 그 모든 요소가 독자적인 운동을 더 많이 하게 된다. 이러한 형태의 연대는 고등동물들에서 관찰할 수 있는 연대와 유사하다. 여기서는 모든 기관이 자신의 고유한 인상과 자신의 자율성을 지니며, 또한 그럼에도 불구하고 부분들의 개체화가 현저하게 진행될수록 유기체의 통일성은 더욱더 강화된다. 이러한 유추에 입각하여 분업에서 기인하는 연대를 유기적 연대라고 부를 것을 제안한다.[43]

이 인용구절에 잘 나타나 있듯이, 유기적 연대는 분업에서 기인한다. 그것은 분업의 결과이다. 그러므로 유기적 연대에 상응하는 사회 형태는 분업적 사회라고 할 수 있다. 여기에는 고대 국가, 중세사회, 근(현)대 산업국가가 속한다. 이에 반해 기계적 연대에 상응하는 사회 형태는 분절적 사회이다. 거기에는 무리, 씨족(종족)사회, 부족사회가 속한다.[44] 분절사회는 "마치 환형동물(環形動物)의 환(環)처럼

---

43 같은 책, 182~83쪽.
44 Jonathan S. Fish, *Defending the Durkheimian Tradition. Religion, Emotion and Morality*, Aldershot: Ashgate 2005, 76쪽 이하. 다음은 뉴기니의 고원지대를 예로 들어서 분절사회의 형태를 자세하게 분석하고 있다. Justin Stagl, *Die Morphologie segmentärer Gesellschaften. Dargestellt am Beispiel des Hochlandes*

서로 유사한 집합체의 반복으로 형성되는"사회이며, 따라서 "동질적이면서 상호 유사한 분절의 체계"라는 구조적 특징을 보인다.[45] 이에 반해 유기적 연대에 상응하는 분업사회는 다음과 같은 구조적 특징을 보여 준다.

이러한 사회는 유사하고 동질적인 분절들의 반복을 통해 형성되는 것이 아니라 상이한 기관들의 체계로 구성되는데, 그 각각은 나름대로의 특별한 역할을 수행하며 그 자체가 분화된 부분들로 구성된다. 사회적 요소들은 똑같은 성격을 지니지 않기 때문에, 똑같은 방식으로 배열되지도 않는다. 그것들은 환형동물의 환처럼 선(線) 모양으로

---

von Neuguinea, Meisenheim am Glan: Anton Hain 1974. 사실 분절사회와 분업사회 그리고 이에 상응하는 기계적 연대와 유기적 연대는 인류의 역사를 담아내기에는 지나치게 이분법적이다. 뒤르케임의 사회분업론은 더 분화되어야 한다. 이 점에서 니클라스 루만(1927~98)의 분화론을 언급할 만하다. 루만은 분화를 분절적 분화, 중심과 주변에 따른 분화, 계층적 분화, 기능적 분화로 구별했는데, 앞의 세 유형은 전근대사회에, 마지막 유형은 근대사회에 속한다. 루만에 따르면, 이 각각의 분화 형식은 다음과 같다. (1) 분절적 분화의 경우에는 사회의 부분체계들이 "혈통이나 거주공동체, 혹은 두 기준의 조합을 근거로 구별된다." 그리하여 사회의 부분체계들은 "서로 **평등하다.**" (2) 중심과 주변에 따른 분화의 경우에는 "**불평등**의 한 가지 경우가 허용되는데, 이것은 동시에 분절화의 원리를 뛰어넘는 것으로 다수의 분절들(가계들)이 새로운 형식의 양쪽 면에 위치하게 된다." (3) 계층직 분화의 경우에는 사회의 부분체계들 사이에 "**지위 불평등**이 성립한다." 이 분화 형식의 기본구조도 중심-주변 분화 형식의 기본구조와 마찬가지로 귀족과 평민을 구별하는 데 있다. 그러나 이러한 구별은 쉽게 역전될 수 있기 때문에 비교적 불안정하다. 그러므로 "안정적인 위계질서들은 [······] 최소한 세 가지 계층을 형성한다." (4) 기능적 분화의 경우에는 사회 부분체계들 사이에 "**불평등과 평등 모두가 성립한다.** [······] 이제는 중심과 주변의 경우에서처럼 단 하나의 불평등이 있는 것도 아니고, 모든 불평등을 순환적으로 다시 관계맺지 못하게 하면서 하나의 계열로 순차적으로 배치할 수 있는 전체 사회의 형식도 없다. 오히려 순환적으로 다시 관계맺는 것이야말로 아주 전형적이며 정상적이다." 니클라스 루만, 『사회의 사회』, 새물결 2012 (장춘익 옮김; 원제는 Niklas Luhmann, *Die Gesellschaft der Gesellschaft*), 710~11쪽.

45 Émile Durkheim, 앞의 책(1988), 230, 237쪽.

나란히 늘어서 있지도 않고 서로 뒤엉켜 있지도 않고, 유기체의 나머지 부분들을 규제하는 중앙기관을 중심으로 상호 간에 동렬(同列)의 관계나 상하(上下) 관계를 맺는다. 이 중앙기관 자체는 더 이상 분절적 사회의 중앙기관에서 관찰할 수 있는 특징을 지니지 않는다. 왜냐하면 다른 기관들이 중앙기관에 의존하는 것처럼 중앙기관도 다른 기관들에 의존하기 때문이다. 물론 중앙기관은 특별한 지위, 달리 말하자면 특권적 지위를 갖는다. 그러나 이 지위는 그것이 수행하는 역할의 성격에서 생겨나는 것이지, 그것의 기능과 상관없이 어떤 원인이나 외부로부터 흘러들어 오는 어떤 힘 때문에 생겨나는 것이 아니다. 그러므로 그것은 완전히 세속적이고 인간적인 성격을 갖는다. 중앙기관과 다른 기관들 사이에는 위계의 차이만 있을 뿐이다. 이는 신경체계가 다른 체계에 비해 우월한 지위를 차지하는 동물세계에서와 마찬가지이다. 그 세계에서는 이 우월한 지위가 (만약 이렇게 표현할 수 있다면) 더 선별된 자양분을 얻을 수 있고 다른 체계보다 먼저 자신의 몫을 차지할 수 있는 권리에 국한된다. 그러나 다른 체계가 신경체계를 필요로 하듯이 전자도 후자를 필요로 한다.[46]

뒤르케임에 따르면 "처음에는 단독으로 또는 거의 단독으로 존재하던 기계적 연대가 점차로 토대를 상실하고 유기적 연대가 점점 더 강력한 우위를 차지하는 것"은 일종의 역사법칙이다.[47] 그렇다면 법률의 발전도 이 역사법칙을 따를 수밖에 없다. 왜냐하면 법률은 사회적 연대를 가시적으로 상징하는 외적 지표이기 때문이다. 다시 말해 기계적 연대에 상응하는 법률이 점차로 토대를 상실하고 유기적 연대에 상응하는 법률이 점점 더 강력한 우위를 차지하는 것은 일종의 역사법칙이다. 기계적 연대의 분절사회에서는 처벌하고 억압

---

46 같은 책, 237쪽.
47 같은 책, 229쪽.

하는 보복적 성격의 형법이 지배적이다. 형법은 법률을 어긴 사람의 인격 자체에 초점을 맞춘다. 이는 범법 행위를 사회의 규범에 대한 공격으로 간주하고 집합의식을 해친 행위로 간주함을 의미한다. 이에 반해 유기적 연대의 분업사회에서는 보복이 아니라 원상복구를 중시하는 민법이나 상법이 발전하게 되는데, 이는 범법 행위를 더 이상 집합의식에 대한 근본적인 공격 행위로 보지 않는다는 것을 의미한다. 이러한 민법이나 상법은 주관적인 행위의 의지와 능력을 갖춘 개인의 계약을 바탕으로 한다.

그런데 『사회분업론』의 논의는 단순히 분업, 연대, 법률의 관계에 그치지 않고 사회의 구성원리 또는 조직원리, 사회의 질서원리 그리고 사회(성)와 개인(성)의 문제 및 이와 밀접한 관계에 있는 의식의 형태에까지 미친다.

첫째로 사회의 구성원리 또는 조직원리이다. 만약 — 방금 인용한 구절에서 잘 드러나듯이 — 유기적 연대에 상응하는 분업사회의 구조가 역할에 따라 분화된 상이한 기관의 체계라면, 그리고 이 체계의 모든 기관이 다시금 역할에 따라 다양한 요소로 분화됨으로써 나름대로 체계를 형성한다면, 다시 말해 전체 체계의 부분체계 또는 하위체계가 된다면, 이 사회의 구성원리 또는 조직원리가 기능에 있음은 자명한 일이다. 이러한 유형의 사회에서 개인이 집단을 구성하는 것은 그들 각자의 사회적 활동이 모두 특별한 성격을 갖기 때문이다. 이에 반해 기계적 연대에 상응하는 분절사회가 동질적·유사적 분절의 체계라면, 이 사회의 구성원리가 혈연관계에 있음은 자명하다. 이 분절들의 기초가 바로 혈연관계이기 때문이다. 기계적 연대의 사회에서는 개인의 자연스럽고 필요한 환경이 그들의 출생에 의해 결정되는 반면, 유기적 연대의 사회에서는 그들의 직업에 의해 결정된다. 전자에서는 각 개인의 사회적 지위가 실재적인 또는 허구적인 혈연관계에 의해 확정되는 반면, 후자에서는 그가 수행하는 기능에 의해 그렇게 된다.[48]

둘째로 사회의 질서원리이다. 기계적 연대의 사회와 유기적 연대의 사회는 ─ 역시 방금 인용한 구절에서 잘 드러나듯이 ─ 그 구성원리 또는 조직원리를 넘어서 그 질서원리에서도 근본적으로 구별된다. 전자에서는 사회의 동질적·유사적 분절이 나란히 늘어서 있거나 서로 뒤엉켜 있다. 그러니까 사회가 선상적 질서를 이루거나 혼합적 질서를 이룬다. 이에 반해 후자에서는 기능적으로 분화된 사회의 기관들이 중앙기관을 중심으로 동렬적 질서를 이루거나 상하적 질서를 이룬다. 상하적 질서도 동렬적 질서와 마찬가지로 가치의 상하 관계가 아니라 어디까지나 기능적 상호 의존 관계일 뿐이다.

셋째로 사회(성)와 개인(성)의 문제이다. 여기까지 논한 바와 같이 뒤르케임은 『사회분업론』에서 단순히 분업에 대한 논의에 국한되지 않고 거기에서 더 나아가 ─ 물론 분업과의 밀접한 관계 속에서 ─ 사회적 연대의 형태, 사회의 형태, 법률의 형태, 사회의 구성원리와 질서원리의 변화를 포괄적으로 논하고 있다. 이 점에서 『사회분업론』은 한 편의 탁월한 사회변동 이론이라고 할 수 있다. 그것은 한 편의 탁월한 (사회)분화 이론이라고 할 수 있다. 그런데 『사회분업론』은 사회적 차원을 넘어서 개인적 차원에서의 변동에 대한 아주 흥미로운 논의를 전개하고 있다. 이 점에서 『사회분업론』은 한 편의 탁월한 개인화 이론이라고 할 수 있다. 분화는 개인화를 야기하며 이 개인화는 다시금 분화에 기여한다. 다시 말해 거시적 변동이 미시적 변동을 야기하며 이 미시적 변동은 다시금 거시적 변동에 기여한다. 이 변증법적 관계를 거시-미시-거시 모델이라고 개념화할 수 있을 것이다.

방금 앞에서 언급한 바와 같이, 분업이 발달하면 혈연관계가 아니라 기능이 사회를 구성하는 원리가 된다. 그런데 이는 개인들이 단

---

48 같은 책, 238쪽.

순히 외부로부터 주어진 역할과 과제를 수행하는 존재가 된다는 것을 의미하지 않는다. 이는 오히려 개인들이 분절적 사회에서처럼 동질적이고 유사한, 그러니까 대체 가능한 기능을 수행하는 것이 아니라 자신만의 고유하고 독특한, 그러니까 대체 불가능한 기능을 수행한다는 것을 의미한다. 이러한 기능을 수행하는 모든 개인은 대체 불가능한 존재가 되며, 따라서 그 자체로서 의미와 가치를 갖게 된다. 그들은 집단적 귀속성을 특징으로 하는 집단적 존재가 아니라 자기 귀속성을 특징으로 하는 개인적 존재이다. 다시 말해 개인들이 집단의 구속으로부터 해방되어 자율적이고 주체적으로 사고하고 행위하며 그들의 인격과 능력을 동질적이고 유사한 방향이 아니라 상이하고 다양한 방향으로 전개함으로써 개인적 다원성이 발전한다. 요컨대 유기적 연대가 지배하는 분업적 사회에서는 필연적으로 개인화가 증가하고 개인성이 발전한다. 그런데 여기에서 간과하지 말아야 하는 점이 한 가지 있으니, 그것은 개인적 다원성의 발전이 사회적 다원성을 저해하는 것이 아니라 오히려 촉진한다는 사실이다. 왜냐하면 개인의 인격과 능력이 다양할수록 그들의 상호 의존과 작용으로 형성되는 사회는 그만큼 다양해질 수밖에 없기 때문이다. 이는 마치 한 종류의 꽃이나 나무로 이루어진 정원보다 여러 종류의 꽃과 나무로 이루어진 정원이 훨씬 더 다채로운 것과 같은 이치이다.

이러한 과정은 의식 차원에서도 관찰할 수 있다. 우리가 기계적 연대와 유기적 연대를 논하면서 인용한 (위쪽으로 두 번째와 세 번째에서 인용한) 두 구절에 개인의식과 집합의식이라는 개념이 등장한다. 이두 개념은 『사회분업론』의 논의를 이끌어가는 핵심적인 개념 쌍 가운데 하나로서 각각 기계적 연대와 유기적 연대에 상응하며, 따라서 기계적 연대에서 유기적 연대로 이행함에 따라 집합의식이 축소되고 개인의식이 확대된다. 이는 개인성이 증가한다는 것을 의미한다. 왜냐하면 ― 다음 절에서 자세히 논하게 되는 바와 같이 ― 사회의

모든 구성원이 공유하는 의식을 가리키는 집합의식과 달리, 개인의
식은 각 개인에게 고유하며 그를 특징짓는 의식을 가리키기 때문이
다. 집합의식이 집합적 유형을 표현하며, 따라서 그것이 존재하기 위
한 필수적인 전제조건이라면, 개인의식은 개인의 인격을 표현하며
그것이 존재하기 위한 필수적인 전제조건이다.

뒤르케임에 따르면, 기계적 연대에서 유기적 연대로 이행함에 따
라 집합의식이 축소되고 개인의식이 확대된다고 해서 집합의식이
완전히 사라지는 것은 아니다. 분업이 고도로 발전한 현대 산업사회
에서도 집합의식은 존재한다. 다만 그 대상이 집단숭배에서 개인숭
배로 바뀌었을 뿐이다. 현대사회에서 개인은 일종의 종교적 숭배의
대상이다.[49] 그런데 『사회분업론』에서 개인숭배에 대한 뒤르케임의
평가는 부정적이다. 그는 거기에서 개인숭배가 현대사회가 필요로
하는 사회적 연대를 창출할 수 없다고 본다. 그러나 시간이 지남에
따라 긍정적으로 바뀐다. 그리고 더 나아가 개인숭배가 개인주의, 보
다 정확히 말하자면 도덕적 개인주의와 동일시된다(이에 대해서는 개
인숭배와 도덕적 개인주의에 대해 논하는 제5장 제3절에서 상세한 논의가 있
을 것이다). 이 개인숭배 또는 도덕적 개인주의는 분업화된 유기적 연
대 사회의 철학적 구성원리 또는 조직원리가 된다.[50]

물론 이렇게 말하는 것은 모순적으로 보인다. 왜냐하면 우리는 이
미 앞에서 기능을 분업화된 유기적 연대 사회의 구성원리 또는 조직
원리로 규정했기 때문이다. 기능이 역할적 · 지위적인 것이라면 개
인숭배 또는 도덕적 개인주의는 규범적 · 이상적인 것이다. 이에 반
해 분절화된 기계적 연대 사회의 역할적 · 지위적 구성원리 또는 조

---

49 같은 책, 227쪽.
50 이는 사회분화와 노동분업이 개인성과 개인주의를 촉진한다는 짐멜의 이론
    과 상당한 유사점을 보여 준다. 짐멜에 대해서는 다음을 참고할 것. 김덕영,
    『게오르그 짐멜의 모더니티 풍경 11가지』, 도서출판 길 2007a, 223쪽 이하.

직원리와 규범적·이상적 구성원리 또는 조직원리는 각각 혈연관계와 집합주의이다. 여기에서 중요한 것은 분업화된 유기적 연대 사회의 이 두 구성원리 또는 조직원리는 개인에 의해 매개된다는 사실이다. 개인은 자신의 고유한 기능에 따라 사회적 역할을 수행하며 그에 적합한 사회적 지위를 차지한다. 이에 따라 자연스레 사회적 불평등이 생겨난다. 그러나 개인은 이 사회적 불평등과 무관하게 성스러운 존재로서 종교적 숭배의 대상이 된다. 그리하여 개인이 신자이고 개인이 신인 종교가 지배한다. 그것은 현대 산업사회의 세속적 종교, 즉 시민종교이다.

여기까지의 논의를 다음과 같이 도표 5로 나타내면 분절사회와 분업사회의 구조적 특징을 일목요연하게 보여 주는, 그리고 비교적 관점에서 고찰할 수 있는 한 편의 탁월한 사회유형학을 얻는다.

도표 5 분절사회와 분업사회의 구조적 특징

분절사회	분업사회
기계적 연대	유기적 연대
작은 규모의 사회	큰 규모의 사회
단편사회	복합사회
형법 (처벌과 억압)	민법과 상법 (계약과 원상복구)
혈연관계	기능과 직업
선상적 또는 혼합적 질서	동력적 또는 상하적 질서
동질성 또는 유사성	상이성 또는 차이성
집단 귀속성	자기 귀속성
개인성의 미발달	개인성의 발달
집단주의	개인주의

그런데 이 논의의 맥락에서 한 가지 반드시 짚고 넘어가야 할 것이 있으니, 그것은 분업에 의한 개인성의 증가가 사회성의 감소를 초래하지 않고 오히려 개인성의 증가는 사회성의 증가와 병행한다는 사실이다. 분업의 결과로 개인성이 증가한다. 다시 말해 사회성의 증가로 개인성이 증가한다. 왜냐하면 개인이 자율적이고 주체적인 인격체로서 사고하고 행위하며 그 누구도 대체할 수 없는 자신만의 고유한 기능을 수행하기 때문이다. 그리고 그와 동시에 사회성이 증가한다. 왜냐하면 자율적이고 주체적이며 대체 불가능한 개인은 이전보다 더욱더 사회에 의존하고 더욱더 사회와 연대감을 갖게 되기 때문이다. 구체적으로 말해 모든 개인이 이전보다 더욱더 많은 개인 그리고 더욱더 많은 사회적 영역 및 집단과 관계를 맺고 거기에 참여하여 활동하며, 따라서 자신과 자신의 삶이 자족적인 것이 아니라 근본적으로 다른 사회 구성원들과 다양한 사회적 단위에 의존하고 있다는 의식이 더욱더 커지게 되기 때문이다. 요컨대 개인성과 사회성 또는 개인적 자율성과 사회적 질서의 관계는 '제로섬' 관계에 있는 것이 아니라 동시적·상호적 상승관계에 있다. 개인성과 사회성은 동시에 그리고 똑같은 정도로 증가할 수 있다.[51]

이렇게 보면 우리가 이 절의 앞부분에서 『사회분업론』의 인식관심을 논하며 인용한 바 있는 『사회분업론』 초판 서문의 맨 끝 구절을 제대로 이해할 수 있을 것이다. 개인(성)과 사회(성)의 관계가 뒤르케임의 인식관심임을 표명하고 있는 이 구절이 좁게는 『사회분업론』에 대해 갖는, 그리고 넓게는 뒤르케임의 지적 세계에서 갖는 중요성과 의미를 강조하기 위해 분업과 사회의 관계에 대한 논의를 마무리하면서 다시 한 번 인용하기로 한다.

---

51 Matthias Junge, *Individualisierung*, Frankfurt am Main/New York: Campus 2002, 84, 95쪽.

이 책을 쓰기 시작할 때 내가 가졌던 질문은, 개인적 인격과 사회적 연대의 관계였다. 어떻게 개인이 더욱더 자율적이 됨에도 불구하고 더욱더 사회에 더 의존하게 될까? 어떻게 개인이 더 개인적이면서 동시에 사회와 더 연대감을 가질 수 있을까? 이 두 운동은 비록 모순적으로 보이지만 병행한다는 사실을 부정할 수 없다. 바로 이것이 우리에게 주어진 문제였다. 우리에게 이 표면상의 이율배반은 더욱더 강화되는 분업에서 비롯되는 사회적 연대의 변화를 고려해야만 해결할 수 있는 것으로 보였다. 우리가 분업을 우리의 연구 대상으로 삼게 된 것은 바로 이 때문이었다.[52]

2. 집합의식에서 집합표상으로

잘 알려져 있다시피, 집합의식과 집합표상은 뒤르케임 사회학의 핵심개념에 속한다. 이 둘은 뒤르케임의 사회학을 상징한다고 해도 지나친 말이 아니다. 언뜻 보기에 잘 구분이 되지 않는, 그리고 때로는 호환이 가능한 것처럼 보이기도 하는 이 두 개념은 시기에 따라 뒤르케임의 지적 세계에서 차지하는 위치가 달라진다. 『사회분업론』에서 자주 사용되면서 핵심적인 역할을 하던 집합의식 개념은 그 후 아주 드물게만 사용된다. 그리고 그 자리를 집힙표상이라는 개념이 대신하게 된다. 이는 단순한 용어상의 변화가 아니라 뒤르케임 사회학의 근본적인 변화를 의미한다. 뒤르케임이 집합의식에서 집합표상으로 이행하는 과정은 그의 사회학적 발전 과정뿐만 아니라 그의 사회학적 사고의 구조와 특징을 이해하는 데에도 결정적인 의미를 가지며, 따라서 그 이행 과정이 어떤 시기의 어떤 저작에서

---

52 Émile Durkheim, 앞의 책(1988), 82쪽.

어떤 논리와 내용으로 침전되어 있는가를 자세하게 추적할 필요가 있다.

(1) 『사회분업론』과 집합의식

집합의식은 프랑스어 'conscience collective'를 옮긴 것이다. 뒤르케임은 'conscience commune'이라는 개념을 사용하기도 하는데, 이는 공동의식으로 옮길 수 있다. 그런데 'conscience'는 의식이라는 의미 이외에도 양심이라는 의미도 있는 이중적 단어이다. 영어로 말하자면 'conscience'라는 의미도 있고 'consciousness'라는 의미도 있다.[53] 그러니까 프랑스어 'conscience'는 인지적 측면과 도덕적 측면을 포괄하고 있는 셈이다. 그 결과 'conscience collective'는 인지적 측면에서는 공통적인 사고 및 언어의 전통이라는 의미에서 집합의식을 가리키며, 도덕적 측면에서는 공통적인 도덕적 코드에 기반하는 집합양심을 가리킨다.[54]

뒤르케임은 『사회분업론』에서 집합의식을 "어느 특정한 사회의 평균적인 구성원들에게 공통적인 신념과 감정의 총체"라고 정의하고 있다.[55] 이러한 정의에 따르면 집합의식은,

> 사회 전체에 확산되어 있다. 그럼에도 불구하고 나름대로의 고유한 특징을 갖고 있기 때문에 분명히 식별할 수 있는 실재가 된다. 사실상 집합의식은 개인이 처해 있는 특정한 조건과 독립적으로 존재한다. 개인은 사라지지만 집합의식은 남는다. 집합의식은 북부와 남부에서, 대도시와 소도시에서, 다양한 직업에서 동일하게 나타난다. 마찬가지

---

53 Steven Lukes, 앞의 책(1973), 4쪽.
54 Hans-Peter Müller & Michael Schmid, 앞의 글(1988), 491쪽(각주 21번).
55 Émile Durkheim, 앞의 책(1988), 128쪽.

로 집합의식은 세대에 따라 변하지 않고 잇따르는 세대를 서로 연결해 준다. 이렇게 보면 집합의식은 비록 개인을 통해서만 실현되기는 하지만 개인의식과는 완전히 다른 것이다. 집합의식은 사회의 정신적 유형이다. 다시 말해 비록 개인적 유형과 다른 방식이기는 하지만 그것들과 마찬가지로 자신의 속성, 생존조건 및 발전양식을 갖고 있는 유형이다.[56]

이 인용구절에서 드러나듯이, 집합의식은 개인의식과 완전히 대비된다. 이 둘의 관계는 다음과 같은 『사회분업론』의 또 다른 구절을 보면 더 명백해질 것이다.

우리 안에는 두 가지 의식이 존재한다. 하나는 오직 우리 각자에게 고유하며 우리를 특징짓는 상태인 반면, 다른 하나는 사회의 모든 구성원에게 공통적인 상태이다. 전자는 오직 우리의 개인적 인격을 표현하며 그것을 구성한다. 후자는 집합적 유형을 표현하며, 따라서 그것 없이는 이 유형이 존재할 수 없는 사회를 표현한다. 후자의 어떤 요소가 우리의 행동을 결정하게 되면, 우리는 우리의 개인적 이익을 위해 행동하는 것이 아니라 집합적 목적을 추구하는 것이다.[57]

---

56 같은 책, 128~29쪽.
57 같은 책, 156쪽. 집합의식의 핵심은 다음과 같이 다섯 가지로 정리할 수 있다. 첫째, 집합의식은 상이성/다양성에 근거하는 연대가 아니라 **동질성/유사성**에 근거하는 연대를 전제로 한다. 둘째, 이 동질성/유사성은 **개인들** 사이의 동질성/유사성이지 그 어떤 사회의 조직이나 기관, 즉 사회의 하부체계들 사이의 동질성/유사성이 아니다. 셋째, 집합의식은 동질성/유사성, 다시 말해 사회 구성원들에 의해 공유된 신앙표상, 규범, 감정, 관행 등에 의존한다. 넷째, 집합의식은 개인들의 의식에 존재하면서 다음과 같이 **이중적으로 개인적인 것을 부정한다.** 집합의식은 한편으로 집합적인 것, 그러니까 '사회'가 개인들을 그 **어떤 매개적 심급도 없이 직접적으로** 지배하며, 다른 한편으로 모든 개인에게 동일한 집합적 인격 유형(사회)과 동질성/유사성에 예속될 의무를 지움으로써 개인화와 개인적 분화를 저해한다. 다섯째, 이 동질성/유사성으로부터 직

뒤르케임은 집합의식 개념 및 개인의식 개념과 더불어 — 그리고 그 각각에 상응하는 기계적 연대 및 유기적 연대 등의 개념과 더불어 — 『사회분업론』의 논의를 이끌어간다. 그에 따르면 — 방금 앞 절에서 자세하게 살펴본 바와 같이 — 분절적인 전통 사회에서는 기계적 연대와 집합의식이 지배하게 되는 반면, 분업적 사회, 즉 기능적으로 분화된 현대사회에서는 유기적 연대와 개인의식이 지배하게 된다. 물론 그렇다고 해서 뒤르케임이 현대사회에서 집합의식이 완전히 사라졌다고 주장하는 것은 결코 아니다. 비록 그 범위, 강도 및 확정성이 감소하기는 했지만 현대사회에서도 집합의식은 여전히 존재한다. 다만 개인숭배 형태로 존재할 뿐이다(이에 대해서는 개인숭배와 도덕적 개인주의에 대해 다루는 제5장 제3절에서 상세하게 논의할 것이다).

이렇게 보면 집합의식 개념은 『사회분업론』의 기본개념 가운데 하나임을 알 수 있다. 그런데 한 가지 매우 흥미로운 점은 이러한 집합의식 개념이 그 이후로는 비록 완전히 포기된 것은 아니지만 거의 사용되지 않는다는 사실이다. 이 개념이 사용된 예로는 『사회학 강의: 도덕과 법의 물리학』을 언급할 수 있을 것이다. 이 책은 뒤르케임이 1890년과 1900년 사이 보르도 대학에서 여러 차례에 걸쳐 그리고 1904년과 1915년 사이 파리에서 여러 차례에 걸쳐 한 "사회학

접적으로 그리고 필연적으로 **기계적 연대**가 도출된다. Hartmann Tyrell, 앞의 글(1985), 194~95쪽. 어떤 의식이 '집합적'이라 함은 다음과 같이 이중적 의미를 갖는다. 첫째로 "상호 공동체를 구성하는 **모든** 개인의 의식에 **동일한** 표상과 의식내용이 현존하고 작용하는 것"을 뜻한다. 말하자면 '집합적' 의식은 "일종의 특히 순수한 유형의 '상호주관성'"이다. 둘째로 예의 그 표상과 의식 내용에는 "**모든** 개인의 의식에 대한 타당성이 부가된다." 말하자면 '집합적' 의식에는 "'정상성'과 그리고 상황에 따라서는 규범성이 부대현전화(附帶現前化)된다." 예의 그 표상과 의식내용은 "단독적 · 주관적이고 사적인 것으로 체험되지 않고 모든 개인에 의해 공유된 자명한 것으로 체험되고 상황에 따라서는 모든 개인에게 의무를 지우는 것으로 체험된다." 같은 글, 198쪽.

강의: 도덕과 법의 물리학"이라는 강의를 그의 사후인 1950년에 출간한 것이다.

이 책에서 뒤르케임은 집합의식을 국가 및 사회와의 관련 속에서 다음과 같이 언급하고 있다. "국가가 집합의식을 구현한다고 말하는 것은 정확하지 않다. 왜냐하면 집합의식이 사방에서 국가를 둘러싸고 있기 때문이다. 대체로 집합의식은 불명료하게 확산되어 있다. 사회는 언제나 온갖 종류의 감정과 상태로 가득 차 있는바, 국가는 기껏해야 그 가운데에서 희미한 반향만 인지한다. 국가에는 단지 하나의 특별하고 한정된 의식만이 존재할 뿐이다. 그렇지만 이 의식은 [사회 전체에 분산되어 있는 집합의식보다] 더 예리하고 선명하며 자기 자신에 대해 더 생생한 표상을 갖는다."[58] 사회에 ─ 뒤르케임은 같은 책의 또 다른 곳에서 이렇게 말하고 있다 ─ 분산되어 있는 집합의식이 익명적이고 뒤엉켜 있다면, 국가에 의해 구현되는 의식은 중심적이고 비교적 명료하다. 이러한 관계는 우리 정신의 내적 중심에서 일어나는 선명한 의식과 그것을 둘러싸고 있는 층에서 일어나는 표상의 관계에 비유할 수 있다.[59] 그런데 중요한 것은 뒤르케임이 이 책에서 국가의 기능을 집합의식의 창출이 아니라 집합표상의 창출에서 찾는다는 점이다(이에 대해서는 정치사회학을 논의 주제로 다루는 제6장 제4절에서 다시 자세하게 논의할 것이다).

(2) 집합의식 대신에 집합표상이 전면에 등장하다

아무튼 뒤르케임의 첫 사회학 저서인 『사회분업론』에서 핵심적인 역할을 하던 집합의식 개념은 곧바로 그의 지적 세계에서 배후로 물러나게 되는데, 이에 대한 이유는 크게 세 가지로 나누어볼 수 있다.

---

58 Émile Durkheim, 앞의 책(1991), 74~75쪽.
59 같은 책, 117쪽.

첫째로 경험적 차원의 이유이다. 뒤르케임은『사회분업론』에서 분업화된 현대사회에서는 집합의식의 의미와 기능이 점점 감소한다는 사실을 역사적으로 논증했다. 이는 집합의식 개념이 분절적으로 분화되고 사회적 유사성과 기계적 연대에 기반하는 전통 사회를 설명하는 데에는 적합하지만 기능적으로 분화하고 사회적 상이성과 유기적 연대에 기반하는 현대사회를 설명하는 데에는 적합성이 상당히 떨어진다는 것을 함의하는 대목이다. 그리고 뒤르케임은『사회분업론』이 출간되고 얼마 되지 않아 — 전통 사회와 현대사회를 포함하는 — 모든 사회에서 도덕이나 종교와 같은 집합적 신념과 집합적 감정이 결정적인 역할을 한다는 사실을 통찰하게 되었다. 그 결과『사회분업론』에서 중요한 분석적 위치를 차지하던 집합의식 개념은 — 역시 중요한 분석 틀이었던 형태학적 결정론과 더불어 — 뒤르케임의 사회학에서 배후로 물러나게 되었다.[60]

둘째로 이론적 차원의 이유인데, 이는 경험적 차원의 이유와 밀접한 관계에 있다. 집합의식이라는 개념은『사회분업론』출간 이후에 뒤르케임이 추구한 인식목표를 충족하기에 불충분했다. 이제 그는 다음과 같은 문제에 천착하게 되었다. "어떻게 개인들이 사회에 결속되고 사회에 의해 규제되는가, 어떻게 집합적 신념과 감정이 개인에게 심어지는가, 어떻게 그것들이 변화하는가, 어떻게 그것들이 사회적 삶의 다른 요소들로부터 영향을 받고 그 요소들에 영향을 끼치는가, 어떻게 그것들이 유지되고 강화되는가?" 그런데 집합의식 개념은 너무나 포괄적이고 너무나 정적이기 때문에 이러한 문제들을 제대로 담아낼 수 없었다. 그것은 "인지적 · 도덕적 및 종교적 신념을, 다양한 신념과 감정을, 그리고 사회발전의 다양한 단계에 따르는 신념과 감정을" 구별할 수 없었다. 뒤르케임은 이 모든 것을 가능케

---

60 Steven Lukes, 앞의 책(1973), 5~6, 229~30쪽.

하는 것을 다름 아닌 집합표상의 개념에서 찾았다.[61]

셋째로 과학 공동체적 차원의 이유이다. 당시에는 물질이 일방적으로 의식을 결정한다는 관점이 성행했는데, 뒤르케임은 의식이라는 개념을 표상이라는 개념으로 대체함으로써 물질-의식의 일차원적이고 조야한 결정론을 피할 수 있었다. 다른 이론들이 물질로 간주하는 사실들이 뒤르케임에 따르면 표상들로 구성되며 역으로 표상들은 외적인 성격을 띠게 되고 물질적 사실과 마찬가지로 사물처럼 다룰 수 있다. 뒤르케임은 집합의식 개념을 집합표상 개념으로 대체함으로써 보다 정치하고 잘 조직된 사회사상의 가능성을 얻을 수 있었다.[62]

(3) 집합표상이란 무엇인가?

그렇다면 집합표상이란 무엇인가? 집합표상은 프랑스어 'représentation collective'를 옮긴 것이다. 프랑스어에서는 'représentation'을 통속적 언어와 철학적 언어로 받아들였는데, 그 의미가 무려 13개나 된다. 우리의 논의를 위해서는 두 가지가 중요하다. 그 하나는 표상의 적극적 계기, 즉 표상하는 행위이고, 그 다른 하나는 표상의 결과 또는 상응물, 즉 이미지 또는 상(像)이다.[63] 이에 따라 뒤르케임은 표상을 사고하거나 인식하거나 시각하는 방식 그리고 사고된 것, 인식된 것 또는 지각된 것의 두 차원을 포괄하는 개념으로 파악한다. 예컨대 종교 · 신화 · 도덕 등은 특정한 방식으로 사고하거나 인식하거나 또는 지각하는 방식인 동시에 사고된 것, 인식된 것 또는 지각된

---

61 같은 책, 6쪽.

62 Dénes Mémedi, "Collective Consciousness, Morphology, and Collective Representations: Durkheim's Sociology of Knowledge, 1894~1900", in: *Sociological Perspectives 38*, 1995, 41~56쪽, 여기서는 47쪽.

63 같은 글, 46쪽.

것 그리고 그것이 특정한 방식으로 제도화되거나 조직화된 것이다.
그리고 표상은 그 기원이나 준거 또는 대상에서 집합적이다. 표상은
사회적으로 생성되고 사회와 관련이 있다. 예컨대 종교 · 신화 · 도
덕 등은 사회가 사고하거나 인식하거나 또는 지각하는 방식이며 그
결과가 사회에 제도화되거나 조직화된 것이다. 그것들은 개인적 표
상이 아니라 사회적 표상, 즉 집합표상이다.[64]

그렇다면 이러한 집합표상은 그것에 의해 대체된 집합의식과는
어떠한 관계에 있는가? 사실 뒤르케임은 이 둘의 관계를 명확히 규
정한 적은 없다. 다만 『사회학적 방법의 규칙들』의 제2판 서문(1901)
에 다음과 같은 구절이 나온다. "집합의식의 상태들은 [······] 그 본
성상 개인의식의 상태들과 구분된다. 집합의식은 또 다른 종류의 표
상들이다."[65] 사실상 이 문장만 가지고는 (집합)의식과 (집합)표상의
관계를 분명히 알기는 어렵다. 그리고 「개인표상과 집합표상」(1898)
에서 뒤르케임은 표상의 세계가 우리의 현전적 의식을 넘어서며, 따
라서 '기억'이 거기에 합당한 심리학적 개념이라고 주장하고 있다.[66]
이 역시 (집합)의식과 (집합)표상의 관계를 명백하게 밝히는 데에는
한계가 있다. 이로부터 우리가 추론할 수 있는 것은, 뒤르케임에게
(집합)표상들은 (집합)의식의 구성요소들이라는 것이다. 집합의식은
집합표상들 전체를 포괄한다.[67] 뒤르케임은 집합의식을 일차적으로
인간을 집단에 결속하는 기제로 보는 반면,[68] 집합표상을 "집단이 자

---

64 Steven Lukes, 앞의 책(1973), 6~7쪽.

65 Émile Durkheim, 앞의 책(1984a), 94쪽.

66 Émile Durkheim, *Soziologie und Philosophie* (Mit einer Einleitung von
    Theodor W. Adorno), Frankfurt am Main: Suhrkamp 1976, 70쪽.

67 Gisela Dombrowski, *Sozialwissenschaft und Gesellschaft bei Durkheim und
    Radcliffe-Brown*, Berlin: Duncker & Humblot 1976, 86쪽; Dénes Mémedi,
    앞의 글(1995), 42쪽.

68 뒤르케임에 따르면 개인은 다양한 집단에 속할 수 있으며, 따라서 여러 개
    의 집합의식을 가질 수 있다. Émile Durkheim, 앞의 책(1988), 156쪽(각주

신에게 영향을 끼치는 대상들과의 관계에서 자신을 인식하는 방식"으로 이해한다.[69]

그런데 앞 단락의 마지막 인용구절과 관련하여 한 가지 주의해야 할 점이 있으니, 그것은 마치 집단이 인식의 주체, 그러니까 행위의 주체인 양 읽어서는 안 된다는 것이다. 행위의 주체는 어디까지나 개인들, 보다 정확히 말하자면 특정한 사회적 집단에 속하면서 특정한 집합표상을 공유한 개인들이다. 그들은 그 공유된 집합표상에 근거하여 자신들에게 영향을 끼치는 대상들과의 관계에서 자신들을 인식한다는 것이 뒤르케임이 의미하는 바이다. 집단은 이들 개인을 가리키는 집합명사일 따름이다. 집합표상은 집단적 삶을 표현하며 그런 한에서 개인들에게 영향을 끼치는 이미지와 상징이다. 집합표상은 행위의 주체인 개인들에게 내면화되어서 사회구조와 행위를 중재하는 위치를 점한다.[70] 대표적인 집합표상으로는 종교 · 신화 · 도덕 · 풍속 · 개념 · 범주 · 법 등을 들 수 있다.

뒤르케임은 『사회분업론』이 출간되기 이전인 1887년에 발표한 서평[71]에서 이미 표상이라는 단어를 사용한 적이 있기는 하지만, 이 글로 인해 표상이라는 개념이 그의 지적 세계에서 어떤 특별한 의미를 갖게 된 것은 물론 아니다. 이는 『사회학적 방법의 규칙들』 제1판에서도 마찬가지이다. 다음의 두 인용구절이 보여 주듯이, 거기에도 표상이라는 단어가 등장한다. 먼저 사회적 사실은 "표상과 행위로 구

44번).

69 Gisela Dombrowski, 앞의 책(1976), 85~86쪽; Émile Durkheim, 앞의 책 (1984a), 94쪽.

70 Paolo Ceri, "Durkheim on Social Action", in: Stephen P. Turner (Ed.), *Émile Durkheim. Sociologist and Moralist*, London/New York: Routledge 1993, 135~62쪽, 여기서는 156쪽.

71 이는 구체적으로 프랑스 철학자 장-마리 귀요(1854~88)의 저서 『미래의 무종교: 사회학적 연구』(1886)에 대한 서평으로 『철학 저널』 제23호에 게재되었다. Dénes Mémedi, 앞의 글(1995), 47, 55쪽.

성된다."[72] 그리고 "집합적 표상, 감정 그리고 경향은 개인의식의 특정한 상태에 의해서가 아니라 사회적 유기체가 전체로서 존재하는 조건에 의해 야기된다."[73] 그러나 표상이나 집합표상에 대한 언급이 지극히 한정적이며, 또한 표상의 의미가 명확하게 제시된 것도 아니고 집합표상이 독립적인 개념으로 제시된 것도 아니다. 이는 집합표상 개념에 별다른 의미가 부여되어 있지 않음을 암시하는 대목이다.

집합표상 개념이 뒤르케임의 사회학에서 주도적이고 핵심적인 역할을 하기 시작한 것은 『자살론』(1897)이다. 이 책의 제3부 「사회적 현상 일반으로서의 자살에 대하여」 제1장 「자살의 사회적 측면」에는 다음과 같은 구절이 나온다.

> 사회적 삶과 개인적 삶을 [……] 구별한다고 해서 전자에는 정신적인 것이 없다는 의미가 결코 아니다. 오히려 사회적 삶은 무엇보다도 표상들로 이루어짐이 명백하다. 다만 집합표상은 개인표상과 근본적으로 다르다. 만일 사회심리학이 개인심리학의 법칙들이 아닌 자신의 고유한 법칙들을 갖는다는 것을 덧붙이기만 한다면, 사회학을 심리학의 일종이라고 표현한다고 해도 우리는 절대로 반대하지 않을 것이다.[74]

뒤르케임에 따르면, 사회는 개인적 존재가 결합하여 형성한 전혀 새로운 정신적 존재이며, 집합표상은 이 정신적 존재가 갖는 고유한 사고 및 감정의 방식이다.[75] 이러한 집합표상의 대표적인 예가 종교이다.

---

72 Émile Durkheim, 앞의 책(1984a), 107쪽.
73 같은 책, 189쪽.
74 Émile Durkheim, 앞의 책(1983a), 362~63쪽.
75 같은 책, 361쪽.

종교는 궁극적으로 사회가 자기 자신을 의식하는 상징체계이며, 이 상징체계는 다시금 집합체에 고유한 사고방식이다. 그런데 이 사고방식은 개인들의 표상세계가 연합하지 않고서는 생겨날 수 없는 집단적 사고방식이다. 그것은 이러한 연합의 결과이며 개인들의 사고 과정에서 생겨나는 것에 덧붙여진다.[76]

이처럼 뒤르케임이 종교를 집합표상의 대표적인 예로 든 것은 단지 우연한 일이 아니다. 1907년 11월에 보낸 한 편지에서 뒤르케임은 고백하기를, 그는 1895년에서야 종교가 갖는 사회적 의미를 깨닫게 되었고 이로 인해 그의 사회학적 사고에 일대 전회가 일어났다.

나는 [……] 1895년에 이르러서야 종교가 사회적 삶에서 수행하는 현저한 역할을 뚜렷하게 느끼게 되었다. 그해 나는 처음으로 종교연구를 사회학적으로 접근할 수 있는 길을 찾았다. 이것은 나에게 일종의 계시였다. 1895년의 강의는 내 사고의 발전에서 진정으로 하나의 전회를 나타냈기 때문에, 나의 선행연구는 새로운 통찰과 화합하기 위해서 고되게 수정되어야 했다. [……] 그것[이러한 지향성의 변화]은 전적으로 종교사를 공부했기 때문에, 특히 로버트슨 스미스[77]와 그 학파의 저작을 읽었기 때문에 가능했다.[78]

---

76 같은 책, 363~64쪽.
77 로버트슨 스미스(1846~94)는 스코틀랜드 자유주의 교회 신학자이자 구약학자이며 히브리어 및 아랍어 전문가이다. 주요 저서로 『유대 교회에서의 구약성서』(1881), 『고대 아라비아의 혈족관계와 혼인』(1885), 『셈족의 종교』(1889) 등이 있다.
78 Émile Durkheim, 앞의 글(1995h), 238~42쪽, 여기서는 241쪽. 뒤르케임이 그 이전에 종교가 사회적 삶에 갖는 의미를 통찰하지 못한 이유는 무엇보다도 그가 초기의 콩트 사상에 접목했다는 사실에서 찾을 수 있다. 콩트는 인류의 정신이 발전하는 단계를 신학적 단계, 형이상학적 단계, 실증적 단계의 셋으로 구분한 후 앞의 두 단계는 세 번째 단계에 의해 극복된다고 주장한다. 그러나 말년에는 인류교라는 실증주의 시대에 적합한 새로운 종교를 창시한다.

이 인용구절에서 뒤르케임이 말하는바 종교가 사회적 삶에서 수행하는 현저한 역할이 무엇인가는 1897년에 출간된 한 작은 글을 보면 단적으로 드러난다. 그해 뒤르케임은 『철학 저널』 제44호에 이탈리아 마르크스주의 철학자 안토니오 라브리올라(1843~1904)의 저서 『역사의 유물론적 이해에 대한 에세이』에 대한 서평을 게재했다. 그 글에서 뒤르케임은 한편으로 사회적 삶에 대한 마르크스주의의 접근방식, 즉 "사회적 삶을 거기에 참여하는 사람들에 의해 형성되는 그것의 관념을 통해서가 아니라 그들의 의식을 벗어나는 심층적인 원인들을 통해서" 설명하는 방식을 생산적이라고 높이 평가한다. 그러나 다른 한편으로 경제는 도덕 · 종교 · 예술 · 과학 등을 결정하는 일차적이고 근원적인 요인이 아니라 "부차적이며 파생된 것"이라고 주장하면서 마르크스주의의 경제 결정론을 단호히 거부한다.[79] 그리고 사회적 삶의 일차적이고 근원적인 요소로 종교를 설정한다.

마르크스주의의 가설은 증명되지 않았을 뿐만 아니라 확증된 것으로 보이는 사실들과도 상반된다. 사회학자들과 역사학자들은, 점점 더 종교가 모든 사회적 현상 중에서 가장 원초적인 것이라는 주장을 공유하는 경향을 보인다. 그것으로부터, 연속적인 변형을 통해서, 집합적 활동의 다른 모든 표현이 나타났다. 법, 도덕, 예술, 과학, 정치적 체제 등. 원칙적으로 모든 것이 종교이다. 그러나 우리는 종교를 경제로 환원하는 어떠한 수단도 알지 못하며 실제로 이러한 환원을 달성한 어떠한 시도도 알지 못한다. 오늘날까지 그 누구도 다음을 논증하지 못했다. 어떠한 경제적 영향으로 인해 토테미즘으로부터 자연숭배가 나타났으며, 기술의 어떠한 변화로 인해 자연숭배가 한곳에서는

---

79 Émile Durkheim, "Marxism and Sociology: The Materialist Conception of History"(1897), in: *The Rules of Sociological Method and Selected Texts on Sociology and its Method* (Edited with an introduction by Steven Lukes), London: Macmillan 1982b, 167~74쪽, 여기서는 171, 174쪽.

야훼의 추상적 일신교가 되었고 다른 곳에서는 그리스-로마의 다신교가 되었는가를 논증하지 못했다. 게다가 누군가 언젠가는 그와 같은 일에 성공할 수 있을지에 대해 우리는 강한 의문을 갖는다. 더 일반적으로, 원래는 경제적 요소가 단초적인 반면 종교적 삶은 풍부하고 만연했다는 데에는 논란의 여지가 없다. 그러므로 어떻게 종교적 삶이 경제적 요소로부터 결과할 수 있었으며, 또한 그와는 반대로 종교가 경제에 의존하기보다 역으로 경제가 종교에 의존하는 것이 개연적이지 않은가?[80]

사실 이 인용구절은 어떻게 보면 뒤르케임이 경제 결정론을 종교 결정론으로 대체하려 한다는 인상을 줄 것이다. 그리고 — 뒤르케임의 종교사회학을 주제로 하는 제6장 제1절에서 다시 자세히 논하게 되는 바와 같이 — 이러한 논조는 『종교적 삶의 원초적 형태들』까지 지속된다. 우리는 거기에서 방금 인용한 구절을 연상시키는 구절을 발견한다. 예컨대 뒤르케임은 주장하기를, "거의 모든 중차대한 사회적 제도가 종교로부터 생겨났다." 종교는 "사회의 모든 측면을, 심지어 가장 저속하고 가장 혐오스러운 측면도 반영한다. 모든 것은 종교에서 다시 발견된다." 말하자면 종교는 "집합적 삶 전체의 탁월한 형태이자 응축된 표현"이다.[81] 그러나 여기에서 중요한 것은 뒤르케임이 결코 종교 결정론을 지향하지는 않았다는 사실이다. 곧 살펴보게 되는 바와 같이, 뒤르케임에 따르면 집합표상으로서의 종교는 개인의 연합에 의해 생성되며, 일단 생성되고 나면 자체적인 논리를 따른다. 그리고 역으로 그 기체가 되는 개인의 감정, 사고 및 행위에 영향을 끼친다(이에 대해서는 기체-산물 모델과 사회의 발현적 성격을 논의 주제로 하는 제4장 제1절에서 다시 자세히 논할 것이다).

---

80 같은 글, 173쪽.
81 Émile Durkheim, 앞의 책(2007), 613, 616쪽.

아무튼 종교로 인해 1895년에 일어난 뒤르케임 사회학의 전회는 2년 뒤인 1897년에 출간된 『자살론』에서 방대하고 치밀한 경험연구로 그 일차적인 결실을 맺게 된다. 제2장 제3절에서 논한 바와 같이, 종교 공동체와 자살의 관계는 『자살론』의 중요한 논의 대상 가운데 하나이다. 뒤르케임은 자살이 종교 공동체의 사회적 통합 정도에 반비례한다는 결론을 얻었다. 그리고 더 나아가 ─ 이 점은 이제까지 별로 주목받지 못했다! ─ 종교는 『자살론』에서 중요한 변수로 작용했다. 이미 언급한 바와 같이, 뒤르케임은 『자살론』에서 『사회학적 방법의 규칙들』에 입각하여 먼저 자살의 사회적 유형을 제시하고 난 다음 그 사회적 원인을 규명하는 절차를 따르지 않고 그 역으로 자살의 원인에 의해 자살의 유형을 분류하는 방식을 취하고 있다. 그리고 그 이유로 자료의 부족을 제시한다. 이 자살의 사회적 원인을 찾아들어가는 첫 번째 '사회학적 탐침'이 바로 종교이다. 뒤르케임은 먼저 다양한 종교와 자살의 관계가 어떠한가를 분석했으며, 그 결과 자살은 종교 사회의 통합 정도에 반비례한다는 사실을 발견했다. 그러니까 종교를 통해 자살의 중요한 사회적 원인이 사회적 통합에 있다는 사실을 인식했던 것이다. 이러한 인식에서 출발하여 뒤르케임은 가족 및 국가와 자살의 관계가 어떠한가를 분석했으며, 그 결과 자살은 가족 사회와 정치 사회의 통합 정도에 반비례한다는 사실을 발견했다. 이어서 경제발전과 자살의 관계가 어떠한가에 대한 분석으로 나아갔으며, 그 결과 사회적 연대의 또 다른 형태인 규제가 자살의 또 다른 중요한 원인이라는 사실을 발견했다.

뒤르케임이 종교의 사회적 · 사회학적 의미를 통찰하고 난 다음에 쓴 『자살론』과 그 이전에 쓴 『사회분업론』 사이에는 근본적인 차이점이 존재한다. 물론 『사회분업론』에서도 종교에 대한 언급이 여러 차례 나온다. 그러나 그 중심적인 인식관심은 한편으로 사회적 부피와 밀도의 증가가 분업에 끼치는 영향에, 그리고 다른 한편으로 이 분업의 증가에 따른 사회적 연대의 변화, 즉 기계적 연대로부터 유기적 연대로의 이행에 있었다. 그리하여 종교적 범죄를 제외하면 종교는 주변적인 지위에 머물고 그에 대한 논의는 단편적인 수준에 머물고 있다. 종교에 대한 뒤르케임의 연구는 1912년에 출간된 『종교적 삶의 원초적 형태들』에서 집대성된다(뒤르케임의 종교이론에 대해서는 제6장 제1절에서 다시 자세한 논의가 있을 것이다).

(4) 개인표상과 집합표상

방금 앞에서 인용한 바와 같이, 뒤르케임은 『자살론』에서 개인표상과 집합표상을 구별한다. 전자가 심리학 영역에 속한다면, 후자는 사회학 또는 사회심리학 영역에 속한다. 『자살론』을 출간하고 1년 만인 1898년에 「개인표상과 집합표상」이라는 논문을 발표하는데, 그 궁극적인 목적은 집합표상이 사회학의 고유한 인식대상이 된다는 것을 논증하는 데에 있다. 그러므로 이 글은 『자살론』과 밀접한 관련 속에서 읽어야 한다.

그 제목에서 분명하게 드러나듯이 「개인표상과 집합표상」은 심리적 사실과 사회적 사실의 관계를 논의의 대상으로 하고 있다. 그런데 한 가지 매우 흥미로운 점은, 사회학자인 뒤르케임이 사회적 사실에 대한 논의보다 심리적 사실의 논의에 더 큰 지면을 할애하고 있다는 점이다. 전자가 ― 독일어 편으로 ―9쪽(75~83)인데 만해 후자는 26쪽(45~70)이다. 그것도 앞부분에서 심리적 사실의 발현적 성격에 대해 '장황하게' 논하고 난 다음 마지막 부분에서 사회적 사실의 발현적 성격에 대해 언급하고 있다. 이 언뜻 모순적으로 보이는 논리 전개는 무엇보다도 사회학자로서의 뒤르케임이 심리학에 대하여 양가적인 태도를 취하기 때문이다.

뒤르케임은 「개인표상과 집합표상」에서 의식을 생물학적 또는 생리적 삶의 부수현상으로 파악하는 심리학적 견해를 논박한다. 이 견해에 따르면 의식은 "그 토대가 되는 두뇌 과정의 단순한 반영이다.”의식은 “이들 과정에 수반되는 그렇지만 그것들을 구성하지 않는 미광(微光)이다.” 이에 대해 뒤르케임은 “미광이 아무것도 아닌 것이 아니다”라고 논박한다. 그것은 “특별한 작용을 통해 자신의 현상(現狀)을 입증하는 하나의 실재이다.”[82] 이처럼 의식이 단순한 부수현상이 아니라 그 자체가 하나의 독립적인 실재가 되는 것은 일정한 수의 신경세포들이 연합된 결과이다. 말하자면 신경세포들이 개인적 의식의 기체가 되는 것이다.

그런데 신경세포들을 그 기체(基體)로 하는 개인의식과 그 일부분인 개인표상은 신경세포들로부터 자율적이다.[83] 왜냐하면 그것들은 일단 존재하게 되면 끊임없이 신경세포들의 상태에 의존하는 것이 아니기 때문이다. 표상들은 “직접적으로 상호 간에 영향을 끼치며 자체적인 법칙에 따라 상호 간에 결합한다.” 요컨대 개인적 표상은 자신의 기체와 밀접한 관계에 있지만 그 자체로서 자율적인 존재가 된다. 물론 이 자율성은 어디까지나 상대적이다. “자연에는 다른 영역에 의존하지 않는 영역이 있을 수 없다. 그리하여 심리적 삶을 그 어디에서부터도 유래하지도 않고 나머지 우주와 아무런 관계도 맺지 않는 일종의 절대적인 것으로 격상하는 것보다 터무니없는 일은 없을 것이다.”[84]

뒤르케임에 따르면, 이러한 논리는 사회 세계에도 그대로 적용된다. 다시 말해 심리적 사실에 적용되는 기체의 논리가 사회적 사실에도 그대로 적용된다. 개인표상의 기체, 더 나아가 개인의식의 기체가 연합된 신경세포인 것처럼 집합표상의 기체, 그리고 더 나아가

---

82 Émile Durkheim, 앞의 책(1976), 46쪽.
83 이 문장에 나오는 ‘기체’는 어떤 존재의 질료 또는 본바탕이 되는 요소, 달리 말해 상위 존재를 구성하는 하위 존재를 가리킨다. 이 개념은 뒤르케임의 사회학을 이해하는 데 결정적인 역할을 하기 때문에 개인과 사회의 관계에 대해 논하는 제4장에서 따로 한 절을 할애하여 자세하게 다룰 것이다.
84 Émile Durkheim, 앞의 책(1976), 70쪽.

사회의 기체는 연합된 개인이다. 이와 관련하여 뒤르케임은 「개인표상과 집합표상」에서 다음과 같이 주장하고 있다.

사회의 기체는 연합된 개인의 총합이다. 개인의 연합을 통해 점차적으로 발전하며 개인의 지역적 분포, 교통로의 특성과 숫자에 따라서 변화하는 체계가 사회적 삶이 형성되는 토대가 된다. 사회적 삶의 네트워크를 구성하는 표상은, 이렇게 연합한 개인 사이에서 또는 개인과 전체 사회 사이에 위치하는 이차집단 사이에서 형성되는 관계로부터 발생한다. 만약 신경계를 구성하는 요소의 작용과 반작용에 의해 창출되는 개인적 표상이 이들 요소에 내재하지 않는다는 사실이 결코 기이한 것이 아니라면, 사회를 구성하는 개인의 정신적 작용과 반작용에 의해 창출되는 집합표상이 직접적으로 이 정신들에서 기인하지 않으며 따라서 그것들을 초월한다는 사실이 무슨 놀라운 일이란 말인가? 이렇게 사회적 기체와 사회적 삶을 연결한다고 파악되는 관계는, 진정한 의미에서의 심리학의 존재를 부정하지 않으려면 생리적 기체와 심리적 삶 사이에 상정해야 하는 관계와 모든 점에서 유사하다. 그리하여 두 차원 모두에서 동일한 결과가 산출될 수밖에 없다.[85]

이렇게 보면 심리학에 대한 뒤르케임의 태도는 양가적임이 드러난다. 한편으로 뒤르케임은 사회학이 — 개인표상이 아니라! — 집합표상을 인식대상으로 함으로써 개인표상을 인식대상으로 하는 심리학의 한 부분, 즉 응용심리학이 아니라 심리학과 마찬가지로 독립적인 경험적 실증과학이 되어야 한다고 강조한다(물론 사회학은 오로지 집합표상만을 다루고 심리학은 오로지 개인표상만을 다룬다는 것이 뒤르케임의 입장은 결코 아니다!). 그러나 다른 한편으로 뒤르케임은 사회학이

---

85   같은 책, 71~72쪽.

심리학으로부터 독립할 수 있는 가능성을 역설적이게도 바로 이 심리학에서 찾고 있다. 그 이유는 심리학이 철학과 생리학으로부터 독립되어 자체적인 인식대상과 인식방법을 갖춘 엄밀한 경험적 실증과학으로 정착되어 가고 있으며, 이 과정은 사회학이 심리학으로부터 독립하는 데 좋은 길잡이가 될 수 있기 때문이다. 그리하여 사회학과 심리학을 구별하려는 뒤르케임의 노력에서는,

그야말로 심리학에서 점점 더 우위를 점하는 관념과 유사한 것을 사회학에 도입하고 익숙해지도록 만드는 일이 관건이다. 실제로 심리학에서는 대략 10년 전부터 전회가 일어났다. 더는 한정적 형용사가 없는 순수하게 심리학적인 심리학을 구축하려는 흥미로운 시도가 이루어져 왔다. 낡은 내성주의는 정신적 현상을 설명하지 않고 기술하는 데에 만족했다. 생리심리학은 그것들을 설명하긴 했지만 그 변별적 특징을 주목할 가치가 없는 것으로 묵살했다. 목하 이 현상들을 그 특수성을 그대로 놔둔 채 설명하려 하는 제3의 학파가 형성되고 있다. 내성주의 학파는 심리적 삶이 확실히 고유한 본성을 갖는다고 보지만 그것을 세계로부터 완전히 떼어놓음으로써 통상적인 과학적 방법으로부터 밀어낸다. 이에 반해 생리심리학 학파는 심리적 삶을 그 자체로서는 아무것도 아닌 것으로 보고 과학자의 역할이 표면층을 제거하고 그 기저에 있는 실재에 도달하는 데에 있다고 본다. 심리적 삶에서는 현상들의 얇은 장막밖에 볼 수 없다고 주장하는 점에서 두 학파는 일치하는바, 이 장막은 전자에 따르면 의식적인 시각으로 보면 명백히 드러나지만 후자에 따르면 그 어떤 일관성도 없다. 그러나 최근의 실험들을 통해 우리는 심리적 삶은 오히려 실재들의 다양한 체계 그 자체로 파악되어야 한다는 사실을 알게 되었는바, 이 체계는 서로 겹치는 수많은 정신적 지층들로 구성되며, 너무나 깊고 너무나 복잡하기 때문에 단순한 성찰로는 그 비밀을 규명할 수 없다. 그리고 너무나 특수하기 때문에 단순한 심리학적 고찰로는 설명할 수 없다. 그

러므로 정신적 사실들의 특성을 이루지만 과거에는 과학보다 상위에 위치하거나 하위에 위치하는 것처럼 보였던 바로 이 **정신성** 자체가 한 실증과학의 대상이 되었다. 그리하여 내성의 이데올로기와 생물학적 자연주의 사이에 하나의 심리학적 자연주의가 구축되었는바, 이 연구가 아마도 그것의 정당성을 입증하는 데 도움을 줄 것이다.[86]

이 인용구절에 등장하는 제3의 (심리학) 학파 및 심리학적 자연주의와 더불어 뒤르케임이 염두에 둔 것은 무엇보다도 빌헬름 분트의 실험심리학임에 의심의 여지가 없다. 분트가 정신성을 그 고유한 인식대상으로 하는 심리학적 자연주의를 확립한 것처럼 뒤르케임은 초정신성을 그 고유한 인식대상으로 하는 사회학적 자연주의를 확립하고자 했다. 말하자면 뒤르케임은 사회학의 분트가 되고자 했던 것이다. 심리학과 관련한 앞의 인용구절에 다음과 같이 사회학과 관련한 구절이 뒤따른다.

이와 유사한 전회가 사회학에서도 일어나야 하는바, 우리의 모든 노력이 지향하는 목표가 바로 그것이다. 비록 사회적 사실들을 자연의 외부에 위치시키려고 노골적으로 감행하는 사상가가 이제는 거의 없지만, 그래도 여전히 많은 사상가들이 사회적 사실들을 설명하기 위해서는 개인의 의식을 그 근지로 삼는 것으로 충분하다고 믿고 있다. 심지어 적지 않은 사상가들은 사회적 사실들을 유기적 물질의 일반적 속성들로 환원하려고 한다. 그 결과 전자의 사상가들과 후자의 사상가들 모두에게 사회는 그것 자체로 아무것도 아니다. 그것은 단지 개인적 삶의 부수현상일 뿐인바(이 삶이 유기적인 것이든 정신적인 것이든 아무런 차이가 없다), 이는 개인적 표상이 모즐리[87]와 그의 제자

---

86 같은 책, 80~81쪽.
87 헨리 모즐리(1835~1918)는 영국의 심리학자이자 정신병학자이다.

들에게 단지 물리적 삶의 부수현상일 뿐인 것과 마찬가지이다. 이런
식으로 사회적 사실들을 파악하게 되면, 전자의 사상가들은 개인에
의해 매개되는 실재 이외에는 그 어떤 실재도 가질 수 없을 것이고
후자의 사상가들은 신경세포에 의해 부여되는 실재 이외에는 그 어
떤 실재도 가질 수 없을 것이며, 결과적으로 사회학은 단지 응용심리
학에 지나지 않을 것이다. 그러나 무엇보다도 심리학의 예는, 이러한
과학개념이 극복되어야 한다는 것이 분명히 드러난다. 심리사회학자
들의 이데올로기 너머와 사회인류학자들의 유물론적 자연주의 너머
에 사회학적 자연주의를 위한 자리가 있는데, 이 자연주의는 사회적
현상에서 특수한 사실을 보고 이 특수성을 아주 진지하게 존중함으로
써 그 사실들을 설명하려고 한다. 그러므로 때때로 우리를 일종의 유
물론이라고 오해하고 비난한 것보다 의아한 것은 없다. 우리의 관점
에서 보면 — 우리가 **정신성**을 개인의 표상세계가 갖는 특별한 속성
이라고 이해한다면 — 그와 정반대로 사회적 삶이 **초정신성**에 의해 정
의된다고 말해야 할 것이다. 이와 더불어 우리가 의미하는 바는, 심리
적 삶의 구성요소들은 사회적 삶에서 다시 발견되기는 하지만 훨씬
더 고양된 형태로 다시 발견되며, 따라서 완전히 새로운 무엇인가를
나타낸다. 그러므로 이 단어[초정신성]는 그 형이상학적 양상에도 불
구하고 자연적 원인들에 의해 설명되어야 하는 자연적 사실들의 집합
을 표현한다. 그러나 우리는 그 단어를 통해 이렇게 하여 과학적 접근
이 가능해진 새로운 세계가 그 복잡성에서 다른 모든 세계를 능가한
다는 사실을 알게 된다. 그리고 이 세계가 내면적 영역[심리적 영역]
의 확대된 형태일 뿐만 아니라 그 안에서 예기치 못한 힘들이 작동하
며 그 법칙들은 단지 영혼의 분석을 통해서만은 발견될 수 없다는 사
실을 알게 된다.[88]

---

88 Émile Durkheim, 앞의 책(1976), 81~83쪽.

요컨대 사회적 삶은 개인적 삶과 마찬가지로 정신적인 것인 동시에 개인적 삶의 정신성과 전혀 다른 초정신성을 그 특징으로 한다는 것이, 그리고 사회학은 이 초정신성을 인식대상으로 삼기 때문에 한편으로 정신성을 인식대상으로 하는 심리학과 다른 한편으로 정신을 물질의 반영으로 보는 유물론과 결정적으로 구별된다는 것이 뒤르케임의 주장이다. 심리학이 정신성에 대한 자연주의적 접근이라면, 사회학은 초정신성에 대한 자연주의적 접근이다.[89]

89 사실 자연주의는 사회학에서 비교적 낯선 조류이다. 그럼에도 불구하고 뒤르케임은 사회학적 자연주의를 추구하는데, 그것도 또 다른 자연주의인 심리학적 자연주의를 그 전범으로 하고 있다. 게다가 생물학적 자연주의도 언급하고 있다. 이는 뒤르케임이 자연적 세계, 개인적 세계, 사회적 세계에 대한 경험적 · 실증적 과학을 자연주의로 파악함을 암시하는 대목이다. 그러므로 여기에서 잠시 자연주의에 대한 뒤르케임의 입장을 살펴볼 필요가 있다. 뒤르케임이 사회학적 자연주의를 추구한다는, 그리고 그것을 포괄적이고 보편적인 자연주의의 일부분으로 간주한다는 사실은, 마치 그가 사회학의 자연과학화를 지향한다는 식으로 해석해서는, 그러니까 마치 그가 사회학을 자연과학의 하위범주로 편입한다는 식으로 해석해서는 결코 안 된다. 이를 제대로 이해하기 위해서는 지성사적 배경을 살펴보아야 한다. 결론부터 말하자면, 뒤르케임의 자연주의는 당시 팽팽하게 대립하고 있던 두 철학적 조류인 이상주의와 자연주의를 창조적으로 종합한 결과이다. 먼저 이상주의는 도덕이나 종교와 같은 인간적 · 정신적 현상이 고유한 실재이기 때문에 자연적 · 물질적 현상과 근본적으로 구별된다고 주장하며, 인간적 · 정신적 현상에 대하여 메타경험적이고 비과학적인 방법으로 접근한다. 말하자면 이상주의는 인간-자연 이원론이다. 이에 빈해 자연주의는 인간적 · 정신적 현상이 고유한 실재가 아니라 자연의 일부분이라고 주장하며, 인간적 · 정신적 현상에까지 경험적이고 과학적인 방법을 확장한다. 그것은 자연일원론이다. 뒤르케임은 이 둘을 창조적으로 종합한다. 먼저 뒤르케임은 자연주의자들로부터 인간세계가 자연의 일부분이라는, 그리고 인간세계에도 경험적 · 과학적 방법이 적용된다는 견해를 받아들인다. 뒤르케임은 주장하기를, "세계에는 두 개의 세계가 존재하면서, 하나는 과학적으로 관찰할 수 있고 다른 하나는 과학적으로 관찰할 수 없는 것이 아니다. 우주는 하나이며, 동일한 방법이 그것의 모든 부분에서 그것을 탐구하는 데 기여해야 한다." 이는 자연일원론 또는 자연주의라고 할 수 있다. 물론 그렇다고 해서 뒤르케임이 단순히 자연주의자가 되었다는 것은 아니다. 그가 보기에 자연주의에는 결정적인 문제점이 있으니, 그것은 인간적 · 정신적 현상의 고유한 실재성을 부정한다는 사실이다. 이 점에서 뒤르케임은 이상주의에 접목하면서 개인적(심리적) 세계와 사회적 세계는

여기에서 잠시 심리학과 사회학의 관계에 대한 뒤르케임의 견해

자연의 일부분이지만 그 자체가 고유한 실재이기 때문에 물질적 차원이나 생물적 차원으로 환원되거나 그것들에 의해 설명되지 않는다는 견해를 피력한다. 심리적 세계는 고유한 실재로서 심리적 세계에 의해 설명되고 사회적 세계는 고유한 실재로서 사회적 세계에 의해 설명된다. 마찬가지로 생물적 세계도 고유한 실재로서 생물적 세계에 의해 설명된다. 그 각각은 심리학적 자연주의, 사회학적 자연주의 그리고 생물학적 자연주의가 된다. 이처럼 자연주의와 이상주의를 창조적으로 종합했다는 점에서, 그리하여 전통적 자연주의와 확연히 구별된다는 점에서 뒤르케임의 관점은 신(新)자연주의라고 할 수 있다. Ernest Wallwork, *Durkheim. Morality and Milieu*, Cambridge: Harvard University Press 1972, 9쪽 이하. 직접 인용은 15쪽에서 재인용하였다. 뒤르케임의 자연주의에 대해서는 다음을 참조할 것. 김명희, 『통합적 인간과학의 가능성: 맑스와 뒤르케임의 실재론적 귀환』, 한울아카데미 2017, 109쪽 이하. 뒤르케임의 신자연주의와 그 지성사적 배경인 이상주의 및 자연주의의 관계를 도표 6과 같이 나타낼 수 있다(이 도표의 전체적인 틀[도표의 범주를 준거 틀과 뒤르케임의 입장으로 나누는 것; +는 수용을, -는 거부를 나타낸다]은 Hans-Peter Müller, 앞의 책(1983), 34쪽에서 빌려왔음을 밝혀두는 바이다). 뒤르케임이 모든 것을 포괄하는 체계로서의 자연을 상정하면서도 그 일부분인 생물적 · 심리적 · 사회적 현상 등에 고유한 실재성을 부여하는, 언뜻 모순적으로 보이는 논리는 뒤르케임의 기체-산물-모델을 살펴보아야 제대로 이해할 수 있다. 제4장 제1절에서 자세히 살펴보게 되는 바와 같이, 뒤르케임은 이 모델에 따라서 자연을 발현성의 수준에 따라 분류한다. 기체가 되는 하위 존재들이 연합하여 산출하는 상위 존재에는 전자들에서 볼 수 없는 특유한 속성, 다시 말해 고유한 실재성이 나타난다.

도표 6 뒤르케임과 이상주의 및 자연주의의 관계

준거 틀 / 뒤르케임의 입장	이상주의			자연주의
인간-자연 관계	인간-자연 이원론	-	+	인간-자연 일원론
	인간세계는 고유한 실재성을 갖는다	+	-	인간세계는 고유한 실재성을 갖지 않는다
인간세계의 설명방식	메타경험적 · 비과학적	-	+	경험적 · 과학적

를 살펴볼 필요가 있다. 뒤르케임에게 사회적 사실은 정신적인 것이기 때문에 이미 심리적 사실이다. 이 둘은 개인의 행위를 강제한다는 점에서 공통점을 갖는다.[90] 다만 개인적 차원에서의 강제냐 집합적 차원에서의 강제냐 하는 차이가 있을 뿐이다. 전자가 개인심리적 차원이라면 후자는 집합심리적 차원이다. 전자를 인식대상으로 하는 것이 개인심리학이라면 후자를 인식대상으로 하는 것이 집합심리학이다. 뒤르케임은 개인심리학을 통상적으로 사용하는 '심리학'과 동일시하고 집합심리학을 사회학으로 이해한다. "아주 간단히 말해" ― 뒤르케임은 이렇게 단언한다 ― "집합심리학은 사회학이다."[91] 물론 그렇다고 해서 집합심리학인 사회학이 개인심리학의 하위범주가 된다는 뜻은 결코 아니다. 만약 그렇다면 사회학은 응용심리학으로 전락하고 말 것이다. 뒤르케임은 사회학을 철학, 생물학 그리고 특히 심리학으로부터 독립된, 다시 말해 이것들과 구별되는 자체적인 대상과 방법을 가진 과학으로 정착시키기 위해 혼신의 노력을 기울였다. 사회학자로서의 그의 생애는 심리학으로부터의 독립전쟁으로 점철되었다고 해도 아주 지나친 말은 아닐 것이다. 뒤르케임은 사회학을 심리학 외부에 위치시켜야 한다고 강력하게 주장하는데, 이 주장이 진정으로 의미하는 바는 사회학이 개인심리학과 완전히 구별되는 "자신의 고유한 주제와 독특한 방법을 갖는 **특수심리학**"이라는 것이다.[92]

아무튼 뒤르케임이 「개인표상과 집합표상」에서 궁극적으로 논증

---

90 Stephen P. Turner, "Durkheim as a Methodologist. Part I: Realism, Teleology and Action", in: *Philosophy of the Social Sciences 13*, 1983, 425~50쪽, 여기서는 444쪽.

91 Émile Durkheim, 앞의 책(1976), 82쪽(각주 17번).

92 Émile Durkheim, "The Psychological Conception of Society"(1901), in: *The Rules of Sociological Method and Selected Texts on Sociology and its Method* (Edited with an introduction by Steven Lukes), London: Macmillan 1982m, 253~54쪽, 여기서는 253쪽.

하고자 하는 바는 — 이미 앞에서 언급한 바와 같이 — 집합표상이 사회적 사실로서 사회학적 인식의 대상이 된다는 것이다. 그렇다면 『사회학적 방법의 규칙들』에서 제시한 사회학적 사실의 네 가지 속성, 즉 보편성, 독립성, 외재성 및 강제성이 집합표상에서도 관찰될 수 있다는 것이 논증되어야 한다. 다시 말해 초정신성인 집합표상이 정신성인 개인표상에 대해 외재적·강제적·보편적·독립적이라는 것이 논증되어야 한다.

첫째로 집합표상의 발현적 성격을 감안하면, 그러니까 집합표상은 개인적 표상이 연합하여 형성된다는 사실을 감안하면, 집합표상이 보편성을 갖는다는 사실은 자명해진다. 집합표상은 사회의 구성원들 모두에게 공통적으로 또는 적어도 그들 대부분에게 공통적으로 부과된다.

둘째로 집합표상은 그 기체인 연합된 개인의 정신적 작용과 반작용에 의해 창출되지만, 일단 창출되고 나면 개인의 작용과 반작용으로부터 그리고 이런 개인의 형태학적 특징, 예컨대 그들의 지역적 분포, 교통망의 상태와 숫자 등으로부터 독립적으로 존재하고 작동하며 확대재생산된다.

집합적 삶은 비록 집합적 기체를 통해 그 밖의 세계와 연결되지만 그것으로 흡수되지 않는다. 기능이 기관과 갖는 관계와 마찬가지로 집합적 삶은 집합적 기체에 의존하는 동시에 그것과 구별된다. 집합적 삶은 집합적 기체로부터 형성되기 때문에 — 그렇지 않다면 도대체 어디에서 기인할 수 있단 말인가? — 전자가 후자로부터 형성되는 순간에 갖게 되는, 따라서 기본적인 형태들은 의심의 여지없이 근원의 특징을 지니고 있다. 그러므로 모든 사회적 의식의 질료는 사회적 요소들의 숫자, 그것들의 배열 및 분포 방식 등, 다시 말해 기체의 성격과 밀접한 관계에 있다. 그러나 이런 식으로 기본수(基本數)의 표상들이 구성되고 나면, 표상들은 우리가 이미 언급한 근거에서 부분적으로 자율적인 그리고 자신의 고유한 생명력을 지닌 실재가 된다. 그것들은 서로를 끌어당기거나 밀쳐낼 수 있으며 서로 간에 온갖 가능한 방식으로 합성될 수 있는바, 이러한 합성은 그것들의 자연적 친화성에 의해 결정되는 것이지 그것들이 발전하는 환경의 상태에 의해 결정되는 것이 아니다. 그러므로 그와 같은 합성의 산물인 새로운 표상들도 동일한 본성을 갖는다. 그것들의 다음 단계 발전을 야기하는 것은 사회구조의 이런 또는 저런 요소가 아니라 다른 집합표상들이다.[93]

셋째로 뒤르케임은 개인적 표상들로부터 발현된 집합표상이 개인에 대해 외재성과 강제성을 갖는다고 주장하면서 이를 다음과 같이 논증한다.

사회적 사실의 독립성, 즉 사회적 사실이 개인과의 관계에서 갖는 상대적 외재성은, 심리적 사실의 독립성, 즉 심리적 사실이 신경세포들과의 관계에서 갖는 상대적 외재성보다 훨씬 직접적으로 드러난다. 왜냐하면 사회적 사실은, 적어도 그것들 가운데 가장 중요한 것들은 자신의 근원의 특징을 가시적인 방식으로 지니고 있기 때문이다. 어쩌면 우리가 사회적 현상은 예외 없이 개인에게 외부로부터 부과된다는 명제에 이론을 제기할 수 있을지라도, 그와 같은 의문이 종교적 신앙과 실천, 그리고 도덕과 수많은 법 규정과 관련해서는, 다시 말해 집합적 삶의 가장 특징적인 현상과 관련해서는 불가능해 보인다. 이 것들은 모두가 명백하게 강제적인 성격을 띤다. 그런데 강제성은 이러한 방식의 행위와 사고가 개인의 작품이 아니라 개인을 넘어서는 힘으로부터 온다는 사실에 대한 증거이다. 이러한 힘을 신비주의적 관점에서 신의 형태로 파악하든, 아니면 보다 세속적이고 과학적으로

---

93 같은 책, 78~79쪽.

파악하든 아무런 상관이 없다. 두 영역에서 동일한 법칙이 작동하는
것을 관찰할 수 있다.[94]

이렇게 해서 뒤르케임은 「개인표상과 집합표상」에서 집합표상을
사회적 사실로서 사물처럼 간주하고 심리적 사실인 개인표상에 의
해서가 아니라 다른 사회적 사실(들)에 의해서 설명된다는 결론에
이르렀다. 다시 말해 방법론적으로 집합표상을 사회학의 중요한 인
식대상으로 통합할 수 있었다. 이에 근거하여 뒤르케임은 1901년에
출간한 『사회학적 방법의 규칙들』 제2판 서문에서 개인표상과 집합
표상의 차이점을 논하고 있다. 이미 앞에서 언급한 바와 같이, 뒤르
케임은 집합표상을 집단이 자신에게 영향을 끼치는 대상들과의 관
계에서 자신을 인식하는 방식으로 이해한다. 이러한 정의를 내린 곳
이 바로 『사회학적 방법의 규칙들』 제2판 서문이다. 그 정의에 다음
과 같은 집합표상과 개인표상의 차이점에 대한 논의가 이어진다.

그런데 집단은 개인과 다른 방식으로 구성되며 집단에 영향을 끼치
는 사물들은 다른 성격을 갖는다. 동일한 주체도 표현하지 않고 동일
한 대상도 표현하지 않는 표상들은 동일한 원인에 의존할 수 없다. 사
회가 자기 자신과 그 환경을 표상하는 방식을 이해하기 위해서는, 개
인의 성격이 아니라 사회의 성격을 고찰해야 한다. 사회가 자신을 파
악하는 상징은 사회의 유형에 따라 변화한다. 예컨대 만약 사회가 자
신을 자신과 동명의 동물로부터 유래한다고 생각한다면, 그 이유는
사회가 씨족으로 불리는 특별한 집단들 가운데 하나를 형성하기 때문
이다. 동물이 인간적인, 그러나 마찬가지로 신화적인 조상에 의해 대
체되는 곳에서는 씨족의 형태가 변화했기 때문이다. 만약 사회가 지
역 신들이나 가족 신들보다 더 높은 신적 존재들을 생각해 내고는 자

94 같은 책, 72쪽.

신이 그들로부터 유래한다고 상상한다면, 그 이유는 사회를 구성하는 지역적 · 가족적 연합이 집중되고 통일되는 경향이 있기 때문이다. 종교적 제신(諸神)이 보여 주는 통일성의 정도는 동일한 시점에 사회에 의해 달성된 통일성의 정도에 상응한다. 만약 사회가 어떤 행동방식을 비난한다면, 그 이유는 그것이 사회의 기본적인 감정을 해쳤기 때문이다. 그리고 이 감정은 사회의 구조에 준거하는바, 이는 개인의 감정이 그의 신체적 기질 및 정신적 구성에 준거하는 것과 똑같다. 그러므로 설사 개인심리학이 우리에 대해 더 이상 모르는 것이 없다고 하더라도, 우리에게 이러한 문제들의 그 어느 것도 해결해 줄 수 없을 것이다. 왜냐하면 그것들은 개인심리학에 알려지지 않은 사물의 질서와 관련되어 있기 때문이다.[95]

이처럼 뒤르케임이 집합표상을 중시하게 된 이유는, 사회적 삶이 전적으로 종교와 같은 집합표상으로 구성된다는 사실을 통찰했기 때문이다. 이는 『사회학적 방법의 규칙들』 제2판 서문의 첫 단락을 보면 확연하게 드러난다. 거기에는 "우리가 사회적 삶은 전적으로 표상들로 구성된다고 분명히 말했고 모든 가능한 방식으로 되풀이했음에도 불구하고"라는 구절이 나오기 때문이다. 이 구절은 뒤르케임의 저작에서 집합표상의 개념이 발전하는 과정을 이해하는 데 중요하며, 따라서 이 구절을 포함하는 부분을 인용할 필요가 있다.

이 책은 처음 출간 당시 아주 활발한 논쟁을 불러일으켰다. 기존의 사상들이 완전히 혼란에 빠진 채 처음에 아주 강하게 저항했기 때문에 얼마 동안 우리의 주장은 내세우기가 거의 불가능했다. 심지어 우리가 생각하는 바를 가장 명확하게 표현한 문제들에 대해서도 사람들은 우리의 견해와 전혀 상관없는 견해를 자의적으로 우리에게 돌려버

95 Émile Durkheim, 앞의 책(1984a), 94~95쪽.

리고는 그것을 논박함으로써 우리를 논박했다고 믿었다. 우리가 의식은, 그것도 개인적 의식과 사회적 의식 모두가, 그 어떤 종류의 실체적 성격도 갖지 않고 단지 현상 자체의 다소간 체계화된 복합체일 뿐임을 되풀이하여 언명했음에도 불구하고, 사람들은 우리에게 실재론 또는 존재론의 혐의를 두었다. 우리가 사회적 삶은 전적으로 표상들로 구성된다고 분명히 말했고 모든 가능한 방식으로 되풀이했음에도 불구하고, 사람들은 우리가 사회학에서 정신적 요소들을 제거해 버리려 했다고 비난했다.[96]

이 인용구절을 읽어보면, 뒤르케임이 이미 『사회학적 방법의 규칙들』 제1판에서 집합표상이 사회적 삶에서 차지하는 결정적인 의미를 강조했다는 인상을 받을 것이다. 그러나 우리가 앞에서 살펴본 바와 같이, 거기에서 집합표상 개념에는 하등의 중요한 위치가 주어지지 않았다. 오히려 이 인용구절은 그때까지 뒤르케임의 지적 세계가 발전해 온 과정이 반영된 것이라고 보아야 한다. 다시 말해 1895년부터 여러 저작을 거치면서 집합표상이 점차로 뒤르케임 사회학의 중심부로 진입해 온 결과가 반영된 것이라고 보아야 한다.

그런데 사회적 삶이 전적으로 표상들로 구성된다는 명제와 더불어 뒤르케임이 의도하는 바는, 사회학에서 물질적인 것을 배제하는 이른바 유심론적 사회학이 아니다. 뒤르케임에 따르면 개인이 물질적인 동시에 정신적인 존재이듯이 연합된 개인들을 기체로 하는 사회도 물질적인 동시에 정신적인 존재이다. 바로 이 사회의 정신적 측면을 강조하려는 것이 뒤르케임의 진정한 의도이다. 그러니까 사회적 삶이 전적으로 표상들로 구성된다는 뒤르케임의 명제는, 모든 사회는, 그것이 아무리 원시적인 사회라도, 그리고 모든 사회적 영역

---

96 같은 책, 88쪽.

은, 심지어 경제도 ─ 물질적 요소와 더불어 ─ 정신적 요소를 갖는 다는 명제로 받아들여야 한다. 우리는 여기에서 자신의 사회학이 유물론적 사고가 아니라 주관적이고 자원론적 토대를 갖는다는 점을 강조하려는 뒤르케임의 의도를 읽을 수 있다.[97]

아무튼 1895년부터 1901년에 이르는 일련의 지적 작업을 통해 집합표상은 뒤르케임의 사회학적 논의에서 핵심적인 위치를 차지하게 된다. 뒤르케임은 사회를 집합표상들로 구성되는 정신적 존재이자 도덕적 실재로 파악한다. 이 시기 이후 그의 많은 저작은 집합표상들에 대한 체계적 연구로 볼 수 있다. 그리하여 그의 지식사회학, 종교사회학 및 도덕사회학은 인식, 종교 및 도덕의 사회적 기원, 사회적 준거 및 사회적 기능을 연구한다.[98]

3. 자살과 사회

이 절의 논의 주제는 일반적으로 뒤르케임의 주저로 간주되는 『자살론』으로서 구체적으로 다음과 같이 다섯 부분으로 구성된다. 첫째, 뒤르케임이 『자살론』에서 구사한 접근방법을 살펴본다. 뒤르케임은 자살을 엄밀한 경험적 실증과학으로서의 사회학의 가능성을 논증하는 대상으로 삼고, 이 대상에 접근하는 방법으로 통계적 분석을 선택한다. 우리는 이 접근방법에서 사회에 대한 실증주의적 연구의 고전적인 예를 만난다. 둘째, 뒤르케임의 인식관심은 자살의 개인적 현상과 동기가 아니라 자살의 사회적 원인과 유형에 있음을 살펴본다. 셋째, 뒤르케임에게 이기적 자살과 아노미적 자살은 현대사회

---

97 Jeffrey C. Alexander, *The Antinomies of Classical Thought: Marx and Durkheim*, Berkley & Los Angels: University of California Press 1982, 483쪽(각주 168번).

98 Steven Lukes, 앞의 책(1973), 6쪽.

를 읽어내는 두 개념적 코드임을 살펴본다. 이 두 유형의 자살은 사회의 부재라는 공통점을 갖고 있다. 그러나 그 부재의 영역은 서로 다르다. 넷째, 자살의 심리적 차원에 대해 살펴본다. 뒤르케임은 자살에 대한 사회학적 설명을 추구하지만 자살을 전적으로 사회적 차원으로 환원하거나 그로부터 도출하려는 사회학주의적 태도를 견지하지는 않는다. 뒤르케임에 따르면, 각 유형의 자살에는 특징적인 심리적 상태가 수반된다. 다섯째, 자살에 대한 논의는 그 이전의 분업에 대한 연구에 연결되고 후일의 도덕성에 대한 논의로 연결됨을 살펴본다. 이 장의 중점은 셋째 부분에 있는바, 그 이유는 자살을 통해 고도로 분업화된 현대 산업사회의 문화적·구조적 특징을 읽어낼 수 있기 때문이다.

(1) 자살과 통계: 『자살론』의 접근방법

이미 제2장 제3절에서 언급한 바와 같이, 뒤르케임의 『자살론』은 『사회학적 방법의 규칙들』에서 제시한 방법론에 입각하여 새로운 과학적 인식형식으로서의 사회학, 즉 합리주의적·실증주의적 사회 실재론의 존재의의, 독립성 및 설명력을 대내외적으로 과시하고 사회학의 제도화를 촉진하기 위해 기획하고 수행한 연구이다. 뒤르케임은 사회학이 엄밀한 경험적 실증과학이 되려면 결혼, 과부와 홀아비의 삶, 가족, 종교 공동체 등과 같이 명확하게 규정된 사실을 그 인식대상으로 삼아야 한다고 주장한다. 그리고 의식적이고도 의도적으로 자살을 엄밀한 경험적 실증과학으로서의 사회학의 가능성을 논증하는 대상으로 삼는데, 그 이유는 그가 보기에 자살이 그 어떤 대상보다도 명확하게 규정할 수 있고 따라서 이 목적을 달성하는 데에 더할 나위 없이 적합한 대상이기 때문이다. 그리고 이 대상에 접근하는 방법으로 통계적 분석을 선택한다. 그가 분석한 자살 관련 자료는 2만 6,000건에 달하는데, 이 엄청난 양의 자료는 그가 직접 수집한 것이 아니라 프랑스 법무부의 기록 문서를 이용한 것이다. 이런 점에서 『자살론』은 사회학에서 흔히 통계적 방법의 선구이자 전범으로 간주되곤 한다. 사실 이처럼 방대한 자료를 이처럼 체계적이고 치밀하고 심층적이며 이처럼 다양한 사회적 요소와 관련지어 분석한 경우는 지금까지 찾아볼 수 없으며, 또한 앞으로도 찾아볼 수 없을 것이다.

그런데 내가 보기에 『자살론』이 갖는 의미는 이 저작이 통계적 사회학의 선구이자 전범이라는 사실 이외에도 거기에는 뒤르케임의 합리주의적 · 실증주의적 방법론이 잘 구현되어 있다는 점에서도 찾을 수 있다. 거기에서 뒤르케임은 사회학의 실험방법, 즉 비교방법을 구사하고 있다. 다시 말해 유럽 각국의 방대한 통계자료를 비교하면서 자살의 사회적 유형과 원인을 추출하려고 한다. 이 점에서 다음과 같은 주장은 귀 기울일 만하다. "『자살론』은 과학적 학과목으로서의 사회학 모델이 승격됨으로써 명성을 얻었다. 그리고 이에 대한 주된 이유는 이 책이 광범위하게 통계를 활용하고 있기 때문이다. 비록 뒤르케임이 이 작업을 위해 이미 잘 확립되어 있던 프랑스의 자살통계 연구 전통에 의존하긴 했지만, 그가 그와 같은 통계를 활용한 방식은 선구적이었다. 자살률의 안정과 변화에 대하여 이해하려고 노력하는 과정에서, 뒤르케임은 자연과학의 성공에 매우 결정적이었다고 느낀 실험방법이 사회적 삶의 연구에서는 활용될 수 없다는 사실을 인식하게 되었다. 실험방법은 자연과학에서 원인을 추출하는 데 결정적이다. 사회학이 하나의 과학이기 위해서는, 그러므로 뒤르케임이 이해하는 바대로 현상을 인과적으로 설명하기 위해서는, 실험방법에 대한 어떤 대안을 고안해 내야만 한다. 뒤르케임은 통계의 조작을 통하여 원인을 분리해 낼 수 있다고 생각했으며, 『자살론』이 선구적이 된 이유는 그가 통계를 활용하여 기여(寄與) 원인을 분리하고자 시도했기 때문이다."[99]

그러니까 뒤르케임은 실험방법이 자연과학적 인과추론의 과학성을 보장하지만 사회 세계와 자연 세계의 존재론적 차이 때문에 이 방법을 전자에는 적용할 수 없음을 간과하고는 사회학적 인과추론의 과학성을 보장하는 다른 방법론적 가능성을 모색하게 되었으며, 그것이 바로 통계적 방법이고 뒤르케임은 실제로 이 방법을 통해 사회적 현상을 인과적으로 설명할 수 있었으며, 이를 통해 사회학의 과학적 위상을 높였다는 것이다. 이는 전적으로 타당한 주장이다.

그러나 다른 한편 뒤르케임이 구사하는 통계적 방법이 바로 실험의 방법이라는 사실을 간과하고 있다. 뒤르케임은 단지 자살의 사회적 원인만이 아니라 사회적 유형과 원인을 추출하기 위해 통계를 조작한다. 다시 말해 자살의 사회적 유형과 원인의 규명이라는 인식관심 아래 다양한 사회의 자살이라는 동일한 현상을 비교한다. 그가 비교한 사회는 프랑스를 비롯하여 이탈리아, 벨기에, 영국, 노르웨이, 오스트리아, 스웨덴, 바이에른, 프로이센, 작센, 덴마크 등 실로 다양하다. 바로 이 비교의 방법이 사회학 실험, 보다 정확히 말하자면 간접실험이다.

요컨대 뒤르케임은 자살이라는 명확하게 규정된 사실을 사회학적 인식의 대상으로 삼고, 이와 관련한 다양한 사회의 통계자료를 비교하는 실험방법을 구사함으로써 콩트와 스펜서의 형이상학적 사회학을 극복하고 엄밀한 경험적 실증과학으로서의 사회학의 가능성을 제시할 수 있었다. 뒤르케임의 『자살론』은 "사회에 대한 실증주의적 연구의 고전적인 예"로서, 거기에서 실증주의는 "사회의 자연과학이 사회에 관한 양적 자료를 수집하고 통계적으로 분석하는 것"을 의미한다.[100]

이는 물론 통계적 방법이 곧 실증주의라는 뜻이 아니고, 다만 『자살론』에서 뒤르케임이 의존한 실증주의가 통계적 방법이라는 뜻이

---

99 John A. Hughes, Wes W. Sharrock & Peter J. Martin, 앞의 책(2003), 170쪽.
100 Peter Halfpenny, 앞의 책(1982), 24쪽.

다. 실증주의는 양적·통계적 방법에 한정하지 않고 다양한 방법을 포괄한다. 예컨대『종교적 삶의 원초적 형태들』에서 뒤르케임은 통계적 자료가 아니라 인류학적 자료에 의존하여 종교에 대한 사회학적 이론을 전개하고 있다. 거기에서 실험은 두 가지 차원에서 진행된다. 첫 번째는 뒤르케임이 오스트레일리아 사실들이라고 부르는 오스트레일리아 부족들의 토테미즘이다. 두 번째는 뒤르케임이 북아메리카 사실들이라고 부르는 북아메리카 인디언 부족들의 토테미즘이다. 이 가운데 전자가 일차적이고 직접적인 대상이다. 전자보다 좀 더 발전한 형태인 후자는 전자를 보다 잘 이해할 수 있도록 해주며 토테미즘과 그다음 발전단계의 종교적 형태와의 관계를 알 수 있도록 해준다.[101] 이렇게 보면『자살론』에서 구사한 방법을 양적 실증주의라고, 그리고『종교적 삶의 원초적 형태들』에서 구사한 방법을 인류학적 실증주의라고 명명할 수 있을 것이다. 이러한 인류학적 실증주의의 또 다른 좋은 예로는 1903년에 뒤르케임이 마르셀 모스와 함께 발표한 상당히 긴 논문인「분류의 몇몇 원시적 형태에 대하여: 집합표상 연구에의 기여」를 들 수 있다.[102] 거기에서 뒤르케임과 모스는 실험방법을 통해 분류라는 논리적 사고의 비논리적 기원을 찾는다. 구체적으로 그들은 오스트레일리아의 부족사회들, 북아메리카의 부족사회들과 고대 중국을 비교하며, 그 결과 논리학과 심리학의 '개인주의적' 분류 이론에 상반되는 '사회중심주의적' 분류 이론에 도달한다. 그리고『사회분업론』에서 뒤르케임은 무리, 씨족사회, 부족사회, 고대사회, 중세 사회, 현대 산업사회 등과 같이 다양한 사회의 분업을, 그리고 이와 밀접한 관계에 있는 사회적 연대(기계적 연대와 유기적 연대), 법률(법적 규제), 종교, 집합의식과 개인의식 등을 사회학적 실험의 대상으로 삼고 있다. 이를 역사적 실증주의라고 명명

---

101 이에 대한 자세한 논의는 제6장 제1절과 제3절을 참조.
102 이에 대한 자세한 논의는 제6장 제2절을 참조.

할 수 있을 것이다.[103]

내가 보기에는 설문조사나 인터뷰도 사회적 사실을 사물처럼 외부로부터 관찰하고 실험한다는 원칙만 엄격하게 준수한다면 얼마든지 실증주의의 연구방법이 될 수 있을 것이다. 이를 질적 실증주의라고 명명할 수 있을 것이다. 바로 이 점에서 뒤르케임의 실증주의가 콩트나 스펜서의 실증주의와 결정적으로 구별된다. 후자가 다양한 사회적 사실을 좁은 개념적 틀에 쑤셔넣는 형이상학적 실증주의라면, 전자는 다양한 관찰과 실험의 방법을 통해 경험적으로 사회적 현상에 다가가는 합리주의적 실증주의이다. 합리주의적 실증주의자인 사회학자가 어떠한 관찰과 실험의 방법을 택할 것인가는 선험적으로 결정되는 것이 아니라 그가 인식하고자 하는 사회적 사실의 성격에 달려 있다. 때에 따라서는 여러 가지 방법을 결합하여 사용할수도 있다. 예컨대 한 인식대상에 양적 실증주의와 질적 실증주의를 동시에 적용할 수 있다.

(2) 자살의 사회적 원인과 유형

흔히 자살은 사회적 현상이 아니라 개인적 현상으로 치부되곤 하며, 따라서 자살은 흔히 사회학의 연구 대상이 아니라 심리학의 연구 대상이라고 간주되곤 한다. 물론 자살은 사회학적으로도 심리학적으로도 접근할 수 있다. 다만 두 개별과학은 서로 다른 측면을 다루어야 한다. 심리학이 인간의 의식 내적 측면, 그러니까 심리적 사실을 그 연구 대상으로 한다면, 사회학은 인간의 의식 외적 사실, 그러니까 사회적 사실을 그 연구 대상으로 한다. 사회학은 개인의 외부에 존재하는 사회적 사실을 개인의 내부에 존재하는 심리적 사실

---

103 이에 대한 자세한 논의는 이 장의 제1절을 참조.

로 환원하거나 그로부터 도출하지 말고 사물처럼 간주하고 종교, 가족, 군대, 국가 등과 같은 다른 사회적 사실을 통해 설명해야 한다.

사회학의 보다 확고한 토대를 구축한다는 미명 아래 인간의 심리적 특징을 사회학의 근거로 삼는 것은, 사회학을 그것에 귀속되는 유일한 대상으로부터 떼어내는 것이다. **그리하는 사람은 사회가 없으면 사회학이 있을 수 없으며 개인만이 존재한다면 사회는 존재할 수 없다는 점을 이해하지 못한다.** 이렇게 생각하는 것은 사회학을 막연한 보편론으로 만들려는 경향의 근거 가운데 하나가 된다. 사회적 삶의 보편적인 형태가 다른 것으로부터 파생된 존재에 불과하다고 주장한다면, 어떻게 그 형태들을 표현해야 한단 말인가?[104]

만약 사회학이 사회를 개인에 의해 설명한다면 사회학은 그 고유한 인식대상을 잃어버리고 심리학의 아류로 전락하게 된다. 그로부터 얻을 수 있는 것은 사회학의 심리학화일 뿐이다. 이는 사회학의 철학화 또는 형이상학화와 마찬가지로 사회학을 다른 과학의 하위 범주로 만들어버리며, 따라서 사회학의 독립성과 그 존재 의의 및 가치를 부정하는 일이다. 사회학은 사회를 개인을 통해서 설명하지 않고 개인을 사회를 통해서 설명해야 한다. 그리하여 뒤르케임은 『지살론』에서 심리학에 반하여 주장하기를,

개인은 자신을 넘어서는 도덕적 현실에 의해 지배된다. 그것은 집단적 현실이다. 각국 국민들은 자신만의 고유한 자살률을 갖고 있고, 이 자살률은 전반적인 사망률보다 더 항구적이고, 자살률의 증가는 각 사회의 특유한 자살촉진계수를 따르며, 또한 일(日), 월(月), 연(年) 등의 다양한 시점에 따라 나타나는 자살률의 변화는 사회적 삶

---

104 Émile Durkheim, 앞의 책(1983a), 21쪽.

의 리듬을 반영한다. 결혼, 이혼, 가족, 종교, 군대 등은 일정한 법칙에 따라 자살에 영향을 끼치며 그런 법칙 중의 일부는 심지어 수치적으로 표현할 수 있다. 이 모든 것을 염두에 둔다면, 더 이상 그와 같은 상태들과 제도들을 아무런 힘도 없고 아무런 작용도 하지 않는 그저 관념적인 장치에 불과한 것으로 볼 수는 없을 것이다. 오히려 그것들은 살아서 활동하는 실재적인 힘이라는 것을 알게 될 것이다. 이 힘은 개인들에게 영향을 끼치는 방식을 통해서 자신이 개인들에게 의존하지 않는 존재임을 명백하게 입증한다. 그리고 설령 개인들이 그 힘의 형성 과정에서 한 요소로 관여한다고 할지라도, 그것이 일단 형성되고 나면 개인들을 강제하게 된다. 이로써 사회학이 객관적일 수 있으며 객관적일 수밖에 없음이 더욱 분명해진다. 왜냐하면 사회학이 심리학이나 생물학이 다루는 현실들과 똑같이 명확하고 항구적인 현실들을 그 대상으로 한다는 사실이 드러나기 때문이다.[105]

구체적으로 뒤르케임은 『자살론』에서 자살의 개인적 현상과 동기가 아니라 그 사회적 원인과 유형에 인식관심을 갖는다. 물론 자살에는 엄연히 개인적 동기가 존재한다. 모든 인간 행위와 마찬가지로 자살도 개인적 동기와 사회적 원인이 상호작용한 결과로 보아야 한다. 그런데 "모든 동기는 보다 보편적인 상황을 따르며 크든 작든 모두 그것을 반영한다." 다시 말해 이 보편적인 상황이 "자살을 보다 적게 하거나 보다 많게 하며 따라서 자살의 진정한 원인이 된다." 그러므로 "우리는 이러한 보편적 상황을 조사해야 하며 개인의 의식 속에 존재할 수 있지만 이 상황과 직접적인 관계가 없는 모순상태에 매달릴 필요가 없다."[106] 이 보편적 상황이 사회적 원인이다. 요컨대 자살의 사회적 원인은 그 개인적 동기보다 보편적인 원인, 아니면

---

105 같은 책, 21~22쪽.
106 같은 책, 159쪽.

달리 말해 직접적 원인 또는 일차적 원인이 된다. 바로 이 사회적 원인이 개인의 내부로 연장되어 자살이 일어난다. 요컨대 자살은 사회적 원인의 개인화라고 공식화할 수 있으며, 개인-사회-함수 또는 개인-사회-문제라고 규정할 수 있다.

뒤르케임은 자살의 사회적 원인을 사회적 연대에서 찾으며, 이 사회적 연대를 다시금 사회적 통합과 사회적 규제로 나눈다. 사회적 통합은 개인이 자신을 사회에 결속하고 사회와 유대감을 갖는 것을, 그리고 사회적 규제는 사회가 개인의 존재 · 사고 · 행위 등을 규율하고 통제하는 것을 가리킨다. 뒤르케임에 따르면 자살은 사회적 통합과 사회적 규제가 너무 약하거나 강하면 일어난다. 다시 말해 개인이 적절한 수준에서 사회에 결속되어 있지 않거나 사회가 적절한 수준에서 개인을 규제하지 않으면 자살이 일어난다. 개인과 사회의 적절하지 못한 관계가 자살의 사회적 원인이 되는 것이다. 이렇게 보면 『자살론』은 궁극적으로 개인과 사회의 관계에 대한 연구가 되는 셈이며, 이 점에서 『분업론』과 연속선상에 있다. 뒤르케임에 따르면 개인이 사회에 너무 약하게 통합되면 이기적 자살이 일어나는 반면, 너무 강하게 통합되면 이타적 자살이 일어난다. 그리고 사회가 개인을 너무 약하게 규제하면 아노미적 자살이 일어나는 반면, 너무 강하게 규제하면 숙명적 자살이 일어난다. 이 각각의 자살 유형을 보다 구체적으로 살펴보면 다음과 같다.

첫째, 이기적 자살은 과도한 개인화로 인한 자살이다.

개인이 속한 집단의 내적 결속이 해체됨에 따라 개인은 공동체적 삶으로부터 멀어지고 개인의 목적이 집단의 목적보다 우위를 점하게 된다. 다시 말해 각 개인이 집단 위에 서게 된다. 개인이 속한 집단이 약화될수록 개인은 집단에 덜 의존하게 되며, 그 결과 개인이 자신의 사적 이해관계와 연관된 행위규칙과 다른 행위규칙을 인정할지 아닐지를 결정하는 것이 더욱더 그의 소관이 된다. 요컨대 개인적 자아가 사회적 자아에 대해 성공적으로 그리고 사회적 자아를 희생하면서까지 자신을 주장하는 상태를 이기주의라고 부를 수 있다면, 과도한 개인화에 기인하는 이 특정한 유형의 자살을 이기적 자살이라고 부를 수 있다.[107]

둘째, 이타적 자살은 이기적 자살과 반대로 과소한 개인화로 인한 자살이다.

> 개인이 자신만을 위한 삶을 살고 자기 자신에게만 복종하는 상태를 **이기주의**라고 명명했다면, **이타주의**라는 말은 그 정반대의 상태를 말한다. 이타주의는 자아가 자기 자신에게 속하지 않은 상태, 자아가 자기 자신 밖의 다른 존재들과 뒤섞여 있는 상태, 자아의 행위가 추구하는 목표가 자기 자신의 외부에, 즉 자아가 속하는 집단에 있는 상태이다. 그러므로 극단적 이타주의로 인한 자살을 **이타적 자살**이라고 부른다.[108]

뒤르케임은 다시금 이타적 자살을 의무적인 이타적 자살, 선택적인 이타적 자살, 신비주의적인 이타적 자살의 세 가지 유형으로 세분한다. 먼저 의무적인 이타적 자살은 사회가 개인에게 자살할 의무를 지우는 경우를 가리킨다. 또한 선택적인 이타적 자살은 사회가 자살을 강요하지는 않지만 전적으로 자살에 동의하는 경우를 가리킨다. 이런 사회에서는 "현세적 삶에 연연하지 않는 것이 미덕, 그것도 탁월한 미덕으로 간주되기 때문에 아주 사소한 계기로 또는 교만으로 삶을 버리는 사람이 찬양을 받는다. 그리하여 자살은 고무되고 사회적 보상을 받는데, 이러한 보상을 거부하는 것은 비록 정도가

---

107 같은 책, 232쪽.
108 같은 책, 247쪽.

낮기는 하지만 공식적인 파문과 똑같은 효과를 갖는다." 예컨대 오명을 벗기 위해 자살하거나 명예를 지키기 위해 자살하는 경우가 선택적인 이타적 자살에 속한다.[109] 그리고 신비주의적인 이타적 자살은 "특별한 이유 없이 삶의 포기 그 자체가 찬양되기 때문에 전적으로 희생의 환희를 위하여" 자살하는 경우를 가리킨다. 힌두교, 불교, 자이나교에서 볼 수 있는 종교적 자살을 신비주의적인 이타적 자살의 대표적인 예로 들 수 있다.[110]

셋째, 아노미적 자살은 이기적 자살이나 이타적 자살과 달리 개인이 사회와 결속하는 방식이 아니라 사회가 개인을 규제하는 방식에 기인하는 자살이다. 아노미는 개인에 대한 사회의 규율이나 규제가 부재한 상태 또는 그러한 규범이 부재한 상태를 의미한다. 그러니까 무규율이나 무규제 상태 또는 무규범 상태를 가리킨다. 바로 이 상태에서 기인하는 자살이 아노미 자살이다.

> 이기적 자살은 인간이 삶에서 더 이상 의미를 찾지 못해서 일어난다. 이타적 자살은 인간에게 이 의미가 그의 고유한 삶의 외부에 존재하는 것으로 보이기 때문에 일어난다. 이에 반해 인간의 행위가 규제되지 못하고 그로 인해 인간이 고통을 받기 때문에 일어나는 [……] 제3의 자살 유형이 있다. 그 발생 근원에 따라 우리는 이 세 번째 유형에 **아노미적 자살**이라는 명칭을 붙여 주기로 한다.[111]

넷째, 숙명적 자살은 아노미적 자살에 상반되는 유형인데, 이는 이타적 자살이 이기적 자살에 상반되는 유형인 것과 마찬가지이다. 숙명적 자살은,

---

109 같은 책, 249쪽.
110 같은 책, 250쪽 이하.
111 같은 책, 295~96쪽.

도표 7 자살의 사회적 원인과 유형

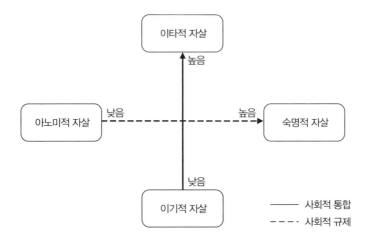

과도한 규제로 인한 자살이다. 압제적인 규율에 의해서 미래가 무
자비하게 봉쇄되어 버리고 욕망이 폭력적으로 억압된 사람들의 자살
이다.[112]

여기까지 논한바, 자살의 네 가지 유형과 그 사회적 원인의 관계를
나타내면 도표 7과 같다.[113]

뒤르케임에 따르면, 현대사회에서는 이타적 자살과 숙명적 자살은
드물게 나타나고 이기적 자살과 아노미적 자살이 주로 나타난다. 이
타적 자살과 숙명적 자살은 전통 사회에서 주로 나타나는 자살이다.
뒤르케임은 특히 숙명적 자살은 오늘날 그 예를 찾아보기가 극히 어
려우므로 중요성이 거의 없으며, 따라서 무시해도 좋다고 한다. 그것
은 고작해야 역사적 관심의 대상이 될 수 있을 뿐이라는 것이다. 왜

---

112 같은 책, 318쪽(각주 29번).

113 Ken Thompson, *Émile Durkheim*, London/New York: Routledge 2002
     (Revised Edition), 88쪽.

냐하면 전통 사회에서는 노예들의 자살처럼 과도한 물리적 또는 정신적 압제로 인해 자살이 일어날 가능성이 컸기 때문이다. 바로 이런 연유로 뒤르케임은 숙명적 자살을 아노미적 자살을 논하는 부분의 맨 마지막에서, 그것도 각주에서 아주 간략하게 처리하고 있다.[114]

(3) 이기적 자살과 아노미적 자살: 현대사회를 읽어내는 두 개념적 코드

여기에서 이기적 자살과 아노미적 자살에 대해 좀 더 자세하게 논할 필요가 있다. 왜냐하면 이 두 유형의 자살을 보면 한편으로『사회분업론』과『자살론』의 관계가, 그리고 다른 한편으로 현대사회의 구조적 특징이 잘 드러나기 때문이다. 방금 앞에서 언급한 대로, 뒤르케임은 자살의 사회적 원인을 사회적 연대에서 찾으며, 따라서『자살론』은『분업론』과 연속선상에 있다. 그런데 이는 단순한 연속성이 아니라 확대와 세분화 과정으로 보아야 한다. 왜냐하면『사회분업론』에서는 사회적 규제와 사회적 통합이 아직 엄밀히 구분되지 않은 상태에서 사용되고 있기 때문이다. 게다가 사회적 규제의 부재로 인한 병리적 분업인 아노미적 분업은 설정되는 데 반해 사회적 통합의 부재로 인한 병리적 분업 ―『자살론』의 논리를 따르자면 '이기주의적 분업'이라고 명명할 수 있는! ― 은 설정되지 않기 때문에, 마치 사회적 규제만이 사회적 연대의 기세로 인정되는 듯한 인상을 준다. 거기에서 뒤르케임은 이기주의를 개인이나 집단의 사적 이해관계 및 욕망, 그리고 거기에 근거하는 행위로 간주하며, 그 억제의 가능성을 집단의 힘에서 찾는다. "개인적 이기주의를 억제할 수 있는 유일한 힘은 집단의 힘이다. 그리고 집단적 이기주의를 억제할 수 있

---

114 숙명적 자살에 대해서는 이 장의 마지막 부분에 나오는 〈보론〉에서 ― 한국 사회와 관련하여 ― 자세한 논의가 있을 것이다.

는 유일한 힘은 그것을 포괄하는 더 큰 집단의 힘이다."[115] 이렇게 보면 『사회분업론』에서는 이기주의와 아노미가 아직 명확히 구분되지 않은 상태로 사용되고 있다고 말할 수 있다.

그러다가 『자살론』에서는 이기주의 또는 이기적 개인주의가 아노미와 더불어 자살의 또 다른 중요한 축으로 설정되며, 또한 더 나아가 이기적 자살은 아노미적 자살과 더불어 현대 산업사회의 두 중요한 자살 유형으로 자리매김하게 된다. 이 둘은 사회적 연대의 부재, 즉 사회의 부재라는 점에서 공통적이다. 그러나 이 사회의 부재는 두 경우에서 서로 다르다. 아노미는 규제의 부재이고 이기주의는 통합의 부재이다. 다시 말해 전자는 사회가 개인의 사고와 행위를 통제하지 못하는 상태인 반면, 후자는 개인이 자신을 사회에 결속하지 못하는 상태이다.

그렇다면 『사회분업론』에서 미분리 상태에 있던 아노미와 이기주의가, 그리고 사회적 규제와 사회적 통합이 『자살론』에서 분리되어 자살의 중요한 사회적 원인으로 설정될 수 있었던 이유는 무엇일까? 내가 보기에는 무엇보다도 개인주의에 대한 뒤르케임의 새로운 입장에서 그 이유를 찾을 수 있다. 이는 개인숭배에 대한 뒤르케임의 입장이 『사회분업론』과 『자살론』에서 완전히 상반된다는 사실만 보아도 단적으로 드러난다(이에 대해서는 제5장 제3절에서 다시 자세한 논의가 있을 것이다). 뒤르케임은 『사회분업론』에서 개인숭배를 현대사회의 전형적인 집합의식으로 간주한다. 그러나 다른 한편 개인숭배가 이기주의 또는 이기적 개인주의이며 따라서 사회적 통합의 기초가 될 수 없다는 견해를 피력한다. 설사 ― 거기에서 뒤르케임은 주장하기를 ― 개인숭배가 "모든 사회 구성원의 의지를 동일한 목표를 지향하도록 할지라도 그 목적이 사회적인 것은 아니다." 개인숭배

---

115 Émile Durkheim, 앞의 책(1988), 476쪽.

는 "비록 사회로부터 자신의 힘을 이끌어내지만 우리를 사회가 아니라 우리 자신에게 연결하며", 따라서 "진정한 사회적 유대를 형성하지 못한다."[116]

이에 반해 『자살론』에서는 개인숭배가 자살을 유발하는 이기주의 또는 이기적 개인주의와 달리 사회적 차원을 내포한 개인주의로 설정된다. 개인숭배는— 거기에서 뒤르케임은 주장하기를— "개인을 사회로부터 그리고 그들을 초월하는 모든 목표로부터 유리시키기는 커녕 그와 정반대로 그들을 하나의 유일한 관념세계로 결속하고 하나의 유일한 공적에 기여하도록 만든다." 개인숭배에서 문제가 되는 것은 "모든 개인을 자기 자신과 자신만의 고유한 이해관계에 집중하도록 만드는 것이 아니라 모든 개인을 인류의 보편적인 이해관계에 종속시키는 것이다."[117]

이렇게 보면 뒤르케임은 『사회분업론』에서 개인주의를 사회적 차원을 결여한 이기적인 것 또는 공리주의적인 것으로 보며, 따라서 개인주의에 의한 사회적 연대의 가능성을 인정하지 않았다고 할 수 있다. 거기에서 뒤르케임은 개인에 대한 사회의 규제만을 사회적 연대의 가능성으로 인정했다는 인상을 준다. 그러다가 『자살론』에 이르러서는 개인주의에 사회적 차원, 즉 도덕적 차원이 내포된다는 사실을 인정하게 되고 개인주의에 의한 사회적 연대의 가능성을 인정하게 된다.[118] 그것이 바로 사회적 통합, 즉 개인이 사신을 사회에 결속하고 사회와 유대감을 가짐으로써 창출되는 사회적 연대이다. 후

---

116 같은 책, 227~28쪽.

117 Émile Durkheim, 앞의 책(1983a), 395쪽.

118 기든스는 개인주의와 이기주의의 구별이 이미 『사회분업론』과 『자살론』에서도 핵심적이었지만 1895년이 지나서까지 어느 정도 모호했다고 주장한다. Anthony Giddens, *Studies in Social and Political Theory*, London et al.: Hutchinson & Co. 1980, 252쪽. 정말로 이 구분이 『사회분업론』에서도 핵심적이었는지에 대해서는 보다 면밀한 검토가 필요하다.

일 뒤르케임은 사회적 차원, 즉 도덕적 차원이 결부된 개인주의를 도덕적 개인주의로 개념화하고 분업화된 현대 산업사회의 도덕적 원리로 승격시키게 된다.

이처럼 개인주의, 보다 정확히 말하자면 도덕적 개인주의가 오늘날 사회적 연대의 중요한 원천이 된다는 통찰을 하게 된 결과, 뒤르케임은 이기주의 또는 이기적 개인주의를 자살의 또 다른 중요한 축으로 설정하게 된다. 개인화가 과도해지면 진정한 의미의 개인주의, 그러니까 도덕적 개인주의가 발전하지 못하고 이기주의 또는 이기적 개인주의가 발전하게 됨으로써 개인이 자신만을 위한 삶을 살고, 자기 자신에게만 복종하는 상태가 야기되고, 다시 말해 개인이 자신을 사회에 결속하지 못하고 사회와 유대감을 갖지 못하게 되며 그 결과로 자살이 일어나게 된다. 이처럼 도덕적 개인주의가 부재하면 사회적 통합이 부재하고 그 결과로 나타나는 이기적 자살은, 사회적 규제가 부재한 결과로 나타나는 아노미적 자살과 더불어 분업화된 현대 산업사회에서 관찰할 수 있는 두 가지 중요한 자살 유형이다. 이에 반해 이기적 자살의 대척점에 있는 이타적 자살과, 아노미적 자살의 대척점에 있는 숙명적 자살은 주로 전통 사회에서 관찰되는 자살 유형이다.

아무튼 이기적 자살과 아노미적 자살은 개인에게 사회가 부재하기 때문에 일어난다는 유사성을 보인다. 이 둘은 같은 사회적 상태의 서로 다른 두 측면일 뿐이다. 그러나 사회가 부재한 영역은 양자의 경우에 서로 다르다. 이와 관련하여 뒤르케임은 다음과 같이 말하고 있다.

> 이기적 자살의 경우에는 집단적 행위가 부재하며 따라서 개인이 목적과 의미를 상실하기 때문에 개인에게 사회가 부재하다. 반면 아노미적 자살의 경우에는 개인적 열망의 영역에서 사회가 부재한바, 그 이유는 사회가 개인적 열망을 제어하지 않기 때문이다. 그러므로 유

사한 관계에도 불구하고 두 유형은 서로 구별되어야 한다. 우리는 우리 안의 사회적인 모든 것을 사회와 관련시키면서도 어떻게 우리의 욕망을 제어해야 할지 모를 수 있다. 이기주의자가 아니면서 아노미 상태에서 살 수 있으며, 그 반대의 경우도 가능하다. 또한 이 두 유형의 자살이 주로 일어나는 사회적 환경도 동일한 것이 아니다. 이기적 자살은 지적 직업, 사유하는 세계라는 사회적 환경에서 주로 일어나며, 아노미적 자살은 공업 및 상업 영역에서 주로 일어난다.[119]

그리고 이기적 자살과 아노미적 자살은 개인과 사회의 관계 이외에도 심리적 상태에서도 유사점과 상이점을 보여 준다. 이와 관련하여 뒤르케임은 다음과 같이 말하고 있다.

이 두 유형의 자살을 하는 사람들은 우리가 간혹 무한의 병이라고 불러온 것으로 고통을 받는다. 그러나 이 고통이 두 경우에 동일한 형태로 나타나는 것은 아니다. 이기적 자살의 경우에는 사고 능력이 그 한계를 넘어서 손상된다. 아노미적 자살의 경우에는 감정이 너무 자극되어서 분열을 일으킨다. 이기적 자살의 경우에는 사고가 완전히 자아의 내면을 향하기 때문에 더 이상 아무런 목표를 갖지 못한다. 아노미적 자살의 경우에는 욕망이 더 이상 한계를 인정하지 않기 때문에 더 이상 아무런 목표를 갖지 못한다. 전자는 꿈의 세계의 무한함 속에서 그리고 후자는 열망의 무한함 속에서 길을 잃은 것이다.[120]

그렇다면 왜 현대사회에서는 주로 이기적 자살과 아노미적 자살이 나타나는 반면 전통 사회에서는 주로 이타적 자살과 숙명적 자살이 나타나는가? 이에 대한 답은 무엇보다도 전통 사회에서 현대사회

119　Émile Durkheim, 앞의 책(1983a), 296쪽.
120　같은 책, 331쪽.

로 넘어오면서 개인과 사회의 관계가 변했다는 사실에서 찾을 수 있다. 전통 사회에서는 개인이 아니라 집단이 중심이 되고 개인주의가 아니라 집합주의가 사회의 구성원리 또는 조직원리가 되며, 따라서 개인이 집단에 아주 강하게 결속되어 있고 집단과 아주 강한 유대감을 갖는다. 말하자면 사회적 통합의 정도가 아주 강하다. 그리고 개인에 대한 집단의 규율과 통제도 아주 강하다. 말하자면 사회적 규제의 정도가 아주 강하다. 그 결과 사회적 연대가 아주 강해진다. 이에 반해 현대사회에서는 집단이 아니라 개인이 중심이 되고 집합주의가 아니라 개인주의가 사회의 구성원리 또는 조직원리가 되며, 따라서 개인이 집단에 아주 약하게 결속되어 있고 집단에 대하여 아주 약한 연대감을 갖는다. 말하자면 사회적 통합의 정도가 아주 약하다. 그리고 개인에 대한 집단의 규율과 통제도 아주 약하다. 말하자면 사회적 규제 정도가 아주 약하다. 그 결과 사회적 연대가 아주 약해진다. 뒤르케임의 표현대로 현대사회에서는 개인에게 사회가 부재한다. 이기적 자살과 아노미적 자살에 공통적으로 나타나는 심리적 상태인 무한의 병은 사회의 부재에서 기인한다. 그것은 사회의 부재라는 현대사회의 사회학적 특징의 심리학적 대응물인 것이다.[121]

---

121 현대사회에서 개인에게 사회가 부재하도록 만든 구체적인 역사적 · 사회적 과정으로는 무엇보다도 도시화, 산업화, 세속화, (세속적 · 과학적) 교육의 확산, 경제적 자유방임주의를 들 수 있다. 이 가운데 세속화는 개인의 종교적 통합을 약화시켜 이기주의적 자살의 사회적 가능성을 높이며, (세속적 · 과학적) 교육의 확산은 문화적 · 역사적 전통에 대한 개인의 예속을 약화시켜 역시 이기적 자살의 사회적 가능을 높인다. Luigi Tomasi, "Émile Durkheim's Contribution to the Sociological Explanation of Suicide", in: William S. F. Pickering & Geoffrey Walford (Ed.), *Durkheim's Suicide. A Century of Research and Debate*, London/New York: Routledge 2000, 11~21쪽, 여기서는 19쪽. 곧 보게 되는 바와 같이, 산업화와 경제적 방임주의는 아노미적 자살의 주(主) 원인이다. 그러므로 이 산업화와 경제적 방임주의의 무대인 산업화는 아노미적 자살의 '비옥한' 토양이 될 수 있다. 게다가 도시화와 더불어 집합주의적 사회가 개인주의적 사회로 이행하게 됨으로써 이기적 자살의 사회적 가능성이 높아진다.

여기까지의 논의에 입각하여 보면, 이기적 자살은 과도한 개인화 또는 과도한 개인주의라는 시대적 상황과 밀접한 관계에 있음을 알 수 있다. 과도한 개인화 또는 과도한 개인주의는 자살의 원인이 형성되는 데에 적합한 풍토가 될 뿐 아니라 그 자체가 자살의 한 원인이다. 그것은 자살의도를 가로막는 장애물을 제거할 뿐 아니라 자살의도를 야기함으로써 독특한 종류의 자살을 일으킨다.[122] 이에 반해 개인의 열망의 규제가 부재함으로써 일어나는 아노미적 자살의 시대적 상황은 여기까지의 논의를 봐서는 잘 드러나지 않는다. 뒤르케임에 따르면 현대사회의 아노미적 자살은 공업 및 상업의 영역, 그러니까 경제적 영역에서 주로 일어나는데, 그 이유는 무엇인가?[123]

이에 대한 답을 뒤르케임은 경제발전의 역사에서 찾는다. 그에 따르면 산업 세계가 모든 규제로부터 해방됨으로써 경제가 비약적으로 발전할 수 있었다. 과거에는 종교, 세속권력(국가), 동업조합 등과 같이 다양한 도덕적 힘이 경제를 체계적으로 감시하고 통제했지만, (그의 시대로부터 계산하여!) 1세기 전부터 경제가 이 모든 도덕적 구속으로부터 해방되었을뿐더러 더 나아가 자신을 지배하던 정치를 지배하게 되었고 지식인들을 그 진영을 불문하고 이 지배를 위한 이데올로그로 만들었으며 개인과 사회의 지상목표가 되었다. 이와 관련하여 뒤르케임은 다음과 같이 말한다.

사실상 종교는 거의 힘을 잃었다. 또한 정부는 경제적 삶을 규제하는 심급에서 경제적 삶의 도구와 시녀가 되었다. 보수적인 경제학자

---

122 Émile Durkheim, 앞의 책(1983a), 233쪽.

123 뒤르케임에 따르면, 아노미적 자살은 경제적 영역 이외에 가족적 영역에서도 관찰할 수 있다. 전자와 후자를 각각 경제적 아노미에 따른 자살과 가족적 아노미에 따른 자살이라고 할 수 있다. 여기서는 지면 관계상 가족적 아노미에 따른 자살은 검토하지 않기로 한다. 뒤르케임은 다음에서 이 문제를 다루고 있다. 같은 책, 296쪽 이하.

들과 급진적인 사회주의자들은 경제에 관한 한 완전히 상반되는 관점을 취함에도 불구하고 일치단결하여 정부의 기능에 개별적인 사회적 기능 사이를 중재하는 소극적 역할만을 부여하려고 한다. 전자에 따르면 정부는 그저 개인의 계약이 이행되는가를 감시해야 하며, 후자에 따르면 정부는 공공의 장부정리 임무만 맡으면 된다. 다시 말해 소비자의 수요를 파악하고 그것을 생산자에게 전달하며 국민소득을 조사하여 적절한 원칙에 따라 분배하는 임무만 맡으면 된다. 그러나 양자는 공히 국가에 다른 사회적 기구를 자신에 종속시켜 하나의 지배적인 목표로 수렴시킬 권한을 부여하지 않으려고 한다. 또한 양자는 공히 산업적 번영이야말로 모든 국가의 유일하고도 주된 목표라고 주장한다. 이는 경제유물론적 도그마의 귀결인바, 바로 이 도그마가 표면상 상반되는 두 이론체계의 기초를 이룬다. 그리고 이들 이론은 산업을 보다 높은 목적을 위한 수단이 아니라 개인과 사회의 지상목표로 간주하는 여론을 표현하고 있을 뿐이다. 그리하여 새로운 욕망을 제어할 그 어떤 권위도 존재할 수 없게 되었다. 말하자면 이 새로운 욕망은 물질적 번영의 우상화를 통해 재가되었으며 인간을 위한 모든 법 위에 군림하게 되었다. 이 새로운 욕망을 건드리려고 하는 것만으로도 이미 더할 나위 없는 신성모독이 된다. 그리하여 산업 세계에서 단체들을 통한 순전히 목표지향적인 규제까지도 지속될 수 없게 되었다. 마지막으로 산업 자체의 발전으로 인한 욕망의 해방은 시장의 거의 무한한 확장으로 인해 더욱더 격심해졌다. 생산자가 자신의 생산물을 주변 이웃들에게만 판매할 수 있었을 때에는 이윤 획득의 가능성이 제한적이기 때문에 과열된 야망을 가질 수 없었다. 그러나 오늘날의 생산자는 거의 전(全) 세계를 소비자로 상정할 수 있기 때문에 이 무한한 전망 앞에서 자신의 욕망을 과거처럼 제어하려고 하지 않는다.[124]

---

124 같은 책, 291~92쪽.

요컨대 경제가 전통적인 도덕적 규제로부터 해방됨으로써, 또는 비유적으로 표현하자면 자신을 얽어매고 있던 일체의 도덕적 쇠사슬을 벗어던짐으로써 눈부시게 발전했으며, 그 결과 정치가 경제의 도구와 시녀로 격하되었고 경제적 유물론의 도그마가 만연하게 되었으며 경제적 번영과 물질적 풍요가 개인과 사회의 최고 가치가 되면서 여타의 인간적 가치 위에 군림하게 되었다. 바로 이 경제 유물론과 경제 지상주의가 뒤르케임이 진단한 아노미적 자살의 시대적 상황이다. 이로 인해 ― 방금 인용한 구절에 이어 뒤르케임은 주장하기를 ―

사회의 이 분야[산업 세계]가 흥분과 분주함에 휩싸이게 되었고 사회의 모든 여타 분야로 확산되었다. 이로 인해 위기와 아노미가 항구적인 상태가 되고, 말하자면 정상적인 것이 되었다. 상층에서 하층에 이르기까지 끝을 모르는 탐욕이 일어난다. 이 탐욕은 그 무엇으로도 충족될 수 없는바, 그 이유는 그것이 추구하는 목표가 도달할 수 있는 모든 것보다 너무 멀리 떨어져 있기 때문이다. 흥분된 상태에서 실현 가능하다고 상상되는 것 앞에서 진정한 현실의 모든 가치는 빛이 바랜다. 그리하여 마침내는 진정한 현실을 버리게 되며, 또한 가능한 것도 현실이 되면 마찬가지로 버리게 된다. 새로운 사물, 낯선 향락, 알려지지 않은 환희에 대한 갈망이 일어나지만, 이런 깃들은 알고 나면 곧바로 그 매력을 잃어버린다. 상황이 아주 조금만 역전되어도 견디지 못한다. 결국 열기는 식어버리고 이 온갖 혼란이 아무런 결실도 가져오지 못했음이 드러나고 끝없이 중첩되는 이 모든 새로운 자극이 시련의 날들을 견딜 수 있도록 해주는 행복의 확고한 토대가 될 수 없음이 드러난다. 이미 달성한 것을 기뻐할 줄 알고 끊임없이 새로운 대체물을 추구하지 않는 현명한 사람은 그 달성한 것에서 고난의 시간을 견딜 수 있도록 그 무엇을 찾는다. 그러나 언제나 모든 희망을 미래에 두고 평생 미래만을 바라보고 살아온 사람은 과거의 삶에서 현재의 불행을 극복하도록 도와줄 수 있는 것을 아무것도 찾지 못한다. 왜냐하면 그에게 과거는 조급하고 성급하게 지나온 일련의 단계에 불과하기 때문이다. 그는 끊임없이 자기 자신으로 인해 오류를 범할 수밖에 없는데, 왜냐하면 그는 아직 붙잡지 못한 행복을 미래에는 얻을 수 있기를 언제나 희망했기 때문이다. 그러나 이제 그의 노력은 멈추게 되고 그가 의지할 수 있는 확고한 지점은 과거에도 미래에도 없다. 이 끝없는 추구는 결국 무용한 것임이 명백해질 수밖에 없기 때문에, 피로만으로도 이미 환멸을 느끼게 된다.[125]

바로 이러한 정신적 상태가 아노미적 자살의 주원인이다. 그러니까 현대 산업사회가 눈부신 경제발전을 이룩하고 그에 따라 경제유물론과 경제 지상주의가 개인과 사회의 지배적인 가치와 이상이 된 시대적 상황에서 개인이 사회에 의해 규제되지 않는, 그리고 결코 충족될 수 없는 무한한 열망에 사로잡혀 끊임없이 도달할 수 없는 것을 찾아 헤맨 나머지 삶의 확고한 축과 진정한 의미를 잃어버리고 피로, 환멸, 좌절을 느끼게 됨으로써 아노미적 자살이 일어난다. 이는 과도한 개인화 또는 과도한 개인주의라는 시대적 상황에서 개인이 사회에 통합되지 못하고 완전히 자아의 내면세계로 도피한 나머지 우울해지거나 꿈의 세계에 사로잡히거나 울적한 번민에 빠짐으로써 일어나는 이기적 자살과 마찬가지로 개인에게 사회가 부재하다는 점에서 공통적이다. 이 둘은 같은 사회적 상태가 서로 다른 두 측면으로 표현된 것일 뿐이다.

그러므로 이기적 자살과 아노미적 자살은 친화성을 가질 수 있다. 다시 말해 이기주의와 아노미가 한 개인에게서 동시에 작용하여 자살을 유발할 수 있다. 이를 뒤르케임은 다음과 같이 기술하고 있다.

---

125 같은 책, 292~93쪽.

무한한 욕망에 사로잡힌 사람이 한계에 부딪치게 되면 완전히 내향적인 인간이 되어서 자신의 내면적 삶을 통하여 좌절된 열망을 달래고자 한다. 그러나 그는 거기에서 자신이 의지할 수 있는 것을 아무것도 찾지 못하고 절망감에 빠지게 됨으로써 결국 다시 외부로 달아나게 되며, 그 결과 불안과 초조가 한층 고조될 수밖에 없다. 그리하여 다양한 특징이 혼합된 자살이 일어나는데, 이 자살의 경우에는 우울과 흥분이, 몽상과 행위가, 쾌감과 울적한 번민이 번갈아 나타난다.[126]

이러한 유형의 자살을 뒤르케임은 이기적 · 아노미적 자살이라고 명명한다. 이는 자살의 유형들이 결합되어 나타날 수 있음을 암시하는 대목이다. 실제로 뒤르케임은 사회적 원인에 따라 분류한 자살의 유형들이 현실세계에서는 언제나 고립되고 순수하게 나타나는 것이 아니라는 점을 강조한다. 그것들은 "흔히 서로 결합하여 복합적인 유형을 만들어낸다. 다양한 자살 유형에 속하는 특징들이 하나의 자살에서 나타나는 것이다." 말하자면 자살에는 기본 유형이 있고 혼합 유형이 있다. 이기적 자살, 이타적 자살, 아노미적 자살, 숙명적 자살이 기본 유형이다. 그리고 혼합 유형은 이 여러 가지 자살의 기본 유형이, 즉 "자살의 상이한 사회적 원인이 한 개인에게 동시에 영향을 끼침으로써 혼합된 결과를 야기하는" 것을 가리킨다.[127]

뒤르케임에 따르면 자살의 혼합 유형에는 방금 살펴본 이기적 · 아노미적 자살 이외에도 아노미적 · 이타적 자살과 이기적 · 이타적 자살이 있다. 먼저 아노미는 이기주의와 결합할 수 있는 것과 마찬가지로 그 정반대인 이타주의와도 결합할 수 있다. 다시 말해 "하나의 동일한 위기적 상황이 한 개인의 존재를 뒤흔드는 동시에 그와 환경 사이의 균형을 깨뜨리면서 그의 이타적 기질이 그를 자살로 내

---

126 같은 책, 333쪽.
127 같은 책, 332쪽.

몰 수 있다." 이것이 아노미적 · 이타적 자살인바, 이는 무엇보다도 무엇인가에 사로잡힌 사람들의 자살에서 관찰할 수 있다. 예컨대 로마에 의해 예루살렘이 함락되었을 때 수많은 유대인이 자살했는데, 그 이유는 한편으로 로마인들의 승리로 인해 유대인이 로마의 신민이자 속국민(屬國民)이 됨으로써 그때까지 익숙했던 삶의 방식을 바꾸어야만 했기 때문이며, 다른 한편으로 그들이 자신의 도시와 문화를 너무나도 사랑했으므로 그것이 파괴되는 것을 견딜 수 없었기 때문이다. 그리고 — 한 가지 예만 더 들자면 — 경제적으로 파산한 사람의 자살도 빈번하게 아노미적 · 이타적 자살에 속한다. 이 경우 자살의 이유는 경제적으로 파산한 사람이 이전보다 열악해진 상황에서 삶을 이어가기를 원치 않기 때문이기도 하지만 자신과 가문의 이름을 더럽히지 않으려고 하기 때문이기도 하다.[128]

그리고 이기적 · 이타적 자살은 서로 다른 성격, 아니 대척적 관계에 있는 성격이 혼합된 자살이다. 이 유형의 자살은 특정한 시기에 일어나는바, 그 시기란 구체적으로 "사회가 분열됨으로써 더 이상 개인적 행위의 목표가 될 수 없고 따라서 개인이나 집단이 지배적인 사고가 된 이기주의의 영향을 받는, 그러면서도 다른 목표를 추구하는 시기에" 일어난다. 그들은 사회가 이미 분열된 상태라 현실세계에서는 아무런 만족을 얻을 수 없게 됨에 따라서 자신들에게 만족을 줄 수 있는 이상세계를 만들어낸다. 다시 말해 그들은 "사고 속에서 상상의 존재를 만들어내 그것을 섬기며, 그것에 점점 더 배타적으로 헌신하게 됨으로써 결국 그들에게는 다른 아무것도, 심지어 자신들의 고유한 자아조차도 남아 있지 않게 된다. 그들의 눈에는 다른 모든 것이 무가치하게 보이므로, 그들은 상상의 존재에서 자신들에게 삶의 가치가 있는 모든 것을 찾아낸다. 그리하여 그들은 이중적이고

---

128 같은 책, 333쪽.

도 모순적인 삶을 살게 된다. 그들은 현실세계에서는 개인주의자로서 살아가며 이상세계에서는 무한한 이타주의자로서 살아간다. 그리고 이 두 삶의 길은 자살로 이어진다."[129]

(4) 자살의 심리적 차원

뒤르케임의 『자살론』을 논하면서 한 가지 간과하거나 오해하기 쉬운 점이 한 가지 있으니, 그것은 그가 자살의 심리적 차원을 결코 무시하거나 부정하지 않았다는 사실이다. 뒤르케임은 자살의 사회적 원인과 유형을 추구했지만, 다시 말해 자살에 대한 사회학적 설명을 추구했지만 자살을 전적으로 사회적 차원으로 환원하거나 그로부터 도출하려는 사회학주의적 태도를 견지하지는 않았다. 뒤르케임은 『자살론』 제2부 제6장 「다양한 자살 유형의 개인적 형태」에서 —— 비록 연역적 추론의 방법에 의존하기는 하지만 —— 이 문제를 다루고 있다. 여기에서 말하는 '다양한 자살 유형'은 방금 앞에서 논한 사회적 자살의 기본 유형과 혼합 유형을 가리키며, '개인적 형태'는 각 유형의 자살에 상응하는 개인적 심리 상태를 가리킨다. 각각의 자살 유형에는 특징적인 심리적 상태가 수반되는데, 이는 기본 유형과 혼합 유형 모두에게 적용되는 심리적 논리이다.

뒤르케임은 다양한 자살 유형을 그 사회적 원인에서뿐만 아니라 그 심리적 특징에서도 검토해야만 비로소 온전한 자살의 형태학적 분류에 도달할 수 있다고 전제하며, 이에 따라 이기적 자살, 이타적 자살, 아노미적 자살의 세 가지 기본 유형과 이기적·아노미적 자살, 아노미적·이타적 자살, 이기적·이타적 자살의 혼합 유형의 각각에 특징적인 심리적 상태, 즉 다양한 사회적 자살 유형의 개인적 형

---

129 같은 책, 334쪽.

태를 검토한다. 예컨대 이기적 자살에는 무관심이라는 일차적 특징과 자기만족의 무기력한 우울증과 회의주의자의 환멸적 냉정이라는 이차적 변화가 수반되며, 이기적·아노미적 자살에는 ──혼합 유형인 관계로 기본 유형에서와 같은 일차적 특징은 수반되지 않고 ── 다만 흥분과 무관심의 혼합과 행위와 몽상의 혼합이라는 이차적 변화만이 수반된다.[130] 뒤르케임은 이 검토의 결과를 「다양한 자살 유형의 개인적 형태」의 끝부분에서 다음과 같이 "사회적 자살 유형의 병인학적(病因學的)─형태학적 분류"라는 도표로 제시하고 있다.[131]

뒤르케임에 따르면 바로 이 사회적 자살 유형의 병인학적·형태학적 분류가 자살의 일반적 특징이다. 다시 말해 바로 이것이 "사회적 원인에 의해 직접적으로 결정된 자살의 일반적 특징이다. 이 자

---

130 여기서는 지면 관계상 모든 유형의 자살에 수반되는 심리적 상태를 논할 수는 없다. 이에 대한 자세한 내용은 같은 책, 319쪽 이하 참조.

131 같은 책, 339쪽. 만약 뒤르케임이 『사회학적 방법의 규칙들』에서 제시된 절차에 입각하여 자살에 대한 연구를 수행했다면, 이 도표의 제목은 "사회적 자살 유형의 형태학적·병인학적(病因學的) 분류"로 바뀌었을 것이다. 왜냐하면 만약 그리했다면 자살의 원인에서 유형으로 나아가지 않고 자살의 유형에서 원인으로 나아갔을 것이기 때문이다. 뒤르케임이 『자살론』에서 유형에서 원인으로 나아가는 최선책을 두고 군이 원인에서 유형으로 나아가는 차선책을 택한 이유는 ──이미 제2장의 각주 67번에서 자세하게 논한 바와 같이 ──자살자의 심리적 상태, 자살의 실행방식 등에 대한 자료의 부족에 있었다. 자살의 연구를 유형의 분류와 더불어 시작하기 위해서는 ──거기에서 인용한 구절을 다시 한 번 되풀이 하자면 ── "아주 많은 개별적 사례의 자세한 기록이 필요하다. 자살자가 자살을 결심하는 순간에 어떠한 심리적 상태에 있었는지, 그가 어떻게 자살의 실행을 준비했는지, 그리고 마침내 실행에 옮겼는지, 신경과민이었는지 아니면 의기소침했는지, 침착했는지 아니면 격정적이었는지, 불안했는지 아니면 흥분되었는지 등을 알아야 한다." 그러나 실상 이에 대해 아는 바가 거의 없다. 바로 이런 연유로 뒤르케임은 자살의 원인에서 유형으로 나아가는 차선책을 택했는바, 이에 따른 자살 연구의 결과가 바로 본문에 제시된 "사회적 자살 유형의 병인학적·형태학적 분류"에 요약되어 있다. 뒤르케임에 따르면 병인학적 분류체계는 형태학적 분류체계를 통해 완벽해지는바, 후자는 전자를 입증하고 역으로 전자는 후자를 입증한다.

도표 8　사회적 자살 유형의 병인학적 · 형태학적 분류

사회적 자살 유형의 개인적 형태			
일차적 특징			이차적 변화
기본 유형	이기적 자살	무관심	— 자기만족의 무기력한 우울증 — 회의주의자의 환멸적 냉정
	이타적 자살	열정이나 의지력	— 평온한 의무감 — 신비로운 열정 — 평화로운 용기
	아노미적 자살	격앙 혐오	— 일반적 삶에 대한 격렬한 비난 — 개별적 인간에 대한 격렬한 비난 　(타살–자살)
혼합 유형	이기적 · 아노미적 자살		— 흥분과 무관심의 혼합 — 행위와 몽상의 혼합
	아노미적 · 이타적 자살		격앙된 흥분
	이기적 · 이타적 자살		일정한 도덕적 단호함에 의해 완화된 우울증

살은 특정한 경우마다 개인화되고 자살자의 개인적 기질이나 그가 처한 특수한 상황에 따라 복잡해져 여러 가지로 미묘한 차이를 드러낸다. 그러나 우리는 그렇게 다양한 결합의 기저에서 언제나 이 기본 형태들을 다시 찾아낼 수 있다."[132] 말하자면 개인적 자살은,

그것이 어떤 개인적 기질로 인한 것이든 그리고 어떤 개인적 상황으로 인한 것이든, 결국 이 기본 형태들이 개인의 내부에 다다른 것이다.[133]

(5) 분업론에서 자살론을 거쳐서 도덕론으로

이미 앞에서 언급한 바와 같이, 『사회분업론』과 『자살론』은 연속성 또는 연장성의 관계, 보다 정확히 말하자면 확대와 세분화의 과정에 있다. 『사회분업론』에서 사회적 규제와 사회적 통합의 미분리 상태에 있던 사회적 연대가 『자살론』에 이르면 사회적 규제와 사회적 통합으로 구별된다. 그런데 내가 보기에는 이러한 연속성 또는 연장성의 관계는 『자살론』과 『도덕교육』 사이에도 존재한다. 후자는 뒤르케임이 1902~03년 소르본 대학에서 강의한 '도덕과 교육' 내용을 그의 사후에 책으로 출간한 것이다.[134] 거기에서 뒤르케임은 도덕성의 세 가지 요소인 규율의 정신, 사회집단에의 결속 및 의지의 자율성을 논하고 있는데, 이는 『자살론』에서 중요한 위치를 차지하는 아노미적 자살 및 이기적 자살과 밀접한 관계에 있다. 결론부터 말하자면, 분업과 사회 및 자살과 사회에 대한 연구는 뒤르게임의 도덕이론이 발전하는 데 결정적인 의미를 지닌다. 본격적인 논의를 시작하기 전에, 그리고 본격적인 논의에 도움이 되도록 먼저 『사회분업론』, 『자살론』, 『도덕교육』의 관계를 도표로 나타내기로 한다.

뒤르케임이 『도덕교육』에서 말하는 도덕교육은 초등학교에서 교사들이 아동들에게 세속적이고 합리적인, 즉 전적으로 이성의 권위에 근거하는 도덕성을 교육하는 일련의 제도적 행위이자 과정인바,

---

132 같은 책, 340쪽.
133 같은 책, 332쪽.
134 이에 대한 자세한 논의는 제5장 제4절을 참조.

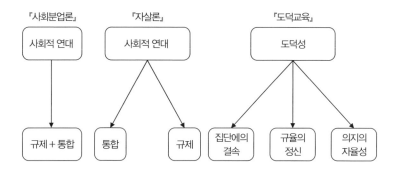

도표 9 『사회분업론』, 『자살론』, 『도덕교육』의 관계

이 도덕성은 다시금 규율의 정신, 사회집단에의 결속, 의지의 자율성이라는 세 가지 요소로 구성되며, 바로 이 세 가지 도덕성이 도덕교육의 목표이다. 학교는 아동들에게 이 세속화된 시대의 합리적 도덕을 함양하도록 교육해야 한다(이에 대해서는 제5장 제4절에서 자세한 논의가 있을 것이다).

그렇다면 『도덕교육』은 어떤 점에서 『자살론』과 밀접한 관계에 있는가? 내가 보기에는 두 가지 측면에서 두 저작 사이의 연속성과 연장성을 관찰할 수 있다. 하나는 시대적 진단의 측면이고, 다른 하나는 개념적·이론적 성찰의 차원이다.

첫째로, 뒤르케임은 『자살론』에서 고도로 분업화된 현대 산업사회의 위기를 신난하고 있는데, 이 진단은 후일 『도덕교육』에 그대로 반영된다. 뒤르케임에 따르면 1세기 전부터,

유럽의 모든 나라에서 자살이 급격히 증가했으며 그 가운데에서도 국민들의 문화 수준이 높으면 높을수록 더욱더 급격히 증가했다. 개별적으로 보면, 프로이센에서는 1826년에서 1890년 사이에 411퍼센트, 프랑스에서는 1826년에서 1888년 사이에 385퍼센트, 독일계 오스트리아에서는 1841~45년에서 1877년 사이에 318퍼센트, 작센에서는 1841년에서 1875년 사이에 238퍼센트, 벨기에에서는 1841년

에서 1889년 사이에 212퍼센트나 증가했다. 이에 반해 스웨덴에서는 1841년에서 1871~75년 사이에 단지 72퍼센트, 덴마크에서는 같은 기간에 단지 35퍼센트만 증가했다. 그리고 이탈리아에서는 1870년 이후, 그러니까 이 나라가 적극적으로 유럽 문명의 일원이 된 이후에 자살이 788건에서 1,653건으로 늘어나 20년 동안에 109퍼센트의 증가율을 보였다.[135]

이처럼 1세기 전부터 유럽의 모든 나라에서 자살이 급격하게 증가한 것은 분명히 병리적인 현상이며 유럽 사회가 위기에 처해 있음을 명백하게 보여 주는 대목이다. 그런데 이 위기의 원인을 문명과 지성의 발달에서 찾는 것이 통상적인데, 이는 방금 비교한 유럽의 국가들을 보면 분명한 설득력을 갖는 것처럼 보인다. 그러나 뒤르케임은 로마의 경우를 예로 들어 이러한 인과관계를 논박한다. 로마제국은 전성기에 자살이 급격히 증가했다. 그러므로 그 원인을 고도로 발달한 문명과 지성에서 찾을 수도 있을 것이다. 그러나 그 후의 역사를 보면 그런 식의 추론이 전혀 근거 없음이 드러난다. 왜냐하면 그 현상은 일시적이었고 로마 문화는 그 후에도 살아남았기 때문이다. 기독교 사회는 로마 문화의 정수를 흡수하고 인쇄술의 발명과 르네상스 및 종교개혁을 거치면서 16세기 이후에는 그 어떤 고대사회보다도 훨씬 높은 수준의 문화와 지성을 발전시켰다. 그럼에도 불구하고 자살은 18세기까지만 해도 크게 증가하지 않았다. 결국 진보는 자살의 급격한 증가에 대한 필연적인 원인이 아님이 드러난다.[136]

그렇다면 당시 유럽 사회가 처해 있던 위기의 원인은 어디에서 찾을 수 있단 말인가? 이에 답하기 위해서는 자살이 사회구조의 가장 내적인 측면과 관련이 있다는 사실을 고려해야 한다. 자살은 사회의

---

135 Émile Durkheim, 앞의 책(1983a), 433~34쪽.
136 같은 책, 434~35쪽.

분위기를 표현하는데, 이 분위기는 다시금 개인의 분위기처럼 유기체의 가장 기본적인 상태를 반영한다. 그런데 유럽 사회에서는 자살이 채 50년도 안 되는 시간에 국가에 따라서 3배, 4배, 심지어는 5배까지 증가했다. 이처럼 급격히 증가한 자살과 관련이 있는 사회구조의 가장 내적인 측면 또는 그렇게 증가한 자살이 반영하는 사회 유기체의 가장 기본적인 상태는 무엇인가? 그것은 1세기 동안에 걸친 병리적인, 즉 아주 급격하고 심각한 사회구조의 변화로 인해 과거의 제도가 붕괴되고 그것을 대체할 새로운 제도가 형성되지 못한 병리적인 상태이다. 그것은 위기 또는 혼란 상태이다.[137] 이 병리적인 변화로부터 야기되는 위기의 상태는 아노미와 이기주의의 만연이고, 이는 다시금 자살의 통계에 의해 입증된다. 유럽 사회에서 불과 반세기 만에 3배, 4배, 5배까지 증가한 자살은 거의가 아노미적 자살과 이기적 자살이다.

우리는 이러한 시대적 진단을 『도덕교육』에서도 관찰할 수 있다. 거기에서 뒤르케임은 인류 역사를 통틀어 당시의 유럽 사회가 1세기 이상 전부터 겪고 있는 것만큼 중차대한 위기는 없었다고 자신의 시대를 진단하고 있다.[138] 이 위기는 아노미와 이기주의의 만연으로 인한 집합적 규율과 집합적 이상의 부재이다. 그리고 『자살론』의 연구 결과에 접목하여 이 시대적 위기가 근원적이고도 심원한 것임을 부각히고 있다. 먼저 뒤르케임은 도덕성의 첫 번째 요소인 규율의 정신을 논하면서 다음과 같이 아노미적 자살을 언급하고 있다. "경제적 삶을 지배하는 도덕이 붕괴되면, 탐욕은 더 이상 한계를 모른다. 탐욕은 가열되고 병적인 것이 된다. 그리되면 자살이 증가한

---

137 같은 책, 436쪽.

138 Émile Durkheim, *Erziehung, Moral und Gesellschaft. Vorlesung an der Sorbonne 1902/1903* (Mit einer Einleitung von Paul Fauconnet), Frankfurt am Main: Suhrkamp 1984b, 148쪽.

다."[139] 뒤르케임이 보기에 현대사회에 만연하는 무한한 탐욕은 괴테(1749~1832)의 『파우스트』(1808~32)에 가장 이상적으로 형상화되어 있다. 이 희곡의 주인공 파우스트는 "인간에게 주어진 모든 금기를 부정하고 모든 한계를 넘어서려는 욕구를 지닌 절대적 주체이다. 그는 철학, 법학, 의학 및 신학을 공부한, 그러니까 중세의 대학이 제공한 모든 분야를 철저히 공부했지만, 거기에 만족하지 못하고 신과 같이 전지적(全知的) 존재가 되고자 한다."[140] 파우스트의 이러한 탈한계적 탐욕은 아노미, 즉 사회적 규제의 부재로 인한 것이다.[141]

이어서 뒤르케임은 도덕성의 두 번째 요소인 사회집단에의 결속을 논하면서 다음과 같이 이기주의적 자살을 언급하고 있다. "인간은 그 어떤 집합체든 간에 덜 관여하면 관여할수록, 즉 이기주의적으로 살면 살수록 더욱더 자살의 가능성에 노출된다."[142] 예컨대 결혼하지 않은 사람은 결혼한 사람보다 자살의 경향이 크고, 자녀가 없는 부부는 자녀가 있는 부부보다 자살의 경향이 크다. 또한 전쟁과 같은 위기 시에는 평화 시보다 자살이 감소하는데, 그 이유는 전쟁이 개인들에게 조국애를 불러일으키기 때문이다. 그리고 종교 공동체에의 결속이 강할수록 자살은 줄어든다.[143]

둘째로, 뒤르케임이 『도덕교육』에서 제시한 도덕성의 두 요소는 『자살론』과 직결된다. 구체적으로 규율의 정신은 아노미와 연결되고 사회집단에의 결속은 이기주의와 연결된다. 먼저 도덕은 본질적으로 규율이자 규제이다. 도덕은 명령하는 또는 금지하는 규율이며 이 도덕적 규율의 목적은 행위를 규제하는 데에 있다. 바로 이것이 규율의 정신이다. 이렇게 보면 규율의 정신은 아노미에 상반되는 것

---

139 같은 책, 95쪽.
140 김덕영, 앞의 책(2012), 710쪽.
141 Émile Durkheim, 앞의 책(1984b), 93쪽.
142 같은 책, 118쪽.
143 같은 책, 118~19쪽.

임을 알 수 있다. 그리고 어떤 행위가 도덕적이 되려면 그것이 사회적 목표나 가치 또는 이상을 추구해야 한다. 도덕은 사회가 시작하는 곳에서 시작한다. 바로 이것이 사회집단에의 결속이다. 이렇게 보면 사회집단에의 결속은 이기주의에 상반되는 것임을 알 수 있다.

이러한 관계는 다음과 같이 설명할 수 있다. 뒤르케임이 『자살론』에서 추구한 인식관심이 사회적 연대를 불가능하게 하는, 즉 도덕을 부재케 하는 아노미와 이기주의에, 그리고 이 병리적 현상으로 인해 야기되는 아노미적 자살과 이기적 자살에 있었다면, 그가 『도덕교육』에서 추구한 인식관심은 그 정반대로 ― 물론 전자에 접목하면서 ― 도덕적 삶을 가능케 하는 요소에 있었다. 전자가 보다 경험적이라면 후자는 보다 이론적이다. 내가 보기에는 『자살론』이 ― 그리고 『사회분업론』이 ― 현대 산업사회의 도덕적 체계와 그 병리적 현상에 대한 일종의 경험적 사례연구라면, 『도덕교육』은 도덕에 대한 보다 이론화된 연구라고 할 수 있다. 자살과의 관계 속에서 ― 그리고 분업과의 관계 속에서 ― 검토된 바 있는 도덕의 문제가 이제 도덕이론, 보다 정확히 말하자면 도덕사회학 일반의 차원에서 검토되고 있다. 이 모든 것을 감안하면 뒤르케임은 전자에서 제시한 사회적 규제와 사회적 통합을 후자에서 도덕성의 두 요소인 규율의 정신과 사회집단에의 결속을 매개로 도덕사회학적으로 체계화하고 일반화하려고 했다고 결론지을 수 있다.

그렇다면 다음과 같은 질문을 제기할 수 있을 것이다. 뒤르케임이 『도덕교육』에서 도덕성의 세 번째 요소로 제시한 의지의 자율성은 『사회분업론』이나 『자살론』과 어떤 관계에 있는가? 사실 이 문제는 분업이나 자살에 대한 연구에서는 다루어지지 않고 있다가 도덕성에 대한 도덕사회학적 연구에서 새로이 추가된 것이다. 의지의 자율성은 개인이 수동적이고 피동적으로 도덕적 규칙에 따라 행위하는 것이 아니라 자유의지에 따라, 즉 자발적으로 도덕적 규칙에 동의하고 행위해야 한다는 것을 의미한다. 그런데 중요한 것은 의지의 자율성이 시공을 초월한 보편타당한 개념이 아니라 세속화된 시대에 적용되는 역사적 개념이라는 점이다. 이 시대의 도덕은 그 어떠한 종교적 원리도 필요로 하지 않은 채 전적으로 이성의 권위에 근거하는 도덕이다. 뒤르케임은 이 세속화된 시대의 도덕을 합리적 도덕이라고 부른다. 이 세속적·합리적 도덕성의 요소가 바로 의지의 자율성이다. 만약 세속화되지 않은 시대의 도덕이 문제시된다면, 의지의 자율성이 아니라 의지의 타율성이 도덕성의 요소가 될 것이다. 그리되면 도덕성의 또 다른 요소인 규율의 정신과 사회집단에의 결속도 근본적으로 다를 수밖에 없다. 왜냐하면 세속화되지 않은 시대에는 개인들의 규율과 사회집단에의 결속이 이성적 원리에 의해 자율적으로 이루어지는 것이 아니라 종교적 원리에 의해 타율적으로 이루어졌기 때문이다.

우리가 간략하게 살펴본 『사회분업론』, 『자살론』, 『도덕교육』의 연속성과 연장성은 그 후에도 지속된다. 이 저작들은 ─ 제6장 제4절에서 자세히 논하게 되는 바와 같이 ─ '도덕정치'에 의해 그 후의 다른 저작들과 긴밀하게 연결된다.

4. 〈보론〉 한국 사회의 강제적 분업과 숙명적 자살: 뒤르케임의 눈으로 본 병리적 사회의 초상

내가 보기에 『사회분업론』과 『자살론』은 단순히 뒤르케임의 지적 세계와 사회학 이론 및 그 역사를 이해하는 데에 결정적인 의미를 가지는 데 그치지 않고 더 나아가 한국 사회와 그 근대성을 분석하고 설명하는 데에도 더할 나위 없이 좋은 이론적 길잡이가 되어준다. 결론부터 말하자면, 뒤르케임의 눈으로 보면 오늘날 한국 사회는 극단적으로 비정상적이고 병리적인 사회임이 드러난다. 왜냐하면 강제적 분업과 숙명적 자살이 만연하고 있기 때문이다.

나는 지난 2014년에 출간된『환원근대: 한국 근대화와 근대성의 사회학적 보편사를 위하여』에서 환원근대로 특징지어지는 근대 한국 사회의 구조현상학의 한 측면으로 '억압사회'라는 개념을 제시하고 이 억압사회는 학벌사회로부터 기인한 것이며 그 한 중요한 외적 지표가 청소년의 자살이라는 논지를 편 적이 있다. 그러나 당시에는 그것이 뒤르케임이 말하는 숙명적 자살의 한 유형이라는 사실을 미처 깨닫지 못했다. 그러다가 2016년 '사회이론 강좌: 나비'라는 모임에서 10주간 뒤르케임 사회학에 대한 강좌를 한 적이 있는데, 그때 『자살론』시간에 한국 사회의 특유한 자살현상인 청소년 자살은 전형적인 숙명적 자살로 볼 수 있다는 결론에 도달하고는 나중에 이에 대한 심층적인 연구를 할 수 있는 기회가 있었으면 좋겠다고 말한 적이 있다. 그러나 거기까지였다.

　그리고 나는 2016년에 출간된『국가이성비판: 국가다운 국가를 찾아서』에서 '연고주의에 기반하는 비보편적 국가'를 근대 한국 국가의 계보학적 특징 가운데 하나로 제시하고, 이 연고주의의 핵심이 학연에 있다는 논지를 편 적이 있다. 그러나 당시에는 그것이 뒤르케임이 말하는 강제적 분업의 한 유형이라는 사실을 미처 깨닫지 못했다. 그런데 한 가지 무척 흥미로운 점은, 방금 언급한 뒤르케임 관련 강좌에서『사회분업론』시간에 근대 한국 사회의 심각한 문제점 가운데 하나가 강제적 분업에 있다는 결론에 도달했나는 사실이다 (이 강좌는『국가이성비판』이 집필되기 전에 진행되었다). 그러다가 이 책을 쓰면서, 그것도 분업과 사회의 관계에 대한 부분을 쓰는 과정에서가 아니라 이 책이 거의 마무리된 단계에서『국가이성비판』에서 의식하지 못한 채 강제적 분업의 아주 좋은 경험적 사례를 제시했다는 새삼스럽지 않은 사실을 새삼스럽게 깨닫게 되었다.

　이 책을 쓰면서 얻은 큰 수확이 또 한 가지 있으니, 그것은 한국 사회의 숙명적 자살과 강제적 분업 사이에 인과관계가 존재하다는 것을 인식하게 되었다는 사실이다. 그리하여 뒤르케임 연구서인 이 책의 작은 부분을 〈보론〉 형식으로 할애하여 한국 사회에는 학연을 중심으로 하는 연고주의라는 강제적 분업과 청소년 자살이라는 숙명적 자살이 만연하고 전자가 후자의 사회적 원인임을 논증하기로 했다. 이는 한국 사회의 근대성을 이해하는 데에 작은 기여를 할 수 있을 것이다. 그리고 더 나아가 뒤르케임의 『사회분업론』과 『자살론』을 통일적으로 읽을 수 있는 가능성을 제공할 것이다. 나는 이 〈보론〉에서 한국 사회에 대한 새로운 연구를 시도하려는 것이 아니라—또 그럴 수도 없다!—단지 각각 다른 맥락에서 제시한 두 사회학적 단편을 뒤르케임의 눈을 빌려 하나로 묶어서 한국 사회에 보다 이론적이고 입체적으로 접근하고자 할 뿐이다.[144]

(1) 연고주의: 학연을 중심으로 하는 강제적 분업

이미 제3장 제1절에서 논한 바와 같이, 강제적 분업은 무규제에 의한 아노미적 분업과 달리 규제 자체가 악의 원인이 되는 분업이다. 강제적 분업의 대표적인 예로는 카스트제도, 계급제도 및 상속제도를 꼽을 수 있다. 카스트제도와 계급제도는 사회적 기능의 분배가 자연적 능력의 분배에 상응하지 못하도록 할 수 있기 때문에 강제적 분업을 초래할 수 있다. 그리고 부의 상속은 개인 사이에 벌어지는 경쟁의 외적 조건을 불평등하게 만들기 때문에 상속제도는 강제적 분업에 속한다.[145] 사실 상속제도는 엄밀한 의미의 분업으로 볼 수 없다. 그럼에도 불구하고 뒤르케임이 상속제도를 강제적 분업의 대표적인 경우로 보는 것은, 그가 강제적 분업을 좁게 사회 구성원

---

144 아래에서 묘사되는 한국 사회의 모습은 다음을 약간 수정 · 보완한 것이다. 김덕영, 앞의 책(2014a), 261~72쪽; 김덕영, 『국가이성비판: 국가다운 국가를 찾아서』, 다시봄 2016b, 79~105쪽.
145 Émile Durkheim, 앞의 책(1988), 444, 447쪽.

들에게 적합하지 않은 기능이 강제되는 것에 국한하지 않고 폭넓게 사회적 불평등이 자연적 불평등에 상응하지 않는 방식으로 사회가 분화되는 것으로 파악했기 때문이다.

이처럼 뒤르케임이 강제적 분업을 사회적 불평등과 자연적 불평등의 불일치로 간주하고 카스트제도, 계급제도 및 상속제도에서 이 불일치의 전형적인 표현을 간파한다면, 강제적 분업은 신분, 혈연, 출생 등을 구성원리 또는 조직원리로 하는 사회에서 주로 나타난다는 것을 어렵지 않게 짐작할 수 있다. 그리고 고도로 분업화된, 그리하여 사회적 기능과 그 제도적 구현인 직업을 구성원리 또는 조직원리로 하는 현대사회에서는 강제적 분업이 정상적이 아니라 예외적인 현상이고 설령 예외적으로 일어난다 해도 일시적으로밖에 존재할 수 없다는 것도 어렵지 않게 짐작할 수 있다.

그런데 오늘날에도 강제적 분업이 지극히 정상적이고 사회 전체에 만연하는 사회가 있으니, 그것은 다름 아닌 한국 사회이다. 오늘날 한국 사회는 연고주의가 가장 중요한 사회 구성원리 또는 조직원리이며, 그 중심에는 학연이라는 연고주의가 자리하고 있다. 일단 그 구체적인 모습을 들여다보기로 한다.

지난 2014년 4월에 일어난 세월호 참사를 계기로 우리는 한국 사회의 추악하고 일그러진 자화상을 똑똑히 목격하게 되었는데, 그것은 한국 사회가 마피아의 원리에 기반하고 있는 모습이다. 청피아, 정피아, 관피아, 군피아, 경피아, 철피아, 해피아, 학피아, 교피아, 언피아, 종피아 …… 이제 'X피아'라는 공식의 X에 사회의 그 어떤 공적 영역을 대입한다 해도 성립할 정도이며, 따라서 '한국 사회 = 마피아 사회'라는 등식이 성립한다고 볼 수 있다.

마피아의 원리는 세월호 참사를 전후로 형성된 것은 아니다. 그것은 이미 오래전부터 존재해 왔다. 예컨대 '모피아'(Mofia)는 재무부 출신 인사를 지칭하는 말로 재무부(MOF, Ministry of Finance)와 마피아(Mafia)의 합성어이다. 모피아는 재무 관료 출신이 마피아처럼 자신의 패거리를 구축해 경제계 및 금융계를 장악하는 현상을 가리킨다. 모피아의 역사는 근대 국가의 출발기인 1940년대까지 거슬러 올라간다.

그리고 마피아 사회는 편재적이다. 다시 말해 마피아의 원리는 모피아에 국한된 특수 현상이 아니라 전(全) 사회적 영역에서 관찰되는 보편 현상이다. 세월호 참사를 계기로 이 점이 백일하에 드러난 것이다. 이제 모피아라는 특수 개념의 '모'를 'X'로 바꾸면 'X피아'라는 보편 개념을 얻는다는 사실을 알게 되었다.

내가 보기에 이처럼 오랜 역사를 갖고 사회의 전 영역에서 작동하는 마피아의 원리는 두 가지를 시사한다. 첫째는 연고주의의 외연이 지금까지 생각한 것보다 훨씬 넓고 깊다는 점이다. 연고주의 하면 혈연·지연·학연을 연상하는 것이 일반적이다. 그런데 세월호 참사를 계기로 거기에 근무연이 추가된다는, 그것도 전 사회적 영역에서 그리된다는 사실이 명명백백해졌다. 둘째는 연고주의를 타파해야 할 국가가 연고주의에 기반하고 있다는 점이다. 연고주의는 특수주의이며 이 특수주의가 보편주의 원리에 의해 작동해야 하는 사회적 영역을 지배한다는 데에 연고주의의 심각한 문제점이 있다. 국가는 가장 보편주의적인 사회조직이며, 따라서 특수주의인 연고주의에 기반해서는 안 되고 그 어떤 사회조직보다도 연고주의를 타파해야 할 책무와 권능을 갖는다. 이런 국가가 오히려 연고주의에 기반하기 때문에, 그것도 아주 광범위하게 기반하기 때문에 합리적으로 기능할 수 없으며, 그 결과 개인의 생명과 인권의 보호라는 국가의 가장 기본적인 책무도 수행할 수 없게 된다.

한국 사회의 연고주의를 구성하는 네 가지 요소인 혈연·지연·학연·근무연 가운데 가장 중요한 원리는 단연 학연이다. 왜냐하면 연고주의적 집단, 즉 패거리는 일차적으로 학연, 특히 출신대학을 중심으로 형성되기 때문이다. 그러고 난 다음 이 패거리가 세분화되거나 위계화될 필요성이 대두될 때 여타의 연고주의적 원리가 작동한다. 어떤 사회조직이 특정 대학 출신에 의해 독과점되고 난 다음 다시 혈연이나 지연에 의해 그들의 지위나 권력 또는 보수 등이 세분화되고 위계화된다.

이는 학연과 근무연의 관계에서도 마찬가지이다. 관피아의 경우를 예로 들어보자. 관피아는 모피아를 넘어서 산피아(산업통상자원부 + 마피아)와 국피아(국토교통부 + 마피아) 등으로 이어진다고 한다.[146] 한국 사회는 어차피 'X피아' 사회라는 사실을 감안하면 새삼스러운, 새삼스레 놀랄 일도 아니다. 그것은 단지 마피아 사회의 진화이자 분화일 따름이다.

그런데 여기에서 주목할 점은 산피아는 A대학 출신들로 구성되고 국피아는 B대학 출신들로 구성되는 것이 아니라 한 특정한 대학 출신들로 구성되며 그들 사이에 세분화와 위계화가 일어난다. 그리고 산피아와 국피아가 공공기업이나 민간기업의 자리를 놓고 갈등하고 경쟁하는 경우에도 결국에는 한 특정한 대학 출신들 사이의 갈등이며 경쟁이다. 보다 정확하게 표현하면, 산업통상자원부 출신 관료와 국토교통부 출신 관료 사이의 갈등과 경쟁이 아니라 한 특정한 대학을 나오고 산업통상자원부에 근무한 관료들과 역시 그 대학을 나오고 국토교통부에 근무한 관료들 사이의 갈등과 경쟁이다.

누가 산피아가 되고 국피아가 되고 모피아가 되고 …… 는 미리 학연이라는 연고주의에 의해 결정된다. 근무연은 학연에 의해 선(先)결정된다. 근무연은 학연에 반(半)제품 상태로 주어진다. 근무연은 학연에 그 밑그림이 그려져 있다. 더구나 한국인들은 대학에서 학연을 중심으로 하는 연고주의적 사고와 태도를 배워서 내면화한다. 요컨대 학연은 연고주의의 일차적이고 중심적인 원리이다.

자연스레 학연은 학벌로 이어진다. 학벌은 학연이라는 연고주의적

---

146 『매경이코노미』, 2013년 6월 19일.

원리에 의해 형성되는 집단, 즉 학연적 패거리이다.[147] 내가 보기에 한국 사회의 가장 중요한 구성원리이자 작동원리는 계급도, 성(性)도, 세대도, 지역도 아닌 학벌이며, 한국 사회의 가장 큰 갈등은 계급 갈등도, 남녀 갈등도, 세대 갈등도, 지역 갈등도 아닌 학벌 갈등이다. 한국 사회의 모순은 일차적으로 학벌에 의해 야기된다. 학벌은 사회 전체를 뒤틀고 비틀기 때문에 그 폐해를 일일이 거론할 수 없을 지경이다. 그 가장 심각한 폐해는 청소년들을, 심지어 초등학생들도 자살로 내모는 공부와 성적 스트레스일 것이다. 이 한 가지 사실만 보아도 학벌은 어떤 대가를 치르고라도 반드시 타파되어야 하지만 그 정반대로 학벌이 점점 더 공고해지고 있으며, 이 과정에서 학벌 타파의 가장 큰 책임과 능력이 있는 국가가 학벌 공고화를 부추기며 거들고 있다.

학연과 학벌의 핵심은 대학 서열화에 있으며, 그 정상에는 'SKY-미국 유학파'가, 보다 정확하게 말하자면 '서울대-미국 유학파'가 자리하고 있다. 흔히 서울대, 고려대, 연세대를 일류 대학이라 칭하고 이 세 대학의 영문 이니셜을 조합한 SKY(스카이)는 일류 대학의 상징으로 인식된다. SKY는 원래 하늘이라는 의미의 단어이기 때문에 이 세 대학이 땅에 있는 여타 대학들과 달리 하늘에 있는 존재라는 인상을 준다.

그런데 내가 보기에는 SKY보다는 Sky라는 식으로 표현해야 현실을 훨씬 더 정확하게 반영하는 상징이 될 수 있다. 왜냐하면 서울대, 연대, 고대가 한국 사회라는 사냥물의 '사자 몫'을 챙기는 것이 아니라 사자 몫은 서울대 차지이고 연세대와 고려대는 그에 비해 턱없이

---

147 "대학이 학문도 보편적 이념의 실현도 아닌 구성원들의 무차별한 출세를 실질적 목적으로 추구할 때, 그것은 확장된 가족, 현대적으로 복원된 문중일 뿐인바, 학벌이란 그렇게 확장된 가족으로 전락한 학교이다." 김상봉, 『학벌 사회: 사회적 주체성에 대한 철학적 탐구』, 한길사 2004, 192쪽.

작은 몫을 챙기지만 그래도 나머지 대학들보다는 꽤 큰 몫을 챙기는 것이 현실이기 때문이다. 학벌사회 한국은 '서울대-고려대-연세대의 나라'가 아니라 '서울대의 나라'이다.[148] 학벌사회 한국은 'SKY의 나라'가 아니라 'Sky의 나라'이다.

한국인들은 서울대를 정점으로 하는 대학 서열화가 국가 발전과 국제 경쟁력 제고에 필요한 인재를 양성하는 기능을 하며 대학 서열화는 전 세계적으로 존재하는 보편적인 현상이라고 생각한다. 그러나 그것은 잘못된 생각이다. 왜냐하면 다른 나라들에는 우리와 같은 대학 서열이 존재하지 않기 때문이다. 그들은 우리처럼 일사불란하고 획일적인 대학 서열화의 정점을 차지하는 대학들에서가 아니라 다원화되고 다양성을 갖춘 대학들에서 사회가 필요로 하는 '인재'를 양성한다. 다른 나라들에도 우리와 같은 대학 서열이 존재한다는 생각은 실상, 한국의 특유한 사회적 질서와 그에 대한 가치를 다른 나라들에 투사하여 각 나라의 대학을 우리의 잣대에 따라 인위적으로 줄을 세운 뒤 마치 그것이 실제로 존재하는 것이라고 주장하는 것일 뿐이다. 진정으로 인재를 기르려면, 아니 그보다 근원적으로 학벌에 의해 사회 전체가 뒤틀리고 비틀리는 것을 막으려면 인재에 대한 잘못된 생각을 버려야 한다.[149]

이처럼 강제적 분업이 지극히 정상적이고 전 사회적 차원에서 만연히는 사회가 있다면, 분업에 대한 뒤르케임의 이론은 틀린 것이 아닌가? 그는 강제적 분업이 예외적이고 일시적인 현상이라고 주장하지 않는가? 일단 뒤르케임의 말을 들어보기로 한다. 그에 따르면 강제적 분업은,

---

148   강준만, 『서울대의 나라』, 개마고원 1996.
149   이에 대한 자세한 논의는 다음을 참조할 것. 김덕영, 『입시 공화국의 종말: 인재와 시험에 대한 생각을 바꿔야 대한민국이 산다』, 인물과사상사 2007b.

분업의 필연적 귀결이 아니다. 그것은 특수한 상황에서만, 즉 외적 강제의 결과로 일어난다. 그러나 분업이 순전히 개인의 내적 자발성에 의해, 그리하여 그들의 창의성을 방해하지 않고 일어나면 사정은 완전히 달라진다. 이런 조건 아래에서는 필연적으로 개인의 본성과 사회적 기능이 필연적으로 조화를 이룰 수밖에 없다. 적어도 평균적인 사례들의 경우에는 그렇다. 왜냐하면 사회적 과제를 놓고 투쟁하는 경쟁자들을 방해하거나 부당하게 비호하는 그 어떤 것도 존재하지 않는다면, 각 유형의 과제에 가장 적합한 사람만이 그것을 맡아 하는 것은 당연한 일이기 때문이다. 그 경우에 노동이 분할되는 방식을 결정하는 유일한 원인은 능력의 다양성이다. 다시 말해 필연적으로 이 상이한 능력에 따라 노동이 분배된다. 왜냐하면 다른 방식으로 노동을 분배할 수 있는 아무런 근거가 없기 때문이다. 그리되면 각 개인의 조건과 그의 지위 사이의 조화는 저절로 이루어진다. 물론 이런 방식이 사람들을 만족시키기에 언제나 충분한 것은 아니라고 주장하면서, 그 근거로 욕망이 능력을 넘어서는 사람들이 존재함을 거론할 수 있을 것이다. 그것은 사실이다. 그러나 그것은 예외적이고, 말하자면 병리적인 경우이다. 일반적으로 인간은 자신의 본성을 실현하면서 행복을 느낀다. 그의 욕구는 그의 수단과 적합한 관계에 있다. 유기체의 경우에도 각 기관은 자신이 그 안에서 갖는 의미에 상응하는 정도의 영양분만을 요구한다.[150]

이 인용구절에 뒤르케임이 틀리는지 아닌지에 대한 답이 들어 있다. 강제적 분업은 정상적인 경우에는 일어나지 않고 외적 강제라는 특수한 상황에서만 일어나는, 예외적이고 병리적인 현상이다. 이 특수한 상황이 무엇이며 어떻게 작동하는가는 선험적으로 말할 수 없

---

150 Émile Durkheim, 앞의 책(1988), 445쪽.

고 각 사회마다 그 역사와 구조를 고려하면서 경험적으로 판단할 수밖에 없다. 예컨대 현대 서구 산업사회의 경우에는 "사회적 과제를 놓고 투쟁하는 경쟁자들을 방해하거나 부당하게 비호하는" 외적 강제, 그러니까 신분제가 전반적으로 극복됨으로써 강제적 분업이 일어날 특수적 상황이 조성될 수 없다. 이에 반해 한국 사회는 학벌이라는 신분제, 그러니까 "확장된 가족, 현대적으로 복원된 문중"이라는 가문과 신분이 사회의 기본적인 구성원리 또는 조직원리로 작동하면서 사회 전반에 걸쳐 강제적 분업이 만연할 수밖에 없다. 이는 기능과 그것이 제도화된 직업이 사회의 구성원리 또는 조직원리가 되는 분업사회라기보다 차라리 혈연관계가 사회의 구성원리 또는 조직원리가 되는 분절사회와 유사하다고 할 수 있다. 그렇다면 이 극단적인 병리적 현상의 원인은 무엇인가? 그것은 계보학적으로 한국 사회의 특수한 역사적 발전 과정에서 찾아야 한다.

한국의 대학 서열화는 전형적인 한국적 현상, 그러니까 '메이드 인 코리아'이며 계보학적으로 미군정과 일제강점기로까지 거슬러 올라간다. 1919년 기미독립운동 이후 민족주의자들에 의해 민립대학 설립추진운동이 일어났다. 그러나 일제는 이 운동을 저지하고 1924년에 경성제국대학을 설립했다. 소수의 식민지 엘리트, 즉 지배받는 지배자들을 양성하기 위함이었다.[151]

미군정기에도 그와 유사한 일이 벌어졌다. 당시 임시정부 요인들에 의해 민립대학 설립이 추진되었다. 그러나 미군정은 이를 '교육적 쿠데타'로 간주하고 자생적 교육자치운동을 억압하고 좌익적·민족적 성향을 배제하기 위해 국립대학 설립을 추진했다. 그리하여 식민지 교육의 본산이었던 경성제국대학을 경성대학으로 이름만 바

---

151 이두휴, 「대학서열체제의 형성과 현황」, 경상대학교 사회과학연구원 (엮음), 『대학서열체제 연구: 진단과 대안』, 한울아카데미 2004, 39~89쪽, 여기서는 43쪽.

꾼 다음 그것을 주축으로 일제강점기 때 설립된 9개의 전문학교를 통폐합하는 '국립 서울대학교의 설립에 관한 법령'(국대안)을 공포했다. 미군정은 전(全) 국민적 저항에도 아랑곳하지 않고 국대안을 강력히 밀어붙였으며, 그 결과 1946년 9월 1일 서울대학교가 문을 열게 되었다. "이처럼 서울대학교가 경성제국대학의 인적·물적 자원, 그리고 나아가 그 정신까지 그대로 물려받아 마치 조선시대의 성균관과 같은 위상을 차지하게 됨에 따라 우리의 대학 사회에는 경쟁, 다양성, 개성이라는 자유민주주의적 가치 대신에 획일적 서열구조라는 신분문화가 자연스럽게 정착되기 시작했다."[152]

이로써 한국은 '서울대의 나라'라는 사실이 계보학적으로 설명된다. 그렇다면 'Sky의 나라'라는 사실은 어떻게 설명할 수 있는가? 이 역시 동일한 계보학적 선상에서 설명된다. 일제강점기에는 사립학교인 연희전문학교와 보성전문학교가 관립학교인 경성제국대학 아래에 위치하고 있었는데 미군정에 의해 1946년 8월 15일 종합대학교인 연희대학교와 고려대학교로 승격되면서 서울대학교 다음의 서열을 차지하게 되었다(연희대학교는 1957년 세브란스 의과대학과 통합하면서 연세대학교로 이름을 바꾸었다). 또한 해방 후 급격히 성장하기 시작한 사립대학들이 대학 서열 피라미드의 다음 단계를 차지했다. 그리고 지방에서는 대도시를 거점으로 일제강점기의 전문학교를 계승하거나 새로운 도립대학이 설립되었는데, 이 대학들은 국립대학설치령에 의하여 국립대학으로 전환되었다.[153] 이런 일련의 역사적 과정을 거치면서 대학의 서열이 형성되었고 학벌사회가 형성되었다.

방금 살펴본 바와 같이, 미군정이 시작된 지 불과 1년 만에 서울대가 개교했으며 연세대와 고려대가 종합대학교로 승격되었다. 이화여대도 연세대 및 고려대와 같은 날에 종합대학교로 승격되었다. 이

---

152 같은 글, 43~44쪽. 표현을 약간 바꾸었음을 일러둔다.
153 같은 글, 44쪽(각주 1번).

처럼 신속하게 진행된 대학개편작업은 한국인들에 의한 자치적인 교육운동을 원천봉쇄하고 일제가 남긴 인적·물적·제도적 자원을 그대로 활용하면서 미국의 정신과 문화를 이식할 수 있는 고등교육 기관을 만들려는 미군정의 의도에서 비롯된 것이다.

요컨대 미군정은 일본이라는 토대 위에 미국이라는 상부구조를 구축하려고 했던 것이다. 그것은 식민지 유산에 기반하는 재식민지화 작업이었다. 미군정은 이 친미적 재식민지화 작업을 그 초창기부터 조직적으로, 그리고 신속하게 추진했다. 예컨대 미군정청은 군정이 시작되고 한 달 만인 1945년 10월 7일 경성대학에 미국인 총장과 교수를 임명하고 17일에는 경성제대를 경성대학으로 개칭하여 서울대 설립에 착수했으며, 그해 12월 25일에는 경성음악학교(서울대 음대 전신)의 설립이 인가되면서 서울대를 구성하게 될 모든 학교가 생겼다. 그리고 1946년 8월 22일에는 경성대학 총장을 역임한 해리 앤스테드(1893~1955) 해군 대위가 국립서울대학교 총장에 임명되었다. 교무처장도 미국인이었다.[154]

미군정의 대학정책, 즉 일본의 식민지 유산에 기반하는 친미적 재식민지화 정책의 결과로 한국은 단기간에 미국의 정신적·문화적 식민지가 되었다. 일본으로 향하던 유학생들이 미국으로 향하게 되었다. 이는 미국 유학생 수만 보아도 단적으로 드러난다. 2012~13년 미국에 유학 중인 한국인 유학생 수는 7만여 명으로 중국(23만여 명)과 인도(9만여 명)에 이은 3위이다. 비율로는 중국이 28.7퍼센트, 인도가 11.8퍼센트, 한국이 8.6퍼센트이다. 그러나 인구 비율로 보면 한국의 미국 유학생은 중국보다 7.8배, 인도보다 17.5배 많다. 요컨대 미국에 가장 많은 유학생을 보내는 나라는 바로 한국이다.[155] 이렇게 배출된 미국 유학파들이, 그중에서도 서울대를 나오

---

154 위키백과, 「국대안 파동」(https://ko.wikipedia.org/wiki).

155 김종영, 『지배받는 지배자: 미국 유학과 한국 엘리트의 탄생』, 돌베개 2015,

고 미국에서 박사학위를 취득한 엘리트들이 사회의 각 분야에서 헤게모니를 쥐고 있다. 그 결과 한국은 서울대 출신-미국 유학파가 지배하는 나라, '서울대-미국 유학파'의 나라가 되었다.

요컨대 연고주의의 일차적이고 중심적인 원리인 학연과 학벌은 한국 사회가 체험한 이중적 식민지성에 그 계보학적 연원을 갖는, 전형적인 한국적 현상이다. 그러므로 학연과 학벌의 타파는 곧 우리 안의 식민지성을 극복하는 일이기도 하다. 그러나 한국 사회는 남에 의해 강요된, 그것도 식민통치를 위해 부과된 이 지극히 비합리적인 질서를 내면화하고 확대재생산하는 우를 범하고 있다. 더욱 심각한 문제는 식민지성과 그로 인한 비합리성 극복의 일차적인 책임과 능력이 있는 국가가 오히려 앞장서서 식민지성과 비합리성을 조장하고 있다는 사실이다. 그 결과 국가가 뒤틀리고 비틀리면서 다른 사회적 조직과 기관을 뒤틀며 비틀고 있다. 그리고 개인들과 가족들의 삶을 뒤틀며 비틀고 있다.

먼저 국가와 서울대의 관계를 살펴보기로 한다. 방금 앞에서 살펴본 바와 같이, 서울대는 미군정의 친미적 재식민지화 작업의 일환으로 거의 그대로 이어받으면서 조선시대의 성균관과 같은 위상을 차지하게 되었으며, 그 결과 획일적인 대학 서열의 역사적·구조적 진원지가 되었다. 그렇다면 국가는 서울대의 역사적·구조적 위상을 달리 설정함으로써 학벌모순의 일차적 요인을 제거하는 것이 마땅하다. 그러나 그러기는커녕 오히려 한술 더 떠 이 모순을 고착시키며 확대재생산하고 있다. 서울대 설치령은 다른 국립대들과는 달리 특별법에 근거한다. 게다가 국고지원에 있어서도 특별한 지위를 향유하고 있다. 2003년의 경우 서울대의 총예산은 2,217억 원인데, 이는 다른 국립대학들의 2배 가까운 수치이다. 또한 서울대의 재산은

39쪽; 『경향신문』, 2015년 8월 25일.

1조 2,500억 원인데, 이는 그다음으로 규모가 큰 국립대학의 2배에 이르며 영세 국립대학의 50배가 넘는다.[156]

서울대는 국가기관에서 패권적 지위를 향유하고 있다. 각종 통계를 종합해 보면, 국가 고위직의 절반가량이 서울대 출신이다. 예컨대 2016년 2월의 한 통계자료를 보면, 그때까지의 박근혜 정부 장·차관 40명 가운데 서울대 출신이 18명으로 45퍼센트를 차지한다.[157] 법조계의 경우에는 더욱 심각하다. 시기에 따라 다르기는 하지만 적어도 70퍼센트 이상이, 그리고 심한 경우에는 90퍼센트 정도가 서울대 출신이라고 보아도 크게 틀리지는 않을 것이다. 대법원의 경우에는 서울대 출신이 독식한다고 해도 무방할 정도로 서울대 일색이다.

국가와 미국 유학파의 관계도 마찬가지이다. 예컨대 2008년 4월 이명박 정부 출범 직후인 2008년 4월에 나온 한 통계가 이를 단적으로 보여 준다. 이명박 정부의 1급 이상 핵심 보직자 215명 가운데 47.9퍼센트인 74명이 해외에서 유학이나 연수를 했는데, 국가별로는 미국이 71.8퍼센트인 74명으로 단연 압도적이었다. 전체 핵심 보직자를 놓고 보더라도 34.4퍼센트인 3명 가운데 1명이 미국에서 수학한 셈이 된다. 국가권력의 정점인 청와대의 경우에는, 1급 이상 비서관 51명 중 41.1퍼센트인 21명이 해외 유학파인데, 그 가운데 미국이 절대 다수인 18명을 차지했다.[158]

이 논의의 맥락에서 이승만(1875~1965)을 언급할 가치가 있다. 왜냐하면 그는 향후 한국을 지배할 미국 유학파의 선구자이자 전범이 되었기 때문이다. 그것도 대한민국 대통령으로서, 아니 초대 대통령으로서! 다시 말해 국가 최고 권력자로서 근대국가의 초창기부터 미국 유학파의 선구자이자 전범이 되었으며, 바로 이 점에서 이승만은

---

156 이두휴, 앞의 글(2004), 45~46쪽.
157 『오마이뉴스』, 2016년 2월 12일.
158 『경향신문』, 2008년 4월 6일.

국가의 계보학과 현상학을 이해하는 데에 각별한 의미를 갖는다.

이승만은 몰락한 왕족으로서(그는 양녕대군의 16대손이다) 1887년부터 과거제도가 폐지되는 1894년까지 거의 매년 과거에 응시했으나 번번이 떨어졌다. 1894년 갑오경장으로 과거제도가 폐지되면서 전통적인 한학으로 출세하는 것이 불가능해지자 이승만은 1895년 배재학당에 입학했다. 그 동기는 무엇보다도 "영어를 배우려는 큰 야심 때문"이었다. 그는 세상이 바뀌어서 영어를 해야 관료로 입신할 수 있다고 생각했다. 그의 영어 습득은 매우 빨라서 6개월 뒤에는 배재학당의 영어 교사가 되었으며, 1898년 7월 졸업식에서는 영어로 연설할 정도로 뛰어난 실력을 갖추었다. 이승만은 쿠데타 음모 사건에 연루되어 1899년 1월부터 1904년 8월까지 옥고를 치렀는데, 이때 영한사전을 집필하기도 했다. 이승만은 출옥 후 기독교 활동을 벌이다가 — 그는 배재학당에서 기독교로 개종했다 — 1904년 11월 도미하여 1905년 2월 조지워싱턴 대학에 입학하여 2년 만에 학사학위를 취득하고 하버드 대학의 석사학위(1910년 3월)와 프린스턴 대학의 박사학위(1910년 7월)를 취득했다. 최소한 12년이 소요되는 이 학위 과정을 정규 학력도 없이 곧바로 대학에 진학한 이승만이 불과 5년 만에 통과할 수 있었던 가장 큰 이유는, 미국 기독교계의 전폭적인 지원 때문이었다.[159]

이처럼 20세부터 영어와 미국 그리고 기독교의 '세례'를 흠뻑 받은 이승만은, 완전한 기독교화와 서구화가 반개화국 한국이 문명국이 될 수 있는 유일한 대안이라는 생각을 시종일관 견지했다. 그에게 기독교는 서구 문명과 일치하는 개념이었으며 서구화는 미국화를 의미했다. 그리고 그의 눈에 미국은 "인간의 극락국"으로 보였다. 요컨대 이승만의 사고는 "기독교화 = 서구화 · 근대화 = 미국화"라

---

159 정병준, 『우남 이승만 연구: 한국 근대국가의 형성과 우파의 길』, 역사비평사 2005, 51쪽 이하. 직접 인용은 66쪽.

는 등식으로 표현할 수 있다. 말하자면 이승만은 "미국 역사의 한 부분"이 되었으며, 그 결과 독립 후 수립될 국가를 "미국식 기독교 국가"로 설정하게 되었다.[160]

이승만의 뒤를 이은 미국 유학파는 단순히 미국의 과학·지식·기술만을 배우는 데 그치지 않고 미국의 문화와 가치를 체득하며 미국화와 영어화가 곧 세계화이며 발전이라는 생각을 갖게 된다. 오늘날 영어 학위, 영어 강의, 영어 논문이 대학의 세계화라고 생각하는 경우가 그 좋은 예이다. 그러나 그것은 대학의 미국화와 영어화에 지나지 않으며, 따라서 대학의 식민지화일 따름이다. 이러한 사고는 일종의 식민지 근대화론이다. 왜냐하면 식민지화를 발전과 등치시키는 미국 유학파의 관점은 일제의 식민지배가 한국의 근대화와 산업화에 기여했다고 주장하는 식민지 근대화론과 그 논리적 구조가 동일하기 때문이다. 그 내용에서는 어쩌면 더 식민성이 강한지도 모른다.

(2) 청소년의 자살: 학벌주의로 인한 숙명적 자살

한국 사회에 특유한 강제적 분업인 연고주의의 한 부분이면서 그 중심인 학연은 학벌로 이어지고 그렇게 형성된 학벌주의로 인해 청소년의 자살이라는 숙명적 자살이 일어난다. 게다가 청소년 자살은 청소년 사망 원인 1위를 차지할 정도로 매우 심각한 수준이다. 그런데 이처럼 현대사회에서 숙명적 자살이 광범위하게 일어난다고, 그것도 청소년에 의한 숙명적 자살이 광범위하게 일어난다고 말하는 것은 자살에 대한 뒤르케임의 이론에 정면으로 상충된다.

뒤르케임은 숙명적 자살을 —이미 제3장 제3절에서 언급한 바와

---

160 같은 책, 78, 107~09쪽.

같이 — 아노미적 자살을 논하는 부분의 맨 마지막에서, 그것도 본문이 아니라 각주에서 아주 간략하게 처리하고 있다. 우리는 — 역시 같은 곳에서 — 숙명적 자살에 대한 뒤르케임의 견해를 부분적으로 인용한 바 있는데, 그 전체는 다음과 같다.

이상의 논의는 마치 이기적 자살과 이타적 자살이 상반되는 유형인 것처럼 아노미적 자살에도 상반되는 유형의 자살이 있음을 암시한다. 그것은 과도한 규제로 인한 자살이다. 그것은 강압적인 규율에 의해서 미래가 무자비하게 봉쇄되어 버리고 욕망이 폭력적으로 억압된 사람들의 자살이다. 그것은 아주 젊은 기혼자들이나 자녀가 없는 기혼여성들의 자살이다. 그러므로 완벽을 기하기 위해서 우리는 네 번째 자살 유형을 구성해야 할 것이다. 그러나 이 유형은 오늘날 거의 중요성이 없으며 방금 언급한 경우들을 제외하고는 그 예를 찾아보기가 극히 어려우므로 굳이 거기에 매달리는 것은 무의미해 보인다. 물론 역사적 관심의 대상은 될 수 있을 것이다. 예컨대 특정한 조건에서는 빈번하게 일어났다고 하는 노예들의 자살이 [……] 여기에 속한다. 한마디로 과도한 물리적 또는 정신적 압제로 인한 모든 자살이 여기에 속한다. 규율의 불가항력적이고 불가피적 성격을 명백히 드러내고 우리가 본 장에서 사용한 '아노미'라는 표현과 대비되도록 하기 위해서 우리는 그와 같은 자살을 숙명적 자살이라고 부를 수 있을 것이다.[161]

이 인용구절이 자살의 네 가지 사회적 유형을 논하는 방대한 저작 『자살론』에서 숙명적 자살과 관련된 언급의 전부이다. 이는 너무나 비대칭적이고 불균형적이어서 차라리 '구색 맞추기'라는 인상을 주

---

161 Émile Durkheim, 앞의 책(1983a), 318쪽(각주 29번).

기 십상이다. 아니 그것은 구색 맞추기, 보다 정확히 말하자면 이론적 구색 맞추기에 틀림없다. 이 구색 맞추기에 대한 이유는 다음과 같은 뒤르케임의 생각, 즉 숙명적 자살은 아노미적 자살에 상반되는 유형이며, 따라서 이론적 측면에서는—이론적 완벽을 기하기 위해서는—거론할 만한 가치가 있지만 오늘날에는 거의 일어나지 않으며, 따라서 경험적·실천적 차원에서는 굳이 거기에 매달릴 필요가 없다는 뒤르케임의 생각에서 찾을 수 있다.

그러나 숙명적 자살은 뒤르케임의 견해와 달리 단순히 이론적 구색 맞추기도 아니고 단순히 역사적 관심의 대상이 아니다. 왜냐하면 오늘날에도 숙명적 자살은 어렵지 않게 관찰할 수 있기 때문이다. 그 전형적인 예로 죄수들의 자살을 꼽을 수 있다. 또한 한 연구에 따르면 오늘날 중국의 농촌 지역에서는 젊은 여성들(15~24세) 사이에서 광범위하게 숙명적 자살이 일어난다.[162] 그리고 더 나아가 사회적 규제, 아노미(적 자살), 숙명(적 자살)에 대한 뒤르케임의 이론을 보다 정교화한 후 그에 기반하여 뒤르케임이 아노미적 자살로 분류한 현상들 가운데에는 숙명적 자살에 속하는 유형이 있다고 『자살론』을—상당히 설득력 있게—재해석하는 연구도 있다.[163]

---

162 Christie Davies & Mark Neal, "Durkheim's Altruistic and Fatalistic Suicide", in: William S. F. Pickering & Geoffrey Walford (Ed.), *Durkheim's Suicide. A Century of Research and Debate*, London/New York: Routledge 2000, 36~51쪽. 오늘날 중국의 농촌 지역에서는 15~24세의 여성들이 가족에 의해 선택된 남성과 결혼하도록 강요된다. 그녀들은 그 남성과 결혼을 거부할 수도 없고 결혼 자체를 거부할 수도 없으며 다른 남성과 결혼할 수도 없다. 그리고 결혼 후에는 남편의 가정으로 들어가 시어머니의 압제를 받으며 자주 폭력적인 남편에게 전적으로 복종하며 살아가야 한다. 그리하여 중국의 농촌 지역에서는 결혼 적령기에 있는 젊은 여성들이 이 냉혹한 미래를 피하기 위해 자살을 한다. 이것은 분명히 숙명적인 자살이다. 같은 글, 44쪽.

163 Philippe Besnard, "Anomie and Fatalism in Durkheim's Theory of Regulation", in: Stephen P. Turner (Ed.), *Émile Durkheim. Sociologist and Moralist*, London/New York: Routledge 1993, 169~90쪽.

그렇다면 뒤르케임은 왜 숙명적 자살을 단순한 이론적 구색 맞추기와 단순한 역사적 관심의 대상으로 보았을까? 그 이유는 무엇보다도 뒤르케임이 사용한 자료의 거의가 고도로 개인주의적이고 탈(脫)전통주의적인 유럽 국가들과 관련되어 있기 때문이다.[164] 이들 사회에서는 과도한 물리적 또는 정신적 압제나 불가항력적이고 불가피적 규율이 개인의 미래를 무자비하게 봉쇄하고 욕망을 폭력적으로 억압하는 일은 극히 드물 것이기 때문이다.

　그러나 오늘날에도 뒤르케임이 준거한 사회들과 다른 "사회학적 특성과 콘텍스트"를 가진 사회는 얼마든지 "숙명적 사회"가 될 수 있다.[165] 그 대표적인 예가 바로 방금 언급한 중국의 경우이다. 그리고 더 나아가 뒤르케임이 생각했던 바와 달리 고도의 규율사회인 현대 산업사회가 개인을 물리적으로나 정신적으로 과도하게 규제함으로써, 다시 말해 과도한 규제가 특정한 사회가 아니라 현대 산업사회 일반의 사회학적 특성과 콘텍스트가 됨으로써 오늘날 숙명적 자살이 이기적 자살이나 아노미적 자살처럼 보편적인 현상이 될 수 있는지, 또한 이 숙명적 자살이 규제 그 자체가 악의 원인이 되는 강제적 분업과 이론적으로 연결될 수 있는지 한번 진지하게 논의할 필요가 있다. 물론 이는 여기에서 논할 계제가 아니다. 우리는 다만 한국 사회가 만성적으로 숙명적 자살을 유발하는 전형적인 숙명적 사회임을 보여 주는 것으로 만족하기로 한다.

　지난 2012년에 나온 한 연구에 따르면 한국 현대사에서는 다음과 같이 세 가지 종류의 숙명적 자살을 찾아볼 수 있다. (1) 군대에서의 자살: 과도한 규제와 권위주의적 유대의 귀결, (2) 전쟁정치, 국가폭력의 트라우마로 인한 자살: 5·18과 쌍용차, 매향리와 강정마을, (3) '국가-없음'의 상황과 가족동반자살: 가족주의적 유대의 접

164　Christie Davies & Mark Neal, 앞의 글(2000), 37쪽.
165　같은 글, 45, 49쪽.

합. 이 세 종류의 자살은 사회에 의한 과도한 물리적 또는 정신적 규제로 미래가 무자비하게 봉쇄되어 버리고 욕망이 폭력적으로 억압된 사람들의 자살이라는 점에서 공통점을 갖는다.[166]

이 연구는 뒤르케임의 자살연구에서 구색 맞추기에 불과한 숙명적 자살에 다른 유형의 자살과 동등한 이론적 지위를 부여하려고, 아니면 그것을 적어도 이론적으로 '복권'시키려고 한 점에서, 그리고 오늘날의 한국 사회를 통해 숙명적 자살의 존재와 그 양태 및 작동방식을 경험적으로 입증하려고 한 점에서 참신하고 선구적이다. 그러나 내가 보기에 이에 못지않게 중요한, 아니 어쩌면 이보다 훨씬 더 중요한 숙명적 자살을 간과한 점은 진한 아쉬움으로 남는다. 그것은 학벌주의로 인한 청소년의 자살이다. 이것은 방금 언급한 세 가지 종류의 숙명적 자살보다 만성적이고 보편적인, 말하자면 그 어떤 숙명적 자살보다 한국적인, 너무나도 한국적인 현상이다. 또한 이 자살은 그 어떤 종류의 숙명적 자살보다 강제적 분업과의 관계가 명백하게 드러난다. 그리고 이 자살에는 뒤르케임이 제시한 숙명적 자살이 가장 극단적인 모습으로 나타난다.

오늘날 한국 사회에서 청소년들을 숙명적 자살로 몰고 가는 사회적 규제와 규율이 얼마나 과도하고, 이로 인해 그들의 미래가 얼마나 무자비하게 봉쇄되고 그들의 욕망이 얼마나 폭력적으로 억압되는가는, 다음의 사례를 보면 극명하게 드러날 것이다. 지난 2002년 11월 8일에 초등학교 5학년 학생이 "물고기처럼 자유로워지고 싶

---

166 김명희, 앞의 글(2012). 여기에서 '전쟁정치'란 "국가가 전쟁 상태에 있다는 것을 전제로, 국가의 유지, 즉 내외의 적으로부터 국가의 보호를 가장 일차적인 목표로 삼고, 국내정치를 전쟁 수행하듯이 운영하는 것을 말한다. 전쟁정치의 상황에서 정권의 필요시 법의 작동은 정지되거나 제한된다." 같은 글, 314쪽(각주 33번). 그리고 '국가-없음'이란 "국민국가 내에서 국가가 기능을 수행하지 않는 상황, 다시 말해 정치로서의 국가는 마비되고 통치로서의 국가만 기능하는 사회 안전망의 부재 상황"을 말한다. 같은 글, 319쪽.

다"라는 유서를 남기고 자살해 사회적으로 커다란 충격을 준 사건이 있었다. 그 어린이는 그해 10월 29일자 일기장에 이렇게 썼다고 한다. "죽고 싶을 때가 많다. 어른인 아빠는 (이틀 동안) 20시간 일하고 28시간 쉬는데, 어린이인 나는 27시간 30분 공부하고 20시간 30분을 쉰다. 왜 어른보다 어린이가 자유시간이 적은지 이해할 수 없다." 그 일기는 다음과 같이 이어졌다고 한다. "숙제가 태산 같다. 11장의 주말 과제, 14장의 수학숙제, 난 그만 다니고 싶다. 물고기처럼 자유로워지고 싶다."[167]

이처럼 과도한 물리적 또는 정신적 규제로 청소년들의 미래를 무자비하게 봉쇄하고 그들의 욕망을 폭력적으로 억압하는 사회를 무슨 사회라고 불러야 하는가? 규율사회? 이는 청소년들의 숙명적 자살이 만연하는 한국 사회를 담아내기에는 너무 약한 개념이다. 그보다는 억압사회라는 개념이 더 적합해 보인다. 연고주의의 중심이 되는 학연은 학벌과 학벌주의로 이어지고 이는 다시금 억압사회를 초래하고 그로부터 청소년들의 숙명적 자살이 발생한다. 한국 사회가 처음부터 억압사회였던 것은 아니다. 원래는 규율사회였지만 학벌과 학벌주의가 고착되면서, 즉 학벌사회가 정착되면서 억압사회로 이행했다고 보는 것이 더 타당할 것이다.

일반적으로 규율사회는 인간의 영혼과 육체를 일정한 방향으로 분할·조직·통제함으로써 특정한 유형의 인격과 행위를 형성하는 사회라고 규정할 수 있다. 규율사회는 이러한 목적을 달성하기 위해 훈련·금지·강제·명령·감시·처벌 등의 기제를 사용한다. 한국의 전근대사회는 전형적인 규율사회이다. 이 규율사회가 지향한 바는 유교 지식인을 고귀한 인간(군자)과 성스러운 인간(성인)으로 고양시키는 데에 있었다. 이에 반해 근대 서구에서 형성된 규율사회

---

167 『문화일보』, 2002년 11월 11일.

는—미셸 푸코가 매우 탁월하게 분석한 바와 같이—생산적인 인간을 양성해 산업 자본주의가 요구하는 노동력을 공급하는 데에 그 목적이 있다.[168] 자명한 일이지만 근대 한국 사회도 산업화와 경제발전에 필요한 생산적인 노동력을 양산하는 규율사회를 지향했는데, 이 과정에서 유교가 남긴 전통적인 규율사회의 유산을 적절히 활용했다.[169]

억압사회는 규율사회가 심화된 결과로 나타난다. 억압사회도 규율사회와 마찬가지로 금지·강제·명령·감시·처벌 등의 기제를 사용한다. 그러나 억압사회는 인간 영혼과 육체의 분할, 조직, 통제를 넘어서 인간의 기본적인 욕구나 욕망 그리고 인간의 각 성장단계에서 필요로 하는 욕구나 욕망을 억누른다. 다시 말해 개인이 이 욕구와 욕망을 충족하도록 내버려 두지 않는다. 심지어 인간에게는 그러한 욕구나 욕망이 없는 것처럼 생각하기도 한다. 예컨대 잠의 경우, 규율사회는 어린아이의 잠자는 시간과 장소 그리고 잠자리 복장, 청결상태, 예절 등을 엄격히 통제한다. 이에 반해 억압사회는 어린아이에게 잠을 자지 못하게 하거나 그에게 꼭 필요한 양의 수면을 허락하지 않는다. 규율사회와 달리 억압사회는 병리적인 단계이다. 예컨대 아동기와 청소년기에 잠을 제대로 자지 못하면 성장에 심각한 문제가 생긴다. 규율사회와 억압사회 모두 외부성과 타율성에 기반한다. 규율과 억압 모두 외부의 타자로부터 강제된다. 그러나 동시에 내면성과 자율성의 측면을 갖는다. 이를 자기규율과 자기억압이라고 말할 수 있다. 예컨대 규율의 경우 청소년이 학교와 교사에 의한 외적 강제 없이도 자발적으로 복장을 단정히 하고 학교의 규칙을 엄격히 지킨다. 이 경우 규율사회의 가치와 규범이 내면화된 것이다.

---

168 미셸 푸코, 『감시와 처벌: 감옥의 탄생』, 나남출판 2003 (오생근 옮김; 원제는 Michel Foucault, *Surveiller et punir. La naissance de la prison*).

169 이에 대한 자세한 논의는 다음을 참조, 김덕영, 앞의 책(2014a), 158쪽 이하.

그리고 억압의 경우 청소년이 부모에 의한 외적 강제 없이도 자발적으로 수면시간을 줄인다. 이 경우 억압사회의 가치와 규범이 내면화된 것이다.

이렇게 규정된 규율사회와 억압사회의 개념은 경험적 현실세계에서는 그 경계가 유동적이고 불분명할 수 있다. 다시 말해 어디까지가 규율사회이고 어디서부터 억압사회인지 정확히 구분할 수 없는 경우가 많다. 그럼에도 불구하고 이 두 개념을 구분하는 것은 경험적 현실세계를 이해하고 설명하는 데에 크게 도움이 될 수 있다. 이 맥락에서 지크문트 프로이트(1856~1939)를 언급할 만하다. 내가 보기에 프로이트의 정신분석학의 그 역사적 · 사회적 배경은 규율사회가 심화된 억압사회에 있었다. 산업 자본주의의 발전과 더불어 노동과 생산의 영역에서뿐만 아니라 모든 공적 · 사적 영역에서 육체적 · 심리적 욕구와 욕망을 통제하고 합리적으로 행위할 것이 요구되었다. 자기규율이 도덕적 의무이자 이상으로 간주되었다. 그러나 규율은 억압으로 이어졌다. 프로이트의 정신분석학은 성적으로 억압된 환자들을 치료하는 임상 과정에서 형성되었다.[170]

물론 프로이트는 억압사회라는 말을—그리고 규율사회라는 말을—사용하지 않았다. 억압사회는 내가 만든 말인데, 그것은 내가 프로이트의 지적 세계를 파악하기 위해 만든 개념 쌍인 억압과 해방에서 연원한 것이다. 프로이트의 정신분석학이 궁극적으로 추구하는 바는 억압된 인간 영혼의 해방이다. 이처럼 억압사회라는 말을 만드는 과정에서 이론적으로는 프로이트에 준거했지만 그 실천적인 사회적 배경은 한국 사회의 문제, 구체적으로 말해 교육문제에 있었다. 오늘날 한국 사회는 교육이라는 명분 아래 점점 더 억압사회를 확대하고 강화하고 있다는 것이 나의 생각이다. 내가 프로이트를 읽

170 김덕영, 『프로이트, 영혼의 해방을 위하여: 사회학자의 눈을 통해 본 프로이트의 삶과 사상 그리고 정신분석학』, 인물과사상사 2009, 94쪽 이하.

는 키워드는 억압과 해방 이외에도 자아, 주체성, 이성, 합리성, 계몽주의 등이다.[171] 프로이트가 진정으로 꿈꾼 것은 억압된 인간의 해방과 주체적이고 이성적인 인간 자아를 가능케 하는 합리적인 사회와 문화의 건설이었다. 그는 누구보다도 철저하고 위대한 계몽주의자였다. 오늘날 이 프로이트적 계몽주의가 가장 절실히 요청되는 곳은 그 어디도 아닌 바로 억압사회의 전형인 한국 사회이다.

아무튼 한국 사회는 규율사회를 넘어서 억압사회가 된 지 이미 오래인데, 이는 학생들의 자폐증, 대인기피증, 우울증이나 노이로제 같은 정신질환, 자살충동과 자살, 교실붕괴, 학교폭력, 학생들에 의한 교사폭행과 같은 병리적인 현상을 보면 확연히 드러난다. 한국 사회가 규율사회에서 억압사회로 이행한 것은 학벌사회와 밀접한 관계가 있다. 학벌사회에서는 대학 서열 피라미드의 한 단계라도 더 높은 대학과 학과에 입학하는 것이 대학 이전 학교들의 지상과제가 되며, 그 결과 학생들은 일찍부터 무한경쟁을 할 수밖에 없다. 더구나 학벌사회가 공고화되면서 이 무한경쟁이 시작되는 연령이 점점 더 낮아져 심지어는 엄마 뱃속에서 태교와 더불어 시작될 수도 있다. 이렇게 되면 인간에 대한 관심과 배려가 없어지거나 인간을 이해하지 못하거나 또는 아예 이해하지 않으려고 한다. 대신 인간을 억누르려고만 한다. 말하자면 인간에 대한 무관심과 몰이해가 억압사회를 야기한다. 그리고 억압사회는 다시금 인간에 대한 무관심과 몰이해를 더 크게 만든다. 이 두 범주는 서로를 강화하고 상승시킨다.

내가 보기에 한국 사회에서 인간에 대한 무관심과 인간에 대한 몰이해는 두 가지 측면으로 나누어 살펴볼 수 있다. 하나는 아동기와 청소년기의 부정이며, 또 다른 하나는 인간이 지적 능력 이외에도 다양한 능력을 필요로 하는 존재라는 사실의 부정이다.

---

171 같은 책, 12쪽 이하.

첫째, 억압사회가 아동기와 청소년기를 부정하는 것에 대하여 알아보기로 한다. 생물학적 측면에서 보면 어느 사회나 아동기와 청소년기가 존재한다고 볼 수 있다. 그러나 이것이 하나의 독립적이고 자체적인 인간 성장과 발달 단계로 인정되느냐는 별개의 문제이다. 한국의 전근대사회에서 아이들은 빨리 자라서 어른들의 세계에 편입되어 어른들의 일을 하도록 되어 있는 존재로 인식되었다. 우리말에 '점잖다'라는 말이 있는데, 이는 '젊지 않다'라는 말이 축약된 형태이다. 어떤 어린이를 가리켜서 '점잖다'라고 말한다면, 이는 그의 사고나 행동거지가 아이답지 않고 어른스럽다는 것을 뜻한다. 이처럼 점잖은 아이를 높이 사는 것은 무엇보다도 한국 사회에서 원래는 아동기가 하나의 독립적이고 자체적인 의미나 가치를 지닌 인생의 시기라는 사실이 인정되지 않았다는 것을 암시한다. 어린 시기는 오히려 단지 성인의 시기로 넘어가는 통과 시기 정도로 생각되어 왔다. 그러므로 어린이는 될 수 있는 한 빨리 어른 세계의 가치와 규범 및 행위를 배우고 익혀서 될 수 있는 한 빨리 이 세계에 편입되도록 강요되었다. 지배계급인 양반사회에서는 어린 나이에 유교 경전과 시문에 능통하여 과거에 급제하는 사람이 이상적 인간상으로 받아들여졌다. 그리고 직접적으로 생산에 종사한 피지배계급에서는 어린아이를 가급적 빨리 노동력으로 이용하려고 했다.

서구 중세에서도 어린이의 세계는 어른의 세계로 넘어가는 과도기 현상으로 간주되었다. 어린이는 작은 어른으로 취급되었다. 그러다가 근대 시민사회가 발전하면서 비로소 아동기가 독립적이고 자체적인 시기로 인정되었다. 이는 무엇보다도 산업 자본주의와 시장경제가 발전하면서 어린이들이 생산과 노동의 세계로부터 분리되면서 이 시기가 어른의 시기와는 근본적으로 구분되는 시기라는 인식이 팽배하면서 가능했다.[172]

그런데 한국 사회에서도 근대화와 더불어 아동기와 청소년기가 독립적이고 자체적인 인간 성장과 발달 단계로 인정되었으며 각각의 성장과 발전단계에 상응하는 각급 학교가 설치되었다. 초·중·고등학교는 단순히 대학을 가기 위한 통과점이 아니라 각자의 고유한 교육목표를 추구하는 사회문화적 제도이자 기관이다. 그러나 학벌사회가 형성되면서, 다시 말해 초·중·고등학교가 대학의 식민지가 되고 그에 따라 학교가 규율사회에서 억압사회로 이행하면서 아동기와 청소년기가 부정되고 있다. 아니 인간에게는 마치 이러한 단계가 존재하지 않는 것처럼 무시하고 있다. 초·중·고등학교 학생들은, 아니 심지어 유치원생들은 가장 기본적인 인간적 본능과 욕구를 억누른 채 오직 공부, 공부, 공부에만 매달려야 한다.

잘 알려져 있다시피, 한국인들, 그러니까 한국 어른들의 노동시간은 전 세계에서 가장 길다. 그런데 그보다 더 긴 노동시간이 있으니, 그것은 바로 한국 어린이들의 공부시간이다. 그러니까 전 세계에서 가장 긴 시간을 노동하는 사람들은 그 어느 나라의 성인도 아닌 한국의 어린이들인 셈이다. 지난 2002년 11월 8일에 "물고기처럼 자유로워지고 싶다"라는 유서를 남기고 자살한 예의 그 초등학교 5학년 어린이는 이 말과 더불어, 어린이가 억압사회에 아동기를 저당잡힌 채 공부의 노예가 되지 않고 마음껏 아동기를 즐기면서 자라야 한다고 외쳤던 것이다. 그 어린이는 물고기처럼 자유로운 아동기를 거부하는 억압사회로부터 해방되는 길을 죽음에서 찾았던 것이다. 오늘날 한국의 억압사회는 수많은 초등학교 학생에게 자살충동을 느끼게 할 정도로 그 정도가 아주 심각한 수준에 이르렀다. 지난 2013년 한국방정환재단과 연세대 사회발전연구소가 어린이날을 맞아 전국 초등학교 4학년에서 고교 3학년까지 학생 7,014명에게 실시한 '2013 한국 어린이·청소년 행복지수 국제 비교'에 따르면, 초등학생 7명 중 1명, 고등학생은 4명 중 1명꼴로 가출 및 자살충동을

---

172   필립 아리에스, 『아동의 탄생』, 새물결 2003 (문지영 옮김; 원제는 Philippe Ariès, *L'Enfant et la Vie Familiale sous l'Ancien Regime*).

경험했다고 한다![173]

억압사회가 갖는 문제의 심각성은 여기에서 그치지 않는다. 이제 억압사회의 손길은 아동기를 지나 영·유아기에까지 뻗치고 있다. 과도한 사교육으로 영유아들이 병들고 있다.

사교육의 출발선은 이미 출생 시점으로 내려왔다. 만 한 살도 안 된 영아를 위한 영어 플래시 카드와 놀이학습, 국어·수학 학습까지 남보다 반걸음이라도 먼저 대학 입학 경주에 뛰어들려는 사교육이 시작된 것이다. 자유롭게 쉬고 놀 시간을 빼앗긴 아이들은 초등학교 1학년 입학 무렵, 이미 배움에 대한 의욕을 잃고 무기력증에 시달린다. 인성이 최고라고 하면서 아이들의 행복을 빼앗고, 창의인재를 키운다고 하면서 창의력이 뻗어갈 공간을 허용하지 않는 어른들의 과욕과 허영이 아이들을 옥죄고 있는 것이다.[174]

한 살부터 여섯 살까지의 어린아이들이 보육기관이나 교육기관에서 하루 평균 7시간을 생활하고, 집에 돌아와서도 30분간 학습활동을 하며, 잠은 적정량에 1~4시간 부족한 평균 10시간 16분을 잔다고 한다. 그리고 이 어린아이들이 부모에 안길 수 있는 시간이 하루 4분이란다![175]

둘째, 억압사회가 인간이 지적 능력 이외에도 다양한 능력을 필요로 하는 존재라는 사실을 부정하는 것에 대하여 알아보기로 한다. 인간은 지적 존재일뿐더러 육체적·감정적·정서적·정신적 그리

---

173 『경향신문』, 2013년 5월 3일.

174 같은 곳.

175 『경향신문』, 2013년 5월 4일. 다음의 연구는 억압사회가 작동하는 모습을 시간에 입각해 실증적으로 분석하고 있다. 김은화, 「영·유아의 생활시간 및 부모-자녀 공유시간 실태 연구」, 경희대학교 박사학위 논문 2012. 이 책에서 인용한 신문기사도 바로 이 연구를 요약한 것이다.

고 사회적·공동체적 존재이기도 하다. 개인으로 하여금 이 다양한 능력을 조화롭게 발전시켜 보편적인 인격체로 성장하도록 교육하는 시기가 아동기와 청소년기, 그러니까 대학 이전의 교육이다. 지적 능력, 그러니까 지식을 배우고 쌓는 능력도 언뜻 다른 인간적 능력과 무관한 고립적인 영역인 듯 보이지만 실상은 보편적 인격체의 유기적인 구성요소가 될 때에만 비로소 제대로 작동할 수 있다.

그럼에도 불구하고 억압사회는 이미 영·유아기부터 공부, 공부, 공부 하면서 지적 능력만 과도하게 강요하고 다른 인간적 능력에는 무관심하거나 그런 능력이 아예 존재하지도 않는 것처럼 생각하는데, 이 억압사회가 얼마나 인간을 옥죄는가는 다음과 같은 사실만 보아도 단적으로 드러난다. 지난 2013년 3월 25일 경북 지역의 한 자율형 사립고에서 전교 1등을 한 고교생이 아파트에서 뛰어내려 스스로 목숨을 끊었다. 그 학생은 투신하기 직전 어머니에게 스마트폰 채팅 애플리케이션인 카카오톡으로 다음과 같은 내용의 글을 보냈다고 한다.

제 머리가 심장을 갉아먹는데 이제 더 이상 못 버티겠어요. 안녕히 계세요. 죄송해요.[176]

내기 여기에서 특히 논하고 싶은 것은 몸의 문제이다. 한국의 전근대사회에서는 일반적으로 나의 몸은 내가 나의 주관적 가치나 이상 그리고 취향에 따라서 가꾸거나 꾸미거나 발산할 수 있는 것이 아니라는 표상이 지배했다. 나의 몸은 나의 것이 아니었다. 이 몸은 규율과 극기와 대상이었다. 그 이유는 개인과 그의 인격이 가족, 친족, 국가 등의 초개인적 사회체에 함몰되었기 때문이다. 그러나 근대는 개

---

176 『한겨레신문』, 2013년 3월 28일.

인의 이념에 기초하며, 몸은 정신과 마찬가지로 이 근대적 개인과 그 인격의 일부분이 된다. 나의 몸은 나의 것이다. 바로 여기에 체벌을 해서는 안 되는 이유가 있다. 개인과 그의 인격은 정신적으로든 육체적으로든 침해할 수 없는 것이다.

근대사회에서 건강하고 개성적이며 아름다운 몸을 가꾸는 것은 자신만의 고유하고 독특한 정신세계를 발전시키는 것 못지않게 중요하다. 그것은 인격을 함양하는 일이다. 한창 몸과 정신이 성장하는 청소년기에는 특히 그러하다. 게오르그 짐멜과 더불어 이야기하자면, 옷 · 신발 · 머리 · 액세서리 · 장신구 등 개인의 몸을 가꾸는 대상은 모두 인격의 일부분이 되고 인격의 연장이 된다. 이 모든 것은 단순한 소유가 아니라 소유와 존재의 독특한 종합이다.[177] 그럼에도 불구하고 한국에서는 학생들에게 '유니폼'인 교복을 강요한다. 원래 유니폼은 군대나 감옥 또는 수도원이나 공장 등 특수한 사회조직에서나 착용하는 것이다. 그리고 학생들의 두발을 통제한다. 그 이유는 간단하다. 학생들이 몸과 옷에 신경을 쓰지 말고 오직 공부에만 전력 질주하도록 만들기 위해서이다. 학생들은 마치 그들 자아의 일부분인 몸이 아예 존재하지 않는 것처럼 생각하고 모든 시간과 에너지를 성적 올리는 데에 투자해야 한다. 억압사회에서는 개인이니 몸이니 인격이니 하는 것은 사치일 뿐이다.[178]

한국의 억압사회는 학교를 감옥으로 만들어버렸다. 다시 말해 학교는 학생들로 하여금 모든 인간적 욕구와 욕망을 유보한 채 공부에만 전념하고 1점이라도 높은 점수를 올리도록 총체적으로 감시하고 처벌하는 제도가 되어버렸다. 그런데 한 가지 매우 흥미로운 점은, 학교가 공간의 관점에서 보아도 감옥이나 병영과 전혀 다르지 않다는 사실이다. 후자처럼 전자도 감시와 효율을 목적으로 하는 공간이

---

177 김덕영, 앞의 책(2007a), 260쪽 이하.
178 김덕영, 앞의 책(2007b), 30~31쪽.

다. 이러한 공간의 주인은 학생과 교사가 아니라 어른이다. 달리 말해 학교라는 공간이 "아이들이 즐겁게 배우고, 성장을 위해 고민하는 데 도움이 되는 구조라기보다는 어른이 아이들을 편하게 감독하고 지시하기 위한 구조인" 것이다. 그리하여 학생들에게 공포와 두려움의 대상이 될 수 있으며, "교사와 학생, 학생과 학생 사이에 마음의 교류와 소통이 이뤄지기 힘든" 상황이다.[179] 요컨대 "우리 사회는 아이들이 10년 이상 시간을 보내는 학교라는 공간을 어떤 교육철학이나, 아이를 위한 복지개념에서 바라보는 일에 아직 서툴러 보인다. 우리나라 학교들은 그 공간 자체가 갖는 매력이 부족하다. 차갑고, 획일적이며 폐쇄적인 느낌이 들 때가 많고, 오래된 학교일수록 계획성 없는 증축으로 미로의 공간을 만들어 아이들로부터 쾌적함과 안전함마저 빼앗아 버리는 것 같다."[180]

이러한 학교공간의 문제는 단순히 건축의 문제가 아니라 한국 근대성의 문제이다. 다시 말해 학교라는 교육공간은 한국의 근대성에 의해 담지되며 한국의 근대성을 담지한다. 이 한국의 근대성은 개인과 개인주의의 이념이 아니라 산업화와 경제성장 중심의 근대화를 주도한 국가와 국가주의 이념이다.

근대의 시공간 의식에는 국가주의 이념이 부지불식간에 깊은 영향력을 행사하고 있다. 이것은 교육을 국가 발전을 위한 가장 중요한 수단적 가치로 파악하고 다른 방식의 실험은 용납하지 않는 국가주의의 이념이 지배하고 있기 때문이다. 학교공간에서의 시간계획은 거대한 국가체제의 관리 속에서 운용되고 작동된다. 학교의 시간은 이미 잘 조직된 자본주의 시스템의 한 축을 따라 움직이고 있을 뿐이다. 공

---

179 SBS 스페셜 제작팀, 『학교의 눈물: 어른들이 모르는 아이들의 세계에서는 무슨 일이 벌어지고 있는가?』, 프롬북스 2013, 143, 145쪽.

180 같은 책, 142쪽.

간의 구성도 효율성과 경제성 같은 국가 중심의 운영논리가 지배한다. 물론 이러한 변화의 가장 밑바탕에는 교육공간을 '존재'의 성찰을 위한 최적의 공간으로 가꾸려는 노력보다 교육을 단순히 인간의 무한정한 욕망과 게걸스러움을 충족해 줄 수단으로 파악하는 우리 시대의 '소유론적' 삶의 양식이 깊은 똬리를 틀고 있는 것이다.[181]

아무튼 국가 주도 아래 근대화 논리에 매몰되어 산업화와 경제성장의 인력시장이 된 한국의 근대교육은 그 교실이 스키너 상자라면 학교는 감옥이라고 할 수 있다. 그리고 동시에 공장이라고 할 수 있다. 학생들을 학교라는 감옥에 가두어 감시하고 처벌하며 교실이라는 스키너 상자에서 행태주의적 원리에 따라 규격화되고 획일화된 인간을 대량생산하는 공장이다.

그런데 한국에서 억압사회는 학교의 울타리를 넘어 사회의 전 영역으로 확대되었다. 먼저 가정은 아이들이 학교라는 감옥에서 해방되어 자신의 영혼으로 돌아갈 수 있는 곳이 아니라 또 하나의 감옥이다. 다만 감시와 처벌의 공간이 바뀌고 그 주체가 교사에서 부모로 바뀔 뿐이다. 그리고 부모가 대행하는 억압사회의 이념은 교사가 대행하는 억압사회의 이념보다 간접적으로 이루어진다. 그러나 그 강도나 철저성에는 차이가 없다. 그리고 학원은 억압사회의 이념을 가장 철저하게 구현하는 곳이다. 입시와 시험 말고 그래도 이런저런 것이 이루어지는 학교와 달리 학원은 오로지 입시와 시험만을 위해 존재한다. 그렇기 때문에 공부 이외의 모든 인간적 욕구와 욕망을 억누를 수 있다.[182] 억압사회 학원은 진화에 진화를 거듭해 이른

---

181 정순우, 「교육공간에 대한 역사적 성찰」, 한국교육사학회 (펴냄), 『역사 속의 교육공간, 그 철학적 조망』, 학지사 2011, 19~50쪽, 여기서는 48쪽. 그리고 다음의 글은 한국의 근대 학교공간에 대해 논하고 있다. 한용진, 「근대적 교육공간의 성격과 한국의 근대학교」, 한국교육사학회 (펴냄), 『역사 속의 교육공간, 그 철학적 조망』, 학지사 2011, 405~33쪽.

바 '자물쇠반' 학원도 등장했다고 한다. 학생들이 마음대로 드나들지 못하게 밖에서 자물쇠로 걸어 잠그는 이 학원은 억압사회의 절정이라고 할 수 있다.

오늘날 한국의 억압사회는 프로이트 시대의 억압사회보다 더 극단적인 모습을 보인다. 제대로 앉지도 못하는 영·유아들이 기저귀를 찬 채 영어 플래시 공부를 하도록 강요하는 억압사회 대한민국![183] 영·유아 99.8퍼센트에게, 그러니까 모든 영·유아에게 사교육을 시키는 억압사회 대한민국![184] 이 억압사회는 한시바삐 지양되어야 한다. 어린아이들과 청소년들을 비인간적인, 아니 반인간적인 억압으로부터 해방해야 한다. 그러니까 이 억압사회의 원인인 학벌이 한시바삐 폐지되어야 한다. 그리고 학벌의 폐지는 다시금 개인을 단순히 국가 발전을 위한 도구와 수단으로 간주하지 않고 개인의 인간적 권리와 존엄성을 인정해야, 그리고 국가는 이 권리와 존엄성을 지켜야 할 의무가 있다는 점을 인정해야 가능한 일이다. 다시 말하자면 진정한 근대성을 확보해야만 가능한 일이다. 역으로 이것을 인정하는 것은 진정한 근대성을 확보하는 관건이다. 근대는 개인의 이념에서 출발하기 때문이다. 근대는 국가의 개인이나 사회의 개인이 아니라 개인의 국가나 개인의 사회라는 이념에서 출발하기 때문이다.

182　김덕영, 앞의 책(2007b), 19, 21쪽.

183　『경향신문』, 2013년 5월 3일.

184　"영어유치원부터 놀이학교·학원·학습지·교구까지 영·유아 사교육 시장이 빠르게 커지고 있다. 육아정책연구소가 지난해 발표한 연구보고서에서 한국의 0~5세 영·유아의 총 사교육비는 2조 7,000억 원으로 국내총생산(GDP)의 0.22퍼센트에 달한다. 영·유아를 둔 부모들의 81퍼센트가 보육·교육비를 지출한 경험이 있고, 평균 21만 7,800원을 지출한 것으로 파악됐다. 영·유아 1인당 지출하는 보육·교육비에서 사교육비가 차지하는 비율은 48.3퍼센트를 점했다. 한국 부모들은 영·유아 교육비의 절반을 사교육에 쓰고 있는 셈이다. 한국교육개발원이 전국 2,500가구를 조사해 2010년 12월 발표한 보고서에서도 영·유아 사교육을 하고 있다고 답한 비율은 99.8퍼센트에 달했다."『경향신문』, 2013년 7월 2일.

제4장
개인과 사회의 관계

흔히 뒤르케임의 사회학에서는 개인이 그들의 외적인 힘인 사회로부터 일방적이고 수동적으로 결정되며, 따라서 개인에게서는 주관적이고 자원론적인 행위를 찾아볼 수 없다고 생각한다. 그러나 이는 뒤르케임의 지적 세계에 대한 지극히 피상적인 해석에서 기인하는 오해일 뿐이다. 사실 뒤르케임의 사회학에서 개인과 사회의 관계는 간단히 몇 마디로 할 수 있는 성질의 것이 아니라 다음과 같이 다차원적이고 복합적이다.

뒤르케임에 따르면, 연합된 개인이 사회의 기체로서 사회를 구성하고 사회적 사실을 창출한다. 역으로 사회적 사실은 그 기체가 되는 개인에게 외재적으로 강제되는데, 개인은 난순히 사회적 사실을 수동적으로 받아들이는 것이 아니라 그것들을 개인화하고 그것들에게 인격적 표지를 부여한다. 그리고 개인화되고 인격화된 사회적 사실은 사회적 음조와 악센트를 유지한다. 인간은 개인적 인력의 중심과 사회적 인력의 중심을 갖는 호모 듀플렉스, 즉 이중적 인간이다.

뒤르케임은 전체주의자이다. 개인에 대한 사회의 우선권을 부여하기 때문이다. 그러나 뒤르케임의 전체주의는 어디까지나 방법론적 전체주의이다. 뒤르케임의 사회학에서는 사회에 의한 개인의 결정과 개인의 자유(의지)가, 그러니까 사회적 결정과 개인적 자유(의지)

가 아무런 모순 없이 양립할 수 있다. 개인들은 생산물인 동시에 생산자이다. 그러므로 뒤르케임에게서는 방법론적 전체주의와 윤리적 개인주의가 아무런 모순 없이 양립한다. 뒤르케임의 방법론적 전체주의는 막스 베버의 방법론적 개인주의 그리고 게오르그 짐멜의 방법론적 상호작용주의와 좋은 대조를 이룬다.

뒤르케임 사회학의 인식대상은 사회가 아니라 사회적인 것, 즉 사회적 사실이다. 사회는 바로 이 사회적 사실들의 총합이다. 사회적 사실들이 사회를 구성한다면, 사회는 사회적 사실들에 의해서 표현된다. 그리고 사회적 사실들은 개인들의 사고·감정·행위에 영향을 끼치고 그것들을 규정한다. 요컨대 사회와 사회적 사실은 궁극적으로 개인적 삶과의 관련 속에서 의미를 갖는다.

뒤르케임은 실재론자이다. 사회를 고유한 실재로 인정하기 때문이다. 그러나 사회를 개인들과 대립하거나 개인들을 초월하는 실체로 간주하는 전통적인 사회실재론과는 명백히 구별된다. 뒤르케임에게 사회는 그 자체로서 고유한 실재인 개인들의 연합 또는 상호작용에 의해 창출되는 고유한 실재이며, 따라서 그의 실재론은 연합적 또는 관계적 실재론으로 규정할 수 있다. 달리 상호작용적 실재론으로 명명할 수 있다. 엄밀히 말하자면, 뒤르케임은 온건한 뒤르케임주의자이다.

이 모든 것을 감안하면 개인과 사회에 대한 뒤르케임의 견해를 제대로 파악하기 위해서는 아주 자세한 논의가 필요하다는 것을 알 수 있다. 내가 보기에 적어도 이 주제를 다음과 같이 네 부분으로 세분해 살펴보아야 한다. 첫째, 기체-산물-모델에 제시된 사회의 발현적 성격을 살펴보아야 한다. 둘째, 뒤르케임의 전체주의가 진정으로 의미하는 바가 무엇인가를 살펴보아야 한다. 셋째, 개인과 사회 그리고 사회적 사실의 관계를 살펴보아야 한다. 넷째, 호모 듀플렉스, 즉 이중적 인간과 그 사회적 조건들을 살펴보아야 한다. 개인과 사회의 관계에 대한 뒤르케임의 견해가 가장 세분화된 형태로 제시된 것이 바로 이 '호모 듀플렉스'에 대한 논의에서이다.

뒤르케임의 개인-사회-관계에 대한 논의는 이 장 이후에도 계속되는데, 특히 도덕의 문제를 논하는 제5장에서 그렇다. 뒤르케임의 도덕사회학은 개인과 사회의 관계, 보다 정확히 말하자면 개인에 대한 사회의 존재론적 우월성이라는 관념 위에 구축되었다고 말할 수 있다. 그러므로 이 장은 제5장 및 제6장 그리고 결론 부분과 함께 보면 더 잘 이해가 될 것이다. 사실 어떻게 보면 이 책 전체의 논리가 개인과 사회의 관계를 축으로 전개되고 있다고 해도 과언이 아닐 것이다. 이 관계가 뒤르케임의 지적 세계 전체를 관통하고 있기 때문이다.

1. 기체-산물-모델: 사회의 발현적 성격

이 장의 논의는 제2장 제4절에서 유보한 문제와 더불어 시작하기로 한다. 우리는 거기에서 뒤르케임의 『사회학적 방법의 규칙들』에 대한 오해와 비판이 주로 사회적 사실을 사물처럼 다루어야 한다는 명제와 사회적 사실은 개인들에 외재하면서 개인들을 강제한다는 명제를 둘러싸고 전개되었음을 지적하고는, 일단 첫 번째의 오해와 비판에 대한 뒤르케임의 반론민을 김도하고 두 번째의 오해와 비반에 대한 뒤르케임의 반론은 개인과 사회의 문제를 다루는 이 장에서 검토하기로 유보했다.

그런데 사회적 사실이 개인들에 외재하면서 개인들을 강제한다는 뒤르케임의 명제에 대한 오해와 비판은 계몽주의적 전통이 강한 당시의 지적 풍조를 감안한다면 충분히 이해할 수 있다. 개인들 사이의 자유로운 계약에 의해 사회적 삶을 설명하는 계몽주의자들에게 사회적 사실이 개인적 의식의 외부에 존재하면서 개인들에게 강제적으로 부과된다는 명제는 도저히 받아들일 수 없음은 당연지사였

을 것이다. 게다가 사회적 사실은 특별한 양식의 행위·사고·감정
이라는 뒤르케임의 표현은 마치 — 개인들이 아니라! — 사회적 사
실들이 행위하고 사고하며 지각한다는 논지를 편다는 인상을 주기
십상이다. 베버 식으로 표현하자면 — 베버와 정반대로! — 뒤르케
임은 행위하는 집합인격체를 설정한다고 생각하기 쉽다.[1] 그리고 더
나아가 인간을 사물과 더불어 사회의 환경으로 간주하는 뒤르케임
의 입장은 루만을 연상케 한다. 루만은 인간을 사회적 체계의 환경
으로 파악한다.[2]

　그러나 뒤르케임은 사회적 사실의 외재성 및 강제성과 더불어 행
위하는 집합인격체 또는 개인을 초월하는 주체, 즉 초(超)주체를 설
정하는 것도 아니고, 인간을 단순히 사회적 환경이나 전제조건으로
설정하는 것도 아니다. 그에게 행위의 주체는 어디까지나 개인들이

1　베버에 따르면, 사회학에는 "'행위하는' 집합인격체란 존재하지 않는다. 사회
　학이 '국가'나 '국민'이나 '주식회사'나 '가족'이나 '군대'나 또는 이와 유사
　한 '구성체'에 대해 말하는 경우, 그것이 뜻하는 바는 오히려 **다만** 개인의 실
　제적인 또는 가능한 것으로 구성된 사회적 행위가 특정한 방식으로 진행된다
　는 것이다." Max Weber, *Wirtschaft und Gesellschaft. Grundriss der verstehenden
　Soziologie*, Tübingen: J. C. B. Mohr (Paul Siebeck) 1972 (5. Auflage; 1.
　Auflage 1922), 6~7쪽.
2　루만은 인간을 체계로 파악한다. 루만에게 인간은 심리적 체계, 다시 말해
　지각하고 인지하고 사고하며 의도하는 의식체계이다. 그런데 이 심리적 체
　계로서의 인간은 "주체가 아니라 사회의 첨가물이다. 인간이 생각하는 것
　이 커뮤니케이션으로서 사회로 들어오지 않는 한 우리는 그것을 무시할 수
　있다." Niklas Luhmann, "Die Selbstbeschreibung der Gesellschaft und die
　Soziologie", in: *Universität als Milieu. Kleine Schriften* (Herausgegeben von
　André Kieserling), Bielefeld: Haux 1992, 137~46쪽, 여기서는 139~40쪽. 말
　하자면 인간은 사회적 체계를 구성하는 부분이나 요소가 아니라 어디까지나
　사회적 체계의 밖에(공간적 의미에서가 아니라 논리적 의미에서) 존재하는 사
　회적 체계의 환경일 뿐이다. 그러니까 심리적 체계로서의 인간은 사회의 전제
　조건이 되는 셈이다. 왜냐하면 인간의 심리적 의식 과정이 없으면 사회적 커뮤
　니케이션은 불가능하기 때문이다. 심리적 체계가 없으면 사회적 체계도 없다.
　바로 이런 연유로 루만은 사회적 체계와 그 환경으로서의 인간관계를 상호 침
　투 관점에서 파악한다.

고 사회는 어디까지나 개인들의 연합이다. 그보다는 부수현상설, 즉 사회적 사실을 개인적 의식에 부수되는 현상으로 보는 견해를 논박하고 사회적 사실이 그 자체로서 고유한 존재의 권리와 의의 및 논리 그리고 법칙성을 갖는다는, 그리고 거기에 근거해 개인들과 그들의 상호관계 및 상호작용에 영향을 끼친다는 것을 논증하는 것이 뒤르케임이 사회적 사실의 외재성 및 강제성과 더불어 진정으로 추구하는 바이다. 뒤르케임에게 중요한 것은 사회냐 개인이냐의 이분법적 사고가 아니라 개인과 사회 또는 개인성과 사회성의 변증법적 관계이다.

여기에서 말하는 부수현상설은 일종의 환원주의로서 비단 사회학뿐만 아니라 심리학, 생물학 등 다양한 지적 영역에서 관찰된다. 예컨대 심리학에서 의식현상을 신경계통, 특히 두뇌의 생리적 활동에 부수하여 일어나는 현상이라고 보는 경우가 그것이다. 그러나 심리적 사실도 사회적 사실과 마찬가지로 자체적인 권리와 의의 및 논리 그리고 법칙성을 갖는 존재영역이다. 이는 더 나아가 물리적 세계와 유기적(생물적) 세계에도 적용되는 보편적인 논리이다.

뒤르케임은 이 논리를 기체(基體)의 개념으로 설명한다. 기체란 어떤 존재의 질료 또는 본바탕이 되는 요소, 달리 말해 상위 존재를 구성하는 하위 존재를 뜻한다. 뒤르케임에 따르면 기체가 되는 요소들로부터 그것들과 다른 속성을 갖는 존재가 생성 또는 산출된다. 다시 말해 하위 존재들로부터 그것들과 다른 속성을 갖는 상위 존재가 생성 또는 산출된다. 이는 달리 오늘날 다양한 분야에서 활발하게 논의되고 있는 발현성이라고 표현할 수 있다. 사실 이 용어는 이미 19세기부터 사용되기 시작했지만 뒤르케임은 결코 사용한 적이 없다. 그보다 '고유한' 또는 '독특한'이라는 의미의 'sui generis'를 '발현적'이라는 말과 동의어로 사용한다. 그리고 19세기의 공통적인 용법에 따라 '합성'과 '연합'을 발현적 현상들, 즉 요소들의 비가산적 조합으로부터 결과하는 현상들을 표현하는 데에 사용한다.[3]

뒤르케임은 최초의 사회적 발현성 이론가로서 사회적 발현성이 사
회과학적 인식의 근본적인 주제라는 견해를 최초로 피력했다.[4] 기

---

3 R. Keith Sawyer, *Social Emergence. Societies as Complex Systems*, Cambridge:
   Cambridge University Press 2005, 104쪽.

4 같은 책, 5쪽; R. Keith Sawyer, "Emergenz, Komplexität und die Zukunft
   der Soziologie", in: Jens Greve & Annette Schnabel (Hrsg.), *Emergenz. Zur
   Analyse und Erklärung komplexer Strukturen*, Frankfurt am Main: Suhrkamp
   2011, 187~213쪽, 여기서는 187쪽. 사회적 발현성은 모든 사회과학을 관통
   하는 핵심적 현상이라는 주장이 있다. 그 이유는 사회학, 인간학, 경제학, 정
   치학, 교육학, 역사학 등이 공히 개인의 상호작용이라는 사회적 과정으로부
   터 형성되는 현상을 연구하기 때문이라는 것이다. 자명한 일이지만 이 가운
   데 사회학이 가장 포괄적이다. 왜냐하면 나머지는 모두 사회적인 것의 특수
   한 영역에서 발현성을 다루기 때문이다. 예컨대 경제학은 경제적인 것의 발현
   성을 그 인식대상으로 한다. 그러므로 사회적 발현성의 과학인 사회학이—
   방금 언급한 주장에 따르면—모든 사회과학의 기초과학이 되며, 바로 이것
   이 뒤르케임이 원래 표상한 사회학이라는 것이다. 뒤르케임은 사회학이 사회
   과학적 인식의 토대라는 견해를 피력한 최초의 사회(과)학자였다는 것이다.
   R. Keith Sawyer, 앞의 글(2011), 187, 205, 213쪽. 물론 이러한 주장에 전폭
   적으로 동의하기는 어렵다. 그렇지만 사회학을 비롯한 다양한 사회과학에서
   발현성이 점점 더 중요한 논의와 연구 주제가 되고 있으며, 이 점에서 뒤르케
   임이 아주 큰 지성사적 의미를 갖는다는 사실에는 의심의 여지가 없다. 뒤르
   케임이 사회과학적 발현성 이론에 대해 갖는 의미는 방금 인용한 글(R. Keith
   Sawyer[2011]) 이외에도 다음을 참조할 것. R. Keith Sawyer, "Durkheim's
   Dilemma. Toward a Sociology of Emergence", in: *Sociological Theory 20*, 2002a,
   227~47쪽; Bettina Heintz, "Emergenz und Reduktion. Neue Perspektiven
   auf das Mikro-Makro-Problem", in: *Kölner Zeitschrift für Soziologie und
   Sozialpsychologie 56*, 2004, 1~31쪽, 여기서는 20쪽 이하; R. Keith Sawyer, 앞
   의 책(2005), 제6장(100~24쪽). 그리고 사회과학적 발현성 이론에 대해서는
   R. Keith Sawyer, 앞의 글(2011)을, 그리고 이것과 같은 책에 실린 다음 다섯
   편의 논문을 참조할 것. Achim Stephan, "Emergenz in sozialen Systemen", in:
   Jens Greve & Annette Schnabel (Hrsg.), *Emergenz. Zur Analyse und Erklärung
   komplexer Strukturen*, Frankfurt am Main: Suhrkamp 2011, 133~55쪽; Renate
   Mayntz, "Emergenz in Philosophie und Sozialtheorie", 같은 책, 156~86쪽;
   Rainer Greshoff, "Emergenz und Reduktion in sozialwissenschaftlicher
   Perspektive", 같은 책, 214-251쪽; Gert Albert, "Moderater Holismus —
   emergentistische Methodologie einer dritten Soziologie", 같은 책, 252~85쪽;
   Jens Greve, "Emergenz in der Soziologie: Eine Kritik des nichtreduktiven
   Individualismus", 같은 책, 286~316쪽.

체라는 용어는 이미 출간된 그의 첫 작품에서 — 다시 말해 1885년 『철학 저널』에 게재한 독일 사회학자 알베르트 셰플레의 저서 『사회체의 구조와 삶』에 대한 서평[5]에서 — 제시된 후 『종교적 삶의 원초적 형태들』(1912)에 이르기까지 그의 전 저작을 관통한다. 이는 뒤르케임이 그의 사회학적 사고를 전적으로 기체 또는 발현성의 관점에서 전개했음을 암시하는 대목이다. 여기에서 우리는 뒤르케임이 평생 동안 사회학의 과학적 영역을 확보하려고, 그것도 인간 존재의 다차원성을 포괄하면서 확보하려고 노력했음을 엿볼 수 있다. 이렇게 보면 기체 또는 발현성 개념은 뒤르케임의 사회학적 사고의 근간을 이루고 그것을 주도하는 핵심적 요소 가운데 하나임을 알 수 있다.

내가 보기에 기체에 대한 뒤르케임의 논의는 무엇보다도 『사회체의 구조와 삶』에 대한 서평(1885), 「개인표상과 집합표상」(1898), 짐멜의 사회학에 대한 비판적 검토인 「사회학과 그 과학적 영역」(1900), 그리고 『사회학적 방법의 규칙들』 제2판 서문(제1판 1895; 제2판 1901)에 잘 나타나 있다. 이 각각의 작품이 갖는 의미는 다음에서 찾을 수 있다. 첫 번째 작품에서는 사회의 정신적 기체에 대한 논의가 전개되고, 두 번째 작품에서는 신경세포, 개인표상, 집합표상을 포괄하면서 기체에 대한 논의가 가장 자세하게 전개되고, 세 번째 작품에서는 사회의 정신적 기체에 더해 물질적 기체에 대한 논의가 추가되며, 네 번째 작품에서는 무기적 차원, 유기적 차원, 생리적 (생물적) 차원, 개인적 차원, 집합적(사회적) 차원 등 자연 세계 전반에 기체와 발현성의 논리가 적용됨이 논증되고 있다.[6]

이 일련의 논의 과정을 거치면서 기체는 두 가지 측면에서 뒤르케

---

5 이 서평에 대해서는 이미 제1장 제3절에서 자세히 검토한 적이 있다.
6 물론 각각의 작품에는 오로지 여기에 서술한 의미만이 부여되는 것은 결코 아니다. 예컨대 『사회학적 방법의 규칙들』 제1판에서도 물질적 기체에 대한 논의를 찾아볼 수 있다. 다만 지면 관계상 기체와 발현성에 관한 뒤르케임의 모든 작품을 검토할 수 없기 때문에 논의를 단순화하고 도식화했음을 밝혀둔다.

임 사회학의 아주 중요한 개념적 토대로 자리 잡는다.[7] 첫째, 이 논리
는 모든 차원의 자연에 적용되기에 이른다. 그 결과 세계의 구성원
리로 확장되고 고양된다. 뒤르케임은 바로 이 원리에 입각하여 사회
학의 과학적 영역을 확보하고자 한 것이다. 다른 모든 과학이 그리
한 것처럼 사회학은 그 기체가 되는 영역을 다루는 과학으로 환원되
거나 그로부터 도출되지 않는 영역을 그 고유한 인식대상으로 함으

---

7 그리고 뒤르케임이 1887~88년 겨울학기에 보르도 대학에서 한 사회학 입문
   개막 강의 — 이는 뒤르케임 사회학의 '출생 신고서'와도 같다 — , 『사회분업
   론』(1893), 『자살론』(1897)에서도 기체의 개념을 찾아볼 수 있다. 첫째로, 개
   막 강의에서 뒤르케임은 다음과 같이 말한다. "확실히 사회는 그것의 기체로
   기능하는 개인의 밖에 존재할 수 없다. 그렇지만 사회는 다른 무엇인가이다.
   전체는 비록 부분이 없으면 존재할 수 없지만 그 부분의 합과 동일한 것은 아
   니다. 이는 인간들이 특정한 형태와 지속적인 조건에서 결합하는 경우에도 똑
   같이 통용된다. 그들은 새로운 존재를 형성하는데, 이것은 자신의 고유한 성격
   과 자신의 고유한 법칙을 갖는다. 그것은 사회적 존재이다. 거기에서 발생하는
   현상은 물론 개인의 의식에 궁극적인 근원이 있다. 그렇지만 집합적 삶은 단
   순히 개인적 삶의 확대된 모사가 아니다. 그것은 심리학적 추론에 의해서만은
   예측할 수 없는 자신의 고유한(sui generis) 특성을 갖는다." Émile Durkheim,
   앞의 글(1981a), 33쪽. 둘째로, 『사회분업론』에서 뒤르케임은 다음과 같이 말
   하고 있다. "의심할 여지없이 그것[공동의식 또는 집합의식]의 기체는 단 하나
   의 기관에 있을 수 없다. 그것은 정의상 사회 전체에 확산되어 있다. 그럼에도
   불구하고 나름대로의 고유한 특징을 갖고 있기 때문에 분명히 식별할 수 있는
   실재가 된다. 사실상 집합의식은 개인이 처해 있는 특정한 조건과 독립적으로
   존재한다." Émile Durkheim, 앞의 책(1988), 128쪽. 셋째로, 『자살론』에서 뒤
   르케임은 다음과 같이 말한다. "이와 마찬가지로 [세포와 그것을 구성하는 원
   자들의 관계와 마찬가지로] 사회에는 개인 말고는 활동하는 그 어떤 힘도 없
   다는 것이 명백한 사실이다. 그러나 개인이 결합하면 완전히 새로운 종류의 정
   신적 존재가 형성되는데, 이 존재는 자신의 고유한 사고와 감정의 방식을 갖는
   다. 물론 사회적 사실을 산출하는 원초적 속성은 개인의 사고체계 속에 배아
   상태로 포함되어 있다. 그러나 사회적 사실은 이들 속성이 개인의 결합을 통
   하여 변형되어야 비로소 나타난다. 결합도 특별한 결과들을 초래하는 적극적
   인 요인이다. 왜냐하면 과정 그 자체가 새로운 무엇인가이기 때문이다. 인간들
   의 의식이 서로 고립되지 않고 집단이나 결사체에서 서로 만나면 세계의 무엇
   인가가 변화한다. 이러한 변화는 새로운 변화들을 야기하며 그 구성요소에서
   는 발견되지 않는 특징적인 속성을 갖는 현상을 관찰할 수 있다는 사실은 쉽
   게 이해할 수 있다." Émile Durkheim, 앞의 책(1983a), 361쪽.

로써 하나의 독립적인 경험적 실증과학이 될 수 있다. 이에 대한 전범을 뒤르케임은 심리학에서 찾는다. 둘째, 기체와 발현성의 원리에 기반하는 사회학은 사회적 삶의 정신적 측면과 물질적 측면을 포괄할 수 있다.

방금 언급한 저작들 가운데 「개인표상과 집합표상」은 이미 뒤르케임이 집합의식에서 집합표상으로 이행한 과정을 논하는 부분에서 다루었으므로, 여기서는 『사회체의 구조와 삶』에 대한 서평, 「사회학과 그 과학적 영역」, 『사회학적 방법의 규칙들』의 순으로 검토하기로 한다.

첫째로, 뒤르케임은 그의 출간된 첫 작품인 『사회체의 구조와 삶』에 대한 서평에서 사회적 기체를 발견하는 것을 사회학의 중요한 과제들 가운데 하나로 설정하는데,[8] 이는 그의 사회학의 성격과 발전과정을 이해하는 데에 결정적인 의미를 갖는다. 셰플레의 사회학에서 중요한 위치를 차지하는 민족의식 개념을 검토하면서, 뒤르케임은 이 집합의식을 "사회 위를 떠다니는 단일하고 초월적인 존재"로 이해할 수도 없고 "하나의 불가시적인 기체가 겉으로 드러난 모습"으로 이해할 수 없다고 주장한다.[9] 그리고 집합의식은 오히려 그 기체인 개인의식으로부터 형성된다는 견해를 내세운다.

집합의식은 단지 하나의 합성체인바, 개인들이 그 요소이다. 그러나 개인들은 기계적으로 병치되는 것도 아니고 서로로부터 폐쇄되는 것도 아니다. 상징의 교환을 통해 부단히 접촉함으로써 그들은 서로서로 스며든다. 그들의 자연적인 친화력에 상응하여 그들은 집단을

---

8 Jean Terrier, "Die Verortung der Gesellschaft: Durkheims Verwendung des Begriffs 'Substrat'", in: Berliner Journal für Soziologie 19, 2009, 181~204쪽, 여기서는 184쪽.

9 Émile Durkheim, 앞의 글(1995d), 202쪽.

형성하고 상호 조정하며 조직화된다. 이러한 방식으로 완전히 새롭고 무엇에도 비할 수 없는 하나의 심리학적 실재가 형성된다. 이 실재에 생기는 의식은 그 안에서 작동하는 모든 개인의식보다 훨씬 더 집약적이고 훨씬 멀리 신장된다. 왜냐하면 그 실재는 "의식적인 개인의 의식"이기 때문이다. 그 안에는 현재와 과거의 생명력이 동시에 결집되어 있다.[10]

요컨대 집합의식은 그 기체인 개인의식들의 "연대적 체계"이며 "조화된 합의"이다.[11] 그런데 여기에서 중요한 것은 이 체계와 합의가 개인들의 단순한 기계적 병치에 의해서가 아니라 어디까지나 그들의 의식적이고 적극적인 사회적 행위와 상호작용에 의해서 가능하다는 사실이다. 방금 인용한 구절에 나오는 개인들의 교환, 접촉, 상호삼투(서로 스며듦), 집단형성, 상호조정, 조직화 등의 용어가 이를 단적으로 말해 준다. 그리고 이는 뒤르케임 사회학이 단순한 사회학주의가 아니라 주관적이고 자원론적인 토대를 갖는다는 점을 시사하는 대목이다. 이러한 기체와 발현성의 논리는 후일 『사회학적 방법의 규칙들』에서 연합이라는 개념으로 정식화된다.

둘째로, 뒤르케임은 짐멜의 사회학에 대한 비판적 검토인 「사회학과 그 과학적 영역」에서 사회의 물질적 기체에 대한 논의를 전개한다. 뒤르케임이 보기에 짐멜의 형식사회학은 낡은 형이상학으로의 후퇴일 뿐이다.[12] 그리고 짐멜 형식사회학의 핵심 개념인 형식은

10 같은 곳.
11 같은 책, 203쪽.
12 짐멜은 1894년 『국제 사회학 저널』 제2호에 사회분화에 관한 글을 발표하면서 다음과 같이 뒤르케임의 법칙추구적 사회학을 비판했다. "사회적 삶에 대한 절대적인 '법칙'을 발견하려는 편집광적인 노력은 단순히 옛 형이상학자들의 철학적 신조로 돌아가는 것인데, 이 신조에 따르면 모든 지식은 절대적으로 보편적이어야 하고 또 필연적이어야만 한다." 그로부터 6년 후인 1900년에 뒤르케임은 『이탈리아 사회학 저널』 제4호에 「사회학과 그 과학

단지 은유적인 의미밖에 갖지 못한다. 그것은 사회의 물질적 형식에 한정되어야만 엄밀한 과학적 의미를 가질 수 있으며, 따라서 짐멜의 형식사회학은 고작해야 사회적 삶의 물질적 기체를 다루는 사회형태학에 머물 수밖에 없다.[13] 다시 말해 짐멜의 형식사회학은 사회의 형태학적 현상들, 그러니까 사회적 존재방식들만 다룰 수 있고 사회의 기능적 또는 생리학적 현상들, 그러니까 사회적 행위방식들은 다룰 수 없는 '반쪽' 사회학이라는 것이 뒤르케임의 비판인 것이다. 이러한 비판은 사회형태학에 대한 뒤르케임의 정의에 근거한다. 「사회학과 그 과학적 영역」보다 1년 전인 1899년 『사회학 연보』 제2호에 발표된 「사회형태학」에서 뒤르케임은 사회의 물질적 기체를 크기와 형태의 두 범주에 의해 정의한다(독일어의 'Form'과 프랑스어의 'forme'는 '형식' 또는 '형태'라는 뜻인데, 그것이 짐멜과 관련될 때에는 '형식'으로, 뒤르케임과 관련될 때에는 '형태'로 옮기기로 한다).

적 영역」을 게재하여 짐멜의 비판에 응수했다. 뒤르케임이 보기에 짐멜의 형식사회학은 사회학을 하나의 독립적인 경험과학으로 정착시키려는 노력에도 불구하고 사회학을, 사회학이 진정으로 해방되고자 하는 형이상학적 이데올로기에 가두어 둘 뿐이다. 그 이유는 짐멜이 방법적으로 통제되지 않은 추상화 방법에 의존하기 때문이다. 짐멜에 따르면, 사회학이 하나의 독립적인 경험과학으로 존재하려면 사회적 상호작용의 내용으로부터 형식을 추상하여 후자를 사회학의 인식내상으로 삼아야 한다. 마치 기하학이 사물로부터 그 순수하게 공간적인 형식을 추상하듯이! 바로 이런 연유로 짐멜의 사회학을 형식사회학이라고 한다. 뒤르케임이 보기에 짐멜의 형식사회학은 현실과 거리가 먼 형이상학적 구성물, 다시 말해 경험세계에 대해 아무것도 말해 줄 수 없는 신화에 불과하다. 사회학은 자연과학처럼 사회적 사실을 외부로부터 접근함으로써 경험적 법칙을 정립해야 한다. 바로 이것이 짐멜이 형이상학적이라고 비판하는 뒤르케임의 법칙추구적 사회학이다. 레이몽 부동, 『사회변동과 사회학』, 한길사 2004 (민문홍 옮김; 원제는 Raymond Boudon, *La Place du Désordre*), 385~86쪽; Émile Durkheim, "Die Soziologie und ihr Wissenschaftsbereich"(1900), in: *Berliner Journal für Soziologie 19*, 2009, 164~180쪽, 여기서는 165~66쪽. 뒤르케임에 대한 짐멜의 비판은 레이몽 부동의 책 385쪽에서 재인용하였다.

13 Émile Durkheim, 앞의 글(2009), 171쪽.

사회적 삶은 그 크기와 형태를 통해 규정되는 기체에 달려 있다. 그
것을 결정하는 것은, 사회를 구성하는 개인의 숫자, 그들이 지역에 정
주하는 방식, 집합적 관계에 영향을 끼치는 모든 종류의 사물의 성격
과 배열이다.[14]

아무튼 뒤르케임은 「사회학과 그 과학적 영역」에서 사회의 물질적
기체를 세 가지로 나눈다. 첫째로, 사회적 기체에는 다음과 같이 외
적인 형태가 속한다. "1) 지역적 범위, 2) 사회의 지리적 상황, 다시
말해 사회가 대륙들과의 관계에서 갖는 중심적 또는 주변적 위치,
사회가 이웃한 사회들로부터 둘러싸이는 방식 등, 3) 경계선들의 형
태."[15] 둘째로, 사회적 기체에는 외적인 형태에 더해 내용이 속하는
데, 일차적으로 전체 인구의 크기와 밀도를 꼽을 수 있다. 또한 사회
내부에서 물리적 토대를 갖춘 이차적 집단들이 형성되는데, 다양한
크기의 촌락, 도시, 구역, 지방 등이 그것이다. 그리고 그 각각의 집
단은 사회적 삶을 위해 과밀지역의 확장, 도시나 농촌의 크기, 수로,
외적 경계선, 인구의 크기와 밀도 등의 문제를 해결해야 한다.[16] 셋째
로, 사회적 기체에는 토지의 물리적 이용이 속한다. "모든 집단이나
하위집단은 필요에 따라 자신이 소유한 토지 또는 그 부분을 이용한
다. 국가들은 성채로 자신을 둘러싸고 방어시설을 갖춘 도시를 건립
한다. 교통로가 건설된다. 도로와 광장의 배치 그리고 아주 다양한
종류의 가옥과 건물의 양식은 촌락과 도시 대도시와 소도시 등에 따
라 달라진다."[17]

---

14 Émile Durkheim, "Social Morphology"(1899), in: *The Rules of Sociological
    Method and Selected Texts on Sociology and its Method* (Edited with an
    introduction by Steven Lukes), London: Macmillan 1982h, 241~42쪽, 여기
    서는 241쪽.
15 Émile Durkheim, 앞의 글(2009), 169쪽.
16 같은 글, 169~70쪽.

이 모든 것은 단순히 물리적인 것이며, 또한 그렇기 때문에 사회학적 인식과 무관한 것이 결코 아니다. 그것은 오히려 집합적 삶의 가장 중요한 토대에 속하며 집합적 삶에 특정한 형태를 부여한다. 예컨대 인구가 도시에 집중되어 있는가, 아니면 농촌 지역에 분산되어 있는가에 따라, 도시와 도시 사이 또는 도시와 농촌 사이에 교통로가 발전되어 있는가에 따라, 도시 성곽과 시장이 존재하는가에 따라, 지역 내에 공적 영역이 존재하는지 그리고 공적 영역과 사적 영역의 관계는 어떠한지 등에 따라 집합적 삶의 형태는 확연히 다른 모습을 띠게 된다.[18] 모든 심리학적 현상이 간접적이든 직접적이든 두뇌의 상태에 연결되어 있듯이, 사회의 물질적 기체는 직접적이든 간접적이든 모든 사회적 현상에 영향을 끼친다. 이처럼 사회의 물질적 기체가 아주 큰 사회학적 의미를 갖기 때문에 뒤르케임은 그것을 독립적으로 다루는 과학이 필요하다고 주장하며 이를 '사회형태학'이라고 부를 것을 제안한다.[19] 사회형태학은 기술적 · 설명적이고 구조적 · 역사적이며 비교사회학적이다. 사회형태학은 — 뒤르케임은 「사회형태학」에서 이렇게 주장한다 — 사회의 물질적 기체를

설명하지 않은 채 기술하기만 하는 단순한 관찰과학으로 구성되지 않는다. 그것은 설명적일 수 있으며 설명적이어야 한다. 그것은 어떤 조건에서 민족들의 정치적 영역이 달라지는가를, 그것의 경계선의 성격과 형상을 그리고 상이한 인구밀도를 연구해야 한다. 그것은 어떻게 도시 공동체들이 형성되었는가를, 그것들의 진화법칙은 무엇이고, 그것들은 어떻게 성장하며, 또한 그것들은 어떤 역할을 수행하는가 등을 탐구해야 한다. 그러므로 사회형태학은 단순히 사회적 기체가

---

17 같은 글, 170쪽.
18 같은 곳.
19 Émile Durkheim, 앞의 글(1982h), 241쪽.

이미 형성된 모습만을 기술적으로 분석하지 않는다. 그것은 사회적 기체가 현재 진화하고 있는 모습을 관찰함으로써 그것이 현재 어떻게 형성되어 가고 있는가를 보여 준다. 그것은 순전히 정태적인 과학이 아니라 아주 자연스럽게 그것이 연구하는 상태의 연원이 되는 운동을 포함한다. 그러므로 사회학의 다른 모든 분야에 그러는 것처럼 역사학과 비교민족지학이 사회형태학에 불가결한 보조과학이 된다.[20]

셋째로『사회학적 방법의 규칙들』제2판 서문으로 눈길을 돌려보면, 우리는 거기에서 자연 세계에서 포괄적으로 적용되는, 다시 말해 원자·분자·세포 사이에 적용되는 기체와 발현성의 논리를 상세히 기술하는, 그리고 그에 근거하여 사회 세계에서도 개인과 사회 사이에 기체와 발현성의 논리가 적용된다는 것을 역시 상세히 논증하고 있는 뒤르케임의 모습을 발견한다.

사회적 사실에 대해서는 아주 쉽게 받아들일 수 없다고 간주되는 것이 자연의 영역에서는 일반적으로 정당하다고 인정된다. 어떤 요소들이 결합하여 그 결과로 새로운 현상들이 산출될 때면 언제나 이 현상들은 그 요소들에가 아니라 그것들의 결합으로 인해 산출된 전체에 존재한다는 것은 명백히 이해할 수 있다. 살아 있는 세포가 단지 무기적(無機的) 성분만을 포함하고 있듯이 사회는 개인 이외에는 아무것도 포함하고 있지 않다. 그럼에도 불구하고 생명의 특징적인 현상들이 수소, 질소, 탄소 및 산소의 원자들에 내재하는 것이 명백히 불가능하다. 어떻게 생명의 운동이 죽은 요소들로부터 산출될 수 있단 말인가? 게다가 어떻게 생물학적 특징들이 이들 요소 사이에 분산될 수 있단 말인가? 요소들의 본성은 동일하지 않기 때문에 생물학적 특성들은 요소들 모두에서 똑같이 발견될 수 없다. 탄소는 질소가 아니며

---

20 같은 글, 242쪽.

따라서 질소와 똑같은 속성을 보일 수도 없으며 똑같은 역할을 수행할 수도 없다. 이와 마찬가지로 생명의 모든 표현, 생명의 모든 본질적인 속성은 어떤 특정한 원자단에 결부되어 있다는 주장도 받아들일 수 없다. 생명은 그런 방식으로 분해될 수 없다. 생명은 통일적이며, 따라서 그 살아 있는 총체적 실체에서 자리할 수 있다. 생명은 전체에 존재하는 것이지 부분에 존재하는 것이 아니다. 자양분을 섭취하고 증식하는, 간단히 말해 살아가는 것은 세포의 살아 있지 않은 작은 부분들이 아니다. 그것은 세포 자체이며 오로지 세포뿐이다. 그리고 우리가 여기에서 생명에 대해 말한 것은 모든 가능한 합성에서 반복될 수 있다. 청동의 단단함은 그것을 구성하는 무르거나 연한 구리나 주석 또는 납에서 오는 것이 아니다. 그 단단함은 이 모든 것이 혼합된 결과이다. 물의 액체성과 자양분적 특성, 그리고 여타의 속성은 물을 구성하는 두 가지 기체에 있는 것이 아니라 이들 기체의 결합에 의해 형성되는 복합적인 실체에 있다.[21]

요컨대 물리적 세계에서든 생물적 세계에서든 어떤 요소들이 결합하여 새로운 차원의 현상이 합성되거나 산출되면 거기에서 발현되는 새로운 특성은 그 현상의 기체가 되는 요소들 내부에 존재하지 않고 그 외부에, 즉 새로이 합성되거나 산출된 통일적이고 전체적인 그 현상 자체에 내재한다. 비로 이것이 외재성이다. 뒤르케임에 따르면 이 외재성의 논리는 사회적 세계에도 적용된다. 아니 모든 존재의 세계에 보편적으로 적용된다. 그리하여 생명의 독특한 속성들이 생명체를 구성하는 무기적 요소들의 외부에 존재하듯이 사회적 현

---

21 Émile Durkheim, 앞의 책(1984a), 93~94쪽. 우리는 뒤르케임이 1902~03년 소르본 대학에서 강의한 '도덕과 교육'에서도 이와 유사한 구절을 볼 수 있다. Émile Durkheim, 앞의 책(1984b), 113쪽. 이 강의에 대해서는 도덕교육을 논의 주제로 하는 제5장 제4절 참조.

상들은 사회를 구성하는 개인들의 의식 외부에 존재한다. 그것들은 통일적이고 전체적인 사회 자체에 내재한다. 방금 인용한 구절에 다음과 같은 구절이 뒤따른다.

이러한 원리를 사회학에 적용하여 보자. 사람들은 모든 사회를 구성하는 합성 그 자체(sui generis)가 개인들의 의식에서 일어나는 현상들과 다른 새로운 현상들을 불러일으킨다는 우리의 견해를 인정한다. 그렇다면 이 특별한 현상들이 사회의 부분들, 즉 그 구성원들이 아니라 사회 자체에 귀속된다는 것도 시인해야 한다. 말하자면 그것들은 개인의식의 외부에 존재하는데, 이는 생명의 특징적인 속성들이 생명체를 구성하는 무기질들의 외부에 존재하는 것과 똑같은 이치이다. 그것들은 정의상 그것들의 요소들에 포함된 것과 다른 무엇인가를 전제하기 때문에, 그것들을 그것들의 요소들로 환원하는 것은 모순된다. 그러므로 엄밀한 의미에서의 심리학 또는 개인 정신의 과학과 사회학 사이에 우리가 [나중에] 확립하는 구분은 새로운 정당성을 얻는다. 사회적 현상은 비단 그 특징에서만 심리적 현상과 다르지 않다. **그것들은 다른 기체를 가지며**, 다른 환경에서 발전하고 다른 조건에 의존한다. — 이는 사회적 현상이 어떤 의미에서든 정신적인 것이 아니라는 뜻이 아니다. 왜냐하면 그것들은 모두 사고나 행위의 방식들로 구성되기 때문이다. 그렇지만 집합의식의 상태들은 그 본성상 개인의식의 상태들과 구분된다. 집합의식은 또 다른 종류의 표상들이다. 집단의 정신은 개인들의 정신이 아니다. 그것은 자신의 고유한 법칙들을 갖는다. 그러므로 그 두 개의 과학[심리학과 사회학]은 일반적으로 두 개의 과학이 그럴 수밖에 없는 것처럼 선명하게 분리된다. 이 경우 그 밖의 점에서 그 둘 사이에 어떤 관계가 존재하든 상관없다.[22]

---

22 같은 책, 94쪽.

여기까지의 논의에 입각해서 보면, 기체와 발현성에 대한 뒤르케임의 견해는 크게 두 가지 특징을 갖는다는 사실을 알 수 있다. 첫째로, 뒤르케임은 기체와 발현성이 자연 세계와 사회 세계에 보편적으로 적용되는 원리로 간주한다. 그것은 원자, 분자, 세포, 개인, 사회에서 보편적으로 작동하는 원리이다. 이 모두는 자연의 일부분이며, 그 각각은 발현성의 수준에 따라 나누어지며 그 기체로 환원될 수 없는 고유한 실재이다. 뒤르케임에게 사회는 "자연의 일부분이며 자연의 가장 높은 표현이다. 사회적 영역은 자연의 한 영역이며 단지 좀 더 복잡하다는 점에서만 다른 영역과 구별될 뿐이다."[23] 이러한

---

23 Émile Durkheim, 앞의 책(2007), 38쪽. 사회가 비록 자연을 지배하지만 그 역시 물리적 · 화학적 · 생물적 · 개인적 존재와 마찬가지로 자연으로부터 연원한다. 그 이유는 "우주의 모든 힘이 그리로 흘러들어 간다는 사실"에서만 찾을 수 있는 것이 아니다. 거기에 더해 "이 힘들로부터 자신이 생성되는 데에 기여한 모든 것을 다양성, 복잡성 및 현실성에서 능가하는 산물이 합성된다는 사실"을 또 다른 이유로 추가할 수 있다. "한마디로 말해, 사회는 자연이다. 그러나 그 발전이 정점에 도달한 자연이다." Émile Durkheim, 앞의 책(1976), 157쪽. 그렇다면 다음과 같은 질문을 제기할 수 있다. 만약 뒤르케임이 말하는 것처럼 사회가 자연이라면, 사회는 고작해야 다른 자연적 존재와 마찬가지로 물리적 · 물질적 또는 생물적 차원에 머물거나 고작해야 (개인) 심리적 또는 의식적 차원에 머물지 않는가? 뒤르케임에 따르면 자연이 최고도로 발전한 형태인 사회는 "자신의 모든 에너지를 동원하여 자기 자신을 넘어선다." 그리하여 종교, 도덕, 법률, 예술, 과학 등의 가치체계들이 출현한다. 사회학은 이 이상적인 것들을 그 고유한 인식내상으로 한다. "모든 형태의 이상적인 것을, 그 각각이 갖는 모든 고유한 특징을 보존하면서 자연으로 불러들이는 것"이 바로 사회학자의 임무이다. 같은 책, 156~57쪽. 이처럼 이상적인 것들을 자연으로 불러들이는 관점, 그러니까 자연주의적 관점을 취하면 이상적인 것을 형이상학적 · 사변적인 방법이 아니라 엄밀한 경험적 실증과학의 방법에 의해 분석하고 설명할 수 있다. 뒤르케임은 인간의 정신적 · 사회적 차원을 자연으로 내재화하고 ― 초월화에 상반되는 개념이다 ― 자연으로 재통합한다. 그것은 인간 존재의 실증화이다. 이러한 자연의 통일성에 과학의 통일성, 즉 과학의 자연주의화가 상응하는데, 뒤르케임의 사회학적 자연주의는 그 일환이다. 사회학에서 이러한 통일성이 가장 근원적으로 나타나는 것이 루만의 경우이다. 루만의 체계이론에서는 자연과학과 사회과학의 차이가 완전히 사라진다. 자연과 인간, 자연과 사회 그리고 자연과 문화를 구별짓는 것은 인본주의적 전통이며, 이 구(舊)유럽의 유산은 마땅히 극

관점은 자연일원론 또는 자연주의라고 할 수 있으며, 이 자연일원론적 또는 자연주의적 틀 위에 구축되는 그의 사회학은 사회학적 자연주의라고 할 수 있다. 또는 궁극적으로 "사회의 자연과학"이라고 할 수 있다.[24] 이는 물론 사회학이 자연과학에 종속됨으로써 사회학의 고유한 영역과 방법을 필요로 하지 않는다는 의미에서 사회의 자연과학이라는 식이 아니라, 자연과학이 자연적 사실을 사물처럼 다루듯이 사회학이 자연의 일부분인 사회적 사실을 사물처럼 다룸으

복되어야 한다는 것이 루만의 확신이다. 루만은 그와 같은 이분법을 지양하고 "**자연적 인식론**"을 추구한다. Horst Firsching, *Moral und Gesellschaft. Zur Soziologisierung des ethischen Diskurses in der Moderne*, Frankfurt am Main/ New York: Campus 1994, 57~58쪽(각주 145번). 직접 인용은 다음에서 온 것이다. Niklas Luhmann, *Soziale Systeme. Grundriss einer allgemeinen Theorie*, Frankfurt am Main: Suhrkamp 1984, 647쪽. 여기에서 간략하게나마 루만의 체계이론을 언급하면, 뒤르케임의 자연일원론과 사회학적 자연주의를 이해하는 데에 도움이 될 것이다. 루만의 체계에는 사회적 체계만 아니라 기계, 생물적 체계(유기체), 심리적 체계도 속하는데, 그 이유는 루만이 체계와 환경의 차이에서 출발하기 때문이다. 그런데 루만에 따르면 심리적 체계와 사회적 체계는 기계나 유기체와 결정적으로 구분되는 특성을 갖고 있으니, 그것은 심리적 체계와 사회적 체계가 기계나 유기체와 달리 의미체계라는 점이다. 그렇다면 사회적 체계는 어떤 특징을 갖고 있을까? 이는 사회적 체계를 유기체 및 심리적 체계와 대비해 보면 명백하게 드러날 것이다. 이들 체계는 모두 각자의 고유한 방식으로 자기생산을 하고 이를 통해 자신과 환경의 경계를 설정한다. 이러한 과정을 루만은 작동이라고 정의한다. 그런데 생물적 체계는 생명의 형식으로, 심리적 체계는 의식 과정의 형식으로 작동한다. 그리고 사회적 체계가 작동하는 형식은 다름 아닌 커뮤니케이션이다. 요컨대 루만에게 사회적인 것은 바로 커뮤니케이션이다. 커뮤니케이션은 "사회적 체계의 가능한 한 가장 작은 단위"이다. 말하자면 커뮤니케이션은 "커뮤니케이션으로만 반응할 수 있는 단위"인 것이다. 사회적인 것은 커뮤니케이션 과정이라는 기본적인 과정에 의해 하나의 실재로 구성된다. 다시 말해 발현적 실재성을 띠게 된다. 루만이 보기에 '사회적인 것 = 커뮤니케이션적인 것'이라는 등식이 성립한다. 루만에게 사회는 커뮤니케이션의 총합이다. Niklas Luhmann, 앞의 책(1984), 192~93쪽; Niklas Luhmann, *Die Gesellschaft der Gesellschaft*, Frankfurt am Main: Suhrkamp 1997, 82쪽. 루만의 체계이론에 대해서는 다음을 참조할 것. 김덕영, 앞의 책(2016a), 제5장 제2절(446~82쪽).

24 Horst Firsching, 앞의 책(1994), 58쪽.

로써 자연과학처럼 객관적이고 경험적이며 실증적인 과학이 된다는 의미에서 사회의 자연과학이라는 식으로 이해해야 한다. 아무튼 이처럼 기체와 발현성이 자연, 인간, 그리고 사회에 보편적으로 적용되는 원리라는 관점을 취하게 되면, 개인의 존재, 사고 및 행위를 분석하고 설명하는 과정에 사회적 요인뿐만 아니라 물리적 · 화학적 · 생물적 · 심리적 요인도 끌어들일 수 있다. 다시 말해 인간을 자연적(물리적 · 화학적 · 생물적) 존재, 개인적(심리적) 존재, 사회적 존재로 파악할 수 있다. 그리하여 다차원적 분석의 가능성이 주어진다.

둘째로, 사회의 기체는 물질적 기체와 정신적 기체의 두 종류가 있다. 그런데 여기에서 중요한 점은 이 둘이 서로 분리된 것이 아니라는 사실이다. 그 둘은 오히려 동전의 양면과 같이 한 존재의 두 측면을 나타내는, 상보적인 관계에 있다. 그 하나의 존재란 다름 아닌 개인이다. 개인들은 물질적 · 정신적 존재이다. 뒤르케임에게 사회의 진정한 기체는 연합된 개인들이다. 물질적 · 정신적 존재로서의 개인들이 연합함으로써 다양한 사회적 현상이, 예컨대 제도 · 표상 · 이념 등이 발현된다. 이러한 개인들과 마찬가지로 사회도 물질적이고 정신적인 존재이다.

그러므로 사회의 물리적 기체에도 정신적 측면이 포함된다. 예컨대 지역적 범위, 사회의 지리적 상황, 인구의 크기와 밀도, 도시와 농촌의 분포와 그기 등과 같은 물리적 기체는 개인의 연합이다. 그러나 단순히 물리적인 측면에서의 연합이 아니다. 거기에는 물리적 법칙에 의해 지배되는 원자들의 연합이나 생물학적 법칙에 의해 지배를 받는 동물들의 연합과 달리, 많든 적든 정신적 측면이 가미된다. 방금 언급한 현상들은 물리적 · 정신적 존재인 개인들의 상호관계이자 상호작용이다. 또는 달리 말하자면, 개인들의 물리적 · 정신적 상호관계이자 상호작용이다. 이런 의미에서 뒤르케임은 인구밀도를 — 그는 이를 동적 밀도라고 부른다 — 단순히 인구의 물리적 집중도로 이해하지 않는다. 만약 그렇게 이해한다면, 인구밀도는 개

인들이, 좀 더 정확하게 말하자면 개인들로 구성되는 집단들이 도덕
적 거리에 의해 서로 분리되면 아무런 영향도 끼칠 수 없다. 인구밀
도는 오히려 물리적 집중도인 동시에 도덕적 집중도인데, 전자는 후
자의 보조적 요소일 뿐이며 일반적으로 후자에 수반되는 현상이다.
인구밀도는 ― 이것은 달리 사회의 밀도라고 표현할 수 있다 ― "그
크기가 일정하다면 상업적 측면에서뿐만 아니라 도덕적 측면에서도
상호관계를 갖는 개인들의 수의 함수로 정의된다. 다시 말해 서비스
를 교환하거나 서로 경쟁할 뿐만 아니라 공동체적 삶을 영위하는 개
인들의 수의 함수로 정의된다."[25]

　　사회의 정신적 기체에도 물리적 측면이 포함된다. 예컨대 종교라
는 집합표상은 개인들의 의식에서 형성된 개별적인 표상들이 연합
하여 창출된 것이다.[26] 그리하여 그리스나 로마의 다신교가 어떻게
형성되었는가는 그 당시 개인들의 사고 과정을 아무리 세밀하게 분
석한다고 해도 설명할 수 없다. 그러나 종교라는 집합표상의 기체가
되는 개인들의 연합에는 정신적인 측면만 있는 것이 아니다. 거기에
더해 물리적 측면이 있다. 그리하여 다른 한편 "폴리스의 구성, 원시
적인 씨족들이 점진적으로 상호 융합된 방식, 가부장적 가족이 조직
된 방식" 등을 알지 못한다면 그리스나 로마의 다신교가 어떻게 형
성되었는가를 이해할 수 없다.[27]

25　Émile Durkheim, 앞의 책(1984a), 195쪽; Stephen P. Turner, "Durkheim as
　　a Methodologist. Part II: Collective Forces, Causation and Probability", in:
　　Philosophy of the Social Sciences 14, 1984, 51~71쪽, 여기서는 52~53쪽도 참조.
26　사실 개인표상들이 연합하여 집합표상이 창출된다는 식의 논리는 지극히 추
　　상적이다. 왜냐하면 그 구체적인 사회심리학적 기제와 과정을 설명할 수 없
　　기 때문이다. 그가 말할 수 있는 것은 단지, 사회적 관계와 상호작용에서 이
　　루어지는 관념들의 연합이 개인의 정신에서 이루어지는 관념들의 연합과는
　　다르다는 것뿐이다. 이러한 실정을 염두에 두면서 뒤르케임은 다음과 같이
　　말하고 있다. "집합적 관념화의 법칙들을 연구하는 사회학의 한 특별한 분야
　　가 앞으로 창시되어야 한다." Émile Durkheim, 앞의 책(1976), 80쪽(각주
　　16번).

이처럼 연합된 개인들로부터 합성되어서, 또는 발현되어서 개인들 의식의 외부에 존재하는 사회적 사실은 개인들로 하여금 특정한 방식으로 존재하고 사고하며 행위하도록 강제한다. 그러니까 사회적 사실의 외재성이 강제성으로 이어진다. 물론 그렇다고 해서 개인들은 사회의 기체이기 때문에 아무런 주관성이나 자율성도 없이 그 '상부구조'에 해당하는 사회의 외적인 강제에 수동적이고 기계적으로 따르는 존재가 된다는 뜻은 결코 아니다. 사회적 사실의 외재성과 강제성이 뜻하는 바는 오히려 개인들이 주관적이고 자율적인 인격체로서 사회로부터 공통적인 존재, 사고 및 행위의 방식을 얻는다는 것이다. 개인들은 이 방식에 따라 존재하고 사고하며 행위함으로써 한편으로는 더욱더 주관적이고 자율적이 되면서 다른 한편으로는 더욱더 사회에 의존하게 된다. 외재성과 강제성이 증가하면서 주관성(내면성)과 자율성이 증가한다. 사회성이 증가하면서 개인성이 증가한다.

뒤르케임에 따르면 사회적인 것은 그 기체인 개인들로부터 유래한다. 그러나 일단 존재하게 되면 이제는 그것이 영향을 끼치는 근원이 되어 자신이 의존하는 바로 그 원인들에 반응한다.[28] 다시 말해 이제는 사회적인 것이 그 기체인 개인들에게 하향 인과성으로 작용한다.[29] 그리하여 개인적인 것이 사회적인 것에 작용하는 상향 인과

---

27 Émile Durkheim, 앞의 책(1983a), 364쪽; Émile Durkheim, 앞의 책(1976), 79쪽.

28 Émile Durkheim, 앞의 글(1982b), 174쪽.

29 하향 인과성은 미국의 심리학자이자 사회과학자인 도널드 캠벨(Donald T. Campbell)이 도입한 개념이다. 하향 인과성이란 ─ 캠벨은 1974년에 발표한 「위계적으로 조직된 생물학적 체계들」이라는 글에서 주장하기를 ─ "상위 차원의 선별적 체계의 법칙들이 하위 차원의 사건들과 질료들의 분포를 부분적으로 결정하는"것을 가리킨다. 캠벨에 따르면 "중간 차원의 현상을 기술하는 일은 하위 차원에서의 그것의 가능성과 구현을 기술하는 일로 완결되지 않는다. 그것의 존재, 우세 또는 분포는 [……] 자주 상위 차원의 법칙들과의 관계도 필요로 한다." Donald T. Campbell, "'Downward Causation'

성과 사회적인 것이 개인적인 것에 작용하는 하향 인과성이 변증법적 관계를 이룬다. 말하자면 개인들이 사회를 구성하며 사회가 개인들을 형성한다. 개인들은 사회의 산물인 동시에 사회의 창조자이다. 사회는 개인들이 없이는 아무것도 아니며 개인들은 사회가 없이는 진정한 정신적·도덕적 존재가 될 수 없다.

물론 사회적인 것의 하향 인과성은 개인들의 사회적 행위나 관계를 가능케 하거나 촉진하는 긍정적인 측면에만 국한되지 않는다. 제한하거나 저해하는 부정적인 측면도 얼마든지 있을 수 있다. 예컨대 중세 아랍인들의 집합표상으로 생성된 이슬람교는 여성들의 사회적 행위와 관계를 심대하게 저해했고 여성들의 인권을 극도로 억압했다.

이처럼 사회적인 것과 개인적인 것 사이에 변증법적으로 작용하는 상향 인과성과 하향 인과성이 뒤르케임의 사회학적 세계를 관통한다. 그의 전(全) 저작을 하나로 묶는 것은 다음과 같은 시도, 즉 "개인적인 것으로부터 사회적인 것이 발현하는 것과 사회적인 것으로부터 개인적인 것으로 하향 인과성이 작용하는 것을 설명하려는 시도"이다.[30] 개인적인 것과 사회적인 것을 연결하는 상향 인과성과 하향 인과성의 관계를 도표 10에 나타내 보면 보다 가시적으로 와닿을 것이다.

그런데 연합된 개인들을 기체로 하여 발현되는 사회적 사실은 단한 가지에 그치지 않고 여러 가지가 될 수 있다. 한 특정한 역사적

---

in Hierarchically Organised Biological Systems", in: Francisco Jose Ayala & Theodosius Dobzhansky (Ed.), *Studies in the Philosophy of Biology: Reduction and Related Problems*, London/Basingstoke: Macmillan 1974, 179~86쪽, 여기서는 180쪽. 다음도 같이 볼 것. Donald T. Campbell, "Levels of Organization, Downward Causation, and the Selection-Theory Approach to Evolutionary Epistemology", in: G. Greenberg & E. Tobach (Ed.), *Theories of the Evolution of Knowing*, Hillsdale, N. J.: Lawrence Erlbaum 1990, 1~17쪽.

30 R. Keith Sawyer, 앞의 글(2005), 100쪽.

도표 10　상향 인과성과 하향 인과성의 관계

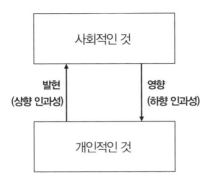

시기에 개인들이 상호작용함으로써 종교 · 도덕 · 예술 · 과학 등이 생성될 수 있다. 말하자면 상향 인과성은 UP1, UP2, UP3······처럼 복수가 될 수 있다(UP= Upward Causation). 또한 연합된 개인들을 기체로 하여 발현되는 사회적 사실은 단순히 그 기체에 하향 인과성으로 작용하는 데 그치지 않는다. 그것은 나아가 한편으로 자신의 기체가 된 개인들과 다른 역사적 상황에서 존재하고 사고하며 행위하는 개인들에게도 영향을 끼칠 수 있다. 그러니까 하향 인과성은 단 하나에 그치지 않고 DC1, DC2, DC3······처럼 복수가 될 수 있다(DC= Downward Causation). 예컨대 고대 유대인들의 집합표상으로 생성된 기독교는 고대 유대인들뿐만 아니라 중세인들과 근대인들의 종교적 삶에도 중요한 영향을 끼쳤다. 그리고 다른 한편으로 자신과 다른 사회적 사실(들)에도 영향을 끼칠 수 있다. 이를 평행 인과성이라고 부를 수 있으며, 평행 인과성도 단 하나에 그치지 않고 PC1, PC2, PC3······처럼 복수가 될 수 있다(PC = Parallel Causation). 예컨대 고대 유대인들의 집합표상으로 생성된 기독교는 경제 · 과학 · 예술 등과 같이 종교 이외의 사회적 사실들에도 중요한 영향을 끼쳤다. 이러한 상향 인과성-하향 인과성-평행 인과성의 기본 논리를 도표 11에 나타내 보면 보다 가시적으로 와닿을 것이다.

도표 11 상향 인과성–하향 인과성–평형 인과성

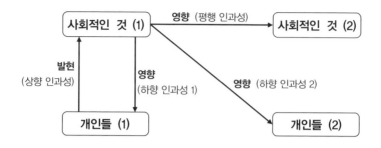

이처럼 개인들과 사회의 관계를 상향 인과성–하향 인과성–평행 인과성 도식에 의해 파악하면 한편으로 개인들과 그들의 상호관계 및 상호작용 그리고 이 상호관계와 상호작용이 결정화되고 객관화된 사회적 현상들이, 또는 달리 말하자면 미시적, 중시적 및 거시적 차원이, 그리고 다른 한편으로 구조적 차원과 역사적 차원이, 또는 달리 말하자면 공시적 차원과 통시적 차원이 사회학 인식의 지평으로 통합될 수 있다.

2. 방법론적 전체주의를 위하여

요컨대 사회적 사실은 개인들로부터 발현되지만 개인들의 의식에 부수되거나 종속되지 않고 그 자체의 고유한 논리와 법칙에 따라 존재하는 현상이라는, 또한 바로 거기에 근거하여 개인들에게 하향적으로 영향을 끼친다는 것이 뒤르케임이 기체-산물-모델로 논증하고자 한 바이다. 뒤르케임에 따르면 사회적 삶은 초정신성에 의해 규정된다. 사실 초정신성이란 뒤르케임이 인정하듯이, 형이상학적인 표현이다. 그럼에도 불구하고 그가 굳이 이 단어를 사용하는 것은 사회적 삶이 개인적 삶에 대해, 그러니까 초정신성이 정신성에 대해

외재적이고 독립적이며 또한 강제적이고 보편적이라는 점을 강조하기 위함이다.

이를 전체주의라고 한다. 그렇다고 해서 뒤르케임이 개인을 무시하거나 부정한다는 뜻은 결코 아니다. 그가 전체주의적 관점을 택하는 이유는 개인(적 행위)을 통해서 사회(적 구조)를 설명하지 않고 사회(적 구조)를 통해서 개인(적 행위)을 설명하려고 하기 때문이다. 보다 넓게 말하자면, 개인적인 것과 사회적인 것 모두 사회적인 것을 통해서 설명하려고 하기 때문이다. 그것은 방법론적 차원의 문제이다. 그러므로 뒤르케임의 전체주의는 어디까지나 방법론적 전체주의인 것이다.

자명한 일이지만 방법론적 전체주의는 개인보다 사회에 우선권을 부여한다. 그런데 중요한 점은 이 우선권이 가치론적 성격이 아니라 논리적 성격이라는 사실이다. 가치론적 성격이 아니라 함은, 개인들이 사회를 구성하고 사회가 개인들의 존재와 삶에 영향을 끼치기 때문에, 다시 말해 개인과 사회는 상호 의존적이고 상호관계적이기 때문에 그 가치의 우열관계를 따질 수 없음을 의미한다. 논리적 성격이라 함은, 뒤르케임이 사회현상을 설명함에 있어서 개인보다 사회에 우선권을 부여한다는 사실을 의미한다. "행위가 더 이상 사회구조를 **설명하는** 것이 아니라 행위가 사회구조의 산물로 **설명될** 수 있다." 이는 개인들의 행위가 단지 수동적이고 피동적인 것으로 설정된다는 식으로 받아들여서는 안 된다. 행위는 개인과 사회를 매개하는 중요한 변수이다. 다만 그 설명의 축을 어떻게 설정하느냐가 문제이다. "행위주의는 사회에 대한 **시민의** 태도를 결정하는 유력한 요소이다. 그러나 사회구조라는 사실로 과학적 시선을 돌리면 배후로 물러날 수밖에 없다."[31]

---

31 Bernhard Giesen, *Die Entdinglichung des Sozialen. Eine evolutionstheoretische Perspektive auf die Postmoderne*, Frankfurt am Main: Suhrkamp 1981,

그리고 뒤르케임이 개인보다 사회에 우선권을 부여하는 것은 실천적 성격도 아니다. 실천적 성격이 아니라 함은, 뒤르케임이 개인보다 사회의 논리와 이해관계를 우선시하고 개인을 단지 사회로부터 주어진 목표와 이상을 실현하는 도구나 수단으로 보기 때문에, 다시 말해 그가 전체주의자이기 때문에 개인에 대한 사회의 우선권을 부여하는 것이 결코 아님을 의미한다. 이 책의 곳곳에서 드러나듯이, 뒤르케임은 개인주의자, 그것도 철저한 개인주의자이다. 그 단적인 예로 그가 국가의 근본적인 의무를 개인숭배에서 찾는다는 사실을 들 수 있다. 뒤르케임에 따르면, 국가는 개인숭배를 조직하고 주재하며 개인숭배의 규칙적인 집행과 지속적인 발전을 보장할 의무가 있는 도덕적 기관이다.[32] 뒤르케임에게서는 방법론적 전체주의와 윤리적 또는 실천적 개인주의가 아무런 모순 없이 양립한다. 아니 그의 지적 세계에서 이 둘은 동전의 양면과도 같다.

이처럼 뒤르케임이 개인이 아니라 사회에 논리적 우선권을 부여하는 것은 자의적인 일이 아니다. 거기에는 분명한 이유가 있으니, 그것은 개인에 대한 사회의 존재론적 우월성이다. 다시 말해 사회가 개인보다 존재론적으로 우월하기 때문에 사회학자는 논리적으로 개인에 대한 사회의 우선권을 부여할 수 있다. 개인에 대한 사회의 존재론적 우월성은 다시금 시간적 · 실제적 · 사회적 차원의 세 가지 측면으로 나누어 살펴볼 수 있다. 먼저 시간적 측면에서 보면, 한 개인이 태어나면 사회는 이미 존재하며, 또한 사회는 한 개인보다 오래 존속한다. 또한 실제적 측면에서 보면, 모든 사회는 그 어떤 개인보다 훨씬 더 많은 지식을 축적하고 있다. 그리고 사회적 측면에서 보면, 사회가 개인적 발전에 끼치는 영향이 개인이 사회적 발전

81~82쪽.
32 이에 대해서는 정치사회학을 주제로 하는 제6장 제4절에서 자세한 논의가 있을 것이다.

에 끼치는 영향보다 훨씬 더 크다. 바로 이런 연유로 뒤르케임은 개인에 대한 사회의 우선권을 부여하는 것이다.[33] 사회학은 사회적 존재가 물리적 측면과 도덕적·정신적 측면에서 개인적 존재보다 훨씬 더 분화되고 풍요로우며 생명력이 강하다는 기본전제에서 출발한다.[34] 내가 보기에는 『도덕교육』[35]에 나오는 다음의 구절이 개인에 대한 사회의 존재론적 우월성을 단적으로 보여 준다.

> 사회는 무수한 힘들이 작용한 결과인데 —여기에서 우리의 힘은 아주 작은 부분을 차지할 뿐이다— 이 힘들은 우리가 알지도 못하고 우리가 전혀 원하지도 않았고 준비하지도 않은 법칙과 형태에 따라 결합한다. 게다가 사회는 우리에게 대체로 과거에서 완성된 상태로 주어진다. [……] 그러므로 사회가 우리의 작품이라고 생각하는 것은 위험한 환상이다. 그리고 사회가 우리의 작품인 고로 우리가 사회 전체를 가질 수 있고 사회가 원칙상 우리에게 달려 있으며 사회는 언제나 우리가 그러기를 원하는 것일 뿐이라고 생각하는 것도 위험한 환상이다. 이는 다음과 같은 원시인의 환상과 유사하다. 원시인은 의지행위를 통해, 명백한 소망을 통해, 강력한 명령을 통해 태양의 운행을 정지시키고 폭풍을 잠재우거나 바람을 불게 할 수 있다고 믿는다.[36]

물론 이처럼 사회가 개인에 대해 존재론적으로 우월하다고 해

---

33 Hans-Peter Müller, 앞의 책(1983), 44~45쪽; Hans-Peter Müller, 앞의 글 (1986), 96~97쪽.

34 Émile Durkheim, 앞의 책(1984a), 203쪽.

35 뒤르케임의 도덕이론을 주제로 하는 제5장에서는 이 책이 중요한 논의의 대상이 되는데, 우리는 거기에서 개인에 대한 사회의 존재론적 우월성이 보다 자세하게 다루어지고 있음을 보게 된다.

36 Émile Durkheim, 앞의 책(1984b), 164쪽.

서—다시 한 번 강조하지만—사회가 개인보다 가치 있는 존재라는 뜻은 결코 아니다. 오히려 사회는 자신보다 훨씬 덜 분화되고 풍요로우며 생명력이 약한 개인들이 특정한 방식으로, 그러니까 개인적 차원에서와 다른 방식으로 행위하도록 하는 데에 사회학적 의미를 갖는다. 이처럼 뒤르케임에게는 개인과 사회가 적대적 관계가 아니라 상보적 관계에 있다. 그리고 뒤르케임이 개인에 대한 사회의 존재론적 우월성을 내세운다고 해서—이 역시 다시 한 번 강조하지만—그가 윤리적으로 또는 실천적으로 전체주의자라는 뜻은 결코 아니다. 오히려 그는 철저한 개인주의자이다. 게다가 방법론적 전체주의는 윤리적 또는 실천적 개인주의의 발전에 기여할 수 있다. 왜냐하면 개인주의는 사회와 무관한 공허한 관념이 아니라 사회의 작품이며, 따라서 방법론적 전체주의에 입각하여 사회에 접근하는 사회학은 개인주의에 유리한 또는 불리한, 개인주의를 진척시키는 또는 저해하는 사회적 조건과 상황을 밝혀낼 수 있기 때문이다.

이러한 개인-사회-관계에 대한 보다 자세한 논의는 다음 절로 미루기로 하고, 여기서는 일단 방법론적 전체주의와 대비되는 두 관점인 방법론적 개인주의와 방법론적 상호작용주의를 간략하게 살펴보기로 한다. 그리하면 방법론적 전체주의를 보다 입체적으로 이해할 수 있을 것이다. 그리고 이는 더 나아가 뒤르케임을 그의 동시대인이자 사회학의 또 다른 두 창시자인 막스 베버 및 게오르그 짐멜과 비교하는 일이기도 하다. 왜냐하면 이 세 거장의 사회학이 방법론적 전체주의, 방법론적 개인주의 및 방법론적 상호작용주의를 대변하기 때문이다.

뒤르케임의 방법론적 전체주의, 즉 개인을 통해서 사회를 설명하지 않고 사회를 통해서 개인을 설명하려는 관점은, 방법론적 개인주의, 즉 사회를 통해서 개인을 설명하지 않고 개인을 통해서 사회를 설명하려는 관점과 상반된다. 그리고 방법론적 전체주의 및 방법론적 개인주의와 구별되면서 이 둘의 중간에 위치하는 것이 있으니,

그것은 방법론적 상호작용주의이다.[37] 방법론적 상호작용주의는 개인적인 것과 사회적인 것 모두 상호작용을 통해서 설명하려는 관점이다.

먼저[38] 방법론적 개인주의의 전형적인 예는 이해사회학이라는 사회학적 패러다임을 구축한 베버에게서 찾아볼 수 있다. 이해사회학은 방법론적 개인주의와 밀접하게 결부된다. 베버에게 개별인간과 그의 행위는 이해사회학의 "기층단위", 즉 "그 '원자'"를 구성한다. 이는 동시에 이해사회학의 "상한선"이기도 하다. 그러므로 사회학은 모든 역사적 사건과 과정을 "'이해 가능한', 그것도 단 하나의 예외도 없이, 인간의 공동체적 삶에 참여하는 개별인간들의 행위로 환원해야 한다."[39] 1920년 3월 20일에 보낸 한 편지에서 베버는 다음과 같이 말하고 있다.

> 내가 사회학자가 된 [……] 근본적인 이유는, 아직도 망령처럼 떠도는 집합개념에 마침내 종지부를 찍기 위해서입니다. 다른 말로 표현하자면, 사회학 역시 오로지 단수의 개인 또는 복수의 개인들의 행위에서 출발해야만 합니다. 그러므로 엄격한 "개인주의적" 방법을 구사해야 합니다. 예를 들자면, 국가에 대해서 그대는 아직도 전적으로 낡아빠진 견해를 이야기하고 있습니다. 국가란 사회학적 의미에서 보면 특정한 **행위**의 종류가, 다시 말해서 특정한 개별인간들의 행위가 발생할 가능성에 다름 아닙니다. 그렇지 않으면 국가는 아무것도 아닙니다. [……] 행위는 특정한 표상에 지향되어 있다는 사실이 이 행위의 "주관적인 측면"입니다. 그리고 우리 관찰자들이 이러한 표상에

---

37 Hartmut Rosa, David Strecker & Andrea Kottmann, *Soziologische Theorien*, Konstanz: UVK Verlagsgesellschaft 2007, 93쪽.

38 이 단락과 아래의 세 단락은 다음을 요약·정리한 것이다. 김덕영, 앞의 책 (2012), 836~41쪽.

39 Max Weber, 앞의 책(1973), 439쪽.

지향된 행위가 실제로 발생할 기회가 존재한다고 판단하는 것이 "객관적인 측면"에 해당합니다. 이러한 기회가 존재하지 않는다면, 국가 역시 더 이상 존재하지 않는 것입니다.[40]

그러니까 개인들의 유의미한 주관적 행위가 없으면 국가와 같이 거시적이고 객관화된 사회적 사실도 없는 것이다. 그리고 사회학 — 보다 정확히 말하자면 — 이해사회학도 없는 것이다. 바로 이런 연유로 베버의 사회학을 방법론적 개인주의라고 명명하는 것이다.

베버는 방법론적 개인주의의 관점에 입각하여 개인들의 행위 및 사회적 행위의 개념을 도입한 후 사회학의 기본개념을 확장해 나간다. 이 과정에서 베버는 점층법적 논리를 구사한다. 다시 말해 행위에서 점차로 구조적인 것을 포괄하면서 개념구성을 진행한다. 그리하여 베버의 사회학적 기본개념은 미시적 차원에서 중시적 차원을 거쳐 거시적 차원에 이르면서 행위이론과 질서이론 및 조직이론을 포괄한다. 베버가 이러한 사회학적 개념구성을 전략적으로 구사할 수 있었던 것은 "가망성" 또는 "기회"라는 개념적 장치 때문이었다. 예컨대 방금 위에서 인용한 바 있는 베버의 편지에서 국가와 개인의 행위를 사회학적으로 연결하는 것이 바로 이 개념이다. 비단 국가뿐만 아니라 모든 사회적 관계, 제도, 조직, 단체 등, 그러니까 구조적인 것이라고 부를 수 있는 모든 것은 개인의 행위를 위한 가망성 또는 기회로서 사회학적 의미를 갖는다.

그리고 방법론적 상호작용주의의 전형적인 예는 형식사회학이라는 사회학적 패러다임을 구축한 짐멜에게서 찾아볼 수 있다. 짐멜은 사회를 상호작용으로 해체한다. 그에 따르면 상호작용이 존재하는

---

40 Max Weber, *Briefe 1918~1920, 2. Halbband: Max Weber Gesamtausgabe II/10*, Tübingen: J. C. B. Mohr (Paul Siebeck) 2012, 946~47쪽.

곳에는 어디서나 사회가 존재하며, 사회는 개인들 사이에서 진행되는 상호작용의 총합에 다름 아니다. 예컨대 한 사람이 길을 묻고 다른 한 사람이 길을 가르쳐 주는 곳에도, 그러니까 순간적인 상호작용이 존재하는 곳에도 사회가 존재한다. 그런데 사회현상은 자연현상과 달리 정신적·주관적 존재인 개인들 사이의 상호작용으로 구성되며, 따라서 사회는 "개인들 사이의 정신적 상호작용"을 의미한다.[41] 달리 말해 사회는 "주관적 영혼들의 객관적 형식"에 다름 아니다.[42] 이러한 상호작용은 내용과 형식으로 구성되는데, 사회학은 상호작용의 내용이 아니라 형식을 그 인식대상으로 한다. 바로 이런 연유로 짐멜의 사회학을 형식사회학이라고 명명하는 것이다.

그렇다면 국가, 교회, 시장, 노동조합, 계급 또는 가족과 같은 거시적이고 제도적·구조적 사회체는 개인들의 상호작용과 어떠한 관계에 있으며, 따라서 사회학에는 어떠한 의미를 갖는가? 짐멜은 이것들을 사회적 상호작용이 객관적 구조물로 응축되거나 결정화된 것이라고 이해한다. 역으로 제도적이고 구조적인 것은 개인들이 고립해서는 달성할 수 없는 목표와 목적을 위한 수단이나 도구로 기능한다. 이와 관련하여 짐멜은 『돈의 철학』에서 다음과 같이 말하고 있다.

여러 사람들의 상호작용으로부터 객관적인 제도가 형성되는데, 그 이유는 우연적인 것이 마멸되고 이해관계의 동질성으로 인해 개인들의 기여가 통합되기 때문이다. 이렇게 형성된 제도들은 말하자면 개인들의 무수한 목적론적 곡선들이 모여드는 중앙역(中央驛)을 구성하며, 또한 개인들에게 이 목적론적 곡선들을 다른 방식으로는 달성

---

41 Georg Simmel, *Grundfragen der Soziologie. Individuum und Gesellschaft* (1917), Walter de Gruyter 1970, 12쪽.
42 Georg Simmel, 앞의 책(1992a), 41쪽.

불가능한 것에까지 확장할 수 있는 매우 효율적인 도구를 제공해 준다.[43]

예컨대 국가는 다음과 같이 개인들에게 도구적 성격을 지닌다. 아주 일반적인 차원에서 보면, "국가에 소속됨으로써 받게 되는 외적 보호는 대다수 개인들에게 목적행위를 할 수 있는 전제조건이 된다." 그리고 구체적인 사회제도들은 "개인들에게 그 제도들이 없다면 도저히 불가능한 것을 실현할 수 있는 가능성을 제공해 준다." 민법이라는 법적 제도의 경우 개인들은 "계약, 유언, 입양 등의 법적 형식이라는 우회로를 통하여 [……] 사회 전체에 의해 제작된 도구를 사용하는데, 이 도구는 그들의 힘을 배가시키고, 그 작동범위를 확대하며 그 결과를 확실하게 보장한다."[44] 교회의 의식 또한 — 한 가지 예만 더 들자면 — 사회적 상호작용으로서 개인들에게 도구적 성격을 갖는다. 의식은 "교회 전체에 의해 만들어져서 교회 전체에 전형적인 감정을 객관화하는 도구"이다. "확실히 그것은 신앙이 추구하는 내면적이고 초월적인 궁극의 목적에 도달하기 위한 우회로이다. 그러나 그것은 도구를 통한 우회로인데, 이 도구는 일체의 물질적 도구와 달리 개인들이 혼자서는, 즉 직접적인 방법으로는 성취할 수 없다고 믿는 목적을 위한 도구일 뿐이라는 사실에 그 **전체적인** 본질이 있다."[45] 바로 이런 연유로 짐멜의 사회학을 방법론적 상호작용주의라고 명명하는 것이다.

---

43 게오르그 짐멜, 『돈의 철학』, 도서출판 길 2013 (김덕영 옮김; 원제는 Georg Simmel, *Philosophie des Geldes*), 330~31쪽.
44 같은 책, 330쪽.
45 같은 책, 331쪽.

3. 개인과 사회(적 사실)의 변증법

뒤르케임을 베버 및 짐멜과 비교하는 것은 이 정도로 해두고 이제 다시 앞 절의 마지막 부분에서 유보한 문제, 즉 뒤르케임에게서 개인과 사회의 관계는 어떠한가에 대한 보다 자세한 논의로 되돌아가기로 한다. 거기에서 검토한 대로 뒤르케임이 개인에 대한 사회의 존재론적 우월성을 부여한다면, 이 존재론적으로 우월한 사회는 자신보다 '열등한' 개인을 지배하고 자신의 논리에 복속시키는가? 그리하여 개인은 자신의 감정과 사고 및 행위를 전적으로 사회에 의존하는가? 결론부터 말하자면, 개인과 사회는 이처럼 우월한 존재와 열등한 존재의 일방적 관계가 아니라 두 실재적 존재의 쌍방적 관계에 있다. 개인과 사회는 변증법적 관계에 있다. 개인이 사회-내-존재라면, 사회는 개인들-내-존재이다.

뒤르케임은 사회라는 단어를 아주 빈번하게 그리고 여러 가지 의미로 사용하고 있다. '사회'는 뒤르케임 사회학을 지키는 최후의 보루와도 같다. 왜냐하면 뒤르케임은 바로 사회에서 사회학적 사고의 궁극적인 토대를 찾고 거기에 입각하여 자신의 사회학을 정당화하고 다른 철학적·사회과학적 조류를 수용하고 비판하기 때문이다. 사회는 뒤르케임 사회학의 근간을 이루는 핵심개념이라고 할 수 있다. 그런데 매우 흥미롭게도 뒤르케임은 사회를 사회학의 인식대상으로 삼지 않는다. 사회적 사실이 뒤르케임 사회학의 인식대상이다. 게다가 사회에 대한 뒤르케임의 명확한 정의는 사실상 찾아보기 힘들다. 말하자면 뒤르케임 사회학을 이해하는 데 키워드와도 같은 개념이 가장 이해하기 어려운 셈이다. 이와 관련하여 로버트 벨라(1927~2013)는 다음과 같이 말하고 있다. "뒤르케임의 저작들에서 '사회'보다 더 어렵고 흔한 단어는 없다. 그 단어의 많은 의미와 많은 의미 차원을 파악하는 것은 그의 사고 전체를 이해하는 것과 거의 마찬가지일 것이다."[46]

이 절에서는 먼저 개인과 사회 및 사회적 사실의 관계를 살펴보고 난 다음에 뒤르케임이 말하는 사회, 아니 사회들에는 구체적으로 무엇이 있는가를 살펴보기로 한다.

(1) 개인-사회-사회적 사실

이미 앞에서 논한 것에 비추어 보자면, 뒤르케임이 사회를 개인을 초월하는 실체론적 존재로 파악한다고 추론할 수 있다. 이러한 추론은 무엇보다도 사회적 사실이 개인들에게 외부로부터 강요된다는 뒤르케임의 주장에 의해 뒷받침된다. 사회는 실체로서 존재하면서 개인들의 의식이나 의지와는 전혀 무관하게 그들의 사고와 행위를 결정한다는 식의 해석이 가능하다. 그러나 뒤르케임에게 사회는

> 공간에 존재하는 실체가 **아니다**. 그것을 연구하는 것은 에베레스트 산의 위치를 찾아내고 지도를 그리며 묘사하는 활동과 같은 종류가 아니다. 그것은 개인들이 가지고 있는 것과 같은 종류의 실재를 갖고 있지 않다. 왜냐하면 개인들 각자는 공간에 존재하는 실체**이기** 때문이다. 오히려 사회는 과정으로, 즉 사건들의 세트나 활동들의 세트로 간주되어야 한다. 그것은 대상들의 재고가 아니라 에너지의 흐름으로 파악되어야 한다. 달리 말해 우리는 그것을 극장 건물이나 무대가 아니라 극장에서 공연하는 연극으로 파악해야 한다. 사회는 우연적 실재인데, 그 이유는 어떤 일이 벌어지는 **한에서만** 사회가 실재적이기 때문이다.[47]

---

46 Robert N. Bellah, "Introduction", in: Émile Durkheim, *On Morality and Society* (Edited and with an Introduction by Robert N. Bellah), Chicago/London: University of Chicago Press 1973, ix~lv쪽, 여기서는 ix쪽.

47 Gianfranco Poggi, *Durkheim*, Oxford/New York: Oxford University Press 2000, 85쪽.

그렇다면 어떤 일이 벌어진다는 것은 무엇을 뜻하는가? 사회가 실체가 아니라면, 그것은 어디에서 벌어지는가? 개인들 사이에서이다. 사회는 "개인들 사이에서 발생하는 사건들의 총합으로, 그들 사이에서 진행되는 상호작용들 전체, 그들이 서로 영향을 주고받는 방식들 전체, 그들이 서로 간에 에너지를 교환하는 방식들 전체로" 이해된다.[48] 요컨대 뒤르케임에게 사회는 개인들을 초월하거나 개인들과 대립되는 실체가 아니라 바로 개인들의 행위이자 개인들 사이의 상호작용이다. 사회는 이런 한에서 실재적이다. 달리 표현하자면, 사회는 개인들의 행위와 상호작용에 영향을 끼치는 요소들의 총합에 다름 아니다. 보다 정확히 말해 사회적 요소들의 총합이다. 왜냐하면 개인적 행위나 상호작용은 그 밖에도 물리적 · 화학적 · 생물학적 · 심리학적 요소들에 의해서도 영향을 받기 때문이다.

이렇게 보면 자칫 사회는 실체가 아닌 과정이지만 사회적 사실은 개인으로부터 분리되거나 개인을 초월하는 실체론적 존재라는 것이 뒤르케임의 견해이며, 따라서 그의 사회학에는 논리적 일관성이 결여되어 있다고 생각하기 십상이다. 그러므로 여기에서 잠시 사회와 사회적 사실의 관계를 따져볼 필요가 있다. 방금 언급한 바와 같이, 뒤르케임 사회학의 인식대상은 사회가 아니고 사회적 사실이다. 구체적으로 말하자면, 콩트나 스펜서처럼 사회 그 자체에 대한 형이상학적 사변이 아니라 —경제, 분업, 자살, 가족, 종교, 도덕, 과학, 국가, 법률 등의 —다양한 사회적 사실에 대한 그리고 그것들의 상호관계나 상호작용에 대한 경험적이고 실증적인 분석이 뒤르케임이 이해하는 사회학이다. 뒤르케임이 말하는 사회적 사실은 달리 사회적인 것이라고 표현할 수 있으며, 따라서 그의 사회학은 사회적인 것의 과학이 된다. 그것도 사회적인 것의 보편이론이 아니라 사회적

48 같은 곳.

인 것의 중범위이론이다. 이 점에서 뒤르케임은 베버 및 짐멜과 공통적이다. 베버와 짐멜도 뒤르케임처럼 사회적인 것의 중범위이론을 추구하는데, 이들에게 사회적인 것은 각각 사회적 행위와 사회적 상호작용에 있다.[49]

뒤르케임은 사회와 사회적 사실을 엄격하게 구분하지 않을뿐더러 때로는 이 두 용어를 같은 의미로 사용하기도 한다. 예컨대 뒤르케임은 『사회학적 방법의 규칙들』에서 사회적 사실을 "개인적 의식의 외부에 존재하는 데에 그 본질적인 특징이 있는 특별한 양식의 행위, 사고, 감정"이라고 규정하는가 하면, 『도덕교육』에서는 사회를 "자신을 구성하는 개인들과 구별되는 특별한 양식으로 사고하고 느끼고 행위하는 정신적 존재"라고 규정하고 있다.[50] 사회와 사회적 사실의 관계를 논하는 것은 뒤르케임의 관심사가 아니다. 그럼에도 불구하고 분석적 차원에서 사회와 사회적 사실을 다음과 같이 구분할 수 있을 것이다. 뒤르케임에게 사회적 사실은 사회적 삶의 결과물을 가리킨다. 그것은 다양한 삶의 영역에서 상호작용하는 개인들의 정신적 창조물이다. 그런데 사회적 사실은 반드시 객관적인 형태로 결정화될 필요는 없다. 그렇지 않은 사회적 사실도 얼마든지 있기 때문이다. 예컨대 한 사회의 미학적 감정 가운데에는 예술작품으로 구현되지 않는 것이 있고 한 사회의 도덕 가운데에는 객관적인 규정으로 기록되지 않는 것이 있다. 그 대부분은 산재되어 있다. "게다가 완전히 자유롭게 진행되는 사회적 삶이 있다. 온갖 가능한 조류가 소멸되고 생성되며 온갖 방향에서 순환하고 수천 가지 방식으로 교차하고 혼합되며, 또한 끊임없이 유동적이기 때문에 결코 객관적인

---

49 이에 대한 자세한 논의는 다음을 참고할 것. 김덕영, 앞의 책(2016a), 제2장 (169~272쪽).

50 Émile Durkheim, 앞의 책(1984a), 106쪽; Émile Durkheim, 앞의 책(1984b), 116쪽.

형태를 취하지 않는다. 오늘은 슬픔과 낙담이 모든 사람을 짓누르다가도 내일은 즐거운 확신의 바람이 불어 모든 사람의 기분을 북돋워 준다. 한동안 집단 전체가 개인주의로 기운다. 그다음에 사회적·박애주의적 목표가 압도하는 시기가 온다. 어제는 전적으로 세계주의적 태도를 취하다가 오늘은 애국주의에 지배된다. 그런데 이 모든 소용돌이, 즉 이 모든 조류와 반(反)조류는 법과 도덕의 가장 근본적인 준칙이 그 신성하게 결정화된 형태에서 조금도 수정되지 않고서도 일어날 수 있다."[51]

이미 제2장 제2절에서 자세하게 논한 바와 같이, 뒤르케임에게 사회적 사실의 기준은 어디까지나 개인들에 대한 외재성, 강제성, 독립성 및 보편성이다. 그 가운데 외재성이 일차적인 특징이다. 사회는 이처럼 이중적 성격을 갖는—개인들의 창조물인 동시에 개인들에 대하여 외재적이고 강제적이며 독립적이고 보편적인—사회적 사실들로 구성된다. 다시 말해 사회는 사회적 사실들의 총합이다.[52] 그리고 사회적 사실들은 그리고 그 총합인 사회는 개인들의 행위를 규

---

51 Émile Durkheim, 앞의 책(1983a), 366~67쪽. 물론 객관적인 형태로 결정화되지 않은 사회적 사실이 완전히 개인적 의식의 상태로 존재한다는 뜻은 아니다. 다시 말해 순수한 내적 의식의 흐름으로 존재한다는 뜻은 아니다. 사회적 사실은 어떠한 방식으로든 물질화되어야 개인들에 의해 인식되고 수용되어서 그들의 행위에 영향을 끼칠 수 있다. 예컨대 종교적 이념과 같은 사회적 사실은 어떠한 방식으로든 물질적 객체에 표현되어야 비로소 사회적 실재가 될 수 있다. 보다 구체적으로 말하자면 그것은 "자신을 외적으로 묘사하고 상징하는 모든 종류의 사물, 이미지, 운동, 소리, 말 등"에 표현되어야 비로소 사회적 실재가 될 수 있다. 왜냐하면 "본래 서로로부터 경계가 정해져 있는 개인들은 그들의 감정 표출을 통해서만, 다시 말해 그들의 감정을 상징적으로 외부 세계에 묘사하는 기호에 의해 그들의 감정을 번역함으로써만 그들이 서로서로 결합되어 있고 하나의 통일적인 단위를 이룬다는 것을 느낄 수 있기 때문이다." Émile Durkheim, "Der Dualismus der menschlichen Natur und seine sozialen Bedingungen", in: Friedrich Jonas, *Geschichte der Soziologie 3: Französische und italienische Soziologie*, Reinbek bei Hamburg: Rowohlt 1969, 178~90쪽, 여기서는 187쪽.
52 Gisela Dombrowski, 앞의 책(1976), 80쪽.

정하는 요소, 보다 구체적으로 말하자면 생리적 · 심리적 등의 요소가 아닌 사회적 요소가 된다. 개인적 행위는 "언제나 사회적 사실들의 결과 또는 작용으로 이해되며, 따라서 궁극적으로 사회에 의해서 야기되는 것으로 이해된다." 물론 구체적인 행위는 사회적 요소에 의해서만 영향을 받는 것이 아니라 일반적으로 사회적 요소와 생리적 · 심리적 등의 요소가 혼합하여 작용한 결과이다.[53] 그러므로 개인이 사회에 통합되면 될수록, 다시 말해 사회적 존재가 되면 될수록 개인적 행위가 비사회적 요소에 의해 결정되는 정도가 적어진다.

뒤르케임에 따르면 사회는 그 자체로서 확인할 수 없다. 왜냐하면 사회는 ― 비유적으로 표현하자면 ― "개별적인 현상들의 '배후에서' 작용하는 비가시적인 힘으로서, 이 힘에서 흘러나오는 에너지가 사회적 현상들과 그것들의 운동을 결정하기" 때문이다.[54] 이 비가시적 존재인 사회가 가시화되는 것이 바로 사회적 사실들이다. 사회와 사회적 사실의 이러한 관계는 방금 앞의 앞 단락에서 인용한, 객관적 형태로 결정화되지 않은 사회적 사실들에 대한 뒤르케임의 논의를 보면 명백히 드러난다. 이러한 유동적인 준칙들 자체는 ― 확고하게 공식화된 준칙들과 마찬가지로 ―

> 그 배후에서 작동하는 삶의 표현일 뿐이며 그것의 일부분이다. 그것들은 그 삶에서 연원하지만 그 삶을 방해하지 않는다. 이 모든 준칙의 근저에는 살아 있는 진정한 감정들이 자리하고 있으며, 이 공식들은 그 감정들을 재현하지만 어디까지나 그 감정들의 외피일 따름이다. 만약 그 준칙들이 사회에 존재하는 구체적인 감정과 충동에 상응

---

53 Andreas Balog, "Handlungen und Tatsachen: Weber und Durkheim über die 'Objektivität' des Sozialen", in: *Berliner Journal für Soziologie 14*, 2004, 485~502쪽, 여기서는 494~95쪽.
54 같은 글, 495쪽.

하지 않는다면 아무런 반향도 불러일으키지 못할 것이다. 우리는 그 준칙들에 대하여 일종의 실재성을 인정하지만, 그렇다고 해서 그것들 안에서 도덕적 실재 전체를 볼 수 있다고 생각하는 것은 결코 아니다. 그렇게 생각하는 것은 외적인 기회를 그것이 표현하는 사물과 혼동하는 것이다. 물론 징후는 무엇인가를 의미한다. 그것은 무시해도 좋은 부수현상에 불과한 것이 아니다. 오늘날에는 이러한 사물들이 지적 발전에서 어떠한 역할을 하는지 잘 알려져 있다. 그러나 결국 징후는 징후일 뿐이다.[55]

이처럼 사회가 사회적 사실들에 의해서 표현된다면, 사회적 사실들은 다시금 개인들의 행위라는 관점에서 규정된다.[56] 그러므로 사회적 사실들은 "우리가 그 안에 우리의 행위들을 부어넣어야 하는 거푸집"이다.[57] 또는 달리 표현하자면, "개인의 행위들은 그 안에 사회적 사실들을 '채우는' 그릇"으로 파악된다.[58] 사회적 사실들은 개인들의 행위가 수행되는 "세팅"이다.[59] 사회적 사실과 개인적 행위의 이러한 관계는 다시금 객관적인 형태로 결정화되지 않은 사회적 사실들에 대한 뒤르케임의 논의를 보면 명백히 드러난다. 이러한 유동적인 준칙들 자체는 ― 확고하게 공식화된 준칙들과 마찬가지로 ―

55 Émile Durkheim, 앞의 책(1983a), 367쪽.

56 Andreas Balog, "Der Begriff 'Gesellschaft': Konzeptuelle Überlegungen und Kritik seiner Verwendung in Zeitdiagnosen, in: *Österreichische Zeitschrift für Soziologie 24 (Heft 2)*, 1999, 66~93쪽, 여기서는 72쪽.

57 같은 곳; Andreas Balog, *Soziale Phänomene: Identität, Aufbau und Erklärung*, Wiesbaden: VS Verlag für Sozialwissenschaften 2006, 113쪽.

58 Andreas Balog, 앞의 글(2004), 498쪽.

59 Zygmunt Bauman, "Durkheim's Society Revisited", in: Jeffrey C. Alexander & Philip Smith (Ed.), *The Cambridge Companion to Durkheim*, Cambridge: Cambridge University Press 2005, 360~82쪽, 여기서는 362쪽.

모든 평균적인 개인에게 외재한다. 예컨대 모두에게 위협이 되는 커다란 위험은 애국적 감정을 유발하는데, 그 결과 모든 사적 이익을, 심지어 일반적으로 인정되는 사적 이익도 공공복리를 위해 완전히 포기해야 한다는 절대적인 요구가 사회 전체에 일어난다. 그런데 이러한 원리는 단순히 바람직한 것으로 제시되지 않고 유사시에는 글자의 뜻 그대로 적용된다. 그와 같은 순간에 평균적인 사람들을 한번 관찰해 보라! 그러면 아주 많은 그런 사람들에게서 이러한 도덕적 태도가 나타나는 것을 볼 수 있다. 물론 많이 완화된 형태로 나타나는 경우도 있다. 심지어 전시에도 자발적으로 그처럼 완전히 자신을 포기하는 것은 드문 일이다. **요컨대 함께 모여서 국가라는 큰 집단을 형성하는 개인 가운데 그 누구에게도 집합적 조류는 거의 전적으로 외재할 수밖에 없는데, 왜냐하면 그들 각자는 그 조류의 아주 작은 부분만을 내적으로 소유하기 때문이다.**[60]

이렇게 보면 뒤르케임의 사회학에서는 개인적 행위, 사회적 사실 그리고 사회가 밀접한 관계에 있음을 알 수 있다. 이 관계는 인과성과 기능성에 의해 성립되고 유지된다.[61] 이미 앞에서 언급한 바와 같이, 사회적 사실의 일차적인 특징은 외재성에서 찾을 수 있다. 외재성은 사회적 사실의 "직접적인 가시적 상징"이며, 따라서 사회적 사실의 "현저한 객관적 기준"이다.[62] 마찬가지로 사회적 사실들의 총합인 사회의 일차적인 특징도 외재성에 있다. 바로 이 점에서 인간 사회는 동물 사회와 결정적으로 구별된다. 이는 뒤르케임이 처음부터 끝까지 고수했던 사회학적 대전제이다. 1917년에 그러니까, 뒤르케

---

60 Émile Durkheim, 앞의 책(1983a), 368쪽.

61 Andreas Balog, 앞의 책(2006), 114쪽.

62 Harry Alpert, *Émile Durkheim and His Sociology*, Hampshire: Gregg Revivals 1993, 161쪽.

임이 세상을 떠나던 해에 『프랑스 철학학회 회보』에 게재된 「사회」라는 아주 짧은 글에는 다음과 같은 구절이 나온다.

동물 사회와 인간 사회의 큰 차이점은, 전자에서 개별적 피조물이 전적으로 **그 자신의 내부**로부터, 즉 본능에 의해 지배된다는 점이다 [……]. 반면 인간 사회는 다음과 같이 특별한 성격의 새로운 현상을 보여 준다. 어떤 행위의 방식들은 개인의 **외부로부터** 부과되거나, 아니면 적어도 시사되며 그 자신의 본성에 추가된다. 이런 특성을 갖는 것들을 (넓은 의미에서의) '제도'라고 하는데, 언어의 존재가 제도를 가능케 하며 언어 그 자체는 제도의 한 예이다. 제도는 개인들이 그 지속성을 파괴하지 않고 계승하면 실재성을 띠게 된다. 제도들의 존재는 인간 사회의 독특한 성격이며 사회학의 진정한 대상이다.[63]

뒤르케임에게 사회적 사실과 개인의 관계는 쌍방적이다. 사회적 사실들이 개인들의 행위를 규정한다면, 개인들의 상호작용으로부터 사회적 사실들이 형성된다. 달리 표현하자면, 연합된 개인들로부터 사회적 사실들이 발현된다. 전자는 후자의 기체이다. 아마도 연합된 개인들로부터 사회가 발현한다는 말보다는 사회적 사실들이 발현한다는 말이 더 적합할지 모른다. 왜냐하면 개인들의 연합으로부터 형성되는 것은 사회라는 실체리기보다 다양한 사회적 사실들이기 때문이다. 사회는 바로 이 사실들의 총합을 가리킨다. 그리고 연합된 개인들이 사회의 기체라고 말하는 경우에도 사회적 사실들의 기체라고 이해하는 것이 더 구체성을 띠며, 따라서 사회학적 설명력이 더 클 것이다. 왜냐하면 뒤르케임의 진정한 사회학적 인식관심

---

63 Émile Durkheim, "Society"(1917), in: *The Rules of Sociological Method and Selected Texts on Sociology and its Method* (Edited with an introduction by Steven Lukes), London: Macmillan, 1982j, 248쪽.

은 개별적인 사회적 사실들에 있지, 그 배후에서 작용하는 비가시적 힘인 사회에 있지 않기 때문이다. 뒤르케임에게 —지그문트 바우만 (1925~2017)의 해석을 따르면 —사회는 "견고하고 확고한 실재"이며 사회적 사실들은 이 실재의 "견고하고 확고한 사실들"이다. 사회적 사실들은 사회라는 실재의 "천연자원"으로서 다른 실재들의 "천연자원"으로부터 독립적이다. 예컨대 개인적 심리 또는 정신의 "천연자원"인 개인적 사실들로부터 독립적이다. 바로 이 사회적 사실들을 분석하고 설명하는 것이 뒤르케임의 사회학이다.[64]

---

64 Zygmunt Bauman, 앞의 글(2005), 364쪽. 바우만에 따르면 이러한 뒤르케임의 사회학은 19세기 말 프랑스의 지적 풍토에서 그 정신사적 연원을 찾을 수 있다. "그 실재[사회의 실재]를 입증하는 것은 신흥과학, 즉 아카데미 세계의 신입자에게는 생사가 달린 문제였다. 어쨌든 그것은 오랫동안 실증주의적 규준이 굳건히 자리 잡은 19세기 말 프랑스 아카데미 세계에서 생사가 달린 문제였다. 왜냐하면 실증주의적 규준은 실재의 견고하고 확고한 사실을 제외하고는 좀처럼 아무것도 존중하지 않았으며, 또한 실재의 한 선택된 사실을 규명하고 확인하는 것을 과학이라는 이름으로 불릴 만한 모든 인식 형태가 나아갈 유일한 길이라고 믿었기 때문이다. 실증주의적 렌즈를 통해서 본 세계는 영역으로 나뉘는데, 그 각각은 독립적인 전공과 독립적인 과학의 분야로 할당되었다(그리고 이보다 더 중요하다고 할 수는 없지만 그래도 덜 중요하지 않은 일이지만, 대학 내에서 독립적인 학과로 할당되었다). 이러한 할당으로 여러 인식 분야가 형성되었고 국가는 이 분야들을 과학적 사업으로 만들었다. 사실들이 없으면 —과학이 없다. 독립적인 사실들을 소유하지 않고/그것들을 처리하지 않으면 —과학의 분야가 없다(그리하여 대학에서의 전공과 학과를 요구할 권리가 없다). 사회학이라는 전공과 학과가 다음 세기의 프랑스 아카데미 세계에 확산되려면, 19세기를 지배한 발견여행의 정신에 입각하여 사실들의 처녀지, 그러니까 아직 '그 누구의' 땅에도 속하지 않는 사실들이 발견되고 그에 대한 지도가 만들어져야 했다 —그러고 나서 발견자의 이론의 여지가 없는 소유라고 선언되어야 했다. 대략적으로 말하자면, 바로 이것이 **사회학**이라는 전공을 지향하고 최초로 이 전공을 발명하고자 하는 소르본 대학의 젊은 **교육학** 교수 에밀 뒤르케임이 직면한 과제였다." 이 사회학적 과제는 두 부분으로 되어 있는데, 하나는 "'사회'의 **실재**"를 논증하는 것, 그러니까 사회학이라는 과학적 영역을 확보하는 것이고, 다른 하나는 이 실재의 "천연자원"인 사회적 사실을 적극적으로 활용함으로써 사회학과 그 인접한 과학적 영역인 생물학, 심리학, 철학 간의 경계를 명백하게 긋는 것이다. 같은 곳.

도표 12 개인-사회-사회적 사실

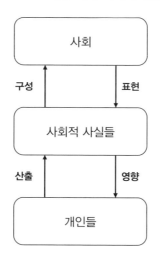

여기까지의 논의를 바탕으로 개인과 사회 그리고 사회적 사실의 관계를 도표 12로 나타낼 수 있다.

일반적으로 뒤르케임은 사회실재론의 대표적인 이론가로 간주된다. 그는 분명 실재론자이다. 왜냐하면 사회를 개인들에게 외재하는 고유한 실재로 파악하기 때문이다. 그러나 뒤르케임은 전통적인 의미에서의 실재론자는 아니다. 그는 사회실재론과 사회명목론을 창조적으로 종합한 새로운 실새론을 제시한다.

사회명목론과 사회실재론은 공히 개인과 사회의 관계에서 출발하지만 그 가운데 어느 하나에 존재론적 우월성을 부여하며 그에 따라 실재하는 것으로 파악한다는 점에서 서로 다르다. 먼저 개인주의적 관점에 입각하여 사회에 대한 개인의 존재론적 우월성을 부여하는 사회명목론은 사회를 개인의 기계적 집합체로 간주하며, 따라서 사회에는 개별적인 요소들에 이미 포함되어 있지 않은 그 어떤 특성도 존재하지 않는다고 주장한다. 사회와 개인 사이에는 연속성이 존재한다는 것이다. 사회명목론에 따르면 기체인 개인과 그 산물인 사회는 동일하다. 그러니까 다음과 같은 명제가 적용된다. "전체는 그 부분들의 합이다."[65]

이에 반해 전체주의적 관점에 입각하여 개인에 대한 사회의 존재론적 우월성을 부여하는 사회실재론은 사회를 고유한 실재로 간주하며, 따라서 사회는 개인에 의해서 구성되지도 않고 영향을 받지도 않는 실체라고 주장한다. 사회와 개인 사이에는 불연속성이 존재한다는 것이다. 사회실재론에 따르면, 기체인 개인과 그 산물인 사회 사이에 일정한 간극이 존재한다. 그러니까 다음과 같은 명제가 적용된다. "전체는 그 부분들의 합보다 크다."[66]

뒤르케임은 이처럼 상반된 두 조류를 창조적으로 종합한다. 그는 한편으로 사회를 개인의 기계적 집합체로 간주하는 사회명목론의 입장을 거부하고 사회를 고유한 실재로 간주하는 사회실재론의 입장을 수용한다. 뒤르케임에게 전체인 사회는 그 부분들인 개인들의 합보다 크다. 그리고 다른 한편으로 사회를 개인들과 대립하는 또는 개인들을 초월하는 실체적 존재로 간주하는 사회실재론의 입장을 거부하고 사회는 개인들로 구성된다는 사회명목론적 입장을 수용한다. 뒤르케임에게 사회의 기체는 연합된 개인들이기 때문에 사회는 개인들이 없이는 아무것도 아니다. 이처럼 사회명목론과 사회실재론을 창조적으로 종합한 결과 뒤르케임은 사회가 개인들의 연합으로 구성되지만 개인들에 외재하는 고유한 실재라는 명제에 도달한다. 말하자면 사회의 구성방식에서는 사회명목론에 접목하고 사회의 존재방식에서는 사회실재론에 접목한다. 이를 다음과 같이 도표로 나타낼 수 있다.[67]

이렇게 보면 뒤르케임의 입장이 실재론인 것은 분명하지만 전통

---

65 Hans-Peter Müller, 앞의 책(1983), 33쪽.
66 같은 책, 33~34쪽.
67 이는 다음을 참조하여 그린 것임을 밝혀둔다. 같은 책, 34쪽.

도표 13 뒤르케임의 사회실재론

준거 틀 뒤르케임의 입장	사회명목론	사회실재론
사회의 구성방식	사회는 개인들로 구성 ＋	－ 사회는 개인들을 초월하는 실체적 존재
사회의 존재방식	－ 사회는 개인들의 기계적 집합체	＋ 사회는 고유한 실재

(+): 수용   (−): 거부

적인 의미의 사회실재론이 아니라 중도적 실재론 또는 온건한 실재론이라고 규정할 수 있을 것이다. 이는 개인과 사회에 대한 기존의 철학적 전통을 사회학적으로 종합한 결과이기 때문에 사회학적 실재론이라고 부를 수도 있을 것이다.[68] 이 사회학적 실재론은 개인과 사회 가운데 어느 하나에 우월성과 실재성을 부여하는 경직된 양자택일적 관점을 넘어서 개인과 사회 모두를 포괄하며, 그 가운데 어느 것의 실재성도 부정하지 않지만 그 어느 것의 실체성도 인정하지 않는다. 실재인 사회는 역시 실재인 개인들이 연합된 산물이다. 말하자면 뒤르케임의 사회는 실체론적 실재가 아니라 어디까지나 구성론적 실재이다. 그리고 실재인 개인들은 역시 실재이면서 자신에 외재하는 사회로부터 특정한 방식으로 사고하고 행위하도록 강제된다. 그리하여 개인은 사회적 존재가 된다. 이처럼 두 실재적 존재인 개인과 사회 사이에는 변증법적 관계가 성립한다.

---

68 같은 책, 32쪽 이하.

뒤르케임에 따르면 사회를 구성하는 개인들은 고립된 원자론적 존재가 아니다. 그들 각자는 실재적 존재이지만 그들이 연합해야만 사회가 구성된다. 이미 이 장의 제1절에서 자세하게 논한 바와 같이, 사회의 기체는 연합된 개인들이다. 후자로부터 전자가 발현한다. '연합'은 넓게는 뒤르케임 사회학에서 핵심적인 역할을 하는 개념 가운데 하나임에도 불구하고 제대로 주목받지 못해 왔는데, 그 주된 원인은 뒤르케임을 간단히 사회실재론자로 치부해 버리기 때문이다. 연합은 ── 뒤르케임은 『사회학적 방법의 규칙들』에서 이렇게 주장하고 있다 ──

사람들이 때때로 생각하는 것처럼 비생산적인 현상이 아니다. 다시 말해 그것은 이미 주어진 사실들과 이미 구성된 속성들을 단순히 외적으로 나란히 늘어놓는 데 그치는 현상이 아니다. 이와 반대로 그것은 사물들의 일반적인 진화 과정에서 연속적으로 산출된 모든 새로운 것의 근원이다. 하등 유기체와 고등 유기체 사이에, 조직화된 생명체와 단순한 원형질 사이에, 그리고 단순한 원형질과 그것을 구성하고 있는 비유기적 분자들 사이에 존재하는 차이는, 만약 연합의 차이가 아니라면 무슨 차이란 말인가? 이 모든 존재는 궁극에 가서는 똑같은 성격의 요소들로 분해된다. 그러나 이 요소들이 한쪽에서는 나란히 놓여 있고 다른 쪽에서는 연합되어 있다. 한쪽에서는 이런 방식으로 연합되어 있고 다른 쪽에서는 저런 방식으로 연합되어 있다. 심지어 이러한 법칙이 무기물의 세계에도 적용될 수 없는지, 그리고 비유기적 물체들을 서로 분리하는 차이들이 동일한 근원을 갖지 않는지 묻는 것이 정당하다.[69]

---

69 Émile Durkheim, 앞의 책(1984a), 187쪽.

바로 이러한 연합의 원리에 따라 ─ 뒤르케임은 계속해서 이렇게
주장한다 ─

사회는 단순히 개인들의 합이 아니다. 오히려 개인들의 연합으로
형성된 체계는 자신의 고유한 성격을 갖는 특수한 실재를 나타낸다.
물론 개인들의 의식이 존재하지 않으면 집합적 현상이 생성될 수 없
다. 그러나 이것은 필요조건일 뿐 충분조건은 아니다. 거기에 더해 이
의식들은 연합되고 조합되어야 한다. 그것도 특정한 방식으로 조합되
어야 한다. 사회적 삶은 이러한 조합으로부터 산출되며, 따라서 이러
한 조합에 의해 설명할 수 있다. 개인들의 정신은 같이 모이고, 서로
에게 스며들며 서로 녹아서 합쳐지면서 새로운 존재를, 말하자면 정
신적인 존재를 창출하는데, 이 존재는 새로운 종류의 정신적인 개체
성을 나타낸다. 그러므로 이 개체성에서 전개되는 현상들의 일차적
이고 결정적인 원인들은 그것의 특성에서 찾아야지, 그것을 구성하
는 단위의 개체성에서 찾아서는 안 된다. 집단은 그 구성원들이 고립
되어서 생각하고 느끼며 행위하는 것과 전혀 다르게 생각하고 느끼며
행위한다. 그러므로 고립된 개인들로부터 출발한다면 집단에서 발생
하는 것들을 결코 이해할 수 없을 것이다.[70]

이 인용구절에는 개인들이 "같이 모이고, 서로에게 스며들며 서로
녹아서 합쳐지면서"라는 표현이 나오는데, 이것이 연합의 유형이다.
보다 정확히 말하자면 그 일부분이다. 왜냐하면 그와 같은 회합, 상
호침투, 상호융합 이외에도 협동, 분업, 갈등, 투쟁 등의 유형을 생각
해 볼 수 있기 때문이다. 그런데 개인들 사이의 연합, 그러니까 사회
적 연합은 물리적 · 화학적 또는 생물학적 세계에서의 연합, 그러니

---

70 같은 책, 187~88쪽.

까 자연적 연합과 달리 단순히 물리적 현상이 아니라 정신적 · 의식적 현상이다. 그것은 다양한 집합표상을 매개로 하여 개인들 사이에서 진행되는 상호작용이다. 달리 표현하자면, 사회적 연합은 다양한 상징을 매개로 하는 상호작용, 즉 상징적 상호작용이다. 사회는, 보다 정확히 말하자면 사회적 사실들은 바로 이러한 연합에 의해 창출된다. 그러므로 우리는 뒤르케임의 사회학을 논할 때 개인 대(對) 사회가 아니라

> 인간연합의 근원적이고 원초적인 사실과 더불어 출발해야 한다. 인간의 삶은 연합적 삶이다. 인간들은 언제나 다수 속에, 즉 다른 인간들과의 관계 속에 존재한다. 간단히 말해 인간은 항상 같은 인간들과 함께 있다. 그러나 연합을 사실이라고 말하는 것은 부정확하다. 우리가 "인간연합의 사실"과 더불어 의미하는 바는 보다 엄밀하게 "인간들이 연합된 것이 사실이다"로 표현된다. 왜냐하면 연합 그 자체는 "사실"이라기보다 과정이기 때문이다. 그것은 활동들이 진행되는 것, 즉 행위들, 상호작용들, 반작용들 그리고 저항들이 오고가는 것이다. 그것은 힘들의 상호작용, 즉 서로 영향을 주고받는 드라마이다. 그런데 이러한 활동과 상호작용은 무익하고 비생산적인 "아무 뜻도 없는 소음과 격정"[71]이 결코 아니다. 그것은 생성적이고 자극적이고 창조적이다. 그것은 관념, 감정 그리고 행위를 불러일으키는데, 이것들은 만약에 개인들의 연합이 없었더라면, 그리하여 그들 사이에 상호작용과 상호자극이 없는 상태에서 존재하였다면 전혀 달라졌을 것이다. 요컨

---

71 이는 윌리엄 셰익스피어(1564~1616)의 비극 『맥베스』 제5막, 제5장, 27~28줄에서 인용한 것이다. 그 26~27줄에서 셰익스피어는 다음과 같이 말하고 있다 "그것[인생]은 백치가 지껄이는 이야기와 같다. 시끄럽고 정신없으나 아무 뜻도 없다."(It[Life] is a tale told by an idiot, full of sound and fury signifying nothing.] 여기서는 문맥에 맞게 우리말로 옮겼음을 일러두는 바이다.

대 연합은 사고하고 느끼며 행위하는 방식들을 창조하는데, 이 방식들은 연합이 없었더라면 나타나지 않았을 것이다. 그리고 그것이 불러일으키는 특수한 이념, 믿음, 감정 그리고 활동의 양식은 연합의 조직, 다시 말해 개인들이 연합하는 방식에 달려 있다. 간단히 말해서 연합의 과정과 그 조직의 특별한 양식은, 연합된 개인들을 어느 정도 변형하고 그들 행동의 많은 측면을 결정함으로써 그들에게 직접적인 영향을 끼친다. 결과적으로 연합된 인간들은 연합되지 않은 채로 존재하는 것과 다르다.[72]

이처럼 그 자체로서 실재인 개인들이 연합하는 과정이 창조적이라는, 다시 말해 또 다른 실재인 사회를 창출한다는 뒤르케임의 견해는 "연합적 또는 관계적 실재론"이라고 부를 수 있다.[73] 사회적 사실들이 개인들로부터 독립적인 실재라는 뒤르케임의 명제는 실체론적 함의가 아니라 관계론적 함의를 갖는다. 그에게 사회는 어디까지나 "연합적 실재"일 따름이다.[74] 또는 개인들의 연합을 상징적 상호작용이라고 볼 수 있다는 점에서 상호작용적 실재론이라고도 부를수 있다. 일반적으로 뒤르케임 하면 사회실재론을 연상하고 뒤르케임주의자 하면 사회실재론자를 연상하는데, 여기까지의 논의에 근거해 보면 뒤르케임은 — 역설적이지만 — "온건한 뒤르케임주의자"라고 부르는 것이 타당해 보인다.[75]

이렇게 보면 뒤르케임에게 개인들은 단순히 사회로부터 영향을 받고 사회에 의해 결정되는, 그러니까 단순한 사회의 산물이 아님을 알 수 있다. 개인들은 동시에 행위의 주체로서 사회를 창조하며,

---

72 Harry Alpert, 앞의 책(1993), 155~56쪽.
73 같은 책, 156쪽. Ernest Wallwork, 앞의 책(1972), 16쪽 이하도 참조.
74 Harry Alpert, 앞의 책(1993), 158쪽.
75 같은 책, 211쪽.

따라서 사회의 산물인 동시에 창조자이다.[76] 개인들은 "창조된 인간"(Homo creatus)인 동시에 "창조하는 인간"(Homo creator)이다.[77] 또는 달리 말하자면 개인들은 "소산적(所産的) 인간"인 동시에 "능산적(能山的) 인간"이다.[78] 개인들은 인격적 자아인 동시에 사회적 자아, 또는 주체적 자아인 동시에 객체적 자아이다. 우리는 여기에서 개인적 행위의 자원론적 요소를 엿볼 수 있다.

거기에 더해 개인들은 사회의 산물이 되는 경우에도 그들의 사고나 감정 또는 행위가 개인적 주관성과 인격성이 배제된 채 완전히 수동적으로 각인되고 주조되는 것은 아니다. 사회적 사실들이 "우리에게 외부로부터 강제된다는 사실로부터"—이와 관련하여 뒤르케임은 『사회학적 방법의 규칙들』제2판 서문에서 이렇게 말하고 있다. "우리가 그것들을 수동적으로 받아들이고 그 어떤 수정도 하지 않는다는 결론이 도출되는 것이 아니다. 우리는 집합적 제도들을 고려하고 우리 자신에게 동화함으로써 그것들을 개인화하고 그것들에게 많든 적든 간에 우리의 인격적 표지를 부여한다."[79] 그리고 뒤르케임은—한 가지 예만 더 들자면—1906년 자신의 도덕과학에 대한 프랑스 철학회 회원들의 비판에 답하면서(제2장 제4절에서 언급한 「비판에 대한 반론」에서) "도덕의 동일한 방식으로 참된 두 가지 측면을 구별해야 한다"라고 주장한다. 그 두 측면은 구체적으로 "규칙들

---

76 같은 책, 144쪽.
77 Hans-Peter Müller, 앞의 책(1983), 44쪽.
78 독일 관념론의 대표자 가운데 한 명인 프리드리히 셸링(1775~1854)은 자연을 객체적 측면과 주체적 측면으로 구별한다. 객체적 존재로서의 자연은 생산된 사물이지만 주체적 존재로서의 자연은 생산하는 활동이다. 셸링은 객체적 자연을 "소산적 자연"(Natura naturata), 주체적 자연을 "능산적 자연"(Natura naturans)이라고 부른다. 이에 대해서는 다음을 참조할 것. 프리드리히 셸링, 『자연철학의 이념』, 서광사 1999 (한자경 옮김, 원제는 Friedrich Schelling, *Ideen zu einer Philosophie der Natur*).
79 Émile Durkheim, 앞의 책(1984a), 100쪽(각주 2번).

의 체계로 존재하는 집단의 도덕"과 "모든 개인의 의식이 이 도덕을 표상하는 완전히 주관적인 방식"이다.[80]

　비록 집단을 구성하는 모든 인간에게 공통된 집단의 도덕이 존재하지만, 모든 인간은 자신의 고유한 도덕을 갖는다. 심지어 가장 현저한 순응주의가 지배하는 경우에도, 각자 개인은 부분적으로 자신의 고유한 도덕을 형성한다. 우리 모두는 내적 도덕을 소유하며, 또한 보편적인 도덕적 의식을 정확하게 재현하고 이 의식에 부분적으로 적합하지 않은 개인적 의식은 존재하지 않음이 확실하다. 이렇게 보면 우리 모두는 [……] 어떤 점들에서 비도덕적이다. 요컨대 나는 그와 같은 내적 도덕을 결코 부정하지 않는다. 나는 그것을 성공적으로 연구할 수 있다는 것에 결코 이의를 제기하지 않는다.[81]

　요컨대 개인의 행위와 사고가 사회로부터 영향을 받고 사회에 의해서 결정되지만 개인들은 — 물론 어디까지나 사회 안에서 사회적 존재로서 — 자유(의지)를 갖는 자율적 존재라는 것이 뒤르케임의 견해이다. 뒤르케임의 사회학에서는 사회에 의한 개인의 결정과 개인의 자유(의지)가, 그러니까 사회적 결정과 개인적 자유(의지)가 아무런 모순 없이 양립할 수 있다. 이는 무엇보다도 『자살론』의 한 각주를 보면 잘 드러난다. 거기에서 뒤르케임은 자살에 대한 통계적 이론이,

　인간의 모든 자유를 부인하는 것이 아님을 일러두고자 한다. 이와 반대로 그러한 이론은 개인에게서 사회적 현상들의 근원을 찾는 것보다 자유의지의 문제를 온전하게 놔둔다. 사실상 집합적 표현의 규칙

80　Émile Durkheim, 앞의 책(1976), 135쪽.
81　같은 곳. 이에 대해서는 제5장 제1절에서 다시 논의가 있을 것이다.

성의 배후에 존재하는 원인들이 어떤 종류의 것이든 이 원인들은 자신이 작용하는 곳과 다른 곳에서는 아무런 결과도 초래할 수 없다. 왜냐하면 그렇지 않다면 이 결과들은 제멋대로 변할 것인데, 실제로는 한결같기 때문이다. 그러므로 만약 그 원인들이 개인에 내재한다면 불가피하게 자신의 "집주인"에게 영향을 끼칠 수밖에 없을 것이다. 결과적으로 이러한 가설은 아주 엄격한 결정론으로 귀결될 수밖에 없다. 그러나 만약 인구학적 자료들의 항상성이 개인에게 외재하는 힘으로부터 연원한다면 사정은 전혀 달라진다. 왜냐하면 그와 같은 힘은 한 개인을 다른 개인보다 더 많이 결정하지 않기 때문이다. 그것은 특정한 행위가 특정한 횟수만큼 일어나도록 결정할 뿐 이 행위가 이 사람 또는 저 사람에 의해 수행되도록 결정하는 것은 아니다. 어떤 사람들은 그 힘에 저항하고 어떤 사람들은 그 힘을 받아들인다고 말할 수 있다. 결국 우리가 여기에서 말하고자 하는 바는, 물리적 · 화학적 · 생물학적 · 심리학적 힘들에 사회적 힘들이 덧붙여지며 후자의 힘들은 전자의 힘들과 마찬가지로 외부로부터 인간에게 영향을 끼친다는 사실일 따름이다. 전자가 인간의 자유의지를 배제하지 않는다면, 후자가 달라야 할 이유는 없다. 양자에게 문제는 똑같이 표현된다. 예컨대 어느 지역에 전염병이 발생한다면, 그 강도로 인해 사망률이 미리 결정될 것이다. 그러나 그렇다고 해서 누가 전염병의 희생자가 될지 선(先)결정되는 것은 아니다. 자살 유발 요인과 자살자의 관계도 그와 같다.[82]

이미 앞에서 논한 바와 같이, 뒤르케임에게 사회란 개인과 대립하거나 개인을 초월하는 실체가 아니다. 그것은 오히려 개인들의 연합 또는 개인들 사이의 상호작용을 통해 구성되는 다양한 사회적 삶

---

82 Émile Durkheim, 앞의 책(1983a), 380쪽(각주 20번).

의 영역을 가리키며, 이 영역에는 가족, 학교, 직업집단, 종교단체, 도시, 국가, 국제관계 등이 포함된다. 그런데 중요한 것은 뒤르케임이 말하는 사회적 삶이란 그 주체가 사회가 아니라 개인들에 있다는 점이다. 사회적 삶은 보다 정확히 표현하자면 개인들의 사회적 삶이다. 개인들은 사회에서 다양한 사회적 삶, 예컨대 정치적 · 경제적 · 문화적 · 종교적 · 예술적 · 윤리적 · 성애적(性愛的) 삶을 추구하고 영위할 수 있다. 사회는 인격체가 아니라 인격체인 개인들 안에 존재한다. 다시 말해 "사회는 개인들의 표상과 행위에 나타난다. 이렇게 보면 사회는 그 자체가 '개인'이라기보다 개인적 실존을 위한 하나의 특수한 차원이 된다." 사회와 관련해 뒤르케임에게 문제가 되는 것은 "하나의 특수한 — 발현적 — '존재영역인바, 개인들은 이미 이 영역에 편입된다.'"[83] 뒤르케임의 사회학에는 베버와 더불어 이야기하자면 "'행위하는' 집합인격체란 존재하지 않는다."[84] 뒤르케임은 베버와 달리 사회학에서 사회를 배제하지 않지만, 아니 그의 사회학에서 가장 중요한 역할을 하며 따라서 그의 사회학을 이해하는 데 핵심적인 개념이 사회이지만, 다른 한편으로는 베버와 마찬가지로 모든 집합개념의 실체화와 존재론화를 단호하게 배제한다.[85]

---

83 Heike Delitz, 앞의 책(2013), 95쪽. 이 인용구절의 마지막 부분에 작은따옴표가 있는 것은 내가 인용한 문헌이 다른 문헌에서 인용한 것을 표시한 것이다. 그 문헌은 다음과 같다. Bruno Karsenti, *La Société en Personnes. Etudes Durkheimiennes*, Paris: Economica 2006, 5쪽.

84 이 인용구절에 대해서는 이 장의 각주 1번을 참조.

85 사회와 집합개념에 대한 베버의 입장에 대해서는 다음을 참조할 것. 김덕영, 앞의 책(2012), 844쪽 이하. 이렇게 보면 다음과 같은 주장에 동의할 수 있을 것이다. 요컨대 사회는 사회적 제도 또는 조직이 개별 행위자들 사이에 규정해 놓은 상호작용의 체계 또는 네트워크를 가리킨다. 이렇게 보면 뒤르케임의 지적 세계를 방법론적 상호작용주의 또는 제도적 개인주의로 범주화할 수 있으며, 어떤 점에서는 베버의 경우처럼 방법론적 개인주의로 범주화할 수도 있을 것이다. 물론 뒤르케임은 철저한 방법론적 상호작용주의자 또는 제도적 개인주의자로 볼 수는 없다. 왜냐하면 그는 방법론적 전체주의와 방법론적 상호작용주의 또는 제도적 개인주의 사이를 끊임없이 오감으로써 일관적이

아무튼 뒤르케임의 사회학에서 개인과 사회 또는 개인성과 사회성은 변증법적 관계에 있다. 연합된 또는 상호작용하는 개인들이 사회의 상향 인과성으로 작용하고 사회는 그 개인들에게 하향 인과성으로 작용한다. 바로 이런 연유로 뒤르케임은 개인과 사회의 대립이 아니라 개인과 사회를 서로 연결해 주는 요소들의 규명에 지속적인 관심을 기울였다.[86] 그런데 이러한 작업은 개인에서 출발하는 방법론적 개인주의나 개인들의 상호작용에서 출발하는 방법론적 상호작용주의에 입각하여 이루어지지 않았다. 그것은 사회의 통일성에 대한 분석을 통해 이루어졌다.[87] 뒤르케임은 방법론적 전체주의자였다. 사회가 통일적 존재라면, 그 구성요소인 개인들도 모두 통일적 존재이다. 통일적 존재로서의 개인들은 사회로부터 고립되거나 사회와 대립하는 유아론적 상태에서 존재하고 자유로운 것이 아니다. 오히려 개인들은 보다 큰 통일적 존재인 사회의 질서에서 진정으로 존재하며 사회의 규율 아래에서만 진정으로 자유롭다.[88] 뒤르케임이 개인과 사회의 관계에서 궁극적으로 추구한 이론적 · 실천적 관심은 ── 이미 『사회분업론』에 대해 논하는 제3장 제1절에서 자세하게 살펴본 바와 같이 ── 개인들이 어떻게 사회에 더 의존적이 되면서 동시에 더 자율적이 될 수 있는가 하는 문제이다.

그런데 이처럼 사회를 개인과의 관계 속에서 논하면 마치 뒤르케임이 사회에는 개인들만 존재한다는 식의 논지를 편다고 해석할 수도 있을 것이다. 더구나 사회학의 근본문제를 개인과 사회의 관계

지 못하고 불명확한 모습을 보이고 있기 때문이다. 민문홍, 『에밀 뒤르케임의 사회학: 현대성 위기극복을 위한 새로운 패러다임을 찾아서』, 아카넷 2001, 제2장(61~83쪽); 민문홍, 「해제: 에밀 뒤르케임의 생애와 사상」, 에밀 뒤르케임, 민문홍 옮김, 『사회분업론』, 아카넷 2012a, 607~735쪽, 여기서는 632쪽 이하.

86 John A. Hughes, Wes W. Sharrock & Peter J Martin, 앞의 책(2003), 149쪽.
87 같은 책, 162쪽.
88 같은 곳.

속에서 논하는 것이 일반적인 경향이라는 사실을 감안한다면, 그런 식의 해석은 더욱더 힘을 얻을 것이다. 그러나 뒤르케임의 말대로 사회는 개인들만으로 구성된다는 명제는 부분적으로 맞을 뿐이다. 사회는 그것을 구성하는 개인들의 총합보다 훨씬 더 큰 존재이다. 개인들과 사물들이 합쳐서 사회를 이룬다. 다만 개인들은 사회에서 유일하게 활동적인 요소이다.[89] 자명하지만 여기에서 말하는 사물들은 사회적 사실들을 가리킨다. 『자살론』에 나오는 다음의 구절을 보면 개인과 사회, 그리고 사회적 사실의 관계에 대한 뒤르케임의 견해가 단적으로 드러날 것이다.

> 사회가 개인들로만 구성된다는 것은 맞지 않다. 사회는 물질적인 것도 포함하는데, 이것은 공동체적 삶에서 긴요한 역할을 수행한다. 사회적 사실은 때때로 외적 세계의 요소가 될 만큼 물질화될 수도 있다. 예컨대 특정한 건축양식은 사회적 현상이다. 그러나 그것은 일단 가옥이나 다른 모든 가능한 건물에서 부분적으로 구상화되면 건축이 끝나는 즉시 개인들로부터 독립되어 자체적으로 존재하는 실재가 된다. 교통로와 운송로도 마찬가지이며, 산업 세계나 사적 영역에서 사용되며 역사의 각 시점에서 발달한 기술의 수준 그리고 문어(文語) 상태 등을 나타내는 도구와 기계도 마찬가지이다.[90]

이미 앞에서 논한 바와 같이, 뒤르케임에게 사회는 사회적 사실의 총합이다. 사회적 사실은 정신적인 것이 될 수도 있고 물질적인 것이 될 수도 있으며 지속적인 것이 될 수도 있고 일시적인 것이 될 수도 있으며 결정화될 수도 있고 유동적일 수도 있다. 그런데 여기에서 중요한 것은 사회의 구성요소가 되는 사물들, 그러니까 사회적

---

89 Émile Durkheim, 앞의 책(1984a), 93쪽(각주 1번).

90 Émile Durkheim, 앞의 책(1983a), 365쪽.

사실은 그 자체로서 의미를 갖는 것이 아니라 개인의 행위와 사고에 외적인 영향을 끼치는 한에서 의미를 갖는다는 점이다. 사회적 사실들은 개인들에 의해 공유된 행위와 사고의 양식들에 다름 아니다.[91] 사회적 사실들은 사회에서 유일하게 활동적인 요소인 개인들의 활동을 위한 조건이나 준거 틀이 된다. 달리 말하자면 개인들이 행위하고 사고하는 방식, 즉 "**개인적** 행위와 사고의 **집합적** 방식"이 된다.[92] 이러한 논리는 — 방금 인용한 구절에 이어지는 다음과 같은 구절을 보면 단적으로 드러나듯이 — 정신적 성격의 사회적 사실뿐만 아니라 물질적 성격의 사회적 사실에도 그대로 적용된다.

그와 같이 결정화되고 물질적 형태로 고정화되는 사회적 삶은 그런 만큼 외재화되어서 외부로부터 우리에게 영향을 끼친다. 우리 시대

---

91 이 점에서 다음과 같은 주장에 전적으로 동의할 수 있다. "사회는 그것을 구성하는 개인들의 합 이상의 것을 포함한다는 뒤르케임의 주장이 근본적으로 함의하는 바는, 그 '이상의 것'이 개인들에게 공유된 사고, 감정, 행위의 양식이라는 사실이다. 이 공유된 양식을 오늘날에는 '공통의 문화'라고 부를 것이다. 이처럼 사회는 특정한 표준적인 행위, 사고, 감정의 방식을 공유한 채 끊임없이 교체되는 개인들로 구성된 하나의 단위인데, 이 방식은 그들을 그들과 다른 행위, 사고, 감정의 방식으로 결합된 개인들의 집합체들로부터 구별되도록 해준다. 공유된 방식에 의해 결합된 사람들은 그들에게 공통적인 것이 무엇인지를 알고 서로 간에 긍정적인 감정을 갖는다." John A. Hughes, Wes W. Sharrock & Peter J. Martin, 앞의 책(2003), 161쪽.

92 Gianfranco Poggi, *Images of Society. Essays on the sociological theories of Tocqueville, Marx and Durkheim*, Stanford: Stanford University Press 1972, 195쪽. 말하자면 사회는 개인들과 개인적 행위 및 사고의 집합적 방식인 사회적 사실들로 구성된다. 후자는 다시 네 가지로 나누어볼 수 있으며, 따라서 사회는 다음과 같이 다섯 개의 요소로 구성된다고 할 수 있다. (1) 개인들, (2) 외재화되고 물질화된 인공물(가옥, 건물, 교통로, 운송로, 문자, 도구, 기계, 예술작품, 경전, 법전 등), (3) 인공물의 배후에서 작동하며 그것들에 의해 담지되는 표상, 감정 및 개념, (4) 인공물에 구현되지 않은, 즉 객관적인 형태로 결정화되지 않은 표상, 감정 및 개념(예술작품에 표현되지 않은 한 국민의 미학적 감수성, 객관적인 규정으로 형식화되지 않은 도덕 등), (5) 사회적 요소들을 결집하고 조직하는 방식. 같은 책, 195~96쪽.

이전에 건설된 교통로는 우리를 이 나라 또는 저 나라와 연결함으로써 우리의 활동이 특정한 방향으로 진행되도록 한다. 어린이들의 취향은 과거 세대들이 남긴 국민적 취향의 유물들과 접촉함으로써 형성된다. 때로는 심지어 수세기 동안 잊힌 유물이 그것을 창출한 국민들이 사라진 지 이미 오래인 어느 날 다시 빛을 보고 새로운 사회에서 새로이 작동하기 시작하는 일도 있다. 르네상스라고 부르는 아주 특별한 현상이 바로 이와 같은 성격의 것이다. 르네상스는 사회적 삶의 어떤 부분이 사물들 안에 저장되어 거기에서 오랜 시간 동안 잠재되어 있다가 갑자기 소생하여 그것이 원래 생성되는 데 조금도 관여하지 않았던 국민들의 지적·도덕적 지향을 바꾸어놓음을 뜻한다. 물론 그 사회적 삶의 부분으로부터 기꺼이 영향을 받아들일 준비가 된 사람들이 없다면 그와 같은 재생은 불가능할 것이다. 그러나 다른 한편 이 사람들은 이러한 르네상스를 체험하지 않았다면 전혀 다른 사고와 감정을 가졌을 것이다.[93]

이처럼 뒤르케임이 사회와 사회적 사실들을 궁극적으로 개인들의 행위와 사고라는 관점에서 고찰하는 이유는 개인과 사회의 관계

---

93 Émile Durkheim, 앞의 책(1983a), 365~66쪽. 이 점에서 다음과 같은 주장에 전적으로 동의할 수 있다. "참으로 개인들은 사회의 유일한 **활동적** 요소이며, 따라서 모든 인간적 행위와 사고는 그것을 통해 일어날 수밖에 없다. 그러나 행위와 사고의 **주체**와 달리 **대상**과 **방법**은 언제나 사회의 비개인적인 요소들을 드러낸다. [……] 결국, 전적으로 개인들에게 속하는 것 자체는 개인들에게 속하지 않고 사회에 속하는 행위 및 사고의 방식들에 상응하여 의식적으로 활동하거나 활동하지 않을 능력이라는 것이 뒤르케임의 견해이다. 기실 사회는 정확히 다음과 같은 경우에, 그리고 그 경우에 한해서만 존재한다고 말할 수 있다. 개인들은 행위 및 사고의 방식들에 직면하는데, 그들은 이 방식들을 (활동을 통하여) 그들 자신의 것으로 만들지만 그 방식들은 본질적으로 그들 자신이 만드는 것은 아니다. 이와 정반대로 그 어떤 사회적 실재도, 전적으로 개인들 안에서 비롯되는 행위방식들로부터, 다시 말해 순수한 사적 사실들로부터 나올 수 없다." Gianfranco Poggi, 앞의 책(1972), 194~95쪽.

에 대한 그의 견해에서 찾을 수 있다. 사회는 개인들 이외에 또 다른 기체를 갖고 있지 않다. 연합된 개인들이 사회를 구성하고 사회적 사실들을 창출하며, 다시금 이 사회적 사실들은 개인들의 행위와 사고에 영향을 끼치고 그것들을 상당 부분 결정한다. 그러므로 사회는 그리고 사회적 사실들은 개인들이 없으면 아무것도 아니다.[94] 뒤르케임은 다양한 논의의 맥락에서 이 점을 되풀이하여 강조하고 있는데, 예컨대 다음과 같은 명제들을 인용할 수 있다. "사회적 삶에서 개인들의 의식 속에 존재하지 않는 것이 없다는 것은 자명한 진리이다." "사회는 개인들이 없이는 불가능하다." "사회는 오로지 개인들의 의식 속에서 그리고 개인들의 의식을 통해서 존재한다." "사회는 오로지 개인들 속에서 그리고 개인들에 의해서 존재하고 생명력을 가지며 [……] 오로지 인간들의 의식에 위치하는 한 실재가 된다."[95]

물론 역의 논리도 성립한다. 사회 없이는 개인들도 존재할 수 없다. 왜냐하면 개인은 "궁극적으로 그 자신의 외부로부터 연원하는 행위와 사고의 방식들에 긍정적으로 또는 부정적으로 반응한 것들이 축적되고 유형화된 결과이기 때문이다." 그러므로 사회를 부정하는 개인주의적 사회이론은 사회만 부정하는 것이 아니라 개인도 부정하는 논리적 모순에 빠질 수밖에 없다.[96] 그 이론은 개인들이 근본

---

94 이처럼 사회는 개인들로 구성되지만 개인들로 환원되지 않는 것으로 보고 사회적인 것을 개인적인 것을 통해서가 아니라 사회적인 것을 통해 설명하려는 뒤르케임의 관점을 "비환원적 개인주의"라고 볼 수도 있다. 비환원적 개인주의에 대해서는 다음을 참조할 것. R. Keith Sawyer, "Nonreductive Individualism, Part 1 — Supervenience and Wild Disjunction", in: *Philosophy of the Social Sciences 32*, 2002b, 537~59쪽; R. Keith Sawyer, 2003, "Nonreductive Individualism, Part 2 — Social Causation", in: *Philosophy of the Social Sciences 33*, 2003, 203~24쪽. 그리고 비환원적 개인주의에 대한 비판으로는 다음을 참조할 것. Jens Greve, 앞의 글(2011).

95 이 인용문들은 다음에 정리된 것을 따온 것임을 밝혀두는 바이다. Harry Alpert, 앞의 책(1993), 152쪽.

96 Gianfranco Poggi, 앞의 책(1972), 195쪽.

적으로 '사회-내-존재'라는 사실을, 그리고 바로 그렇기 때문에 진정으로 자유롭고 인격적인 존재가 될 수 있다는 사실을 간과한다. 사회와 개인들은 각각 동일한 사물의 집합적 측면과 분산적인 측면이다.[97] 개인들은 사회적인 것을 공유하고 사회는 각 개인들의 의식에서 존재하고 작동한다. 그러므로 개인들이 사회-내-존재라면 사회는 '개인들-내-존재'이다.

(2) 사회와 사회들

이렇게 해서 우리는 뒤르케임에게서 개인과 사회의 관계가 어떠한가를 비교적 자세하게 살펴보았다. 그럼에도 불구하고 사회가 구체적으로 무엇을 가리키는지, 그러니까 사회는 국가를 가리키는 것인지, 아니면 가족이나 교회 등과 같이 국가보다 규모가 작은 사회적 삶의 단위를 가리키는 것인지, 아니면 유럽 사회나 인류와 같이 국가보다 규모가 큰 사회적 삶의 단위를 가리키는 것인지, 그것도 아니면 이 모든 것을 가리키는 것인지 알 수 없다. 내가 보기에는 콩트와 스펜서에 대한 뒤르케임의 비판과 더불어 논의를 시작하면서 이에 대한 답을 찾아가는 것이 좋을 듯하다.

이미 제1장 제4절에서 자세하게 논한 바와 같이, 뒤르케임은 사회 그 자체 또는 인류에 대해 말하는 콩트와 스펜서를 동릴하게 비판한다. 그와 같은 사회의 개념은 너무나 포괄적이고 보편적이며, 따라서 추상적이고 공허하기 때문이다. 그리하여 사회 그 자체 또는 인류에 대해 말하는 순간 사회학은 엄밀한 경험적 실증과학의 영역을 벗어나 사변적인 형이상학의 영역으로 전락하게 된다. 물론 뒤르케임도 사회에 대해 말한다. 아니 그 누구보다도 사회에 대해 자주 말하고

---

97 Harry Alpert, 앞의 책(1993), 163쪽.

개인에 대한 사회의 존재론적 우월성을 강조하며 개인에 대한 사회의 논리적 우선권을 부여한다. 그러면서도 사회를 말하는 콩트와 스펜서에 반하여 존재하는 것은 사회가 아니라 사회들이라고 주장한다. 자기모순이 아닌가?

이 문제를 해결하기 위해서는 뒤르케임이 사회를 어떻게 이해하는가를 알아야 한다. 그에게 사회란 개인들의 연합으로 형성된 집단에 다름 아니다.

> 의식적 존재인 자아의 밖과 위에 그리고 의식적 존재들인 [자아와] 다른 인간적 존재들의 밖과 위에는 사회라는 의식적 존재 이외에는 아무것도 존재하지 않는다. 나는 이 의식적 존재란 말로써 모든 인간 집단을 의미한다.[98]

요컨대 '개인들의 연합으로 형성된 집단 = 사회'라는 공식이 성립한다. 다시 말해 집단이 존재하는 곳이면, 그 집단의 규모가 어떠하든 또는 어느 정도의 지속성을 갖든 상관없이 사회가 존재한다. 그런데 이 집단에는 가족, 학교, 교회, 직업집단, 도시, 국가(조국) 등 다양한 유형이 존재한다. 다시 말해 사회들이 존재하는 것이다. 뒤르케임이 말하는 사회는 문맥에 따라서 프랑스 사회, 영국 사회, 독일 사회 등과 같이 국민국가 사회가 되기도 하고 가족, 학교, 교회, 지역사회, 기업, 직업집단, 도시와 같이 그보다 규모가 작은 집단이 되기도 한다. 전자와 후자를 각각 전체 사회와 부분 사회라고 명명할 수 있을 것이다. 뒤르케임은 "보다 좁은 또는 보다 넓은 사회", "간단한 또는 복잡한 사회", "특수한 또는 포괄적인 사회"에 대해 말한다.[99] 뒤르케임에 따르면 근대사회는 분화되면서 더욱더 많은 사회

---

98 Émile Durkheim, 앞의 책(1984b), 111쪽.
99 Émile Durkheim, 앞의 책(1976), 105쪽.

적 집단이 형성되고 발전하며, 또한 각각의 사회집단은 자체적인 도덕, 가치, 규칙, 규범, 상징체계, 의사소통체계 등에 의해, 다시 말해 자체적인 사회적 사실들 위에 존립하고 기능한다. 그 결과 개인들은 다양한 유형의 사회집단에 속하면서 다양한 종류의 사회적 행위와 상호작용을 하며, 이를 통하여 자신의 개인성과 인격성을 함양할 수 있다. 그리고 역으로 사회에 직간접적으로 영향을 끼치며 사회의 발전에 기여할 수 있다.

그렇다면 여기에서 다음과 같은 질문을 제기할 수 있을 것이다. 뒤르케임의 사회학에서는 국민국가 사회보다 포괄적인 사회를 설정할 수 없는가? 결론부터 말하자면, 그러한 사회를 설정할 수 있다. 왜냐하면 국민국가 사회의 경계를 넘어서 개인들이 연합하여 집단을 형성하는 것은 얼마든지 가능하기 때문이다. 이를 국제사회라고 명명할 수 있을 것이다. 예컨대 유럽 사회가 그것이다. 뒤르케임은 『사회분업론』에서 이렇게 말한다.

우리는 독립적인 사회들이 그들의 영토에 대해 각자가 갖는 권리의 범위를 확정하기 위해 합의하는 것을 종종 볼 수 있다. 물론 이러한 관계는 지극히 불안정하며, 이 불안정성, 다시금 소극적 연대만으로는 사회를 유지하기에 충분치 않다는 것에 대한 증거가 된다. 그럼에도 불구하고 오늘날 교양 있는 국민들 사이에 이러한 연대가 더 큰 힘을 갖는 것처럼 보이며, 유럽 사회들의 물권이라고 부를 수 있는 것을 규제하는 국제법의 일부분이 과거보다 더 큰 권위를 갖는 것처럼 보이는데, 그 이유는 유럽의 제반 국가들이 이전보다 상호 간에 훨씬 덜 독립적이기 때문이다. 특정한 관심사에서 이 국가들 모두가 아직은 통일적이지 못하지만 그래도 점점 더 큰 자의식을 갖게 되는 단 하나의 사회에 속해 있다. 우리가 유럽의 균형이라고 부르는 것은, 이러한 사회가 조직되기 시작함을 가리킨다.[100]

이 인용구절에 나오는바, 유럽의 모든 국가가 속하는 단 하나의 사회가 유럽 사회이며, 그 사회는 조직되기 시작하고 있다. 이것은 역사적으로 보면 유럽 사회의 재조직이다. 왜냐하면 중세에도 유럽 사회라고 부를 수 있는 것이 존재했기 때문이다. 이 사회는 중세적 유럽 사회라고 부를 수 있으며, 또한 기독교를 매개로 조직되었기 때문에 기독교 사회라고 부를 수도 있다. 그러다가 근대 국민국가들이 형성되면서 중세적 유럽 사회 또는 기독교 사회는 해체될 수밖에 없었다. 그리고 이 유럽의 국민국가들은 다시 그 모두를 포괄하는 단 하나의 사회에 속하게 되었다. 이는 근(현)대적 유럽 사회라고 부를 수 있으며, 또한 산업과 경제를 매개로 조직되었기 때문에 산업사회라고 부를 수 있다. 그리고 유럽 사회에 대해 말할 수 있고 유럽 사회들에 대해 말할 수 있으며, 산업사회에 대해 말할 수 있고 산업사회들에 대해 말할 수 있다. 이 경우에 유럽 사회들과 산업사회들은 유럽 사회와 산업사회를 구성하는 프랑스 · 독일 · 영국 · 이탈리아 등의 국민국가 사회들을 가리킨다.

물론 중세적 유럽 사회 또는 기독교 사회 대신에 중세 사회라는 말을 쓸 수 있다. 그런데 내가 보기에 후자는 전자와 같은 국제성보다는 시대성을 함의하는 용어이다. 다시 말해 중세 사회라는 용어는 중세라는 한 특정한 시기의 사회들을 한군데로 묶어서 다른 시기들, 즉 그 이전의 고대사회와 그 이후의 근대사회와 구별한다. 그러므로 중세 사회에 대해 말할 수 있고 중세 사회들에 대해 말할 수 있다. 그리고 같은 근거로 원시사회와 원시사회들, 고대사회와 고대사회들, 근(현)대사회와 근(현)대사회들에 대해 말할 수 있다. 이를 잠정적으로 '시대적 사회'라고 부르기로 한다.

아무튼 국민국가 사회보다 더 큰 국제사회가 존재할 수 있다. 그렇

---

100 Émile Durkheim, 앞의 책(1988), 172쪽.

다면 여기에서 다음과 같은 질문을 제기할 수 있다. 뒤르케임의 사회학에서는 국제사회보다 포괄적인 사회를 설정할 수 없는가? 결론부터 말하자면, 그러한 사회를 설정할 수 있다. 인간 사회 전체 또는 인류가 바로 그것이다. 이를 보편사회라고 명명할 수 있을 것이다. 인류라는 보편사회에 비하면 유럽 사회와 같은 국제사회도 특수사회에 지나지 않는다. 내가 보기에 인류에 대한 뒤르케임의 이론은 자세하게 음미할 가치가 있다. 무엇보다도『도덕교육』과『사회학 강의: 도덕과 법의 물리학』에서 인류에 대한 논의가 전개되고 있다.

물론 이렇게 말하는 것은 자기모순으로 보일 수 있다. 왜냐하면 뒤르케임은 인류 또는 인간 사회 전체에 대해 말하는 콩트와 스펜서를 통렬하게 비판했기 때문이다. 그러나 뒤르케임이 인류에 대해 말하는 콩트를 비판하면서 인류에 대해 말하는 것은 결코 자기모순이 아니다. 왜냐하면 콩트와 스펜서에게 인류는 사회 그 자체이며 사회학은 이 인류의 질서와 발전(진보)의 보편적 법칙을 수립해야 하는 반면, 뒤르케임에게 인류는 사회 그 자체가 아니라 나름대로의 집단적 특성과 목표를 가진 다양한 집단 가운데 하나, 즉 사회들 가운데 하나이며 사회학은 이 인류를 가족, 교회, 직업집단, 국가(조국) 등과 마찬가지로 엄밀한 경험적 실증과학의 틀에서 접근해야 한다. 그리고 뒤르케임에게 사회학적 인식대상으로서의 인류는 어디까지나 역사적 발전의 산물이다. 원래 존재하던 작은 규모의 부족들은 그보다 큰 규모의 사회인 국가들에 의해 대체되었다. 그리고 국가들이 상호작용함으로써 국가보다 더 큰 규모의 사회들이 형성되었다. 이미 중세에는 유럽 사회라고 할 수 있는 국제사회가 출현했다. 이러한 사회의 발전은 그 이후로도 지속되어 왔으며, 그 결과 인간 사회 전체를 포괄하는 사회인 인류가 형성되었다. 뒤르케임에게 인류는 단순히 사변적이고 공허한 이념이 아니라 가족, 국가(조국)와 더불어 인간이 그 품 안에서 살아가는 가장 중요한 집단들, 즉 사회들 가운데 하나로서 인간 이성의 확장이라는 목표를 갖고 있다.[101] 게다가 인류적 목표는 국가적 목표보다 상위에 있다. 아니 인류적 목표는 모든 사회적 목표들 가운데 최상위이다. 왜냐하면 보다 보편적이고 항구적인 목표가 또한 보다 숭고하기 때문이다.[102]

그런데 다른 한편으로 인류는 국가라는 정치사회에 비해 조직화되지 않은 사회라는 결정적인 단점이 있다. 뒤르케임에 따르면 인류는,

> 자신의 고유한 의식, 자신의 고유한 개체성, 자신의 고유한 조직을 가진 사회적 유기체가 아니다. 그것은 단지 국가들 전체, 민족들 전체, 부족들 전체, 즉 인간이라는 종(種)을 구성하는 전체를 표현하는 추상적 개념에 지나지 않는다. 현재 국가는 조직화된 인간집단의 최고 형태이다. 그리고 미래에는 오늘날의 국가들보다 훨씬 더 큰 국가들이 탄생될 것을 희망할 수 있을지라도, 언젠가 인류 전체를 포괄하는 국가가 존재하게 될 것이라고 가정할 수 있는 근거는 그 어디에도 없다. 어떠한 경우에도 그와 같은 이상은 너무나 멀리 떨어져 있기 때문에 오늘날 그것을 고려할 필요는 없다. 그러므로 현재 존재하고 생생한 현실인 집단을 십중팔구 언제까지나 염원으로 남게 될 집단에 예속시키거나 그 집단을 위해 희생시키기란 불가능하다.[103]

요컨대 인류는 그 어떤 인간집단들보다도 고귀한 이상을 가지고 있음에도 불구하고 조직화되지 않은 사회이며, 구체적으로 말해 다른 인간집단들과 구별되는 자신의 고유한 의식, 자신의 고유한 개체성, 자신의 고유한 조직을 가진 사회적 유기체가 아니며, 따라서 이성의 확장이라는 목표를 실현할 수 없다. 더구나 모든 탈(脫)조직화와 모든 정치적 무정부 상태에의 경향은 필연적으로 비도덕성의 증

---

101 Émile Durkheim, 앞의 책(1984b), 123, 127쪽.
102 Émile Durkheim, 앞의 책(1991), 106쪽.
103 Émile Durkheim, 앞의 책(1984b), 125~26쪽.

가를 수반한다. 왜냐하면 도덕은 "사회의 산물이고 외부로부터 개인에게 스며들어 오며 일정한 방식으로 개인의 물리적 본성과 자연적기질을 침해하는 것이기"때문이다. 그러므로 도덕은 "사회가 존재하는 모습에 다름 아니며 그 힘은 사회의 조직화에 직접적으로 달려있다." 오늘날에는 국가가 최고도로 조직화된 사회이며, 따라서 최고도의 도덕적 사회이다. 이에 반해 세계주의(사해동포주의)의 여러형태가 이기적 개인주의에 매우 가까우며, 그 결과 "더 높은 새로운도덕법칙을 창조하기는커녕 기존의 도덕법칙마저 부정되고 있다. 바로 이 때문에 수많은 사람들이 이러한 경향들에 저항하는 것이다. 그들은 거기에 어떤 논리가 결부되어 있고 거기로부터 어떤 불가피한 결과가 초래될지 감지하고 있다."[104]

그렇다면 인류와 그 이상은 비현실적인 것으로, 그리고 이기적 개인주의와 같은 비도덕성의 산실이 될 수 있는 것으로 부정되거나 포기되어야 하는가? 뒤르케임은 결코 그렇게 되어서는 안 된다고 본다. 아니 결코 그렇게 될 수 없다고 본다. 왜냐하면 인류는 가장 포괄적인 사회이고 인류적 이상은 최고의 사회적 이상이며, 단순히 사변적인 관념이 아니라 장기간에 걸친 역사적 발전의 산물이기 때문이다. 문제는 인류적 이상을 실현하는 방법이다. 다시 말해 인류적 이상의 실현에 적합한 조직화된 사회를 찾는 것이 문제이다. 그리고 다른 한편으로 국가적 이상을 인류의 시대에 적합하지 않은 시대착오적인 발상으로 치부해서도 결코 안 된다. 아니 결코 치부될 수 없다. 왜냐하면 오늘날 국가는 개인을 도덕적 존재로 만드는 최고의 사회 형태로서 인류에 의해 대체될 수 없기 때문이다. 이러한 시대적 상황에 직면하여 뒤르케임은 일종의 '사회학적 절충'을 제시한다. 그것은 국가적 이상과 인류적 이상을 결합하는 것이다. 그것은

---

104 Émile Durkheim, 앞의 책(1991), 107~08쪽.

애국주의와 세계주의의 결합이다. 뒤르케임에 따르면,

> 개별국가들이 각각 나름의 방식으로 이 보편적 이상[인류의 이상]을 실현하는 기관이 되어야 한다. 각 국가는 성장과 국경의 확장을 주요 과제로 삼을 것이 아니라 자신의 자율성을 공고히 하고 최대한 많은 수의 국민들이 더욱더 도덕적으로 살아가도록 이끌어야 한다. 그리되면 국민적 도덕과 인류적 도덕 사이의 모든 모순은 사라져버릴 것이다. 만약 국가가 자신의 국민들을 가장 넓은 의미에서의 인간으로 만드는 것 이외에 다른 어떤 목표도 갖지 않는다면, 시민적 의무는 인류적 의무의 한 특수한 형태에 지나지 않을 것이다. [……] 역사의 발전은 이 경로를 취한다. 사회들은 자신의 에너지를 내적 삶으로 집중하면 집중할수록 더욱더 세계주의와 애국주의 사이의 충돌을 낳는 갈등을 피하게 된다. 그리고 사회들은 커지면 커질수록 그리고 복잡해지면 복잡해질수록 더욱더 강하게 자기 자신에게 집중하게 된다. 이렇게 보면 오늘날의 사회들보다 훨씬 더 큰 사회들이 형성되는 것은 일종의 진보를 의미한다.[105]

요컨대 애국주의가 세계주의의 한 특수한 형태 또는 하위적 구성 요소가 되어야만, 오늘날 조직화된 사회의 최고 형태인 국가의 틀에서 애국주의와 세계주의를 동시에 실현할 수 있는 가능성이 열린다는 것이다. 오늘날 애국주의, 그것도 아주 강한 애국주의가 존재함에도 불구하고 인류적 목표가 실현되기는커녕 국가들 사이에 갈등만 야기되는데, 그 이유는 아주 빈번하게 애국주의에 대한 전혀 다른 관념이 지배하기 때문이다.[106] 이 관념에 따르면 애국주의는,

---

105 같은 책, 109쪽.
106 같은 곳.

단지 외부를 지향하는 집합행위의 형태로만 드러나는 것 같다. 이 경우 사람들은 자신이 속한 집단이 다른 집단과 투쟁하고 있을 때에만 전자에 대한 자신의 결속을 보여 줄 수 있는 것 같다. 물론 그와 같은 외적 위기는 지극한 헌신의 동인이 된다면 열매를 맺을 수 있다.[107]

그러나 이처럼 외부 지향적인 애국주의와 전혀 다른 종류의 애국주의가 있는바, 그것은 세계주의의 한 특수한 형태 또는 하위적 구성요소로서,

보다 내밀하지만 보다 지속적으로 유익한 작용을 하는 애국주의이다. 그것은 사회의 외적 확장이 아니라 사회의 내적 자율성을 추구한다. 그렇다고 해서 국민적 자부심을 배제하는 것은 결코 아니다. 집합적 인격체는 개인적 인격체와 마찬가지로 자기 자신에 대한 감정과 자신의 행위에 대한 감정 없이는 존재할 수 없으며, 이러한 감정은 언제나 개체적인 측면을 갖고 있다. 국가들이 존재하는 한 사회적 자기애도 존재할 것이며, 아무것도 이보다 더 정당할 수는 없다. 그러나 사회들은 가장 거대하거나 가장 부유한 사회가 됨으로써 자기애와 명예심을 가져서는 안 되고 가장 정의롭고 가장 잘 조직화된 사회, 즉 도덕적으로 가장 좋은 상태에 있는 사회가 됨으로써 자기애와 명예심

---

107 같은 책, 109~10쪽. 이러한 애국주의의 전형적인 경우는 제1차 세계대전을 계기로 표출된 독일의 국가주의이다. 뒤르케임은 제1차 세계대전의 와중인 1915년에 『모든 것 위의 독일: 독일의 심성과 전쟁』이라는 작은 책을 펴내 독일의 국가주의를 다음과 같이 정리하였다. 국가는 국제법 위에 있고(국가는 권력이다), 도덕 위에 있으며(도덕은 국가를 위한 수단이다), 국가는 시민사회 위에 있다(시민의 의무는 복종이다). Émile Durkheim, "'Deutschland über alles.' Die deutsche Gesinnung und der Krieg"(1915), in: ders., *Über Deutschland. Texte aus den Jahren 1887 bis 1915* (Herausgegeben von Franz Schultheis und Andreas Gipper), Konstanz: Universitätsverlag 1995j, 245~90쪽.

을 가질 수 있어야 한다. 이와 같은 애국주의가 절대적으로 지배할 수 있는 시대가 언젠가는 와야 하지만 아직 오지 않은 것은 분명하다.[108]

그런데 애국주의가 세계주의의 한 특수한 형태 또는 하위적 구성요소가 된다는 것은, 전자가 단순히 후자에 예속된다는 의미가 결코 아니다. 오히려 모든 국가는 자신의 고유한 정신적·문화적·도덕적 개체성을 유지하고 발전시키며, 즉 방금 인용한 구절에 나오는 표현대로 가장 정의롭고 가장 잘 조직화된 사회, 즉 도덕적으로 가장 좋은 상태에 있는 사회가 되며, 바로 이 내적 자율성과 개체성을 통해 인류라는 동일한 목표에 기여할 수 있다. 다시 말해 개별국가들은 분업과 협업의 관계를 통해 이성의 확장이라는 인류적 이상을 실현하는 데에 능동적이고 적극적으로 동참할 수 있다.[109] 모든 개인이 동일한 세계를 자신의 관점에서 보는 것과 마찬가지로

모든 개별국가는 인류에 대한 특수한 관점이거나 특수한 관점이 될 수 있다. 그리고 동일한 목표를 이해하는 이 다양한 방식은 서로 적이 되기는커녕 그 차이로 인해 오히려 서로에게 매력을 느끼고 서로를 끌어당긴다. 왜냐하면 그 방식들은 동일한 현실에 대한 다양한 견해일 뿐이기 때문인데, 이 현실의 무한한 다양성은 무한한 수의 동시적이고 지속적인 접근을 통해서만 표현할 수 있다. 개별사회들이 동일한 목표를 추구한다고 해서, 그리하여 이 목표가 그것들의 활동을 공통적으로 묶는 축이 된다고 해서, 그것들의 다양한 개체성이 해체되거나 서로에게 흡수될 수밖에 없는 것이 결코 아니다. 그러나 이 이상은 그 구성요소들이 너무나도 풍부하기 때문에 그 어떤 집합적 인격체도 전체로서 그것을 표현하고 실현할 수는 없다. 그러므로 개별

---

108 Émile Durkheim, 앞의 책(1991), 110쪽.
109 제5장 제4절도 참조.

국가들 사이에는 일종의 노동분업이 도입되어 그 각각에게 존재의 정
당성을 부여해야 한다. 오늘날 실존하는 국가들이 소멸하게 될 것임
에는 의심의 여지가 없다. 그것들은 아마도 더 큰 국가들에 의해 대체
될 것이다. 그러나 그 국가들이 아무리 크다 할지라도 십중팔구 언제
나 다수의 국가들이 존재할 것이며, 인류를 실현하기 위해서는 이 국
가들이 협력하는 것이 필수적이다.[110]

---

110 Émile Durkheim, 앞의 책(1984b), 127쪽. 여기에서 뒤르케임의 인류 이
론을 비교적 관점에서 볼 수 있는 가능성을 얻기 위해 잠시 탤컷 파슨스
(1902~79)의 체계이론과 이를 급진화한 루만의 체계이론으로 눈을 돌려보
기로 한다(이 각주는 김덕영, 앞의 책[2016a], 326~27, 480~82쪽을 요약·
정리한 것이다). 먼저 파슨스에 따르면, 사회적 체계는 보편적인 행위체계
의 하위체계로서 통합의 기능을 담당한다. 다시 말해 사회적 체계는 개인들
의 상호적인 행위, 예컨대 가족적·경제적·기술적·정치적·문화적·종교
적·과학적 관계에서 진행되는 개인들의 행위를 조직하는 프로그램이다. 파
슨스에게 사회란 전체 사회를 가리키며 다수의 하위체계를 포괄하면서 다
른 사회적 체계 및 환경과의 관계에서 최고도의 자족성을 갖는 사회적 체계
에 다름 아니다. 그런데 이러한 파슨스의 사회 개념은 영토적이다. 다시 말
해 미국 사회, 일본 사회, 한국 사회 등과 같이 일정한 영토와 주권에 의해
정의되는 국민국가 사회이다. Rudolf Stichweh, "Zum Gesellschaftsbegriff
der Systemtheorie: Parsons und Luhmann und die Hypothese der
Weltgesellschaft", in: Bettina Heintz, Richard Münch & Hartmann Tyrell
(Hrsg.), *Weltgesellschaft. Theoretische Zugänge und empirische Problemlagen*
(*Sonderheft "Weltgesellschaft" der Zeitschrift für Soziologie*), Stuttgart: Lucius
& Lucius 2005, 174~85쪽. 이에 반해 루만에 따르면, 오늘날의 사회는 영
토와 민족에 의해 규정되는 국민국가 사회가 아니라 지구 전체를 포괄하는
세계사회이다. 다시 말해 오늘날에는 단 하나의 사회체계, 즉 세계사회 체
계만이 존재한다. 이는 커뮤니케이션에 의해 사회를 규정하는 루만 사회학
의 논리적 귀결이다. 루만에게는 ─ 이미 이 장의 각주 23번에서 언급한 바
와 같이 ─ '사회적인 것 = 커뮤니케이션적인 것'이라는 등식이 성립한다.
루만에게 사회는 커뮤니케이션의 총합이다. 루만은 세계사회를 진화의 결
과라는, 즉 진화에 의해 세계사회가 구성되었다는 견해를 피력한다. 그러니
까 장기간에 걸친 진화로 인해 늦어도 20세기에는 지구 전체가 "의미에 기
반하는 커뮤니케이션이라는 하나의 폐쇄된 영역"이 되었으며, 따라서 "모든
기능을 포괄하는 하나의 통일적인 사회는 오직 세계사회의 형식에서만 가
능하게" 되었다는 것이다. 모든 커뮤니케이션에는 그것의 주제나 참여자들
의 시간적 차이나 공간적 거리와 무관하게 세계사회가 함축되어 있다. 말하

요컨대 개별국가들이 인류라는 가장 큰 사회의 틀에서 분업하고 협업함으로써 국가적 개체성과 인류적 보편성을 조화롭게 추진하는 것, 즉 보편적 개체성과 세계주의적 애국주의를 추구하는 것이 오늘날의 상황에서 인류의 이념을 점진적으로 실현하는 유일한 길이다. 이러한 국가적 개체성과 애국주의를 탐욕스러운 이기적 개체성이 아니라 도덕적 개체성이라고, 그리고 탐욕스러운 이기적 애국주의가 아니라 도덕적 애국주의라고 부를 수 있을 것이다.

4. 호모 듀플렉스: 인간본성의 이원성과 그 사회적 조건들

1914년 뒤르케임은 『과학』이라는 저널에 「인간본성의 이원성과 그 사회적 조건들」이라는 논문을 발표했다. 내가 보기에 이 짧은 글 — 이것은 『과학』 제15호의 206~21쪽에 게재되어 있다 — 은 두

자면 "세계사회는 커뮤니케이션 속에서 세계가 생기(生起)하는 것이다." 이러한 논의에 입각해 루만은 사회의 이론은 곧 세계사회의 이론이라고, 그리고 방법론적 이유에서 이론에서는 이탈리아나 스페인 같은 국민국가의 이름은 사용하지 말아야 한다고 주장하기에 이른다. Niklas Luhmann, "Die Weltgesellschaft", in: *Soziologische Aufklärung, Bd. 2: Aufsätze zur Theorie der Gesellschaft*, Opladen: Westdeutscher Verlag 1975, 63~88쪽, 여기서는 75~76쪽; Niklas Luhmann, 앞의 책(1997), 148, 150, 158쪽. 루만에 따르면, 세계사회는 기능적 분화의 요구이자 결과이다. 다시 말해 전 세계적 차원에서의 기능적 분화로 인해 국민국가의 경계가 허물어지고 기능체계들이 세계경제, 보편적 과학, 세계선수권대회나 올림픽 같은 스포츠 체계, 전 세계적으로 실행되는 보건 프로그램, 전 세계적으로 정당화된 정치적 평화 개입, 국제법의 제정, 세계종교들의 커뮤니케이션 통로, 세계뉴스, 전 세계를 포괄하는 교통체계 등의 형식으로 글로벌화된다. Hans-Jürgen Hohm, *Soziale Systeme, Kommunikation, Mensch. Eine Einführung in soziologische Systemtheorie*, Weinheim/München: Juventa 2006 (2., überarbeitete Auflage), 58쪽. 이렇게 보면 뒤르케임의 인류는 파슨스의 국민국가와 루만의 세계사회 사이에 자리매김된다고 말할 수 있을 것이다.

가지 측면에서 큰 의미를 갖는다. 하나의 의미는 인간본성에 대한
철학적 논의를 사회학적 논의로 대체했다는 점에서 찾을 수 있으며,
다른 하나의 의미는 개인과 사회의 관계에 대한 논의가 뒤르케임의
그 어떤 작품보다도 세분화된 형태로 전개되어 있다는 점에서 찾을
수 있다.

뒤르케임에 따르면, 인간의 내적·정신적 삶은 단순한 통일성을
이루는 것이 아니라 서로 다른 인력(引力)의 중심을 갖고 있다. 한편
에는 개인성과 그 토대가 되는 육체가 있고, 다른 한편에는 개인 안
에서 개인과 다른 무엇인가를 표현하는 것이 있다. 인간은 이중적
존재이다. 인간은 호모 듀플렉스(Homo Duplex), 즉 이중적 인간이
다.[111] 이러한 인간본성의 이원성을 처음 논의의 대상으로 삼은 사상
가는 뒤르케임이 아니다. 플라톤까지 거슬러 올라갈 정도로 오래된
지적 관심사이다. 이 주제에 대해 뒤르케임이 갖는 의미는 그가 인
간본성의 사회적 조건을 규명하려 했다는 데에 있다.

뒤르케임은 육체와 영혼의 이원성 문제를 해결하려고 씨름한 철
학을 크게 일원론과 이원론으로 나누어 살펴본다. 먼저 일원론은 다
시금 경험주의적 일원론과 이상주의적 일원론으로 나누어볼 수 있
는데, 이 두 철학적 조류는 똑같이 인간 존재의 이원성을 부정한다.
다만 그 부정하는 방식이 서로 다를 뿐이다. 전자는 개념을 지각이
조탁된 것으로 도덕적 행위를 사적 이해관계에 지향된 행위가 조탁
된 것으로 간주하는 반면, 후자는 지각을 개념으로부터 파생된 것으
로 사적 이해관계에 지향된 행위를 도덕적 행위로부터 파생되는 것
으로 간주한다.[112] 요컨대 일원론은 — 그것이 경험주의적이든 이상
주의적이든 상관없이, 그리고 인식의 차원에서든 도덕의 차원에서
든 상관없이 — 인간을 통일적 존재로 상정하며, 따라서 인간본성의

---

111 Émile Durkheim, 앞의 글(1969), 181쪽.
112 같은 글, 183~84쪽.

이원성이라는 경험적 현실과 완전히 모순된다.

이에 반해 이원론은 인간 존재의 이원성을 인정한다. 그러나 그것을 적절하게 설명하지 못한다는 데 문제점이 있다. 이원론은 플라톤에 의해 대변되는 존재론적 이원론과 칸트에 의해 대변되는 선험적 또는 초월적 이원론으로 나누어볼 수 있다. 먼저 플라톤에 따르면 인간은 이중적 존재이다. 왜냐하면 인간에게서는 두 세계가 서로 만나며, 그 하나는 비정신적이고 비도덕적인 물질의 세계이고 그 다른 하나는 정신적이고 선한 이데아의 세계이기 때문이다. 이처럼 상반되는 두 세계는 우리 안에서 서로 갈등하고 투쟁한다. 이 완전히 형이상학적인 이론은 인간 존재의 이중성을 긍정한 점에서 방금 논한 일원론과 근본적으로 구별된다. 그러나 뒤르케임이 보기에 인간본성의 두 측면을 설명하는 대신 단순히 실체화한 점에서 분명한 한계를 갖는다. 우리 안에서 대립되는 두 힘이 작용하기 때문에 우리가 이중적 존재라고 주장하는 것은, 문제를 해결하기보다 그저 문제를 다른 언어로 반복한 것에 지나지 않는다.[113]

이처럼 두 개의 형이상학적 원리에 의해 인간의 이원성을 근거지우려는 플라톤의 존재론적 이원론과 달리, 칸트의 선험적 또는 초월적 이원론은 인간에 내재하는 두 상반되는 선험적 또는 초월적 능력에 의해 인간의 이원성을 근거지우려고 한다. 그 하나는 개인적 측면에서 사고하고 행위하는 능력이고, 그 다른 하나는 보편적이고 초개인적인 측면에서 사고하고 행위하는 능력이다. 인식론적 측면에서는 감성과 이성이 대립하고 실천적 측면에서는 감각적 욕구와 도덕적 행위가 또는 감각적으로 결정된 행위와 이성적으로 결정된 행위가 대립한다.[114] 달리 표현하자면, 이론적 이성이 감각적 인지와 대립하고 실천적 이성이 감각적 욕구와 대립한다.

---

113 같은 글, 185쪽.
114 같은 글, 185~86쪽.

사실 이러한 칸트의 선험적 또는 초월적 이원론이야말로 그 어떤 철학보다도 ― 그것도 이론적 측면과 실천적 측면 또는 인식적 측면과 도덕적 측면 모두에서 ― 인간 존재의 이중성을 깊이 통찰하고 그에 대한 가장 심층적이고 체계적인 이론을 제시했다고 할 수 있다. 그러나 뒤르케임은 개인적 삶을 영위할 능력과 초개인적 삶을 영위할 능력을 상정하는 방식은 인간 존재의 이중성에 대한 언어적 답변에 지나지 않는다고 비판한다. 그것은 인간 존재의 한 측면에는 이 이름을 달아주고 다른 한 측면에는 저 이름을 달아주는 것에 다름 아니다. 바로 이런 연유로 칸트적 이원론은 다음과 같은 질문에 답할 수 없다. "우리는 어떻게 동시에 이 두 영역에 참여할 수 있는가? 우리는 어떻게 외관상 상이한 두 존재방식에 속하는 두 부분으로 구성되는가?" 뒤르케임은 이에 대한 이유를 칸트가 인간의 정신적 본성을 단지 주어진 것으로 간주한다는 사실에서 찾는다. 다시 말해 칸트의 이원론은 인간정신에 대한 정적이고 형식적인 이론이다. 이러한 문제점을 극복하고 인간본성의 이원성에 대한 진정한 이론을 제시하려면 인간의 정신이 유기체와 마찬가지로 발전의 결과라는 동적이고 역사적인 관점에서 출발해야 한다.[115]

이 모든 것은 뒤르케임이 한편으로는 칸트처럼 인간 존재의 이중성을 인정하면서도 다른 한편으로는 칸트와 전혀 다른 방향에서 인간 존재의 이중성을 설명하려 한다는 것을 암시한다. 실제로 뒤르케임은 철학적 접근방식이 아니라 사회학적 접근방식을 선택한다. 그리하여 칸트의 선험철학적 또는 초월철학적 인식론과 윤리학을 인식사회학과 도덕사회학으로 대체하려고 한다.[116]

---

115 같은 글, 186쪽.
116 사실 인식사회학이라는 용어는 사회학계에서 통용되지 않는다. 왜냐하면 인식론은 전통적으로 철학 영역에 속하기 때문이다. 바로 이것을 뒤르케임이 사회학적으로 재구성하고자 했던 것이다. 그러므로 인식사회학은 달리 사회학적 인식론이라고 할 수 있다. 우리는 제6장 제3절에서 뒤르케임의 인식사

구체적으로 뒤르케임은 1912년에 출간된『종교적 삶의 원초적 형태들』[117]에 접목하면서 인간본성의 이원성에 대한 인식사회학적·도덕사회학적 논의를 전개한다. 뒤르케임에 따르면 거의 모든 중차대한 정신적·도덕적 제도가 종교로부터 생겨났다. 심지어 주술도 그렇다. 이처럼 사회적 삶의 근원이 되는 종교는 사물들을 성(聖)과 속(俗)의 이원적 세계로 구별한다. 우리의 영혼은 성스러운 것으로 간주되는 반면, 우리의 육체와 결부된 모든 것, 즉 감각적 지각과 감각적 욕구는 속된 성격을 갖는 것으로 간주된다. 그러므로 인간 존재의 이원성은 이러한 구별의 한 특별한 경우이다.[118] 그런데 종교는 사회를 신격화한 형태이기 때문에 성과 속의 구별은, 그리고 인간본성의 이원성은 사회의 성립과 더불어 비로소 가능해진다. 다시 말해 유기체적 존재인 개인들이 연합하여 사회적 존재로 발전해야만 다양한 삶의 영역에서 이중적 인간의 모습이 나타난다. 이 이중적 인간은 유기체(개인)와 사회라는 두 개의 인력(引力) 중심을 가지게 되는데, 이 중심들은 칸트적 이원론에서 두 인력의 중심이 되는 감각과 이성처럼 선험적 또는 초월적으로 주어진 것이 아니라 사회적 발전의 결과이며 따라서 역사적으로 변화한다. 뒤르케임의 이중적 인간은 인간 실존의 두 경험적 차원으로부터 연원하는데,

> 그 하나는 순전히 개인적인 것으로서 우리의 유기체에 그 뿌리를 두고 있으며, 그 다른 하나는 사회적인 것으로서 사회의 연장에 다름 아니다. 우리는 인간 실존이 [다음 문장에서 언급되듯이] 여러 종류의 요소로 구성되고 그 요소들 사이에서 대립이 존재함을 서술했

회학 또는 사회학적 인식론을 자세하게 다룰 것인바, 이를 같이 보면 보다 이해가 잘될 것이다.

117 이에 대해서는 종교사회학을 논의 주제로 하는 제6장 제1절과 인식사회학을 논의 주제로 하는 제6장 제3절에서 자세한 논의가 있을 것이다.

118 Émile Durkheim, 앞의 글(1969), 186~87쪽.

는데, 이러한 대립도 바로 그 두 차원에 근원이 있다는 것이 드러난다. 실제로 한편에는 감각적 지각 및 감각적 욕구와 다른 한편에는 지적·도덕적 삶 사이에 [······] 갈등이 일어난다. 그런데 열정과 이기적 욕구가 우리의 개인적 체질에서 유래하는 것인 반면, 우리의 이성적 행위는 이론적 측면과 실천적 측면 모두에서 사회적 원인과 밀접하게 연결되어 있음이 분명하다. 우리는 [분업이나 도덕 등에 대한 연구에서] 도덕적 규정이 사회에 의해 조탁된 규범이라는 점을 논증할 기회를 자주 가졌다. 도덕적 규정을 특징짓는 의무의 성격은 사회의 권위에 다름 아닌데, 이 권위는 사회로부터 유래하는 모든 것에 전해진다. 다른 한편 우리는 이 논문의 계기가 되었고 여기에서 단지 참조하라고 언급하는 데 그칠 수밖에 없는 책에서[『종교적 삶의 원초적 형태들』에서] 모든 논리적 성찰의 출발점이 되는 개념들이 그 근원에서 보면 집합체의 표상이라는 것을 입증하려고 노력했다. 개념들을 특징짓는 비인격성은 그것들이 익명적이고 그 자체가 비인격적인 힘의 작품이라는 사실의 증거가 된다. 심지어 우리는 우리가 범주들이라고 부르는 근본적이고도 탁월한 개념도 사회적 사실들의 모델을 따라 구성된다고 전제할 수 있는 근거를 발견했다.[119]

요컨대 인간은 순전히 유기체적인 존재로 남아 있을 때에는 전적으로 감각에 의해, 보다 정확히 말하면 감각적 지각과 감각적 욕구에 의해 지배된다. 물론 이 단계는 그냥 주어지는 것이 아니라 발전의 산물이다. 왜냐하면 인간 유기체는 오랜 기간에 걸친 진화의 결과이기 때문이다. 그러나 인간이 사회적 세계에 참여하게 되면 이성이라는 인간 존재의 또 다른 측면이 출현하게 된다. 보다 정확히 말하자면, 이론적 차원에서 개념과 범주가 형성되고 실천적 차원에서

---

119 같은 글, 189쪽.

규범적인 도덕적 규칙이 형성된다. 요컨대 이성은——그것이 이론적 이성이든 실천적 이성이든 상관없이——사회적 발전의 산물이다. 여기까지의 논의를 도표 14로 나타내 보면 인간본성의 이원성과 그 사회적 조건이 보다 가시적으로 와닿을 것이다.

도표 14 인간본성의 이원성과 그 사회적 조건들

삶의 영역 ＼ 삶의 차원	개인적 차원	사회적 차원
사고의 영역	감각적 지각	개념 · 범주
행위의 영역	감각적 욕구	도덕적 · 규범적 규칙

이는 뒤르케임과 칸트의 관계를 엿볼 수 있는 대목이다. 칸트는 예지계와 감성계의 이원성에 근거하여 선험철학적 또는 초월철학적 인식론과 윤리학을 구축한 반면,[120] 뒤르케임은 사회적 세계와 개인

120 칸트는 그의 3대 비판서 가운데 하나인 『실천이성비판』에서 오로지 인간만이 스스로에게 줄 수 있는 가치의 필연적인 조건은 무엇인가를 묻는다. 그리고 답하기를, "그것은 다름 아니라 인간으로 하여금(감성계의 일부분으로서) 자기 자신을 넘어서게 하는 것, 그리고 오로지 오성만이 생각할 수 있으며 동시에 전(全) 감성계와 시간상에서 경험적으로 규정할 수 있는 인간의 현존재 및 모든 목적 전체(이것만이 도덕적인 것으로서 그러한 무조건적인 실천적 법칙에 적합한 것이다)를 자기 아래에 두는 사물의 질서에 인간을 연결하는 것이다. 그것은 바로 **인격**이다. 즉 그것은 자유이자 전(全) 자연의 메커니즘으로부터의 독립이면서, 동시에 고유한, 즉 자기 자신의 이성에 의해 주어진 순수한 실천법칙에 복종하는 존재의 능력으로 보인다. 그러므로 감성계에 속하는 존재로서의 인간은 동시에 예지계에 속하는 한에서 자기 자신의 인격에 복종한다. 그리하여 두 세계에 속하는 인간이 그의 두 번

적 세계의 이원성에 근거하여 인식사회학과 도덕사회학을 구축한다. 이는 칸트 철학의 사회학적 '번역'이라고 할 수 있다. 칸트의 인식론과 윤리학에 담겨 있는 대부분의 철학적 통찰이 사회학적으로 변형되어서 뒤르케임의 인식사회학과 도덕사회학에 편입된다. 먼저 직관과 범주의 순수형식에 대한 칸트의 명제가, 개념은 사회적으로 구성된다는 식으로 번역된다. 그런데 이 개념은 칸트에게서처럼 개인들의 감각적 지각을 조직하는 것으로 파악된다. 또한 칸트의 정언 명령에 대한 명제가, 규칙은 사회적으로 구성된다는 식으로 번역된다. 그런데 이 규칙들은 칸트에게서처럼 개인들의 감각적 욕구에 강제력을 갖고 작용한다. 그리고 칸트의 이상적 감정, 즉 법칙의 존중에 대한 명제가, 추구할 가치가 있는 것 자체는 사회적으로 구성된다는 식으로 번역된다. 그런데 이 추구할 가치가 있는 것은 칸트에게서처럼 도덕적으로 명령된 것을 수행함으로써 비로소 형성된다. 이렇게 보면 뒤르케임의 입장은 '사회학적 칸트주의'라고 표현할 수 있다. 그런데 중요한 것은 뒤르케임이 자신의 인식사회학과 도덕사회학을 통해 칸트의 선험철학적 또는 초월철학적 인식론과 윤리학을 보완하려고 한 것이 아니고 그것을 대체하며, 또한 그렇게 함으로써 칸트가 한 모든 것을 개선하려고 했다는 사실이다.[121]

째의 그리고 최고의 규정과 관련해 자기 자신의 존재를 다름 아닌 숭모로써 그리고 그러한 규정의 법칙들을 최고의 존경심으로 바라보아야 한다면, 그것은 결코 놀랄 일이 아니다." Immanuel Kant, 앞의 책(1983c), 209~10쪽. 다음의 문장―"그러므로 감성계에 속하는 존재로서의 인간은 동시에 예지계에 속하는 한에서 자기 자신의 인격에 복종한다."―'인간'은 'Person'을, 그리고 '인격'은 'Persönlichkeit'를 옮긴 것이다. 우리말 번역본에는 전자가 '인격'으로, 후자가 '인격성'으로 되어 있다. 예컨대 다음을 볼 것. 임마누엘 칸트, 『실천이성비판』, 아카넷 2002 (백종현 옮김; 원제는 Immanuel Kant, *Kritik der praktischen Vernunft*), 194~95쪽.

121 Wolfgang Schluchter, 앞의 책(2006), 193쪽. 인식사회학적 측면에서의 사회학적 칸트주의와 도덕사회학적 측면에서의 사회학적 칸트주의에 대해서는 각각 제6장 제3절과 제5장 제2절에서 자세한 논의가 있을 것이다.

그렇다면 여기에서 다음과 같은 질문을 제기할 수 있다. 뒤르케임의 인간본성 이원론은 그의 자연일원론과 모순되지 않는가? 결론부터 말하면, 모순이 아니다. 오히려 전자는 후자의 틀에서 설명할 수 있다. 뒤르케임은 ― 이미 이 장의 제1절에서 기체-산물-모델에 대해 논하면서 언급한 바와 같이 ― 자연을 그 발현성의 수준에 따라서 분류하는데, 이는 가장 단순한 물리적 세계부터 화학적 세계와 생물적 세계 및 개인적 세계를 거쳐 가장 복잡한 사회적 세계까지 이른다. 이 자연에서 그리고 기체가 되는 하부존재들이 연합하여 상부존재를 산출하며 상부존재는 다시금 하부존재에 영향을 끼친다. 이는 기체-산물-모델이 일종의 발전 모델임을 의미한다.

뒤르케임이 말하는 인간본성의 이원성, 즉 인간은 개인적인 것이라는 인력의 중심과 사회적인 것이라는 인력의 중심을 갖는 이중적 존재라는 명제를 자연일원론에 적용해 보자. 그러면 전자의 인간은 물리적 · 생물적 · 심리적 존재가 되며 후자의 인간은 사회적 존재로서 전자의 인간과 모순적 관계에 있는 것이 아니라, 전자의 인간에게 사회적 차원이 추가된 것이다. 다시 말해 물리적 · 생물적 · 심리적 존재로서의 인간으로부터 물리적 · 생물적 · 심리적 · 사회적 존재로서의 인간이 출현하는 것이다. 인간본성의 이원성이란 바로 이 물리적 · 생물적 · 심리적 · 사회적 인간에게 동시에 개인성이라는 인력의 중심과 사회성이라는 인력의 중심이 작용하는 것을 말한다. 이 두 중심은 자연의 발현적 성격, 그러니까 자연의 기체-산물-모델에 이미 주어진다. 만약 인간이 사회적 인력에 이끌리지 않은 채 단지 개인적 인력에만 이끌린다면, 그는 결코 이성적 존재, 즉 지적 · 도덕적 존재가 될 수 없다. 역으로 인간이 개인적 인력에 이끌리지 않은 채 단지 사회적 인력에만 이끌린다면, 그는 결코 개인적 · 인격적 존재가 될 수 없다. 인간은 사회적 인력에 이끌리는 동시에 개인적 인력에 이끌린다. 말하자면 사회화되는 동시에 개인화됨으로써 사회적 인간이 되는 동시에 개인적 · 인격적 인간이 된다. 바로 이러

한 인간이 뒤르케임이 말하는 호모 듀플렉스, 즉 이중적 인간이다.[122]

예컨대 종교적 · 도덕적 · 정신적 관념과 같은 사회적 사실들은 어떤 초월적이거나 형이상학적인 힘에 의해서 또는 어떤 개인의 심리적 상태에 의해서가 아니라 연합된 개인들에 의해서 창출된다. 그것들은 "다수의 개인적 의식들이 하나의 공통적인 의식에서 융합되고 결합되는 것이라고 부르는 과정"을 통해 창출된다.[123] 그런데 이렇게 형성된 종교적 · 도덕적 · 정신적 관념들은 그 기체가 되는 개인들과 무관한 힘으로 존재하는 것이 아니라 개인들의 의식에 부과되면서, 다시 말해 그들의 사회적 인력으로 작용하면서 그들의 행위와 사고 및 감정을 일정한 방향으로 이끈다. 그리고 개인들은 자신의 개인적 인력에 따라 거기에 일정한 개인적 · 인격적 색채를 부여한다. 그 관념은──이와 관련하여 뒤르케임은 「인간본성의 이원성과 그 사회적 조건들」에서 이렇게 주장한다──

　　개인들의 집단적 삶의 작품인데, 개인들의 의식에 스며들어 거기에서 지속적인 방식으로 조직화되지 않으면 발전할 수 없을 뿐만 아니라 존속할 수조차 없다. 사회들이 창조적인 흥분의 시기에 스스로 창출하는 위대한 종교적 · 도덕적 · 정신적 관념들은 개인들의 사회적 융합의 작품인데, 그들은 이 작업이 끝나면, 따라서 그것이 진행된 집단이 해체되고 난 다음에는 그 관념들을 가슴에 안고 자신의 사적 삶의 영역으로 돌아간다. 물론 흥분이 가라앉고 각자가 자신의 사적 삶을 다시 시작함으로써 흥분의 원천으로부터 멀어지고 난 다음에는 이

122　게오르그 짐멜의 지적 세계에서도 호모 듀플렉스, 즉 이중적 인간이라는 개념이 중요한 역할을 하며, 따라서 이 주제로 뒤르케임과 짐멜을 비교하는 것은 매우 흥미롭고 생산적인 작업이 될 것이다. 여기서는 지면 관계상 다음 기회로 미루는 바이다. 짐멜의 호모 듀플렉스에 대해서는 다음을 참고할 것. 김덕영, 앞의 책(2007a), 223쪽 이하.

123　Émile Durkheim, 앞의 글(1969), 187쪽.

따뜻함과 이 열정이 예의 그 창조적인 흥분의 시기와 똑같은 강도로 유지되지 않는다. 그럼에도 불구하고 사라지지는 않는데, 그 이유는 집단의 영향이 완전히 끝나지 않고 오히려 이기적인 열정과 개인적인 일상의 번거로움을 자신의 지배 아래 두는 저 위대한 이상들에 끊임없이 힘을 주기 때문이다. 모든 종류의 공공적 축제, 예식 및 의식이 거기에 기여한다. 그렇지만 그와 같은 이상 자체는 그렇게 우리의 개인적 삶에 섞이면서 개인화된다. 그것들은 우리의 다른 표상들과, 우리의 기질, 우리의 성격, 우리의 습관 등과 결합하고 혼합된다. 우리들 각자는 그것들에 인격적인 색조를 부여한다. 이렇게 해서 우리들 각자는 종교의 교리들에 대해, 공통적 도덕의 규칙들에 대해, 우리의 개념적 사고의 틀이 되는 기본개념들에 대해 생각하는 인격적인 방식을 갖게 된다. 그러나 비록 그것들이 그렇게 우리 인격의 부분들이 되지만, 집합적 이상들은 자신의 특징적인 속성, 그러니까 그것들에 부여된 위세를 잃어버리지 않는다. 비록 그것들이 우리에게 속하지만, 그것들은 우리 안에서 우리의 여타 의식과 완전히 다른 음조와 완전히 다른 악센트로 말한다. 그것들은 우리에게 명령하고, 존중을 요구한다. 따라서 우리는 그것들과 같은 차원에 있다고 느끼지 않는다. 우리는 우리 자신에게 그것들이 우리 안에서 우리보다 우월한 무엇인가를 나타낸다는 사실에 대하여 변명한다.[124]

우리는 이 인용구절에서 개인과 사회의 관계에 대한 뒤르케임의 논의가 이전보다 더 세분화된 것을 확인할 수 있으니, 그것은 20번째 줄에서 시작하는 문장(그러나 비록 그것들이 그렇게 우리 인격의 부분들이 되지만……)부터 마지막 문장까지이다. 앞에서 우리는 뒤르케임이 개인과 사회의 관계를 다음과 같이 파악했음을 확인했다. 연합된

---

124 같은 글, 188쪽.

개인들이 사회를, 보다 정확히 말하자면 사회적 사실들을 창출한다. 역으로 사회적 사실들은 그 기체가 되는 개인들에게 외재적으로 강제되는데, 개인들은 단순히 그것들을 수동적으로 받아들이는 것이 아니라 그것들을 개인화하고 그것들에 인격적 표지를 부여한다. 이는 이 인용구절의 첫 번째 줄부터 20번째 줄에서 끝나는 문장에 잘 요약되어 있다. 그런데 이어지는 내용에는 개인과 사회의 관계에 대한 새로운 인식이 담겨 있으니, 그것은 개인화되고 인격화된 사회적 사실들이 사회적 음조와 악센트를 유지한다는 점이다.

여기까지의 논의를 바탕으로 개인과 사회의 관계에 대한 뒤르케임의 견해를 다음과 같이 네 단계로 나타낼 수 있다.

도표 15 개인과 사회의 관계

1. 연합된 개인들이 사회적인 것을 창출한다.
2. 그렇게 창출된 사회적인 것이 개인들에게 외재적으로 강제된다.
3. 그렇게 강제된 사회적인 것이 개인들에게 내면화되면서 개인화되고 인격화된다.
4. 그렇게 개인화되고 인격화된 사회적인 것이 사회적 속성과 성격을 유지한다.

이처럼 개인과 사회의 관계에 대한 가장 세분화된 논의를 전개했다는 점에서 뒤르케임의 작은 논문 「인간본성의 이원성과 그 사회적 조건들」이 갖는 또 다른 의미를 찾을 수 있다.

제5장
도덕의 문제

이 장의 논의는 제1장 제4절을 상기하면서 시작하기로 한다. 우리는 거기에서 도덕의 문제가 뒤르케임의 저작 전체를 관통하는 화두라고, 뒤르케임을 도덕과학자 또는 도덕사회학자라고 해도 결코 지나친 말은 아닐 것이라고 말했다. 그리고 뒤르케임이 그의 첫 번째 사회학 저작인 『사회분업론』에서 다음과 같이 주장한 것도 살펴보았다. "오늘날 우리의 첫 번째 의무는 새로운 도덕을 형성하는 것이다." 우리는 이와 유사한 주장을 『도덕교육』에서도 접할 수 있다. 거기에서 뒤르케임은 다음과 같이 주장한다. "오늘날 우리에게 가장 중요한 의무는 [과거와 구별되는] 도덕을 창출하는 것이다."[1] 이 저작은 뒤르케임이 1902~03년 소르본 대학에서 한 강의를 그의 사후인 1925년에 책으로 펴낸 것이다.

그 밖에도 뒤르케임은 저작·강의·토론 등의 다양한 방식으로 도덕의 문제에 천착했다. 첫째, 1887년에 발표한 자신의 두 번째 논문 「독일의 실증적 도덕과학」에서 뒤르케임은 도덕의 실증과학적 연구의 가능성을 모색했다.[2] 둘째, 같은 해 『철학 저널』에 장-마리

---

1 Émile Durkheim, 앞의 책(1984b), 153쪽.
2 이에 대한 자세한 논의는 제1장 제3절 참조.

귀요의 저서『미래의 무종교: 사회학적 연구』에 대한 뒤르케임의 서평이 게재되었는데, 거기에서 그는 도덕적 감정과 의무에 대한 이론을 제시했다. 셋째, 뒤르케임은 1890년과 1900년 사이 보르도에서 여러 차례에 걸쳐 그리고 1902년과 1915년 사이 파리에서 여러 차례에 걸쳐 '사회학 강의: 도덕과 법의 물리학'이라는 강의를 했는데, 이 강의는 그의 사후인 1950년에『사회학 강의: 도덕과 법의 물리학』이라는 제목의 책으로 출간되었다(구체적으로 1898~1900년의 강의가 출간되었다). 거기에서 그는 도덕의 형이상학을 추구한 칸트와 달리 도덕의 물리학, 즉 도덕의 형이하학을 정립하려고 했다. 넷째, 1897년에 출간된『자살론』에서 뒤르케임은 도덕, 즉 사회적 연대와 자살의 관계를 실증주의적 방법으로 규명하고자 했다. 다섯째, ─ 이미 제2장 제4절에서 언급한 바와 같이 ─ 뒤르케임은 1906년『프랑스 철학회 회보』에「도덕적 사실의 규정」을 게재하고 철학자들과 두 차례에 걸쳐 토론을 벌였다. 거기에서 그는 도덕적 사실이 사회적 사실의 일부분임을 논증함으로써 철학자들에게 형이상학적 도덕이 아니라 엄밀한 실증과학적 도덕, 보다 정확히 말하자면 도덕사회학의 가능성을 보여 주고자 했다. 여섯째, 1912년에 출간된『종교적 삶의 원초적 형태들』에서 뒤르케임은 종교의 도덕적 기능을 규명하려고 했다. 일곱째, 뒤르케임은『종교적 삶의 원초적 형태들』이 출간되고 나서 '도덕'이라는 제목의 방대한 저서를 기획했다. 그는 거기에서 그때까지의 연구결과를 총결집하여 개인주의 도덕에 대한 체계적인 사회학을 구축하려고 했으나 제1차 세계대전과 그의 때 이른 죽음으로 성사되지 못했다.[3] 단지 1917년 3월과 9월 사이에 책의

---

3 Hans-Peter Müller, "Émile Durkheims Moralpolitik des Individualismus", in: *Berliner Journal für Soziologie 19*, 2009, 227~47쪽, 여기서는 241쪽. 뒤르케임이 구상한 것은 도덕의 **완비된 실증적이고 귀납적인 과학**, 즉 "도덕적 현상의 모든 세목을 포괄하는" 경험적이고 실증적인 과학이다. 그는 이러한 과학을 **"도덕의 과학"** 또는 **"도덕의 물리학"**이라고 일컫는다. 가족도덕, 직업도덕, 시

첫 부분에 해당하는 부분을 조금 썼을 뿐인데, 이것이 그가 생전에 남긴 마지막 글이다.[4]

이 몇 가지 사실만 보아도 뒤르케임이 평생 도덕의 문제와 씨름했음이 단적으로 드러난다.[5] 뒤르케임은 사회학자이면서 도덕학자라

민도덕, 국제도덕 등 모든 범주의 의무가 도덕의 과학 또는 도덕의 물리학 대상이 된다. 도덕의 과학 또는 도덕의 물리학이 도덕적 현상을 어떻게 연구해야 하는가를 뒤르케임은 가족도덕을 예로 들어 설명하고 있다. 가족도덕의 과학 또는 물리학은 "도덕의 이 명칭을 구성하는 다양한 규정을 확정하는 일"과 더불어 시작하고 "그 규정들이 형성된 원인이 무엇이고 이 원인에 상응하는 목표가 무엇인가"를 묻는다. "그런 후에 나야 비로소 어떻게 이러한 규정들이 변화하고 정정되고 이상화되어야 하는가를 연구하는 것이 가능하다. 가족도덕이 무엇이 되어야 하는가를 말할 수 있기 위해서는 그 밖에도 다음을 알아야 한다. 어떻게 가족이 되었는지, 어떻게 가족이 현재 보이는 형태를 취하게 되었는지, 가족이 사회 전체에서 어떤 기능을 갖는지, 다양한 **가족적** 의무가 이 기능과 어떠한 관계가 있는지 등을 알아야 한다. 그리고 이와 똑같은 연구가 **직업**도덕, **시민**도덕, **국제**도덕과 관련하여, 한마디로 말해 **모든 범주의 의무**와 관련하여 이루어져야 한다." Émile Durkheim, "Einführung in die Moral", in: Hans Bertram (Hrsg.), *Gesellschaftlicher Zwang und moralische Autonomie*, Frankfurt am Main: Suhrkamp 1986a, 33~53쪽, 여기서는 47~48쪽.

4 같은 글, 50쪽(마르셀 모스의 편집 주해). 이 미완성의 기획에 대해서는 다음을 참고할 것. Alexander Riley, *The Social Thought of Émile Durkheim*, Los Angeles et al.: Sage 2015, 203쪽 이하.

5 사실 도덕에 대한 뒤르케임의 관심은 그의 고등학교 교사 시절까지 거슬러 올라간다. 이미 제1장 제2절에서 언급한 바와 같이, 뒤르케임은 상스 고등학교 교사 시절 공리주의, 애덤 스미스, 칸트 등 윤리학의 다양한 철학적 사조를 검토하고는, 도덕법칙의 보편성과 절대성 및 구속성을 통찰한 철학자는 칸트라는 결론에 도달했다. 그리고 다른 한편으로 선험적 연역에 의존하는 형식주의적이라는 점에 칸트 윤리학의 문제점이 있음을 강조했다. 다음은 도덕에 대한 뒤르케임의 과학적 이론이 1885년부터 1893년 사이에 형성되었으며 1897년 『자살론』의 출간과 더불어 새로운 단계로 접어들었다고 주장한다. Ernest Wallwork, 앞의 책(1972). 1885년은 뒤르케임이 생캉탱 고등학교에서 철학교사로 재직하면서 사회학을 지향하고 사회학을 발견한 시기에 해당한다. 그해 뒤르케임은 『철학 저널』에 세 편의 서평을 싣는데, 구체적으로 알베르트 셰플레의 『사회체의 구조와 삶』(총 4권, 1875~78)의 제1권, 알프레드 푸예의 『현대 사회과학』(1880), 그리고 루트비히 굼플로비치의 『사회학 개요』(1885)에 대한 평이다. 이 모두는 사회학과 관련된 작품이다.

고,[6] 아니 보다 엄밀히 말하자면 도덕학자로서의 사회학자라고 규정할 수 있다.[7] 개인-사회-도덕, 바로 이것이 뒤르케임의 사회학적 인식관심을 관통하는 개념 고리이다. 여기에 종교가 추가된다. 그리하여 이 개념 고리는 개인-사회-도덕-종교로 확대된다.

이 장에서는 뒤르케임의 도덕이론을 다음과 같이 네 부분으로 나누어 살펴보기로 한다. 첫째, 어떻게 뒤르케임이 도덕적 사실을 규정하는가를 살펴본다. 둘째, 어떻게 뒤르케임이 도덕형이상학을 정립한 칸트와 달리 도덕물리학 또는 도덕형이하학으로서의 도덕사회학을 구축하는가를 살펴본다. 이 두 부분에서는 칸트의 차안과 피안에 위치하는 사회학적 칸트주의자로서의 뒤르케임의 면모가 드러날 것이다. 셋째, 현대 산업사회의 도덕적 원리인 개인숭배와 도덕적 개인주의를 살펴본다. 넷째, 도덕교육의 문제를 살펴본다.

1. 도덕적 사실은 사회적 사실이다

이미 제4장 제3절에서 자세히 논한 바와 같이, 뒤르케임에게 사회는 사회적 사실들의 총합이다. 도덕적 사실도 — 심리적 사실이나 의식적 사실이 아니라! — 사회적 사실이다. 그리고 더 나아가 뒤르케임에게 사회는 무엇보다도 도덕적 사실들의 총합이다. 사회는 고유한 실재, 특히 도덕적 실재이다. 뒤르케임에게 "모든 사회는 도덕적 사회이다."[8]

---

6 Stephen P. Turner (Ed.), *Émile Durkheim. Sociologist and Moralist*, London/New York: Routledge 1993.

7 René König, "Emile Durkheim. Der Soziologe als Moralist", in: Dirk Kaesler (Hrsg.), *Klassiker des soziologischen Denkens, Bd. 1: Von Comte bis Durkheim*, München: C. H. Beck 1976, 312~64쪽.

8 Émile Durkheim, 앞의 책(1988), 285쪽.

물론 뒤르케임이 사회를 도덕적 실재로 간주하고 모든 사회를 도덕적 사회로 파악한다고 해서 그가 이른바 도덕주의적 관점을 내세운다는 식으로 읽어서는 안 된다. 그는 어디까지나 도덕을 사회의 구성요소들 가운데 하나로 본다. 다만 그러면서 도덕을 주요한 사회의 전제조건으로 볼 뿐이다. 사회는 개인들 외에도 물질적인 또는 정신적인 그리고 결정화된 또는 결정화되지 않은 다양한 요소로 구성된다. 그러므로 사회는 어떤 의미에서 보면 "온갖 종류의 관념, 신념, 감정의 총합"으로 볼 수 있는데, 이것들은 개인을 통해 현실이 된다. 이 가운데 첫 번째 등급을 차지하는 것이 바로 도덕이다. 도덕적 이상은 "사회의 주요한 현존근거"이다.[9]

> 사회를 원한다는 것은 바로 이 이상을 원한다는 것을 의미하며, 따라서 우리는 때때로 물질적 실재로서의 사회가 구현하는 이상을 부정하는 것보다 차라리 물질적 실재로서의 사회가 사라지는 것을 보고자할 것이다. 사회는 지적이고 도덕적인 활동의 강력한 화덕으로서 그 열과 빛을 멀리까지 방사한다.[10]

이처럼 도덕이 갖는 중차대한 사회(학)적 의미 때문에 뒤르케임은 이미 『사회분업론』에서부터 이 문제에 천착하기 시작했다. 거기에서 그는 구조적 요인, 즉 사회의 부피와 밀도 및 사회적 분화와 도덕의 관계를 규명한다. 그런데 그 이후에는 뒤르케임의 관심이 점차로 사회구조적인 것에서 점차로 집합표상, 특히 종교로 옮아갔으며, 그 결과 사회를 집합표상들로 구성되는 도덕적 실재로 개념화하게 되었다.[11] 이는 데이비드 록우드(1929~2014)와 더불어 '규범적 기능주

---

9 Émile Durkheim, 앞의 책(1976), 113쪽.
10 같은 곳.
11 Alex Callinicos, *Social Theory. A Historical Introduction*, New York: New York

의'라고 일컬을 수 있을 것이다. 록우드에 따르면 규범적 기능주의
란 "사회를 [그 구성원들에 의해] 공유된 일련의 가치와 신념을 그
본질적 특징으로 하는 도덕적, 그리고 궁극적으로는 종교적 실재"로
보는 관념을 말한다.[12] 물론 그렇다고 해서 뒤르케임이 처음에 가졌
던 구조적 관심이 『사회분업론』이후 문화적 관심에 의해 완전히 대
체된 것은 결코 아니다. 뒤르케임은 이 책에서 제시한바 사회적 현
상의 구조적 접근방법을 평생토록 견지했다. 다만 논의의 주안점이
구조에서 문화로 옮아갔을 뿐이다.

　그렇다면 도덕적 사실이란 무엇인가? 이에 대한 답은 무엇보다도
「도덕적 사실의 규정」에서 찾을 수 있다. 이 글은 칸트 철학에서 출
발하여 칸트 철학을 넘어서려고 하며, 따라서 칸트의 차안과 피안에
위치한다. 뒤르케임은 이처럼 '칸트적이면서 초(超)칸트적인' 도덕 이
론을 경험적 · 실증적 방법, 보다 정확히 말하자면 사회학적 방법에
의해 구축하려고 한다. 사회학적 칸트주의를 엿볼 수 있는 대목이다.

　뒤르케임에게 도덕적 사실은 사회적 사실의 일부분이며, 이 점에
서 「도덕적 사실의 규정」은 『사회학적 방법의 규칙들』의 연장선상
에 있다. 후자가 사회학적 사실들의 과학이라면 전자는 도덕적 사실
들의 과학이다.[13] 그런데 중요한 것은 뒤르케임이 단순히 후자에 기
반하면서 전자의 논의를 전개하고 있는 것이 아니라 후자에서 제시
한 사회적 사실의 특징들에 새로운 특징들을 가미하면서 사회학적
방법의 규칙들이 보다 확장되고 정교해진다. 『사회학적 방법의 규칙
들』에서 사회적 사실의 특징으로 외재성 · 강제성 · 독립성 · 보편성
이 제시되었다면, 「도덕적 사실의 규정」에서는 외재성에 내재성이

University Press 1999, 134쪽.
12　같은 책, 135쪽에서 재인용.
13　François-Andre Isambert, "Durkheim's Sociology of Moral Facts", in:
　　Stephen P. Turner (Ed.), *Émile Durkheim. Sociologist and Moralist*, London/
　　New York: Routledge 1993, 187~204쪽.

추가되고 강제성에 바람직함 또는 추구할 가치가 추가된다.[14] 그러니까 행위의 주관성과 자원론적 성격이 가미된 것이다.

먼저 뒤르케임은 「도덕적 사실의 규정」에서 도덕적 사실의 객관적 측면과 주관적 측면을 구별한다. 전자가 사회 구성원들에게 공통적인 도덕을 의미한다면, 후자는 각 개인이 이것을 자신의 방식대로 수용하고 해석하며 표현하는 것을 의미한다. 객관적 도덕은 사회적 사실로서 개인들에게 외재하면서 특정한 방식으로 행위하도록 강제한다. 그러나 이 외재적이고 강제적인 도덕은 동시에 개인들에게 내면화되며, 그 결과 주관적 도덕이 형성된다. 뒤르케임이 다루고자 하는 바는 도덕적 사실의 객관적 측면이다. 다시 말해 "다양한 개인적 도덕의식" 또는 "도덕의 개인적 변이들"이 아니라 "행위의 판단에서 공통적이고 비개인적인 규준으로 기능하는 도덕적 사실"이 뒤르케임이 논하고자 하는 바이다.[15]

그런데 도덕적 사실의 주관적 측면이 비록 뒤르케임의 인식관심은 아니지만 그의 사회학이 발전하는 과정을 이해하는 데에 아주 중요한 함의를 지닌다. 이미 제4장 제3절에서 언급한 바와 같이, 『사회학적 방법의 규칙들』 제1판에서는 사회적 사실의 외재성과 강제성 등 객관적 측면만 찾아볼 수 있을 뿐 내면성이나 인격성과 같은 주관적 측면은 찾아볼 수 없다. 그리고 제2판에서는 아주 간략한 각주 형태로 언급하고 있디. 그러던 것이 「도덕직 사실의 규정」에 와서는 도덕적 사실의 주관적 측면, 그러니까 사회적 사실의 주관적 측면이 부각되고 있다. 뒤르케임에 따르면,

> 각 개인은, 즉 각각의 도덕적 의식은 공통적인 도덕을 자신의 방식대로 표현한다. 각 개인은 그것을 다른 시각에서 이해하고 바라본다.

---

14 Wolfgang Schluchter, 앞의 책(2006), 135쪽.
15 Émile Durkheim, 앞의 책(1976), 90~91쪽.

아마도 단 하나의 도덕의식도 그 시대에 완전히 적합하지 않을 것이며, 또한 어떤 측면에서 비도덕적이지 않은 도덕의식은 결코 없다고 말할 수 있다. 각각의 의식은 환경, 교육, 소질의 영향에 따라 도덕적 의식을 특유한 빛으로 바라본다. 어떤 사람은 국민도덕의 규칙들은 강렬하게 느끼는 반면 가족도덕의 규칙들은 미미하게 느낄 수 있거나, 또는 그 역이 될 수 있다. 다른 사람은 아마도 계약을 존중하는 것과 정의에 대해 강력한 감정을 가질 수 있지만 선행의 의무에 대해서는 희미한 표상밖에 가질 수 없다. 게다가 도덕의 가장 근본적인 측면들도 다양한 개인들에 의해 다르게 인지된다.[16]

물론 이렇게 말한다고 해서 뒤르케임이 처음에는 사회적 사실의 객관적 측면만 내세운 채 그 주관적 측면을 부정하다가 시간이 지남에 따라 인정하게 되었다는 식으로 생각해서는 안 된다. 뒤르케임은 처음부터 이 두 측면을 깊이 통찰했다. 다시 말해 개인은 인격적이고 자율적인 존재이지만 어디까지나 사회 안에서 그리고 사회를 통해서 인격적이고 자율적인 존재가 된다는, 그러니까 개인의 인격성과 자율성은 어디까지나 사회 안에서 그리고 사회를 통해서 실현된다는 것을 뒤르케임은 처음부터 깊이 통찰했다. 게다가 뒤르케임은 처음부터 개인의 인격성과 자율성을 최고의 도덕적 가치로 삼았다. 다만 『사회학적 방법의 규칙들』에서는 사회학적 인식의 고유한 영역을 확보하기 위해서 사회적 사실의 외재성과 강제성 등 객관적 측면을 전면에 내세웠기 때문에 마치 뒤르케임이 그 주관적 측면을 간과하거나 무시했다는 인상을 줄 뿐이다.

아무튼 이처럼 도덕적 사실의 과학을 그 객관적 측면에 한정한 다음 뒤르케임은 도덕적 규칙과 여타의 규칙을 구별한다. 뒤르케임에

16 같은 책, 90쪽.

따르면 도덕은 명령과 행위규칙들의 체계이다. 그러나 이것만으로는 도덕적 규칙을 여타의 규칙과 구별할 수 없다. 왜냐하면 도덕적 규칙 말고도 우리에게 행위방식을 규정하는 규칙은 많기 때문이다.[17] 여기에서 뒤르케임은 칸트에 접목한다. 구체적으로 분석판단과 종합판단에 접목한다. 칸트는 『순수이성비판』에서 분석판단과 종합판단을 다음과 같이 구별한다.

모든 판단은 주어와 술어의 관계로 구성되는데, 이 관계는 다음과 같이 둘 중의 하나이다. 술어가 주어에 속하거나 술어가 주어의 밖에 있다. 우리는 첫째 경우의 판단을 **분석적**이라고, 그리고 두 번째 경우의 판단을 **종합적**이라고 부른다. 분석판단은 주어와 술어가 동일성에 의해 연결되는 판단인 반면, 종합판단은 주어와 술어가 비동일성에 의해 연결되는 판단이다. 전자는 **설명판단**이라 할 수 있고 후자는 **확장판단**이라고 할 수 있는데, 그 이유는 다음과 같다. 분석판단은 술어를 통해 주어 개념에 아무것도 덧붙이는 바 없이 단지 이 개념을 이미 그 안에서 생각되었던 부분개념으로 분해하는 반면, 종합판단은 주어 개념에다 그 안에서는 전혀 생각할 수 없었던 술어를 덧붙인다. 예컨대 내가 "모든 물체는 연장적(延長的)이다"라고 말한다면, 이는 분석판단이다. 왜냐하면 나는 내가 물체에 연결한 연장성을 발견하기 위해 내가 물체에 결합한 **개념을 넘을** 필요 없이 그 개념을 분해하기만 하면 되기 때문이다. 다시 말해 물체 개념에서 이 술어를 만나기 위해서는 내가 언제나 물체에서 생각하는 다양한 것을 내가 의식하기만 하면 되기 때문이다. 이에 반해 내가 "모든 물체는 무겁다"라고 말한다면, 이는 종합판단이다. 왜냐하면 이 술어는 내가 순전히 물체 일반의 개념에서 생각하는 것과는 전혀 다른 무엇인가이기 때문이다. 다시 말해 나는 물체 개념에다 그 안에서는 전혀 생각할 수 없었

---

17 같은 책, 92쪽.

던 술어를 덧붙이기 때문이다.[18]

뒤르케임은 칸트의 분석판단과 종합판단을 구성하는 주어와 술어를 행위와 행위결과로 대체한 다음 행위와 행위결과가 분석적으로 결합되거나 종합적으로 결합된다는 전제에서 출발한다. 행위와 행위결과의 관계가 분석적이라 함은, 양자가 기계적이고 자동적으로 결합됨을 의미한다. 이 경우에는 행위를 분석해 보면 그것이 어떤 결과를 내포하고 있는가를 미리 알 수 있다. 왜냐하면 행위로부터 그 결과가 필연적으로 초래되기 때문이다. 이에 반해 행위와 행위결과의 관계가 종합적이라 함은, 양자가 비기계적이고 비자동적으로 결합됨을 의미한다. 이 경우에는 행위를 분석해 보아도 거기에 어떤 결과가 뒤따르는가를 미리 알 수 없다. 왜냐하면 행위와 그 결과가 완전히 이질적이기 때문이다.[19]

뒤르케임은 행위와 행위결과의 분석적 결합과 종합적 결합을 위생적 규칙과 형법적 규칙의 비교를 통해 예시한다. 둘 모두에서 어떤 규칙을 위반하면 일반적으로 행위자에게 부정적인 결과가 초래된다. 그러나 그 성격은 전혀 다르다. 전염병이 유행하는 지역에서 환자와 접촉하면 감염되고, 때에 따라서는 죽을 수도 있다. 이에 반

---

18 Immanuel Kant, 앞의 책(1983a), 52쪽. 이 번역은 독자들의 이해를 돕기 위해 나 나름대로 문장을 의역했음을 밝혀둔다. 그럼에도 불구하고 분석판단과 종합판단의 차이가 명백히 드러나지 않을 것이다. 이를 보다 쉽게 설명하면 다음과 같다. 분석판단은 예컨대 '아버지는 남자이다'와 같이 술어의 의미가 주어에 이미 포함되어 있는, 또는 달리 말하자면 주어의 개념과 술어의 개념이 동일한 판단이다. 분석판단은 절대적인 논리적 확실성을 갖지만 우리에게 경험세계에 대한 새로운 인식을 제공할 수 없다. 이에 반해 종합판단은 예컨대 '갑의 아버지는 을이다'와 같이 술어의 의미가 주어에 포함되어 있지 않는, 또는 달리 말하자면 주어의 개념과 술어의 개념이 동일하지 않은 판단이다. 종합판단은 분석판단과 달리 절대적인 논리적 확실성을 갖지 못하지만 우리에게 경험세계에 대한 새로운 인식을 제공할 수 있다.

19 Émile Durkheim, 앞의 책(1976), 93쪽.

해 살인을 한다고 해서 반드시 처벌을 받는 것은 아니다. 이 경우에는 행위와 행위결과 사이에 그 어떤 필연적인 관계도 존재하지 않는다. 양자를 결합하는 끈은 분석적이 아니라 종합적이다. 뒤르케임은 이 종합적 끈을 제재라고 부른다. 제재는 행위의 내적 특성이나 내용으로부터가 아니라 행위가 기존의 규칙에 부합하지 않는 사실로부터 결과한다. 어떤 행위에 제재가 뒤따르는 것은, 사전에 제정된 규칙이 존재하고 그 행위가 이 규칙에 위배되기 때문이다.[20]

요컨대 우리는 어떤 규칙이 금지하는 행위를 하지 않는데, 그 이유는 단지 전자가 후자를 금하기 때문이다. 그렇지 않은 경우에 제재가 뒤따른다. 뒤르케임은 이것을 "도덕적 규칙들의 **책무적 성격**"이라고 부른다. "이렇게 해서"—뒤르케임은 주장하기를—"우리는 엄격하게 경험적인 분석을 통해 **의무**와 책무의 개념에 도달했는데, 이 개념은 칸트가 이해한 것과 거의 같다."[21] 그러니까 의무 또는 책무가 도덕적 규칙의 첫 번째 특징이 되는 셈이다.

여기까지 뒤르케임은—자신의 말대로—"상당히 정확하게 칸트를 따랐다."[22] 잘 알려져 있다시피, 칸트는 의무도덕을 대표한다. 그는 '의무에 따른' 또는 '의무적인'(pflichtgemässig) 행위와 '의무로부터의'(aus Pflicht) 행위를 엄격하게 구분한다. "**의무는**"—『도덕형이상학 정초』(1785)에서 단언하기를—"**법칙에 대한 존경으로부터 말미암은 행위의 필연성이다.**"[23] 그러므로 진정한 도덕적 행위는 의무로부터의 행위인바, 이 행위를 규정할 수 있는 것은 행위자의 경향성도

20 같은 책, 93~94쪽.

21 같은 책, 94쪽.

22 Émile Durkheim, 앞의 책(1976), 96쪽.

23 Immanuel Kant, *Grundlegung zur Metaphysik der Sitten*, in: Immanuel Kant, *Werke in zehn Bänden, Bd. 6* (Herausgegeben von Wilhelm Weischedel), Darmstadt: Wissenschaftliche Buchgesellschaft 1983b, 7~102쪽, 여기서는 26쪽.

행위의 대상도 행위의 목표도 아니고 행위의 결과도 아니고 오로지 존경의 대상이 되는 법칙의 명령뿐이다. 칸트에게 진정한 도덕적 행위를 규정할 수 있는 것은 "객관적으로는 **법칙**, 주관적으로는 이 실천법칙에 대한 **순수한 존경** 외에는 아무것도 없으며", 따라서 나의 경향성이나 내 행위의 대상, 목표, 결과와 전혀 무관하게 "그와 같은 법칙을 준수한다는 준칙만이 남는다."[24] 요컨대 칸트의 의무도덕에서는 도덕법칙을 존경하고 준수하는 것, 그러니까 도덕법칙을 실현하는 것이 자기목적이 된다.

그러나 뒤르케임이 보기에 도덕적 규칙에 대한 칸트의 분석은 "불충분하고 불완전하다." 왜냐하면 "그것은 도덕적 사실의 단 한 측면만 보여 주기 때문이다."[25] 뒤르케임은 칸트에 반하여 주장하기를, 우리는 단순히 어떤 행위가 명령된다거나 금지된다는 이유만으로 그것을 이행하거나 불이행하지 않는다. 왜냐하면 그것은 심리학적으로 불가능하기 때문이다. "우리의 관심을 끌지 않는, 우리에게 **좋은 것으로** 보이지 않는, 우리의 감정에 와닿지 않는 목적을 추구한다는 것은 심리학적으로 불가능하다." "그러므로" — 뒤르케임은 계속해서 주장하기를 — "도덕적 목적은 그 책무적 성격에 상관없이 추구되어야 하고 추구할 만해야 한다. 바로 이 **추구할 만함**이 모든 도덕적 행위의 두 번째 특징이 된다."[26]

---

24 같은 책, 27쪽.

25 Émile Durkheim, 앞의 책(1976), 96쪽.

26 같은 곳. 여기에 나오는 '추구할 만함'의 프랑스어는 'désirabilité'로서 '추구할 만함'보다는 '바람직함'이라고 옮기는 것이 원어에 더 충실하다. 그럼에도 불구하고 굳이 '추구할 만함'으로 옮긴 것은 독일어 번역인 'Erstrebenswertsein'을 따랐기 때문이다. 그 이유는 뒤르케임이 말하는 도덕적 규칙의 두 번째 특징은 단순한 바람을 넘어서 적극적인 추구의 의미가 내포되어 있다고 판단했기 때문이다. 참고로 영어는 'desirability'로 옮기고 있다. 프랑스어와 영어는 각각 다음을 참고할 것. Émile Durkheim, *Sociologie et Philosophie*, Paris: Libraiirie Felix Alcan 2004b, 50, 63쪽; Émile Durkheim, *Sociology and Philosophy*, Oxon: Routledge 2010, 16, 21쪽.

그렇다면 여기에서 한 가지 질문을 제기할 수 있다. 뒤르케임은 이두 번째 특징과 더불어 칸트에 반하여 행복주의적 도덕을 지향하는 것인가? 결론부터 말하면, 결코 그렇지 않다. 뒤르케임은 단순한 추구할 만함과 도덕적 행위에 특유한 추구할 만함을 구별한다. 전자는 대상들의 추구할 만함이고 후자는 추구할 만함 그 자체(sui generis)이다. 후자는 전자와 달리 의무의 성격을 띤다. 추구할 만함 그 자체는,

우리가 보통 바라는바 대상들의 추구할 만함과 다르다. 우리는 규칙에 의해 명령된 행위를 특별한 방식으로 추구한다. 그러한 행위에 대한 우리의 충동, 우리의 갈망에는 언제나 일정한 수고, 일정한 노력이 수반된다. 심지어 우리가 도덕적 행위에 열광적으로 몰두하는 경우에도, 우리는 우리가 우리 자신의 밖으로 나가는 것을, 우리가 우리를 극복하는 것을, 우리가 우리의 자연적인 존재를 넘어서 고양됨을 느낀다. 그런데 이것은 일정한 긴장, 일정한 자기강제 없이는 불가능하다. 우리는 우리가 우리 본성의 상당한 부분에 강제를 가한다는 것을 의식한다. 그렇기 때문에 우리는 도덕적 행위에서 행복주의가 일정한 자리를 차지함을 인정해야 하며, 또한 그렇게 하면 쾌락과 추구할 만함이 책무에까지 뻗친다는 것을 증명할 수 있을 것이다. 우리는 우리에게 규칙을 통해 명령된 도덕적 행위를 수행하는 데에서 일정한 매력을 느끼는데, 그 이유는 이것이 우리에게 명령되었다는 바로 그 사실 때문이다. 우리는 우리의 의무를 다하는 것을 즐거움 그 자체로 느끼는데, 그 이유는 이것이 의무라는 바로 그 사실 때문이다. 선(善)의 개념이 의무의 개념에까지 뻗치고 의무의 개념과 책무의 개념이 선의 개념에까지 뻗친다. 행복주의는 그 상대방과 [의무와] 마찬가지로 도덕적 삶의 그 어디에서나 볼 수 있다.[27]

---

27 Émile Durkheim, 앞의 책(1976), 96~97쪽.

이 인용구절의 끝부분에 나오는 '선'은 추구할 만함 그 자체를 가리킨다. 뒤르케임에 따르면 추구할 만함 그 자체는 관습적으로 선이라고 한다.[28] 아무튼 의무와 추구할 만함 (그 자체) 또는 의무와 선이 도덕적 규칙을 그 밖의 다른 규칙들로부터 근본적으로 구별되도록 만드는 두 가지 특징이다. 이와 더불어 뒤르케임은 기존의 강력한 두 도덕이론을 넘어서려고 했다. 먼저 ─ 여기까지의 논의에서 잘 드러나듯이 ─ 추구할 만함 또는 선의 개념과 더불어 칸트를 넘어서려 했다. 그리고 의무의 개념과 더불어 자신에게 "공공의 적 제1호"인 공리주의를 넘어서려고 했다.[29] 뒤르케임이 보기에 칸트적 선험주의는 "비록 도덕적 의식을 비교적 충실하게 분석하지만 그것을 설명하기보다는 기술하는 편이다." 게다가 다음과 같이 "자의적인 주장"을 한다. "이성이 자기 자신 안에, 즉 내재적으로 도덕적 이상을 가지는데, 바로 이 이상이 현실적인 도덕적 이상이며 사회가 역사의 모든 시점에서 달성하려고 노력하는 이상과 대항할 수 있고 대항해야 한다." 그 결과 추구할 만함이라는 도덕적 행위의 특징을 제대로 포착할 수 없다. "의무의 의식이 이성과 감성의 절대적인 이질성에서 연원한다는 칸트의 가설은, 도덕적 목적에는 바라는 대상의 측면이 있다는 사실과 양립할 수 없다. 감성이 일정한 정도까지 이성과 동일한 목적을 추구한다면 전자가 후자에 예속된다고 해서 전자의 격이 낮아지는 것은 아니다." 그리고 뒤르케임이 보기에 공리주의적 경험주의는 "비록 도덕을 합리적으로 설명하려고 시도하지만 도덕의 독특한 속성을 부정하고 도덕의 근본적인 개념을 경제적 기본개념과 동일한 수준에 위치시킨다." 그 결과 의무라는 도덕적 행위의 특징을 제대로 포착할 수 없다.[30]

---

28 같은 책, 85쪽.
29 François-Andre Isambert, 앞의 글(1993), 196쪽.
30 Émile Durkheim, 앞의 책(1976), 97, 117, 122쪽.

394 ● 에밀 뒤르케임: 사회실재론

요컨대 공리주의도 칸트 윤리학과 마찬가지로 도덕적 사실의 단순한 측면만 보여 주며, 따라서 불충분하고 불완전하다는 것이 뒤르케임의 결론이다. 그가 보기에 칸트적 선험주의나 공리주의적 경험주의가 선과 의무 가운데 어느 하나를 배제하는 것은 도덕적 실재를 외면한 채 추상적으로 사고하기 때문이다. 그러므로 경험적인 방법에, 보다 정확히 말하자면 도덕사회학적 방법에 입각하여 도덕적 사실이라는 사회적 사실을 그 복잡성 속에서 인식해야만 도덕적 행위를 규정하는 근본적인 특징인 선과 의무를 제대로 포착할 수 있다. 이처럼 뒤르케임은 도덕사회학을 통해 의무윤리학과 행복윤리학을 결합할 수 있었다.

그런데 도덕적 사실의 두 가지 특징인 추구할 만함 또는 선과 의무는 모순적으로 보이며, 따라서 이 둘 가운데 어느 하나를 배제하는 칸트와 공리주의의 관점이 타당해 보일 수도 있다. 뒤르케임은 도덕적 사실을 종교적 사실과 비교하면서 선과 의무가 모순적인 관계가 아니라 상호 보완적인 관계에 있으면서 도덕적 행위를 규정한다는 것을 논증하려고 한다. 뒤르케임은 — 제6장 제1절에서 다시 자세히 논의되는 바와 같이 — 종교의 본질을 성(聖)과 속(俗)의 구별에서 찾는다. 다시 말해 어떤 사회가 특정한 사물에 성스러움을 부여하고 그것과 관련된 집단적 신앙과 의례를 발전시키면 종교가 형성된다. 이 성스러움의 개념도 노력에서처럼 이중성을 보여 준다. 성스러운 것은 금지된 것이다. 그러나 동시에 갈망되는 것이다.

> 성스러운 대상은 우리에게 경외를, 그리고 만약 경외가 아니라면 경의를 불러일으킴으로써 우리와 거리를 둔다. 그러나 그것은 동시에 우리가 애착을 갖고 바라는 대상이다. 우리는 그것에 가까워지려고 노력하며 그것을 목표로 추구한다. 그러므로 우리는 여기에서 모순적으로 보이지만 그럼에도 불구하고 실제적으로 존재하는 이중적인 감정과 관계하고 있다.[31]

이처럼 뒤르케임이 성의 개념을 도덕의 개념과 비교하는 이유는 단순히 이 둘 사이에 흥미로운 유사점이 존재하기 때문만은 아니다. 더 나아가 도덕을 종교적 삶과 비교하지 않고서는 제대로 이해할 수 없다는 그의 생각 때문이다.

수백 년 동안 도덕적 삶은 종교적 삶과 밀접하게 결합되어 있었으며 더욱이 그것과 완전히 하나였다. 심지어 오늘날에도 우리는, 대다수의 개인에게서 이 밀접한 결합이 여전히 지속되고 있음을 확인하지 않을 수 없다. 그러므로 도덕성이 종교성과 공유하는 모든 특징을 결코 벗어날 수 없었으며 또한 앞으로도 결코 벗어날 수 없음이 자명하다. 만약 사실의 두 가지 질서가 그토록 깊이, 그리고 그토록 오랫동안 서로 연결되어 있었다면, 만약 그토록 오랜 시간 그것들 사이에 그와 같이 밀접한 친화성이 존속해 왔다면, 그렇다면 그것들이 서로 완전히 분리되고 서로 낯설게 된다는 것은 불가능한 일이다. 정말 그렇게 되려면 그것들이 근본적으로 변화하고 그 자신으로 존재하기를 그만두어야 할 것이다. 요컨대 종교적인 것에는 도덕적인 것이 존재할 수밖에 없고 도덕적인 것에는 종교가 존재할 수밖에 없다. 그리고 실제로 오늘날의 도덕성은 종교성으로 가득하다. 물론 그렇다고 해서 이 종교적 핵심이 변화하지 않는다는 뜻은 아니다. 도덕적 종교성이 신학적 종교성으로부터 점점 멀어지고 있는 것은 확실하다. 도덕이 갖는 성스러움의 특성은 종교에서와 달리 비판을 벗어날 수 없다. 그렇지만 여기에서 문제가 되는 것은 정도의 차이일 뿐이다. 그리고 이 차이는 오늘날에도 여전히 매우 작은데, 그 이유는 대개의 사람들에게 도덕의 성스러움은 종교의 성스러움으로부터 거의 구별되지 않기 때문이다. 이는 다음과 같은 상황만 보아도 이미 입증된다. 사람들은 오늘날에도 여전히 통례적인 과학적 방법을 도덕에도 적용하는 것을

---

31 같은 책, 99~100쪽.

꺼린다. 감히 속된 과학의 방법에 따라 도덕을 사고하고 연구하는 사람은 도덕을 **신성모독하고** 그것의 존엄성을 범하는 것으로 보인다. 우리의 동시대인들은 여전히, 도덕적 사실이 다른 모든 사실처럼 인간들의 다툼에 노출되어 있다는 것을 마지못해 인정한다.[32]

종교의 이중성, 즉 경외 또는 경의와 애착, 거리 둠과 가까워짐의 양가적 감정은 성스러운 존재, 그러니까 신적인 것에 결부된다. 그렇다면 도덕의 이중성, 즉 의무와 추구할 만함 또는 선은 무엇에 결부될까? 달리 묻자면, 우리는 누구 또는 무엇에 대해 의무를 갖고 우리가 추구할 만한 것은 누구 또는 무엇인가?

첫째로, 의무에 대해서 알아보기로 한다. 뒤르케임에 따르면 의무는 전적으로 의식적 존재 또는 의식적 주체에 지향되어야 한다. 그렇다면 먼저 자아 또는 타자를 생각해 볼 수 있다. 그러나 이 둘은 곧바로 배제된다. 왜냐하면 도덕은 몰아성 또는 자기극복과 더불어 비로소 시작되기 때문이다. 그런데 몰아성 또는 자기극복은 "우리가 거기에 우리 자신을 예속시키는 주체가 우리 개인들보다 높은 존재일 때에만 의미를 갖는다." 그 주체는 우리보다 풍부하고 복합적인 도덕적 사실이다. 이렇게 보면 자아나 타자가 자신을 유지하거나 발전시키는 행위는 도덕적이 아니다. 이러한 행위가 도덕적인 것은 그것이 가족, 직업집단, 국가 또는 전체 사회와 같이 개인들이 속하는 사회적 집단의 유지와 발전에 기여할 경우에 한해서이다. 이제 남는 의식적 존재 또는 의식적 주체는 사회 또는 신적인 것이다. 이 둘 사이에서 선택해야 한다. 뒤르케임은 사회를 선택한다. 왜냐하면 신적인 것은 "변용되고 상징적으로 사유된 사회에 다름 아니기" 때문이다. 그 결과 다음과 같은 결론에 도달한다. "도덕은 집단적 삶이 시

---

32 같은 책, 100~01쪽.

작되는 곳에서 시작된다."[33] 사회는 도덕의 원천이다.

뒤르케임에 따르면 사회는 자신을 구성하면서 자신에 의해 포함되는 개인의 인격과 질적으로 구별되는, 보다 정확히 말하자면 개인의 인격보다 우월한 도덕적 인격 또는 도덕적 주체이다. 이 점에서 뒤르케임은 칸트와 유사점을 보인다. 칸트는 신(神)을 요청하는데, 그 이유는 그와 같은 가설이 없으면 도덕을 제대로 이해할 수 없기 때문이다. 이와 유사하게 뒤르케임은 개인들과 특별한 방식으로 구별되는 사회를 요청하는데, 그 이유는 그렇게 하지 않는 경우에는 "도덕이 아무런 대상도 갖지 못하고 의무가 아무런 정점(定點)도 갖지 못하기 때문이다." 그런데 뒤르케임이 보기에 자신과 칸트 사이에는 다음과 같이 간과할 수 없는 차이점이 존재한다. 도덕에 대한 논의에서 칸트처럼 신을 요청하는 것과 달리 자신처럼 사회를 요청하는 것은 경험적으로 쉽게 입증할 수 있다.[34] 잘 알려져 있다시피, 칸트의 신 요청은 전적으로 형이상학적 성격을 띠며, 따라서 경험과 학적 논리의 차원을 완전히 벗어난다.

아무튼 사회는 개인들보다 우월한 도덕적 힘을 갖기 때문에 개인들에게 경외 또는 경의를 불러일으키며, 바로 이 경외 또는 경의 때문에 개인들은 사회에 굴복한다. 그리하여 도덕적 권위를 갖고 개인들에게 특정한 행위를 명령하거나 금지하며 그 행위에 대해 긍정적인 또는 부정적인 제재를 가한다. 다시 말해 행위규칙에 의무적 성격을 부과한다.[35] 뒤르케임에 따르면 개인도덕도, 그것이 어떻게 이해되든 상관없이, 아주 큰 정도로 사회에 의해 조건지어진다. "왜냐하면 개인도덕이 우리에게 실현하도록 규정하는 것은 해당 사회가 파악하는 인간의 이상형이기 때문이다. 그리고 모든 사회는 이 이상

---

33 같은 책, 102~03, 105쪽.
34 같은 책, 104쪽.
35 같은 책, 109~10쪽.

398 ● 에밀 뒤르케임: 사회실재론

형을 자신의 형상에 따라 창출한다."[36]

둘째로, 추구할 만함 또는 선에 대해 알아보기로 한다. 뒤르케임은 도덕적 규칙의 이 두 번째 특징도 첫 번째 특징인 의무와 마찬가지로 사회에서 찾는다. 우리는 사회가 개인들의 의식을 초월하기 때문에 사회를 바라고 사회를 추구한다. 사회는 도덕의 초월적 목표이다. 뒤르케임은 개인에 대한 사회의 도덕적 초월성을 다음과 같이 자세하게 논증하고 있다.

어디에서나 사회는 개인을 넘어선다. 사회는 개인을 물질적으로 능가하는데, 그 이유는 사회가 모든 개인적인 힘들의 연합으로부터 결과하기 때문이다. 그렇지만 이 물질적 크기 하나만으로는 충분하지 않다. 심지어 우주도 개인을 능가하며, 그 거대함으로 개인을 압살한다. 그럼에도 불구하고 우주는 도덕적이지 않다. 그러나 사회는 단순히 물질적인 힘과는 다른 무엇인가이다. 그것은 위대한 도덕적 힘이다. 그것은 물리적으로뿐만 아니라 물질적이고 도덕적으로도 우리를 능가한다. 문명은 연합된 인간들과 잇따르는 세대들의 공동작업으로부터 연원한다, 그러므로 그것은 본질적으로 사회적인 가치이다. 사회가 문명을 창조했고, 사회가 문명을 감시하며 개인들에게 문명을 전달한다. 우리는 사회로부터 문명을 받는다. 그런데 문명은 우리가 가장 높이 평가하는 모든 가치의 총체이다. 그것은 가장 높은 인간적 가치의 총체이다. 사회는 문명의 원천이자 수호자이기 때문에, 사회는 우리에게 문명이 도달하는 수로이기 때문에, 우리의 실재보다 무한히 풍부하고 높은 실재로 보인다. 그것은 우리에게 의미가 있는, 그럼에도 불구하고 모든 측면에서 우리를 넘어서는 모든 것이 연원하는 실재이다. 이 실재가 우리를 넘어선다 함은, 사회가 보존하는 정신적이고 도덕적인 재산들의 아주 작은 부분만이 우리 각자에게 도달함

---

36 같은 책, 110쪽.

을 뜻한다. 그리고 우리가 역사에서 발전하면 할수록 인간의 문명은 그만큼 더 방대해지고 복잡해진다. 그러므로 문명이 개인들의 의식을 능가하면 할수록 개인은 사회가 자신을 초월해 있다는 것을 더욱더 강력하게 느낀다.[37]

여기까지의 논의를 종합해 보면, 뒤르케임은 도덕적 규칙의 두 가지 특징인 의무와 추구할 만함 또는 선을 사회에서 찾는다. 그에게 사회는 도덕의 원천이자 목표이다. 사회는 도덕의 창조자이자 목표이다. 사회는 "의무의 보고"이자 "선의 보고"이다.[38] 이러한 사회에 대하여 개인들은 경외나 경의 또는 애착이라는 양가적 감정을 갖고 행위하는데, 이는 신자가 성스러운 존재, 즉 신적인 것에 대하여 행위하는 것과 같은 성격이다. 사회는 도덕적 통일성의 토대가 된다.

사회는 우리 밖에 그리고 우리 위에 존재하기 때문에 우리에게 명령한다. 사회와 우리 사이에 놓여 있는 도덕적 거리는 사회로 하여금 우리의 의지를 굴복하도록 만드는 권위를 부여한다. 그렇지만 다른 한편 사회는 우리의 자아 안에도 존재한다. 왜냐하면 사회가 우리 자신이며, 바로 이런 속성 때문에 우리가 사회에 애착을 갖고 사회를 원하기 때문이다. 물론 여기에는 특별한 종류의 소원이 결부된다. 왜냐하면 우리가 무엇을 하든 간에, 사회는 언제나 부분적으로만 우리에게 속하고 우리보다 무한히 높은 곳에 존재하기 때문이다.[39]

요컨대 개인들의 도덕적 사실을 규정하는 두 가지 특징인 의무와 선은 개인에게 속하지 않고 개인을 넘어서는 실재, 즉 사회의 두 가

---

37 같은 책, 107~08쪽.
38 François-Andre Isambert, 앞의 글(1993), 198쪽.
39 Émile Durkheim, 앞의 책(1976), 111쪽.

지 측면으로서 바로 이 사회에 의해 통합된다는 것이다. 사회는 도덕의 초월적 원천이자 목표이다. 그리고 도덕적 통일성의 초월적 원리이다. 사회는 입법자인 동시에 모든 문명적 재화의 창조자이자 수호자이며, 따라서 명령적인 동시에 선한 존재이다.[40] 그런데 이러한 사회는 개인에게 초월적인 동시에 내재적이다. 다시 말해 사회는,

> 우리를 넘어서는 동시에 우리 내부에 있다. 왜냐하면 사회는 오직 우리 안에서만 그리고 우리를 통해서만 존속할 수 있기 때문이다. 또는 보다 정확히 말하자면, 사회는 어떤 의미에서 우리 자신이다. 그것도 우리의 더 좋은 부분이다. 왜냐하면 인간은 오직 문명화된 한에서만 인간이기 때문이다. 우리를 진정한 인간적 존재로 만드는 것은 오로지, 우리가 문명이라고 부르는 관념, 감정, 신앙내용 및 행위규정의 총체로부터 획득할 수 있는 능력일 뿐이다.[41]

이처럼 사회와 개인의 관계를 초월성과 내재성으로 파악함으로써 뒤르케임은 사회적 차원과 개인적 차원, 거시적 차원과 미시적 차원 그리고 객관적 차원과 주관적 차원을 결합할 수 있었다. 뒤르케임이 『사회학적 방법의 규칙들』에서 제시한 사회적 사실의 특징들, 그 중에서도 특히 외재성과 강제성을 염두에 둔다면, 사회와 개인 사이에는 대립적이고 적대적인 관계가 존재한다고 생각할 수 있을 것이다. 이 경우에 사회는 단지 초월적인 존재로 파악될 것이다. 그러나 실상은 그 정반대이다. 왜냐하면 사회를 원하는 것은 우리를 넘어서는 무엇인가를 원하는 것이지만 우리 자신을 원하는 것이기도 하기 때문이다. 우리가 사회를 벗어난다는 것은 우리의 인간적 존재를 포기하는 것이고, 우리가 사회를 포기하는 것은 우리 자신을 포기하는

---

40 같은 책, 142쪽.
41 같은 책, 108쪽.

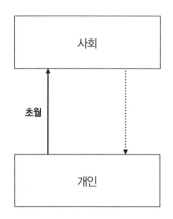

도표 16-1 초월적 존재로서의 사회

사회

초월

개인

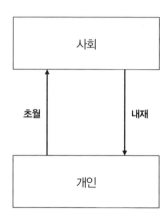

도표 16-2 초월적 · 내재적
존재로서의 사회

사회

초월　　　　내재

개인

것이다. 이 경우에 사회는 초월적이고 내재적인 존재로 파악될 것이
다.[42] 사회가 개인에 대해 단지 초월적인 존재인 경우와 초월적이면

---

42 같은 책, 109쪽. 내가 보기에 뒤르케임이 『도덕교육』에서 설파한 다음의 구절
은 사회가 개인에 대해 초월적이면서 내재적인 존재라는 점, 또는 달리 말해
개인에 대한 사회의 초월적 내재성을 아주 명확하게 보여 준다. "그토록 많
은 이론가들이 경박하게 가정해 온 개인과 사회의 적대관계는 [······] 근거가
없다. 오히려 그 반대이다. 우리 안에는 우리 안에서 우리 자신과 다른 무엇
인가를 표현하는 상태가 수없이 존재한다. 다시 말해 사회가 존재한다. 의심
할 바 없이 사회는 우리를 능가하고 우리에게 우리가 이행할 수 있는 것 이상
을 요구한다. 왜냐하면 사회는 우리의 개인적 존재보다 엄청나게 더 강력하
기 때문이다. 그러나 동시에 사회는 모든 측면에서 우리에게 스며든다. 사회
는 우리의 외부에 존재하며 우리를 감싼다. 그러나 사회는 우리의 내부에도
존재하며 우리의 중요한 부분이 사회와 일치한다. 우리의 물리적 유기체가
외부로부터 받아들인 식량에 의해 살아가듯이, 우리의 정신적 유기체는 사회
로부터 오는 관념, 감정 및 실천방식에 의해 살아간다. 우리는 사회로부터 우
리 자신의 가장 큰 부분을 얻는다. 이렇게 보면 어떻게 사회가 우리를 연결
하는 대상이 될 수 있는가가 손쉽게 설명된다. 사실상 우리는 우리 자신으로
부터 분리되지 않고는 사회로부터 분리될 수 없다. 사회와 우리 사이에는 아
주 긴밀하고 견고한 연결이 존재한다. 왜냐하면 사회는 우리의 고유한 본질
의 한 부분이며, 어떤 의미에서 보면 우리 자신의 가장 좋은 부분이기 때문이

서 내재적인 존재인 경우를 도표 16-1과 도표 16-2를 통해 비교하면 그 차이가 더욱 가시적으로 와닿을 것이다.

그런데 오늘날에는 개인과 그의 인격이 성스러움을 갖는다. 개인과 그 삶의 영역에 대한 모든 침해는 신성모독으로 보이며, 각 개인의 인격은 가능한 한 완전하게 실현해야 하는 이상으로 자리매김한다.[43] 그런데 중요한 것은 이 성스러움이 개인에게 내재하는 특성도 아니고 개인과 사회의 관계가 약화되거나 개인이 사회로부터 해방된 결과도 아니라는 점이다. 그것은 전적으로 사회의 작품이다. 이러한 특성은 — 뒤르케임은 주장하기를 —

> 사회에 의해 그에게 부가된 것이다. 개인을 신성하게 한 것은 사회이다. 개인을 숭배할 만한 대상 자체로 만드는 것은 사회이다. 그러므로 개인의 점진적인 해방은 사회적 유대의 약화가 아니라 변화를 암시한다. 개인은 사회로부터 분리되지 않는다. 개인은 이전과는 다른 방식으로 사회와 연결되는데, 그것도 사회가 개인을 이전과 다르게 보고 원하기 때문이다.[44]

뒤르케임에 따르면 개인의 자유도 오로지 사회 안에서만 그리고 사회를 통해서만 가능하다. 보다 정확히 말하자면, 개인은 사회에 예속됨으로써 자유로운 존재가 된다.

> 개인은 사회에 예속되는데, 바로 이 예속이 그의 자유의 전제조건이 된다. 인간이 자유롭게 된다는 것은 그가 맹목적인, 즉 비합리적인 물리적 힘으로부터 해방됨을 의미한다. 그렇지만 그가 이 힘에 대

다." Émile Durkheim, 앞의 책(1984b), 121쪽.

43 Émile Durkheim, 앞의 책(1976), 100쪽.

44 같은 책, 129쪽.

립되는 강력하고 합리적인 힘의 보호를 받을 때에만 물리적 힘으로부터 해방될 수 있다. 그것은 다름 아닌 사회이다. 개인은 사회의 그늘에 정주함으로써, 어느 정도 사회에 종속된다. 그렇지만 이 종속은 해방적인 것이다. 거기에는 그 어떤 모순도 존재하지 않는다.[45]

다음다음 절에서 보게 되는 바와 같이, 뒤르케임은 고도로 분업화된 현대 산업사회를 지배하는 도덕적 개인주의를 사회와의 적대관계가 아니라 사회의 작품이라는 논리를 전개한다.

2. 도덕물리학: 사회학적 칸트주의 1

이미 제1장 제4절에서 그리고 바로 앞 절에서 언급한 바와 같이, 뒤르케임은 도덕에 관한 한 칸트주의를 추구했다. 보다 정확히 말하면 형이상학적 칸트주의가 아니라 실증과학적 칸트주의를 추구했다. 그가 추구한 바는 도덕철학이 아니라 도덕사회학이었다. 그것은 사회학적 칸트주의였다. 이는 뒤르케임이 칸트의 도덕철학에 접목하면서 이것을 사회학적으로 재해석하고 재구성하려고 했음을 함의하는 대목이다. 이처럼 칸트의 차안과 피안에 자신의 사회학적 인식체계를 자리매김하려는 뒤르케임의 입장은 이미 「독일 대학의 철학」(1887)에서 명백히 나타난다. 뒤르케임에 따르면 칸트 철학은,

독일이 배출한 철학 중에서 — 잘 해석하면 — 여전히 과학적 요구에 가장 잘 부합하는 철학이다.[46]

---

45 같은 곳.

46 Émile Durkheim, "Die Philosophie an den deutschen Universitäten"(1887), in: ders., *Über Deutschland. Texte aus den Jahren 1887 bis 1915* (Herausgegeben

이러한 칸트의 철학을 잘 해석함으로써 그것의 관념론적 또는 이상주의적 도덕이론을 과학적 요구에 부합시키는 것, 그러니까 실증과학적 도덕이론을 구축하는 것이 뒤르케임 사회학의 가장 중요한 관심이자 목표이다.[47] 뒤르케임이 추구한 사회학적 칸트주의를 단적으로 엿볼 수 있는 것이 "사회학 강의: 도덕과 법의 물리학"이라는 강의이다. 이 강의는 뒤르케임이 1890년과 1900년 사이 보르도에서 여러 차례에 걸쳐서 그리고 1902년과 1915년 사이 파리에서 여러 차례에 걸쳐 한 것으로서 그의 사후인 1950년 『사회학 강의: 도덕과 법의 물리학』이라는 제목으로 출간되었다. 여기에서 '물리학'은 'physique'라는 프랑스어를 옮긴 것인데, 이는 좁게는 물리학을 의미하지만 넓게는 물리학을 포함한 경험과학, 즉 형이하학을 의미한다. 형이상학은 'metaphysique'이다. 그러니까 뒤르케임은 사회학 강의를 통해 칸트처럼 도덕의 형이상학을 정초하려던 것이 아니라 도덕과 법의 형이하학을 정초하려던 것이다. 이러한 뒤르케임의 도덕물리학은 콩트의 사회물리학을 연상케 한다. 실제로 뒤르케임은 사회의 실증과학, 즉 사회의 물리학을 추구한 콩트처럼 도덕의 실증과학, 즉 도덕의 물리학을 추구했다. 그러나 다른 한편 콩트의 지적 세계는 형이상학적 실증주의에 머물고 있었기 때문에 경험과학인 도덕물리학에 필요한 엄밀한 실증성을 제공할 수는 없었다. 이 엄밀성을 뒤르케임은 독일의 도덕과학자들, 특히 분트로부터 배웠다.[48]

---

von Franz Schultheis und Andreas Gipper), Konstanz: Universitätsverlag, 1995a, 27~83쪽. 여기서는 48쪽.

47 Hans-Peter Müller, 앞의 글(1986), 74쪽; Hans-Peter Müller, 앞의 글 (1991), 311~12쪽.

48 뒤르케임의 도덕형이하학 또는 도덕물리학은 도덕의 자연화 및 사회학화를 포괄한다. 다시 말해 사회적인 것과 도덕적인 것을 자연의 일부분으로 간주하면서, 즉 자연화하면서 사회적인 것과 도덕적인 것이 자연의 여타 부분과 구별되는 자신의 고유한 법칙을 따르는 세계로 간주한다. 즉 사회학화한다. 이 점에서 뒤르케임은 당시 프랑스에서 큰 영향력을 행사하던 철학자 알

(1) 도덕형이상학과 도덕물리학

뒤르케임의 도덕물리학을 보다 명확하게 파악하려면 그것을 칸트의 도덕형이상학과의 비교가 필요할 듯하다. 후자는 1785년에 출간된 『도덕형이상학 정초』에 잘 나타나 있다. 칸트는 고대 그리스 철학을 따라 과학을 **물리학**, **윤리학** 및 **논리학**의 세 가지로 나눈다. 모든 이성인식은 "**질료적인 것으로** 어떤 객체를 고찰하거나" 또는 "**형식적인 것으로** 객체들의 구별 없이 전적으로 오성 및 이성 자체의 형식 그리고 사고 일반의 보편적인 규칙을 다룬다." 후자, 즉 형식적 철학을 **논리학**이라 일컫는다. 이에 반해 전자, 즉 특정한 대상과 그것들을 지배하는 법칙과 관계되는 질료적 철학은 다시금 두 종류로 나눈다. 왜냐하면 이들 법칙은 "**자연**의 법칙이거나 **자유**의 법칙이기 때문이다." 전자의 과학을 **물리학**이라 일컫고, 후자의 과학을 **윤리학**이라고 일컫는다. 또는 전자는 자연이론이라 불리고, 후자는 도덕이론이라고도 불린다.[49]

논리학은 경험적인 성격을 전혀 갖지 않는다. 반면 철학은 "경험의 근거에 기반하는 한 **경험**철학이라고 부를 수 있다." 그러나 "자신의 교설을 오로지 선험적 원리들에 의해서 개진하는 철학은 **순수철학**이라고 부를 수 있다." 그리고 후자의 경우, "만약 순전히 형식적

프레드 에스피나스(1844~1922) 및 앙리 베르그송과 유사점과 상이점을 보여 준다. 에스피나스와 베르그송은 뒤르케임처럼 사회와 도덕의 자연화, 보다 정확히 말하자면 생물학화를 추구한다. 이는 당시 프랑스에 사회적인 것을 포함하여 모든 현상을 자연화하는 지적 풍토가 아주 강했음을 암시하는 대목이다. 다른 한편 이 둘은 다음과 같은 점에서 뒤르케임과 구별된다. 사회와 도덕을 자연화하면서 사회학화하는 뒤르케임과 달리 에스피나스가 철저하게 자연화를 고수한다면, 베르그송은 도덕의 두 원천을 제시한다. 하나는 생물학적인 것이고 다른 하나는 초사회적인 창조적 도약과 자유이다. 그러니까 베르그송은 사회와 도덕을 자연화하면서 초사회학화하는 것이다. Horst Firsching, 앞의 책(1994), 64쪽 이하.

49 Immanuel Kant, 앞의 책(1983b), 11쪽.

인 것이라면 **논리학**이라고 일컫는" 반면, "오성의 특정한 대상에 한정되어 있다면 **형이상학**이라 일컫는다." 이렇게 해서 "두 종류의 형이상학의 관념, 즉 **자연형이상학**과 **도덕형이상학**의 관념이 생겨난다." 그렇게 되면 물리학은 "경험적인, 그러나 또한 이성적인 부분을 갖게 될 것이다." 윤리학도 마찬가지인데, 다만 이 경우에는 "경험적 부분을 특별히 **실천적 인간학**이라고, 그리고 이성적인 부분을 **도덕학**이라고 일컬을 수 있을 것이다."[50]

이런 식으로 이성적·과학적 인식의 체계를 분류한 다음, 칸트는 도덕형이상학을 정초해야 할 필요성을 제시한다. 도덕형이상학이 불가결한 이유는,

> 선험적으로 우리 이성 안에 존재하는 실천적 원칙들의 근원을 탐구한다는 사변적 동인 때문이기도 하지만, 도덕 자체가 그것을 올바르게 판정할 실마리와 최상의 규범이 없는 한 갖가지로 타락하기 때문이기도 하다. 무릇 어떤 것이 도덕적으로 선한 것이려면, 그것이 도덕법칙에 **상응하는** 것으로는 충분치 않고 **도덕법칙 때문에** 일어나는 것이기도 해야 한다. 그렇지 않을 경우 그 상응성은 매우 우연적이고 불확실하다. 왜냐하면 비도덕적 근거는 때로는 합법칙적인 행위를 불러일으키지만 그보다 자주 반법칙적인 행위를 불러일으킬 것이기 때문이다. 무릇 도덕법칙은 그 순수성과 진정성에 있어서(실천적인 것에서는 바로 이 점이 가장 중요하다) 순수철학이 아닌 그 어떤 곳에서도 찾을 수 없다. 요컨대 이것(형이상학)이 선행해야만 한다. 그것 없이는 그 어디에서도 도덕철학은 있을 수 없다. 경험적 원리들에 순수원리들을 뒤섞는 것은 철학이라는 이름을 쓸 자격조차 없다(왜냐하면 철학이 보통의 이성인식과 구별되는 것은 바로, 후자가 단지 혼합하여 파악하는 것을 분리된 과학으로 진술하기 때문이다). 도덕철학이라는 이름

---

50 같은 책, 11~12쪽.

을 쓸 자격은 더더욱 없다. 왜냐하면 그것은 바로 이 혼합으로 인하여 도덕의 순수성 자체를 훼손하고 도덕의 고유한 목적을 위배하기 때문이다.[51]

이처럼 도덕의 경험(적 원리들)과 혼합되지 않은 순수원리들을 인식대상으로 하는, 도덕의 순수철학, 그러니까 도덕형이상학이 칸트의 주제였다면, 도덕의 경험적 사실을 인식대상으로 하는 도덕의 사회학, 그러니까 도덕물리학 또는 도덕형이하학이 뒤르케임의 주제였다. 이는 "사회학 강의: 도덕과 법의 물리학"이라는 강의 제목에서 단적으로 드러난다. 뒤르케임은 이 제목으로 칸트를 넘어서 도덕형이하학을 정초하려는 자신의 사회학적 칸트주의를 천명했던 것이다. 도덕과 법의 물리학, 아니 도덕과 법의 형이하학으로서의 사회학은,

도덕적 · 법적 사실을 다룬다. 여기에서 문제가 되는 것은 제재가 수반되는 행위규칙들이다. 이 과학은 다음을 해명해야 한다. 1. 이러한 규칙들은 역사적 발전 과정에서 어떻게 형성되었는가, 즉 이것들은 어떠한 원인들로 소급되며 어떠한 목적들에 기여하는가를 해명해야 한다. 2. 이러한 규칙들이 사회에서 어떻게 기능하는가, 즉 이것들이 개인들에 의해 어떠한 방식으로 적용되는가를 해명해야 한다.[52]

뒤르케임은 제재를 모든 도덕적 사실에 공통된 특징 또는 모든 도덕적 규칙의 본질적인 요소로 간주한다.[53] 그러므로 도덕적 규칙에는 좁은 의미의 도덕을 넘어서 가치 · 규범 · 법률 · 풍속 · 관습 · 관

---

51 같은 책, 14쪽.
52 Émile Durkheim, 앞의 책(1991), 9쪽.
53 같은 책, 10~11쪽.

례 등 제재가 수반되는 행위규칙들이 속하며, 따라서 도덕적 사실에는 이 다양한 규칙에 의해 영향을 받거나 결정되는 개인적 행위들이 포함된다. 도덕형이하학으로서의 사회학이 도덕적 규칙의 역사적 형성 과정과 사회적 기능방식을 그 인식대상으로 한다면, 그 인식방법 역시 도덕형이상학으로서의 칸트 철학과 달리 경험적이고 실증적이며 귀납적이어야 한다. 뒤르케임은 다음과 같이 서로 밀접하게 연결된 두 가지 도덕사회학의 연구방법을 제시한다.

우리는 한편으로 비교역사학과 비교인류학을 갖고 있다. 이것들은 우리가 행위규칙의 형성을 추적하는 데에 기여한다. 또한 이것들은 우리에게 행위규칙을 구성하는 개별적 요소들을 보여 주며 어떻게 이 요소들이 점진적으로 결합되었는가를 드러내 준다. 그리고 우리는 다른 한편으로 비교통계학을 갖고 있다. 이것은 이 행위규칙이 그때그때 사람들의 의식에서 어느 정도의 권위를 갖는가를 연구하는 것을 가능케 하며, 또한 이 권위의 강도가 다르게 나타나는 근거의 제시도 가능케 한다. 물론 우리가 현재로서는 아직 모든 도덕의 문제를 이 두 관점으로부터 접근할 수 있는 처지가 못된다는 것에는 의심의 여지가 없다. 왜냐하면 대개의 경우 우리에게는 그에 필요한 통계적 자료들이 결여되어 있기 때문이다. 그럼에도 불구하고 완전성을 추구하는 과학은 이 두 문세와 씨름을 피할 수 없다는 점을 언급하는 것이 마땅하다.[54]

요컨대 뒤르케임의 사회학적 칸트주의는 두 차원에 걸친, 즉 역사적 차원과 구조적 차원에 걸친 비교 연구 방법에 입각해 칸트의 초월적 · 연역적 도덕형이상학을 경험적 · 귀납적 도덕사회학으로 재

---

54 같은 책, 10쪽.

구성하려고 한다. 이는 칸트를 보완하려는 것이 아니라 칸트를 대체하려는 것이며, 또한 그리함으로써 칸트가 한 모든 것을 개선하려는 것이다.[55]

칸트의 도덕형이상학이 정초하고자 하는 바는 — 형이상학이라는 말에서 짐작할 수 있듯이 — 경험적 주체의 도덕법칙들이 아니라 초월적 주체의 도덕법칙들이다. 이 법칙들은 그 안에 어떤 것이든 경험적인 것이 들어 있는 모든 법칙과 본질적으로 구별된다. 도덕형이상학은,

> 전적으로 그것들[도덕법칙들]의 순수한 부분에 의거하며, 인간에게 적용되는 경우에도 인간에 대한 지식(인간학)으로부터 조금도 빌려오지 않고 이성적 존재인 인간에게 선험적 법칙들을 부여한다.[56]

여기에서 말하는 이성적 존재인 인간은 경험적 주체를 가리키며, 선험적 법칙들은 경험적인 것이 조금도 들어 있지 않은 초월적 주체의 법칙들을 가리킨다. 초월적 주체와 그 법칙들은 각각 경험적 주체와 그 법칙들의 선험적 전제조건이 된다. 칸트의 도덕형이상학은 바로 이 선험적 전제조건을 그 인식대상으로 하는 도덕철학이다.

이에 반해 뒤르케임은 개인들의 경험적 삶에서, 보다 정확히 말하자면 개인들의 사회적 삶에서 도덕의 근원을 찾는다. 뒤르케임의 도덕형이하학이 정초하고자 하는 바는 — 형이하학이라는 말에서 짐작할 수 있듯이 — 경험적 · 역사적 주체, 즉 사회적 주체의 도덕적 규칙들이다. 도덕은 전체로서의 사회와 이 전체를 구성하는 부분들인 개인들의 이해관계가 서로 다르다는 사실에서 기인한다. 도덕은 이러한 상황에서 사회가 존재하는 조건이 된다. 이와 관련하여 뒤르

---

55 Wolfgang Schluchter, 앞의 책(2006), 193쪽.
56 Immanuel Kant, 앞의 책(1983b), 13쪽.

케임은 다음과 같이 말한다.

모든 집단은 크든 작든 부분들로 구성되는 하나의 전체이다. 이 전체가 형성되는 궁극적인 불가분의 요소는 개인이다. 그런데 그와 같은 집단이 존속하려면, 그 어떤 부분도 마치 자신이 유일한 부분인 것처럼, 다시 말해 자신이 참으로 전체인 것처럼 행동해서는 안 된다. 오히려 모든 부분은 전체가 안정적으로 존속할 수 있도록 그들의 행동을 조직해야 한다. 그렇지만 전체의 존재 조건은 부분의 존재 조건과 동일하지 않은데, 그것도 부분과 전체는 서로 다른 두 개의 사물이라는 사실만으로도 이미 그렇다. 개인의 이해관계는 자신이 속한 집단의 이해관계와 동일하지 않으며, 심지어 이 둘은 종종 서로 대립적인 관계에 있다. 개인은 그가 고려해야 할 사회적 이해관계를 단지 불명료하게만 지각하고 전혀 지각하지 못하는 경우도 빈번하다. 왜냐하면 그것은 개인에게 외재하기 때문이며 그와 동일하지 않은 무엇인가의 이해관계이기 때문이다. 사회적 이해관계는 직접적으로 개인과 관련이 있고 개인의 관심을 끄는 다른 모든 사물이 그러는 것처럼 늘 개인에게 의식되지는 않는다. 그러므로 개인에게 이 이해관계를 상기시키고 그것을 존중하도록 강제하는 심급이 필요한데, 오로지 도덕적 규율만이 그와 같은 심급이 될 수 있다. 왜냐하면 이러한 종류의 모든 규율은, 개인이 집합적 이해관계에 반하는 행위를 하시 않고 자신이 속하는 사회를 불안정하게 만들지 않기 위해서는 무엇을 해야 하는가를 규정하는 규칙들의 복합체이기 때문이다. 만약 개인이 그의 자연적인 성벽에 자신을 내맡겨 버린다면, 다른 사람들을 고려하지 않은 채 자신을 발전시키지 말라거나 적어도 그러한 시도를 하지 말라는 그리고 그 과정에서 그가 주변 사람들에게 일으키는 방해를 유념하지 말라는 이유가 없을 것이다. 오직 도덕적 규율만이 개인에게 한계를 설정하며, 그와 다른 사람들의 관계가 어떤 성격이어야 하고 불법적인 침해가 어디에서 시작되며 공동체의 발전을 위해 그가 마땅히 무엇을 해야 하는가를 말해 준다. 개인으로 하여금 그 자신의 것이 아닌, 그러니까 그를 넘어서고 그에게 외재하는 목표를 직시하도록 하는 것이 바로 이 규율의 과제이며, 따라서 개인에게 이 규율은 외적인 존재로서 자신을 지배하는 무엇인가로 보인다. 그리고 어떤 점에서는 실제로도 그렇다. 도덕의 바로 이 초월적 특성이 대중의 관념 속에서 표현되며, 그 결과 윤리의 규칙들은 신적 법칙에서 유래한다.[57]

그리고 사회적 집단이 크면 클수록 도덕적 규제의 필요성은 더욱더 커진다. 이와 관련하여 뒤르케임은 다음과 같이 말한다.

왜냐하면 작은 집단들에서는 개인과 사회의 거리가 작기만 하기 때문이다. 전체는 부분들과 거의 구별되지 않으며, 따라서 개인은 전체의 이해관계를 그리고 이것과 자신의 이해관계 사이의 관계를 직접적으로 인식할 수 있다. 그러나 사회가 커지면 커질수록 개인과 사회의 차이도 더욱더 현저해진다. 개인은 단지 사회적 지평의 한 작은 단면만을 조망할 수 있을 뿐이다. 그러므로 개인의 행위가 집합적 목적에 화합할 수 있도록 그가 무엇을 해야 하는가를 말해 주는 규칙이 없다면, 이 행위는 불가피하게 반사회적이다.[58]

요컨대 칸트의 도덕형이상학과 뒤르케임의 도덕형이하학 사이의 가장 중요한 차이점의 하나로는, 전자에게서 초월적 주체가 차지한 자리가 후자에게서는 사회가 차지한다는 점을 들 수 있다. 사회는 도덕적 행위를 하는 개인들을 초월하며 자체적인 논리와 법칙을 따른다. 그러나 중요한 점은 이 사회가 단순히 개인들로부터 분리되어 개인들과 대립하는 것이 아니라 개인들에게 작용하고 그들의 도덕

---

57 Émile Durkheim, 앞의 책(1991), 27~28쪽.
58 같은 책, 28쪽.

적 행위를 조직하고 구성한다는 사실이다. 다시 말해 사회는 개인들의 도덕적 행위에 대해 초월적이면서 내재적이 된다. 전자는 후자의 선험적 전제조건이 된다. 그렇지 않으면 사회는 아무런 의미를 갖지 못한다. 이는 칸트의 도덕철학에서 초월적 주체가 경험적 주체들의 도덕적 행위에 대한 선험적 전제조건이 되는 것과 마찬가지이다.

(2) 보편도덕과 특수도덕

뒤르케임에 따르면 도덕적 규칙에는 두 종류가 있다. 그 첫 번째 종류는 모든 인간에게 똑같이 적용된다. 그것은 모든 특수한 사회집단과 무관하게 인간 일반 또는 인류와 관련되는 의무들이다. "나는 다른 사람들의 생명, 재산 및 명예를 존중해야 하는데, 이것들이 내 친족이나 내 나라 사람들의 것이 아닐 때에도 그리해야 한다. 이 의무들은 윤리 전체에서 가장 보편적인 영역에 해당하는데, 그 이유는 일체의 지역적 또는 인종적 조건과 무관하기 때문이다. 그리고 동시에 윤리 전체에서 가장 높은 영역에 해당하기도 한다." 그와 같은 의무들은 "모든 문명화된 국민들에게서 가장 높고 가장 긴요한 것으로 간주된다."[59]

이처럼 인간 일반 또는 인류에게 적용되는 의무를 뒤르케임은 보편도덕이라고 부른다. 그리고 보편도덕을 다시금 두 가지로 구분하는데, 그 하나는 우리 각자가 자기 자신에 대해 갖는 의무이고 그 다른 하나는 우리가 다른 사람들에 대해 갖는 의무이다. 후자에는 구체적으로 살인, 재산법, 계약법 및 계약도덕이 포함된다. 우리 각자가 자기 자신에 대해 갖는 의무와 우리가 다른 사람들에 대해 갖는 의무는 각각 개인도덕과 인류도덕 또는 인류라고 부를 수 있다.

---

59 같은 책, 156쪽.

이들 도덕이 인간 일반 또는 인류에 지향되는 보편적 타당성을 갖는다 함은, 그것들의 적용을 받는 개인들이 가족, 직업 또는 국가와 같은 사회집단을 초월하는 존재라는 뜻이 아니다. 뒤르케임에 따르면 인간이 인간인 것은 어디까지나 그가 사회에서 살아가기 때문이다. 다른 사람들에 지향된 이 도덕들이 보편적이라 함은 오히려, 어떤 다른 사람이 어떤 사회집단에 속하든, 다시 말해 어떤 가족, 직업, 국가에 속하든 상관없이 우리는 그를 죽이지 말고 그의 재산을 존중하며 그와 맺은 계약을 성실히 이행해야 할 의무가 있다는 뜻이다.

도덕적 규칙의 두 번째 종류는 보편도덕의 두 극단인 개인도덕과 인류도덕 또는 인류 사이에 존재하는 의무로 특정한 사회집단에 적용되며, 따라서 특수성을 그 중요한 특징으로 한다. 여기에는 구체적으로 가족도덕, 직업도덕, 시민도덕이 포함된다. 뒤르케임은 이 세 가지 도덕을 특수도덕이라고 부른다. 특수도덕은 특수성을 띠는 동시에 다양성을 띤다. 왜냐하면 가족도덕은 가족에 따라 다르고 직업도덕은 직업마다 다르고 시민도덕은 국가마다 다르기 때문이다. 그 중에서도 특히 직업도덕의 다양성이 두드러진다. 가족도덕과 시민도덕은 상당히 높은 정도의 보편성을 보여 준다. 원칙적으로 모든 사람은 가족에 속하고 자신의 가족을 일구기 때문에 아버지, 어머니, 아저씨 등으로서의 의무를 진다. 또한 모든 사람은 국가에 속하며 국가가 그에게 부여하는 의무는 복무, 충성, 헌신의 의무 등처럼 그 기본적인 특징이 어디서나 유사하다.[60]

이에 반해 직업도덕에서는 그보다 훨씬 더 큰 다양성을 관찰할 수 있다. 교수의 의무는 기업가와 다르고, 기업가의 의무는 군인의 의무와 다르며, 군인의 의무는 성직자와 다르다. 이러한 차이는 얼마든지 더 나열할 수 있다. 요컨대 다음과 같이 말할 수 있다. "많은 직업이

---

60 같은 책, 13~14쪽.

존재하는 만큼 각양각색의 도덕이 존재하며, 또한 모든 사람은 일반적으로 오직 하나의 직업만을 갖기 때문에 이 각양각색의 도덕은 각각 전혀 다른 인간집단에 적용된다." 이러한 도덕들은 단순히 서로 구별되는 데에 그치는 것이 아니라 더 나아가 직접적인 대립관계에 있을 수도 있다. "과학자는 자신의 비판적 의식을 발전시키고 자신의 사고를 이성 이외의 그 어떤 권위에 예속시키지 않아야 할 의무를 갖는다. 그는 자유로운 정신이 되도록 노력해야 한다. 성직자와 군인은 어떤 점에서 정반대의 의무가 있다. 규정된 한계 내에서 수동적으로 복종하는 것이 그들의 의무이다. 의사는 때로 거짓말하거나 적어도 자신이 알고 있는 진실을 말하지 않아야 할 의무가 있다. 여타의 직업을 가진 사람들에게는 정반대의 논리가 적용된다."[61] 뒤르케임은 이를 도덕적 특수주의 또는 도덕적 지방분권주의라고 부른다. 도덕적 지방분권주의는,

> 개인도덕에서는 완전히 결여되어 있다가 가족도덕에서 처음으로 등장하여 직업도덕에서 그 정점에 도달하고는 시민도덕에서 다시 쇠퇴하다가 마침내 보편적인 인류도덕에서 소멸된다.[62]

뒤르케임에게는 특수도덕 중에서 도덕적 지방분권주의의 정점인 직업도덕이 가장 중요한 의미를 갖는데, 그 이유는 — 제6장 제4절에서 자세하게 논의되는 바와 같이 — 이 도덕이 개인적 인격과 사회적 통합에 결정적으로 기여하기 때문이다.

이 모든 것은 분업의 결과이다. 분업과 더불어 기능적 · 직업적으로 전문화된 수많은 사회조직, 그러니까 직업집단이 존재하게 되었으며, 각각의 직업집단은 사회 전체에 대해서 그리고 다른 직업집단

---

61 같은 책, 14쪽.
62 같은 책, 15쪽.

에 대해서 상대적인 도덕적 자율성을 누린다. 다시 말해 각각의 직업집단은 자체적인 도덕적 권위와 규칙에 입각하여 그 구성원들에게 특정한 방식으로 행위하거나 행위하지 않도록 의무를 지우고 그에 따라 제재를 가한다. 그리하여 직업집단의 숫자만큼 직업도덕이 존재한다. 이러한 사실은 "도덕적 삶의 탈중앙집권화"를 의미한다. "일반적인 도덕이 근거하는 공론은 사회 전체에 걸쳐 분산되어 있기 때문에 저곳이 아니라 이곳에 국지화된다고 말할 수 없는 반면, 직업도덕은 일정한 영역에 제한된다. 이렇게 해서 도덕적 삶에는 서로 밀접하게 연관되어 있기는 하지만 뚜렷하게 구별되는 수많은 중심이 형성되며, 기능적 분화의 결과로 일종의 도덕적 다형성이 초래된다."[63]

(3) 현대사회의 도덕생태학[64]

요컨대 기능적으로 분화된 현대사회에서는 도덕적 다원주의가 지배한다. 거기에 직업도덕과 더불어 특수도덕을 구성하는 가족도덕과 시민도덕, 그리고 보편도덕인 개인도덕과 인류도덕(살인, 재산법, 계약법)을 추가하면 도덕적 다원주의의 폭은 더욱더 커질 수밖에 없다. 현대인들은 바로 이 도덕적 다원주의의 틀에서 행위해야 한다. 바꾸어 말하면, 이 틀은 현대인들에게 도덕적 생태계가 된다. 뒤르케임은 『사회학 강의: 도덕과 법의 물리학』에서 바로 이 현대인들의 도덕적 생태계, 다시 말해 "인간을 공동체에 결합하는 도덕적 약정과 조건들의 네트워크"에 대한 사회학적 접근을 시도하고 있다.[65] 이렇게 보면 이 저작은 현대사회의 도덕생태학이라고 그 성격을 규정

---

63 같은 책, 17~18쪽.
64 이 제목은 다음에서 따온 것이다. Hans-Peter Müller, 앞의 글(1991).
65 같은 글, 309~10쪽.

도표 17 현대사회의 도덕적 생태계

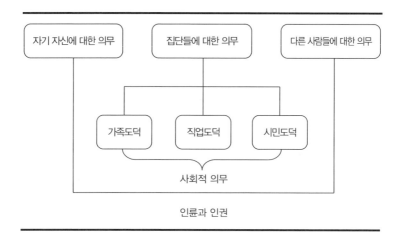

할 수 있다.

  뒤르케임이 『사회학 강의: 도덕과 법의 물리학』에서 제시한 현대사회의 도덕적 생태계는 도표 17로 나타낼 수 있다.[66]

  여기까지의 논의를 요약하면, 뒤르케임은 사회집단과 연관된 특수한 성격의 것이든 또는 사회집단과 무관한 보편적인 성격의 것이든 상관없이 인간의 사회적 삶에서 관찰되는 다양한 종류의 도덕을 철학자처럼 추상적인 인간이성이나 인간본성 등에서 연역적으로 도출하지 않고 그 역사적 발전 과정과 사회적 삭동방식이라는 관점에서 경험적이고 실증적으로 접근하려고 한다. 그리하여 현대사회에 대한 사회학적 도덕생태학을 구축하려고 한다.

  이러한 뒤르케임의 시도가 담겨진 『사회학 강의: 도덕과 법의 물리학』은 총 열여덟 회의 강의로 이루어져 있는데, 그 구체적인 구성은 다음과 같다. 직업도덕(제1~3강), 시민도덕(제4~9강), 살인

---

66 이는 다음을 참조하여 그렸다. Wolfgang Schluchter, 앞의 책(2006), 189쪽.

제5장 도덕의 문제 ● 417

(제10강), 재산권(제11~14강), 계약권(제15~18강). 그러니까 제1~9강이 특수도덕에 해당하고, 제10~18강이 보편도덕에 해당하는 셈이다. 참고로 특수도덕의 한 종류인 가족도덕과 보편도덕의 한 종류인 개인도덕에 대한 강의는 전해지지 않는다. 다만 뒤르케임의 진술에 따르면, 그가 맨 먼저 개인도덕에 대한 강의를 하고 이어서 가족도덕에 대한 강의를 한 다음 방금 언급한 순서대로 강의를 진행했음을 알 수 있다.[67]

그렇다면 여기에서 한 가지 질문을 제기할 수 있을 것이다. 왜 뒤르케임은 보편도덕과 특수도덕을 분류해서 다루지 않고 보편도덕의 일종인 개인도덕을 맨 먼저 다루고 난 다음 세 가지의 특수도덕을 다루고 나서 다시 세 가지의 보편도덕을 다루었을까? 달리 묻자면, 왜 뒤르케임은 보편도덕-특수도덕의 논리 전개 형식을 취하지 않고 보편도덕-특수도덕-보편도덕의 논리 전개 형식을 취했을까?

그 이유는 다음과 같다. 개인도덕과 인류도덕은 공히 "오로지 우리와 우리가 관계를 맺는 다른 사람들이 인간이라는 사실에만 근거한다." 그러나 다른 한편 개인도덕의 규칙은 "개인의식에 모든 종류의 도덕에 대한 근본적이고도 일반적인 전제조건을 심어 놓는 기능을 한다. 다른 모든 것은 이 토대에 기초한다." 반면 인류도덕의 규칙들은 "윤리의 종석(宗石), 즉 건축물의 가장 높은 부분을 장식하는 종결이다."[68] 다시 말하면, 개인도덕과 인류도덕은 각각 도덕의 토대이자 완결이며, 따라서 뒤르케임은 이 둘을 도덕생태계의 양극단에 배치하고 그 가운데에 가족도덕, 직업도덕, 시민도덕과 같은 특수도덕을 배치한 것이다. 아마도 이 다양한 도덕 가운데 개인도덕을 제외한 모든 것이 집합도덕이라는 인상을 받을 수도 있다. 가족, 직업집단, 국가, 인류는 집합개념으로 볼 수 있기 때문이다. 그러나 뒤르

---

67 Émile Durkheim, 앞의 책(1991), 27~28쪽.
68 같은 책, 12쪽.

케임에게 모든 종류의 도덕은 근본적으로 개인주의적 도덕이다. 왜냐하면 현대사회에서는 — 곧 다시 보게 되는 바와 같이 — 집단이 아니라 개인이 성스러운 숭배의 대상이 되고 집단은 개인의 발전을 위한 수단이 되기 때문이다. 바로 이런 연유로 개인도덕이 모든 도덕의 토대가 되는 것이다.

이제 『사회학 강의: 도덕과 법의 물리학』에 제시된 다양한 종류의 도덕을 검토할 차례이다. 그런데 이 가운데 직업도덕과 시민도덕은 정치사회학을 주제로 하는 제6장 제4절에서 『사회분업론』 제2판 서문에 제시된 직업집단 이론과 더불어 논하기로 한다. 이렇게 되면 여기서는 일단 특수도덕을 논외로 한 채 살인, 재산권 및 계약권 등의 보편도덕, 보다 정확히 말하면 인류도덕 또는 인류을 중심으로 현대사회의 도덕생태계에 대한 뒤르케임의 사회학적 논의를 살펴보는 셈이 된다.

a. 살인

첫째로, 살인과 관련된 도덕적 규칙이다. 방금 언급한 바와 같이, 다른 사람들의 생명, 재산, 명예를 존중해야 하는 의무, 즉 보편도덕은 윤리의 절정이자 종결이다. 그것은 최고의 윤리적 영역이다.[69] 그러나 이는 어디까지나 현대사회에서나 적용되는 논리이다. 원시사회에서는 그리고 심지어 고대 도시국가에서노 다른 사람들의 생명, 재산, 명예와 관련된 의무들은 도덕의 정점에 있기는커녕 기껏해야 윤리의 문턱에 있었을 뿐이다. 말하자면 이러한 의무들에는 거의 도덕적 존엄성이 부여되지 않았는데, 이는 인간의 생명과 관련된 범죄가 가벼운 처벌을 받았거나 심지어 전혀 처벌을 받지 않는 경우도 빈번했다는 사실에서 가장 명백하게 드러난다. 그리스에서는 살인

69　같은 책, 156쪽.

이 희생자의 가족이 요구하는 경우에만 처벌되었는데, 희생자의 가족이 범인으로부터 돈을 받고 타협하는 것으로 만족하는 경우가 자주 있었다. 로마와 유대에서는 살인이 공공범죄로 간주되었기 때문에 그와 같은 타협은 금지되었다. 그러나 상해와 절도의 경우에는 피해의 복구를 피해자에게 맡겼으며, 따라서 그가 원하면 가해자는 피해자에게 돈을 지불하고 죗값을 치를 수 있었다.[70] 진짜 범죄는 따로 있었으니, 그것은 사회적 질서, 즉 가족적·종교적 또는 정치적 질서에 반해 저질러진 범죄였다.

> 사회의 정치적 조직을 위협한 모든 것, 국가의 상징적 표현일 뿐인 공공의 신성(神性)에 대한 모든 과실, 가족적 의무의 모든 위반에는 그와 반대로 처벌이 뒤따랐는데, 그 처벌은 때때로 끔찍했다.[71]

그러니까 전통 사회에서는 사회와 관련된 의무들이 도덕적 영역의 최고점을 차지하고 있었던 반면 개인과 관련된 의무들은 그 최저점을 차지하고 있었다. 그러나 오늘날에는 정반대이다. 이제 증오스러운 것은 더 이상 사회에 대한 범죄가 아니라 개인에 대한 범죄이다. 이처럼 도덕적 위계질서가 완전히 전도된 것은 개인과 사회의 관계가 달라지고 그에 따라서 집합감정이 변했기 때문이다.

> 원래 집단 자체와 관련한 집합감정이 가장 강력하고 반대를 가장 적게 용인하는데, 이때 집단은 전체적인 정치집단이 될 수도 있고 가족집단이 될 수도 있다. 바로 이로부터 종교적 감정이 갖는 비범한 권위와 그 감정에 대한 존중을 보장하는 중벌이 기인한다. 왜냐하면 성

---

70 같은 책, 157쪽. 다음에는 살인 배상금에 대한 아주 자세하고도 흥미로운 논의가 전개되고 있다. 게오르그 짐멜, 앞의 책(2013), 613쪽 이하.
71 Émile Durkheim, 앞의 책(1991), 158쪽.

스러운 것으로 간주되는 사물들은 집합적 존재의 상징이기 때문이다. 이 존재는 신이나 모든 종류의 종교적 존재의 형상으로 체현되며, 따라서 외견상 종교적 세계의 허구적 존재에 주어지는 존중과 숭배의 대상이 되는 것이 바로 이 집합존재이다. 이에 반해 개인과 관련되는 모든 것은 사회적 감정에 조금밖에 영향을 끼치지 못한다. 개인의 고통은 적은 의미밖에 없는데, 왜냐하면 개인의 안녕은 하찮은 관심거리이기 때문이다.[72]

이처럼 전통 사회에서는 집단이 성스러운 존재이고 숭배의 대상이기 때문에 살인에 대한 사회적 제재가 미미하거나 부재했다. 중요한 것은 개인과 그의 고통이나 안녕이 아니라 사회의 질서였으며, 따라서 후자에 대한 범죄에는 강력한 제재가 뒤따랐다. 그러나 현대 사회에서는 정반대로 개인에 대한 범죄에 강력한 제재가 가해지며, 살인죄는 가장 엄한 형벌에 처해진다. 이러한 도덕적 전회는 개인이 성스러운 존재가 되고 숭배의 대상이 되었다는, 그러니까 집단숭배가 개인숭배로 바뀌었다는 사실에서 기인한다.[73] 다시 말해 개인과

---

72 같은 곳.

73 이는 자살의 경우에도 마찬가지이다. 현대사회에서는 자살이 ── 비록 그 행위가 타인의 생명이 아니라 자신의 생명을 빼앗는 행위이지만 ── 비도덕적인 행위가 되는데, 그 이유는 자살이 개인숭배에 위배되기 때문이다. "사람들은 자살자가 오직 자기 자신에게만 불법행위를 하는 것일 뿐이고 '동의했으면 피해는 없다'(volenti non fit injuria)라는 옛 원칙에 따라 사회가 간섭해서는 안 된다고 말한다. 그러나 그 말은 잘못된 것이다. 자살은 사회를 침해한다. 왜냐하면 오늘날 사회에서 가장 존중되며 따라서 사회 구성원들을 연결하는 거의 유일한 고리인 도덕적 원칙의 토대가 되는 감정이 자살로 인해 모욕을 당하며, 그와 같은 모욕이 완전히 자유롭게 일어난다면 이 감정이 약화될 것이기 때문이다. 만약 사회가 침해될 때 도덕의식이 거기에 저항하지 않는다면, 어떻게 사회에 일말의 권위가 남아 있을 수 있겠는가? 인간으로서의 개인이 성스러운 무엇인가로 간주되고 개인도 집단도 그를 마음대로 할 수 없게 되는 순간부터 그에 대한 어떤 침해도 금지될 수밖에 없다. 범죄자와 희생자가 같은 사람이라고 해도 매한가지이다. 행위에 의해 야기되는 도덕적

관련한 의무가 도덕적 존엄성을 획득하게 된 것은,

> 인간 및 개인과 관련된 감정은 아주 강력해지는 데 반해 우리를 집
> 단과 연결하는 감정은 배후로 물러난다는 사실에서 기인한다. 집단은
> 더 이상 그 자체를 통해서는 그리고 그 자체로서는 가치를 갖지 못하
> 는 것으로 여겨진다. 그것은 단지 우리 시대의 이상인 인간본성의 발
> 전과 실현을 위한 수단일 뿐이다. 이 발전과 실현이야말로 중심적인
> 목표이며, 따라서 다른 모든 것은 그 뒤로 물러나야 한다. 바로 이 때
> 문에 인류에게 보편적으로 적용되는 도덕이 도덕의 다른 모든 영역을
> 넘어서게 된 것이다. 우리는 특정한 집합감정이 쇠퇴하고 다른 특정
> 한 집합감정이 상승하는 이유를 빈번하게 논했으므로, 여기에서 다시
> 한 번 논할 필요는 없을 것이다. 그 이유는 사회 구성원들 사이의 분
> 화가 점점 더 심화되게 함으로써 마침내 그들이 인간으로서의 존재라
> 는 단 하나의 공통된 본질에 의해서 규정되도록 하는 복합적인 요소
> 들에서 찾을 수 있다. 이렇게 보면 이 인간으로서의 존재가 집합감정
> 의 극히 중요한 대상이 된 것은 아주 자연스러운 일이다.[74]

결론적으로 말하면, 살인을 금지하는 규칙은 시공간을 초월해 보
편타당하게 적용되는 윤리적 정언명령이 아니라 개인과 사회의 관
계에 따라서 시대마다 다르게 나타나는 사회적 사실이며, 따라서 철
학적 · 형이상학적으로가 아니라 사회학적 · 형이하학적으로 설명해
야 한다. 보다 구체적으로 말하면, 살인을 금지하는 규칙은 개인-사

해악은 그 행위의 장본인이 희생자이기도 하다는 사실에 의해 소멸되는 것이
결코 아니다. 우리가 인간의 생명을 파괴하는 폭력행위를 신성모독으로 보는
것이 아주 일반적이 되면, 우리는 그러한 행위를 어떠한 경우에도 용납할 수
없다. 이 점에서 거부되는 집합감정은 곧바로 힘을 잃고 말 것이다." Émile
Durkheim, 앞의 책(1983a), 396쪽.

74 Émile Durkheim, 앞의 책(1991), 159쪽.

회-관계의 사회학적 함수이다. 이 관계의 중심이 사회에 있으면 있을수록, 그러니까 사회가 성스러운 존재이면 일수록 살인은 더욱더 경미한 범죄로 간주되는 반면, 이 관계의 중심이 개인에 있으면 있을수록, 그러니까 개인이 성스러운 존재이면 일수록 살인은 더욱더 중대한 범죄로 간주된다. 그러므로 문명이 진보함에 따라 살인은 감소하는데, 이는 각국의 살인분포가 동일한 양상을 보인다는 사실에 의해서도 입증된다. 모든 나라에서 살인율이 가장 높게 나타나는 사회집단은 가장 덜 문명화된 직업인 농부들이다. 이렇게 보면 "개인에 대한 존중과 그에게 부여된 가치는 문명화될수록 증가한다는 사실에는 조금도 의심의 의지가 없다." 그리하여 "살인율은 개인이 도덕적 목적의 위계질서에서 점하는 상대적 위치에 따라 변한다"라고 결론지을 수 있다.[75] 오늘날에는 전쟁이나 정당방위처럼 지극히 예외적인 경우를 제외하고는 살인을 엄격히 금지하는데, 이 규칙은 개인의 존엄성과 가치를 보호하는 기능을 한다. 그것은 도덕적 · 법적 규범을 통해 현대사회의 집합의식인 개인숭배를 가시적으로 표현하며 유지하고 강화하는 기능을 한다.

b. 재산권

둘째로, 재산권이다. 뒤르케임에 따르면 재산권은 "한 특정한 주체가 다른 주체들, 그것도 다른 개인적 수체들과 집합적 주체들을 한 특정한 사물의 사용으로부터 배제할 수 있는 권리이다." 예외가 있다면, 국가와 그 하부기관들인데, 이것들이 개인의 재산을 사용할 수 있는 권리는 법률에 의해 규정된 특수한 상황에 국한된다.[76] 말하자면 재산권은 곧 개인의 전유권이다. 그것은 침해할 수 없는 성스러운 권리이다. "재산은 존중될 때만, 즉 성스러운 것일 때만 재

---

75 같은 책, 161쪽.
76 같은 책, 200~01쪽.

산이다."[77]

그런데 재산의 침해를 금지하는 규칙은 살인을 금지하는 규칙과 마찬가지로 모든 시대에 보편타당한 도덕적 규칙이 아니라 오늘날 고유한 도덕적 규칙이다. 그러므로 재산권에 대한 도덕사회학의 첫 번째 과제는 그 기원을 추적하는 것이다. 뒤르케임은 다음과 같이 묻는다.

> 다른 사람들의 재산이 우리에게 존중을 불러일으키는 것과 법의 형벌적 제재를 통해 이 존중이 신성하게 되는 것은 어디에서 오는가? 사물이 개인에게 아주 밀접하게 연결됨으로써 전자가 후자의 신성에 기여하는 것은 어디에서 오는가?[78]

뒤르케임에 따르면 재산권은 종교적 기원을 갖는다. 사실 재산처럼 근본적이고 보편적인 사회적 제도가 종교에서 비롯되었다는 주장은 선뜻 받아들이기 어렵다. 종교를 아무런 객관적 토대도 없는 단순한 환상이라고 생각한다면 더더욱 어려울 것이다. 그러나 종교, 심지어 가장 조악한 종교도 현실에 뿌리를 두지 않는 단순한 환영이 아니다. 오히려 종교는 "사회적 필요성과 집합적 이해관계를 상징적 형태로 표현한다." 종교는 "사회가 자신을 구성하는 개인 및 사회적 존재의 각 부분을 형성하는 사물들과 유지하는 관계를 구상적으로 묘사한다." 그리고 종교가 표현하거나 묘사하는 이 모든 것은 실재적이다. 요컨대 종교는 사회적이고 실재적이다. 그러므로 우리는 종교를 통해 "사회의 구조, 사회가 도달한 통일성의 정도, 사회를 구성하는 부분들의 융합의 강약, 사회가 차지하는 공간의 크기, 사회에서 중차대한 역할을 수행하는 우주적 힘들의 성질 등을 인식할 수

---

77 같은 책, 222쪽.
78 같은 책, 171쪽.

있다. 종교는 사회가 자기 자신과 자신의 역사를 표상하는 원시적인 형태이다. 종교는 지각이 개인들을 위해 하는 것을 사회적 질서를 위해 한다."[79]

그리고 신 또는 신적 존재는 "물질적 형태로 구체화되고 실체화된 집합적 힘"에 다름 아니고 신자들이 숭배하는 신 또는 신적 존재는 바로 사회이다. 그러므로 인간들에 대한 신 또는 신적인 존재의 우월함은 구성원들에 대한 사회의 우월함이다. 그러나 사회는 개인들을 초월하는 동시에 개인들에 내재하기 때문에 신 또는 신적인 존재는 사회의 개별적인 구성원들보다 우월하지만 그들 안에서만 그리고 그들을 통해서만 존재할 수 있다.[80]

뒤르케임에 따르면 가장 원초적인 형태의 종교는 토테미즘이다. 이 종교에서는 씨족의 모든 구성원이 씨족적 숭배의 대상인 토템을 공유한다. 예컨대 늑대를 토템으로 하는 씨족의 모든 개별인간은 늑대이다. 그는 하나의 신 또는 심지어 여러 신을 갖고 있다. 그리고 더 나아가 이 신들은 사물과 특히 토지에도 거한다고 생각하며, 따라서 이것들은 성스러운 성격을 갖고 있다. 달리 말해 사물에 개인들보다 우월한 공동체적 삶의 원칙이 깃들어 있으며, 바로 이 원칙에 의해 사물이 성스럽게 된다. 토지는 사회에 속하며 사회의 일부분을 구성하는 성스러운 사물이기 때문에 개인적으로 사용할 수 없다. 그것은 사적 전유의 대상이 아니라 어디까지나 집합적 전유의 대상이다. 요컨대 최초의 소유자는 사회였던 것이다.[81]

뒤르케임에 따르면 바로 이러한 토템적 씨족의 태내에서 재산권이 배태되었다. 최초의 재산은 토지소유인데, 이것은 농업과 밀접한 관계가 있다. 농업이 발생하기 전까지 씨족의 모든 구성원은 그들

79 같은 책, 223~24쪽.
80 같은 책, 225쪽.
81 같은 책, 225~26쪽.

이 점유한 전체 지역에 대하여 권리, 그것도 명확하게 규정되지 않은 권리를 갖고 있었다. 그러다가 농업의 발생과 더불어 한정된 규모의 가족들이 토지의 특정한 부분들에 정착하여 거기에 경계를 표시하고 영구적으로 거주하면서 경작하게 되었다. 이렇게 해서 가족이 소유하게 된 토지는 씨족의 신들이 거하고 있기 때문에 성스러우며, 이 성스러운 영역에서 거주하거나 경작하는 것은 곧 신성을 모독하는 것이었다. 이에 가족은 일정한 의식을 통해 신성모독을 속죄하고서야 신들의 권리를 받아오고 신들을 대신할 수 있었다. 그렇다고 해서 토지의 성스러운 성격이 소멸된 것은 아니고 단지 그 경계로 옮아갔을 뿐이다. 신들이 거하는 이 경계는 그 외부의 어떤 개인이나 가족도 넘을 수 없는 것이었기 때문에 그 내부의 토지는 가족에게 전유되었다. 그리하여 공동체적 사용권에 속하던 토지가 이제는 가족의 배타적인 사용권에 속하게 되었으며 그 누구에게도 양도할 수 없게 되었다. 가족적 전유물이 된 토지는 그 이전에 씨족적 전유물이던 토지와 마찬가지로 종교적인 성격을 갖게 되었다. 가족은 정기적인 종교적 의식을 통해 이 공간의 성스러움을 대내외적으로 천명했다.[82]

요컨대 첫 번째 집합적 전유의 주체가 토템적 씨족이었다면 두 번째 집합적 전유의 주체는 가족이었으며, 이 두 번째 집합적 전유가 최초의 재산인 토지소유였다. 그러니까 최초의 재산은 가족재산이었다. 가족은 "그것이 소유한 토지인 격리된 종교적 섬에 사는 개인들 전체였다. 그들을 그들이 경작하던 신성한 토지에 묶어두던 법률, 이 법률이 또한 그들을 서로서로 묶어두었다."[83]

뒤르케임에 따르면 바로 이 가족재산에서 개인재산이 형성되었다. 시간이 지남에 따라 아버지, 특히 가부장은 절대적 권력을 향유

---

82 같은 책, 210쪽 이하, 222~23쪽.
83 같은 책, 229쪽.

하면서 다른 가족 구성원들뿐만 아니라 가족 내의 모든 사물을 자신의 지배 아래 두게 되었으며, 그 결과 개인재산이 존재하게 되었다. 요컨대 부권 또는 가부장권에서 개인재산이 배태된다. 그런데 그것과 나란히 작용하기 시작하고 그것을 강화하면서 개인재산이 형성되는 데 기여한 또 다른 요인이 있었으니, 다름 아닌 동산의 발전이었다. 가족재산인 토지는 성스러운 것이었으며 농업용이었다. 반면 동산은 세속적인 것이었으며 농업이 주된 산업이었기 때문에 부동산인 토지에 비해 이차적이고 부수적이었다. 그러나 산업과 상업이 발전함에 따라 부동산의 부속물에 지나지 않던 동산이 부동산으로부터 해방되어 부동산과 구별되는 자체적인 역할을 하게 되었고 경제적 삶의 독립적인 요소가 되었다. 동산을 소유한 개인은 그것보다 우월한 지위에 있거나 만약 그렇지 않다면 그것과 동등한 지위에 있게 되었으며, 따라서 그것을 자유롭게 처분할 수 있게 되었다. 이렇게 해서 부동산의 피안에 존재하는 재산의 새로운 중심이 형성되었고 새로운 재산권이 성립되었다. 요컨대 독립적인 법적 제도로서의 동산은 "토지소유의 결과로서만, 그리고 토지소유의 전례에 따라서만 발전할 수 있었다. 동산은 부동산의 약화된 모사이자 완화된 형태이다."[84] 뒤르케임은 이 과정을 다음과 같이 요약한다.

> 원래 재산은 토지소유였다. 또는 적어도 토지소유의 특성이 농산에 까지 뻗쳐 있었는데, 그 이유는 동산이 덜 중요했기 때문이다. 이 특징들은 그 종교적 성격으로 인해 필연적으로 공산주의를 포함하고 있었다. 이것이 출발점이다. 이어서 집합적 재산의 영역에서 두 가지가 발전하면서 개인적 재산이 형성되었다. 한편으로 가족이 집중되고 가족재산에 내재해 있었고 그것에 예외적인 지위를 부여했던 종교적 힘이 가장으로부터 나오게 되었다. 이제부터 인간이 사물 위에 서게 되

---

84 같은 책, 230쪽 이하. 직접 인용은 233쪽.

는데, 이는 특히 가장의 위치를 차지하는, 그러니까 소유하는 인간에게 적용된다. 가족소유와 독립적으로 세속적인 사물의 체계가 형성된다. 이 체계는 가족소유로부터 분리되어 새로운, 그 본질상 개인적 재산권의 대상이 된다. 다른 한편 재산의 이러한 개인화는 부동산이 인간에게 전이된 신성불가침한 특징을 잃어버렸다는 사실, 그리고 자체적으로 이러한 종교적 특징을 갖지 못하는 재화가 그와 다른 종류의 특별한 법적 조직으로 발전했다는 상황에 빚지고 있다. 그렇지만 공동체 재산은 다른 형태의 재산이 유래한 근원이기 때문에 우리는 오늘날에도 여전히 이 다른 형태의 재산이 조직되는 방식에서 공동체 재산의 흔적을 발견한다.[85]

요컨대, 개인화된 재산, 즉 개인재산은 그 역사적 · 사회적 근원인 가족재산과 달리 — 그리고 가족재산의 역사적 · 사회적 근원인 씨족재산과 달리 — 세속화되었으며, 따라서 종교적인 성스러움을 잃어버렸다. 이 점에서 개인적 재산은 집합적 재산과 결정적으로 구별된다. 그러나 뒤르케임에 따르면 개인재산도 성스러운 것이다. 방금 앞에서 인용한 바와 같이, "재산은 존중될 때만, 즉 성스러운 것일 때만 재산이다." 개인재산도 가족재산이나 씨족재산과 같은 집합적 소유물과 마찬가지로 종교적 특징을 갖는다. 개인의 재산권은 신성불가침한 권리이다.

그렇다면 뒤르케임은 논리적 모순을 범하고 있는 것이 아닌가? 어떻게 세속화된, 그러니까 탈종교화된 개인재산이 종교적 성스러움을 가질 수 있단 말인가?

결론부터 말하자면, 뒤르케임의 논리에는 아무런 논리적 모순도 없다. 왜냐하면 집합적 전유에서 볼 수 있는 종교적 성스러움과 개

---

85 같은 책, 234~35쪽.

인적 전유에서 볼 수 있는 종교적 성스러움이 근본적으로 다르기 때문이다. 가족재산이 갖는 종교적 성스러움은 그 전유의 주체인 가족으로부터 비롯된 것이 아니라 그 전유의 대상인 토지 자체로부터 비롯된 것이다. 토지는 원래 신성함으로 가득 차 있었으며 이 신성함이 가족에 전이되었다. 그리고 가족재산의 기원은 씨족에 있었다. 토템적 씨족에 토지는 그들이 숭배하는 신들이 거하는 신성한 공간이었으며, 따라서 개인적으로 사용할 수 없었다. 그것은 사회의 집합적 전유의 대상이었다. 그런데 신자들이 숭배하는 신 또는 신적 존재는 다름 아닌 사회이다. 결국 씨족의 공동체적 재산과 그로부터 연원하는 가족재산은 사회숭배의 산물이었던 것이다.

이에 반해 개인재산이 갖는 종교적 성스러움은 그 전유의 대상에서 비롯되는 것이 아니라 그 전유의 주체인 개인 자체로부터 비롯되는 것이다. 이제 성스러운 존재는 사물이 아니라 개인이다. 개인은 자신의 소유물보다 우월하거나 적어도 동등한 지위를 차지하며 그것을 자유롭게 처분할 수 있다. 이제 숭배의 대상은 사회가 아니라 개인이다. 이제 개인이 신자이고 사회가 신이 되는 종교가 아니라 개인이 신자이고 개인이 신인 종교가 지배한다. 그것은 세속적 종교, 즉 시민종교이다. 이 종교에서 성스러우며 숭배의 대상인 개인에게 속하는 사물도 성스러우며 숭배의 대상이 된다.

이렇게 보면 재산권은 살인을 금지하는 규칙과 마찬가지로 개인-사회-관계의 사회학적 함수임을 알 수 있다. 이 관계의 중심이 사회에 있으면 있을수록, 그러니까 사회가 성스러운 존재이면 일수록 집합적 전유가 더욱더 큰 비중을 차지하는 반면, 이 관계의 중심이 개인에 있으면 있을수록, 그러니까 개인이 성스러운 존재이면 일수록 개인적 전유가 더욱더 큰 비중을 차지한다. 이처럼 개인-사회-관계의 사회학적 함수인 재산권의 기능은 단순히 경제적 측면에 국한되지 않고 각 시대의 집합의식인 사회숭배 또는 개인숭배를 가시적으로 표현하며 유지하고 강화하는 기능을 한다. 오늘날에는 재산이 그

소유자인 개인의 신성에 기여한다.

c. 계약권

셋째로, 계약권이다. 잘 알려져 있듯이, 루소는 개인의 자유의지에 기반하는 계약에 의해 인간의 자연상태가 사회상태로 이행했다고 주장한다. 이는 오늘날 통용되는 계약이 사회의 성립과 더불어 존재하기 시작할 정도로 아주 오래된 것임을 의미한다. 이에 반해 뒤르케임에 따르면, 그와 같은 계약은 일련의 발전 과정을 거쳐서 등장한 근대적인 법률적 · 도덕적 제도이며, 따라서 이 제도를 제대로 이해하려면 무엇보다도 그것이 어떻게 형성되었는가를 밝혀내는 것이 중요하다.[86] 뒤르케임은 계약의 역사를 피의 서약, 요물(要物)계약, 의례(儀禮)계약, 낙성(諾成)계약 및 객관적으로 정당한 계약의 다섯 단계로 구별한다.

먼저 피의 서약에 대해 살펴보기로 하자. 그 어떤 자연적인 유대관계도 존재하지 않는 두 개인 또는 집단이 공동의 목표나 이해관계를 위해 결합할 때 서로 피를 섞음으로써 실질적인 혈연관계를 맺었다. 예컨대 계약 당사자들은 그릇에 약간의 피를 떨어뜨려 섞은 다음 손으로 몇 방울 찍어서 삼켰다. 혈연관계는 모든 의무의 원천이기 때문에 계약 당사자들은 상대방에게 자신의 가족이나 씨족에 대해 갖는 의무와 똑같은 의무를 가졌다. 바로 이것이 피의 서약이다. 피의 서약은 성스러운데, 그 이유는 피가 성스럽기 때문이다. 피는 성스러운 원리의 매개체이며 이 원리와 섞여 있다. 그런데 중요한 것은, 이 피가 개인의 피가 아니라 개인이 속한 집단의 피라는 점이다. "같은 피를 나눈다는 것은 같은 신을 섬기고 같은 종교적 특질을 갖고 있음을 뜻한다."[87] 요컨대 피의 서약이라는 계약의 토대가 된 것은 개

---

86 같은 책, 243쪽.
87 같은 책, 248~49쪽.

인의 성스러움이 아니라 집단의 성스러움이었다.

이처럼 피의 서약을 가능케 했던 구속력, 즉 인적 지위에서 생겨나는 구속력은 또 다른 형태의 계약이 발전하는 조건이 되었으니, 그것은 다름 아닌 요물계약이다. 그런데 요물계약이 형성하기 위해서는 한 가지 조건이 더 필요한데, 그것은 물적 지위에서 생겨나는 구속력이다. 이 구속력은 다음과 같다. 내가 어떤 사물에 대해 갖는 권리와 의무는 이 사물의 법률적 지위에 달려 있고, 그것이 다른 사람의 소유에 속하면 나는 그것을 존중해야 하며, 또한 그것이 나의 소유로 들어오면 나는 그것을 돌려주거나 그에 대한 등가물을 넘겨주어야 한다.[88] 요물계약은 인적 지위에 근거하는 구속력과 물적 지위에 근거하는 구속력이 결합되어 형성된 것으로, 계약 당사자들이 합의를 본 다음에 그 가운데 한쪽이 다른 쪽에게 특정한 사물을 넘겨주어야 비로소 성립하는 계약을 말한다. 요물계약은 로마법, 게르만법과 고대 프랑스법에서 일정한 역할을 했으며 심지어 오늘날에도 매우 뚜렷한 흔적이 남아 있다. 뒤르케임에 따르면 요물계약과 그 배태가 된 피의 서약은 진정한 의미의 계약이 아니었다.

왜냐하면 두 경우 모두 채무관계가 합의하는 의지의 효력에서 생겨나는 것이 아니기 때문이다. 이 의지들은 그 자체로서는 아무런 구속력을 갖고 있지 않다. 거기에 더해 의지 표현의 배후에 인적 지위 또는 물적 지위가 있어야 한다. 계약 당사자들의 의지가 아니라 이 지위야말로 그런 식으로 성립하는 구속력의 진정한 원인이다. 만약 내가 피의 서약에 따라 나의 계약 상대자와 상호 채무관계에 들어선다면, 이는 나와 그가 피의 서약에 속하는 절차에 따라 같은 피를 나누게 되었기 때문이다. 그리고 만약 내가 요물계약에서 내가 받은 대상의 대가를 치른다면, 이는 내가 그렇게 할 것을 약속했기 때문이 아니라

---

88 같은 책, 249~50쪽.

이 대상이 나의 소유로 바뀌었기 때문이고 그때부터 일정한 법률적
지위를 갖기 때문이다. 이 모든 행위는 진정한 계약과 다른 길을 통해
서 계약에 의해 이를 수 있는 결과와 대략 동일한 것에 이르는 절차
이다. 그 이유는 반복하거니와 다음과 같다. 계약을 구성하는 것은 당
사자들의 의지가 합의에 이르고 그것이 표현되는 것이다. 그러나 방
금 언급한 경우들에는 또 다른 하나의 요소가 필요하다. 해당하는 법
률적 효력을 불러올 수 있는 인적 또는 물적 지위가 즉각적으로 설정
되어야 한다. 이러한 매개적 요소가 존재하는 한 계약은 아직 진정한
의미에서의 계약이 아니다.[89]

요컨대 피의 서약과 요물계약에서는 개인과 그들의 자유의지가
계약을 구성하는 필요하고도 충분한 조건이 되는 것이 아니라 개인
과 그들의 의지가 집단이나 사물에 의해서 매개되어야 비로소 계약
이 성립되었다. 이 두 매개물은 성스러운 존재였으며 개인들은 자신
들의 배후에서 작동하는 이 존재에 종속되어 있었다. 요물계약에서
구속력의 근원이 되는 사물은 개인에게 속하는 재산이라기보다 가
족이나 씨족처럼 집단에 속하는 재산이며, 따라서 요물계약에서 매
개적 요소로 작용하는 사물은 피의 서약에서처럼 집단이었다. 결국
피의 서약과 요물계약은 개인이 성스러운 존재가 아니라 사회가 성
스러운 존재인, 다시 말해 개인숭배가 아니라 사회숭배가 지배하던
시대에 적합한 계약이었다.

이어서 계약의 세 번째 발전단계에 해당하는 의례계약에 대한 논
의가 뒤따르는데, 이 형태의 계약은 요물계약에서 생겨난 것이지만
요물계약보다 ─ 그리고 그 전 단계인 피의 서약보다 ─ 진정한 계약
에 더 가깝다. 뒤르케임은 의례계약을 다음과 같이 서술한다.

---

89 같은 책, 250~51쪽. 256~57쪽에도 거의 같은 내용이 나온다.

의지는 표현되어야만 구속력을 창출할 수 있다. 이 표현은 말로 이루어진다. 그런데 말은 실재적이고, 자연적이며 실현된 무엇인가로서 사람들은 이 무엇인가에 종교적 특질을 부여할 수 있으며, 바로 이 특질 덕분에 말은 말한 사람들을 구속할 수 있다. 이를 위해서는 말이 이 종교적 형식에 상응하여 그리고 종교적 조건 아래에서 발화되는 것으로 충분하다. 그렇게 하는 말은 벌써 성스러운 것이 된다. 말에 이러한 특질을 부여할 수 있는 한 가지 가능성이 맹세, 그러니까 신적 존재에 대한 기도이다. 이 기도를 통해서 신적 존재는 교환된 약속의 보증인이 된다. 이런 식으로 약속이 교환되고 나면, 설령 그 약속을 실행하는 행위가 아직 시작되지 않았다고 하더라도 그 약속은 신의 중벌의 위협 아래 이미 구속력을 얻는다. 예컨대 각 계약 당사자는 자기 자신을 구속하는 한 문장을 말하고, 그가 관련된 의무를 수행하지 않은 경우 자기 머리 위에 특정한 신의 벌을 내려주십사 하고 비는 정칙을 말한다. 그런 식으로 발화된 말의 구속력이 온갖 종류의 희생과 주술적 의식을 통해 강화되는 경우가 아주 빈번하다.[90]

이처럼 계약 당사자들의 의지가 말로 표현되자마자 그들의 약속과 의무가 성스러운 것이 된다는 점에서, 의례계약은 피의 서약이나 요물계약보다 진정한 계약에 더 가깝다. 그러나 다른 한편 의례계약과 신성한 계약 사이에는 근본적인 차이점이 존재한다. 낙성계약의 경우에는 계약을 맺는 개인이 사용하는 언어가 전적으로 그들에게 속하고 그들의 자유의지를 표현하며, 따라서 계약의 성스러움은 궁극적으로 개인의 성스러움에서 나온다. 이에 반해 의례계약의 경우에는 계약 당사자들이 하는 말이 그들에게 속하지 않고 개인은 성스러운 존재가 아니라 속된 존재이다. 이와 관련하여 뒤르케임은 다음

---

90 같은 책, 251~52쪽.

과 같이 말하고 있다.

> 말은 계약 당사자의 입을 떠나자마자 더 이상 그의 것이 아니며 그
> 성질이 바뀌었기 때문에 그에게 외적인 것이 된다. 말은 성스럽고 그
> 는 속되다. 그 결과 말은 그의 의지를 벗어난다. 말은 그에게서 나온
> 것임에도 불구하고 더 이상 그에게 의존하지 않는다. 그는 더 이상 말
> 을 변경할 수 없다. 그는 말을 이행할 의무가 있다. 맹세도 말, 즉 인
> 간의지의 직접적인 표현에 모든 도덕적인 것에 고유한 초월성을 부여
> 하는 수단이다. 그것은 또한 같은 방식으로 말을 그것을 발화한 주체
> 로부터 분리하여 그를 구속하는 새로운 무엇인가로 만든다.[91]

이는 의례계약이 그 이전 단계인 요물계약과 마찬가지로 개인의
권리가 거의 존중받지 못하는 사회적 발전단계에 상응했음을 의미
한다. 이 발전단계에서는 모든 계약에서 그와 관련된 개인적 권리
가 거의 보호받지 못했다. 물론 의무를 이행하지 않는 채무자가 매
질, 감금, 벌금 등의 처벌을 받는 일이 빈번했다. 그러나 계약 당사자
들로 하여금 의무를 이행하도록 강제하는, 즉 자신이 한 약속을 지
키도록 강제하거나 계약 위반으로 다른 당사자에게 입힌 손실을 보
상하도록 강제하는 규칙은 아직 알려져 있지 않았다. 다시 말해 계
약 위반은 공적 권위에 대한 침해로 여겨지는 경우에만 처벌되었다.
반면 계약 위반이 개인의 이해관계에 영향을 끼치는지 그리고 어떤
방식으로 끼치는지는 고려되지 않았다.[92] 결국 의례계약이 통용되던
시대에 중시된 것은 계약 당사자들인 개인과 그들의 권리 또는 재산
이 아니라 그들이 속한 사회의 권위와 질서였던 것이다.

그런데 진정한 의미에서의 계약, 즉 낙성계약은 바로 이 의례계약

---

91 같은 책, 257쪽.
92 같은 책, 272쪽.

에서 생겨났다. 뒤르케임은 전자를 후자의 "휘묻이"라고 표현한다.[93] 낙성계약이란 한마디로 계약 당사자들의 자유의지에 의한 합의만으로 성립하는 계약이며, 따라서 계약 당사자들이 이행해야 하는 언어적 정칙에 그 어떤 외적인 강제도 결부되지 않는 계약의 형태이다. 말하자면 낙성계약의 토대는 개인의 권리인데, 이것은 의례계약의 토대를 다른 것으로 대체한 것이다. 의례계약은 언어를 통해 변경할 수 없는 의무를 표현할 수 있다는 것을 가르쳐 주었다. 그런데 그 의무는 주술이나 종교의 의식적이고 형식주의적인 행위에 근거한다. 이 변경할 수 없는 의례계약의 의무를 그 근거인 주술적·종교적 의식과 분리하여 다른 근거에 연결한 것이 바로 낙성계약이며, 그 근거가 다름 아닌 개인의 권리이다.[94] 이로부터 낙성계약은 개인이 성스러운 존재가 되고 개인숭배가 지배하는 시대에 상응하는 계약의 형태임이 명백해진다. 역으로 의례계약은 그 이전 단계의 요물계약 및 피의 서약과 더불어 사회가 성스러운 존재가 되고 사회숭배가 지배하던 시대에 상응하는 계약의 형태였다. 이렇게 보면 계약권은 살인을 금지하는 규칙이나 재산권과 마찬가지로 개인-사회-관계의 사회학적 함수임을 알 수 있다.

그러니까 진정한 의미에서의 계약은 ─루소의 주장처럼 사회의 성립과 더불어 존재하기 시작한 제도, 아니 사회를 성립시킨 제도가 아니라─ 아주 오랜 기간 여러 단계의 발전 과정을 거쳐 형성되었던 것이다. 그렇다면 낙성계약이 형성되는 데에는 어떠한 요인들이

---

93 같은 책, 267쪽.

94 같은 곳. 보다 정확히 말하자면, 낙성계약은 요물계약과 의례계약이 발전해 온 과정의 최후의 결과이며 그 과정의 수렴점이다. 낙성계약은 한편으로 요물계약에서 일어나는 실제적인 이전(移轉)을 언어적, 또는 보다 정확히 말하자면 정신적이고 심리적인 이전으로 대체했다. 그리고 다른 한편으로 의례계약에서 이전의 근거가 되는 주술적·종교적 의식을 벗어던지고 계약 당사자들의 자유로운 합의를 이전의 유일한 근거로 삼았다. 같은 책, 270~71쪽.

작용했는가? 여러 가지 요인을 들 수 있지만 뒤르케임은 그 가운데 경제적 요인과 의식적 요인을 꼽는다. 먼저 경제적 요인은 구체적으로 교환의 증가를 말한다.

> 우선 교환 과정의 빈도와 다양성이 증가함에 따라 의례계약의 거추장스러운 형식주의는 더 이상 유지하기가 어렵게 되었다. 새로운 관계들이 계약을 통해서 성립되었지만, 전통에 의해 신성화되고 틀에 박힌 정칙들은 이 관계들을 충족시킬 수 없었다. 법률적 과정 자체도 사회적 삶의 형태에 부합하도록 보다 유연해져야 했다. 구매와 판매가 끊임없이 행해지고 있는데, 다시 말해 영리행위가 더 이상 휴지(休止)라는 것을 모르는데, 모든 구매자와 판매자에게 서약을 하거나 아주 특정한 정칙을 사용하는 등을 요구할 수는 없는 노릇이다. 이러한 관계들의 일상성과 연속성은 모든 의례적 형식성을 근본적으로 배제하며, 따라서 아주 자연스레 형식주의를 줄이거나 심지어 완전히 제거하는 수단을 찾게 된다.[95]

그러나 뒤르케임에 따르면, 경제적 삶의 진보가 낙성계약을 요구하는 것은 그것이 등장하는데 필요조건은 되지만 충분조건은 되지 않는다. 어떤 제도가 유용하다는 이유만으로 그것이 적시에 무(無)로부터 나타나는 것은 아니다. 거기에 더해 이 제도를 창출하는 수단이 있어야 하는데, 뒤르케임은 공적 의식 또는 사고와 기존의 제도를 그 수단으로 꼽는다. 공적 의식이 새로운 제도를 허용해야 하고, 기존의 제도가 새로운 제도의 형성에 저항하지 않거나 심지어 그에 필요한 재료를 제공해야 한다.[96] 낙성계약을 가능케 한 공적 의식은 개인과 개인주의라는 관념이며, 낙성계약에 재료를 제공한 기

---

95 같은 책, 263~64쪽.
96 같은 책, 264쪽.

존의 제도는 의례계약이다. 방금 논한 바와 같이, 낙성계약은 의례계약에서 발전한 의무의 관념을 그 근거인 주술적·종교적 의식과 분리하여 새로운 근거인 개인의 권리와 결합한 결과이다. 낙성계약은 개인의 권리에 자기근거를 두는 계약이다. 이는 계약이 세속화되었음을 의미한다. 그렇다고 해서 낙성계약이 그 이전의 계약과 달리 성스럽지 않다는 것이 아니다. 이 역시 성스러운 것이다. 다만 이 성스러움이 개인으로부터 비롯된다는 점에서 사회로부터 그 성스러움이 비롯되는 그 이전의 계약들과 근본적으로 구별될 뿐이다.

이 모든 것을 감안하면 왜 뒤르케임이 낙성계약을 일종의 도덕적·법률적 혁명으로 간주하는지 충분히 납득할 수 있을 것이다. 낙성계약은 개인적 자유의지 및 권리의 선언인 합의만으로 이미 도덕적·법적 제도로서 기능한다.[97] 그런데 계약권의 역사는 여기에서 끝나는 것이 아니다. 최근에는 [뒤르케임이 "사회학 강의: 도덕과 법의 물리학" 강의를 할 때를 기점으로!] 또 다른 형태의 계약이 발전하기 시작했는데, 그것은 객관적으로 정당한 계약, 즉 공정성에 기반하는 계약이다. 낙성계약이 의례계약에서 배태되었듯이, 객관적으로 공정한 계약은 낙성계약에서 배태되었다. 낙성계약이 인간적 동감의 발전과 결합함으로써 다음과 같은 관념이 지배하게 되었다. "계약이 결코 두 계약 당사자들 가운데 어느 한쪽을 착취하지 않을 때에만, 한마디로 말해 계약이 성당할 때에만, 계약은 도덕적이고 사회에 의해 인정되고 인가될 수 있다."[98] 이것은 계약의 주관적 측면에 객관적 측면이 더해진 것이며, 따라서 또 한 번의 근본적인 제도적 변화라고 할 수 있다. 이와 관련해 뒤르케임은 다음과 같이 말하고 있다.

---

97 같은 책, 279~80쪽.
98 같은 책, 285쪽.

사실상 순수한 낙성계약은 다만 동의가 채무관계의 필요하고도 충분한 조건임을 의미할 뿐이다. 이제 거기에 하나의 새로운 조건이 부가되어 바야흐로 본질적인 것이 되어가고 있다. 계약이 합의에 근거한다는 것으로는 충분치 않다. 더 나아가 계약은 정당해야 하며, 동의가 주어진 방식은 계약의 정당성이 어느 정도인가를 가늠하는 외적 기준일 뿐이다. 이제 더 이상 계약 당사자들이 주관적으로 처한 상태가 유일한 고려의 대상이 되는 것이 아니다. 오로지 계약에 의해 맺어진 의무의 객관적인 결과만이 이 의무의 가치를 결정한다. 달리 말해 의례계약으로부터 낙성계약이 생성된 것처럼, 낙성계약으로부터 새로운 형태의 계약이 발생했다. 그것은 정당한 계약이다.[99]

객관적으로 정당한 계약은 단순히 자유로운 동의에 의해, 그러니까 외적인 강제 없이 성립된 계약이 아니라 거기에 더해 사물이나 서비스가 진정하고도 정상적인 가치, 요컨대 정당한 가치로 교환되는 계약이기도 하다. 이러한 계약이야말로 도덕적인 구속력을 갖는다. 그러니까 도덕적으로 구속력 있는 계약은 쌍방의 자유로운 합의에 근거할뿐더러 계약 당사자들의 권리를 존중하는 계약이다.[100] 뒤르케임은 오늘날 계약에서 더 큰 정의가 필요하다고 본다. 물론 그렇다고 해서 언젠가 완전한 정의, 즉 사물이나 서비스의 완전히 등가적인 교환이 실현될 수 있다고 주장할 만큼 천진난만하지 않다. 그럼에도 불구하고 우리가 진보할수록 우리는 더욱더 큰 계약적 정의, 즉 더욱더 객관적으로 정당한 계약을 위해 노력할 것이고 또한 노력해야 한다고 믿어 의심치 않는다.[101] 이 점에서 상속제도에 대한 뒤르케임의 신랄한 비판을 상세히 인용할 만하다.

---

99 같은 책, 285쪽.
100 같은 책, 291쪽.
101 같은 책, 293~94쪽.

그런데 이러한 발전이 직면하고 있는 큰 장애는 상속권 제도이다. 상속권은 인간들 사이에 출생과 더불어 시작되며 개인의 공적이나 그가 제공한 서비스와 전혀 무관한 불평등을 초래한다. 그로 인해 계약권 전체가 그 기반에서 흔들리게 됨은 자명하다. 계약에 의해 협정된 의무들의 상호성을 보장하기 위한 근본적인 전제조건은 도대체 어디에 있단 말인가? 그것은 계약 당사자들이 계약의 원인이 되고 그 진행 과정에서 교환의 조건이 확정되는 투쟁에 임할 때 가능한 한 동등한 무기로 무장하는 데에 있다. 그럴 때에 그리고 오직 그럴 때에만 승자도 패자도 없게 된다. 다시 말해 교환된 사물들이 균형을 이루게 되고 등가적인 것이 된다. 한 사람이 얻는 것은 그가 내주는 것과 똑같은 가치를 갖게 되며 그 역도 마찬가지이다. 만약 상황이 다르다면, 우월한 지위에 있는 계약 당사자는 이 지위를 다른 계약 당사자에게 자신의 의지를 강요하고 그로 하여금 사물이나 서비스를 합당한 가치 이하로 자신에게 넘기도록 강요하는 데에 이용할 수 있을 것이다. 예컨대 한 사람은 어떻게 해서든지 살기 위해 계약을 맺고 다른 사람은 더 잘살기 위해 계약할 뿐이라면 후자의 협상력은 전자의 그것보다 비교가 안 될 만큼 크다는 것은 분명하다. 그것도 그가 자신이 원하는 조건이 인정되지 않으면 계약 체결을 포기할 수 있다는 이유만으로도 그렇다. 전자는 이렇게 할 수 없다. 그는 부득이 자신에게 부과된 법칙에 예속될 수밖에 없다.[102]

뒤르케임은 더 나아가 상속권이 계급적 불평등을 초래한다고 강력하게 비판한다. 그러니까 상속권 제도는 — 이어서 뒤르케임은 다음과 같이 말하고 있다 —

태어날 때부터 부유한 사람들과 가난한 사람들이 있음을 시사하

---

102 같은 책, 294쪽.

는 것이다. 다시 말해 사회가 두 주요 계급으로 구성된다는 사실, 바로 그것을 시사하는 것이다. 물론 그 두 계급 사이에는 모든 생각할 수 있는 중간계급들이 여전히 존재한다. 한 계급은 살아남기 위해 부득이 다른 계급에 자신의 서비스를 모든 가격에 제공해야 한다. 다른 계급은 자신이 가진 자원 덕분에 이 서비스를 포기할 수 있는데, 이는 비록 그 자원이 자신이 제공한 어떤 서비스에도 근거하지 않음에도 불구하고 그렇다. 사회에 그토록 현저한 모순이 존재하는 한, 어느 정도 효율적인 임시방편이 계약의 부정의를 조금 완화할 수 있겠지만 원칙적으로 체계는 정의를 허용하지 않는 방식으로 작동한다. 그런 경우 단순히 여기저기에서 불평등한 계약이 체결되는 데 그치지 않는다. 더 나아가 계약은 두 계급 사이의 모든 관계에서 불평등이 지배하는 토대가 된다. 재산이 없는 사람들의 서비스가 평가되는 방식이 부당해 보이는 이유는, 이 서비스가 그것의 진정한 사회적 가치에 따라 판단되지 못하도록 하는 조건 아래에서 평가되기 때문이다. 상속재산을 저울의 접시에 올려놓으면 평형이 날조된다. 이 부당한 평가에 대하여 그리고 그것을 가능하게 만드는 사회상태에 대해 도덕적 의식이 점점 더 결연하게 저항한다. 사실 수세기 동안 이러한 평가와 사회상태가 저항 없이 받아들여져 왔는데, 그 이유는 평등에 대한 소망이 아직 그렇게 현저하지 않았기 때문이다. 그러나 오늘날에는 그러한 평가와 사회상태가 우리의 도덕성의 토대가 되는 감정과 너무나 명백하게 모순된다.[103]

그렇다면 뒤르케임이 말하는 오늘날의 도덕성의 토대가 되는 감정은 도대체 무엇인가? 그것은 다름 아닌 개인주의이다. 개인을 성스러운 존재로 간주하고 개인을 숭배하는 개인주의! 개인주의적 관

---

103 같은 책, 294~95쪽.

점에서 보면 "개인재산은 개인과 더불어 시작되고 개인과 더불어 끝나는 재산이다." 그러므로 개인재산을 다른 개인(들)에게 상속하는 것은 개인주의 정신과 모순된다.[104] 뒤르케임은 개인주의에 입각하여 공적주의를 사회적 분배의 원리로 내세운다.

> 개인 사이의 사물의 분배는 각자의 사회적 공적에 비례하여 이루어질 때에만 정당한 것이 될 수 있다. 개인의 재산은 그가 수행한 사회적 서비스에 대한 반대급부이어야 한다. 이러한 원리는 이 특수한 도덕의 토대가 되는 타자적 동감이라는 감정과 모순되지 않는다. 왜냐하면 이러한 감정은 개인의 사회적 공적에 따라 바뀔 수 있기 마련이기 때문이다. 우리는 공동체에 특별히 기여하는 사람들에게 더 큰 동감을 갖는다. 우리는 그들에게 더 큰 이득이 돌아가는 것을 기꺼이 허락하며, 따라서 그들이 더 좋은 대우를 받는다 해도 [……] 우리에게는 아무런 저항심도 일어나지 않는다. 다른 한편 그와 같은 재산의 분배가 사회적 이해관계와도 가장 일치한다. 왜냐하면 사회는 사물이 가장 능력 있는 사람들의 수중에 있는 것에 관심을 갖기 때문이다.[105]

요컨대 개인 사이의 경제적 불평등이 상속제도라는 출생에 따르는 불평등에 의해서 일차적으로 또는 근본적으로 규정되지 않고 전적으로 개인의 사회직 공적의 불평능에 의해서 규정되어야만 진정으로 정의로운 재산권과 정의로운 사회가 가능한 것이다. 이렇게 보면 개인주의의 원리가 객관적으로 정당한 계약의 토대가 될뿐더러 더 나아가 재산권의 토대도 된다는 것을 알 수 있다. 바로 이 때문에 계약권이 발전하게 되면 재산도덕도 전반적으로 개편될 것이다.[106]

104　같은 책, 299쪽.
105　같은 책, 296쪽.
106　같은 책, 296~97쪽.

그런데 방금 인용한 구절에는 '타자적 동감'이라는 말이 나온다. 이 것은 오늘날 계약권과 재산권의 토대가 되는 개인주의와 모순되지 않는가? 그것은 집합주의의 원리가 아닌가? 그렇지 않다. 개인주의 는 개인을 성스러운 존재로 보고 개인을 숭배하는 동시에 타자에 대 한 배려와 공동체에 대한 의무를 강조한다. 뒤르케임은 이를 도덕적 개인주의라고 한다. 곧 보게 되는 바와 같이, 도덕적 개인주의는 박 애정신을 구현한다.

물론 역사에서 너무나도 큰 역할을 수행해 온 상속제도가 완전히 사라지지는 않을 것이다. 그러나 사회가 발전함에 따라 약화된 형태 로만 살아남을 것이며, 따라서 계약권과 재산권에 심각한 해를 끼치 지 않을 것이다. 예컨대 모든 가장이 그들의 자녀들에게 재산의 일 정 부분만을 남겨줌으로써 사회적 불평등이 아주 사소해질 수 있다. 그렇다면 다음과 같은 실천적 질문이 제기될 것이다. "각 세대가 역 사의 무대를 떠나면서, 말하자면 해방된 부[소유자 없이 남긴 부]는 과연 누구에게 주어져야 하나? 더 이상 자연적인 상속인도 유언에 의해 설정된 상속인도 존재하지 않는다면, 누가 상속해야 하나?"[107] 먼저 국가를 생각해 볼 수 있다. 그러나 "이 엄청난 규모의 자원을 탐욕스럽고 낭비적인 국가의 손에 집중시키는 것은 불가능하다." 게 다가 국가는 사물들과 개인들로부터 너무 멀리 떨어져 있기 때문에 그러한 자원을 관리하고 재분배하는 아주 복잡하고 막중한 과제를 합리적으로 수행할 수 없을 것임이 자명하다. 이를 위해서는 국가보 다 규모가 작기 때문에 국가보다 사물들과 개인들에 더 가까이 갈 수 있는 이차적 집단이 필요할 것이다. 우리는 직업집단보다 거기에 더 적합한 이차적 집단을 찾을 수 없을 것이다.[108] 뒤르케임은 그 근 거를 다음과 같이 제시하고 있다.

---

107 같은 책, 300쪽.
108 같은 책, 300~01쪽.

직업집단은 다양한 특수이익을 관리할 수 있는 자질을 갖추고 있다. 직업집단은 국가 전역에 걸쳐 분지(分枝)할 수 있으며 지역적 차이와 지방적 특수성을 고려할 수 있는 능력이 있다. 그러므로 직업집단은 경제적 영역에서 말하자면 가족을 상속하기 위한 모든 전제조건을 충족시킬 것이다. 사실상 오늘날까지 가족이 경제적 삶의 지속성을 보장하는 데에 가장 적합했는데, 그것도 가족이 사물들 및 인간들과 직접적으로 접촉할 수 있는 소집단이었으며 그 자신 그와 같은 지속성을 보여 주었다는 이유만으로 그랬다. 그러나 오늘날에는 이러한 지속성이 사라졌다. 가족은 끊임없이 분열하고 있다. 가족은 짧은 시간만 존속한다. 가족의 존재는 영속적이지 않다. 가족은 더 이상 세대들을 경제적 관점에서 서로 연결할 힘이 없다. 오직 이차적이고 제한적인 기관만이 가족을 대체할 수 있다. 그런데 이 기관은 가족보다 포괄적일 수 있고 또 포괄적이어야 한다. 왜냐하면 경제적 이해관계도 여타의 이해관계만큼 중요해졌고 특정한 지역에 국한되지 않고 국가 전체에 걸쳐 추구되는 경우도 빈번하기 때문이다. 국가의 중심기관이 모든 곳에서 동시에 나타나 활동한다는 것은 불가능하다. 이 모든 점에 비추어볼 때 직업집단이 방금 언급한 과제에 가장 적합한 기관임을 알 수 있다.[109]

여기까지의 논의로부터 뒤르케임이 자유와 평등이 실현되는 사회를 정의로운 사회로 간주한다는 사실이 여실히 드러난다. 그런데 뒤르케임은 거기에 박애, 즉 인간 자체에 대한 사랑을 추가한다. 정의와 박애 사이에는 단절이 존재한다고 생각하는 것이 일반적이다. 그러나 뒤르케임에 따르면 박애가 정의의 정점이며, 따라서 자유, 평등, 박애의 정신이 지배하는 사회가 진정으로 정의로운 사회이다.

---

109 같은 책, 301쪽.

만약 정의만이 문제라면 그와 같은 불평등[공적에 기반하는 불평등]은 계속 유지될 것이다. 그러나 타자적 동감의 관점에서 보면 이러한 불평등조차도 정당화될 수 없다. 왜냐하면 우리가 사랑하고 사랑해야 할 것은 인간 자체이지 천재적 과학자로서의 인간, 유능한 기업가로서의 인간이 아니기 때문이다. 결국 공적에 기반하는 불평등도 역시 우연적으로 발생한 것이 아닐까? 그것은 [상속에 기반하는 불평등과] 마찬가지로 출생에 기반하며, 따라서 인간들로 하여금 그에 대한 책임을 지도록 하는 것은 어떤 면에서는 부정의한 일이 아닐까? 한 인간이 부유한 부모의 자식으로 태어나 좋은 환경에서 성장할 수 있었다는 이유로 더 좋은 사회적 대우를 받는다는 것은 정당해 보이지 않는다. 차라리 한 인간이 더 지적인 아버지에게서 태어나 더 유리한 정신적 환경에서 성장했다는 이유로 더 좋은 사회적 대우를 받는 것이 더 정당하지 않을까? 바로 여기에서 박애의 영역이 시작된다. 타자적 동감의 감정은 불평등의 이 마지막 가능성도 인정하지 않을 때, 상속적 전이의 이 마지막 형태, 즉 정신적 요소들의 유전적 전이도 더 이상 공적으로 간주하지 않을 때 비로소 박애가 된다. 여기에서 정의는 정점에 달한다. 그리하여 사회는 자연에 대한 완벽한 지배에 도달하고 자연에 법칙을 부과하며 사물에 필연적으로 고유한 물리적 불평등을 도덕적 평등으로 대체한다.[110]

요컨대 자유, 평등과 더불어 정의를 구성하며 정의의 정점인 박애는, 인간이 자신의 공동체에 속하는 모든 인간을 그들의 경제적 부, 사회적 지위, 정치권력, 지적 수준, 예술적 능력, 도덕적 가치 등에 관계없이 형제처럼 사랑하는 것을 의미한다. 물론 아직 박애가 전 사회적 차원에서 관철된 것은 아니다. 여전히 대다수의 인간이 자기

---

110 같은 책, 303쪽.

자신의 이익만을 꾀하는, 그러니까 자기 자신만을 사랑하는 이기주의에 사로잡혀 있다. 그렇지만 점점 더 확산되고 있고 그 깊이를 더해 가고 있다. 이는 사회가 진보함에 따라 박애가 점점 더 중요해지며, 그 결과 "더 이상 잉여적이고 선택적인 의무가 아니라 엄격한 의무가 되고 새로운 제도의 원천이 될 것임"을 시사하는 대목이다.[111]

여기까지의 논의에 비추어보면, 좁게는 뒤르케임의 『사회학 강의: 도덕과 법의 물리학』이, 그리고 넓게는 그의 도덕사회학이 프랑스대혁명의 가장 귀중한 유산인 자유 · 평등 · 박애를 실현하기 위한 이론적 작업, 보다 정확히 말하면 철학적 · 형이상학적 작업이 아니라 실증과학적 · 형이하학적 작업임을 알 수 있다. 우리는 이 점에서 한편으로 뒤르케임 사회학의 근(현)대성과 진보성을, 그리고 다른 한편으로 뒤르케임 사회학이 궁극적으로 개인주의에 그 토대를 두고 개인주의적 가치와 이념을 추구한다는 사실을 엿볼 수 있다.

3. 개인숭배와 도덕적 개인주의

우리가 앞 절에서 자주 언급한 개인숭배, 그리고 단 한번 언급한 도덕적 개인주의는 사실상 도덕에 대한 경험과학적 논의에서는 아주 생소한 개념이다. 그러나 이 둘은 뒤르케임의 도덕사회학에서 핵심적인 위치를 차지하며 그것에 독특한 개념적 · 이론적 색채를 부여한다. 뒤르케임은 개인숭배를 인간숭배라고도 하며 개인숭배와 도덕적 개인주의를 호환적으로 사용한다. 뒤르케임에 따르면 개인숭배 또는 도덕적 개인주의는 오늘날의 집합의식이자 집합이상이다. 그것은 인간이 신자인 동시에 신이 되는 종교, 즉 세속적 종교

---

111 같은 책, 304쪽.

또는 시민종교이다. 개인숭배 또는 도덕적 개인주의는 현대 산업사회의 구성원리 또는 조직원리가 된다.

뒤르케임은 이미 『사회분업론』에서 개인숭배를 현대사회의 집합의식으로 규정하고 있다. 예컨대 그 책의 결론 부분에 다음과 같은 구절이 나온다.

> 사회가 진화함에 따라 개인을 가족, 고향, 전통, 집단적 관습에 연결하는 유대는 느슨해진다. 개인은 더 가동적이 되고 더 쉽게 환경을 바꾸고 자신의 가족을 떠나 다른 곳에서 자율적인 삶을 살며 점점 더 자신만의 고유한 생각과 감정을 갖게 된다. 물론 그렇다고 해서 모든 집합의식이 사라지는 것은 아니다. 적어도 인간과 개인적 존엄성에 대한 숭배는 여전히 남아 있을 것인데, 이것은 [……] 오늘날 수많은 사람들을 서로 연결해 주는 유일한 중심적 고리이다.[112]

그리고 역시 결론 부분에 다음과 같은 구절이 나온다.

> 사회의 집합의식이 점점 더 개인숭배로 축소된다는 사실을 상기한다면, 유기적 사회의 도덕은 분절사회의 도덕과 비교해 볼 때 더 인간적이고 따라서 더 합리적이라는 특징을 갖는다는 사실을 알게 될 것이다. 그것은 우리로 하여금 우리와 직접 관계없는 목표들을 위해 활동하도록 내버려두지 않는다. 그것은 우리로 하여금, 우리와 완전히 다른 본성을 갖고 있으며 인간의 일반적인 이해관계에는 신경 쓰지 않은 채 자신만의 고유한 노선을 따르는 이상적인 힘에 봉사하도록 만들지 않는다. 그것은 다만 우리에게, 우리의 이웃을 사랑하고 정당하게 행동하고 우리의 임무를 잘 수행하며, 또한 각자가 자신에게 가장 잘 맞는 분야에서 일할 수 있고 각자가 자신의 노동에 대한 정당

---

112 Émile Durkheim, 앞의 책(1988), 470쪽.

한 보수를 받을 수 있도록 힘쓸 것을 요구할 뿐이다.[113]

　이 인용구절을 보면 뒤르케임이 개인숭배를 긍정적으로 평가한다
는 인상을 받을 것이다. 개인숭배를 특징으로 하는 유기적 사회의
도덕은 사회숭배를 특징으로 하는 분절사회의 도덕보다 더 인간적
이고 합리적이라는 것이 뒤르케임의 견해이기 때문이다. 그러나『사
회분업론』에서는 개인숭배에 대한 뒤르케임의 평가가 부정적이다.
거기에서 그는 개인숭배가 현대사회가 필요로 하는 사회적 연대를
창출할 수 없다고 보면서, 그 이유를 개인숭배라는 집합의식의 지향
점이 사회가 아니라 개인이라는 점에서 찾는다. 사회숭배라는 전통
적인 신앙을 대체한 개인숭배라는 현대적인 신앙은 "공동체에 의해
공유된다는 점에서는 집단적이지만 그 대상은 개인적이다." 설사 개
인숭배가 "모든 사회 구성원의 의지를 동일한 목표를 지향하도록 할
지라도 그 목적이 사회적인 것은 아니다. 그러므로 개인숭배는 집합
의식에서 아주 예외적인 위치를 차지한다. 그것은 비록 사회로부터
자신의 힘을 이끌어내지만 우리를 사회가 아니라 우리 자신에게 연
결한다. 그러므로 개인숭배는 진정한 사회적 연대를 형성하지 못한
다."[114] 요컨대『사회분업론』에서 뒤르케임은 개인숭배를 이기주의
또는 이기적 개인주의로 간주하며, 따라서 사회적 연대의 토대가 될
수 없다고 본다. 이기주의 또는 이기적 개인주의로서의 개인숭배는
개인을 사회에 결속하는 힘이 없으며, 따라서 개인을 도덕적인 존재
로 만들 수 없다. 거기에는 도덕적 개인주의의 가능성이 결여되어
있다.
　『사회분업론』에서 뒤르케임은 개인숭배가 아니라 분업에서 사회
적 유대의 근본적인 조건을 찾는다. "이제 분업에서 유래하는 사회

113　같은 책, 478쪽.
114　같은 책, 227~28쪽.

제5장 도덕의 문제　●　447

적 유대 이외에 또 다른 유대가 존재하지 않는다."[115] 이는 뒤르케임이 개인숭배와 분업을 상충적인 관계로 파악함을 의미한다. 오늘날 개인숭배는—앞의 앞 인용구절의 마지막 부분에 나와 있듯이—"수많은 사람들을 서로 연결해 주는 유일한 중심적 고리"이다. 그러나—그 부분에 이어서 뒤르케임은 말하기를—

사회적 삶이 점차로 확장되고 그 결과 개인적 의식이 점차로 확장된다는 사실을 고려한다면, 인간과 개인적 존엄성에 대한 숭배는 사회적 연대의 근본적인 조건이 되기에 불충분하다는 것을 알 수 있지 않은가! 현대사회에서는 개인적 의식이 더욱더 광범위해지고, 개인적 지성이 더욱더 풍부해지며 개인적 활동이 더욱더 다양해지고 있으며, 따라서 도덕성이 확고한 상태를 유지하기 위해서는, 다시 말해 개인을 과거와 똑같은 힘으로 집단에 묶어두려면, 개인을 집단에 결속하는 이 사회적 유대가 더 강력하고 더 많아야 한다. 그런데 만약 현대사회에서 개인들의 유사성으로부터 비롯되는 유대밖에 형성되지 않는다면, 분절적 사회유형이 퇴락하면서 도덕성은 필연적으로 몰락하게 될 것이다. 그리되면 인간은 더 이상 충분히 규제되지 않을 것이다. 그는 자신의 이기주의를 억제하고 자신을 도덕적 존재로 만드는 사회의 유익한 압력을 자신의 주변에서도, 자신을 넘어서는 영역에서도 더 이상 느끼지 못할 것이다. 바로 여기에 분업의 도덕적 가치가 존재한다. 인간은 분업을 통해 자신이 사회에 종속되어 있다는 것을 의식한다. 인간을 규제하고 제한하는 힘은 분업에서 나온다. 한마디로 말하면, 분업은 사회적 연대의 본원(本源)이 되기 때문에 도덕적 질서의 토대가 된다.[116]

---

115 같은 책, 228쪽.
116 같은 책, 470~71쪽.

그런데 매우 흥미롭게도 『자살론』에서는 개인숭배에 대한 뒤르케임의 견해가 완전히 달라진다. 이제 개인숭배는 "현대사회의 공동체적으로 공유된 가치체계의 근본적인 구성요소"로 간주되며, 개인적 행위의 조정과 사회통합이라는 매우 중요한 사회학적 기능이 부여된다.[117] 만약 개인숭배가 『자살론』에서도 『사회분업론』에서처럼 여전히 사회적 차원이 결여된 이기주의 또는 이기적 개인주의로 파악되었다면, 그것은 아노미적 자살과 더불어 현대사회의 전형적인 자살유형인 이기적 자살을 유발하는 문화적·관념적 요소로 간주되었을 것이다. 그러나 — 뒤르케임은 『자살론』에서 이렇게 강조하고 있다 — 개인숭배 또는 인간숭배는

> 자살을 유발하는 이기적 개인주의와 완전히 다른 관념이다. 인간숭배는 개인들을 사회로부터 그리고 그들을 초월하는 모든 목표로부터 유리시키기는커녕 그와 정반대로 그들을 하나의 유일한 관념세계로 결속하고 하나의 유일한 공적에 기여하도록 만든다. 왜냐하면 이런 방식으로 집단의 애정과 존중을 향유하는 인간은 우리가 우리 모두에게서 볼 수 있는 감각적이고 경험적 존재가 아니기 때문이다. 그것은 인간 일반이며 모든 국민이 그들 역사의 모든 순간에 표상하는 이상적인 인간성이다. 그런데 우리 가운데 어떤 사람도 이 인간성을 완전히 체현하지 못하지만 그것을 전혀 소유하지 않은 사람도 없다. 그러므로 이제 문제가 되는 것은 모든 개인을 자기 자신과 자신만의 고유한 이해관계에 집중하도록 만드는 것이 아니라 모든 개인을 인류의 보편적인 이해관계에 종속시키는 것이다. 그와 같은 목표설정은 인간으로 하여금 자기 자신으로부터 거리를 두도록 만든다. 그것은 모

---

117 Matthias König, *Menschenrechte bei Durkheim und Weber. Normative Dimensionen des soziologischen Diskurses der Moderne*, Frankfurt am Main: Campus 2002, 47쪽.

든 개인적인 인격을 넘어서며 그로부터 영향을 받지 않는 비인격적인 것이다. 모든 이상이 그렇듯이 그것은 현실보다 우월하고 현실을 지배하는 것으로 여겨진다. 그와 같은 목표설정은 심지어 사회도 지배한다. 왜냐하면 그것은 모든 인간적 행위가 지향하는 목적이기 때문이다. 그러므로 사회는 더 이상 그것을 마음대로 할 권한이 없다. 사회는 그와 같은 목표설정이 자신들에게도 존재의 근거가 된다는 것을 인식했으며, 따라서 완전히 그것에 종속되었으며 그렇게 하지 않을 권리를 상실했다. 인간은 그것에 종속되지 않는다는 부당한 짓을 해서는 더욱더 안 된다. 그러므로 도덕적 존재로서의 인간의 존엄성은 더 이상 도시국가의 사안도 아니며, 그렇다고 해서 우리 자신의 사안이 된 것도 아니다. 또한 누군가 우리에게 인간의 존엄성을 마음대로 할 수 있는 권리를 주지 않았다. 우리보다 우월한 존재인 사회 자체가 우리에게 그러한 권리를 주지 않는데, 도대체 누가 줄 수 있겠는가?[118]

요컨대 개인숭배는 개인적 차원에만 머무는 이기적 개인주의 또는 이기주의가 아니라 사회와 연결되고 더 나아가 사회를 포괄하는 인간 일반, 이상적인 인간성 또는 인류에 연결되는 관념, 그러니까 개인적이고 사회적이며 세계주의적인(사해동포주의적인) 관념이라는 것이 뒤르케임이 『자살론』에서 제시한 개인숭배의 관념이다. 뒤르케임에게 개인주의는 이기주의적인 것이 아니라 집합주의적이며 보편주의적인 것이다(이에 대해서는 곧 다시 자세한 논의가 있을 것이다). 이 점에서 『자살론』은 『사회분업론』과 근본적인 차이점을 드러낸다. 그런데 우리는 또 다른 점에서 이 두 저작의 근본적인 차이점을 확인

---

118 Émile Durkheim, 앞의 책(1983a), 395~96쪽. 바로 이런 연유로 현대사회에서는 자살이 비도덕적인 행위가 된다. 이에 대한 뒤르케임의 자세한 논의는 이 장의 각주 73번을 참조.

할 수 있으니, 그것은 아주 역설적이게도 『사회분업론』에서 상충적인 관계로 파악된 개인숭배와 분업이 『자살론』에서는 서로 밀접하게 연결된다는 사실이다. 역설은 여기에서 멈추지 않는다. 뒤르케임은 한걸음 더 나아가 분업을 개인숭배의 역사적·구조적 원인으로 간주한다. 인간과 개인적 존엄성에 대한 숭배, 즉 인간숭배 또는 개인숭배는,

사실상 현대사회가 추구하는 바일 뿐만 아니라 모든 국민이 그 밖의 다른 모든 목표로부터 눈을 돌리는 것이 역사의 법칙이다. 처음에는 사회가 전부였고 개인은 아무것도 아니었다. 그렇기 때문에 가장 강력한 사회적 감정은 개인을 집단에 묶어두는 사회적 감정이었다. 사회는 자기목적이었다. 인간은 사회의 수중에 있는 도구에 불과했다. 인간은 오로지 사회를 통해서만 그의 모든 권리를 획득했으며, 사회를 넘어서는 것은 아무것도 없었기 때문에 인간은 사회에 대해 그어떤 특권도 가지지 못했다. 그러나 점차로 사태가 변했다. 사회의 규모가 커지고 복잡성이 증가함에 따라 분업이 일어나고 개인 사이에 차이가 증가하며, 결국 인간집단의 구성원들 사이에는 그들이 인간이라는 바로 그 사실 이외에는 더 이상의 공통점이 없어지는 순간이 온다. 이러한 상황에서는 당연한 일이지만 집합적 감정이 모든 힘을 다해 이 유일하고도 최종적인 대상에 밀착되며 그렇게 함으로써 그 대상에 무엇과도 비교할 수 없는 가치를 부여한다. 이제 인간적 개인은 [인간으로서의 개인은] 모든 사람에게 비상(非常)한 의미를 가질 수밖에 없는데, 왜냐하면 인간적 개인이 모든 사람에게 호소력을 갖는 유일한 현상이기 때문이다. 인간적 개인의 찬미는 집단적으로 추구될 수 있는 유일한 목표이다. 그리하여 인간적 개인은 모든 인간적인 목표설정을 초월하여 종교적인 것이 된다.[119]

---

119 같은 책, 394~95쪽.

사실 이처럼 뒤르케임이 현대사회에서 개인숭배나 개인주의가 갖는 위치와 의미를 통찰한 것은 지성사에서 새삼스러운 일은 결코 아니다. 아니 주제 그 자체만 놓고 보면 개인숭배나 개인주의에 대한 논의는 진부하다 할 만큼 이미 뒤르케임 이전의 철학자들에 의해 광범위하고 심층적으로 다루어져왔다. 멀리 갈 것도 없이 칸트와 루소가 그 좋은 예이다. 뒤르케임의 새삼스러움은 다른 점에 있다. 그 다른 점이란 개인의 성스러움과 개인숭배를 개인 그 자체에 내재하는 것으로 보고 이성적 존재라는 인간의 관념으로부터 연역적으로 도출하는 철학자들과 달리, 뒤르케임이 개인숭배나 개인주의를 사회구조와의 관계 속에서 설명한다는 사실이다. 이와 관련해 뒤르케임은 「개인주의와 지식인들」(1898)에서 다음과 같이 루소와 칸트를 비판하고 있다.

> 개인은 사회의 원인이기보다 사회의 결과라고 말하면서도 아무런 모순 없이 개인주의자가 될 수 있다. 왜냐하면 개인주의 자체는 모든 도덕이나 모든 종교와 똑같이 사회적 산물이기 때문이다. 개인은 자신을 신성하게 만드는 도덕적 믿음조차도 사회로부터 받아들인다. 바로 이 점이 칸트와 루소가 이해하지 못한 것이다. 그들은 그들의 개인주의적 도덕을 사회로부터가 아니라 고립된 개인이라는 관념으로부터 도출하려고 했다. 이것은 불가능한 일이었으며, 그들 사상체계의 논리적 모순은 바로 여기에서 나온다.[120]

이처럼 개인주의 도덕을 개인 그 자체로부터가 아니라 사회로부터 도출한다는 점에서 뒤르케임의 개인주의는 "집합주의적 개인주

---

120 Émile Durkheim, "Der Individualismus und die Intellektuellen", in: Hans Bertram (Hrsg.), *Gesellschaftlicher Zwang und moralische Autonomie*, Frankfurt am Main: Suhrkamp 1986b, 54~70쪽, 여기서는 70쪽(미주 4번).

의"라고 할 수 있다. 달리 말해 뒤르케임은 "개인주의 도덕의 사회학적 이론가로서 사회적 질서와 개인적 자유의 관계를 연구한다."[121] 이 집합주의적 개인주의자 또는 개인주의 도덕의 사회학적 이론가 뒤르케임이 개인숭배를 설명하는 사회구조의 변화는 ─앞의 앞 인용한 구절에서 보듯이─사회적 부피와 도덕적 밀도의 증가 그리고 그에 따르는 생존경쟁과 분업의 발전이다. 이 사회구조의 변화에 의해 개인숭배가 새로운 집합의식이 된 것이다. 그것은 세속화된 시대의 종교, 즉 세속적 종교 또는 시민종교이다. 그러니까 고립된 개인이 그들의 이성에 힘입어 성스러운 존재가 된 것이 아니라 사회가 그들을 성스러운 존재로 만든 것이다. 개인숭배는 사회의 작품이다. 이와 관련하여 뒤르케임은 ─이미 앞에서 자세하게 언급하고 인용한 바 있는─「도덕적 사실의 규정」에서 다음과 같이 말하고 있다.

> 이러한 특징[인간적 개인이 갖는 성스러운 특징]은 인간적 개인에게 내재하는 것이 아니다. 인간이 경험적 분석에 주어지는 대로 그를 분석한다 해도 그와 같은 성스러움을 함의하는 그 어떤 것도 발견할 수 없을 것이다. 그에게는 일시적인 것만 있을 뿐이다. 그보다는 [……] 일련의 원인들에 의해 인간적 개인은 유럽 국민들의 사회적 의식이 다른 모든 대상보다 더 많이 지향하는 대상이 되었다. 그리하여 그 무엇과노 비교할 수 없는 가치를 획득하게 되었다. 사회가 인간적 개인을 성스럽게 했던 것이다. 인간을 둘러싸고서 그에 대한 모독적 침해로부터 그를 보호하는 이 후광은 인간에게 천성적으로 어울리는 것이 아니다. 그것은 사회가 인간을 생각하는 방식이자, 오늘날 사회가 인간에게 보이는 존중이 외부로 투사되고 객관화된 것이다. 그러므로 빈번하게 주장된 것과 달리 사회와 개인 사이에는 결코 적대관계가 존재하지 않는다. 도덕적 개인주의는, 사실은 사회의 작품이

---

121 Hans-Peter Müller, 앞의 글(1986), 73, 92, 96~97쪽.

다. 그것을 달성한 것은 사회이다. 인간을 신으로 고양한 것은 사회이다. 사회는 인간의 공복이 되었다.[122]

뒤르케임의 개인주의 이론과 관련해 특히 주목해야 할 것은 방금 앞에서 인용한 바 있는 「개인주의와 지식인들」이다. 1898년 7월 『르뷔 블루』 제4호에 발표한 이 짧은 글은 드레퓌스 사건을 계기로 쓴 것이다.[123] 1894년 12월 프랑스 육군 군법회의는 간첩의 누명을 쓰고 체포된 유대계 포병 대위 알프레드 드레퓌스(1859~1935)에게 반역죄를 적용하여 종신형을 선고했다. 이를 계기로 프랑스 사회는 국가의 질서와 권위를 내세우는 반드레퓌스파와 개인의 자유와 권리를 내세우는 친드레퓌스파로 양분되었다. 심지어 가족과 친지도 드레퓌스의 유무죄를 놓고 분열할 정도로 사태가 심각했다. 반드레퓌스파에는 군부와 가톨릭 등 보수세력이 속한 반면, 친드레퓌스파에는 자유주의자들을 비롯해 사회주의자들과 개신교 등 진보세력이 속했다. 특히 에밀 졸라(1840~1902)와 같이 명망 있는 지식인은 1898년 1월 13일 일간지 『라우로르』에 「나는 고발한다」라는 명문을 발표하여 국가주의의 허상을 폭로하고 개인의 자유와 권리를 옹호했다.[124] 그것은 한마디로 개인주의자가 국가주의를 고발한 것이다.

뒤르케임도 친드레퓌스파였다. 그는 1898년 '인권연합' 창립에 적극적으로 참여하고 보르도 지부장이 되었다. 이 단체는 친드레퓌스파의 공적인 활동의 장으로 결성되었지만 그 정치적 목표가 곧바로 보편적 인권의 옹호로 확대했다.[125] 인권연합의 정관 제1조에는 이

---

122 Émile Durkheim, 앞의 책(1976), 112~13쪽.

123 드레퓌스 사건에 대해서는 다음을 참고할 것. 아르망 이스라엘, 『다시 읽는 드레퓌스 사건』, 자인 2002 (이은진 옮김; 원제는 Armand Israel, *Les Vérités Cachées de L'Affaire Dreyfus*).

124 에밀 졸라, 『나는 고발한다』, 책세상 2005 (유기환 옮김; 원제는 Émile Zola, *J'accuse*).

단체가 1789년 인권선언에 공포된 자유, 평등, 박애 및 정의의 원리에 기초한다고 명시되어 있다.[126]

이렇게 보면 우리가 여기에서 논하고자 하는 뒤르케임의 글 「개인주의와 지식인들」에서 '지식인들'은 졸라와 같은 친드레퓌스파 지식인들을 가리킨다고 할 수 있다. 친드레퓌스파가 지식인들의 이념에 준거했다는 사실을 염두에 둔다면 이 생각은 맞다. 그러나 반드레퓌스파도 마찬가지였다. 그러므로 '지식인들'은 친드레퓌스파와 반드레퓌스파 모두와 관계된다. 당시 프랑스의 지식인들을 두 진영으로 분열시킨 근본적인 이념이 바로 개인주의였다. 그들은 개인주의를 완전히 다르게 이해했다. 간단히 말해 친드레퓌스파 지식인들이 개인주의와 상극인 '국가주의'를 ─ 곧 뒤에서 인용하게 될 뒤르케임의 표현을 쓰자면 ─ '도덕적 자살'로 보았다면, 반드레퓌스파 지식인들은 '개인주의'를 '도덕적 자살'로 보았다. 우리가 여기에서 논하고자 하는 뒤르케임의 글 「개인주의와 지식인들」에 '개인주의'라는 말이 들어간 이유이다.

대표적인 친드레퓌스파 지식인으로는 페르디낭 브륀티에르 (1849~1906)를 들 수 있을 것이다. 그는 상당한 과학적 업적을 남긴 문필가이자 문학 비평가로서 1886년부터 파리고등사범학교의 프랑스 언어와 문학 교수로 재직했으며 1893년에는 프랑스 아카데미 회원으로 선출되었다. 브륀티에르는 저널 『르뷔 데 되몽드』('두 세계 평론'이라는 뜻) 1898년 3월호에 「소송 이후에」라는 글을 발표했는데(참고로 '두 세계'는 프랑스와 미국을 가리키며, 브륀티에르는 1893년에 이 저널

---

125 Matthias König, 앞의 책(2002), 74~75쪽. 드레퓌스 사건과 뒤르케임의 관계에 대해서는 다음을 참고할 것. Steven Lukes, 앞의 책(1973), 347쪽 이하; Ingrid Gilcher-Holtey, "Menschenrechte oder Vaterland? Die Formierung der Intellektuellen in der Affäre Dreyfus", in: *Berliner Journal für Soziologie 7*, 1997, 61~70쪽.

126 Matthias König, 앞의 책(2002), 75쪽(각주 97번).

의 편집장이 되었다), 뒤르케임의 「개인주의와 지식인들」은 이 반드레퓌스파 지식인의 개인주의관에 대한 친드레퓌스파 지식인의 답변이라고 볼 수 있다.

반드레퓌스파 지식인들은 개인주의가 이기적 · 공리적이고 무신론적인 것으로서 국가이성을 좀먹고 국가의 권위를 떨어뜨려 프랑스 사회를 도덕적 · 정신적 무정부 상태에 빠뜨린다고 비난했다. 멀리 갈 것도 없이 브륀티에르가 이를 단적으로 보여 준다. "오늘날의 큰 병은" ― 그는 이렇게 주장한다 ― "각자가 모두 자신만 신뢰하며 그 자신을 모든 사물에 대한 판단의 기준으로 삼는다는 것이다." 개인주의가 "이러한 정도의 자기도취에 도달하면 우리는 무정부 상태밖에 기대할 것이 없게 된다."[127]

뒤르케임이 보기에 반드레퓌스파 지식인들은 개인주의를 "협소한 공리주의 및 스펜서와 경제학자들의 공리주의적 이기주의"와 동일시하며, 그 때문에 공리주의적 개인주의와 도덕적 개인주의를 구별하지 못한다. 도덕적 개인주의는 공리주의적 개인주의와 마찬가지로 개인숭배와 결부되어 있다. 그러나 "자아의 이기주의적 숭배", 즉 "사적 행복과 이해관계의 신격화"를 의미하는 공리주의적 개인주의와 달리 도덕적 개인주의는,

> 자아를 찬미하는 것이 아니라 개인 일반을 찬미한다. 그것의 원동력은 이기주의가 아니라 인간인 모든 것에 대한 동감, 모든 고통과 모든 인간적인 비극에 대한 보다 큰 연민, 그 고통과 비극을 극복하고 경감할 것을 보다 강력하게 요구하는 것, 그리고 정의에 대한 보다 큰 갈망이다. 이것은 선의지를 가진 모든 인간에게서 공통성을 일깨우기에 충분하지 않은가?[128]

---

127 민문홍, 『사회학과 도덕과학』, 민영사 1994, 52쪽(각주 22번)에서 재인용.
128 Émile Durkheim, 앞의 글(1986b), 56, 60쪽. 도덕적 개인주의는 다음과 같

이러한 도덕적 개인주의는 이성의 자율성을 으뜸가는 교리로 하고 자유로운 사고를 으뜸가는 의례로 한다.[129] 방금 인용한 구절에 '개인 일반'이라는 표현이 나온다. 이는 고립된 유아론적 개인이 아니라 인간으로서의 개인, 즉 인류의 구성원으로서의 개인을 가리킨다. 뒤르케임에게 인간은 곧 개인이고 개인은 곧 인간 또는 인류이다. 그리하여 개인숭배 또는 개인교는 인류교로 귀결되고 도덕적 개인주의는 보편주의적 또는 세계주의적(사해동포적) 개인주의로 귀결된다. 인간으로서의 개인은,

> 이른바 의례적 의미에서 성스러운 것으로 생각된다. 그는 모든 시대에 교회들이 그들의 신들에게 부여한 초월적인 위엄을 지니고 있다. 사람들은 마치 그가 이 신비적인 특징, 그러니까 성스러운 사물들 주위에 빈 곳을 만들어 그것들과의 통상적인 접촉과 일반적인 관계를 차단하는 신비적인 특징으로 장식되어 있는 것처럼 생각한다. 바로 이로부터 인간으로서의 개인에게 주어지는 존중이 비롯된다. 누구든 한 인간의 목숨을 노리거나 한 인간의 자유나 그의 명예를 침해하는 자는 우리 마음에 혐오의 감정을 가득 채우는데, 이 감정은 모든 점에서 자신의 우상이 신성모독을 당하는 것을 보는 신자의 감정과 유사하다. 그러므로 그와 같은 도덕은 단순히 위생적인 규율이나 생존을 위한 현명한 검약이 아니다. 그것은 인간이 신자인 동시에 신인 종교이다.[130]

은 특징을 지닌다. "첫째, 일상적 삶 속에서 개인의 존엄성을 강조하는 배려 문화의 정신이다. 둘째, 사회에서 소외된 계급에 대한 박애정신의 확산과 생활화이다. 셋째, 산업화의 결과로 새롭게 나타난 각각의 직업집단에 어울리는 직업윤리의 정착이다. 마지막으로는 개인주의의 논리적 귀결로서, 공정한 사회관계를 정립하기 위해 분배적 사회정의를 실현하는 것이다." 민문홍, 앞의 글(2012a), 661~62쪽.

129 Émile Durkheim, 앞의 글(1986b), 60쪽.
130 같은 글, 56~57쪽. "사실상 우리 도덕의 가장 중요한 공리 가운데 하나는

요컨대 뒤르케임이 보기에 현대사회에서 "유일하게 가능한 종교는 인류교이며 그것의 합리적인 표현이 개인주의적 도덕이다."[131] 이 인류교와 개인주의적 도덕은 추상적인 인간의 관념으로부터 연역적으로 도출할 수 있는 것이 아니라 장기간에 걸친 사회적 발전의 산물로서 사회학적으로 설명할 수 있다. 그것은 단순히 "별실(別室)이론", 그러니까 단순히 "철학적 구성물"이 아니라 엄연한 역사적·사회적 사실로서 "우리의 제도들과 우리의 풍속들을 관통하며 우리의 삶 전체와 밀접하게 연결되어 있다." 그러므로 "만약 우리가 그로부터 정말로 해방되어야 한다면, 우리는 동시에 우리의 도덕적 조직 전체를 전복해야 할 것이다."[132] 뒤르케임은 인류교와 개인주의적 도덕의 역사적·사회적 배경을 다음과 같이 자세하게 논하고 있다.

사회의 규모가 커지고 더 큰 영역들로 확장됨에 따라 전통과 관례는 다양한 상황과 사태의 변화 가능성에 적응할 수 있기 위해 가형성(可形性)과 불안정의 상태에 머무를 수밖에 없는데, 이 상태는 더 이상 개인들 사이의 차이에 대한 충분한 저항력이 될 수 없다. 개인들

(심지어 가장 중요한 공리라고 말할 수도 있을 것이다) 인간으로서의 개인이 성스럽다는 것이다. 그는 모든 종교의 신자들이 자신들의 신을 향하여 간직하는 경외를 요구할 권리가 있다." Émile Durkheim, 앞의 책(1984b), 153~54쪽. 인간이 신자인 동시에 신인 종교, 즉 개인숭배 또는 개인교는 전통적 의미의 종교와 마찬가지로 "모든 사회적 삶의 근본적인 전제조건이 되는 정신과 의지의 공동체를 창출할 수 있는데", 이 공동체의 구성원들은 제우스, 야훼 또는 아테나 등과 같은 신의 영광을 위해서가 아니라 인간의 위대함을 위해서 일한다. 다른 한편 개인교는 전통적인 종교보다 "그것이 숭배하는 신이 신자들에게 더 가까이 있다." Émile Durkheim, 앞의 책(1991), 102쪽. 그 이유는 이 종교의 신이 초월적 신이 아니라 세속화된 인간이기 때문이다. 다시 말해 세속화된 인간이 신자인 동시에 신이기 때문이다.

131 Émile Durkheim, 앞의 글(1986b), 63쪽.
132 같은 글, 57~58쪽.

사이의 차이는 덜 억압되면 더 자유롭게 나타나고 더 커진다. 다시 말해 모든 사람은 자신의 고유한 판단력을 따른다. 그와 동시에 분업이 진척됨에 따라 각 개인은 지평의 다른 지점을 지향하고 다른 관점에 따라 세계를 고찰한다. 그 결과 한 주체의 태도는 그와 가장 가까운 주체의 태도와 구별된다. 그리하여 우리는 점차 한 상태로 이행하여 이제 거의 도달하였는데, 그것은 동일한 사회적 집단의 구성원들이 인간으로서의 속성 이외에는, 즉 인간으로서의 개인 일반의 본질을 규정하는 특징들 이외에는 더 이상 아무런 공통점도 없는 상태를 말한다. 그리하여 인간으로서의 개인이라는 관념이, 비록 각 국민들의 기질이 다양하기 때문에 다양한 뉘앙스를 갖지만, 개별적인 의견들이 밀물과 썰물처럼 바뀌는 상황에서도 불변적이고 사람에 관계없이 존속되는 유일한 관념이다. 그리고 그 관념이 불러일으키는 감정은 대체로 모든 사람의 가슴에서 찾아진다. 사고의 공통성은 더 이상 특정한 의례나 선입관에 근거할 수 없는데, 그 이유는 이러한 의례와 선입관이 사물의 변화에 의해 쇠퇴하기 때문이다. 그 결과 인간들이 공통적으로 사랑하고 존중할 수 있는 것은 인간 자체 이외에는 더 이상 남아 있는 것이 없다. 이렇게 해서 어떻게 인간이 인간을 위한 신이 되었으며 인간이 자기 자신을 기만하지 않고서는 다른 신들을 창조할 수 없다는 것이 입증된다. 그리고 우리 각자는 내적으로 인류의 일부분을 구현하기 때문에 모든 개인의 의식은 내적으로 신적인 무엇인가를 지니고 있으며, 그리하여 다른 개인들의 의식으로 하여금 자신을 신성불가침하게 보도록 만드는 특징을 부여받는다. 바로 여기에 개인주의의 모든 것이 있다.[133]

여기까지의 논의를 요약하면, 도덕적 개인주의는 공리주의적 개인

---

133 같은 글, 63쪽.

주의와 마찬가지로 개인숭배를 주창하지만 집합주의적 · 세계주의적 개인주의라는 점에서 공리주의적 개인주의와 확연히 구별된다. 공리주의적 개인주의가 개인적 차원에 머문다면 도덕적 개인주의는 개인적 차원과 더불어 집단적 차원, 사회적 차원 및 인류적 차원을 포괄한다. 공리주의적 개인주의는 개인에서 시작하여 개인에서 끝나지만 도덕적 개인주의는 개인-집단-사회-인류라는 연결고리를 갖는다. 그리고 이러한 도덕적 개인주의는 사회의 작품, 보다 정확히 말하면 분업이 고도화된 유럽 사회의 작품이다. 이는 도덕적 개인주의가 역사적 산물로서 불가역적이라는 뜻이다. 다시 말해 이제는 개인교 또는 개인숭배를 포기하고 국가숭배나 국가이성으로 돌아갈 수 없다는 뜻이다. 드레퓌스 사건에서 지식인들을 비롯한 친드레퓌스파가 내세운 개인주의는 바로 이러한 도덕적 개인주의였던 것이다. 그들이 보기에 반드레퓌스파가 내세우는 국가숭배 또는 국가이성은 개인교 또는 개인숭배에 대한 신성모독으로서 프랑스 사회를 도덕적 · 정신적 무정부 상태에 빠뜨리게 될 것이다.

물론 이렇게 말한다고 해서 드레퓌스 사건에서 비로소 도덕적 개인주의가 형성되었다는 식으로 받아들여서는 안 된다. 그것은 특정한 한 역사적 사건(들)의 산물이라기보다 — 이미 몇 차례 강조한 바와 같이 — 장기간에 걸친 사회적 발전의 산물이다. 그러나 다른 한편으로 도덕적 개인주의의 발전 과정에서 특정한 역사적 사건(들)이 중요한 역할을 한 사실을 부인할 수 없다. 그 가운데 하나가 바로 드레퓌스 사건이다. 그리고 프랑스대혁명을 빼놓을 수 없다. 왜냐하면 도덕적 개인주의는 "인권선언에서 조금 과장되기는 했지만 이론적으로 표현되었기" 때문이다.[134] 인권선언의 원래 명칭은 "인간과 시민의 권리선언"으로 1789년 8월 26일 국민의회가 선포한 것으로,

---

134 Émile Durkheim, 앞의 책(1991), 88쪽.

그 전문에는 "프랑스 인민의 대표자들은 [……] 엄숙한 선언을 통하여 인간의 자연적이고 불가양도적이며 신성한 권리들을 표명하기로 결의하였거니와"라는 문구가 나온다. 내가 보기에 프랑스대혁명이 도덕적 개인주의에 대해 갖는 또 한 가지 중요한 의미는 프랑스혁명에서 도덕적 개인주의가 집합적 열광과 흥분 상태, 그러니까 종교적 의례의 형태로 표출되었다는 사실이다.

그럼에도 불구하고 도덕적 개인주의는 "이 나라[프랑스]에 전혀 깊은 뿌리를 내리지 못하고 있다." 이에 대한 증거는 "우리[프랑스인들]가 19세기가 경과하는 동안, 사실상 개인주의와 전혀 다른 원리들에 기반하는 권위주의 체제를 여러 번 아주 기꺼이 받아들였다는 사실을 드는 것만으로도 충분하다. 우리의 도덕적 규약에 명시되어 있는 전혀 상반된 낡은 관례들은 우리가 생각하는 것보다 그리고 우리가 원하는 것보다 더 오래 살아남는다. 개인주의적 도덕을 제도화하려면 그것을 단지 주장하거나 고상한 체계로 번역하는 것으로는 충분치 않다. 오히려 이 도덕이 가능하고 지속적일 수 있도록 사회를 구성해야 한다. 그렇지 않으면 그것은 모호하고 공론적(空論的) 상태를 벗어나지 못하게 된다."135

뒤르케임에 따르면, 친드레퓌스파가 드레퓌스라는 한 개인의 자유와 권리를 옹호하고 그를 위해 투쟁하는 것은 단순히 억울한 희생자에 대한 동정 때문이 아니라 드레퓌스에 대한 군부의 판결이 개인숭배라는 종교적 이상에 대한 신성모독이었기 때문이다. 그들은 이 종교적 이상을 순화하고 복원하려고 했던 것이다. "신성모독을 묵인하는 종교는" — 뒤르케임은 이렇게 역설한다 — "양심에 대한 모든 지배를 포기한다. 그러므로 개인교가 모욕당하지 않도록 저항해야 한다. 그렇지 않으면 신뢰성은 파괴될 것이다. 그리고 개인교는 우리를

---

135 같은 책, 88~89쪽.

서로 연결하는 유일한 끈이기 때문에 그것이 약화되면 사회가 해체되기 시작한다." 말하자면 개인숭배는 단순히 개인적 차원에 머무는 종교가 아니라 사회 구성원들이 공유하는 집합의식 또는 집합이상인 것이다. 그러므로 "개인의 이해관계를 옹호하는 개인주의자는 동시에 사회의 긴요한 이해관계를 옹호하는 것이다. 왜냐하면 그는 모든 이념과 감정의 최후의 보루이자 국가의 진정한 영혼인 이것[개인교]이 형벌에 의해 영락하는 것을 막기 때문이다." 달리 말해 드레퓌스 사건처럼 개인숭배 또는 개인교가 신성모독을 당하는 것은 "도덕적 자살"이며, 졸라를 비롯한 친드레퓌스파 지식인들은 프랑스 사회의 도덕적 자살을 방지하기 위해 행동했던 것이다.[136]

요컨대 드레퓌스 사건은 실천적 측면에서 도덕적 개인주의가 프랑스 사회에 깊게 뿌리내리는 데에, 즉 제도화되는 데에 결정적으로 기여했다. 왜냐하면 국가이성과 국가의 권위를 내세우는 반드레퓌스파와 이에 저항하여 개인의 자유와 권리를 위해 투쟁하는 친드레퓌스파를 보면서 프랑스인들은 이제 국가숭배가 아니라 개인숭배가 사회적 관계를 판단하는 가장 중요한 척도라는 사실을 알게 되었으며, 그 결과 도덕적 개인주의가 개인에게 보편적인 가치로 내면화되어 그들의 사고와 행위를 각인하게 되었기 때문이다. 바로 이런 연유로 자유 · 평등 · 박애 · 정의를 추구한 프랑스대혁명이 드레퓌스 사건을 통해 비로소 완성되었다는 평가를 듣는 것이다.

이렇게 보면 프랑스대혁명이 현대사회의 구성적 이념 및 원리에 끼친 영향이 얼마나 심대한가를 짐작할 수 있다. 그뿐만이 아니라 철학 · 사회학 등의 과학적 인식과 사유도 프랑스대혁명으로부터 지대한 영향을 받았다. 멀리 갈 것도 없이 ─ 이미 제1장 제3절에서 살펴본 바와 같이 ─ 콩트의 사회학은 프랑스대혁명을 그 '지식사회

---

136 Émile Durkheim, 앞의 글(1986b), 65~66쪽.

학적' 배경으로 태동했다. 뒤르케임의 사회학도 마찬가지이다. 그는 "1789년 원리들의 제도화"에 지대한 관심을 보였으며, 이는 자유·평등·박애·정의를 객관화하는 또는 사회학화하는 경험적·실증적 도덕과학으로서의 사회학의 구축으로 이어졌다. 다시 말해 뒤르케임 도덕사회학의 명시적 목표는 "1789년 원리들의 사회학화"에 있었던 것이다.[137]

4. 도덕교육

뒤르케임은 시종일관 도덕교육에 지대한 관심을 견지했는데, 그 이유는 그가 도덕교육을 새로운 도덕의 창출이라는 중차대한 의무의 일환으로 보았기 때문이다. 그리고 더 나아가 뒤르케임의 관심은 교육 일반에까지 닿았는데, 그 이유는 그가 교육에서 사회를 재조직할 수 있는 가능성을 발견했기 때문이다. 교육과 도덕교육에 대한 뒤르케임의 논의는 그의 사회학적 인식과 밀접하게 연결되어 있다. 그에게 교육과 도덕교육은 사회적 사실이며, 따라서 사회학의 중요한 연구 대상이다. 이 장에서는 먼저 교육과 사회의 관계 및 교육학과 사회학의 관계를 살펴보기로 한다. 이는 뒤르케임의 '교육사회학'을 이해하는 데 필요할뿐더러 더 나아가 그의 사회학 전반, 즉 사회적 사실을 기술하고 설명하는 과학으로서의 사회학을 이해하는 데에도 적지 않은 도움이 될 것이다. 그리고 난 다음 뒤르케임이 도덕교육에서 진정으로 추구하는 바가 무엇인가를 살펴보기로 한다.

---

137 Matthias König, 앞의 책(2002), 23, 37쪽.

(1) 교육과 사회—교육학과 사회학

뒤르케임의 이력을 보면 한 가지 눈에 띄는 점이 있다. 그는 철학에서 개종한 사회학자이지만—이미 제1장 제3절에서 간략하게 살펴본 바와 같이—보르도 대학에서 사회과학과 교육학을 가르쳤으며, 소르본 대학에서 교육과학 및 교육학 그리고 사회학을 가르쳤다. 이 가운데 사회과학과 사회학은 사실상 동일하다. 보르도 대학에서 강좌명을 사회학으로 하지 않고 군이 사회과학으로 한 것은, 그러한 강좌명으로 아직 대학의 교과목으로 제도화하지 못한 사회학을 가르치도록 한 배려였다. 그러나 뒤르케임은 교육과학(Science de l'éducation)과 교육학(Pédagogie)을 구별한다. 전자는 순수과학이고 후자는 실천과학이다. 전자는 교육이라는 경험적 현실을 엄밀하게 기술하고 설명하는 반면, 후자는 교육의 미래에 관심을 갖고 그에 필요한 행위의 규칙을 제시한다. 전자는 이것이 존재요 저것이 존재 이유라고 말하는 반면, 후자는 이렇게 행하지 않으면 안 된다고 말한다.[138]

아무튼 뒤르케임은—그의 소르본 대학 사회학 교수직 후임자인 폴 포코네에 따르면—"평생 사회학과 더불어 교육학도 함께 가르쳤다. 1887년부터 1902년까지 그는 보르도 대학 철학부에서 주당(週當) 1시간의 교육학 강의를 했는데 수강자는 주로 초등학교 교사 지망생들이었다. 소르본 대학에서는 1902년부터 1906년까지 [페르디낭 뷔송[139]의] 교육과학 교수직을 대리하였으며 1906년에 뷔송이

---

138 Émile Durkheim, *Erziehung und Soziologie*, Düsseldorf: Pädagogischer Verlag Schwann 1972, 58쪽.

139 페르디낭 뷔송(1841~1932)은 프랑스의 교육학자이자 교육행정가이며 정치가이다. 1896년부터 소르본 대학의 교육과학 교수로 재직하다가 교육개혁을 추진하기 위하여 1902년 하원의원이 되어 1914년까지 활동했다. 이때 뒤르케임이 그의 교수직을 대리하는 전임강사가 되었다. 뷔송은 1914~24년

퇴임하면서 정식으로 그 자리를 이어받았다. 그는 세상을 떠나기 전까지 적어도 강의의 삼분의 일을, 그리고 종종 삼분의 이를 교육학에 할애하였다. 대중을 위한 강의, 초등학교 교사들을 위한 강연, 고등사범학교 학생들을 위한 강의 등이 그것이다."[140]

이처럼 뒤르케임은 줄곧 교육과학과 교육학에 지대한 관심을 보였다. 이 둘 중에서 그의 일차적 관심은 전자가 아니라 후자에, 그러니까 교육의 순수과학이 아니라 실천과학에 있었다. 이는 무엇보다도 뒤르케임이 ─ 이미 제1장 제3절에서 살펴본 바와 같이 ─ 1913년 소르본 대학의 교육과학 강좌 담당 정교수가 되면서 강좌명을 교육과학에서 교육학과 사회학으로 변경하도록 했다는 사실을 보면 단적으로 드러난다. 뒤르케임이 보기에 전통이나 권위가 아니라 과학, 객관적이고 실증적인 진리와 그 위에 기반하는 교육이야말로 당시 심한 사회적 갈등과 혼란을 겪고 있던 프랑스 사회를 갱생하고 재조직할 수 있는 유일한 길이었다. 이러한 교육은 미래지향적인 실천과학인 교육학을 통해서만 실현될 수 있다. 아마도 이처럼 뒤르케임의 일차적 관심사가 교육과학이 아니라 교육학에 있기 때문에, 포코네가 "뒤르케임은 평생 사회학과 더불어 교육과학과 교육학도 함께 가르쳤다"라고 말하지 않고, "뒤르케임은 평생 사회학과 더불어 교육학도 함께 가르쳤다"라고 말했을 것이다. 물론 그렇다고

에 프랑스 인권연맹 의장을 지냈으며, 1927년에는 노벨 평화상을 받았다.

140 Paul Fauconnet, 앞의 글(1984), 7쪽. 교육에 관한 뒤르케임의 글은 여기저기 흩어져 있기 때문에 그의 교육이론에 대한 전체적인 조망을 하기가 매우 어렵다. 그의 사후에 출간된 다음 두 저작이 거기에 접근하는 좋은 통로가 될 것이다. 첫째, 1922년에 폴 포코네가 『교육과 사회학』이라는 총서를 편집·출간하면서 뒤르케임의 교육사상을 요약적으로 소개하는 서문을 썼는데, 이 책에는 1902년부터 1911년 사이에 뒤르케임이 직접 다양한 출판물에 발표한 글들이 실려 있다. 둘째, 1925년에는 뒤르케임이 1902~03년 소르본 대학에서 강의한 '도덕과 교육'이 모리스 알박스에 의해 『도덕교육』이라는 제목으로 편집·출간되었다. 이 절의 두 부분은 각각 이 두 저작을 그 논의의 대상으로 한다.

해서 뒤르케임이 순수과학인 교육과학이 갖는 의미나 가치를 과소평가하거나 부정한 것은 결코 아니다. 교육과학과 교육학은 교육이라는 동일한 현상에 대하여 상이한 연구목적과 연구방법을 통해 접근하는 지적 분업과 협업의 관계를 이룬다.

그렇다면 교육학과 사회학의 관계는 무엇인가? 왜 뒤르케임은 1913년 소르본 대학의 교육과학 강좌 담당 정교수가 되면서 강좌명을 교육학과 사회학으로 변경하도록 했는가? 이에 대한 대답은 뒤르케임이 교육을 어떻게 이해했는가를 살펴보면 곧바로 얻을 수 있을 것이다. 결론부터 말하자면, 뒤르케임에게 교육은 개인에게 사회적 존재를 형성하는 사회적 행위이자 과정이다.

뒤르케임은 1902년 소르본 대학의 교육과학 강좌 담당 전임강사가 되면서 '교육학과 사회학'이라는 주제로 취임강연을 했는데, 이는 어쩌면 그가 1913년 교육과학 정교수가 되면서 그 강좌명을 교육학과 사회학으로의 변경을 예고하는 일인지도 모른다. 아니면 이미 그때부터 그러한 복안이 있었는지도 모른다. 아무튼 뒤르케임은 ─ 뷔송에게 찬사를 보내고 강의 목표를 밝히고 난 다음 ─ 교육을 개인적인 문제로 보고 교육학의 토대를 심리학에서 찾는 기존의 철학과 교육학을 강력하게 비판하면서 취임강연을 본격적으로 시작한다. 이 비판은 교육에 대한 기존의 지배적인 관념을 요약적으로 보여 주며, 따라서 대비를 통해 뒤르케임의 교육이론을 이해하는 데에 ─ 그리고 더 나아가 철학 및 심리학과 사회학의 관계를 이해하는 데에 ─ 큰 도움이 되므로 한 번 자세하게 인용할 가치가 있다.

다음과 같은 기본적 공리가 잘 알려져 있지 않기 때문에 곧바로 그것에 여러분의 주의를 집중시킬 필요가 있다고 본다. 최근까지 ─ 예외가 있지만 ─ 현대 교육학자들은 교육이 무엇보다도 개인적인 문제이며 따라서 교육학은 심리학으로부터 직접적이고 즉각적으로 추론하는 것만으로 충분하다는 데에 거의 의견의 일치를 보고 있다. 칸트와 밀에게도, 헤르바르트[141]와 스펜서에게도 교육의 목표는 무엇보다도 각 개인을 가능한 한 최고도로 완성함으로써 그에게서 인간 종족 일반의 본질적인 특성을 실현하는 것이었다. 인간들이 처한 역사적·사회적 조건이 아무리 다를지라도 다른 모든 교육을 배제한 채 모든 인간에게 아무런 차별 없이 적용할 수 있는 단 한 가지의 그리고 오직 단 한 가지의 교육만이 있다는 것이 자명한 이치로 간주되었다. 그리고 교육이론가들은 이 추상적이고 유일한 이상을 규정하려고 기도했다. 그들은 그 형태와 속성을 확고하게 규정할 수 있는 **하나의** 인간 본성이 존재한다고 가정했다. 그리하여 교육학의 문제는 이렇게 규정된 인간본성에 [교사나 학부모 등의] 교육적 행위가 어떻게 영향을 끼쳐야 할 것인가를 연구하는 데에 있었다. 물론 인간이 생명을 부여받은 첫 순간부터 그가 될 수 있고 또 되어야 하는 모든 것을 갖추고 있다고 생각한 사람은 아무도 없었다. 인간은 출생과 더불어 시작하여 성숙한 시기에서야 끝나는 완만한 성장 과정을 통해 점진적으로 형성된다는 것은 지극히 명백한 사실이다. 그러나 그들은 이 성장이 단지 소질이 실현되는 것일 뿐이라고, 다시 말해 단지 아동의 육체적·정신적 유기체 속에 이미 완성된 형태로 잠재해 있는 에너지가 드러나는 것일 뿐이라고 가정한다. 만약 이 가정이 옳다면 교육자는 자연의 작품에 본질적인 것은 아무것도 첨가하는 것이 없을 것이다. 그는 새로운 것이라곤 아무것도 창조하지 못할 것이다. 그의 역할은 기껏해야 이 기존의 소질이 사용되지 않음으로써 질식되거나 또는 정상적인 발전방향으로부터 벗어나거나 너무 느리게 전개되지 않도록 하는 데에 국한될 것이다. 그리하여 시간과 공간의 조건, 즉 사회적 환경의 상태는 완전히 교육학의 관심 밖에 있게 된다. 인간은 내적으로 발전의 모든 맹아를 가지고 있기 때문에 이 발전을 어떠한 방

---

141 요한 프리드리히 헤르바르트(1776~1841)는 독일의 철학자이자 심리학자이며 교육학자이다.

향으로 그리고 어떠한 방법으로 지도할 것인가를 결정할 때에는 그를 그리고 오직 그만을 관찰해야 한다. 중요한 것은 인간의 생래적인 소질이 무엇이고 그 본질이 무엇인가를 아는 것이다. 그런데 개인으로서의 인간을 기술하고 설명하는 과학은 심리학이다. 그러므로 심리학이 교육학자가 필요로 하는 모든 것을 충족해 줄 것처럼 보인다.[142]

요컨대 뒤르케임 당시의 철학자들과 교육학자들은 교육을 인간 일반의 본성을 실현하는, 따라서 시공을 초월하는 보편적인 행위와 제도로 보았던 것이다. 그들에게는 하나의 확정적인 인간본성과 이를 실현할 수 있는 하나의 교육만이 존재했다. 그러나 조금만 역사로 눈을 돌려도 교육은 그리고 교육이 육성 · 계발하고자 하는 인간의 '본성'도 시대에 따라, 사회에 따라, 직업에 따라, 계급에 따라, 지역에 따라, 연령에 따라, 그리고 성별에 따라 다르다는 것이 여실히 드러난다. 모든 국민은 그 유형이 어떠하든 자신만의 고유한 교육을 가지고 있으며, 이 교육은 정치적 · 도덕적 · 경제적 · 종교적 조직 등과 마찬가지 방법으로 그 국민의 유형을 규정하는 데에 기여할 수 있다. 교육은 각 국민 유형의 '인상'을 결정하는 요소 가운데 하나이다.[143] 예컨대 — 역사적으로 무수히 접할 수 있는 예 가운데 쉽게 생각할 수 있는 예를 한 가지 들자면 —

그리스나 로마의 도시에서는 교육이 개인을 집단에 맹목적으로 복종하여 사회의 피조물이 되도록 훈련하는 것이었다. 이에 반해 오늘날의 교육은 개인을 자율적 인격체로 만들려고 노력한다. 아테네에서는 지적이고 섬세하고 절도 있고 조화로우며 순수한 사색의 아름다움

---

142 Émile Durkheim, 앞의 책(1972), 74~75쪽. 다음도 같이 볼 것. 같은 책, 21쪽 이하.
143 같은 책, 79쪽.

과 기쁨을 즐길 줄 아는 교양인을 양성하려 했다. 로마에서는 어린이들을 문학과 예술에는 무관심한 채 무엇보다 군사적 명예를 위해 헌신할 수 있는 활동적 인간으로 키우려고 했다. 중세에는 교육이 무엇보다도 기독교적이었다. 르네상스기에는 보다 세속적이고 문학적인 성격을 띠게 되었다. 오늘날에는 과거의 교육에서 예술이 차지했던 자리를 과학이 차지하려고 한다.[144]

또한 — 한 가지 예를 더 들자면 — 귀족의 교육은 평민의 교육과 달랐고 브라만의 교육은 수드라의 교육과 달랐고, 중세에 어린 수습 기사들이 기사도에 필요한 각종 기예를 익히는 교육과 농노들이 교구(敎區) 학교에서 겉핥기식으로 산술·음악·문법을 배우는 교육의 차이는 참으로 큰 것이며, 오늘날에도 도시의 교육은 지방의 교육이 아니고 부르주아의 교육은 노동자 계급의 교육이 아니다.[145] 그리고 — 마지막으로 한 가지 예만 더 들자면 — 체육교육은 인간의 신체와 관련된다는 점에서는, 즉 그 대상의 측면에서는 시대와 사회를 초월하여 보편적이지만 그것이 육성하고 계발하려는 신체적 특징에서는, 즉 그 목적의 측면에서는 시대적 상황과 사회적 조건에 따라 판이한 모습을 보인다. 스파르타에서는 체육교육의 목적이 무엇보다도 피로에 견디도록 사지(四肢)를 강화하는 것이었고, 아테네에서는 체육교육이 신체의 조형미를 형성하는 수단이었고, 중세 기사도 시대에는 민첩하고 유연한 전사를 육성하는 데에 기여했으며, 오늘날에는 무엇보다도 지나치게 긴장된 정신적 문화에 의해 야기되는 위험을 제한하는 데에 관심을 갖고 있다.[146]

---

144 같은 책, 23쪽. 기독교적인 중세의 교육은 금욕적이었던 반면 세속적이고 문학적인 르네상스의 교육은 자유주의적이었다(즉 개인의 자유를 중시했다). 같은 책, 79쪽.
145 같은 책, 75~76쪽.
146 같은 책, 34쪽.

이 몇 가지 간단한 예만 보더라도 모든 인간에게 보편적으로 적용되는 하나의 교육이 존재하는 것이 아니라 시대와 사회에 따라 교육이 달라지며 심지어 같은 사회 내에서도 계급이나 지역 등에 따라 교육이 달라짐을 알 수 있다. 이처럼 교육이 시대와 사회에 따라 상이성과 다양성을 보이는 이유는, 각 시대의 상황과 각 사회의 구조와 조건 및 환경이 달라지고 그에 따라 인간의 욕구도 달라지기 때문이다. 예컨대 과학이 그렇다. 왜 오랫동안 의심의 대상이었던 과학이 오늘날에는 높은 평가를 받으면서 교육에서 핵심적인 지위를 차지하게 되었는가? 그 이유를 뒤르케임은 다음과 같이 제시한다. 사회적 삶이 그 모든 형태에서 너무 복잡해졌기 때문에 성찰적 사고, 즉 과학적으로 계몽된 사고를 하지 않고서는 존속할 수 없게 되었으며, 이때부터 과학적 문화가 사회적 삶에 필수불가결한 것이 되었으며, 따라서 사회는 그 구성원들에게 과학의 학습을 의무로 부과하고 요구하게 되었다. 이에 따라 인간은 자연스레 과학적 지식에 대한 욕구와 갈증을 느끼게 되었다.[147]

결과적으로 교육은 시간과 공간에 따라, 그리고 역사적 · 사회적 조건에 따라 달라지는 사회적 사실이며, 이 사회적 사실은 정치 · 도덕 · 경제 · 종교 등의 여타 사회적 사실과 밀접한 관계를 가지면서 이와 더불어 사회를 구성하고 사회의 유지와 발전에 기여한다. 사회적 사실로서의 교육은 인간본성에 의해서가 아니라 다른 사회적 사실(들)을 통해 설명해야 한다. 이와 더불어 교육의 대상도 당시의 철학자들과 교육학자들이 가정한 것처럼 보편적이고 추상적인 인간과 그의 개인적 존재가 아니라 구체적인 시공간과 역사적 · 사회적 조건에서 살아가는 실제적 인간과 그들의 사회적 존재이다.

그렇다면 도대체 교육이란 무엇인가? 다시 말해 시공간과 역사

---

147 같은 책, 33~34쪽.

적·사회적 조건에 따라 그토록 판이하게 나타나는 교육체계를 '교육'이라는 사회학적 개념 아래 한군데로 묶을 수 있도록 하는 외적 특징은 무엇인가? 이에 대한 답을 찾기 위해 뒤르케임은 예의 그 관찰과 간접실험인 비교방법을 구사한다. 다시 말해 현재와 과거의 교육체계를 관찰하고 비교함으로써 그것들 모두에게 공통되는 특징을 추상하는 작업을 진행하며, 그 결과 두 가지 공통적인 특징을 얻는다. "교육이 성립하려면" ── 이와 관련하여 뒤르케임은 말하기를 ── "성인세대와 미성년세대 사이에 상호작용이 있어야 하며 전자가 후자에 영향을 끼쳐야 한다. 말하자면 어느 사회에서나 교육체계는 반드시 두 측면을 갖고 있다. 교육체계는 유일한 동시에 다양한 무엇이다."[148] 여기에서 교육체계가 유일하다 함은 세대 간의 상호작용과 영향이라는 특징에서는 여타의 사회적 사실과 근본적으로 구별되는 그 무엇이라는 의미이며, 교육체계가 다양하다 함은 이 특징이 시대에 따라, 사회에 따라 다양한 형태로 전개된다는 의미이다. 이처럼 미성년세대에 대한 기성세대의 상호작용적 영향력 행사가 교육이라면, 이 영향력의 행사의 목적이 바로 교육의 목적이 된다. 뒤르케임은 교육을 다음과 같이 정의한다.

> 교육은 아직 사회적 삶에 준비가 되어 있지 못한 미성년세대에게 성인세대가 영향력을 행사하는 것이다. 그 목적은 아동들에게 전체 사회로서의 정치사회와 그들이 특별한 방식으로 관여하게 되는 특수 환경에서 그들에게 요구되는 일정한 신체적·지적·도덕적 상태를 육성하고 계발하는 데 있다.[149]

---

148 같은 책, 26쪽.
149 같은 책, 30쪽. 이 인용구절에 '정치사회'라는 용어가 나오는데, 이에 대해서는 정치사회학을 논의의 주제로 하는 제6장 제4절에서 자세한 논의가 있을 것이다.

달리 말해 교육은 성인세대가 미성년세대를 전체 사회와 특정사회집단[계층, 가족, 직업집단 등]의 두 차원에 걸쳐 조직적으로 사회화하는 과정으로 규정되며, 이 조직적 사회화의 목적은 개인에게 개인적 존재를 형성하는 것이 아니라 사회적 존재를 형성하는 것이다. 개인적 존재가 각 개인과 그의 인격 및 삶에만 관계되는 정신적 상태를 말한다면, 사회적 존재는 우리가 속하는 집단이나 집단을 표현하는 이념, 감정 및 관습의 체계를 말한다.[150] 이렇게 보면 "교육이 우리 안에서 실현해야 하는 인간은 자연이 창조한 인간이 아니라 사회가 원하는 인간이다. 그리고 사회는 사회의 내적 경제가 요구하는 바로 그런 인간을 원한다."[151] 요컨대 뒤르케임에게 교육은 개인과 개인의 이해관계에 이바지하는 수단이라기보다 사회가 자신의 존재조건을 창조하기 위한 수단이다.[152]

이렇게 보면 뒤르케임의 교육이론은 전체주의, 사회학주의 또는 사회결정론이라는 의혹을 사기에 충분하다. 다음과 같은 주장을 보면 그와 같은 의혹은 더욱더 커질 수밖에 없다. "[여기까지의 논의에 입각하여 판단하면] 과거에도 현재에도 우리의 교육적 이상은 그 모든 세부사항에 이르기까지 사회의 작품이라고 할 수 있다. 사회는 우리에게 우리가 되어야 할 인간의 초상화를 그려주는데, 이 초상화 속에는 사회적 조직의 모든 특성이 반영되어 있다."[153]

그러나 결론부터 말하자면 뒤르케임은 전체주의적·사회학주의적 또는 사회결정론적 교육이론을 제시한 적이 결코 없다. 아니 더 나아가 그의 사회이론 일반은 이와는 완전히 거리가 멀다. 그의 사회이론에는 언제나 개인과 사회가 거대한 변증법적 소용돌이를 일으

---

150   같은 책, 30, 83쪽.
151   같은 책, 81쪽.
152   같은 책, 82~83쪽.
153   같은 책, 82쪽.

키고 있다. 그의 교육이론도 마찬가지이다. 그것은 사회화와 개인화의 변증법적 관계라는 좌표 위에 설정된다. "만약 인간을 형성하는 것이 교육의 진정한 목표라면, 그리고 교육이 곧 사회화라면, 우리는 뒤르케임과 더불어 사회화를 통한 개인화가 가능하다는 결론을 내릴 수밖에 없다."[154] 한마디로 교육은 사회화하면서 개인화하는 사회적 과정이자 사회적 사실이다.

그런데 중요한 것은 사회화를 통한 개인화가 단지 개인에게 잠재되어 있는 인간의 본성이 발현되고 실현되도록 하는 데에 한정되는 것이 아니라는 점이다. 다시 말해 교육은 소극적으로 자연의 작품에 대한 보조적인 역할에 머물지 않는다. 거기에서 더 나아가 교육은 적극적으로 "인간을 새로운 인간으로 창조하는데, 이 새로운 인간은 우리 내부의 최상의 것, 즉 삶에 가치와 품위를 부여하는 모든 것으로 구성된다."[155] 이러한 교육의 창조적 힘은, 사회가 오랜 시간과 체험을 통해 축적한 다양한 초개인적 능력을 개인에게 전수함으로써, 그리하여 개인적인 것과 사회적인 것이 변증법적으로 종합함으로써 생겨난다. 이는 인간세계에 특유한 것이다. 동물세계의 교육은 생래적 본능에 사회에 의해 창조된 것을 보태지 못하는데, 그 이유는 동물이 사회적 조건에서 살지 않거나 본능만으로도 충분히 기능할 수 있는 단순한 사회에서 살기 때문이다.[156] 이에 반해 "인간은 오직 그가 사회 안에서 살기 때문에 인간인 것이다."[157]

여기까지의 논의로부터 교육학과 사회학의 관계가 도출된다. 뒤르케임은 예의 그 취임강연 '교육학과 사회학'에서 다음과 같이 역설하고 있다.

---

154   Paul Fauconnet, 앞의 글(1984), 12쪽.
155   Émile Durkheim, 앞의 책(1972), 84쪽.
156   같은 곳.
157   같은 책, 34쪽.

사실상 나는 교육이 그 기원과 기능의 측면 모두에서 현저한 사회
적 사상(事象)이라는 것을, 그리고 따라서 교육학은 다른 어떤 과학보
다도 사회학에 의존한다는 것을 모든 교육학적 사고의 제일 공준(公
準)으로 간주한다.[158]

뒤르케임에 따르면, 사회학은 교육의 진정한 원천인 사회로 돌아
가 사회를 연구하고 사회의 요구를 구명함으로써 교육학이 가장 긴
급하게 필요로 하는 것, 즉 일련의 지도이념을 제공할 수 있는바, 이
지도이념은 교육적 실천의 핵심이자 버팀목으로서 교육적 행위에
의미를 부여하고 우리로 하여금 그 행위를 지속하도록 한다. 바로
이것이 우리의 교육행위가 생산적이 될 수 있는 필수적인 전제조건
이다.[159] 요컨대 뒤르케임에게 사회학은 교육학의 기초과학이 되는
셈이다.[160]
　이렇게 보면 교육학과 심리학에 대한 기존의 지배적인 견해, 즉
교육은 개인적 존재에 관한 문제이며 따라서 교육학은 심리학으로
부터 직접적이고 즉각적으로 추론하는 것만으로 충분하다는 견해
는 완전히 설 자리를 잃을 수밖에 없게 된다. 그렇다면 심리학은 교
육학에 전혀 무용한 것인가? 뒤르케임에 따르면 심리학은 교육학에
대해 일정한 의미를 갖는다. 교육이 사회화와 개인화의 변증법적 관
계임을 염두에 둔다면, 개인을 그 대상으로 하는 심리학이 교육학에
크게 기여할 수 있다는 것은 의심의 여지가 없다. "설령 교육학적 이
상이 무엇보다도 사회적 필요성을 나타낸다고 할지라도, 그것은 어
디까지나 개인 안에서 그리고 개인에 의해서만 실현될 수 있다. 교

158　같은 책, 73쪽.

159　같은 책, 93쪽.

160　Raymund Krisam, "Vorwort", in: Émile Durkheim, *Erziehung und
　　Soziologie*, Düsseldorf: Pädagogischer Verlag Schwann 1972, 7~19쪽, 여기
　　서는 9쪽.

육학적 이상이 단순한 정신적 구성물, 즉 사회가 그 구성원들에게 헛된 명령으로 남아 있지 않도록 하려면 아동의 의식이 그 이상을 따르도록 만드는 방법을 찾아내야 한다."[161] 요컨대 심리학, 특히 아동심리학은 무엇보다도 교육방법의 개발에 유용한 역할을 할 수 있다. 그러나 심리학은 그 자체만으로는 방법의 설계에 필요한 요소를 제공할 수 없다. 왜냐하면 교육학적 방법은 개인이 아니라 집단에 그 원형이 있기 때문이다. 그러므로 개인에 대한 과학인 심리학은 사회에 대한 과학인 사회학과의 긴밀한 협력을 통해서만 교육학에 유의미한 기여를 할 수 있다.[162] 뒤르케임에게 사회학이 교육학의 기초과학이라면 심리학은 보조과학이다. 뒤르케임은 예의 그 취임강연 '교육학과 사회학' 뒷부분에서 교육학, 사회학, 심리학의 관계를 다음과 같이 요약하고 있다.

교육을 어떤 측면에서 고찰하든 그것은 어디서나 똑같은 성격을 갖는 것으로 보인다. 교육이 추구하는 목적의 문제이든 아니면 교육이 사용하는 수단의 문제이든, 모두가 사회적 요구를 충족하기 위함이다. 교육이 표현하는 것은 집합적 이념과 감정이다. 물론 개인도 교육에서 어떤 이득을 얻는다. 우리 안의 최선의 것은 교육의 덕택이라는 것을 명백히 인식하지 않았는가? 그런데 이는 우리 안의 최선의 것이 그 기원상 사회적인 것이기 때문이다. 그러므로 우리는 언제나 사회에 대한 연구로 되돌아가야 한다. 교육학자는 오직 거기에서만 자신의 이론의 원리를 발견할 수 있다. 물론 심리학도 이 원리가 무엇인지 일단 확인되고 나면 교육학자에게 그것을 아동에게 적용할 최선의 방법을 알려 줄 수 있다. 그러나 그 원리를 발견하도록 해주지는 못할 것이다.[163]

---

161 Émile Durkheim, 앞의 책(1972), 88쪽.
162 같은 책, 89, 91쪽.

(2) 도덕성의 세 가지 요소

방금 살펴본 바와 같이, 뒤르케임은 교육을 성인세대가 신체적·지적·도덕적 측면에서 미성년세대를 사회가 요구하는 존재로 형성하는 일련의 조직적인 사회화 과정으로 파악한다. 그러니까 교육에는 신체적·지적·도덕적 교육이 있다고 보는 것이다. 관점에 따라 여기에 문화적 교육을 덧붙이거나 이를 지적 교육의 일부분으로 볼 수도 있다. 이 여러 가지 교육 가운데에서 뒤르케임이 일차적으로 관심을 가진 것은 다름 아닌 도덕교육이다. 이는 그가 새로운 도덕의 창출을 현대사회에 그리고 자기 자신에게 주어진 가장 중요한 의무로 생각했다는 사실을 감안하면 쉽게 이해할 수 있는 대목이다.

도덕교육에 대한 뒤르케임의 이론은 그가 1902~03년 소르본 대학에서 강의한 '도덕과 교육'에 잘 드러나 있다. 뒤르케임은 ── 이미 앞에서 언급한 바와 같이 ── 1902년 교육개혁을 추진하기 위해 하원의원이 되어 정계로 진출한 뷔송을 대리하여 소르본 대학의 교육과학 강좌 담당 전임강사가 되면서 '교육학과 사회학'이라는 주제로 취임강연을 했는데, 이 취임강연이 사실상 1902~03년 강의의 개막 강의가 되었다. 뒤르케임의 강의 '도덕과 교육'은 그의 사후인 1925년에 모리스 알박스에 의해 『도덕교육』이라는 제목으로 편집·출간되었다(원고는 뒤르케임이 생전에 세심하게 교정을 본 상태였다). 그런데 취임강연은 이 책에 포함되지 않았는데, 그 이유는 뒤르케임이 1903년에 『형이상학 및 도덕 저널』 제12호에 게재했으며 또한 폴 포코네가 1922년에 뒤르케임이 1902년과 1911년 사이에 발표한 글들을 모아 『교육과 사회학』을 편집·출간하면서 제3장에 재수록했

---

163 같은 책, 92쪽.

기 때문일 것이다. 아무튼 뒤르케임은 소르본 대학에서 교육과학 강좌 담당 전임강사가 되면서 곧바로 도덕교육에 대한 강의를 할 정도로 이 주제에 지대한 관심이 있었다. 그리고 그 이론적 토대를 사회학에서 찾았던 것이다.

뒤르케임의 『도덕교육』은 총 18개 강의로 이루어져 있으며, 이는 다시금 크게 서문과 두 부분으로 나누어져 있다. 제1강인 서문은 세속적 도덕을 그 주제로 하고 있으며, 제2~8강인 제1부는 도덕성의 세 가지 요소인 규율정신, 사회집단에의 결속 및 의지의 자율성을, 그리고 제9~18강인 제2부는 아동들에게 이 요소들을 형성하는 방식을 그 주제로 삼고 있다. 우리의 논의는 보다 사회학적인 성격을 띠는 제1부에 초점을 맞추기로 한다. 참고로 보다 교육학적인 성격을 띠는 제2부는 다음과 같이 세 부분으로 구성되어 있다. 1. 규율정신의 형성과 관련하여 규율과 아동심리학, 학교의 규율, 학교의 상벌체제를 다룬다. 2. 사회집단에의 결속과 관련하여 아동의 이타성, 사회적 감수성에 끼치는 학교환경의 영향을 다룬다. 3. 의지의 자율성의 형성과 관련하여 자연과학, 문학, 역사, 도덕, 심미적 문화를 다룬다.

뒤르케임은 자신이 다루고자 하는 도덕교육을 세 가지 측면, 즉 시기적(생애 주기적)·제도적·역사적 관점에서 규정한다. 첫째, 시기적으로는 제2의 아동기가 문제시된다. 뒤르케임은 아동기를 두 시기로 구분하는바, 제1의 아동기는 가정이나 예비학교에서 보내는 시기이며, 제2의 아동기는 초등학교에서 보내는 시기이다. 둘째, 제도적으로는 가정이 아니라 학교에서의 도덕교육이 문제시된다. 뒤르케임에 따르면 아동에게 사회적 삶을 준비시키는 데에 적합한 제도는 가정이 아니라 "국민교육의 규정일람표"인 학교이다. 아동들에게 도덕의 토대가 구축되는 것은 바로 초등학교 시절이다. 셋째, 역사적으로는 세속화된 시대의 도덕이 문제시된다. 이 시대의 도덕은 그 어떠한 종교적 원리도 필요로 하지 않은 채 전적으로 이성의 권위에

근거하는 도덕이다. 뒤르케임은 이 세속화된 시대의 도덕을 합리적 도덕이라고 부른다.[164]

a. 규율의 정신

요컨대 뒤르케임이 다루고자 하는 도덕교육은 초등학교에서 교사들이 아동들에게 세속적·합리적 도덕성을 교육하는 일련의 제도적 행위이자 과정이다. 이 도덕성은 세 가지 요소로 구성되는데, 그것은 규율의 정신, 사회집단에의 결속, 의지의 자율성이다.

뒤르케임은 도덕성의 첫 번째 요소를 규율의 정신에서 찾는다. 도덕은 본질적으로 규율이다. 도덕은 명령하는 또는 금지하는 규율이며 이 도덕적 규율의 목적은 행위를 규제하는 데에 있다. 규제는 도덕의 본질적 기능이다. 그런데 규율은 다시금 규칙성과 권위의 두 가지 측면을 갖는다. 먼저 규칙성은 규율이 특정한 조건 아래에서 반복되는 행위에 작용함을 의미한다. 도덕은 인간의 행위를 규정하고 확정하며 규제하기 때문에, 도덕적인 개인은 규칙적인 삶을 영위하고 규칙성을 선호할 수밖에 없다. 진정한 의무는 일상적인 것이기 때문에 규칙적이며, 언제나 똑같고 한결같으며 심지어 단조롭게 되돌아온다. 요컨대 도덕적 행위는 위기의 시기에서나 볼 수 있는 영웅적 행위가 결코 아니다. 뒤르케임이 도덕적 의무의 규칙성을 얼마나 중시하는가는, 다음의 명제를 보면 단적으로 드러날 것이다. "규칙성은 유기체적 주기성의 도덕적 유비이다."[165] 그러니까 유기체적 삶이 주기성을 그 근본적인 특징으로 하는 것과 마찬가지로 도덕적 삶은 규칙성을 그 근본적인 특징으로 한다는 것이다. 그리고 권위는 우리의 외부에 존재하면서 우리보다 우월한 여러 도덕적 힘이 우리에게 행사하는, 그리고 우리가 그것을 인정하고 그것에 자발적으로

---

164 Émile Durkheim, 앞의 책(1984b), 72~73쪽.
165 같은 책, 88쪽.

복종하는 영향력을 의미한다. 아무튼 규칙성과 권위는 규율의 정신을 구성하는 두 가지 요소이다. 규칙성과 권위는 규율정신이라는 동전의 양면과도 같다.[166]

그렇다면 다음과 같은 질문이 제기될 수밖에 없다. 도덕이 본질적으로 규율이고 규율이 곧 규제라면, 도덕적 규율은 개인의 본성을 억압하고 그의 인격이 형성되는 것을 저해하며 그를 구속하고 그의 자유를 박탈하지 않는가? 사실상 이런 식으로 보는 것이 일반적이다. 규율은 사회에는 유익하지만 개인에게는 무익하며, 따라서 필요악에 지나지 않는다고 보는 것이 일반적이다. 뒤르케임의 견해는 이와 완전히 상반된다.

뒤르케임에 따르면 규율은 사회에만 필요하고 유익한 것이 아니라 개인에게도 필요하고 유익한 것이다. 말하자면 규율은 필요악이 아니라 '필요선'인 것이다. 만약 개인이 자신을 일정한 형태와 방식으로 제한하는 능력을 갖추지 못한다면, 그는 자신의 본성과 욕구를 지배하는 주인이 아니라 그것에 의해 지배되는 노예가 될 수밖에 없다. 그는 자신의 주인이 아니라 자신의 노예가 될 수밖에 없다. 개인은 도덕적 규율을 통해 자신의 주인이 되어 자신을 지배할 수 있어야 비로소 인격적 존재가 될 수 있다.[167]

왜냐하면 인격적 존재란 자신이 하는 모든 것을 자신에게 고유한 표지로 각인할 수 있는 존재이기 때문이다. 이 표지는 지속적이며 그를 통해 이 존재를 인식할 수 있고 다른 모든 존재로부터 구별할 수 있다. 그러나 기호, 충동, 소원이 평형추 없이 우리를 지배하는 한, 우

---

166 같은 책, 83, 85, 87~88, 101쪽.
167 뒤르케임은 자기지배의 능력을 '성격'(caractère)의 가장 본질적인 특징으로 보며, 따라서 도덕규율이 성격의 형성에도 중요한 역할을 한다고 주장한다. 이 용어는 오늘날 한국어의 어감과 너무 거리가 멀기 때문에 여기서는 일단 논외로 하기로 한다.

리의 행동거지가 전적으로 그때그때 그 힘에 의존하는 한, 우리는 영원한 계절풍과 조금도 다르지 않다. 다시 말해 어린아이나 원시인처럼 예측할 수 없는 행동을 하게 된다. 어린아이나 원시인은 자신의 의지에 반하여 의지를 분할하여 변덕스러운 모든 방향으로 분산함으로써 인격의 근원적인 조건인 의지의 통일성도, 지속성도 달성할 수 없게 된다. 그러나 도덕규율은 우리로 하여금 바로 그런 식으로 자기를 지배하도록 교육한다. 그것은 우리에게 내적 충동의 압력에 의해 행위하지 않도록 가르친다. 그것은 우리의 행위가 즉흥적으로 자신의 타고난 경향을 따르는 것을 방지한다. 그것은 우리에게 긴장하여 행위하도록 가르친다. 왜냐하면 변덕스러움을 제어하고 탐욕을 침묵토록 하고 충동을 억제할 것을 요구하지 않는 도덕적 행위란 결코 없기 때문이다.[168]

이렇게 보면 도덕규율에 의한 자기지배는 개인적 자유의 박탈과 개인의 구속을 의미하는 것이 아니라 오히려 자유의 첫 번째 조건이 됨을 알 수 있다. 도덕적 규율은 해방과 자유의 진정한 도구이다.[169] 자유는 규제와 모순적인 관계에 있는 것이 아니라 바로 규제의 열매이다. "우리는 도덕규율의 영향을 받고 그것을 적용함으로써"—이와 관련하여 뒤르케임은 주장하기를—"자유의 진정한 본질, 즉 우리를 지배하고 우리를 제어할 수 있는 능력을 획득한다." 요컨대 규칙과 자유는 서로를 배척하는 이율배반적인 관계가 아니라 전자가 후자의 존재조건이 되는 관계이다.[170] 게다가 뒤르케임에 따르면 규율에 의한 자기제한과 자기지배는 도덕적 건강의 조건일뿐더러 더 나아가 행복의 조건이기도 하다. 왜냐하면 행복이란 무한히 먼 곳에

---

168 Émile Durkheim, 앞의 책(1984b), 98~99쪽.
169 같은 책, 97, 101쪽.
170 같은 책, 106쪽.

있는, 따라서 달성할 수 없는 목표를 찾아 헤매다가 삶의 확고한 축과 진정한 의미를 잃어버리고 좌절과 고통을 느끼는 데에 있는 것이 아니라, 자신의 본성에 어울리고 가까이에 있는, 따라서 실현 가능한 목표를 추구하고 또 실제로 달성하는 데에 있기 때문이다.[171] 전자의 인간 유형은 삶에 행복을 느끼기는커녕 심지어 아노미적 자살에의 경향이 강하다.

b. 사회집단에의 결속

뒤르케임은 도덕성의 두 번째 요소를 사회집단에의 결속에서 찾는다. 어떤 행위가 도덕적이라 함은 그것이 비(非)개인적 목표나 가치 또는 이상을 추구하는 경우를 가리킨다. 여기에서 비개인적이라 함은 행위가 행위자 자신에게 지향되지 않음을 가리킨다. 그렇다고 해서 다른 개인(들)에게 지향된 행위를 비개인적이라고 말하지는 않는다. 왜냐하면 그(들)도 나와 마찬가지로 개인이며, 따라서 그(들)의 개인성은 나의 개인성보다 우월하지 않기 때문이다. 그러므로 비개인적인 것은 초개인적인 것으로, 보다 정확히 말하자면 초개인적이면서 정신적인 것으로 귀결된다. 신과 사회가 그렇다. 그러나 신은 형이상학적 존재이기 때문에 경험적으로 관찰할 수 없다. 결국 어떤 행위가 도덕적이라 함은 그것이 사회적 목표나 가치 또는 이상을 추구하는 경우를 가리킨다. 도덕은 사회가 시작하는 곳에서 시작한다.[172]

뒤르케임에 따르면—그리고 제4장에서 자세하게 논한 바와 같이—사회는 개인의 단순한 집합체가 아니라 개인이 특정한 방식으로 연합함으로써 발현하는 존재로서, 그 기체인 개인과 전혀 다른 속성을 갖는 새로운 존재이다. 사회는 자신을 구성하는 개인과 마

---

171 같은 책, 100, 102쪽.
172 같은 책, 111쪽.

찬가지로 정신적인 존재이지만, 개인과 완전히 구별되는 특별한 방식으로 느끼고 사고하고 행위하는 존재이다. 사회는 개인들과 마찬가지로 인격과 인상을 갖는 존재이지만, 그것은 각 개인의 인격이나 인상과 완전히 구별된다. 그것은 집합(적) 인격과 집합(적) 인상이다.[173] 뒤르케임에 따르면 인간집단인 모든 것이 사회이며, 따라서 가족, 학교, 직업집단, 종교 공동체, 국가 등이 그리고 더 나아가 인류도 사회에 속한다. 오늘날 인간은 다양한 집단의 품속에서 살아간다. 그러므로 사회가 아니라 사회들에 대해 말해야 한다.[174]

그런데 어떤 행위가 도덕적이 되려면 사회라는 초개인적·정신적 존재와 그 특성을 확인하는 것만으로는 불충분하다. 거기에 더해 개인이 자신을 사회에 결속하려는 관심을 가져야 한다. 다시 말해 사회집단에의 결속 또는 사회적 결속이라는 조건이 충족되어야 한다. 그런데 이 결속은 단순히 개인과 집단의 기계적인 연결이 아니라 적극적이고 능동적인 헌신과 희생을 의미한다. 사회집단으로의 결속은,

> 인간이 다른 무엇인가가 되기 위해 어느 정도 자신의 본성을 포기함에 따라 가능해진다. 이 존재에 결속하는 것은 또한 언제나 그것과 혼합하여 그것과 하나가 된다. 심지어 자신을 그것과 교환함으로써 결속이 희생까지 될 수 있다.[175]

결국 개인이 다양한 사회집단에 결속하여 그 집단의 목표나 가치 또는 이상을 추구하는 행위가 뒤르케임이 이해하는 도덕적 행위이다. 그리고 그렇게 행위하는 개인이 도덕적으로 완전한 인간이다. 뒤

---

173 같은 책, 116쪽.
174 같은 책, 111, 123쪽.
175 같은 책, 117쪽.

르케임에 따르면 가족, 국가(조국) 및 인류가 가장 중요한 사회집단이며, 또한 이 세 가지 사회집단이 추구하는 목표나 가치 또는 이상은 각자의 고유한 의미를 가지지만 그 도덕적 가치는 동일하지 않다. 이들 사이에는 서열관계가 존재한다. 물론 이 관계는 선험적으로 결정되는 것이 아니라 각 사회집단이 개인의 삶에서 차지하는 위치와 역할에 의해 결정된다. 국가라는 도덕적 집단은 가족이라는 도덕적 집단보다 높은 가치를 갖는데, 그 이유는 이전에 가족에게 있던 도덕적 삶의 중심이 부단히 국가로 넘어가고 있기 때문이다. 이제 가족은 국가의 제2의 기관 가운데 하나가 되어가고 있다.[176] 아무튼 국가는 ─ 가족을 비롯한 ─ 다른 사회집단에 비해 도덕성의 우위를 차지하는데, 그 이유는 후자의 도덕적 원리가 사회 구성원의 일부분에게만, 즉 각각의 집단에 속하는 개인들에게만 특수하게 적용되는 데 비해 국가의 도덕적 원리는 사회 구성원 전체에게 일반적으로 적용되기 때문이다.

그러나 모든 국가는 협소하게 국가주의적 틀에 사로잡혀 다른 국가들을 배척하거나 억압하면서 오직 자신의 이해관계를 관철하려고 하거나 자신을 확장하려고 해서는 안 되고 하나의 공통적인 목표를 추구해야 하는바, 그것은 인간의 이성을 확장하고 인류의 이념을 실현하는 것이다. 물론 그렇다고 해서 모든 국가가 인류라는 단 하나의 사회적 단위로 통합된다는 뜻은 아니다. 현존하는 국가들이 아무리 커진다 할지라도 언제나 다수의 국가들이 존재할 것이다. 모든 국가는 자신의 고유한 정신적 · 문화적 · 도덕적 개체성을 유지하면서 바로 이 개체성을 통해 인류라는 동일한 목표에 기여할 수 있다. 다시 말해 개별국가들은 분업과 협업의 관계를 통해 이성의 확장이라는 인류적 이상을 실현하는 데에 능동적이고 적극적으로 동참할

---

176 같은 책, 124쪽.

수 있다. 이렇게 보면 언뜻 이율배반적으로 보이는 애국주의와 세계주의(사해동포주의)는 전적으로 화해가 가능한 두 이념임이 드러난다.[177]

그런데 이렇게 초개인적 사회에의 결속을 통해 도덕성을 규정하는 방식으로는 개인들 사이에서 또는 개인 대 개인의 관계에서 일어나지만, 다시 말해 초개인적이지는 않지만 분명히 도덕적 가치를 갖는 행위를 설명할 수 없다. 그 대표적인 것이 자선행위이다. 뒤르케임에 따르면 이 역시 사회집단에의 결속이라는 도덕성의 요소에 의해 설명이 가능하다. 만약 우리가 어떤 사회집단에 결속한다면, 우리는 그것을 구성하고 그것이 실현되는 개인에게 간접적으로 결속할 수밖에 없다. "왜냐하면 비록 사회가 개인과 다른 무엇이지만, 비록 사회가 우리 가운데 그 누구에게서도 전체적으로 존재하지 않지만, 우리 가운데 사회를 반향하지 않는 사람은 아무도 없다. 결과적으로 우리가 사회에 대해 갖는 감정은 사회를 부분적으로 구현하는 개인에게 전이된다."[178] 바로 이 간접적 결속이 개인 사이에서 또는 개인 대 개인의 관계에서도 도덕적 행위가 가능한 사회학적 근거가 된다. 이러한 논리는 심지어 우리의 사회적 환경을 구성하는 비인간적 대상인 동물과 사물과의 관계에도 적용된다.

그러나 다른 한편 — 이 점을 간과해서는 안 된다 — 도덕적 실천의 체계에서 간(間)개인적 도덕행위 또는 개인-개인-도덕행위가 차지하는 위치는, 초개인적 도덕행위 또는 개인-사회-도덕행위에 비해 이차적이고 부차적이다. 예컨대 우리는 개인적으로 알코올중독자에게 자선을 베풀 수 있다. 그러나 고립된 개인은 사회적 수단에 비하면 무기력할 뿐이다. "유일하게 효과적인 치료법은 집합적으로 조직된 자선행위이다. 개인의 노력은 결집되고 통합되고 조직되어

---

177 같은 책, 126~27쪽. 제4장 제3절도 같이 참조.
178 같은 책, 130~31쪽.

야 효력이 발생할 수 있다. 그 경우에 행위는 더 높은 도덕적 성격을 갖게 되는데, 왜냐하면 그 행위가 더 보편적이고 비개인적인 목표에 기여하기 때문이다."[179]

그런데 도덕성을 사회집단에의 결속을 통해 규정하게 되면 다음과 같은 질문에 직면하게 될 수밖에 없다. 만약 도덕적 행위란 뒤르케임이 이해하는 바와 같이 개인이 다양한 사회집단에 결속하여 그 집단의 목표나 가치 또는 이상을 추구하는 행위라면, 도덕적으로 행위하는 개인은 자신의 인격을 사회라는 초개인적 인격에 함몰시키고 마는 것이 아닌가? 도덕적 행위는 결국 자기부정으로 귀결되고 마는 것이 아닌가? 이러한 질문은 수많은 이론가가 개인과 사회를 적대적 관계로 보기 때문에 더욱더 힘을 얻는다.

뒤르케임에 따르면 개인과 사회는 결코 적대적이지 않다. 아니 그와 정반대로 사회는 우리 밖에 존재하지만 그와 동시에 우리 안에 존재한다. "우리 안에는 우리 자신과 다른 무엇인가를 표현하는 수많은 상태가, 구체적으로 말해 사회가 존재한다. 그것들은 우리 안에서 살아 있으면서 작용하는 사회이다."[180] 한편으로 우리 또는 개인과 다른 한편으로 '우리-밖-존재' 또는 '개인-밖-존재'이면서 '우리-안-존재' 또는 '개인-안-존재'인 사회의 관계는 다음과 같이 보다 자세하게 묘사할 수 있다.

> 그러니까 사회는 개인을 넘어선다. 사회는 개인의 본성과 다른 자신만의 고유한 본성을 가지며, 그럼으로써 도덕적 행위의 목표가 되는 데 필요한 기본조건을 충족한다. 그러나 다른 한편 사회는 개인에게 결속한다. 사회와 개인 사이에는 조금도 빈 공간이 없다. 사회는 우리 안에 강하고도 깊은 뿌리를 내린다. 그러나 이것이 전부가 아니

---

179 같은 책, 132쪽.
180 같은 책, 121쪽.

다. 우리를 구성하는 최선의 부분은 집합성의 방사(放射)에 다름 아니다. 이렇게 보면 우리가 사회에 결속하고 심지어 사회를 우리보다 앞세우는 것을 설명할 수 있다.[181]

요컨대 "개인의 가장 큰 부분은 바로 사회의 산물이다. 사회로부터 우리 안의 모든 최선의 것, 특히 우리 행위의 보다 높은 모든 형태가 온다."[182] 여기에서 우리 행위의 보다 높은 형태는 언어 · 종교 · 도덕 · 과학 · 예술 등을 가리킨다. 이렇게 보면 사회에의 결속이라는 도덕성은 개인의 인격을 사회라는 초개인적 인격에 함몰시키는 자기부정이 아니라 그 정반대로 개인의 인격이 발전할 수 있는 전제조건이 됨을 알 수 있다. 왜냐하면 인격이란 단순히 자기를 제한하고 지배할 수 있는 존재가 아니라,

> 그와 동시에 나아가 이념, 감정, 관습 및 성향의 체계이기도 하다. 인격은 내용을 가진 의식이다. 이 내용의 요소들이 풍부하면 할수록 그만큼 인간은 더욱더 인격이 된다. 이런 근거에서 보면 문명인이 원시인보다 높은 인격이고 성인이 아동보다 높은 인격이다. 도덕은 우리를 우리 자신으로부터 끌어내고 우리에게 우리를 양육하는 사회적 환경으로 들어가도록 명령함으로써 우리에게 스스로 양육할 수 있도록 해준다. 전적으로 혼자의 힘으로 그리고 혼자서 살아가지 않는 존재, 즉 자신을 제공하고 헌신하는 그리고 자신을 외부 세계와 혼합하고 그것에 의해 침윤되도록 하는 존재는, 자신을 폐쇄하고 사물이나 인간과 접촉하지 않으려고 노력하는 이기주의자보다 확실히 더 풍부하고 집약적인 삶을 살아간다. 진정으로 도덕적인 인간은, [……] 즉 긍정적이고 적극적인 도덕성의 인간은 옹골찬 인격의 소유자에 다름

---

181 같은 책, 123쪽.
182 같은 책, 119쪽.

아니다.[183]

　이렇게 해서 뒤르케임은 사회집단에의 결속이 도덕성을 구성하는 두 번째 요소임을 사회학적으로 논증할 수 있었다. 그렇다면 이것과 도덕성의 첫 번째 요소인 규율정신의 관계는 어떠한가? 방금 논의한 것에 비추어보면, 이 둘은 밀접한 관계에 있음을 알 수 있다. 규율과 사회집단에의 결속은 개인이 인격적 존재로 발전할 수 있는 사회적 조건이다. 전자가 개인에게 자기제한과 자기지배의 능력을 가진 존재로 만든다면, 후자는 그 존재에게 다양한 내용을 부여하여 이념, 감정, 관습 및 성향의 체계로 만든다. 이처럼 규율의 정신과 사회집단에의 결속은 별개의 것이 아니라 도덕이라는 단 하나의 사실의 두 측면이다. 그 둘은 도덕이라는 동전의 양면을 구성한다. 전자는 명령하고 금지하는 것이다. 후자는 바람직하고 추구할 만한 것이다. 전자는 의무이고 후자는 선(善)이다. 의무와 선은 도덕의 두 얼굴이다. "도덕은 여기서는 명령적 입법으로 나타나 우리의 완전한 복종을 요구하고, 저기서는 웅대한 이상으로 나타나 우리의 감정이 자발적으로 그리로 향하도록 한다."[184] 그렇다면 도덕적 의무와 선은 도대체 어디에서 오는 것인가? 그것은 다름 아닌 사회이다.[185] 왜냐하면 도덕은 사회의 본성이 규범적으로 '번역되고' 표현되는 것이기 때문이다. 도덕은 사회의 작품이다. "사회가 도덕의 목표라면, 사회는 도덕의 창조자이기도 하다."[186]

183　같은 책, 122~23쪽.
184　같은 책, 144쪽.
185　이에 대해서는 이미 이 장의 제1절에서 자세히 논했기 때문에 여기서는 간략한 언급에 그치기로 한다.
186　Émile Durkheim, 앞의 책(1984b), 134쪽.

c. 의지의 자율성

뒤르케임은 도덕성의 세 번째 요소를 의지의 자율성에서 찾는다. 이는 개인이 수동적이고 피동적으로 또는 심지어 강압적으로 도덕적 규칙에 따라 행위하는 것이 아니라 자발적으로 도덕적 규칙에 동의하고 행위하는 것을 의미한다. 의지의 자율성은 다른 말로 자유의지이다. 잘 알려져 있다시피, 칸트는 도덕적 자율성의 근거를 이성에서 찾는다. 자율성은 이성적 의지의 발로인 반면, 타율성은 감성의 발로이다. 이성은 보편적이고 비개인적인 반면, 감성은 특수하고 개인적이다.[187] 이에 대해 뒤르케임은 우리의 본성이 모두, 그러니까 우리의 이성도 우리의 감정과 똑같이 제어되고 한정되며 속박되어야 한다고 논박한다.

> 왜냐하면 우리의 이성은 초월적 능력이 아니기 때문이다. 그것은 세계의 한 부분이며 따라서 세계의 법칙에 지배되어야 한다. 세계에 존재하는 모든 것이 제한된 것이고 각각의 제한은 자신을 제한하는 힘을 전제한다. 의지의 순수한 자율성을 [……] 입안하기 위해 칸트는 의지가, 적어도 의지가 순수하게 합리적인 이상 자연의 법칙에 종속되지 않는다고 설정할 수밖에 없었다. 그는 의지를 세계로부터 분리된 현실로 만들 수밖에 없었는데, 그 결과로 세계는 의지에 영향을 끼칠 수 없게 되었으며 의지는 자기 자신에게로 되던져져 다른 외적인 힘의 영향을 벗어나게 되었다.[188]

요컨대 칸트의 자율성은 형이상학적이며 따라서 진정한 도덕적 자율성을 정초할 수 없다. 왜냐하면 도덕은 구체적이고 경험적인 사실의, 즉 사회의 본성을 규범적으로 번역하고 표현하며, 따라서 진정

---

187 같은 책, 155~56쪽.
188 같은 책, 156, 159쪽.

한 도덕적 자율성은 사회와 도덕에 대한 엄밀하고 실증적인 인식에 의해서만 가능하다. 말하자면 자율성이 '세속화'되어야 한다. 결국 도덕에 대한 과학이야말로 도덕적 자율성의 원천이라는 논리가 성립한다. 이는 우리가 점차로 물리적 세계의 지배로부터 해방되는 것이 자연과학의 힘으로 물리적 세계의 원리와 법칙에 대한 우리의 지식이 점점 넓어지고 깊어지기 때문인 것과 마찬가지이다. 사고가 의지를 자유롭게 한다는 명제는 물리적 세계에만 적용되는 것이 아니라 도덕적 세계에도 똑같이 적용된다.[189]

뒤르케임이 보기에 도덕규칙에의 복종에는 두 종류가 있다. 그 하나는 수동적 또는 피동적 복종으로서 사태를 인식하지 못한 채 도덕적 명령에 맹목적으로 함몰되는 것을 의미한다. 그 다른 하나는 적극적 복종으로서 사태를 인식하고서 도덕적 명령에 자발적으로 동의하는 것을 말한다. 또는 달리 말해 도덕적 명령의 본질과 존재근거 및 특성 등을 인식하고서 도덕적 명령을 자발적으로 원하는 것을 말한다. 그것은 "계몽된 동의"이다.[190]

> 우리가 도덕적 명령, 도덕적 명령이 근거하는 토대, 각각의 도덕적 명령이 수행하는 기능을 적절히 이해한다면, 우리는 철저하게 숙고하고 근거를 완전히 알고서 도덕적 명령에 복종할 수 있다. 이런 식으로 용인된 순응주의에는 더 이상 강요하는 것이 없다.[191]

여기까지 간략하게 살펴본 도덕성의 세 가지 요소, 즉 규율의 정신, 사회집단에의 결속, 의지의 자율성이 도덕교육의 목표이다. 학교는 아동들에게 이 세속화된 시대의 합리적 도덕을 함양하도록 교육

---

189 같은 책, 164쪽.
190 같은 책, 161쪽.
191 같은 책, 162쪽.

해야 한다. 그런데 ─ 이 점이 강조되어야 한다 ─

> 도덕교육은 단지 시간표에 제한할 수 없다. 그것은 이 순간에 또는
> 저 순간에 주어지지 않는다. 그것은 매 순간에 존재한다. 그것은 마치
> 도덕 자체가 집합적 삶의 조직 전체에 혼합되는 것처럼 학교생활 전
> 체에 혼합되어야 한다. 그러므로 그것은 삶 자체가 그러하듯이 통일
> 적이면서 동시에 다양하고 다채로워야 한다.[192]

　요컨대 도덕교육은 단순히 하나의 특정한 교과목이 아니라 아동
들의 학교생활 전체에 걸쳐서 시행되는 교육이다. 이처럼 뒤르케임
이 도덕교육에 커다란, 아니 가히 절대적이라 할 수 있는 의미와 가
치를 부여하는 이유는 자신의 시대에 대한 사회학적 진단에서 찾을
수 있다. 뒤르케임이 보기에 인류 역사를 통틀어 당시의 유럽 사회
가 1세기 이상 전부터 겪고 있는 것만큼 중차대한 위기는 없었다.[193]
왜냐하면 19세기 말부터 급속하게 산업화와 경제발전이 진행되고
그에 따라 급격하게 사회구조와 문화체계가 변화한 결과, 전통적인
집합적 규율과 집합적 이상은 소멸되었지만 그를 대체하여 산업사
회의 도덕성을 구현할 새로운 집합적 규율과 집합적 이상은 아직 제
대로 형성되지 않았기 때문이다. 이 도덕적 '진공 상태' 또는 무정부
상태를 지배하는 것은 무한한 욕망 또는 아노미와 이기주의 또는 이
기적 개인주의이며, 이는 다시금 높은 아노미적 자살과 이기적 자살
로 이어진다.

　바로 이러한 시대적 상황에서 도덕교육이 절실히 요구된다. 도덕
을 교육한다 함은 아동에게 권위적으로 설교를 하거나 억지로 주입
하는 것이 아니라 도덕규칙, 그 근거, 그 특성, 그 존재이유 등을 제

192　같은 책, 169~70쪽.
193　같은 책, 148쪽.

시하고 설명하는 것을, 그리하여 아동으로 하여금 자발적으로, 다시 말해 자율적 의지에 근거하여 집합적 규율과 집합적 이상에 동의하고 그에 따라 행위하도록 만드는 것을 의미한다. 이렇게 보면 도덕 교육이 과학에 근거해야 함이 자명해진다.[194] "우리는 단지 물리적 세계를 정복하는 것과 같은 방식으로만 도덕세계를 정복할 수 있다. 우리는 도덕적 사실을 과학적으로 연구함으로써만 도덕세계를 정복할 수 있다."[195] 이 과학은 다름 아닌 사회학이다. 뒤르케임은 도덕에 관한 논의를 마치 자신의 전유물처럼 생각하는 철학이 아니라 사회학에 새로운 도덕의 창출이라는 막중한 이론적·실천적 의무를 부과한다. 비록 사회학이 아직 초창기에 있으며 따라서 도덕세계를 정복할 수 없지만, 이 과학이 완성된다면,

> 우리는 도덕세계의 주인이 될 것이다. 그것은 더 이상 우리의 밖에 존재하지 않을 것이다. 왜냐하면 그 과학이 완성되면 도덕세계는 우리 안에서 투명하고 명백한 이념의 체계로 제시될 것이며 우리가 이들 이념의 관계 전체를 알 수 있기 때문이다. 그리되면 우리는 얼마만큼 도덕세계가 사물의 본성에, 즉 사회에 근거하는지 확언할 수 있다. 다시 말해 그것이 얼마만큼 존재해야 하는지 확언할 수 있다. 그리고 우리는 도덕세계 자체를 인식하는 만큼 그것에 자발적으로 동의할 수 있다. 왜냐하면 도덕세계가 그것이 표현하는 현실의 자연적인 특징과 다른 것을 내포하기를 바라는 것은, 자발적으로 바란다는 변명 아래 어리석은 말을 지껄임을 의미하기 때문이다. 우리는 또한 얼마만큼 도덕세계가 근거 없는가를 말할 수 있다. ― 왜냐하면 그것은 언제나 비도덕적인 요소를 포함할 수 있기 때문이다. 그러나 이 경우 우리는, 우리가 완성되었다고 가정하는, 과학으로부터 이들 요소를 정상적인

---

194 같은 책, 165쪽.
195 같은 책, 164쪽.

상태로 되돌릴 수 있는 수단을 얻을 수 있다.[196]

뒤르케임은 그 누구보다도 자기 자신에게 사회학적으로 새로운 도덕을 창출하는 의무를 부과했으며, 우리가 여기까지 논한 『도덕 교육』을 비롯한 『사회분업론』, 『자살론』, 『사회학 강의: 도덕과 법의 물리학』, 『종교적 삶의 원초적 형태들』 등 일련의 저작은 새로운 도덕을 창출해 나가는 지적 여정의 산물이다.

----

196 같은 책, 162쪽.

이 장에서는 뒤르케임의 사회학이 우리에게 어떠한 사회학적 인식의 지평을 열어줄 수 있을까를 생각해 보기로 한다. 달리 표현하면, 우리가 뒤르케임으로부터 어떠한 개별사회학적 또는 특수사회학적 자양분을 취할 수 있는가가 이 장의 논의 주제이다. 뒤르케임의 저작은 ── 다른 모든 거장의 지적 세계와 마찬가지로 ── 거대한 지적 채석장이다. 거기에는 경제사회학, 정치사회학, 국가사회학, 조직사회학, 법사회학, 범죄사회학, 직업사회학, 가족사회학, 도덕사회학, 교육사회학, 종교사회학, 지식사회학, 문화사회학 등 실로 다양한 분야의 지적 유산이 풍부하게 담겨져 있다. 누구든 원하는 것을 필요한 만큼 캐다가 자신의 지적 세계를 구축하는 재료로 쓸 수 있고 자신의 연구에 활용할 수 있다.

여기서는 이 개별사회학적 또는 특수사회학적 문제를 모두 다룰수는 없고 다만 종교사회학, 지식사회학 그리고 정치사회학을 논하기로 한다.[1] 그리고 지식사회학은 다시금 분류의 사회학과 사회학적

---

1 원래는 이 장에 문화사회학을 포함시킬 계획이었고 또 실제로 그에 맞춰 상당 부분 저술 작업을 진행했는데, 최종 단계에서 빼기로 했다. 두 가지 이유에서였다. 첫 번째 이유는 문화사회학에 대한 논의가 종교사회학에 대한 논의와

인식론 또는 인식사회학의 두 부분으로 나누어 고찰하기로 한다. 정치사회학은 국가사회학과 직업사회학 그리고 법사회학의 관점에서도 읽을 수 있다. 이 장의 중점은 지식사회학에 있는데, 그 이유는 지식사회학, 특히 사회학적 인식론 또는 인식사회학은 도덕사회학, 그러니까 도덕물리학 또는 도덕형이하학과 더불어 뒤르케임 사회학의 본질을 가장 확실하고도 단적으로 보여 주기 때문이다. 뒤르케임의 인식사회학에서 우리는 그의 도덕사회학에서와 마찬가지로 사회학적 칸트주의를 접할 수 있다. 그럼에도 불구하고 한국 사회학계에서는 이에 대한 논의가 거의 이루어지지 않고 있는 실정인데, 아마도 인식론이 전통적으로 철학 영역에 속하며, 따라서 사회학자들이 쉽게 접근할 수 없다는 점을 그 주요한 원인으로 꼽을 수 있다.

아울러 종교사회학도 가급적 자세하게 살펴보기로 하는데, 그 이유는 뒤르케임의 종교사회학은 꼼꼼히 검토하지 않으면 수많은 오해를 불러일으킬 수 있기 때문이다. 우리가 이 장에서 다루게 되는 뒤르케임의 종교사회학과 인식사회학은 모두 『종교적 삶의 원초적

많이 겹치고 지식사회학에 대한 논의와도 어느 정도 겹치기 때문이다. 두 번째 이유는 문화사회학을 포함시킬 경우 이 장의 분량이 너무 커지게 될 것이기 때문이다. 1980년대 후반 이후 '뒤르케임 문화사회학' 또는 '뒤르케임주의 문화사회학'이라는 말이 있을 정도로 뒤르케임이 문화사회학적 논의와 연구에서 차지하는 비중이 크다. '뒤르케임 문화사회학' 또는 '뒤르케임주의 문화사회학'의 개념적·이론적 토대는 『종교적 삶의 원초적 형태들』에서 제시한 종교적 표상과 행위, 보다 정확히 말하자면 성(聖)과 속(俗)의 구별과 의례에 있다. 바로 이 점에서 문화사회학이 종교사회학 및 지식사회학과 겹친다는 것이다. 뒤르케임 문화사회학 또는 뒤르케임주의 문화사회학은 다음을 참조. Jeffrey C. Alexander (Ed.), *Durkheimian Sociology: Cultural Studies*, Cambridge: Cambridge University Press 1988; 박선웅, 「뒤르켐주의 문화사회학: 분류체계와 의례를 중심으로」, 『한국사회학』 32, 1998, 905~31쪽; Philip Smith, *Cultural Theory. An Introduction*, Malden (Mass.): Blackwell 2001, 9~13쪽, 제5장(74~96쪽); 민문홍, 「뒤르케임 문화사회학의 지평과 과제: 한국에서의 연구를 중심으로」, 『문화와 사회』 1, 2006, 19~54쪽; 최종렬 (엮고 옮김; 박건·박종서·류제철·정수남 함께 옮김), 『뒤르케임주의 문화사회학: 이론과 방법론』, 이학사 2007.

형태들』에 담겨 있다. 전자와 후자는 각각 이 책의 일차적 대상과 이차적 대상이다. 그리고 뒤르케임의 정치사회학은 막스 베버 등의 전통적인 정치사회학과 전혀 다른, 규범적 정치사회학의 모습을 보여준다는 점에서 한번 찬찬히 곱씹어 볼 만한 가치가 있다.

참고로 이 장에서 다루지 못하는 다른 개별사회학들 또는 특수사회학들은 제3장과 제5장에서 부분적으로 접할 수 있다. 그 가운데 제3장은 경제사회학과 조직사회학, 법사회학, 범죄사회학, 가족사회학 등의 관점에서 읽을 수 있고, 제5장은 도덕사회학과 교육사회학의 관점에서 읽을 수 있다.

1. 종교사회학

1912년에 뒤르케임의 『종교적 삶의 원초적 형태들』이 출간된다. 원래는 '오스트레일리아 토테미즘의 체계'라는 부제가 붙어 있었는데, 보통 이 부제는 생략한 채 제목만 언급된다. 그의 생전에 나온 마지막이자 가장 방대한 이 책은 "뒤르케임의 가장 중요하고 심오하고 독창적이며 자극적인 작품"으로 간주된다.[2] 언뜻 보면 그 이전에는 이렇다 할 뒤르케임의 종교 연구가 눈에 띄지 않았기 때문에 『종교적 삶의 원초적 형태들』은 후기에 나온 그의 지적 관심의 결과물이라고, 따라서 『사회분업론』이나 『자살론』과 같은 그의 다른 주요 저작과 무관한 것이라고 생각할 수도 있다. 그러나 실상은 그 정반대이다.

이미 제3장 제2절에서 언급한 바와 같이, 뒤르케임은 1895년에서야 종교가 갖는 사회적 의미를 통찰하게 되었고, 그로 인해 자신의

---

2 Raymond Aron, *Hauptströmungen des Modernen Soziologischen Denkens: Durkheim—Pareto—Weber*, Reinbek bei Hamburg: Rowohlt 1979, 42쪽.

사회학적 사고에 일대 전회가 일어났으며, 그 결정적인 계기가 종교사 관련 저작을 읽은 것이었다고 고백한 적이 있다.[3] 뒤르케임 사회학의 이 분수령은 구체적으로 그가 1894~95년 보르도 대학에서 강의한 종교에 대한 내용이었다.[4] 그로부터 2년 뒤인 1897년에 출간된 『자살론』에서는 종교가 자살에 대한 사회학적 논의를 이끌어가는 중요한 변수가 되었다. 그리고 — 이미 제3장 제2절에서 논한 바와 같이 — 역시 1897년에 뒤르케임은 이탈리아 마르크스주의 철학자 라브리올라의 저서 『역사의 유물론적 이해에 대한 에세이』에 대한 서평을 쓰면서, 마르크스주의의 경제 결정론을 단호히 거부하고 삶의 일차적이고 근원적인 요소로 종교를 설정했다.

그런데 종교에 대한 뒤르케임의 관심이나 논의는 1895년 이전에도 확인할 수 있는데, 여기서는 몇 가지 예만 들어보기로 한다.[5] 첫째, 뒤르케임은 1886년 『철학 저널』 제22호에 스펜서의 저서 『사회학 원리』[6]의 제6부인 교회제도에 대한 서평을 게재했다. 둘째, — 이미 제3장 제2절에서 간략하게 언급한 바와 같이 — 뒤르케임은 1887년 『철학 저널』 제23호에 프랑스 철학자 장-마리 귀요의 저서 『미래의 무종교: 사회학적 연구』에 대한 서평을 게재했다.[7] 셋째, 뒤

---

3   다음은 뒤르케임의 종교사회학이 전회라기보다 초기부터 점차로 분석적 개념의 재고가 분화되는 연속적 전개 과정을 그 특징으로 한다는 견해를 피력하고 있다. Kurt Meier, "Gibt es einen 'Bruch' in Durkheims früher Religionssoziologie", in: Volkhard Krech & Hartmann Tyrell (Hrsg.), *Religionssoziologie um 1900*, Würzburg: Ergon 1995, 129~57쪽.

4   Robert Alun Jones, "Religion and Science in *The Elementary Forms*", in: N. J. Allen, W. S. F. Pickering & W. Watts Miller (Ed.), *On Durkheim's **Elementary Forms of Religious Life***, London/New York: Routledge 1998, 39~52쪽, 여기서는 40쪽.

5   다음에는 종교와 관련된 뒤르케임의 저작 목록이 일목요연하게 정리되어 있다. Émile Durkheim, *Durkheim on Religion* (Edited by William S. F. Pickering), Atlanta: Scholars Press 1994, 305~13쪽.

6   이에 대해서는 김덕영, 앞의 책(2016a), 97쪽 이하 참조.

르케임은 역시 1887년에 출간된 논문「독일의 실증적 도덕과학」[8]에서 빌헬름 분트의 종교이론을 다루었다.[9] 넷째, 1893년에 출간된『사회분업론』에서는 종교적 범죄를 다루는 부분을 제외하고는 종교에 대한 언급이 비록 단편적인 수준에 머물러 있지만『종교적 삶의 원초적 형태들』에서 전개되는 중요한 논점들이 대부분 포함되어 있었다.

사실 이 모든 '예비 작업'의 결과로 뒤르케임은 1895년 종교의 사회적 의미를 통찰할 수 있었으며 그로 인해 그의 사회학적 사고에 일대 전회가 일어날 수 있었던 것이다. 이제 종교는 뒤르케임 사회학에서 핵심적인 위치를 차지하게 되었다. 그 대표적인 경우가 1897년에 나온 두 저작『자살론』과『역사의 유물론적 이해에 대한 에세이』에 대한 서평이다. 자명한 일이지만 그 이후에도 종교에 대한 뒤르케임의 관심과 논의는 지속되었다. 아니 한층 강화될 수밖에 없었다. 몇 가지 예만 들어보기로 한다. 첫째, 뒤르케임은 1899년

---

7 우리는 이미 여기에서 종교와 사회의 관계에 대한 뒤르케임의 핵심적인 견해를 읽을 수 있다. "귀요는 종교가 두 가지 원천에서 유래한다고 주장했다. 하나는 세계를 이해하려는 지적 욕구이고 다른 하나는 사회성이라는 실천적 욕구이다. 뒤르케임은 이 둘의 우선순위가 뒤바뀌어야 한다고 주장했다. 종교는 사회적 삶이라는 실천적 필요성에 그 기원이 있다는 것이다. 그에 따르면 인간이 먼저 신을 만들어내고 그다음에 이 관념을 사회적 행위에 연결한 것이 아니다. 종교적 관념의 인지적 정식화는 그 관념이 의식적으로 성찰되기 전에 이미 존재하는 사회적 감정의 표현이라는 것이다." Anthony Giddens, *Durkheim*, Hassocks(Sussex): The Harvester Press 1978, 80쪽.

8 이에 대해서는 이 책의 제1장 제3절을 참조.

9 "뒤르케임에 따르면 분트는 귀요보다 종교의 근본적인 특징을 훨씬 설득력 있게 설명한다. 분트는 단순사회의 경우 종교가 사회적 응집력의 주요한 원천임을 보여 주었다. 종교적 신념은 사물의 본질과 질서에 관한 일련의 형이상학적 사변을 포함한다. 그런데 이 사변은 행위와 도덕적 규율의 의례적 형태와 통합되어 있다. 그와 같은 사회에서의 종교는 이타적 태도의 원천인바, 이타적 태도는 '이기주의를 억제하고 인간을 희생과 사심 없음으로 이끄는' 효과가 있으며, 따라서 '인간을 그 자신과 다른 무엇인가에 결부하고 이상을 상징하는 초월적 힘에 의존하도록 만드는' 효과가 있다." Anthony Giddens, 앞의 책(1978), 80~81쪽.

『사회학 연보』제2호에 「종교적 현상의 정의에 대하여」라는 논문을 게재했다. 둘째, 뒤르케임은 1902년 『사회학 연보』 제5호에 「토테미즘에 관하여」라는 논문을 게재했다. 셋째, 뒤르케임은 1905~06년 '파리고등연구원'에서 종교와 도덕의 관계에 대한 강의를 했다. 넷째, 뒤르케임은 1906~07년 소르본 대학에서 종교의 기원에 대한 강의를 했는데, 거기에는 사실상 『종교적 삶의 원초적 형태들』의 윤곽이 예비적으로 제시되어 있었다.[10] 게다가 종교를 독립적인 연구 대상으로 하지 않는 경우에도 종교가 논의를 이끌어가는 중요한 계기가 되는 경우를 어렵지 않게 관찰할 수 있다.

이렇게 보면 『종교적 삶의 원초적 형태들』은 뒤르케임이 초기부터 종교에 대해 지대한 관심을 갖고 집약적으로 연구한 결과가 집대성된 작품임을 알 수 있다. 여기에서 뒤르케임의 지적 세계를 관통하는 개인-사회-도덕-종교의 개념 고리가 완성된 형태로 제시된다.[11] 이 절의 논의 대상은 바로 이 저작이다.

(1) 왜 하필 원시종교인가?—연구의 대상, 목적 및 방법

그 제목이 시사하듯이, 뒤르케임은 『종교적 삶의 원초적 형태들』에서 원초적 형태의 종교, 즉 원시종교를 그 논의의 대상으로 한다. 보다 정확히 말하면, 그 부제 '오스트레일리아 토테미즘의 체계'가

---

10 Robert Alun Jones, 앞의 글(1998), 45쪽.
11 당시 프랑스에는 엄밀한 의미에서 사회학 학파라고 일컬을 수 있는 학파가 '뒤르케임 학파' 단 하나였는데, 이 학파의 사회이론에서는 종교가 중심적인 위치를 차지하였으며 종교이론은 다시금 도덕이론과 아주 밀접한 관계에 있었다. Horst Firsching, "Die Sakralisierung der Gesellschaft. Émile Durkheims Soziologie der 'Moral' und der 'Religion' in der ideenpolitischen Auseinandersetzung der Dritten Republik", in: Volkhard Krech & Hartmann Tyrell (Hrsg.), *Religionssoziologie um 1900*, Würzburg: Ergon 1995, 159~93쪽, 여기서는 163쪽.

시사하듯이 지금까지 알려진 가장 원시적이고 단순한 종교인 오스트레일리아 원주민의 토테미즘을 분석하고 설명하고자 한다. 연구의 목적을 설정하고 연구의 대상을 규정하며 연구의 방법을 제시하는 서론의 맨 앞부분을 뒤르케임은 다음과 같은 구절로 장식하고 있다.

> 우리는 이 책에서 지금까지 알려진 가장 원시적이고 가장 단순한 종교를 연구하고자, 즉 분석하고 설명하고자 한다. 우리가 관찰할 수 있는 가장 원시적인 종교체계라고 칭할 때 다음과 같은 두 가지 조건을 충족해야 한다. 첫째 그것은 다른 어느 사회보다도 그 조직이 단순한 사회에 존재해야 한다. 둘째 그것은 선행(先行)하는 종교로부터 그 어떤 요소도 빌려오지 않고 설명될 수 있어야 한다.[12]

그렇다면『종교적 삶의 원초적 형태들』은 종교의 한 특정한 역사적 사례에 대한 사회학적 연구라고 할 수 있다. 그러나 뒤르케임이 거기에서 추구하는 진정한 인식관심은 역사적인 것이라기보다 이론적인 것이다.

> 사회학은 무엇보다도 우리의 사고와 행위에 영향을 끼칠 수 있는 우리들 주변의 실제적인 현실을 설명하고자 하는 데 목적이 있다. 이러한 현실이란 다름 아닌 인간, 보다 정확하게 말하자면 오늘날의 인간이다. 왜냐하면 우리가 가장 알고 싶어 하는 대상이 오늘날의 인간이기 때문이다. 그러므로 우리가 아주 오래된 종교를 연구하려는 것은 단순히 그것의 독특함과 기이함에 대해 이야기하면서 즐기기 위함이 아니다. 우리가 그것을 연구 대상으로 선택한 이유는, 그것이 다른 어떤 것보다도 우리에게 인간의 종교적 본성, 즉 인간성의 한 본질적이고 항구적인 측면을 드러내는 데 적합해 보이기 때문이다.[13]

---

12 Émile Durkheim, 앞의 책(2007), 13쪽.

요컨대 인간의 종교적 본성, 즉 인간성의 한 본질적이고 항구적인 측면을 밝혀내며, 이를 통해 궁극적으로 인간을, 특히 현대인을 이해하는 데에 뒤르케임의 궁극적인 인식관심이 있는 것이다. 달리 말해 특정한 종교적 현상이 아니라 "종교적 심성 일반", 또는 "우리가 일반적으로 **종교**라고 말할 때 의미하는 관념의 객관적인 내용"이 논의의 대상이다. 이 객관적인 내용은 다시금 "종교에서 영원하고도 인간적인 것을 구성하는 [……] 항구적인 요소들"을 가리킨다. 그러므로 뒤르케임이 『종교적 삶의 원초적 형태들』에서 논구하고자 하는 바는 오스트레일리아 원주민의 토테미즘이 구체적으로 어떠했는가 하는 역사적 문제가 아니라, 오히려 종교를 결정하는 것은 무엇인가, 종교는 어떻게 그리고 왜 형성되는가, 종교는 어떠한 요소로 구성되는가, 종교는 어떠한 개인적 또는 사회적 기능을 수행하는가 하는 이론적 문제이다.[14] 요컨대 뒤르케임은 종교의 '일반이론'을 구축하고자 하는 것이다. 바로 이 이론적 목적을 달성하기 위해 뒤르케임은 인류 역사에 등장한 수많은 다른 종교를 제쳐두고 가장 원시적이고 단순한 종교를 선택한 것이다. 그러므로 오스트레일리아 원주민의 토테미즘은 그 자체로서 연구의 목적이 되는 것이 아니라 사회학적으로 종교 일반을 이해하고 그를 통해 인간과 특히 현대인을 이해하기 위한 '이론적 우회로'가 되는 셈이다.

그렇다면 이 이론적 우회로의 근거는 어디에서 찾을 수 있는가? 이에 대하여 뒤르케임은 두 단계로 답변했다. 하나는 원시종교가 고등종교와 사회학적으로 동등한 가치와 의미를 갖는다는 사실이고, 다른 하나는 후자에 비해 전자가 단순하다는 사실이다. 먼저 뒤르케임은 원시종교가 오류나 허위에 기반하며, 따라서 고등종교보다 비

---

13 같은 책, 13~14쪽.

14 Markus Schroer, *Soziologische Theorien. Von den Klassikern bis zur Gegenwart*, Paderborn: Wilhelm Fink 2017, 39쪽.

종교적이거나 저급하거나 무가치하다는 선입견을 논박한다.

사실상 인간의 제도는 오류와 허위에 기반하지 않는다는 것이 사회학의 기본적인 전제이다. 그렇지 않다면 사회학은 더 지속될 수 없을 것이기 때문이다. 만약 사회학이 사물의 본질에 토대를 두지 않았다면 극복할 수 없는 사물의 저항에 부딪쳤을 것이다. 그러므로 우리가 원시종교에 대한 연구를 시도할 때에는 그것이 현실에 근거하고 현실을 표현한다는 확신과 더불어 시작한다. [……] 가장 야만적이고 가장 기이한 의례와 가장 진기한 신화도 인간의 어떤 욕구, 즉 개인적 또는 사회적 삶의 어떤 측면을 의미한다. 신자가 자신을 정당화하기 위해 스스로에게 부여하는 이유는 잘못된 것일 수 있으며, 또한 대개는 잘못된 것이다. 그럼에도 불구하고 진정한 이유가 존재하는바, 그것을 밝혀내는 것이 과학의 의무이다.[15]

다시 말해 원시종교도 고등종교와 마찬가지로 현실에 토대를 두고 현실을 표현하며 개인적 또는 사회적 기능을 수행한다. 그러므로 원시종교는 고등종교와 동등한 사회학적 가치와 의미를 갖는다. 원시종교와 고등종교 사이에는 사회학적 동가치성과 동의미성의 관계가 성립한다. 이와 관련하여 뒤르케임은 다음과 같이 주장한다.

결국 거짓된 종교란 없다. 모든 종교는 나름대로 참되다. 비록 그 방식은 서로 다르지만 모든 종교는 인간 실존의 특정한 조건에 부합한다. 물론 모든 종교를 위계적으로 배열하는 것이 불가능하지는 않다. 어떤 종교는 여러 가지 의미에서, 즉 다른 종교보다 더 높은 차원의 정신적 역할을 수행한다는 의미에서, 이념과 감정이 더 풍부하다는 의미에서, 보다 많은 관념과 보다 적은 감정과 이미지를 제공한다

---

15 Émile Durkheim, 앞의 책(2007), 14~15쪽.

는 의미에서, 그것들의 체계화가 더 탁월하다는 의미에서 다른 종교들보다 우월할 수 있다. 그러나 이 더 큰 복잡성과 이상성이 아무리 실제적이라고 할지라도, 그것만으로는 각 단계의 복잡성과 이상성에 상응하는 종교를 여러 가지의 유(類)로 배열하기에는 불충분하다. 가장 단순한 색소체부터 인간에 이르기까지 모든 생명체가 살아 있는 것처럼 이 모든 것은 똑같이 종교이다. 그러므로 우리가 원시종교를 논한다 해도 그것은 종교 일반을 격하하려는 저의가 아니다. 왜냐하면 원시종교도 다른 종교 못지않게 존중할 만한 것이기 때문이다. 원시종교는 다른 종교와 동일한 욕구에 부응하고 동일한 역할을 수행하며 똑같은 근거에 의존한다. 요컨대 원시종교는 다른 종교와 똑같은 정도로 종교적 삶의 본질을 드러내는 데 기여할 수 있으며, 따라서 우리가 다루고자 하는 문제를 해결하는 데 다른 종교와 똑같은 정도로 기여할 수 있다.[16]

그런데 ─ 자명한 일이지만 ─ 이처럼 원시종교가 고등종교와 동등한 사회학적 가치와 의미를 갖는다는 사실만으로는 전자를 연구대상으로 선택할 논리적·방법적 근거가 되기에는 아직 불충분하다. 왜냐하면 종교의 사회학적 동가치성과 동의미성이라는 관점에서 보면 역사적으로 등장한 모든 종교가, 심지어 가장 고등적인 종교도 얼마든지 연구의 대상이 될 수 있기 때문이다. 뒤르케임은 거기에 더해 원시종교가 갖는 또 한 가지 장점을 제시하는데, 그것은 다름 아닌 단순성이다. 그에 따르면 복잡한 종교들은 "매우 다양한 요소로 구성되어 있기 때문에 주된 것과 이차적인 것, 본질적인 것과 부수적인 것을 구분하기가 매우 어려우며", 따라서 복잡한 종교의 관찰을 통해서는 인간의 종교적 본성, 즉 인간성의 한 본질적이

---

16 같은 책, 15~16쪽.

고 항구적인 측면을 밝혀낼 수 없다.[17] 이에 반해,

　　발전단계가 낮은 사회의 경우에는 사정이 전혀 다르다. 개인성이
　발달되어 있지 않고 집단의 규모도 작으며 외적 환경이 동질적인데,
　이 모든 것으로 인해 차이점이나 편차가 최소한으로 줄어든다. 집단
　은 한결같이 지적·도덕적 동질성을 지니는데, 더 발전된 사회에서는
　그러한 예가 별로 눈에 띄지 않는다. 모든 것이 모두에게 공통적이다.
　모든 활동이 천편일률적이다. 모든 사람은 똑같은 상황에 처하면 똑
　같은 행위를 하는데, 이러한 행위의 동질성은 온전히 사고의 동질성
　을 반영한다. 모든 사람의 의식은 똑같은 소용돌이 속으로 끌려 들어
　가며, 개인적 유형은 거의 종(種)의 유형으로 동화된다. 모든 것은 미
　(未)전개된 상태인데, 이는 무한히 반복되는 단 한 가지의 주제로 구
　성되는 신화나 부단히 반복되는 몇 가지 몸짓으로 구성되는 의례를
　보면 단적으로 드러난다. 종족이나 성직자의 상상력은 종교적 관념과
　의례의 기본적인 상태를 더 발전시키고 변화시킬 시간도 없었고 방
　법도 몰랐다. 이 상태는 적나라하게 나타나며 조금만 노력하면 관찰
　할 수 있다. 부가적인 것, 이차적인 것, 화려한 것은 아직 중요한 것을
　은폐하지 않았다. 모든 것은 필요불가결한 것, 즉 그것 없이는 종교가
　존재할 수 없는 것에 한정된다. 그러나 이 필수불가결한 것이야말로
　우리가 무엇보다도 알고자 하는 본질적인 것이다.[18]

　그러니까 원시종교는 그 단순성으로 인해 고등종교보다 종교의
구성요소를 파악하는 데 유리하다고 뒤르케임은 확신하고 있다. 그
는 이에 대한 논거로 모든 삶의 영역에서 인류학자들의 원시사회에
대한 관찰이 종종 인간제도에 대한 연구를 완전히 새롭게 했다는 사

17　같은 책, 18쪽.
18　같은 책, 19~20쪽.

실을 제시하고 있다. 그리고 더 나아가 생명과학과의 유비를 통해 자신의 논지를 강화하고자 한다. 인류학은 그 인식대상의 단순성으로 인해 사회학의 다양한 분야에서 아주 풍요로운 혁명을 가져왔다. 이와 똑같은 이유로 단세포생물의 발견으로 말미암아 생명에 대한 일반적인 관념이 변하게 되었다. 이 매우 단순한 존재에서는 생명이 필수불가결한 것에 한정되기 때문에 이것은 그리 쉽게 간과될 수 없다.[19] 그런데 뒤르케임이 보기에 원시종교는 그 단순성으로 인해 종교의 구성요소를 파악하는 데 도움을 줄뿐더러 더 나아가 그것들에 대한 설명을 용이하게 해준다는 매우 큰 장점이 있다. 이에 대한 근거를 뒤르케임은 다음과 같이 제시한다.

원시종교에서는 사실들이 [고등종교에서보다] 더 단순하기 때문에, 사실들 사이의 관계도 더 명료하다. 사람들이 자신의 행위를 설명하는 근거도 아직 현학적인 사고에 의해 변질되거나 왜곡되지 않은 상태이다. 원시종교는 실제로 이러한 행위를 야기하는 근거와 더 밀착되어 있으며 그것과 더 동질적이다. [……] 종교적 사고가 역사적으로 발전함에 따라 그것이 발생하도록 한 근거는 지속적으로 작용하지만 그것을 변형한 거대한 해석체계를 통해서만 파악할 수 있다. 민간 신화나 궤변적 신학은 이러한 변형에 일조했다. 그것들은 원시적 감정의 위에다가 다른 감정을 겹쳐 놓는데, 이 감정들은 비록 원시적 감정으로부터 유래한 것이지만 그것의 가공된 형태일 뿐이며, 따라서 원시적 감정의 진정한 본질을 비추어 보기에는 매우 불충분할 뿐이다. 원인과 결과, 표면적 원인과 진정한 원인 사이의 심리학적 거리는 상당히 벌어졌으며, 따라서 포착하기가 더 어렵게 되었다. 이 책은 이러한 방법론적 촌평(寸評)에 대한 하나의 예시와 확증에 지나지 않을 것이다. 우리는 원시종교를 통해서 종교적 사실은 여전히 그 기원의

---

19 같은 책, 20~21쪽.

표지를 명백하게 지니고 있음을 확인할 수 있을 것이다. 보다 발전된 종교에 대한 고찰만으로 그 기원을 추론하는 것은 훨씬 더 어려운 일이 될 것이다.[20]

이처럼 연구의 대상과 목적이 설정되었다면, 다시 말해 원시종교의 연구를 통해 인간의 종교적 본성, 즉 인간성의 한 본질적이고 항구적인 측면을 밝혀내며, 그럼으로써 인간을, 특히 현대인을 이해하는 것이 뒤르케임의 종교사회학이 궁극적으로 추구하는 바라면, 이를 구체적으로 실현하는 연구방법은 무엇인가? 그것은 뒤르케임이 사회학의 연구방법으로 제시하고 『사회분업론』과 『자살론』 등에서 적용한 바 있는 관찰과 실험의 방법이다. 원시종교는 고등종교에 비해

> 그 사실들과 관계들을 쉽게 관찰할 수 있기 때문에 실험을 하기에 용이하다. 물리학자는 현상들의 법칙을 발견하기 위해서 그것들을 단순화하고 그것들로부터 부차적인 특징을 제거한다. 인간제도들의 경우 그 본성상 역사의 시초에는 자발적으로 그와 동일한 방식의 단순화가 일어난다. 우리는 단지 그렇게 단순화된 것들을 이용하고자 할 뿐이다.[21]

여기에서 뒤르케임이 말하는 관찰은 어렵지 않게 이해할 수 있다. 그 대상으로 지금까지 알려진 가장 원시적이고 단순한 종교인 오스트레일리아 원주민의 토테미즘을 제기하기 때문이다. 오스트레일리아의 사회들은 가장 원시적이고 단순한 사회적 조직 형태인 씨족들로 구성되며, 그들의 기술도 집이나 오두막도 모를 정도로 지극히 초보적이다. 그곳의 종교는 토테미즘이다. 다시 말해 모든 씨족은

---

20 같은 책, 21~22쪽.
21 같은 책, 23쪽.

다른 씨족들과 뚜렷하게 구별되는 자신만의 고유한 토템을 갖고 있다. 이 점에서 오스트레일리아의 사회들은 완벽하게 동질적이다. 그러나 이 가장 원시적이고 단순한 종교인 토테미즘에서는 심지어 가장 진보된 종교의 근저를 이루는 위대한 관념과 중요한 의식적 행위를 찾아볼 수 있다. 다시 말해 거기서는 성스러운 것과 속된 것의 구별, 영혼과 영에 대한 개념, 신화적 인물에 대한 개념, 종족적인 또는 초(超)종족적인 신성의 개념, 금기와 금욕을 특징으로 하는 소극적 숭배와 희생의례, 모방의례, 기념의례, 속죄의례와 같은 적극적 숭배 등, 한마디로 종교적 삶의 본질적인 것은 모두 관찰할 수 있다.

그렇다면 뒤르케임이 말하는 실험, 즉 비교 연구는 어떻게 이해해야 하는가? 실험은 두 가지 차원에서 진행된다. 첫째는 오스트레일리아 사회들이다. 다시 말해 오스트레일리아 부족들의 토테미즘이다. 뒤르케임은 이를 오스트레일리아의 사실들이라고 표현한다. 둘째는 북아메리카의 사회들이다. 다시 말해 북아메리카 인디언 부족들의 토테미즘이다. 뒤르케임은 이를 북아메리카의 사실들이라고 표현한다. 사실 이는 언뜻 납득이 가지 않는 대목이다. 왜냐하면『종교적 삶의 원초적 형태들』의 부제가 '오스트레일리아 토테미즘의 체계'이며, 따라서 뒤르케임의 실험은 오스트레일리아 부족들의 토테미즘에 한정되어 있다는 인상을 주기 십상이기 때문이다. 게다가 뒤르케임은 북아메리카 인디언 부족들의 토테미즘이 실험의 대상이 된다는 것을 서론에서 밝히지 않고 제1권 제4장에서 원초적 종교로서의 토테미즘을 논하고 난 다음에 밝히고 있으며, 따라서 서론만 읽으면 뒤르케임의 종교사회학적 실험이 오스트레일리아의 사실들만 대상으로 하여 진행된다고 생각할 수 있을 것이다. 아무튼 북아메리카의 토테미즘은 오스트레일리아의 토테미즘보다 좀 더 발전한 형태이며, 따라서 전자를 보다 잘 이해할 수 있도록 해주며 토테미즘이 그다음 발전단계의 종교적 형태들과 어떻게 연결되는가를 알도록 해준다. 그렇지만『종교적 삶의 원초적 형태들』의 일차적이고

직접적인 관찰과 실험의 대상은 오스트레일리아의 사실들이다.[22]

(2) 종교란 무엇인가?

이렇게 종교사회학적 연구의 대상, 목적 및 방법을 확정한 후 뒤르케임은 종교에 대한 정의를 시도한다. 이는 가장 원시적이고 가장 단순한 종교를 분석하고 설명하기 위해 필요한 첫 번째 단계의 작업이다. 왜냐하면 종교적 현상에 대한 본격적인 관찰과 실험은 종교에 대한 엄밀한 개념을 전제로 하기 때문이다. 뒤르케임은 『사회학적 방법의 규칙들』에서 제시된 원칙에 따라 "쉽게 확인할 수 있는 외적인 표지를 몇 가지 제시하는 것이 필요하고 가능하다고" 강조한다. 이 표지는 "우리로 하여금 어디서나 마주치는 종교적 현상을 인식할 수 있도록 해주고 다른 현상들과 혼동하지 않도록 해준다." 이처럼 종교에 대한 정의를 내리는 데 필요한 요소를 종교라는 경험적 사실 그 자체로부터 얻어야만 종교과학이 선입견으로부터 해방될 수 있으며, 따라서 진정으로 객관적이고 과학적인 관찰과 실험을 할 수 있다.[23]

뒤르케임이 보기에 종교에 대한 일반적인 개념은 종교라는 사실 그 자체로부터 나온 것이 아니라 선입견으로부터 나온 것인데, 그 선입견은 크게 초자연성과 신성의 두 가지로 나누어볼 수 있다. 그 첫 번째 선입견은 초자연적인 것을 종교의 본질적 특징으로 간주한다. 초자연적인 것은 "신비의 세계요, 불가지의 세계이며 이해할 수 없는 세계"이며, 따라서 종교는 "과학이나 명료한 사고가 포착할 수 없는 모든 것에 대한 일종의 사변"이 된다.[24] 이에 반하여 뒤르케임

---

22 같은 책, 141쪽 이하.
23 같은 책, 43~44쪽.
24 같은 책, 45쪽.

은 초자연적인 것의 개념은 최근에 형성된 것이라고 논박한다. 초자연적인 것의 개념은 그것이 초월하는, 즉 부정하는 정반대의 개념을 전제로 하는데, 그것은 자연적인 것의 개념이다. 우리가 어떤 것을 초자연적이라고 말할 수 있기 위해서는 **"사물들의 자연적인 질서가 존재한다는 느낌"**, 다시 말해 "우주의 현상이 법칙이라 불리는 필연적인 관계에 의해 서로 연결되어 있다는 느낌"을 미리 가지고 있어야 한다. 이러한 보편적 결정론의 관념은 최근에 생긴 것이다. 그것은 실증과학의 산물이다.[25] 그리고 종교에 대한 두 번째 선입견은 신성의 개념으로 종교를 정의한다. 신성은 좁은 의미의 신에게만 결부되는 것이 아니라 영적 존재 일반에게 결부되는 속성이다.[26] 이에 반하여 뒤르케임은 신이나 영의 관념이 없거나 설령 있다고 해도 부차적이고 퇴색한 역할밖에 하지 못하는 위대한 종교가 있다는 사실을 들면서 논박한다. 그 대표적인 경우가 불교이다. 불교는 신 없는 종교이고 그 교리는 무신론적이다.[27]

이렇게 해서 뒤르케임은 종교에 대한 두 지배적인 정의를 배제하였다. 그가 보기에 이 둘은 종교 그 자체에서 나온 것이 아니라 "종교의 본질을 직접적으로 그리고 총체적으로 표현하려는" 사변적 시도에서 나온 것이며, 이는 다시금 종교가 초자연성이나 신성과 같은 "일종의 불가시적 통일체"를 구현한다는 선입견에서 기인한다. 그러나 종교는 사실상 구체적인 부분으로 구성된다. 종교는 신화·교리·의례·의식 등으로 구성된 복합적인 체계이다.[28]

뒤르케임에 따르면 종교적인 현상은 두 가지 기본적인 범주, 즉 신앙과 의례로 구분된다. 신앙은 표상들로 이루어진 사고체계이며 의

---

25 같은 책, 47~48쪽.
26 같은 책, 51~52쪽.
27 같은 책, 53쪽 이하.
28 같은 책, 60쪽.

례는 특정한 행위방식이다. 의례는 신앙에 의해 결정되며, 따라서 신앙을 정의해야 의례를 정의할 수 있다. 모든 종교는 세계를 '성'(聖)과 '속'(俗)의 두 세계, 즉 성스러운 것의 영역과 속된 것의 영역으로 구별한다는 점에서 공통적이다. 성스러운 것은 분리되고 금지된 것이며 속된 것은 성스러운 것으로부터 격리되어야 한다. 성과 속은 그 어떤 공통점도 없는 완전히 이질적이고 어느 한 부류에 속한 것은 다른 부류에 속할 수 없는 완전히 배타적인 두 세계이다. 종교적 신앙은 "성스러운 사물들의 본질을 표현하고 그것들이 서로서로 맺는 관계 또는 속된 사물들과 맺는 관계를 표현하는 표상"이다. 또는 달리 말해 종교적 신앙은 "성스러운 사물들의 본질과 거기에 부여된 덕목과 능력, 성스러운 것들의 역사와 그것들끼리의 관계 및 그것들과 속된 사물들 사이의 관계를 표현하는 서술 또는 서술체계"이다. 이러한 종교적 신앙은 신념(신조), 신화, 교리, 전설, 영혼 등으로 구체화된다. 그리고 의례는 "인간이 성스러운 사물들에 대해 어떻게 처신해야 하는가를 규정하는 행위규칙"이다. 불교가 종교인 이유가 바로 여기에 있다. 불교에는 신이 없지만 사성제(四聖諦)와 같은 성의 세계가 있고 이로부터 연원하는 의례가 있기 때문이다.[29]

뒤르케임이 보기에 "모든 종교적 삶은 그 외적 표현이 아무리 복잡하더라도, 그 근본은 하나이고 단순하다. 종교적 삶은 어디서나 동일한 욕구에 응답하고 어디서나 동일한 정신석 상태에서 기인한다. 종교적 삶은 그 구체적인 형태가 어떠하든, 인간을 그 자신보다 고양시키고 인간이 단지 자신의 즉흥적인 생각에 따라 살아갈 때보다 품위 있는 삶을 살도록 하는 것을 그 목표로 한다. 신앙은 이러한 삶을 표상으로 나타낸다. 의례는 이러한 삶을 조직하고 그 과정을 규제한다."[30]

---

29 같은 책, 61~62, 67쪽.
30 같은 책, 606~07쪽.

요컨대 종교란 성스러운 것의 표현인 신앙과 그와 관련된 의례의 복합체이다. 그러나 이는 종교를 정의하기에는 아직 불충분하다. 왜냐하면 종교와 유사한 주술에서도 엄연히 신앙과 의례가 존재하기 때문이다. 뒤르케임은 이 둘의 차이를 사회적 성격 또는 공동체성에서 찾는다.

> 진정한 종교적 신앙은 언제나 특정한 집단에 공통적인 것인바, 이 집단은 그 신앙을 추종하고 그와 관련된 의례를 수행할 것을 고백한다. 진정한 종교적 신앙은 이 집단의 모든 구성원에 의해 개별적으로 인정될 뿐 아니라 집단에 속하며 집단의 통일성을 창출한다. 이 집단의 개인들은 그들이 공통된 신앙을 가지고 있다는 사실만으로도 서로서로 결합되어 있다고 느낀다. 그 구성원들이 성스러운 세계를 그리고 성스러운 세계와 속된 세계의 관계를 동일한 방식으로 표상하며 이 공통된 표상을 동일한 의례로 구현한다는 사실에 의해 연합되는 사회를 교회라고 부른다. 우리는 역사에서 교회 없는 종교를 만나지 못한다.[31]

여기에서 말하는 교회란 좁은 의미의 제도화되고 객관화된 종교 기관도 아니며 흔히 생각하기 쉬운 기독교의 예배소는 더더욱 아니다. 그것은 넓은 의미의 종교 공동체를 의미하며, 따라서 국가와 밀접하게 연결되기도 하고 국경을 초월하기도 하며, 민족 성원 전체를 포함하기도 하고 그 일부분만을 포함하기도 하며, 일단의 사제들에 의해 지도되기도 하고 공식적인 지도부가 거의 없기도 하다. 그러나 종교는 어디에서나 집합적 또는 공동체적 성격을 갖는다.[32] 이에 반해 주술적 교회란 존재하지 않는다. 첫째로 주술사의 고객들은 서

---

31 같은 책, 71쪽.
32 같은 책, 71~72쪽.

로 관계를 가질 필요가 전혀 없고, 둘째로 주술사와 고객들의 관계는 의사와 환자의 관계처럼 우발적이고 일시적이며, 셋째로 주술사는 그의 동업자들로부터 고립된 독자적인 존재이다.[33] 이처럼 주술이 고객관계는 있지만 교회가 없는 이유는, 그것이 개인들의 기술적이고 유용한 목적을 추구하기 때문이다.[34] 주술은 종교의 공리주의적 변형이며, 따라서 사회성 또는 공동체성을 결여할 수밖에 없다.

아무튼 여기까지의 논의를 종합하면 종교는 다음과 같이 신앙·의례·교회라는 세 가지 요소에 의해 정의된다.

> 종교란 성스러운 사물들, 즉 분리되고 금지된 사물들과 관련한 신앙과 의례가 결합된 체계이다. 이러한 신앙과 의례는 교회라고 불리는 동일한 도덕적 공동체 안으로 거기에 속하는 모든 사람을 통합한다.[35]

(3) 종교는 사회의 신격화이다

이러한 종교의 정의에 입각해서 보면 가장 원시적이고 가장 단순한 종교의 형태는 — 일반적으로 주장하는 바와 달리 — 정령숭배(애니미즘)나 자연숭배가 아니라 토테미즘이다. 토템은 성스러운 것의 원형으로시 사물들은 그것을 축으로 성스러운 세계와 속된 세계로 분류되고 그에 따라 신앙과 의례가 형성된다. 이러한 종교적 체계, 즉 토테미즘은 씨족이라는 가장 단순한 사회조직에 의해 담지된다. 뒤르케임은 논박하기를, 정령론자들은 종교를 환각체계로 해체하는 우를 범하고 자연론자들은 성스러운 것과 속된 것의 구별을 설

---

33 같은 책, 72~73쪽.
34 같은 책, 69쪽.
35 같은 책, 76쪽.

명하지 못하는 한계가 있다. 그에 따르면 정령숭배와 자연숭배는 그보다 근본적이고 원시적인 숭배인 토테미즘에서 파생된 형태이거나 그것의 특수한 양상에 지나지 않는다.[36]

뒤르케임에 따르면 토테미즘은 흔히 생각하는 바와 달리 동물숭배나 식물숭배가 결코 아니다. 인간과 토템적 동물이나 식물의 관계는 신자와 신의 관계가 아니다. 왜냐하면 인간도 성스러운 세계에 속하기 때문이다. 이 둘의 관계는 오히려 동등한 수준에 있고 동등한 가치를 갖는 두 존재의 관계로 보는 것이 옳다. 다만 동물이나 식물이 인간보다 성스러운 세계에서 약간 높은 위치를 차지하고 있을 뿐이다.[37] 일반적으로 토테미즘은 네 가지 요소로 구분할 수 있다. 첫째는 토템적 상징이고, 둘째는 토템적 동물이나 식물이고, 셋째는 토테미즘의 교회인 씨족의 구성원들이다. 이 순서가 바로 성스러운 세계에서 차지하는 서열이다. 그런데 뒤르케임에 따르면 여기에 네 번째 요소가 추가되는바, 그것은 이 세 가지 요소에 공통적인 근원 또는 원리이다. 이를 토템적 근원 또는 원리라고 할 수 있다. 바로 이 근원 또는 원리가 토템적 숭배의 진정한 대상이다. 다시 말해 토테미즘은 어떤 동물이나 식물, 어떤 인간 또는 어떤 상징을 숭배하는 종교가 아니라 "이것들 각각에 존재하지만 그 어느 것과도 일치하지 않는 일종의 익명적이고도 비인격적 힘을 숭배하는" 종교이다. 우리는 이 힘을 토테미즘의 신이라고 말할 수 있다. 그런데 이 신은 "이름도 없고 역사도 없으면서 세계에 내재하고 수많은 사물에 확산되어 있는 비인격적 신"이다.[38] 토템은 이 비인격적 신을 물질적 형태로 표현하는 상징이다. 그렇다면 이 비인격적 신은 도대체 무엇이란 말인가? 그것은 다름 아닌 사회이다. 뒤르케임은 다음과 같이 주장한다.

---

36 같은 책, 77쪽 이하.
37 같은 책, 207쪽.
38 같은 책, 281쪽.

우리의 분석은 토템이 서로 다른 두 가지 종류의 사물을 표현하고 상징한다는 결론에 도달했다. 한편으로 토템은 우리가 토템의 근원 또는 토템의 신이라고 불렀던 것의 외적이고도 지각할 수 있는 형태이다. 다른 한편으로 토템은 씨족이라고 불리는 특수한 사회의 상징이기도 하다. 토템은 씨족의 깃발이다. 그것은 씨족들이 서로 구분되는 표지이다. 그것은 씨족들의 개별성의 가시적인 표지이다. 그것은 씨족에 속하는 모든 것, 즉 인간·동물·사물이 지니는 표지이다. 이처럼 토템이 신의 상징이면서 사회의 상징이라면, 신과 사회는 하나가 아니겠는가? 만약 집단과 신성이 두 가지 서로 다른 실재라면, 어떻게 집단의 문장(紋章)이 이 신성과 유사한 것의 표지가 될 수 있겠는가? 요컨대 씨족의 신, 즉 토템의 근원은 씨족 그 자체 외의 다른 어떤 것이 될 수 없다. 물론 씨족은 토템으로 기능하는 식물 종(種)이나 동물 종의 지각할 수 있는 형태로 대상화되고 영적으로 표상된 것이다.[39]

그렇다면 사회의 신격화는 어떻게 가능한가? 뒤르케임에 따르면 어떤 사회라도 그 구성원들로 하여금 "자신이 신성하다는 것을 느끼도록 하는 모든 것을 가지고 있는데, 이는 사회가 그들에게 끼치는 영향만으로도 그렇다." 사회와 그 구성원들 사이의 관계는 신과 신자들의 관계와 마찬가지이다. "사실상 신이란 무엇보다도 인간이 특정한 측면에서 자기 자신보다 우월하다고 생각하고 자신이 의존하고 있다고 믿는 존재이다." 이 존재는 제우스나 야훼처럼 의식을 가진 인격신이 될 수도 있고 토테미즘의 추상적이고 비인격적인 힘이될 수도 있다.[40] 사회는——뒤르케임이 사회의 종교적 신성함을 강조하기를——

39 같은 책, 306~07쪽.
40 같은 책, 307쪽.

우리의 개인적 특성과는 다른 자신만의 고유한 특성을 가지고 있기 때문에 역시 자신에게만 고유한 목적을 추구한다. 그러나 사회는 우리의 매개를 통해서만 자신의 목적을 달성할 수 있기 때문에 명령조로 우리의 협력을 요구한다. 사회는 우리에게 우리의 이해관계를 경시하고 자신에게 헌신하기를 요구하며, 우리에게 온갖 가능한 속박, 결핍, 희생을 강요하는데, 이런 것들이 없다면 사회적 삶은 불가능할 것이다. 그렇기 때문에 우리는 우리가 만들지도 않았고 선택하지도 않았으며 때로는 우리의 근본적인 성향이나 본능에 반하는 행위와 사고의 규칙에 매순간 복종해야 한다. 그러나 만약 사회가 물리적 강제에 의해서만 우리로부터 그와 같은 양보와 희생을 얻어낸다면, 사회는 우리에게 종교가 숭배하는 것과 같은 도덕적 힘의 관념을 일깨울 수 없고 단지 우리가 어쩔 수 없이 굴복해야 하는 물리적 힘의 관념만을 일깨울 수 있을 것이다. 그러나 사실상 사회가 우리의 양심에 행사하는 힘은 사회에 고유한 물리적 우월성에서보다 오히려 사회에 부여된 도덕적 권위에서 기인하는 것이다. 만약 우리가 사회의 명령에 복종한다면, 그것은 단순히 사회가 우리의 저항을 이겨낼 수 있기 때문이 아니다. 그것은 무엇보다도 사회가 진정한 경외의 대상이기 때문이다.[41]

요컨대 사회는 도덕적 권위를 가지기 때문에 그 구성원들이 경외심을 갖고 그 힘에 내면적이고 자발적으로 복종한다는 것이다. 그런데 이러한 사회의 힘은 개인들이 그 연원을 인식할 수 없는 방식으로 행사되며, 따라서 개인들은 이를 인식할 수 있는 관념을 만들어내야 한다. 다시 말해 종교라는 집합표상을 통해 사회의 신성을 표현해야 한다. 사회를 신격화해야 한다.

---

41 같은 책, 307~08쪽.

만약 인간이 그에게 끼치는 이 [사회의] 다양한 영향력이 사회로부터 온다는 것을 즉각적으로 알았더라면, 신화적 해석의 체계는 생겨나지 않았을 것이다. 그러나 사회적 힘은 너무나 우회적이고 모호한 방식으로 행사되며 너무나 복잡한 심리적 메커니즘을 사용하기 때문에 일반적인 관찰자는 그것이 어디에서 연원하는지 알아차릴 수 없다. 과학적 분석이 그에게 그 연원을 가르쳐 주지 않는 한, 그는 자신이 그 다양한 영향력의 대상임을 확실히 느끼지만 그것이 누구에 의한 것인지는 느낄 수 없다. 그러므로 그는 자신과 관계가 있다고 느끼는 이러한 힘에 대한 관념을 스스로 만들어내야 했다. 이로부터 우리는 그가 어떻게 이러한 관계와 다른 형태로 그 관계를 표상하고 사고를 통해 변형했는지를 파악할 수 있다.[42]

이렇게 보면 신은 "사회의 구상적 표현"에 다름 아니라는 결론에 도달하게 된다.[43] 달리 말하자면 신은 사회의 자기표현, 보다 정확히 말하자면 상징적 자기표현이다.[44] 그러므로 종교적 힘은 신격화된 사회가 그 구성원들에게 불러일으키는 감정에 다름 아니다. 그런데 이 감정은 개인들의 외부에 존재하며, 따라서 그들에 의해 지각되고 객관화되기 위해서는 특정한 대상과 결부되며, 그럼으로써 이 대상은 성스러운 것이 된다. 뒤르케임에 따르면 모든 사물이 이러한 역힐을 할 수 있나. 본실상 성스러운 사물은 없다. 왜냐하면 성스러움은 사물의 특징에서 연원하는 것이 아니라 어디까지나 사회에 의해 부여된 상징적 성격이기 때문이다.[45] 여기에서 상징이 중요해진다.

---

42 같은 책, 311쪽.

43 같은 책, 334쪽.

44 신은 "변용되고 상징적으로 사고된 사회"이며 신성은 "집합성의 상징적 표현"이다. Émile Durkheim, 앞의 책(1984b), 151쪽; Émile Durkheim, 앞의 책(1976), 105쪽. 그러므로 **"모든** 사회는 **종교적** 차원을 갖고 **모든** 종교는 **사회적** 차원을 갖는다."** Horst Firsching, 앞의 글(1995), 163쪽.

상징은 사회적 사실의 실재적 성격, 즉 그것이 개인들의 의식에 대해 갖는 외재성과 초월성 및 강제성을 지각할 수 있는 형태로 표현한다. 상징은 사회가 자의식을 갖는 데 필수불가결하다. 그러므로 인류의 역사는 모든 측면에서 그리고 모든 역사적 시기에서 "포괄적 상징주의"에 의해서만 가능하다. 토테미즘도 이 상징주의의 한 특수한 형태이다.[46]

토템은 씨족이라는 한 특수한 사회의 성스러움을 상징적으로 표현하는 물질적 사물이다. 그것은 씨족사회를 신격화하는 상징적 수단이다. 씨족의 구성원들은 자신보다 우월한 사회와 그 힘을 경험하고 그로부터 영향을 받지만 씨족은 너무나 복잡한 실재이며 그 힘은 추상적이고 보편적인 방식으로 작동하기 때문에 그들의 원시적이고 단순한 지성으로는 사회를 구체적인 단위로 표상할 수 없고 자신이 경험하고 영향을 받는 익명적이고 집합적인 힘이 어디로부터 오는지 이해할 수 없으며, 따라서 구체적이고 물질적인 것, 즉 토템으로 사회의 관념을 표현해야 한다. 요컨대 토템은 "씨족의 깃발"이며 토템적 상징은 "가시적인 신의 몸체", 즉 가시적인 사회의 몸체인 것이다.[47]

그렇다면 왜 씨족은 거의 전적으로 식물계에서, 특히 동물계에서 종교적 상징을 차용하는가? 그 이유는 두 가지이다. 첫째, 그림으로 표현할 수 있는 사물만이 상징적 이미지의 소재가 될 수 있다. 그래

---

45 Émile Durkheim, 앞의 책(2007), 339쪽.

46 같은 책, 342~43쪽. 뒤르케임의 상징이론은 매우 흥미롭고 그의 지적 세계를 이해하는 데에도 꼭 논의가 필요하지만 지면 관계상 다음 기회로 미루고 다음을 언급하는 선에서 그치기로 한다. Giovanni Paoletti, "The Cult of Images: Reading Chapter VII, Book II, of *The Elementary Forms*", in: N. J. Allen, W. S. F. Pickering & W. Watts Miller (Ed.), *On Durkheim's Elementary Forms of Religious Life*, London/New York: Routledge 1998, 78~91쪽.

47 Émile Durkheim, 앞의 책(2007), 326~28쪽.

야만 구상성과 가시성을 확보할 수 있기 때문이다. 둘째, 씨족과 가깝고 일상적인 관계에 있는 사물이어야 한다. 이러한 조건에 가장 적합한 것이 동물이다. 수렵이나 어로에 의존하는 씨족에게 동물은 경제적 환경의 근본적인 요소이다. 이 점에서 식물은 이차적이다. 왜냐하면 식물은 재배되지 않는 한 인간의 식량에서 부차적인 위치를 차지하기 때문이다. 게다가 동물은 식물보다 인간의 삶과 긴밀한 관계에 있는데, 그 이유는 이 두 존재가 자연적인 혈족관계에 의해 연결되어 있기 때문이다.[48]

(4) 종교의 기능

여기까지가 토테미즘이라는 원초적 종교형태의 신앙적 측면, 즉 토테미즘에서 성스러운 것과 그와 관련된 표상 및 서술 체계에 대한 논의이다. 종교는 무엇보다도 관념의 체계이며, 개인들은 바로 이 체계에 의해 "자신들이 그 구성원인 사회를 그리고 자신들이 사회와 맺고 있는 모호하지만 긴밀한 관계를 표상한다." 이것이 종교의 일차적 기능이다. 그리고 신앙으로부터 의례가 도출되는바, 이 의례는 관념적 체계인 신앙을 일련의 행위를 통해 표출함으로써 신자들과 신의 유대를 강화하는 기능을 하며, 그럼으로써 개인과 사회의 유대를 강화하는 기능을 한다. 다시 말해 사회적 연대를 강화하는 기능을 한다. 이것이 종교의 이차적 기능이다.[49] 물론 의례에 의한 기능만이 사회적 연대는 아니다. 왜냐하면 개인이 종교적 신앙을 통해 사회를, 그리고 사회와 자신들의 관계를 지각하고 인지하게 되면 자연스레 사회적 유대감을 갖게 되기 때문이다. 신앙에 의한 사회적 연대가 사고의 차원이라면 의례에 의한 사회적 연대는 행위적 차

---

48 같은 책, 345~46쪽.
49 같은 책, 334쪽.

원, 보다 정확히 말하자면 집합적 행위 또는 사회적 행위의 차원이다. 요컨대 개인이 공유하는 신앙과 공동으로 수행하는 의례에 의해 사회적 연대가 창출되고 강화되는 데에 종교의 본질적 기능이 있다. 그것이 도덕적 기능이다.

이처럼 뒤르케임이 종교의 본질적 의미를 도덕에서 찾기 때문에 『종교적 삶의 원초적 형태들』이라는 책 제목을 "도덕적 통합의 원초적 형태들"로 다시 이름 붙일 수 있을 것이라는 주장은 상당한 설득력이 있다.[50] 그리고 이렇게 보면 자연스레 『사회분업론』과 『종교적 삶의 원초적 형태들』의 관계로 눈길을 돌리게 된다. 전자에서도 사회적 연대와 도덕이 핵심적인 주제이기 때문이다. 전자를 관통하는 것이 분업-연대-도덕이라는 개념 고리라면 후자를 관통하는 것은 종교-연대-도덕이라는 개념 고리이다.

이처럼 『사회분업론』은 사회적 연대와 도덕이라는 측면에서 보면 『종교적 삶의 원초적 형태들』과 밀접한, 그리고 연속적인 관계에 있다고 할 수 있다. 반면 종교가 결정적인 역할을 하지 않는다는 점에서는 『사회분업론』이 『자살론』과는 달리 『종교적 삶의 원초적 형태들』과 아무런 관계도 없다고 생각할 수 있다. 그러나 실상은 그 정반대이다. 기든스가 적확하게 지적하듯이, 뒤르케임은 『사회분업론』에서 "덜 발달된 사회에 응집력을 부여하는 신념과 행위양식의 핵심이 종교라는 사실"을 인식하고 있었다. 이 책에는 "종교의 본질을 직접적으로 분석한 종교적 범죄에 대한 부분을 제외하면 종교에 대한 논의가 비교적 짧은 구절들로 되어 있다. 그러나 그로부터 19년 후에 출간되는 『종교적 삶의 원초적 형태들』에서 구체화되는 중요한 논점이 대부분 포함되어 있다."[51]

---

50 Jonathan H. Turner, Leonard Beeghley & Charles H. Powers, 앞의 책(1995), 336쪽.
51 Anthony Giddens, 앞의 책(1978), 81쪽. 구체적으로 뒤르케임은 다음에서

이 둘의 결정적인 차이는『종교적 삶의 원초적 형태들』에서 기계적 연대와 종교의, 보다 정확히 말하자면 종교적 의례의 관계가 광범위하고 심층적으로 논의되고 있다는 사실이다. 역시 기든스가 적확하게 지적하듯이, 뒤르케임은『종교적 삶의 원초적 형태들』에서 "종교적 신념을 유지하는 데 의례와 의식이 결정적으로 중요하다는 것을 이전보다 훨씬 분명하게 인식하게 되었다.『사회분업론』에서 기계적 연대의 기원은 해명되지 않은 채로 남았다. 사회 구성원들이 사회적 연대의 토대가 되는 신념과 가치에 지속적으로 충성하는 현상은 아무런 문제가 없는 것으로 간주되었다. 그러나 그는 나중에 그렇지 않다는 것을 인지하게 되었다. 주기적인 의식이 그와 같은 헌신과 긴밀하게 연결되어 있음을 간파한 것이다. 이렇게 뒤르케임의 사고가 전환되는 데에는 로버트슨 스미스의 저작이 결정적인 영향을 끼친 것으로 보인다(로버트슨 스미스는 토테미즘을 분절적 씨족사회와 결부된 가장 단순한 형태의 종교로 간주했는데, 뒤르케임은 이 견해를 받아들였다)."[52]

종교적 범죄에 대한 비교적 자세한 논의를 전개하고 있다. Émile Durkheim, 앞의 책(1988), 210쪽 이하.

52 Anthony Giddens, 앞의 책(1978), 83~84쪽. 여기에서『사회분업론』과『자살론』이 종교라는 측면에서『종교적 삶의 원초적 형태들』과 갖는 관계를 잠시 살펴보기로 힌다. 이미 제3장 제3질에서 논한 바와 같이,『자살론』에서는 종교가 결정적인 역할을, 그것도 사회적 연대와 도덕이라는 측면에서 결정적인 역할을 한다. 그러므로『자살론』은『종교적 삶의 원초적 형태들』과 밀접한 그리고 연속적인 관계에 있다고 할 수 있다. 그런데 이 둘의 관계는 거기에서 그치지 않는다. 왜냐하면 우리는 이미 전자에서 후자의 핵심적인 사고를 발견할 수 있으며, 따라서 전자를 후자의 예비연구로 볼 수 있기 때문이다. 뒤르케임은 다음과 같이 말한다. "흔히 종교의 기원은 인간이 신비하고 두려운 존재에게 느끼는 공포와 경외의 감정에 있다고 말한다. 이러한 관점에서는 종교가 단지 개인의 심적 상태와 사적 감정이 발전한 결과인 것처럼 보인다. 그러나 이렇게 단순화된 해석은 사실과 다르다. 이는 다음을 언급하는 것만으로도 충분하다. 종교라는 제도는 사회적 삶이 가장 단순한 초보단계를 넘어서지 못하는 동물세계에는 알려져 있지 않고, 오직 집합적 조직이 존재하는 곳에서만 존재하며, 또한 사회의 성격에 따라 달라진다. 이 모

아무튼 뒤르케임은 종교의 첫 번째 구성요소인 신앙에 대한 논의에 이어 그 두 번째 구성요소인 의례에 대한 논의로 넘어간다. 다시 말해 종교적 관념 또는 사고에 대한 논의에서 종교적 행위에 대

든 것은 오직 집단 속의 인간만이 종교적으로 사고할 수 있다고 상정할 수 있는 충분한 근거가 된다. 만약 개인이 언제나 자기 자신과 물리적 세계밖에 알지 못한다면, 그는 자신과 자신의 환경 전체를 훨씬 능가하는 힘을 결코 표상할 수 없을 것이다. 개인은 자신이 관련을 맺는 거대한 자연적 힘을 통해서는 절대로 그와 같은 표상에 도달할 수 없을 것이다. 왜냐하면 원래 개인은 지금처럼 자연의 힘이 자신을 절대로 지배한다는 사실을 결코 알지 못하기 때문이다. 오히려 특정한 조건에서는 자신이 마음대로 자연의 힘을 제어할 수 있다고 믿었다. 인간은 과학을 통해 비로소 자신이 자연의 힘보다 얼마나 열등한가를 알게 되었다. 이러한 방식으로[개인보다 훨씬 우월한 존재로 인식됨으로써] 개인에게 경외심을 불러일으키고 숭배의 대상이 된 힘은 다름 아닌 사회이다. 신은 사회가 실체화된 형태일 뿐이다. 요컨대 종교는 궁극적으로 사회가 자기 자신을 의식하는 상징체계이며, 이 상징체계는 다시금 집합체에 고유한 사고방식이다. 그런데 이 사고방식은 개인의 표상세계가 연합하지 않고서는 생겨날 수 없는 집단적 사고방식이다. 그것은 이러한 연합의 결과이며 개인의 사고 과정에서 생겨나는 것에 덧붙여진다." Émile Durkheim, 앞의 책(1983a), 363~64쪽. 다음도 같이 참조. John A. Hughes, Wes W. Sharrock & Peter J. Martin, 앞의 책(2003), 179쪽. 그렇다면『사회분업론』의 경우는 어떠한가?『자살론』에서만큼 종교가 결정적인 역할을 하지 못하는 이 저작도 예비연구로 볼 수 있는가? 결론부터 말하자면, 그렇다.『사회분업론』에서도『자살론』에서와 마찬가지로『종교적 삶의 원초적 형태들』의 핵심적인 사고를 발견할 수 있다. "역사가 확실히 밝혀낸 진리가 하나 있다면" — 뒤르케임은『사회분업론』에서 주장하기를 —"그것은 종교가 사회적 삶에서 점점 더 작은 지분을 갖는다는 사실이다. 인류 초기에 종교는 모든 것을 포괄했다. 사회적인 것은 모두가 종교적이었다. 사회적인 것과 종교적인 것이라는 두 단어는 동의어였다. 점차로 정치적, 경제적 및 과학적 기능이 종교적 기능으로부터 분리되어 독립적인 영역으로 존재하게 되고 점점 더 세속적인 성격을 띠게 되었다. 만약 우리가 이렇게 말할 수 있다면, 신이 처음에는 모든 인간관계에 임하다가 차츰 그로부터 물러나게 되었다." Émile Durkheim, 앞의 책(1988), 224쪽. 이 모든 것을 감안하면『사회분업론』과『자살론』은『종교적 삶의 원초적 형태들』과 밀접한, 그리고 연속적인 관계에 있으면서 그 예비적 연구의 성격을 갖는다고 말할 수 있다. 이 세 저작을 한군데로 묶는 것은 개인-사회-도덕-종교의 개념 고리이다. 비록『사회분업론』에서는 아직 종교가『자살론』에서만큼 결정적인 역할을 하지는 않았지만 거기에서도 이미 종교의 본질은 파악되었다.

한 논의로 넘어가 다양한 소극적 의례행위와 적극적 의례행위를 분석하고 설명한다. 그것은 사회적 행위에 대한 매우 포괄적이고 심층적인 사회학적 연구이다. 사실 『종교적 삶의 원초적 형태들』은 크게 신앙에 대한 부분과 의례에 대한 부분으로 구성되어 있다. 이는 매우 중요한 함의를 지닌다. 왜냐하면 합리적 관점에서 종교에 접근하는 이론가들은 종교에서 무엇보다도 관념의 체계를 찾으려 하기 때문이다. 그들은 표상과 신앙을 종교의 본질적 요소라고 생각하며, 이에 따라 의례를 "진정한 가치를 갖는 유일한 것이라고 믿는 내적 상태의 외적이고 우연적이며 물질적인 표현에 불과한 것"으로 여긴다. 이러한 관점이 널리 퍼져 있기 때문에 종교에 대한 논의는 주로 과학과의 관계를 둘러싸고 전개된다. 다시 말해 "종교가 과학과 조화할 수 있는가 없는가, 그러니까 과학적인 인식의 옆에 특별히 종교적이라고 할 수 있는 또 다른 형태의 인식이 자리할 수 있는가 없는가"가 주로 문제시된다.[53] 이에 반해 뒤르케임은 의례가 단순히 신앙의 부속물이나 파생물이 아니라 자체적인 의미를 지니며 진정한 종교적 힘은 신앙과 의례가 결합되어야만 기대할 수 있다는 견해를 고수한다.

실제로 종교를 가져본 사람이라면 신자가 자신의 신앙을 체험하는 방식인 환희, 내저 안식, 평화를 불러일으키는 것이 바로 의례라는 사실을 확실히 알 수 있다. 의례는 단순히 신앙이 외적으로 표현되는 표지의 체계가 아니라 신앙이 창출되고 주기적으로 재창출되는 수단들의 총합이다. 의례가 물리적인 행위로 이루어지든 아니면 정신적인 작동으로 이루어지든 아무런 상관이 없다. 거기서는 언제나 신앙의 효력이 나타난다.[54]

---

53 Émile Durkheim, 앞의 책(2007), 609~10쪽.
54 같은 책, 611쪽.

뒤르케임에 따르면 종교적 의례는 사회 구성원들을 집합시키고 공동체성이 작동하도록 하는 데에 그 의미가 있다. 개인들이 공동으로 의례를 거행함으로써 그들 사이의 접촉은 늘어나고 그들 사이의 관계는 더욱더 친밀해진다. 이미 그것만으로도 개인들의 의식은 변화된다. 개인들의 일상적 삶은 주로 그의 사적 관심과 이해관계에 집중된다. 그러나 이 속된 것은 의례가 거행되는 성스러운 시기에는 철저하게 배제된다.[55] 이 시기에 그들의 사고는,

공통된 신앙, 공통된 전통, 위대한 선조들과 그들의 화신인 집합적 이상에 맞춰진다. 한마디로 사회적 사물들에 맞춰진다. 심지어 위대한 종교적 의식들이 실현하고자 하는 물질적 이해관계도 공적인 질서와 관련되고, 따라서 사회적 성격을 띠게 된다. 전체로서의 사회는 수확이 풍요로운가, 비가 제때에 그리고 지나치지 않게 내리는가, 동물이 규칙적으로 번식하는가 등의 문제에 관심이 있다. 요컨대 의식 전면에 서 있는 것은 바로 사회이다. 행위를 지배하고 주도하는 것은 바로 사회이다. 이는 사회가 일상적 삶이라는 속된 시기보다 의식이 거행되는 성스러운 시기에 더 생생하고 활동적이며 따라서 더 현실적이 됨을 의미한다. 그러므로 개인들이 이 순간에 자신들 밖에서 태어나는 어떤 것, 다시 살아나는 힘, 다시 깨어나는 삶이 있다고 느끼더라도 잘못 생각하는 것이 아니다. 이러한 갱생은 결코 망상이 아니다. 그리고 개인들 자신도 그로부터 이익을 얻는다. 왜냐하면 각자가 자신 속에 지니고 있는 사회적 존재의 단편이 필연적으로 이러한 집합적 갱생에 참여하기 때문이다. 개인의 영혼도 자신의 삶이 유래한 근원으로 되돌아감으로써 갱생된다. 결과적으로 개인의 영혼은 더욱 강해지고 자기 자신의 주인이 되었으며 물리적 필연성에 덜 의존하게

55 같은 책, 511쪽.

된 것을 느낀다.[56]

뒤르케임은 의례를 소극적 의례와 적극적 의례로 구분한다. 먼저 소극적 의례는 신자들에게 어떤 행위를 명령하는 대신 어떤 행위를 금지하는 터부의 행태를 띠며, 성과 속 사이의 부당한 혼합, 접근 또는 침범을 방지하는 데에 그 목적이 있다.[57] 그리고 적극적 의례는 신자들이 종교적 힘 또는 신과 적극적이고 상호적인 관계를 갖도록 하는 의례로서, 다시금 희생의례, 모방의례, 기념의례, 속죄의례의 네 가지 유형으로 구성된다. 첫째, 희생의례의 '희생'이라는 단어는 일방적으로 제물을 바친다는 통상적인 의미로 생각해서는 안 된다. 이 의례는 무엇보다도 식사이며 따라서 음식이 그 중심에 위치한다. 그리고 희생을 바치는 신자들과 그것을 받는 신이 함께 식사에 참여한다. 말하자면 희생의례는 성찬식, 즉 음식을 통한 교제행위인 것이다. 이를 통해 인간과 신 사이에 그리고 인간들 사이의 유대관계가 강화된다.[58] 둘째, 모방의례는 동물이나 식물의 모습, 움직임, 소리(외침) 또는 무생물의 모습을 모방함으로써 원하는 것을 얻거나 원치 않는 것을 피하려는 종교적 행위이다.[59] 셋째, 기념의례는 재현의례라고도 하며, 선조들이 거행한 의례를 매우 귀중한 전통으로 고수하는 것을 의미하며, 현재를 과거에 연결해 주는, 즉 개인을 집단에 연결해 주는 관념과 감정을 일깨우는 것을 그 목적으로 한다.[60] 넷째, 속죄의례는 불행한 일에 대처하거나 그것을 애도하거나 기억하기 위해 거행하는 의례이다. 앞의 세 가지가 신뢰와 기쁨, 그리고 심지어 열광적 상태에서 거행되는 즐거움의 축제라면 마지막의 것은 슬

---

56 같은 책, 511~12쪽.
57 같은 책, 439쪽 이하.
58 같은 책, 479쪽 이하.
59 같은 책, 515쪽 이하.
60 같은 책, 543쪽 이하.

품의 축제이다. 장례식이 속죄의식의 일차적이고 가장 중요한 경우이다.[61] 뒤르케임에 따르면 소극적 의례와 적극적 의례는 서로 배타적인 관계에 있는 것이 아니라 서로 긴밀하게 연결되어 있으면서 서로를 보완해 준다.

뒤르케임이 말하는 종교적 의례의 사회적 의미와 기능은 무엇보다도 오스트레일리아 원주민의 토테미즘을 보면 확연히 드러난다. 오스트레일리아 사회의 삶은 두 개의 서로 다른 국면으로 구성된다. 그 한 국면은 전 주민이 소집단으로 분산되어 사냥과 낚시를 하고 곡식과 풀을 채집하면서 생계에 필요한 식량을 얻는 때이다. 그리고 그 다른 한 국면은 전 주민이 한군데 모여서 며칠 또는 몇 달 동안 종교적 의식을 거행하는 때이다.[62]

이 두 국면은 극단적으로 대비되는 모습을 보여 준다. 첫 번째 국면에서는 경제적 활동이 지배적인데, 이것은 큰 감정이나 열정을 필요로 하지 않는다. 분산된 상태에 있을 때의 사회적 삶은 완전히 단조롭고 완만하며 무미건조하다. 이에 반해 종교적 의례가 거행될 때에는 집합적 흥분이 일어난다. 일단 개인이 모이고 나면 "그들을 엄청난 흥분 상태에 빠뜨리는 일종의 전류가 재빠르게 방출된다. 표출된 모든 감정은 아무런 저항 없이 모든 개인의 의식 속에서 메아리친다. 그들의 의식은 외부에서 오는 인상에 대하여 매우 개방적이다. 각 개인의 의식은 다른 개인의 의식에서 반향을 불러일으키며, 그렇게 해서 처음의 자극은 마치 눈사태가 진행될수록 점점 더 커지는 것처럼 전달될수록 더욱더 크게 된다. 그리고 이 강력하고 고삐 풀린 열정은 밖으로 분출되기 때문에, 사방에서 격렬한 몸짓과 부르짖음, 짐승이 내는 듯한 울부짖음, 귀가 멀 것 같은 온갖 종류의 소음만이 들려온다. 이 모든 것은 다시금 그들이 표현하는 내면적 상

---

61 같은 책, 570쪽 이하.
62 같은 책, 319쪽.

태를 강화하는 데 기여한다." 어떤 종족의 경우에는 평상시의 성적 (性的) 규범에 반하여 남자들이 아내를 바꾸며 심지어는 원래 사악한 것으로 간주되고 엄하게 처벌되는 근친상간이 공공연하게 자행될 정도로 집합적 흥분이 극에 달하기도 한다.[63]

그렇다면 이처럼 종교적 의례에 참여한 개인들을 열광 상태에 이르게 하고 심지어는 광란 상태에까지 이르게 하는 집합적 흥분은 도대체 어디에서 오는 것인가? 그것은 성스러운 세계, 즉 사회에서 오는 것이다. 바로 의례를 통해 이 세계와 관계를 맺게 되면 인간은,

> 평상시와 다르게 생각하고 행동하도록 만드는 일종의 외적인 힘에 의해 자신이 지배되고 이끌림을 느낀다. 그는 아주 자연스레 더 이상 자기 자신이 아니라는 느낌을 갖게 된다. 그는 심지어 자신이 새로운 존재가 되었다고 믿는다. 분장과 얼굴을 가린 가면은 실제로 내적인 변화를 표현하며, 더 나아가 내적인 변화가 일어나는 데게 기여한다. 그리고 같은 순간에 그의 동료들도 같은 방식으로 변화됨을 느끼며 그들의 감정을 부르짖음, 몸짓, 자세를 통해 표현한다. 그리하여 그는 자신이 일상적으로 살아가고 있는 세계와는 완전히 다른 낯선 세계로, 다시 말해 자신을 사로잡고 변화시키는 강렬한 힘으로 꽉 차 있는 환경으로 정말로 자신이 옮아간 것으로 생각하게 된다.[64]

요컨대 오스트레일리아의 원주민은 토템적 의례를 거행하는 과정에서 아주 강렬한 힘이 자신의 안으로 흘러들어 오는 것을 느끼며 그로 인해 자신의 밖으로 나와 그와 똑같은 체험을 하는 동료들과 일체가 된다. 그 힘은 개인들의 외부에 있으면서 개인들보다 우월하다. 그것은 바로 사회이다. 이렇게 해서 오스트레일리아 사회의 종교

---

63 같은 책, 320~21쪽.
64 같은 책, 324쪽.

적 의례는 평상시의 경제적 활동으로 인해 희미해지고 약화된 개인의 사회적 소속감과 유대감을 갱생하고 강화하는 데 기여한다. 그것은 사회적 연대, 보다 정확히 말하면 기계적 연대를 갱생하고 강화하는 기능, 그러니까 도덕적 기능을 수행한다.

(5) 현대사회와 종교

여기까지가 가장 원시적이고 가장 단순한 종교인 오스트레일리아 사회의 토테미즘, 다시 말해 종교적 삶의 원초적 형태에 대한 뒤르케임의 논의이다. 그렇다면 가장 진보하고 가장 복잡한 현대사회에서는 종교가 어떠한가? 물론 뒤르케임은 세속화된, 따라서 합리적이고 과학적인 사고가 지배하는 현대사회에서 종교의 지위와 영향력이 점점 더 약화된다는 사실을 누구보다도 잘 간파하고 있었다. 그러나 다른 한편으로 과거의 사회와 마찬가지로 현재의 사회도 끊임없이 성스러운 것을 만들어낸다는 사실, 다시 말해 끊임없이 성과 속을 구별함으로써 사회적 연대를 창출한다는 사실을 누구보다도 잘 간파하고 있었다. 물론 현대사회가 창출하는 성스러움은 전근대사회의 신이나 신적인 것과 같은 초월적 성스러움은 결코 아니다. 그것은 세속적 성스러움이며 세속적 신 또는 신성이다. 현대사회가 신성화하는 것으로는 우선 인간을 들 수 있다. 예컨대 사회가 어떤 사람에게 열광하고 그에게서 사회를 움직이는 중요한 열망과 그 열망을 충족할 방법을 발견했다고 믿는다면, 그는 ─ 마치 성스러운 것이 속된 것으로부터 구별되듯이 ─ 다른 사람들로부터 구별되고 신격화된다. 그리고 ─ 또 한 가지 예를 더 들자면 ─ 사회적으로 긴요한 기능을 수행하는 사람들이 불러일으키는 존경심도 종교적 경외심과 본질상 다르지 않다. 그런데 현대사회는 인간을 신성화할 뿐 아니라 사물, 특히 관념을 신성시하기도 한다. 예컨대 진보, 자유, 이성, 평등, 박애 등의 이념을 들 수 있는데, 이를 비판하거나 야유하거

나 부정하는 사람은 신성모독의 인상을 주게 될 것이다.[65]

뒤르케임이 보기에 사회가 자신을 신격화하거나 신을 창조하는 현대사회의 능력이 가장 극적이고 선명하게 드러난 것은 프랑스대혁명이 발발하고 처음 몇 해 동안이다.

> 이 시기에는 모든 사람이 열광하였기 때문에 순전히 속된 사물들이 여론에 의해 신격화되었다. 조국, 자유, 이성이 바로 그것이다. 심지어 교리, 상징, 제단, 축제일을 갖는 종교가 창시되기도 했다. 이성과 지고의 존재에 대한 숭배가 이러한 자발적 열망을 공적으로 충족시키려고 했다. 물론 이러한 종교적 갱생은 짧게 지속될 수밖에 없었다. 그 이유는 처음에 군중을 움직였던 애국적 열광이 점점 더 약화되었기 때문이었다. 원인이 사라지자 그 영향력은 더 이상 유지될 수 없었다. 비록 이러한 경험이 짧기는 했지만 사회학적으로는 흥미로운 일이 아닐 수 없다. 우리는 한 특수한 경우를 통해 사회와 그것의 근본적인 이념이 직접적으로 그리고 그 어떤 변형도 없이 진정한 숭배의 대상이 되는 것을 보았다.[66]

이처럼 프랑스대혁명이 발발하고 처음 몇 해 동안에 볼 수 있는 집합적 열광과 흥분은 방금 앞에서 언급한 오스트레일리아 사회가 보넴석 의례를 거행한 시기에 볼 수 있는 집합적 열광과 흥분에 비유할 수 있을 것이다. 물론 그 신의 성격은 완전히 다르다. 그것은 다름 아닌 개인이다. 바로 개인이 숭배의 대상이 되는 것이다. 개인 숭배는 오늘날의 집합의식이자 집합이상이다. 그것은 개인이 신자

---

65 같은 책, 316~17쪽.

66 같은 책, 318쪽. 다음은 성스러운 것과 프랑스대혁명의 관계를 논하고 있다. Lynn Hunt, "The Sacred and the French Revolution", in: Jeffrey C. Alexander (Ed.), *Durkheimian Sociology: Cultural Studies*, Cambridge: Cambridge University Press 1988, 25~43쪽.

인 동시에 신이 되는 종교, 즉 세속적 종교 또는 시민종교이다. 인간으로서의 개인과 그의 인격 및 그가 향유하는 자유와 권리는 신성불가침하다. 현대사회의 종교인 개인숭배의 으뜸가는 교리는 이성의 자율성이고 으뜸가는 의례는 자유로운 사고이다.[67]

그렇다면 합리적이고 과학적인 사고가 지배하는 세속적인 현대사회의 종교인 개인숭배는 프랑스대혁명이 발발하고 처음 몇 해 동안에 창출된 것인가? 방금 인용한 내용을 보면 그렇다고 생각할 수도 있을 것이다. 그러나 — 제5장 제3절에서 논한 바와 같이 — 그것은 장기간에 걸친 사회적 발전의 산물이다. 다만 이 현대사회의 종교가 프랑스대혁명에서, 특히 처음 몇 해 동안에 집합적 열광과 흥분 상태, 그러니까 종교적 의례의 형태로 표출되었다는 것이다. 이 시기에는 애국적 열광이 고조되었기 때문에 심지어 조국이 신격화되기도 했다. 잘 알려져 있다시피, 조국은 신성불가침한 것이 될 수 없다. 만약 그렇다면 개인이 신자가 되고 신이 되는 세속적 종교 또는 시민종교가 불가능해질 것이다.

(6) 뒤르케임의 행위이론

이렇게 해서 우리는 매우 복잡한 뒤르케임의 종교사회학을 요약할 수 있었다. 이미 논의 과정에서 짐작할 수 있었겠지만, 그의 종교이론은 무수한 비판을 받아왔으며 여전히 그렇고 또 앞으로도 그럴 것이다.[68] 여기서는 근본적인 문제로 보이는 세 가지만 짚어보기로 한다.

---

67 이 주제는 이미 제5장 제3절에서 자세하게 논의하였기 때문에 여기서는 그 내용을 요약하는 선에서 그치기로 한다.

68 뒤르케임의 종교이론에 대한 평가는 무엇보다도 다음을 참고할 것. Anthony Giddens, 앞의 책(1978), 101쪽 이하; 양영진, 「종교집단에 대한 일고찰: 베버와 뒤르켐의 비교」, 『한국사회학』 23, 1990a, 13~36쪽; 양영진, 「뒤르켐의 종교사회학 이론에 대한 비판적 고찰」, 『사회와 역사』 24, 1990b,

첫째, 뒤르케임의 진화론적 가정, 즉 종교가 단순한 형태에서 복잡한 형태로 발전했기 때문에 가장 단순한 종교에는 종교의 본질적 핵심, 즉 종교의 원초적 형태가 포함되어 있으며, 따라서 가장 단순한 종교를 연구하는 것이 가장 복잡한 종교를 이해하는 지름길이라는 가정은, 오늘날의 입장에서 보면 천진난만하기 이를 데 없다. 만약 그렇다면 복잡한 사회를 이해하는 가장 좋은 방법은, 아니면 적어도 아주 간단하고 효율적인 방법은 가장 단순한 사회를 연구하는 것이다. 예컨대 분업이 고도화된, 따라서 아주 복잡한 오늘날의 사회를 이해하는 가장 좋은 방법은, 아니면 적어도 아주 간단하고 효율적인 방법은 분업이 지극히 초보적인 단계에 있는 가장 단순한 사회를 연구하는 것이 아닐까?

둘째, 뒤르케임이 종교를 인간의 심리적 상태나 신적인 것으로부터 도출하지 않고 사회와의 관계에서 고찰하는 것은 높이 평가할 만하다. 그러나 종교를 사회의 신격화로 간주하는 것은 상당히 논란의 여지가 크다. 이 점에서 영국 사회인류학자 에드워드 에번스-프리처드(1902~73)의 다음과 같은 비판은 한번 깊이 곱씹어 볼 만한 가치가 있다. "사회를 신으로 만든 것은 야만인이 아니라 뒤르케임이다."[69] 만약 뒤르케임의 말대로 종교가 사회의 신격화에 다름 아니라면 예컨대 '세계도피의 합리주의'를 발전시킨 불교는 어떤 사회를 신격화했는가?[70] 종교를 사회의 신격화로 간주하는 것보다는 종교가 사회와의 관계 속에서 형성되고 변화하며 기능한다고 전제하는 것

187~215쪽; 이원규, 『종교사회학의 이해』, 나남출판 1997, 141쪽 이하; 민문홍, 앞의 책(2001), 226쪽 이하.

69 Edward Evans-Pritchard, *Nuer Religion*, Oxford: Clarendon Press 1956, 313쪽.

70 세계도피의 합리주의에 대해서는 ─ 그리고 세계지배의 합리주의, 세계적응의 합리주의 등 여타 종교적 합리주의의 유형에 대해서는 ─ 다음을 참고할 것. 김덕영, 앞의 책(2012), 524쪽 이하.

이, 그리고 이 과정에서 사회를 신격화하는 종교도 출현할 수 있다고 가정하는 것이 더 '사회학적'이라고 할 것이다.

셋째, 뒤르케임 종교사회학의 경험적 기반도 상당히 문제가 있는 것으로 보인다. 후대의 연구 결과, 뒤르케임의 종교사회학적 연구에서 핵심적인 위치를 차지하는 오스트레일리아 사회들의 토테미즘은, 세계 다른 지역의 토테미즘의 전형이기는커녕 심지어 오스트레일리아 전체 토테미즘의 전형도 아닌 것으로 밝혀졌다. 게다가 오늘날 많은 인류학자들이 토테미즘을 종교의 한 형태가 아니라 일련의 종교적 제도와 공존하는 의례적·친족적 조직으로 본다.[71]

사실상 여기에 훨씬 더 많은 비판적 고찰을 추가할 수 있으며, 그 하나하나는 작게는 뒤르케임 연구와, 크게는 사회학 이론 연구에 상당히 중요한 의미를 가질 수 있다. 그런데 내가 보기에 이에 못지않게 중요한 의미를 가지는 측면이 하나 있으니, 그것은『종교적 삶의 원초적 형태들』에서 뒤르케임의 '행위이론'이 전개되고 있다는 사실이다. 사실『사회분업론』이나『자살론』등과 같은 그 이전의 저작에서는 사회적 행위에 대한 논의를 찾아보기 힘들다. 그러나『종교적 삶의 원초적 형태들』에서는 사회적 행위에 대한 아주 흥미롭고 광범위한 논의가 이루어지고 있으니, 그것은 다름 아닌 종교적 의례에 대한 분석과 설명이다. 더 나아가『종교적 삶의 원초적 형태들』은 사회의 (형태적) 구조, 집합표상, 개인의 의식 및 인지구조, 사회적 상호작용 또는 사회적 행위 등 다양한 차원을 사회학적 인식의 지평으로 끌어들이고 있으며, 따라서 뒤르케임의 사회학적 사고가 가장 입체적으로 전개되고 있는 저작이라고 할 수 있다.

여기에서 다시 종교의 두 핵심적 요소인 신앙과 의례의 관계로 돌아갈 필요가 있다. 뒤르케임은 종교가 인간에게 갖는 진정한 의미를

---

71 Anthony Giddens, 앞의 책(1978), 101~02쪽.

다음과 같이 서술하고 있다.

> 자신의 신과 교통하는 신자는 단순히 비신자가 모르는 새로운 진리를 볼 수 있는 인간이 아니다. 그는 더 많은 것을 **할 수 있는** 인간이다. 그는 자신 안에 삶의 시련을 견디거나 그것을 극복할 수 있는 더 많은 힘이 있다고 느낀다. 그는 단순한 인간조건보다 고양되기 때문에 인간의 곤경을 넘어서는 것 같다. 그는 그가 어떠한 형태로든 악으로 파악하는 것으로부터 자신이 구원된다고 믿는다.[72]

뒤르케임에 따르면, 이 종교적 기능의 일차적 근거는 신앙이다. 왜냐하면 모든 종교의 목표, 즉 인간에게 힘을 주고 인간을 고양하는 것은 신앙이라는 관념으로 나타나기 때문이다. 모든 종교의 근본원리는 신앙에 의한 구원이라는 확신이다.[73] 그러나 다른 한편 뒤르케임은 신앙은 종교적 삶의 필요조건이지 충분조건이 아니라고 주장한다. 그것은 의례로 연결되어야 한다. 다시 말해 관념이 행위로 연결되어야 한다는 것이다.

> 그런데 단순한 관념이 어떻게 그와 같은 [방금 인용한 것과 같은] 효과를 가질 수 있는지 이해할 수 없다. 사실상 관념이란 우리 자신의 한 구성요소에 불과하다. 이러한 관념이 어떻게 자연이 우리에게 부여한 것보다 더 우월한 힘을 우리에게 부여할 수 있을까? 관념이 아무리 풍부한 정서적 효능을 갖는다고 할지라도, 우리의 자연적인 생명력에 아무것도 덧붙여 주지 못할 것이다. 왜냐하면 관념은 단지 우리 안에 있는 지각력이 작동하도록 할 수 있을 뿐이지, 그것을 창조하거나 증대시킬 수는 없기 때문이다. 우리가 어떠한 대상을 사랑하고

---

72 같은 책, 610쪽.
73 같은 곳.

추구할 가치가 있다고 생각한다는 사실로부터 우리가 더 강하다고 느끼는 일이 생겨나지는 않는다. 오히려 이 대상으로부터 우리가 통상적으로 가지고 있는 것보다 더 우월한 에너지가 나와야 하며, 더 나아가서는 그 에너지를 우리 안으로 스며들어서 우리의 내적인 삶과 하나가 되도록 하는 방법을 어떻게든 가지고 있어야 한다. 그러려면 우리가 이러한 에너지를 생각하는 것만으로는 충분치 못하다. 우리가 그 에너지를 우리의 활동영역 안으로 끌어들이고 그 영향을 가장 잘 느낄 수 있는 방향으로 우리 자신을 돌리는 것이 반드시 필요하다. 한마디로 우리는 행위해야 한다. 우리는 거기에 필요한 행위를 반복해야 하며, 심지어 행위의 효과를 새롭게 하는 것이 유익한 경우라면 매번 반복해야 한다. 이렇게 보면 의례를 구성하면서 규칙적으로 반복되는 행위의 총체가 어떻게 그토록 중요성을 띠게 되는가를 알 수 있다.[74]

뒤르케임에게 사회의 본질은 행위, 보다 정확하게 말하면 집합행위 또는 사회적 행위에 있다.

사회는 작용한다는 조건 아래에서만 자신의 영향력을 느끼게 할 수 있다. 그리고 사회는 그것을 구성하는 개인들이 집결하여 공동으로 행위해야만 비로소 작용할 수 있다. 사회는 개인들의 공동행위를 통해서만 자기 자신을 의식하며 자신을 실현한다. 사회는 무엇보다도 협동적 행위이다. 심지어 집합적 관념이나 감정도 [……] 그것을 상징하는 외적 행위를 통해서만 가능하다. 그러므로 종교적 삶을 지배하는 것이 행위인바, 이는 바로 사회가 그것의 기원이라는 사실만으로도 그렇다.[75]

---

74 같은 책, 610~11쪽.
75 같은 책, 612~13쪽.

요컨대 뒤르케임은 『종교적 삶의 원초적 형태들』에서 공동행위 또는 협동적 행위가 사회에 대해 갖는 의미를 강조하고, 이를 종교적 의례를 통해 경험적으로 논증하고 있다. 사실 그 이전의 저작에서는 이처럼 행위가 중시되는 모습을 찾아보기 힘들다. 예컨대 종교가 자살의 중요한 사회적 변수로 간주되는 『자살론』에서 뒤르케임의 인식관심은 종교, 보다 정확히 말하자면 종교의 사회 연대적 기능과 자살의 관계를 통계적으로 규명하는 데에 있었으며, 따라서 자살이라는 사회적 사실의 '행위론적' 차원은 논의의 대상이 아니었다.

　뒤르케임은 『종교적 삶의 원초적 형태들』 제2부에서 오스트레일리아의 다양한 토템적 사회집단에 의해 거행되는 다양한 소극적 또는 적극적 의례, 그러니까 다양한 종교적 행위를 기술하며 설명하고 있다. 물론 그가 거기에서 추구하는 바는 사회적 행위에 대한 추상적인 이론의 전개, 즉 추상적인 행위이론의 구축이 아니라 종교라는 구체적인 생활세계에서 영위되는 사회적 행위의 다양한 현상에 대한 경험적이고 실증적인 접근이다. 그것은 사회적 행위의 현상학, 보다 정확히 말하자면 사회적 행위의 인류학적 현상학이다. 거대한 '행위 현상학'이라고 할 수 있는 『종교적 삶의 원초적 형태들』 제2부에서 '연출되는' 수많은 행위는 목적합리적인 경제행위가 아니라 상징에 의해 매개되는 종교적 상호작용이다. 그것들은 사회 구성원들 사이의 상호 이해에 지향된 의사소통행위의 원초적 형태이다. 바로 이런 연유로 위르겐 하버마스(1929~)는 ─ 그의 주저 『의사소통행위이론』(1981)에서 ─ 뒤르케임에 의해 ─ 그리고 조지 허버트 미드에 의해 ─ 사회학적 패러다임이 목적합리적 행위로부터 의사소통행위로 전환되었다고 주장하는데,[76] 사실 뒤르케임의 행위이론을 의

76　위르겐 하버마스, 『의사소통행위이론 2: 기능주의적 이성 비판을 위하여』, 나남출판, 2006b(장춘익 옮김; 원제는 Jürgen Habermas, *Theorie des kommunikativen Handelns 2: Zur Kritik der funktionalistischen Vernunft*), 13쪽

사소통행위이론이라고 볼 수는 있지만 뒤르케임에 의해 ─ 그리고 미드에 의해 ─ 사회학적 패러다임의 전환이 일어났다고 볼 수는 없을 것이다. 예컨대 베버의 사회적 행위도, 그리고 그것의 이념형인 목적합리적 행위도 의사소통성을 기본전제로 하기 때문이다. 베버의 사회적 행위는 타자에 지향된 행위이다.

그런데 여기에서 한 가지 유념해야 할 점이 있으니, 그것은 뒤르케임이 신앙에서 종교의 본질을 찾으려고 하는 조류에 반하여 의례에서 종교의 본질을 찾으려 한다고 생각해서는 안 된다는 것이다. 뒤르케임에게 신앙과 의례, 즉 표상 또는 관념과 행위는 결코 별개의 것이 아니다. 이 둘은 종교라는 동전의 양면이다. 칸트 식으로 말하면 신앙 없는 의례는 맹목적이고 의례 없는 신앙은 공허하다. 신앙이라는 집합표상이 의례라는 집합행위로 연결되어야 종교가 진정한 사회적 기능을 할 수 있다.[77] 신앙에서 종교의 본질을 찾는 입장을 관념주의적 또는 이상주의적 오류라면 의례에서 종교의 본질을 찾는 관점을 행태주의적 오류라고 할 것이다.

한마디로 말해 뒤르케임에게 신앙과 의례, 즉 표상과 행위는 동등한 가치와 의미를 갖는다. 그러나 다른 한편 신앙은 의례에 우위를 차지한다. 뒤르케임은 신앙과 의례에 동등한 가치와 의미를 부여하는 동시에 "은밀하게 신앙에 일등상을 수여한다."[78] 이 명명백백한

이하.

77 영국의 사회인류학자 알프레드 래드클리프-브라운(1881~1955)과 그의 후계자들은 뒤르케임을 비판하면서 종교는 곧 의례이고 의례는 곧 상징적 행위라는 공식을 내세움으로써 신앙, 즉 관념과 표상이 종교의 두 기본범주 가운데 하나임을 부정한다. 다음은 이 '상징화하는 인류학자들'을 비판하면서 뒤르케임을 '구원'하려는 시도를 하고 있다. Malcolm Ruel, "Rescuing Durkheim's 'Rites' from the Symbolizing Anthropologists", in: N. J. Allen, W. S. F. Pickering & W. Watts Miller (Ed.), *On Durkheim's Elementary Forms of Religious Life*, London/New York: Routledge 1998, 105~15쪽.

78 William S. F. Pickering, *Durkheim's Sociology of Religion. Themes and Theories*, London: Routledge & Kegan Paul 1984, 379쪽.

모순을 어떻게 해결할 수 있을까? 전자는 신앙과 의례가 나름대로의 방식으로 사회적 기능을 수행하며, 따라서 동등한 사회학적 가치와 의미를 갖는다는 뜻이다. 이에 반해 후자는 존재론적 측면과 논리적 측면에서 신앙이 의례보다 앞선다는 뜻이다. 존재론적으로 보면 신앙이 형성된 다음에 의례가 형성되는 것이지 의례가 형성된 다음에 신앙이 성립되는 것이 아니며, 논리적으로 보면 신앙이 전제되어야 의례가 가능한 것이지 의례가 전제되어야 신앙이 가능한 것이 아니다. 뒤르케임에게 신앙은 종교의 토대이며 종교에서 중심적이고 근원적인 역할을 한다. 신앙은 성스러운 것을 규정함으로써 종교의 특징을 결정한다. 신을 구성하는 것도 신앙이며 의례와 그 권위를 확립하는 것도 신앙이다. 간단히 말하면 "종교와 그 수많은 신, 의례 및 의식은 신앙 없이는 존재할 수 없다. 신앙과 그 대상들 사이의 논리적 관계는 뒤르케임이 종교를 사회학적으로 설명하는 근간이다." 이처럼 종교의 개념과 신앙이 서로 밀접하게 연결되어 있기 때문에 그중 하나를 설명하는 것은 곧 다른 하나를 설명하는 것이다.[79]

자명한 일이지만 신앙은 의례와 연결되어야 한다. 탤컷 파슨스 (1902~79)가 적확하게 지적하듯이, "종교적 관념은 행위와 관련된 행위이지 단순히 사고와 관련된 관념이 아니다."[80] 종교적 신앙은 신성한 것에 대한 관념 또는 표상이고 종교적 의례는 바로 이 신성함에 따르는 행위이다. 전자가 사고의 범주이자 명령이라면 후자는 행위의 범주이자 행위에의 명령이다. 사고는 행위에서 표현되고 실현

---

79 Sue Stedman Jones, "The Concept of Belief in *The Elementary Forms*", in: N. J. Allen, W. S. F. Pickering & W. Watts Miller (Ed.), *On Durkheim's* **Elementary Forms of Religious Life**, London/New York: Routledge 1998, 53~65쪽, 여기서는 54~55, 58쪽.

80 Talcott Parsons, *The Structure of Social Action. A Study in Social Theory with Special Reference to a Group of Recent European Writers, Vol. 1: Marshall, Pareto, Durkheim*(1937), New York: The Free Press 1968a, 431쪽.

되며 강화된다. 종교적 신앙은 사회에서 유래하며 개인들에게 사회적 소속감과 유대감을 부여함으로써 집합적 정체성을 창출한다. 요컨대 개인들을 한군데로 묶는다. 이에 반해 종교적 의례는 "**개인들을 그들 밖으로 불러내어서** 그들에게 집단에 참여하고 집단적 삶에 의해 담지되며 심지어 집단을 위해 죽는다는 고조된 감정을 가득 불어넣는다."[81] 말하자면 종교적 신앙을 공유하지만 아직 자신 안에 머물러 있는 개인들을—일정한 사회적 거리를 유지한 채 일상적 삶을 살아가는 개인들을—한군데로 불러 모아서 직접적이고 대면적인 상호작용을 하게 함으로써 집합적 흥분을 가능케 하는 것이 종교적 의례의 기능이다. 흥분은 다른 말로 비등(沸騰), 즉 부글부글 끓어오른다는 뜻이다. 그러니까 집합적 흥분이란, 종교적 신앙을 공유하는 개인들이 한군데로 모여서 그 신앙에 따라 공동으로 의례를 거행하면, 즉 집합적으로 행위를 하면 평상시 각 개인의 내면에 침잠해 있던 종교적 감정이 마치 열을 받은 물처럼 부글부글 끓어오른다는 것을 의미한다. 비유하자면 종교적 의례는 종교적 감정을 부글부글 끓어오르도록 하는 '사회적 열'에 해당한다.

아무튼 뒤르케임은 『종교적 삶의 원초적 형태들』에서 사회구조(지리구조, 생태구조[동물계와 식물계], 씨족구조, 경제구조 등), 집합표상, 개인의 인지구조, 사회적 행위라는 다양한 요소를 통해 종교적 삶이라는 사회적 사실을 입체적으로 분석하며 설명하고 있다. 이 네 가지 요소의 관계를 도표 11로 나타낼 수 있다.[82]

이 도표를 간단하게 설명하면 다음과 같다. (1) 사회의 구조가 집

---

81 William Ramp, "Effervescence, Differentiation and Representation in *The Elementary Forms*", in: N. J. Allen, W. S. F. Pickering & W. Watts Miller (Ed.), *On Durkheim's **Elementary Forms of Religious Life***, London/New York: Routledge 1998, 136~48쪽, 여기서는 141쪽.

82 이 도표와 그에 대한 설명은 다음을 약간 수정한 것이다. Jonathan H. Turner, Leonard Beeghley & Charles H. Powers, 앞의 책(1995), 343~44쪽.

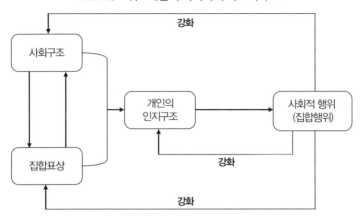

도표 18 뒤르케임의 사회학적 사고의 구조

합표상의 구조(즉 가치, 신념, 규범 등의 폭, 밀도, 강도 그리고 내용)를 결정한다. 역으로 집합표상은 사회구조를 재(再)강화한다. (2) 사회구조와 집합표상은 시간, 공간, 힘, 인과성 등의 범주를 결정함으로써 개인의 인지구조를 규정한다.[83] (3) 개인의 인지구조는 한편으로 사회구조와 집합표상을, 그리고 다른 한편으로 사회적 행위, 즉 집합행위를 매개한다. (4) 사회적 행위는 개인의 인지구조뿐만 아니라 사회구조와 집합표상을 강화한다. 이렇게 해서 사회의 거시적 차원, 즉 사회구조 및 집합표상과 미시적 차원, 즉 개인의 인지구조 및 사회석 행위가 개념적으로 결합된다.

2. 지식사회학 1(분류의 사회학)

일반적으로 지식사회학은 지식의 존재구속성에서 출발한다. 보

---

83 범주에 대해서는 이 장의 제3절 참조.

다 구체적으로 말하자면, 지식은 내적으로 자족적인 과정이 아니라 한편으로는 그 형성·발전·적용이, 그리고 다른 한편으로는 그 구조·형식·내용이 지식 외적인 사회적 조건과 상황에 의해 영향을 받고 결정되는 (정신적·)사회적 과정이라는 관점에서 출발한다. 여기에서 말하는 지식이란 좁은 의미의 과학적 지식이 아니라 넓은 의미의 지식, 그러니까 사고라는 인간의 정신작용과 그 결과물을 가리킨다. 그러므로 지식사회학은 사고적 질서와 사회적 질서의 관계를 그 인식대상으로 하는 사회학의 한 분과라고 규정할 수 있다. 이러한 지식사회학은 뒤르케임 사후인 1920년대부터 일군의 독일 학자들, 특히 막스 셸러(1874~1928)와 카를 만하임에 의해 발전된, 전형적으로 독일적인 지적 산물이요 전통이다.[84]

그렇다면 뒤르케임의 사회학을 지식사회학으로 간주하거나 범주화하는 것은 모순 아닌가? 물론 뒤르케임은 방금 언급한 의미에서의 지식사회학에 대한 관념을 갖고 있지도 않았으며 독립적인 개별 사회학으로서의 지식사회학을 추구하지도 않았다. 그러나 그의 지적 세계는 지식사회학적 사유로 충만했으며, 따라서 다음과 같은 주장에 전적으로 동의할 수 있다. "사실상 뒤르케임의 모든 사회학은 지식사회학이었다."[85] 이에 대한 근거는 사회적 사실을 다른 사회적 사실(들)을 통해 설명한다는 뒤르케임의 사회학적 원리에서 찾을 수 있다. 이 원리에 따르면 지식, 보다 일반적으로 말해 사고는 사회적 사실이며 따라서 그 기원과 구조 및 내용 등을 사회의 형태학적 구조와 정치적·경제적·종교적·도덕적 제도 및 조직 등과 같은 다른 사회적 사실을 통해 설명해야 한다. 뒤르케임의 사회학적 인식

---

84 김덕영, 앞의 책(2003), 239~40쪽.

85 W. Paul Vogt, "Early French Contributions to the Sociology of Knowledge", in: *Research in Sociology of Knowledge, Sciences and Art 2*, 1979, 101~201쪽, 여기서는 102쪽.

프로그램은 이론적 관점에서 보면 "그 명칭이 생기기 이전의 지식사회학"이라고 규정할 수 있는 전략을 구사한다.[86] 이는 달리 '지식사회학 이전의 지식사회학' 또는 '원(原)지식사회학'으로 명명할 수 있을 것이다.

이 지식사회학 이전의 지식사회학적 연구의 대표적인 예로는 집합의식과 집합표상에 대한 논의를 꼽을 수 있다. 이미 누누이 살펴본 바와 같이, 집합의식과 집합표상은 사회적 사실로서 사회적 산물 또는 사회의 작품이다. 집합의식과 집합표상의 기체는 인간의 사회적 삶, 즉 사회이다. 거기에 더해 사회주의 역사에 대한 강의와 프랑스 교육의 역사에 대한 강의처럼 잘 알려지지 않은 두 개의 논의를 언급할 수 있다. 첫째로, 뒤르케임은 1895~96년 겨울학기 보르도 대학에서 사회주의의 역사에 대한 강의를 하면서 사회주의라는 세계관을 사회적 사실로 간주하고 다른 사회적 사실들과 같이 사물처럼 취급한다. 보다 구체적으로 말하자면, 사회주의의 본질과 기원 그리고 그 변화의 과정 및 조건 등을 밝혀내려 한다. 참고로 세계관은 ― 만하임의 주저인 『이데올로기와 유토피아』(1929)에서 단적으로 드러나듯이 ― 고전적 지식사회학의 중요한 논의 대상이다. 둘째, 1904년 여름학기와 1905년 여름학기에 파리고등사범학교에서 뒤르케임은 프랑스 중등교육의 역사에 대한 강의를 하면서 각 시대의 교육이상을 그 시대의 중요한 정신석 조류의 표현과 지표로 파악하며, 다시금 그 배후에서 그 시대의 특정한 경향과 심층적인 사회적 의식을 읽어내고 있다. 그리고 교육이상의 변화를 사회구조적 변화와의 관계 속에서 고찰한다.[87]

더 나아가 뒤르케임은 분류나 범주와 같이 지식사회학 영역에 속하는 현상을 독립적인 논의의 대상으로 삼기도 했는데, 전자와 후자

---

86 Daniel Šuber, 앞의 책(2011), 11쪽.
87 같은 책, 90쪽 이하.

는 각각 1903년에 마르셀 모스와 함께 『사회학 연보』 제6호에 게재한 상당히 긴 논문(1~72쪽!)인 「분류의 몇몇 원시적 형태에 대하여: 집합표상 연구에의 기여」[88]와 1912년에 출간한 저서 『종교적 삶의 원초적 형태들』에서이다.[89] 이 두 저작에서 뒤르케임은 분류와 범주를 집합표상의 특수한 유형으로 파악하고 이에 대한 사회학적 접근을 시도한다. 전자와 후자는 각각 이 절과 다음 절의 논의 대상이다.

(1) 왜 하필 분류의 원시적 형태들인가?—연구의 대상, 목적 및 방법

우리는 이 부분의 논의를 시작하면서 뒤르케임의 종교사회학에 대한 논의를 시작하면서 제시한 것과 같은 질문을 던질 수 있다. 왜 하필 분류의 원시적 형태들인가? 왜 뒤르케임과 모스는 원시적 형태들을 통해 집합표상의 연구에 기여하려고 하는가? 이에 대한 답변도 종교사회학에 대한 논의에서 우리가 얻은 것과 같다. 뒤르케임과 모스는 분류라는 복합적인 정신적 작용을 그것의 가장 초보적인 형태들이라는 '우회로'를 통해 해명하려고 한다. 구체적으로 오스트레일리아의 부족사회들, 북아메리카의 부족사회들과 고대 중국이 그

---

88 이 논문은 다음과 같은 제목의 책으로 번역되었다. 에밀 뒤르케임 · 마르셀 모스, 『분류의 원시적 형태들: 집단표상 연구에의 기여』, 서울대학교출판문화원 2013 (김현자 옮김; 원제는 Émile Durkheim & Marcel Mauss, *De Quelques Formes Primitives de Classification. Contribution à l'Étude des Représentations Collectives*). 이 책에서는 이 번역본을 이용하면서 그 제목을 『분류의 원시적 형태들』로 표기한다. 이 논문의 공저자인 마르셀 모스에 대해서는 다음을 참고할 것. 김현자, 「역자 해제」, 에밀 뒤르케임 · 마르셀 모스 지음, 김현자 옮김, 『분류의 원시적 형태들: 집단표상 연구에의 기여』, 서울대학교출판문화원 2013, 10~52쪽; 마르셀 푸르니에, 『프랑스 인류학의 아버지, 마르셀 모스』, 그린비 2016 (변광배 옮김; 원제는 Marcel Fournier, *Marcel Mauss. A Biography*).

89 다음은 뒤르케임이 이 둘 이외에도 몇몇 짧은 글에서 지식사회학적 주제를 다루고 있음을 확인해 준다. Steven Lukes, 앞의 책(1973), 436쪽(각주 8번).

우회로이며, 따라서『분류의 원시적 형태들』은『종교적 삶의 원초적 형태들』에서처럼 관찰과 실험, 즉 비교의 방법에 의존한다. 이 사회들에서는 동물, 인간, 무생물이 완전히 일치하는 것으로 간주되었다.[90] 그러나 이 두 저작 사이에는 간과할 수 없는 중차대한 차이점이 있다. 종교의 '일반이론'을 구축하고자 하는 후자와 달리, 전자는 분류라는 집합표상이 형성되고 변화되어 가는 과정을 다양한 구체적인 사회적 조직과의 관계 속에서 경험적·역사적으로 추적하고자 한다.

그렇다면 분류란 무엇인가? 뒤르케임과 모스에 따르면 사물들을 분류한다는 것은 "어떤 것들을 다른 것들과 구별되는 집단으로, 명확하게 정해진 경계선으로 분리된 집단으로 정리하는 것이다."[91] 그런데 분류는 단순히 집단을 구성하는 데 그치는 것이 아니라 더 나아가,

> 이 집단들을 아주 특별한 관계들에 따라 배치하는 것이다. 우리는 이 집단들을 정돈된 것으로, 또는 어떤 집단들을 다른 집단들에 종속된 것으로 머릿속에 그려야 한다. 이 부류들(종[種]들)은 저 부류들(유[類]들)에 포함되고 유들은 종들을 포섭한다고 우리는 말한다. 어떤 부류들은 지배하고 다른 부류들은 지배를 받으며 또 다른 것들은 독립되어 있다. 모든 분류는 위계적인 질서를 내포하고 있다[……].[92]

이러한 분류에 대한 논의는 당시까지 논리학과 심리학의 고유한 영역에 속했는데, 논리학자들과 심리학자들은 다음과 같은 견해를

---

90   에밀 뒤르케임·마르셀 모스, 앞의 책(2013), 59쪽.
91   같은 책, 57쪽. 여기에서 말하는 '집단'은 프랑스어로 'groupe'인데, 이것은—자명하지만—사회적 집단이 아니라 사물의 군(群)을 가리킨다.
92   같은 책, 61쪽.

고수했다.

　　논리학자들은 개념의 위계가 사물들 속에 주어져 있어서 끝없이 이어지는 삼단논법의 연쇄로 곧바로 표현할 수 있는 것처럼 생각한다. 심리학자들은 이미지들이 교착되어 개념으로 조직되고 개념들이 상호 관련된 것으로 분류되는 것을 정신의 상태들 사이에서 이루어지는 관념연합과 인접성의 법칙 및 유사성의 법칙들의 놀이만으로도 충분히 설명할 수 있다고 생각한다. 물론 근래에 들어 심리적 생성에 대해 보다 덜 단순한 어떤 이론이 나타났다. 생각들은 그것들 상호 간의 친화력에 따라서만 무리지어지는 것이 아니라 그것들이 이동하면서 유지하는 관계들에 따라서도 무리지어진다는 가설을 개진하는 이들이 있다. 이런 설명이 아무리 훌륭하다 할지라도, 역시 분류를 개인 활동의 산물로 제시한다.[93]

　　요컨대 한편으로 논리학과 심리학은 분류의 근거를 각각 사물 자체와 개인에 의한 관념의 연합 및 그 법칙에서 찾으며, 다른 한편으로 이 둘은 공히 분류를 개인적 정신작용의 산물로 보았다. 논리학과 심리학이 내세운 분류 이론은 개인주의적이었다. 이에 대해 뒤르케임과 모스는 분류의 틀이 사물에 내적으로 존재하는 것도 아니고 개인의 정신에 선험적으로 존재하는 것도 아니라고 논박한다. 우리는 감각의 세계에서도 의식의 세계에서도 분류의 질서를 찾을 수 없다. 그것은 어디까지나 역사발전의 산물이다. 그러므로 분류라는 논리적 사고는 비논리적 기원을 갖는다. 아니 모든 논리적 관념은 비논리적 기원을 갖는다.[94] 이 비논리적 기원이 바로 분류의 "설계도"이며,[95] 뒤르케임과 모스는 오스트레일리아의 부족사회들, 북아메리

93　같은 책, 56쪽.
94　같은 책, 60~61쪽.

카의 부족사회들과 고대 중국을 관찰하고 비교함으로써 이 설계도를 찾으려고 한다. 그리고 그 결과로 사회중심주의에 도달하게 된다.

(2) 오스트레일리아의 부족들

뒤르케임과 모스에 따르면, 가장 원시적이고 단순한 분류체계는 오스트레일리아의 부족들에게서 관찰할 수 있다. 이 부족들은 두 개의 포족(包族)으로 구성되며, 다시금 각 포족은 동일한 토템을 소유한 개인들의 집단인 씨족들로 구성된다. 그리고 각 포족은 혼인동족이라는 두 부류로 분할되는바, 한 포족의 특정한 동족은 다른 포족의 특정한 동족하고만 혼인관계를 맺을 수 있다.[96]

이 사회들에서는 사물들의 분류가 포족, 혼인동족, 씨족이라는 사회적 분류를 재현한다. 그 첫 번째 유형은 포족에 의한 분류로서, 이는 모든 사물이 두 포족에 따라 배치되는 이분법적 분류이다. 그 두 번째 유형은 혼인동족에 의한 분류로서, 이는 모든 사물이 네 혼인동족에 따라 배치되는 사분법적 분류이다. 이 경우 포족이 유(類)개념이라면 혼인동족은 종(種)개념이다.[97] 그 세 번째 유형은 포족과 씨족 또는 토템에 의한 분류로, 이는 분류가 다시 한 번 확장되고 복잡해진 형태이다. 이 경우 포족이 유(類)개념이라면 씨족은 종(種)개념이다.[98] 예컨대 갬비어 산의 부족은 두 포족으로 구성되어 있고 각 포족은 다시금 다섯 개의 토템 씨족으로 구성되어 있는데, 우주의 모든 사물은 이 열 개의 씨족 중 하나에 속해 있다. 그러니까 그 부족에는 십분법적 분류가 지배하고 두 개의 유와 열 개의 종이 존재

---

95   같은 책, 62쪽.

96   같은 책, 63쪽.

97   같은 책, 67쪽.

98   같은 책, 73쪽.

하는 셈이다. 오스트레일리아의 부족에서 관찰되는 이 세 가지 분류
체계는 그 복잡성의 정도에서 차이가 날 뿐 사회적 질서라는 동일한
원리에 입각해 있다. 그리하여 인간의 표상세계와 사회구조적 조직
사이에는 "동형의 관계"가 존재한다.[99]

이어서 뒤르케임과 모스는 오스트레일리아의 다른 부족들, 즉 뉴
기니의 토레스 해협 인근에 있는 섬 부족들의 분류체계로 시선을 돌
린다. 그들이 도처에서 토테미즘이 거의 사라져 가고 있는 이 지역
을 고찰하는 이유는, 방금 언급한 분류의 방식이 오스트레일리아의
부족들에 일반화할 수 있는가를 검토하기 위함이다. 뒤르케임과 모
스는 이차 토템이나 하위 토템의 명칭과 오스트레일리아의 천체(天
體) 신화의 분석을 통해 이 지역의 보다 복잡한 분류체계에서 포족,
혼인동족, 씨족 또는 토템에 의한 분류체계의 흔적을 발견하며, 따
라서 이 분류체계가 오스트레일리아 부족들에 일반적인 현상이라는
결론에 도달한다.

다만 이 지역 부족들의 경우에는 사회구조가 복잡해지면서 기본
적인 형태의 분류체계가 변질되거나 와해된다. 여기에서 말하는 사
회구조의 복잡화는 구체적으로 씨족의 분할을 가리킨다. 뒤르케임
과 모스는 씨족의 분할을 다음과 같이 기술한다. "한 씨족 속에서 분
할이 필요해질 때는, 한 무리를 이룬 개인들이 씨족 속에 분류된 사
물 중의 한 사물 주위로 모여 나머지로부터 분리되어 독립된 씨족을
형성하며, 그런 후에 그 하위 토템이 하나의 토템이 된다. 더구나 일
단 시동이 걸리면 움직임은 계속되며, 그리고 늘 동일한 방식에 따
라 진행된다."[100] 이러한 사회구조의 변화가 분류체계의 변화를 초래
하지만 그 구조를 완전히 인식하지 못할 정도가 되지는 않는다. 뒤
르케임과 모스는 씨족의 분할이 분류체계에 가져오는 변화를 다음

---

99 Daniel Šuber, 앞의 책(2011), 100쪽.
100 에밀 뒤르케임 · 마르셀 모스, 앞의 책(2013), 86쪽.

과 같이 기술한다.

원래 동일한 씨족에서 출발한 하위 씨족들이 그들 공통의 기원을 느끼는 한, 그들은 자신들이 서로 연합되어 있는 친족이며, 단지 동일한 전체의 포족에 불과하다고 느낀다. 결국 이 토템들과 그 토템들 아래 분류된 사물들은 어느 정도는 전체 씨족의 공동 토템에 종속된 상태로 있게 된다. 그러나 시간이 지나면서 이런 느낌은 사라진다. 각 집단은 점차 독립되어 가다가 마침내 완전히 자립하게 된다. 씨족과 하위 씨족 모두를 같은 포족으로 묶어주는 끈은 한층 더 쉽게 느슨해지며, 모든 사회는 결국 자율적인 소집단의 파편으로 쪼개지는데, 그러한 집단들은 상호 평등하며 [그들 사이에는] 어떤 종속관계도 존재하지 않는다. 그 결과 자연스럽게 분류는 바뀌게 된다. 이 하위분할들 각각에 속한 사물들의 종은 동일한 평면 위에 있으면서 그만큼의 분류된 유들을 구성한다. 모든 위계가 사라졌다. 우리는 이 각 소(小) 씨족들의 내부에 여전히 몇몇 위계의 흔적들이 남아 있다는 것을 알 수 있다. 하위 토템이었으나 지금은 토템이 된 집단과 결부된 존재들은 계속 이 토템 아래로 포섭된다. 그러나 무엇보다도 이 소집단들의 분파적 성격 때문에 이제는 그 수가 많지 않다. 게다가 그런 움직임이 조금이라도 이어지면, 각 하위 토템은 결국 토템의 위치로까지 올라갈 것이고 각 종, 즉 그에 종속된 각 변종은 중요한 유가 될 것이다. 그렇게 되면 예전의 분류는 어떤 내부 조직도 갖지 않는 단순 분할, 더 이상 그루터기로서가 아니라 사물들을 머릿수로 나누는 분할에 자리를 양보할 것이다. 그러나 동시에 그러한 분할은 상당히 많은 집단들 사이에서 이루어지므로 거의 모든 우주 전체를 포함하게 될 것이다.[101]

---

101 같은 책, 87~88쪽.

이렇게 해서 뒤르케임과 모스는 오스트레일리아의 부족들에서 논리체계가 사회체계와 밀접한 관계 속에서 형성되고 변화한다는 사실을 논증할 수 있었다.

(3) 북아메리카의 부족들

이제 뒤르케임과 모스는 이 원시적 분류형태보다 복잡성의 정도가 더 큰 분류체계들에 대한 연구로 나아가는데, 그 목적은 후자가 전자와 어떻게 연결되는가를 밝히기 위함이다. 그 첫 번째 대상은 북아메리카 인디언의 두 부족 주니족과 수족이다.

먼저 주니족에서는 방위에 ── 방향이 부여된 영역에 ── 따르는 분류체계가 관찰된다. 그것은 구체적으로 공간을 북방, 남방, 서방, 동방, 천정(天頂), 천저(天底), 중앙의 일곱 영역으로 구분하고, 우주의 모든 사물을 이 영역들에 배치하는 것이다. 심지어 색깔과 사회적 기능도 이 방위적 분류의 원리에 따라 분배된다. 예컨대 북방은 노란색이고 전쟁과 파괴가 속한다.[102] 주니족의 이 분류체계는 오스트레일리아 부족들의 분류체계와 완전히 다른 것으로 보이는 것이 사실이다. 그러나 뒤르케임과 모스는 이 두 체계 사이에 밀접한 연관성이 있다고 주장하면서 그 근거를 다음과 같이 제시한다. 주니족이 세계를 일곱 방위로 배치하는 것은 푸에블로(원주민 부락) 내에서 일곱 씨족이 배치되는 것과 정확히 일치하며, 영역별 사물 구분과 씨족별 사회 구분이 정확히 대응한다. 사물은 북방, 남방 등으로 분류되거나 또는 북방 씨족, 남방 씨족 등으로 분류된다. 그러니까 주니족의 경우에는 사물들이 방위별로, 그리고 씨족별로 분류되는 것이 아니라 방위-씨족별로 분류된다. 이 가운데 먼저 확립된 것은 씨족

---

102 같은 책, 96~97쪽.

별 분류이고 방위별 분류는 씨족별 분류를 모델로 해서 나중에 확립되어 거기에 겹쳐진 것이다. 그러니까 씨족별 분류가 제1체계이고 방위별 분류가 제2체계이며 후자가 전자에서 발생하여 거기에 첨가된 셈이다.[103] 이 모든 것에 근거하여 뒤르케임과 모스는 주니족 체계가 오스트레일리아 체계와 근본적으로 상이한 것이 아니라 오히려 그것의 발전이자 완성이라는 결론에 도달한다.[104]

그런데 이 '급진적인' 테제를 입증하려면 두 극단적 상태를 연결해 주는 중간 상태를 찾아내 첫 번째 상태에서 두 번째 상태로 이행하는 과정과 방식을 밝혀내야 한다. 뒤르케임과 모스는 수족에서 그 전형적인 사례를 발견한다. 이 부족의 경우에는 씨족별 분류는 아주 선명하게 나타나지만 영역의 체계화는 막 형성되는 중이기 때문이다.[105] 수족은 두 개의 포족으로 구성되어 있으며, 다시금 각 포족은 다섯 씨족으로 구성되어 있다. 각 씨족은 하위 씨족들로 분할되며, 때로는 이 하위 씨족들 자체도 분할된다. 오스트레일리아의 분류체계에서처럼 모든 사물은 바로 이 사회구조적 조직에 따라 배치된다. 그리고 이 지배적 분류체계의 곁에서 기초적인 형태로나마 방위의 관념이 작동하는 것을 관찰할 수 있다.

이 부족은 야영할 때 원형으로 야영지를 만든다. 이 원의 내부에 각 특정 집단의 부지가 정해진다. 두 포족은 부족의 도정에 따라 각자 좌우에 자리 잡는데, 출발점을 기준 삼아 정해진다. 각 포족이 점유한 반원의 내부에서 다시 씨족들이 각자의 위치에 정연하게 배치되고 하위 씨족들도 마찬가지이다. 이들에게 주어지는 자리는 친족관계에 따라 결정된다기보다는 사회적 기능, 따라서 각 집단에 종속된 사물들

---

103 같은 책, 97, 100~01, 116~17쪽.
104 같은 책, 108쪽.
105 같은 곳.

및 그들의 행동이 영향을 끼친다고 여겨지는 것들의 특성에 따라 결정된다. [……] 사물들도 그것들이 속해 있는 사회집단들과 동시에 야영지 내부에 이런 식으로 배치된다. 공간은 씨족들과 이 씨족들에 속하는 존재들, 사건들 사이에서 분배된다. 그러나 우리는 이처럼 분할된 것은 세계의 공간이 아니라 단지 부족이 점유하고 있는 공간일 뿐이라는 것을 안다. 씨족들과 사물들은 아직은 방위기점에 의해 방향이 정해지는 것이 아니라 오히려 야영지 중심과의 관계에 따라 편성된 것이다. 이 분할은 엄밀한 의미에서의 네 방위에 해당하는 것이 아니라 중심점으로부터의 앞, 뒤, 좌, 우에 해당한다. 더구나 이 특별한 구분에서는 주니족의 경우처럼 씨족들이 분할된 부분들에 할당되는 것이 아니라 분할된 부분들이 씨족들에 할당된다.[106]

요컨대 오스트레일리아 체계의 완성인 주니족의 체계에서는 방위별 분할이 지배적인 원리라면 그 중간단계인 수족 체계에서는 씨족별 분류가 지배적인 원리이다. 그리하여 씨족이 분할된 부분들에 할당되는 수족에서와 달리 분할된 부분들이 씨족들에 할당되는 것이다. 달리 말해 씨족들과 그에 속하는 사물들이 방위적 공간 속에서 배치되는 것이 아니라 역으로 공간이 씨족들과 사물들 사이에서 배분되는 것이다. 아무튼 뒤르케임과 모스는 주니족과 수족, 그리고 오스트레일리아 부족들의 분류체계를 비교 분석함으로써 다음과 같이 씨족별 분류에서 방위별 분류로 이행하는 과정과 방식을 제시할 수 있었다.

사물들은 우선 씨족들과 토템들에 따라 분류되었다. 그러나 [……] 이 엄격한 위치화는 반드시 씨족들에 할당된 사물들의 상응하는 위치화를 수반한다. 예를 들면 늑대의 사람들이 야영지의 특정 구역에 속

---

106 같은 책, 111~12쪽.

하는 그 순간부터 이와 동일한 토템으로 분류되는 모든 사물에도 반드시 이것이 적용된다. 그리하여 야영지는 고정된 방식으로 방향이 정해지며, 이와 동시에 그 모든 부분이 포함하고 있는 것들, 즉 사람들과 사물들 전부가 함께 방향이 정해진다. 다시 말해 이제부터는 자연의 모든 사물이 똑같이 고정된 공간상의 부분과 정해진 관계를 가진다고 여겨진다. 물론 이런 식으로 분할되고 공유되는 것은 부족의 공간뿐이다. 그러나 원시인들에게는 부족이 온 인류를 이루고, 또 부족을 창시한 조상이 인류의 아버지요 창조자인 것과 마찬가지로 야영지에 관한 모든 관념은 세계에 대한 관념과 동일시된다. 야영지는 우주의 중심이며 우주 전체는 거기에 축약되어 있다. 그리하여 우주의 공간과 부족의 공간은 아주 불완전하게만 서로 구분되며, 정신은 별 어려움 없이, 거의 의식되지 않은 채 하나에서 다른 하나로 옮아간다. 그리고 이런 식으로 사물들은 전체적으로 이러저러한 방향과 관련이 된다. 그러나 포족들과 씨족들의 조직화가 강하게 남아 있는 한, 씨족별 분류가 우세했다. 사물들이 영역들에 귀속되는 것은 토템들을 매개로 해서였다. [······] 그러나 이토록 기이하게 위계화된 토템집단들이 사라지거나, 단지 서로 동일하게 병치되었던 지역집단들에 의해 대체될 때는 방위별 분류가 이제 유일한 가능성이 된다.[107]

결론적으로 밀해 분류의 두 체계, 즉 오스트레일리아의 씨족별 분류체계와 북아메리카의 방위별 분류체계는 모두 사회조직을 모델로 하며, 다시 말해 사회구조적 조직에서 그 설계도를 가져오며 사회 그 자체를 표현하는 집합표상이다. 전자는 부족의 법률적·종교적 조직에 근거하며, 후자는 부족의 형태적 조직에 근거한다.[108] 구체적으로 말해

---

107 같은 책, 118~19쪽.
108 같은 책, 120쪽.

사물들 간의 친족관계를 확립하고 존재들과 현상들의 점점 더 방대해지는 친족을 구성하는 문제였을 때, 사람들은 가족과 씨족, 그리고 포족이 제공하는 생각들의 도움을 받아 진행했으며 토템의 신화에서 출발했다. 공간들 간의 관계를 확립하는 문제였을 때, 표시점이 된 것은 사람들이 그들의 사회 내부에서 유지했던 공간적 관계들이었다. 여기서는 씨족 자체가 틀을 제공했으며, 저기서는 씨족이 땅 위에 만든 물질적 표시가 틀이었다. 그러나 이들 틀은 모두 사회적 기원을 갖는다.[109]

(4) 고대 중국

마지막으로 뒤르케임과 모스는 점성술, 천문학, 풍수지리설을 포함하는 고대 중국의 점술체계에 대한 논의로 넘어간다. 이 체계는 비록 사회조직과 무관하지만 당시 알려진 것들 가운데 "가장 뛰어나고 가장 주목할 만하며 분류의 진면목을 가장 잘 드러내는 것"으로서 중국뿐만 아니라 극동 전체에서 관찰된다. 그곳에서 점술체계는 도(道), 즉 자연을 표현하며 인간 삶의 구석구석을 지배한다.[110] 뒤르케임과 모스는 고대 중국의 분류체계를 상세히 논하지는 않고 단지 이 분류체계가 앞서 고찰한 오스트레일리아와 북아메리카의 분류체계와 동일한 원리에 토대를 두고 있음을 입증하는 데 꼭 필요한 정도만 서술하는 선에서 그친다.

고대 중국의 분류체계는 다음과 같이 여러 가지 체계가 뒤섞여 있다. 네 방위에 따른 공간의 구분과 그 각각에 할당된 네 동물과 그것들의 색깔(청룡, 백호, 주작, 현무), 이 네 방위가 두 부분으로 나누어지는 8풍(八風)과 그에 상응하는 세력, 음양과 오행, 십간(十干)과 십이

---

109 같은 곳.
110 같은 책, 121쪽.

지(十二支) 그리고 이 둘을 조합한 60갑자(六十甲子) 등. 중국인들은 이 다양하고 복잡한 분류체계를 이용하여 우주 만물을 구분하고 배치한다. 다시 말해 세계 전체에 질서를 부여한다. 그리고 그 질서에 따라 삶을 조직하고 영위한다. 그러니까 중국인들의 삶 전체가 이 다양하고 복잡한 분류체계에 의해 지배된다.

뒤르케임과 모스는 중국의 체계와 오스트레일리아의 체계 및 북아메리카 체계 사이에 어떤 역사적 연결고리가 존재하는지 밝힐 수는 없지만 이것들이 동일한 원리에 토대를 두고 있음은 분명하다고 주장한다.

> 사물들을 여덟 우두머리, 여덟 세력 아래 배분하는 분류체계는 세계를 사실상 여덟 가문으로 분류하는 구분법을 제공한다. 씨족 개념이 없는 것을 제외하면 이는 오스트레일리아 분류체계와 유사하다. 게다가 우리는 이 체계의 근저에서 주니족의 경우처럼 공간이 기본 영역으로 나누어지는 것과 매우 흡사한 분할을 발견했다. 이 영역들은 또한 원소들과 바람들, 그리고 계절들과 연결되어 있다. 또한 주니족의 경우처럼 각 지역은 고유한 색깔을 갖고 특정한 동물의 지배적인 영향력 아래 놓여 있으며, 동시에 원소, 역량, 그리고 지속하는 시간 속의 순간을 상징한다.[111]

이 모든 논의를 종합하면 분류라는 논리적 사고는 사회적 성격을 띤다는 것이 분명하다. 다시 말해 분류적 사고는 사회를 모델로 형성된다는 것이 분명하다. 그런데 뒤르케임과 모스에 따르면, 분류의 사회적 성격은 이것만이 아니라 다음과 같이 세 가지 측면을 더 포괄한다. 첫째, 사회의 고유한 틀이 분류의 틀로 사용된다. "최초

---

111 같은 책, 128쪽.

의 논리적 범주는 사회적 범주들이었고 사물을 분류하는 최초의 부류들은 사물들이 그 속에 통합되어 있던 인간들의 부류들이었다."[112] 둘째, 그 부류들은 그 외형뿐만 아니라 그것들을 상호 결합하는 관계도 사회적 기원을 갖는다. 셋째, 존재들을 연결하는 고리들은 사회적 고리들이다.[113] 뒤르케임과 모스는 이 모든 것을 사회중심주의라는 개념으로 요약한다. 분류라는 논리적 사고의 중심은 개인이 아니라 사회이며, 이 사고를 통해 객관화되는 것은 인간이 아니라 사회이다.[114] 보다 정확히 말하자면, 분류를 통해 개인적 존재로서의 인간이 아니라 사회적 존재로서의 인간이 객관화된다.

3. 지식사회학 2(사회학적 인식론): 사회학적 칸트주의 2

이미 앞에서 언급한 바와 같이, 뒤르케임은 『종교적 삶의 원초적 형태들』에서 범주와 같이 지식사회학의 영역에 속하는 현상을 독립적인 논의의 대상으로 하고 있다. 그렇다면 언뜻 이해가 가지 않는 점이 한 가지 있을 것이다. 『종교적 삶의 원초적 형태들』은 그 제목이 암시하듯이 — 그리고 바로 앞 절에서 상세하게 논한 바와 같이 — 종교적 삶이라는 사회적 사실이 그 논의의 대상이다. 그렇다면 뒤르케임이 종교사회학 연구서인 『종교적 삶의 원초적 형태들』에서 범주와 같이 지식사회학 영역에 속하는 현상을 독립적인 논의의 대상으로 한다는 말은 무슨 뜻인가?

뒤르케임은 『종교적 삶의 원초적 형태들』서론에서 이 책의 연구대상을 종교사회학이 아니라 종교사회학과 인식론으로 설정하고 있

---

112 같은 책, 136~37쪽.
113 같은 곳.
114 같은 곳.

다. 보다 정확히 말하면, 전자를 연구의 주목적으로, 후자를 이차적 목적으로 설정하고 있다. 원래 이 서론은 1909년 「종교사회학과 인식론」이라는 제목으로 『형이상학 및 도덕 저널』 제17호에 게재한 논문인데, 세 부분 가운데 마지막 부분은 생략된 채 서론으로 편입되었다(총 26쪽[733~58] 가운데 세 번째 부분은 5쪽[754~58]으로 비중이 작은 편이다). 이 두 부분은 각각 연구의 주목적인 종교사회학과 이차적 목적인 인식론에 할애되어 있다.

그렇다면 뒤르케임은 지식사회학을 종교사회학에 종속되는 것으로 보는가? 이에 대한 답변은 1910년 뒤르케임이 셀레스탱 부글레와 함께 『사회학 연보』 제11호에 이 저널의 한 부분을 구성하게 될 인식론 연구에 대한 메모(지침)의 형식으로 게재한 아주 작은 글(41~42쪽!)인 「인식의 사회학적 조건」을 보면 얻을 수 있다. 거기에서 뒤르케임과 부글레는 향후 분류와 범주의 문제가 종교와 무관하게 직접적인 방식으로 다루어지게 될 것임을 예고하고 있다.[115]

그럼에도 불구하고 뒤르케임은 종교를 연구의 주목적으로 하는 『종교적 삶의 원초적 형태들』에서 사고의 기본개념 또는 범주를 이차적 목적으로 설정하고 있다. 그리고 범주는 종교적 기원을 가지며, 따라서 궁극적으로 사회적 기원을 갖기 때문이라고 그 근거를 제시한다. 요컨대 『종교적 삶의 원초적 형태들』에서 인식론이 종교사회학에 비해 이차적 지위를 차지하는 이유는, 전자가 후자에 종속되기 때문이 아니라 인식의 문제를 그 근원이 되는 종교와 밀접한 관계 속에서 접근해야 하기 때문이라는 것이다.

---

115 Daniel Šuber, 앞의 책(2011), 96쪽.

(1) 인식론의 사회학적 칸트주의를 위하여

뒤르케임과 모스는 앞 절에서 자세하게 논한『분류의 원시적 형태들』을 다음과 같은 구절로 맺고 있다.

> 분류에 대해 우리가 하고자 했던 것은 다른 기능이나 오성의 근본적인 관념에 대해서도 마찬가지로 시도할 수 있을 것이다. 우리는 이미 도중에 시간과 공간 같은 추상적인 관념조차도 그것들 역사의 매 순간 그것들에 부합하는 사회조직과 밀접하게 연관되어 있다는 것을 지적할 기회가 있었다. 원인 개념들, 실체 개념들, 추론의 다양한 형태들 등이 형성되는 방식을 이해하는 데도 이와 같은 방법이 마찬가지로 도움을 줄 수 있을 것이다. 이 모든 문제는 형이상학자들과 심리학자들이 아주 오래전부터 파헤쳐 왔던 것들로, 이것들이 사회학적 용어로 물음이 제기되는 날 서로 공격했던 그동안의 중언부언에서 풀려날 것이다. 적어도 이것은 시도해 볼 만한 가치가 있는 새로운 길이다.[116]

실제로 뒤르케임은 그로부터 9년 뒤인 1912년에 출간된『종교적 삶의 원초적 형태들』에서 오성의 근본적인 관념들, 즉 범주들에 대한 사회학적 논의를 시도한다. 범주는 전통적으로 철학의 한 분야인 인식론 영역에 속한다. 그러니까 뒤르케임은 사회학적 인식론을 구축하고자 한 것이다. 또는 달리 말하자면, 범주에 대한 사회중심주의적 이론을 제시하고자 한 것이다. 그런데 그가 지향하는 바는 단순히 철학적 인식론 이외에도 또는 철학적 인식론과 더불어 사회학적 인식론도 가능하다는 것을 보이는 데 있는 것이 아니라 사회학을 통

---

116 같은 책, 143쪽.

해 인식론 그 자체를 갱신함으로써 그동안의 철학적 논쟁과 중언부언을 극복하는 데에 있다. 바로 그것이 뒤르케임이 『종교적 삶의 원초적 형태들』에서 추구하는 부차적인 목적이다. 이 목적에 대한 수단을 제공하는 것이 바로 종교적 현상에 대한 연구이다.[117]

그렇다면 범주란 무엇인가? 범주는 분류와 어떻게 다른가? 뒤르케임에 따르면 이 둘은 모두 집합표상이다. 그러나 분류가 사고의 한 유형이라면, 범주는 사고의 기본개념이다. 범주는 시간, 공간, 유(類), 수(數), 힘, 원인, 실체, 인성(人性) 등과 같이 우리 지적 삶의 근저를 이루면서 그 전체를 지배하는 몇 가지 기본적인 개념들이다.[118] 이 개념들은 ― 뒤르케임이 주장하기를 ― "사물들의 가장 보편적인 특성에 상응한다. 그것들은 사고를 구속하는 견고한 틀이다. 인간의 사고는 자신을 파괴하지 않고서는 그 틀로부터 벗어날 수 없어 보이는데, 그 이유는 시간과 공간 속에 존재하지 않거나 헤아릴 수 없는 사물을 생각할 수 없기 때문이다. 다른 개념들은 우발적이고 유동적이다. 우리는 어떤 인간, 어떤 사회, 어떤 시대는 그것들을 알지 못할 수 있지만 예의 그 기본적인 개념들은 정신이 정상적인 기능을 하는 데 거의 불가피한 것으로 보인다고 가정할 수 있다. 그것들은 지성의 뼈대와 같다."[119] 달리 말해 범주는 "다른 모든 개념을 지배하고

---

117 Émile Durkheim, 앞의 책(2007), 24쪽.

118 사실 뒤르케임이 이해하는 범주는 아리스토텔레스나 칸트가 이해하는 범주와 다르다. 처음으로 범주라는 말을 사용한 아리스토텔레스는 다음과 같이 10개의 범주를 제시한다. 실체, 양, 질, 관계, 공간, 시간, 양상, 소유, 능동, 수동. 그리고 칸트는 아리스토텔레스의 범주론을 약간 변형하여 다음과 같이 12개의 범주를 제시한다. (1) 양: 단일성, 다수성, 전체성, (2) 성질: 실재성, 부정성, 제한성, (3) 관계: 실체/속성, 원인/결과, 상호작용, (4) 양상: 가능/불가능, 현존/부재, 필연성/우연성. 아리스토텔레스와 칸트의 범주론에 대해서는 각각 다음을 참조할 것. 아리스토텔레스, 『범주들·명제에 관하여』, 이제이북스 2009 (김진성 옮김; 원제는 Aristoteles, *Categoriae · De Interpretatione*); Immanuel Kant, 앞의 책(1983a), 116쪽 이하.

포괄하는 기능을 한다. 그것은 정신적 삶의 항구적인 테두리이다."[120]
그러므로 범주는 우리의 사고에 필연성, 즉 논리적 필연성을 부과하
는데, 이 필연성은 "지적 삶에 대해 갖는 한 특수한 종류의 도덕적
필연성으로서 도덕적 의무가 의지에 대해 갖는 도덕적 필연성과
같다."[121]

　　요컨대 범주는 인간의 사고 또는 정신적 삶의 가능성 또는 전제조
건을 가리킨다. 이에 반해 분류는 이 가능성 또는 전제조건 아래에
서 작용하는 다양한 사고 또는 정신적 삶 가운데 하나이다. 분류가
사고의 한 구체적이고 특수한 유형이라면 범주는 그것을 포함한 사
고 일반의 기저를 이루는 추상적이고 보편적인 틀 또는 테두리이다.
전자가 경험적이라면, 후자는 선험적이다. 그러므로 분류에 대한 논
의가 사고의 한 특수한 유형에 대한 논의라면, 범주에 대한 논의는
사고 일반에 대한 논의이다.[122]

　　우리는 여기에서 도덕에 대한 뒤르케임의 논의에서 접했던 사회
학적 칸트주의를 다시 한 번 접하게 된다. 이미 제5장 제2절에서 자
세하게 살펴본 바와 같이, 뒤르케임은 칸트가 구축한 도덕의 형이상
학 대신에 도덕의 형이하학 또는 도덕의 물리학, 즉 도덕사회학을
제시하고자 한다. 이와 마찬가지로 칸트가 구축한 인식론의 형이상
학 대신에 인식론의 형이하학, 즉 인식론의 사회학을 제시하고자 한

119　Émile Durkheim, 앞의 책(2007), 24~25쪽.

120　같은 책, 644쪽.

121　같은 책, 36~37쪽.

122　바로 이런 연유로 뒤르케임에게서는 지식사회학과 인식론의 차원을 구별
　　해야 한다는 주장이 제기된다. 이 주장에 따르면, 전자에는 구체적이고 특
　　수한 집합표상인 분류가 속하고, 후자에는 추상적이고 보편적인 집합표상
　　인 범주가 속한다. Anne Warfield Rawls, "Durkheim's Epistemology: The
　　Neglected Argument", in: *The American Journal of Sociology 102*, 1996,
　　430~82쪽. 내가 보기에는 지식사회학을 상위 개념으로 하고 분류의 사회학
　　과 사회학적 인식론을 그것의 두 하위범주로 보아야만 뒤르케임의 사회학과
　　오늘날의 사회학을 동시에 고려할 수 있다.

다. 다시 말해 인식론의 사회학화, 즉 인식사회학을 추구한다. 이는 칸트 인식론을 전적으로 비판하거나 부정하는 것이 아니라 그것을 경험적으로, 보다 정확히 말하면 '사회 경험적'으로 바로잡고 더 발전시키려는 시도이다.[123] 그것은 칸트 인식론에 대한 사회(경험적) 답변이며 칸트 인식론의 '세속화'이다.[124]

그렇다면 분류를 주제로 하는 『분류의 원시적 형태들』과 범주를 — 이차적! — 주제로 하는 『종교적 삶의 원초적 형태들』은 어떠한 관계에 있는가? 먼저 전자에서 논한 내용들이 후자에 편입되어 범주에 대한 사회학적 이론을 구축하는 데에 경험적 · 역사적 재료로 활용되고 있다. 역으로 전자에서도 시간과 공간과 같은 범주적 개념이 언급되고 있다. 이 점에서 이 둘의 경계선은 확연한 것이 아니다. 그러나 이 둘은 다음의 두 가지 점에서 확연히 구별된다. 첫째로 — 방금 언급한 바와 같이 — 전자의 인식관심이 특수하고 구체적인 집합표상이라면, 후자의 인식관심은 보편적이고 추상적인 집합표상이다. 둘째, 전자에서는 분류를 사회적 조직과의 관계 속에서 설명한다면, 후자에서는 범주를 종교적 신앙 및 의례와의 관계 속에서 설명한다.[125] 물론 『분류의 원시적 형태들』에서도 토테미즘이 등장한다. 그러나 그것은 부족 내에서 씨족들을 구별하는 외적 표지로서의 토테미즘일 뿐 아직 『종교적 삶의 원초적 형태들』에서처럼 종교적

123 David Bloor, "Klassifikation und Wissenssoziologie: Durkheim und Mauss neu betrachtet", in: Nico Steher & Volker Meja (Hrsg.), *Wissenssoziologie*, Opladen: Westdeutscher Verlag 1981, 20~51쪽, 여기서는 21쪽. 이 문장에 나오는 '사회 경험적'(socioempirical)이라는 개념은 다음에서 따온 것이다. Anne Warfield Rawls, 앞의 글(1996).

124 Raymond Boudon & François Bourricaud, *Soziologische Stichworte. Ein Handbuch*, Opladen: Westdeutscher Verlag 1992, 666쪽.

125 William S. F. Pickering, "The Origins of Conceptual Thinking in Durkheim: Social or Religious?", in: Stephen P. Turner (Ed.), *Émile Durkheim. Sociologist and Moralist*, London/New York: Routledge 1993, 51~68쪽, 여기서는 56쪽.

신앙과 의례의 체계, 그리고 이 체계에 의해 통합되는 도덕적 공동
체로서의 토테미즘이 아니다.

(2) 선험론과 경험론을 넘어서

뒤르케임은 철학적 인식론을 사회학적으로 갱신하려는 기획에 걸
맞게 우선 범주에 대한 기존의 두 학설인 선험론과 고전적 경험론을
비판적으로 검토한다. 이 둘은 모두 개인주의적 인식론이다. 먼저 선
험론에 따르면 범주는 경험으로부터 도출될 수 있는 성격이 아니라
오히려 논리적으로 경험에 앞서면서 경험을 조건짓는다. 그것은 인
간 정신에 본래부터 내재된, 즉 선험적인 사고 능력이다. 반면 경험
론에 따르면 범주는 선험적으로 주어지는 것이 아니라 경험적으로
구성되는 것이다. 구체적으로 말해 개인이 자신의 단편적이고 부분
적인 경험을 연합함으로써 범주를 구성하는 것이다.[126]

뒤르케임이 보기에 이 두 조류는 결정적인 문제점을 안고 있다. 먼
저 경험론은 보편성과 필연성을 그 특징으로 하는 이성 ─ 기본적
인 범주의 총합 ─ 을 근본적으로 개인적이고 주관적인 경험으로 환
원함으로써 인간의 사고에서 이성을 사라지게 한다. 그 결과 범주에
의해 규제되고 조직되는 논리적 삶에 그 어떤 객관성도 부여할 수
없게 된다. 고전적인 경험론은 결국 비합리주의로 귀착될 수밖에
없다.[127]

---

126 Émile Durkheim, 앞의 책(2007), 30쪽.
127 같은 책, 31쪽. 뒤르케임에 따르면 급진적 경험론인 실용주의도 고전적 경
     험론과 똑같은 문제를 안고 있다. 급진적 경험론은 ─ 실용주의의 대표적인
     이론가인 윌리엄 제임스(1842~1910)가 정의하듯이 ─ 경험을 넘어서는 것
     은 그 어떤 것도 인정하지 않는다. 이에 따르면 경험은 자족적이며 그 어떤
     것에도 근거하지 않는다. 그러므로 경험은 자체적으로 설명할 수 있으며 세
     계는 자신을 설명할 수 있는 모든 원리를 내포하고 있다. Émile Durkheim,
     앞의 책(1987), 61쪽. 이렇게 보면 결국 실용주의도 고전적 경험론과 마찬

이와 달리 선험론은 합리주의이다. 왜냐하면 그것은 이성이 세계를 논리적이고 명증하게 표현할 수 있다고 확신하기 때문이다. 그리고 더 나아가 그 명칭과 달리 사실들에 일정한 인식론적 기능과 의미를 부여하고 그에 따라 이성과 함께 사실들을 고려한다. 그 결과 선험론은 "인식이 서로 환원될 수 없는 두 종류의 요소, 즉 서로 분리되면서도 중첩되는 두 층으로 구성되어 있다"라는 기본적인 전제에서 출발한다. 그러나 다른 한편 선험론은 이성을 제대로 설명하지 못하는 한계점이 있다. 왜냐하면 이성은 인간정신에 내재하는 능력으로서 경험을 초월하며 경험을 가능케 한다고 말하는 것은, 단지 문제를 다른 곳으로 돌리는 것이지, 문제를 해결하는 것이 아니기 때문이다. 그러기 위해서는 왜 경험이 자신보다 앞서는 외적 조건, 즉 이성을 필요로 하며, 이 이성은 어디에서 오는가를 밝혀내야한다.[128]

이처럼 결정적인 한계를 가진 두 조류가 수세기 동안 인식론을 양

가지로 비합리주의로 귀착될 수밖에 없다. 실용주의에 대한 뒤르케임의 비판적 고찰은 『실용주의와 사회학』에 잘 나타나 있다. 이 저작은 원래 뒤르케임이 『종교적 삶의 원초적 형태들』이 출간되고 얼마 뒤인 1913~14년 소르본 대학에서 한 강의를 그의 사후인 1955년에 책으로 펴낸 것이다. 여기서는 지면 관계상 뒤르케임과 실용주의의 관계를 자세하게 논할 수는 없고 다음을 언급하는 선에서 그치기로 한다. Armand Cuvillier, "Preface to the French Edition of 1955", in: Émile Durkheim, *Pragmatism and Sociology* (Edited by John B. Allock), Cambridge: Cambridge University Press 1983, pp. XI~XXIII; John B. Allcock, "Editorial Introduction to the English Translation", in: Émile Durkheim, *Pragmatism and Sociology* (Edited by John B. Allock), Cambridge: Cambridge University Press 1983, pp. XXIII~XLI; Hans Joas, "Durkheim und der Pragmatismus. Bewusstseinspsychologie und die soziale Konstitution der Kategorien", in: Émile Durkheim, *Schriften zur Soziologie der Erkenntnis* (Herausgegeben von Hans Joas), Frankfurt am Main: Suhrkamp 1987, 257~88쪽. 그리고 다음은 실용주의와 사회이론의 관계를 논하고 있다. Hans Joas, *Pragmatismus und Gesellschaftstheorie*, Frankfurt am Main: Suhrkamp 1992.

128 Émile Durkheim, 앞의 책(2007), 32쪽.

분하고 대립해 왔지만, 이에 대한 해결책은 경험론과 선험론 그 어느 것에서도 찾을 수 없다. 왜냐하면 이 둘의 문제점은 다음과 같이 사실상 상당히 유사하며, 바로 그런 연유로 이 둘이 그토록 오랫동안 대립해 왔던 것이기 때문이다. "만약 이성이 개인적 경험의 한 형태에 불과한 것이라면, 더 이상 이성은 존재하지 않을 것이다. 다른 한편 이성에 부여된 능력을 설명하지는 못하면서 인정하기만 한다면, 그것은 이성을 자연과 과학의 밖에다가 내놓는 것과 같다."[129]

뒤르케임은 이 인식론적 난제를 해결할 수 있는 유일한 대안을 범주의 사회적 기원을 인정하는 데에서 찾는다.[130] 그러니까 철학적·개인주의적 인식론을 사회학적 인식론 또는 사회중심주의적 인식론으로 대체하는 데에 유일한 대안이 있다는 것이다. 그런데 여기에서 매우 중요하고도 결정적인 점이 한 가지 있으니, 그것은 뒤르케임이 사회학적 인식론을 통해 정말로 선험론과 경험론에 의해 야기된 인식론적 난제를 해결하려면 사회적으로 구성되는 범주와 이성이 선험성과 보편성 및 필연성을 갖는다는 것을, 그리고 사회적 존재구속성을 갖는 범주가 자연 세계에도 적용할 수 있으며 논리적인 자율성을 갖는다는 것을 논증해야 한다.

뒤르케임에 따르면 범주들의 사회적 기원은, 선험론의 기본적인 전제, 즉 "인식이 서로 환원될 수 없는 두 종류의 요소, 즉 서로 분리되면서도 중첩되는 두 층으로 구성되어 있다"라는 전제에 완전히 부합한다.[131] 다시 말해 사회학적 인식론은 선험론과 마찬가지로 경험적인 것과 이성적인 것을 동시에 포착할 수 있다. 그러나 선험론과 달리 인식의 두 구성요소 또는 두 층을 개인적인 것과 사회적인 것, 보다 정확히 말하자면 개인표상과 집합표상에서 찾는다. 그리하여

---

129 같은 책, 33쪽.
130 같은 곳.
131 같은 곳.

경험과 이성이 개인과 사회로 대체된다. 보다 정확히 말하자면, 경험과 이성의 관계가 개인과 사회의 관계에 의해 인식론적으로 재구성된다. 이와 관련하여 뒤르케임은 다음과 같이 말한다.

사실상 경험적이라고 불리는 인식, 즉 경험론 이론가들이 이성을 구성하기 위하여 사용하는 유일한 인식은 대상들의 직접적인 작용이 우리의 정신 안에서 불러일으키는 인식이다. 그러므로 그것은 개인의 심리적 본성에 의해서 완전히 설명되는 개인적 상태이다. 그러나 그와 반대로 범주들이 우리가 생각하는 것처럼 집합표상이라면, 그것은 무엇보다도 집합적 상태를 표현한다. 범주들은 집합체가 구성되고 조직되는 방식, 즉 집합체의 형태학에, 그리고 집합체의 종교적 · 도덕적 · 경제적 제도 등에 따라 결정된다. 그러므로 이 두 종류의 표상 사이에는 개인과 사회를 분리하는 것과 똑같은 크기의 거리가 존재한다. 우리는 개인에서 사회를, 부분에서 전체를, 단순한 것에서 복잡한 것을 도출할 수 없듯이 개인표상에서 집합표상을 도출할 수 없다. 사회는 그 자체로 고유한 실재이다. 사회는 세상의 다른 곳에서는 발견할 수 없거나 똑같은 형태로 발견할 수 없는 고유한 특성을 갖고 있다. 그러므로 사회를 표현하는 표상은 순수한 개인적 표상과는 완전히 다른 내용을 갖고 있으며, 우리는 굳이 따져보지 않아도 전자가 후자에 무언가를 덧붙인다는 것을 확신할 수 있다.[132]

이 인용구절에서 두 번째 문장에 나오는 '개인적 상태'는 개인표상, 즉 경험적 표상을 가리키며, 따라서 다섯 번째 문장에 나오는 '이 두 종류의 표상'은 개인표상과 집합표상을 가리킨다. 이제 인식은 서로 환원될 수 없는 두 종류의 요소, 또는 서로 분리되면서도 중

---

132 같은 책, 33~34쪽.

첩되는 두 층인 개인표상과 집합표상의 공동작용으로 파악된다. 이어서 뒤르케임은 개인표상과 집합표상이 형성되는 방식으로 시선을 돌리는데, 그 이유는 이 방식을 보면 인식의 이 두 구성요소가 어떻게 구별되는가가 더욱더 확실하게 드러나기 때문이다. 뒤르케임에 따르면,

집합표상은 공간적 차원으로뿐만 아니라 시간적 차원으로도 확장되는 거대한 협동의 산물이다. 집합표상을 창출하기 위해서 다양한 수많은 인간정신이 그들의 관념과 감정을 한데 모으고 뒤섞고 결합한다. 그리고 여러 세대가 연속적으로 경험과 지식을 축적한다. 그 결과 집합표상에는 개인의 지성보다 한없이 풍부하고 복잡한 지성이 농축되어 있다. 이를 통해 우리는 어떻게 이성이 경험적 인식의 범위를 넘어서는 능력을 갖게 되는가를 이해하게 된다. 이성의 이러한 능력은 어떤 신비한 힘에서 기인하는 것이 아니라 인간이, 잘 알려진 공식에 따라 이야기하자면, 이중적이라는 단순한 사실에서 기인한다. 인간 안에는 두 가지 존재가 있다. 그 하나는 개인적 존재인바, 이 존재는 유기체에 그 토대를 두며, 따라서 그 행동반경은 매우 제한적이다. 그리고 다른 하나는 사회적 존재인바, 이 존재는 지적·도덕적 질서에서 우리에게 나타나는 가장 높은 실재이다. 우리는 관찰을 통해 이 실재를 인식할 수 있다. 그것은 다름 아닌 사회이다. 우리 본성이 갖는 이러한 이중성의 결과로 실천 차원에서 도덕적 이상이 공리주의적 동기로 환원될 수 없고 인식 차원에서 이성이 개인적 경험으로 환원될 수 없다. 개인이 사회에 참여하는 한 그는 사고할 때나 행위할 때 자기 자신을 초월한다.[133]

---

133 같은 책, 34~35쪽. 우리는 여기에서 뒤르케임이 호모 듀플렉스, 즉 이중적 인간의 개념에 기대어 자신의 사회학적 인식론을 전개하고 있음을 간과할 수 없다. 이에 대한 자세한 논의는 이 책의 제4장 제4절 참조.

이 인용구절에는 집합표상인 범주들이, 그리고 범주들의 총체인 이성이 선험성과 보편성을 갖는다는 명제가 내포되어 있다. 첫째, 범주들과 이성은 개인에게 본래부터 내재하는 정신적 능력이 아니라 개인에 앞서서 개인과 무관하게 사회적으로, 즉 수많은 인간정신과 여러 세대의 거대한 협동을 통해 형성되어서 외부로부터 개인에게 부과됨으로써 개인의 경험과 인식을 가능케 하는 정신적 능력이기 때문이다. 그것은 개인적 경험에 앞서면서 개인적 경험을 가능케 하는 사회적 이성이다. 그러므로 선험적인 것이다. 그러나 이 선험성은 형이상학적 선험성이 아니라 어디까지나 사회적 선험성이다. 둘째, 이 인용구절의 맨 마지막 문장에 나오듯이 개인은 사회적 존재로서 사고할 때 자기 자신을 초월한다. 이는 사회적 산물인 범주와 이성이 보편적인 것임을 의미한다. 그러나 이 보편성은 형이상학적 보편성이 아니라 어디까지나 사회적 보편성이다.

뒤르케임에 따르면 보편성과 더불어 범주들과 이성의 또 한 가지 중요한 인식론적 특성인 필연성도 역시 사회에서 기인한다. 그것은 사회의 권위에서 기인한다.

> 사실상 범주들은 사물들 사이에 존재하는 가장 일반적인 관계를 표현한다. 범주들은 외연에서 우리의 다른 모든 개념을 넘어서기 때문에 우리의 지적 삶의 모든 세목(細目)을 지배한다. 그러므로 만약에 각 시대마다 인간들이 이러한 근본적인 관념에 대하여 합의를 보지 못한다면, 즉 시간, 공간, 원인, 수 등에 대하여 통일적인 개념을 가지고 있지 않다면, 인간정신들 사이의 모든 합의는 불가능할 것이며, 또한 그 결과로 모든 공동체적 삶도 불가능할 것이다. 그리고 사회는 자신을 포기하지 않고서는 범주들을 개인들의 자유의지에 맡겨 버릴 수가 없다. 사회가 존속하기 위해서는 충분한 도덕적 순응만을 필요로 하는 것이 아니다. 거기에 더해 결여해서는 안 될 최소한의 논리적 순응이 있다. 바로 이런 연유로 사회는 그 구성원들 사이의 불일치를 방

지하기 위해 그들에게 자신의 모든 권위를 행사한다. 만약 누군가 노골적으로 이러한 사고의 규범들을 위반한다면, 사회는 그를 더 이상 온전한 의미에서의 인간으로 여기지 않을 것이며 거기에 상응하여 취급할 것이다. 그러므로 우리가 이러한 기본개념들로부터 벗어나려고 애쓰면, 우리는 우리가 완전히 자유롭지 않다는 것과 우리의 안과 밖에서, 심지어 우리의 양심에서 무언가가 우리에게 저항한다는 것을 느끼게 된다. 우리의 밖에는 우리를 심판하는 여론이 있다. 게다가 사회가 우리 안에서 재현되기 때문에 사회는 우리 안에서도 이러한 혁명적인 생각에 저항한다. 만약 우리가 그러한 기본개념을 단념한다면 우리의 사고는 더 이상 진정으로 인간적인 사고가 될 수 없을 것이다. 이것이 바로 이성에 내재해 있으면서 우리로 하여금 이성의 제안을 신뢰하고 받아들이도록 하는 매우 특별한 권위의 근원으로 보인다. 그것은 다름 아닌 사회의 권위인바, 이 권위는 모든 공통적인 행위의 필수불가결한 조건이 되는 특정한 사고방식에 전파된다.[134]

요컨대 범주들과 이성의 필연성은 형이상학적 필연성이 아니라 어디까지나 사회적 필연성이다. 이렇게 해서 뒤르케임은 사회적 기원을 갖는 범주들과 이성이 선험성과 보편성 및 필연성을 갖는다는 것을 입증할 수 있었다. 물론 사회적으로 구성되는 범주와 이성의 보편성과 필연성은 상대적일 수밖에 없으며, 이 점에서 철학에서 말하는 보편성 및 필연성과 확연히 구별된다. 후자는 추상적인 인간정신 일반으로부터 도출되기 때문에 시공을 초월하는 절대적인 것이다. 이러한 관점에서 보면 뒤르케임의 사회학적 인식론은 심각한 논리적 결함을 드러낸다고 할 수 있다. 그러나 뒤르케임에 따르면 범주의 목적은 시공을 초월하는 절대적 진리를 확보하는 것이 아니다.

---

134 같은 책, 35~36쪽.

다시 말해 범주는 철학적 목적을 달성하기 위해 존재하는 것이 아니라 동일한 집단을 구성하는 개인들 사이의 논리적 사고, 이해, 의사소통, 협동, 즉 특정한 집단의 사회적 삶을 가능케 하기 위해 존재한다. 요컨대 범주는 사회적 기능을 수행하기 위해 존재한다. 물론 그렇다고 해서 철학적 인식론과 사회학적 인식론의 병존이 뒤르케임이 의도한 바는 결코 아니다. 그는 오히려 전통적인 철학적 인식론을 비판하고 갱신하고자 했다.[135]

이렇게 해서 뒤르케임은 선험성, 보편성 및 필연성의 문제를 논증했지만, 여전히 해결해야 할 인식론의 중요한 문제가 두 개나 남아 있다. 만약 범주가 사회적 기원을 갖는다면, 범주는 자연에 적용할 수 없지 않은가? 만약 범주가 사회적 기원을 갖는다면, 범주는 사회의 틀 안에 갇혀 있을 수밖에 없지 않은가? 다시 묻자면, 만약 범주가 사회적 기원을 갖는다면, 범주는 그 '토대'인 사회에 종속되고 따라서 논리적 구조는 사회적 구조에 대해 자율성을 갖지 못하는 것은 아닌가?

뒤르케임은 첫 번째 문제를 자연주의적 사고에 접목하여 해결한다. 이미 제4장 제1절에서 자세하게 논한 바와 같이, 뒤르케임은 사회를 자연과 분리된 것이 아니라 자연의 일부분으로 간주한다. 그러므로 그의 사회학은 사회학적 자연주의라고 할 수 있다. 바로 여기에 사회에서 기원하는 범주를 자연에도 적용할 수 있는 근거가 있다는 것이 뒤르케임의 논지이다.

　만약 범주들이 원래 단지 사회적 상태만을 표현하는 것이라면, 그것들은 단지 은유로서만 자연의 나머지에 적용할 수 있다는 결론이 나오지 않는가? 만약 범주들이 오로지 사회적 사물만을 표현하기 위해서 만들어진 것이라면, 그것들은 단지 그 방식으로만 다른 영역들

135　Anne Warfield Rawls, 앞의 글(1996), 452쪽.

로 확장할 수 있을 것 같다. 그리하여 범주들이 물리적 또는 생물학적 세계에 대한 우리의 사고에 기여한다면, 그것들은 현실과 아무런 관련도 없지만 어쩌면 실제적으로는 유용한, 인위적 상징의 가치만을 가질 수도 있을 것이다. 그리하면 결국 다른 길을 통해 명목론과 경험론으로 되돌아가는 꼴이 될 것이다. 그러나 이런 식으로 사회학적 인식론을 해석하는 것은, 사회가 특수한 실재이지만 제국 안의 제국은 아니라는 사실을 망각하는 처사이다. 사회는 자연의 일부분이며 자연의 가장 높은 표현이다. 사회적 영역은 자연의 한 영역이며 단지 좀 더 복잡하다는 점에서만 다른 영역들과 구별된다. 그리하여 자연에서는 그 가장 본질적인 것이 여기와 저기에서 근본적으로 달라질 수는 없는 법이다. 결과적으로 사물들 사이에 존재하는 기본적인 관계들은 ─ 그러니까 범주들에 의해 표현되는 관계들은 ─ 영역에 따라서 근본적으로 달라질 수 없다. 범주들은 [……] 사회적 세계에서 보다 명확하게 드러나지만, 비록 보다 은폐된 형태일지라도 다른 곳에서 발견되지 않을 수 없다. 사회는 이 관계들을 가장 현저하게 표현하지만, 그것들에 대한 어떤 특권도 갖고 있지 않다. 그렇기 때문에 사회적 사물을 모델로 하여 생성된 개념은 우리가 다른 성격을 가진 사물에 대해 사고하는 데에 도움을 줄 수 있다. 어쨌든 이 개념들이 그런 식으로 그 원래의 의미로부터 멀어지면, 특정한 의미에서 상징, 그것도 잘 정초된 상징의 역할을 할 것이다. 만약 이 개념들이 구성된 것이라는 단순한 사실 때문에 그것들에 인위성이 가미된다면, 이 인위성은 바싹 자연을 따르며 항상 자연에 더욱더 가까워지려고 할 것이다. 시간, 공간, 유(類), 원인, 인성(人性)의 관념들이 사회적 요소들로 구성된다는 이유로, 이것들이 모든 객관적 가치를 결여한다고 결론지어서는 안 된다. 그와 정반대로 이 개념들의 사회적 기원은 그것들이 오히려 사물의 본질에 근거하고 있다고 추론하도록 한다.[136]

---

136 Émile Durkheim, 앞의 책(2007), 37~38쪽.

그리고 뒤르케임은 두 번째 문제를 사회적 삶의 변화라는 관점에서 해결한다. 그에 따르면 사회적 기원을 갖는 범주는 사회에 종속되지 않고 논리적 자율성을 확보할 수 있는데, 그 이유는 범주에 사회 외적인 요소가 가미되어 범주로 하여금 사회로부터 독립되도록 만들기 때문이 아니라 사회적 삶의 종류가 바뀜에 따라 범주가 본래적인 사회적 조건으로부터 독립되어 객관화될 수 있기 때문이다. 사회가—이 맥락에서 뒤르케임은 한 번 사회를 요약적으로 정의하고 있다—개인에 비해 보편적인 것은 분명하다. 그렇지만 사회는 동시에 "자신의 고유한 인상과 자체적인 특성을 가지고 있는 일종의 개체성이다. 사회는 일종의 특수한 주체이며, 따라서 사회가 사고하는 것은 특수화된다." 그리하여 "집합표상도 마찬가지로 주관적인 요소들을 지니고 있는데, 집합표상이 사물에 좀 더 가까이 접근하기 위해서는 주관적인 요소들로부터 점차로 순화되어야만 한다. 그러나 집합표상이 처음에 아무리 조잡할지라도, 그것과 더불어 개인이 자신의 힘만으로는 결코 창출할 수 없는 새로운 정신 상태의 맹아가 주어진다. 이때부터 자신의 본질을 발전시키는 일만 남는 항구적이고 비인격적이며 조직화된 사고의 길이 열리게 된다."[137]

이 인용구절의 마지막 문장—"이때부터 자신의 본질을 발전시키는 일만 남는 항구적이고 비인격적이며 조직화된 사고의 길이 열리게 된다"—은, 사회적 기원을 갖는 범주가 사회에 종속되지 않고 자신의 논리적 자율성을 확보하게 되는 발전의 단계를 가리킨다. 그런데 뒤르케임에 따르면 사고의 이 발전단계를 결정하는 원인은—그 이전 발전단계인 맹아의 형성을 결정하는 원인과 마찬가지로—비사회적인 것이 아니라 오히려 사회적인 것이다. 이와 관련하여 뒤르케임은 다음과 같이 말한다.

---

137 같은 책, 649~50쪽.

만약 논리적 사고가 그것이 원래부터 내포하고 있던 주관적이고 인격적인 요소들로부터 점차로 벗어나는 경향이 있다면, 그것은 거기에 비사회적 요소들이 가미되기 때문이 아니다. 그것은 오히려 새로운 종류의 사회적 삶이 점점 더 발전하기 때문이다. 그것은 다름 아닌 범민족적인 삶인데, 이 삶은 이미 종교적 신앙을 보편화하는 작용을 했다. 범민족적 삶이 확장됨에 따라 집합적 시야가 확대된다. 이제 사회는 더 이상 유일한 전체로 나타나지 않고 훨씬 더 큰 전체의 일부분이 되는데, 이 더 큰 전체의 경계는 불확정적이고 무한히 확장될 수 있다. 그리하여 사물들은 자신들이 원래 배열된 사회적 틀에 더 이상 얽매일 수 없다. 그것들은 자신의 고유한 원리에 따라서 조직되어야 하며, 그 결과로 논리적 조직은 사회적 조직으로부터 분화되고 자율적인 것이 된다. 요컨대 사고를 처음에 특정한 집합적 개체성에 연결한 끈이 점점 더 풀리는 것 같다. 그리하여 논리적 사고는 점점 더 비인격적인 것이 되고 보편화된다. 진정한 그리고 고유한 의미에서의 인간적인 사고는 원시적인 것이 아니다. 그것은 역사의 산물이다. 그것은 우리가 늘 그 전보다 한층 더 가까이 갈 수는 있지만 결코 도달할 수 없는 이상적인 한계이다.[138]

결론적으로 말해 뒤르케임은 선험론과 경험론을 비판하고 범주들의 사회적 기원을 논증하고 사회적 구성물인 범주들이 선험성, 보편성 및 필연성을 가지며 비사회적 영역에도 적용할 수 있고 그 토대가 되는 사회적 조직에 대해 논리적 자율성을 획득할 수 있음을 논증함으로써 사회학적 인식론을 구축할 수 있었다. 아니 뒤르케임 자신의 표현을 빌리면, 그는 이 사회중심주의적 인식론을 통해 전통적인 철학적 · 개인주의적 인식론을 갱신할 수 있었다.

---

138 같은 책, 650~51쪽.

그런데 뒤르케임은 확신하기를, 자신에 의해 사회학적으로 '갱신된' 인식론은 수세기 동안 경쟁관계에 있는 두 철학적 인식론, 즉 선험론과 경험론의 단점을 버리고 장점을 결합할 수 있다. 사회학적으로 갱신된 인식론은 "선험론의 모든 기본적인 원리들을 보존하는 동시에 경험론이 충족하려고 노력해 왔던 실증성의 정신에 고취되어 있다." 사회학적으로 갱신된 인식론은 "이성에 특별한 능력을 부여하지만, [거기에 그치지 않고 더 나아가] 이 능력을 입증하는데, 그것도 관찰 가능한 세계를 벗어나지 않고서 그리한다." 사회학적으로 갱신된 인식론은 "우리의 지적인 삶의 이원성을 실재적인 것으로 확언하지만, [거기에 그치지 않고 더 나아가] 이 이원성을 설명하는데, 그것도 자연적인 원인을 통해서 그리한다." 그러므로 사회학적으로 갱신된 인식론에서는 범주들이 "더 이상 [선험론에서 전제하는 것처럼] 분석 불가능한 원초적 사실로 간주되지 않는다." 그렇지만 거기에서는 범주들이 "경험론이 만족해 온 단순한 방법으로는 설명할 수 없는 일정한 복잡성을 여전히 지니고 있다." 요컨대 사회학적으로 갱신된 인식론에서는 범주들이 분석 가능한 복잡한 경험적 사실로 파악되는바, 그 이유는 범주들이 인류가 장기간에 걸친 노력을 통해 창출한 소중한 사고의 도구이기 때문이다. 말하자면 "그 안에는 인류 역사의 한 부분 전체가 요약되어 있다."[139]

(3) 종교와 범주

이렇게 해서 우리는 뒤르케임이 제시한 사회학적 인식론의 이론적 개요를 살펴보았다. 이에 따르면 범주들은 장기간에 걸쳐 형성된 분석 가능한 복잡한 경험적 사실로서 그 안에는 인류 역사의 한 부

---

139 같은 책, 39~40쪽.

분 전체가 요약되어 있다. 그것은 사고의 도구이자 사회적 제도이다. 그러나 우리들 자신이 만들지 않은 도구이자 제도이다. 그러므로 이 도구와 제도를 제대로 이해하기 위해서는 선험론자들이나 경험론자들처럼 우리의 의식에 묻는 것만으로는 충분치 않다. 우리는 역사를 관찰해야 한다.[140]

여기에서 말하는 역사는 종교, 보다 정확히 말하자면 가장 원시적이고 단순한 형태의 종교인 토테미즘이다. 그러니까 뒤르케임은 범주들의 사회적 기원을 종교적 신앙 및 의례와의 관계 속에서 밝혀내고자 한다. 뒤르케임에 따르면 종교는 최초의 집합적 사고 또는 집합표상으로서 처음으로 사물들 사이에 내적인 관계가 존재할 수 있다는 표상을 제공했으며, 그로 인해 정신은 외적인 현상의 예속에서 벗어나 그것들을 지배할 수 있게 되었으며 감각에 의해 분리된 것을 결합할 수 있게 되었다. 이는 동시에 과학과 철학에 길을 터주는 것이었다. 왜냐하면 과학과 철학은 사물들 사이에 내적인 관계가 존재한다는 표상과 더불어 가능하게 되었기 때문이다. 그런데 종교가 이처럼 인간의 사고에서 일대 전회를 가져올 수 있었던, 아니 가히 혁명적인 역할을 할 수 있었던 것은, 종교가 사회적 사실이기 때문이다.[141]

감각적 인상을 지배하고 그것을 현실에 대한 새로운 표상방식으로 대치하기 위해서는, 새로운 종류의 사고가 창출되어야 했다. 그것은 다름 아닌 집합적 사고이다. 오로지 집합적 사고만이 이러한 효력을 가져올 수 있었다면, 그것은 다음과 같은 이유에서이다. 감각적 현실의 세계를 변모시키는 통로인 관념의 세계를 구축하기 위해서는 지적인 힘의 격발(激發)이 필요한바, 이는 오로지 사회 안에서 그리고 사

---

140 같은 책, 40쪽.
141 같은 책, 351쪽.

회를 통해서만 가능하다.[142]

　요컨대 인간으로 하여금 감각적 인상의 단계를 극복하고 지적인 사고를 할 수 있도록 한 것은 다름 아닌 최초의 집합적 사고 또는 집합표상인 종교이다. 이 사고의 근저를 이루는 개념인 범주들도 당연히 종교적 기원을 갖는다. 그리하여 뒤르케임이 제시한 범주들의 사회적 기원이라는 명제는 범주들의 종교적 기원이라는 명제로 구체화된다. 아니 범주들의 사회적·종교적 기원이라고 표현하는 것이 보다 적합할 것이다.

　그런데 뒤르케임은 종교를 사고와 과학 및 철학의 기원으로 볼 뿐만 아니라 더 나아가 "인류문명의 모든 중요한 맹아들이 발생한 모태"로 본다. 그리고 그 이유를 종교의 이중적 성격에서 찾는다. 종교는 —이와 관련하여 뒤르케임은 주장하기를—

　　현실의 모든 것, 즉 정신적 세계뿐 아니라 물리적 세계까지도 포괄할 수 있었기 때문에, 물체를 움직이는 힘도 정신을 움직이는 힘과 마찬가지로 종교적 형태로 파악되었다. 그리하여 아주 다양한 삶의 기법과 방식, 즉 정신적 삶을 보증하는 기법과 방식(법, 도덕, 예술)과 물질적 삶에 기여하는 기법과 방식(자연과학, 기술, 산업)은 직접적으로 또는 간접적으로 종교에서 파생된 것이다.[143]

142　같은 곳.

143　같은 책, 331쪽. 그렇다고 해서 '종교가 사회를 창조한다'는 식으로, 다시 말해 종교 결정론적으로 생각해서는 안 될 것이다. 뒤르케임이 『종교적 삶의 원초적 형태들』에서 논증하고자 하는 것은 오히려 "종교에 구현된 집합표상들이 인간 사회의 **자기창조**의 표현이라는 것이다." 이렇게 보면 "종교성의 힘은 인간 사회가 세계를 지배하고 변화시키는 능력을 상징적으로 의식하는 데에 있다." Anthony Giddens, 앞의 책(1980), 251쪽. 다음도 같이 볼 것. 양영진, 「사회제도의 원천으로서의 종교: 뒤르켐의 종교사회학에 대한 일고찰」, 일랑고영복교수화갑기념논총간행위원회 (편), 『사회변동과 사회의식』,

요컨대 종교는 "사회의 모든 측면을, 심지어는 가장 저속하고 혐오스러운 측면까지도 반영하는", 사회의 영상(映像) 또는 이미지이다. 사회의 모든 것을 종교에서 다시 볼 수 있다.[144] 달리 말하자면, 종교적 삶은 "집합적 삶 전체의 탁월한 형태이자 응축된 표현"이다. 바로 이런 연유로 집합적 삶의 중요한 측면이 종교에서 비롯될 수 있었다.[145] 이러한 관계를 뒤르케임은 다음과 같은 문장으로 요약하고 있다.

> 만일 종교가 사회에서 본질적인 모든 것을 낳았다면, 그것은 사회의 관념이 곧 종교의 영혼이기 때문이다.[146]

그러니까 사회의 관념이 종교의 영혼이 되었고 바로 이 영혼이 집합적 삶을 구성하는 중요한 정신적·물질적 요소의 모태가 되었다. 범주들도 역시 이 모태에서 생성되었다. 뒤르케임은 『종교적 삶의 원초적 형태들』에서 시간, 공간, 유(類), 힘, 원인, 인성(人性) 등과 같은 범주의 사회적 기원을 종교, 보다 정확히 말하면 그 가장 원시적이고 단순한 형태인 토테미즘과의 관계에서 추적하고 있다. 그 가운데에서도 특히 유, 힘, 인과성의 범주에 대한 논의에 역점을 두고 있다.

먼저 시간과 공간 그리고 인성에 대해 간략하게 살펴보도록 한다. 첫째, 시간의 범주는 개인적 시간이 아니라 집단에 공통적인 시간, 즉 사회적 시간이다. 이러한 시간은 사회적 삶, 보다 정확히 말하면 종교적 삶에서 기원한다. 원래 시간을 날, 주(週), 달, 해 등의 단위로

전예원 1988, 293~315쪽.
144 Émile Durkheim, 앞의 책(2007), 616쪽.
145 같은 책, 613쪽.
146 같은 책, 613~14쪽.

분할하는 것은 시간 그 자체의 내적 논리에서 연원한 것이 아니라 종교적 논리, 즉 의례, 축제, 공적 예식의 주기성에서 연원한 것이다. 그러므로 달력의 기능은 이 종교적 삶의 리듬을 표현하고 그 규칙성을 보증하는 데에 있었다.[147]

둘째, 공간은 칸트가 가정한 것처럼 순수하게 그리고 절대적으로 동질적인 것이 아니다. 왜냐하면 동일한 집단에 속한 개인들은 동일한 방식으로 공간을 표상하고 표현하기 때문이다. 말하자면 공간은 사회적으로 구성되는 사회적 공간이다. 이 사회적 공간은 종교, 보다 정확히 말하면 토테미즘에 그 기원이 있다. 왜냐하면 부족사회에서는 그 사회를 구성하는 씨족의 수만큼 공간이 분할되고 각 씨족의 토템에 따라 그 씨족이 차지하는 공간의 위치와 방향 그리고 각 공간 사이의 관계가 결정되기 때문이다. 그런데 원시인들에게는 부족이 곧 인류이기 때문에 우주 전체의 공간이 토템적으로 구성된 공간 개념에 의해 파악되었다.[148]

셋째, 인성의 범주도 사회적·종교적 기원을 갖는다. 뒤르케임에 따르면 인성의 개념은 두 가지 요소의 산물이다. 그 하나는 비개인적이다. 그것은 집단의 유산이면서 집단의 영혼으로 기능하는 정신적 원리이며, 따라서 어느 특정한 개인에게 속하지 않는다. 그러면서도 동시에 모든 개인에게 속하면서 그들로 하여금 의사소통을 할 수 있게 한다. 그러나 개별적인 인성이 존재하기 위해서는 개인화의 요소가 필요하다. 인성의 이 개인적 요소의 기능을 하는 것이 육체이다. 모든 육체는 서로서로 구별되기 때문에 각 육체는 나름대로의 특수한 세계와 중심을 구성하는데, 이 다양한 세계와 중심에 의해 집합표상이 다르게 굴절되고 채색된다.[149] 그런데 인성을 구성하

---

147 같은 책, 26쪽.
148 같은 책, 27쪽; 에밀 뒤르케임·마르셀 모스, 앞의 책(2013), 여러 곳.
149 Émile Durkheim, 앞의 책(2007), 397~98쪽.

는 이 두 요소 가운데 비개인적인 집단영혼은 토테미즘의 영혼관념에서 온 것이다.

다음으로 유의 범주에 대해 살펴보기로 한다. 뒤르케임에 따르면 유는 사물의 형태나 내용의 유사성을 인식하고 그에 따라 배열할 수 있도록 하는 외적인 틀이다. 그러므로 유의 개념은 유사성에 대한 감정과는 다르다. 외적인 틀로서의 유는 우리가 직접적인 경험을 통해 그 유사성을 확인할 수 있는 대상들의 범위를 넘어서 무한히 확장할 수 있다. 유는 인간에 의해 구성된 논리적 상징이자 사고의 도구이다. 이 구성은 적어도 하나의 모델을 필요로 한다.[150]

뒤르케임에 따르면 이 유의 개념은 토테미즘의 우주론에서 기인한다. 이미 앞에서 언급한 바와 같이, 씨족은 토템을 가진 개인들의 집단이며 부족은 몇 개의 씨족들로 구성된다. 이 사실만 놓고 보면 씨족에는 토템과 개인들만 속하는 것으로 생각하기 쉽다. 그러나 씨족에는 세계의 모든 존재, 즉 인간들, 동물들, 식물들 그리고 심지어 무생물들도 속한다. 알려진 모든 사물은 반드시 어느 한 씨족에 속한다. 이를 가능케 하는 것은 다름 아닌 토테미즘이다. 왜냐하면 어느 한 씨족에 속하는 사물은 그 씨족 토템의 다양한 형태로 파악되기 때문이다.

만약 한 부족이 열 개의 씨족으로 구성되어 있다면, 세계는 열 개의 부류로 나뉘고 우주의 모든 사물은 이 열 개의 부류 가운데 하나에 속하게 된다. 그런데 이를 결정짓는 것은 씨족이라는 사회조직의 원리가 아니라 토템이라는 종교의 원리이다. 이는 한 가지 예를 들어보면 아주 명확하게 와닿을 것이다. 갬비어 산의 부족에는 열 개의 씨족이 있으며,[151] 따라서 "세계 전체가 열 개의 부류로, 아니 오

---

150 같은 책, 219~20쪽.

151 우리는 이미 앞 절에서 뒤르케임과 모스의 『분류의 원시적 형태들』(1903)
    을 논하면서 갬비어 산의 부족을 예로 든 적이 있다. 그리고 이 저작에서 뒤

히려 열 개의 가족으로 분할되어 있는데, 그것들 각각은 특수한 토템을 자신의 근원으로 하고 있다. 바로 이 근원이 어느 한 씨족에 속하는 모든 사물에 현실성을 부여한다. 왜냐하면 그것들은 토템적 존재의 다양한 형태로 간주되기 때문이다. [예컨대] 비, 천둥, 번개, 구름, 우박은 까마귀의 다른 형태들이다. 사물들의 이 열 가족이 결합되어 세계를 완벽하고도 체계적으로 표현한다. 그리고 이 표현은 종교적이다. 왜냐하면 종교적 관념이 그 원리를 제공하기 때문이다. 토템 종교의 영역은 존재의 한두 개 범주에 국한되기는커녕 오히려 알려져 있는 우주의 마지막 한계에까지 확장된다. 마치 그리스 종교처럼 토템 종교도 도처에 신적인 것이 존재하도록 만든다. [탈레스의] 저 유명한 명제 "모든 것은 신적인 것으로 가득 차 있다"도 똑같이 토템 종교의 표어로 사용할 수 있을 것이다.[152]

이어서 힘의 범주에 대해 살펴보기로 한다. 뒤르케임에 따르면 힘의 개념도 종교적 기원을 갖는다. 이미 종교사회학에 대해 논하는 앞 절에서 언급한 바와 같이, 토테미즘은 세계에 내재하고 수많은 사물에 확산되어 있는 익명적이고도 비인격적 힘을 숭배하는 종교이다. 토템은 이 힘을 물질적 형태로 표현하는 상징이다. 그러므로 토테미즘이 인식하는 바의 우주는 "일정 수의 힘들로 가득 차 있고 그것들로부터 생명력을 부여받고 있는데, 이 힘들은 [……] 상상력이 동물게 또는 식물세에서 차용해 온 형태로 표현된다. 부족 안에 존재하는 씨족의 수만큼 많은 힘이 존재하고 그 힘의 각각은 특정한 사물의 범주를 꿰뚫어 순환하면서 그것들의 본질이자 생명의 원리가 된다."[153]

르케임과 모스는 토템이 아니라 씨족이 분류를 결정짓는 원리로 설정하고 있음을 확인한 바 있다. 이에 반해 뒤르케임은 『종교적 삶의 원초적 형태들』(1912)에서 씨족이 아니라 토템이 유의 범주를 결정짓는 원리임을 논증하고 있다.

152 같은 책, 230쪽.

그런데 이 토템적 힘에는 비를 내리게 하고 식물이 자라게 하며 동물이 번식하도록 하는 등의 물리적 힘뿐만 아니라 도덕적 힘도 포함된다. 원주민은 토템이라는 성스러운 존재에 두려움을 느낄 뿐만 아니라 존경심도 갖고 있으며, 또한 토템적 존재에 특정한 방식으로 행위하는 경우에 단순히 거기에 내재하는 힘이 물리적으로 두렵기 때문만이 아니라 그렇게 하는 것이 도덕적 의무라고 생각하며, 따라서 자신이 일종의 도덕적 의무를 완수하고 있다고 생각하기 때문이다. 게다가 토템은 씨족의 도덕적 삶의 근원이다. 씨족의 모든 구성원은 같은 토템을 갖고 있기 때문에 서로서로 도덕적으로 결합되어 있다. 그들은 서로에 대해서 원조, 복수 등과 같은 의무를 지닌다.[154]

뒤르케임에 따르면 다른 원시사회에서도 오스트레일리아의 토테미즘에서와 유사한 힘의 개념을 관찰할 수 있다. 그 대표적인 예로 수족의 '와칸', 이로쿼이족의 '오렌다', 멜라네시아의 '마나'를 언급할 수 있다. 이 힘들은 토템적 힘과 마찬가지로 편재적 · 익명적 · 비인격적이며, 또한 물리적일 뿐만 아니라 도덕적이기도 하다. 이 힘들은 우주의 모든 현상과 사건의 원인이 된다. 예컨대 이로쿼이족에게 "바람이 불고 태양이 빛나고 대지가 달궈지고 식물이 자라고 동물이 번식하고 인간이 강하고 솜씨 좋고 영리하게 되도록 하는 것이 바로 오렌다인 것이다."[155] 그런데 와칸, 오렌다 및 마나의 개념은 토테미즘에서 파생한 것이다. 토템적 힘의 개념은 이 개념들의 원(原)개념에 해당한다. 그러므로 토템적 원리에 적용되는 것은 와칸, 오렌다 및 마나에도 적용된다. "씨족의 사람들, 토템 종의 동물들과 식물들의 생명, 그리고 토템 아래로 분류되고 토템의 본질을 공유하는 모든 사물의 생명이 유지되는 것은 바로 토템적 원리에 의해서

---

153 같은 책, 282쪽.
154 같은 책, 283쪽.
155 같은 책, 303쪽.

이다."[156]

요컨대 힘의 개념은 — 일반적으로 생각하는 것처럼 — 철학이나 과학이 아니라 종교에 그 기원이 있다는 것이 뒤르케임의 논지이다. 오히려 철학과 과학은 종교로부터 그 개념을 차용했는데, 먼저 철학이 그리했고 그다음에 과학이 그리했다. 그러므로 콩트가 형이상학을 '신학'의 상속자로 본 것은 전적으로 옳은 일이다. 그러나 힘의 개념이 과학으로부터 사라질 것이라고 본 것은 전적으로 그른 일인데, 이는 힘의 개념이 신비한 기원을 갖기 때문에 전혀 객관적인 가치를 갖지 못한다고 판단했기 때문이다. 그러나 종교적 힘은 현실적이며, 따라서 그로부터 파생된 일반적인 힘의 개념도 현실적이다.[157]

마지막으로 인과성의 범주에 대해 살펴보기로 한다. 일반적으로 인과성의 원칙은 "모든 힘이 일정한 방식으로 전개되며 이 과정의 각 순간에 힘이 존재하는 상태가 그다음의 상태를 예정한다"라고 판단하는 것을 의미한다. 전자를 원인이라 부르고 후자를 결과라고 부른다. 인과론적 판단은 "모든 힘의 이 두 순간 사이에 필연적인 관계가 존재한다고 확언한다. 인간정신은 모든 증거에 앞서서 이 관계를 설정하면서 그것은 벗어날 수 없는 일종의 강제성을 띠고 있다고 전제한다. 인간정신은 그 관계를 이른바 선험적으로 요청한다."[158] 이처럼 인과성의 개념은 힘의 관념과 밀접한 관계에 있는데, 이 인과론적 힘의 관념은 다시금 두 가지 특성을 갖는다. 첫째, 그것은 오로지 우리의 내적인 경험을 통해서만 우리에게 주어질 수 있다. 왜냐하면 우리는 외적인 경험, 즉 감각을 통해서는 힘 사이에 존재하는 내적이고 필연적인 관계를 인식할 수 없기 때문이다. 그것을 인식할 수 있는 것은 오직 정신적·지적 삶뿐이다. 둘째, 인과관계의 개념에

---

156 같은 책, 304쪽.
157 같은 곳.
158 같은 책, 537~38쪽.

함축된 힘은 비인격적일 수밖에 없다. 왜냐하면 ── 방금 살펴본 토템적 힘, 와칸, 오렌다, 마나와 같이 ── 비인격적인 힘의 개념이 제일 먼저 구성되었기 때문이다.[159]

그런데 이 두 가지 조건을 만족시키는 힘은 공동체적 삶에서 오는 힘밖에 없다. 그것은 집합적 힘이다. "한편으로 그 힘은 사실상 순전히 정신적인 것이다. 그것은 전적으로 관념과 객관화된 감정으로 이루어져 있다. 그러나 그 힘은 다른 한편으로는 본래 비인격적인 힘이다. 왜냐하면 그것은 협동의 산물이기 때문이다. 그 힘은 모든 사람의 작품이며, 따라서 특정 개인의 것이 아니다. 그 힘은 자신이 머무는 주체의 인격성에 별로 집착하지 않기 때문에 결코 거기에 고정되지 않는다. 그 힘은 외부로부터 주체들에 스며든 것이기 때문에 언젠가 그들을 떠날 준비가 되어 있다. 그 힘은 점점 더 멀리 확산되고 새로운 영역으로 파고드는 성향이 있다. 이러한 힘보다 더 전염적이며 따라서 더 전달이 잘되는 것이 없다는 사실을 우리는 알고 있다."[160]

뒤르케임에 따르면, 인과성의 개념도 종교에 그 기원을 갖는다. 그것은 바로 토테미즘의 모방의례이다. 모방의례는 ── 이미 앞 절에서 간략하게 언급한 바와 같이 ── 원하는 것을 얻거나 원치 않는 것을 피하려는 목적으로 생물의 모습, 움직임, 소리(외침) 또는 무생물의 모습을 모방하는 의례이다. 모방의례는 "유사한 것이 유사한 것을 낳는다"라는 원칙에 근거한다. 예컨대 캥거루의 수가 적어지면 성스러운 돌 주변에서 캥거루가 뛰는 것처럼 뛰고 캥거루가 마시는 것처럼 마시며, 비를 내리게 하기 위해서 구름을 상징하는 흰 솜털을 온몸에 붙이고 흔들어서 공기 중에 흩어지게 한다.

이러한 모방의례는 씨족의 존속과 직결된다. 왜냐하면 비가 오지

---

159 같은 책, 535쪽.
160 같은 책, 535~36쪽.

않거나 특정한 식물이 자라지 않거나 특정한 동물이 번식하지 못한다면, 씨족은 소멸할 수밖에 없기 때문이다. 그러므로 씨족의 구성원들은 씨족의 재생산이라는 단 하나의 목적을 위해 한군데 모여서 모방의례를 거행하며, 일단 의례가 거행되고 나면 원하는 결과가 얻어진 것으로 생각한다. 그리하여 "이러한 결과에 대한 관념과 그것에 선행하는 제스처 사이에 결합이 일어난다. 이 결합은 주체에 따라 달라지지 않는다. 이 결합은 의식에 참여하는 모든 사람에게 동일하다. 왜냐하면 그것은 집합적 경험의 산물이기 때문이다."[161] 바로 이 유사한 것과 유사한 것의 결합이 인과성의 원칙에 대한 최초의 관념인 것이다. 이처럼 인과성 관념은 종교적 기원을 갖는 것이지만 일단 형성되고 나면 그 의례적 틀을 벗어나 자연법칙으로 일반화된다.[162]

(4) 다시 한 번, 선험론과 경험론을 넘어서

여기까지 간략하게 살펴본 것이 범주에 대한 뒤르케임의 사회학적 연구이다. 즉 범주를 이해하기 위해서 철학자들처럼 사변적이고 추상적으로 인간의 의식에 묻지 않고 구체적이고 경험적인 역사의 세계로 눈을 돌려 사회적 삶을 관찰하고 실험한 결과인바, 이는 다음과 같은 개념의 고리로 표현할 수 있을 것이다. 사회적 시간 — 사회적 공간 — 사회적 인성 — 사회적 유 — 사회적 힘 — 사회적 인과성. 뒤르케임은 이 연구 결과에 근거하여 범주의 사회학적 이론이 선험론과 경험론의 한계를 넘어서는 동시에 이 둘을 화해시킬 수 있다고 다시 한 번 강조하며, 이를 인과성의 사회학적 이론을 가지고 예시하고 있다. 사회학적 이론에 따르면 범주와 인과성은 공동체적 삶의 요구에 응하기 위하여, 즉 집합행위의 필요성에 따라 만들

---

161 같은 책, 538~39쪽.
162 같은 책, 530~31쪽.

어진 집단의 작품으로서 집단 구성원들에게 주어지며 그들은 이 사회적 틀에 따라 개인적인 경험을 배열하고 사고하며 서로에게 전달한다. 바로 이 범주와 인과성의 사회적 선험성과 경험성에 선험론과 경험론의 한계를 넘어서는 동시에 이 둘을 화해시킬 수 있는 가능성이 있다. 인과성의 사회학적 이론은 — 이와 관련하여 뒤르케임은 주장하기를 —

선험론과 마찬가지로 인과관계의 선험적이고 필연적인 특성을 주장한다. 그러나 그 특성을 확언하는 데 그치지 않는다. 사회학적 이론은 경험론처럼 설명한다는 구실 아래 인과관계를 사라지게 하지 않으면서 그것을 해명한다. 게다가 개인의 경험에 귀속되는 부분을 결코 부정하지 않는다. 개인들이 스스로 현상의 규칙적인 연속성을 확인하며 그럼으로써 규칙성에 대한 특정한 **감각**을 얻게 된다는 데에는 의심의 여지가 없다. 그러나 이러한 감각이 인과성의 **범주**는 아니다. 감각은 개인적이고 주관적이며 전달될 수 없다. 우리는 우리의 개인적인 관찰을 통해 스스로 그것을 만든다. 이에 반해 범주는 집단의 작품이다. 집단은 그것을 완전히 만들어진 상태로 우리에게 준다. 범주는 우리가 경험적으로 확인한 것들이 배열되는 틀로서 우리로 하여금 그것들을 사고할 수 있도록 해준다. 다시 말해 그것들에 대한 우리들 사이의 상호 이해가 가능하도록 그것들을 보게끔 해준다. 물론 이러한 틀이 내용에 적용될 수 있다면, 그것은 그 틀이 자신이 내포하고 있는 소재와 관련이 없지 않기 때문이다. 그러나 틀은 소재와 혼동되지 않는다. 틀은 소재를 초월하며 소재를 지배한다. 왜냐하면 그것은 다른 기원을 가지고 있기 때문이다. 그것은 개인적 기억의 단순한 요약이 아니다. 그것은 무엇보다도 공동체적 삶의 요구에 응하기 위해 만들어진 것이다.[163]

---

163 같은 책, 540쪽.

요컨대 경험론의 오류는 — 뒤르케임은 계속하여 주장하기를 —

인과관계를 단지 사변적인 사고에 의해 현학적으로 구성된 것으로 간주하며 어느 정도 방법적으로 일반화된 결과로 간주하는 데에 있었다. 그런데 순수한 사변 자체는 일시적이고 가설적이며 어느 정도 그럴 법하지만 언제나 의심을 받을 수밖에 없는 조망만을 낳을 수 있을 뿐이다. 왜냐하면 미래에 어떤 새로운 관찰이 사변이 낳은 조망을 파기하지 않을지 결코 알 수 없기 때문이다. 그러므로 정신이 무제재적이고 무조건적으로 받아들이고 또 받아들여야 하는 공리는 이러한 근원에서 나올 수 없다. 오직 행위의 필요성만이, 특히 집합적 행위의 필요성만이 절대적이고 결정적이다. 따라서 그 어떤 모순도 허용치 않는 공식으로 표현할 수 있고 또 표현해야 한다. 왜냐하면 집합행위는 합의된 것이라는, 따라서 규제되고 규정된 것이라는 조건에서만 가능하기 때문이다. 집합행위는 무질서의 근원인 일체의 머뭇거림을 배제한다. 집합행위는 일단 확립되기만 하면 스스로 조직화되어 개인을 강제하는 경향이 있다. 마치 지성 없이는 그 어떤 행위도 가능하지 않은 것처럼, 지성도 행위와 같은 길을 가며 실천이 요구하는 이론적 공리를 반론의 여지없이 받아들인다. 사고의 명령은 아마도 의지의 명령의 이면일 것이다.[164]

아무튼 뒤르케임은 전통적인 철학적 인식론을 갱신하고자 하는 자신의 사회학적 기획이 성공했다고 확신하는 것이다. 그러나 뒤르케임의 사회학적 인식론 또는 인식사회학, 그리고 더 나아가 그의 지식사회학 일반은 그의 종교사회학 못지않은 비판을 받아왔다. 여기서는 지면 관계상 그 비판을 일일이 검토할 수는 없고 다만 한 가

---

164 같은 책, 540~41쪽.

지만 지적하는 선에서 그치기로 한다. 사실 범주를 종교와의 관계 속에서 고찰하는 것은 사회학적으로 아주 큰 의미를 갖는다. 그러나 범주 일반의 기원을 종교에서 찾는 것은 사회학적으로 타당성이나 설득력을 갖기 어렵다. 그 이유는 다른 누구도 아닌 뒤르케임 자신이 잘 제시하고 있다. "인과성의 원리는 시대와 지역에 따라서 다양한 방식으로 이해되어 왔다. 심지어 같은 사회에서도 사회적 환경과 그것이 적용되는 자연의 영역에 따라 달라진다. 그러므로 역사적으로 나타난 인과성의 원리 가운데 단 한 가지 형태만을 고찰한 후 그 원리의 원인과 조건을 아주 정확하게 규명하는 것은 불가능하다. 우리가 제시한 견해들은 어디까지나 조절되어지고 보완되어져야 하는 지표로 간주되어야 한다."[165] 그리고 이어지는 다음과 같은 주장도 타당성이나 설득력을 갖기 어렵다. "그럼에도 불구하고 우리가 고찰한 인과법칙은 존재하는 가장 원초적인 법칙들 중의 하나라는 것은 분명하기 때문에, 그리고 그 법칙이 인간의 사고와 행위의 발전에서 중요한 역할을 해온 것이 분명하기 때문에, 그것은 특별대우를 할 만한 경험이 된다. 그러므로 우리가 고찰한 결과들은 어느 정도로 일반화될 수 있다고 전제할 수 있다."[166]

내가 보기에는 만약 뒤르케임이 『종교적 삶의 원초적 형태들』에서 토템적 사회와 범주의 관계에 대한 연구를 범주 일반에 대한 연구가 아니라 범주의 한 특수한 역사적·사회적 연구로 설정했더라면, 사회학적으로 아주 큰 타당성과 설득력을 얻을 수 있었을 것이다. 다시 말해 토테미즘이 지배하는 가장 원시적인 사회에서도 오늘날과 같은 범주가 존재함을, 또한 그 기원은 ─ 철학이나 과학이 아니라! ─ 종교적 신앙과 의례에 있음을, 그리고 이 '원시적' 범주가 오늘날의 과학적 사고의 근저를 이루는 범주 못지않게 합리적이고 논

---

165 같은 책, 541쪽.
166 같은 책, 541~42쪽.

리적이며 나름대로의 사회적 기능을 수행함을, 그러므로 과학적 범주도 범주 그 자체가 아니라 역사적·사회적으로 조건지어지는 한 가지 특수한 형태의 범주임을 논증했더라면, 뒤르케임의 사회학적 인식론은 보다 '사회학적'이 될 수 있었을 것이다.

그런데 내가 보기에 뒤르케임의 지식사회학, 특히 사회학적 인식론 또는 인식사회학은 ― 비록 여러 가지로 비판을 받기는 하지만 ― 그의 사회학적 사고의 본질과 특징이 확연하게 드러나도록 해주는 데에서 그 진정한 의미를 찾을 수 있다. 원래 철학의 고유한 영역으로 간주되던 인식론의 문제, 그러니까 이성의 문제에까지 사회학적 인식의 끈을 던지고 이 문제를 사회와 관련시켜 재구성하려고 한 뒤르케임의 시도는, 그가 얼마나 철저하고도 일관되게 사회학적으로 사고했는가를 단적으로 보여 준다고 할 수 있다. 우리는 방금 앞에서 뒤르케임이 인식론의 문제를 사회학적으로 고찰하고 갱신하려고 시도한 것을 사회학적 칸트주의라고 명명했다. 이 사회학적 칸트주의야말로 뒤르케임 사회학의 정수와 진면모를 보여 준다고 할 수 있다.

그리고 우리는 이미 제5장 제2절에서 뒤르케임이 도덕적 차원에서도 사회학적 칸트주의를 전개했음을 확인한 적이 있다. 뒤르케임은 도덕과 인식의 두 차원에서 사회학적 칸트주의를 구축했다. 이 두 사회학적 칸트주의는 칸트의 차안과 피안에 위치한다. 칸트의 차안이라 함은 뒤르케임이 인간의 사고와 행위에 대한 칸트의 철학적 통찰을 인정하고 수용하는 것을 의미한다. 그리고 칸트의 피안이라 함은 뒤르케임이 인간의 사고와 행위에 대한 칸트의 철학적 설명을 사회학적 설명으로 대체하는 것을 의미한다. 먼저 칸트의 차안에 위치하는 뒤르케임은 다음과 같이 말하고 있다.

사람들은 아주 빈번하게 한편으로 과학과 다른 한편으로 도덕과 종교 사이에 이율배반이 존재한다고 가정해 왔는데, 이는 결코 진실이 아니다. 왜냐하면 인간 행위의 이 다양한 형태는 사실상 유일하고도 동일한 근원에서 파생된 것이기 때문이다. 칸트는 이것을 잘 이해했으며, 그리하여 동일한 능력을 사변적 이성과 실천적 이성의 두 가지 상이한 측면으로 나누었다. 그에 따르면 이 두 이성이 통합되는 근거는, 이 둘 모두가 보편성을 추구한다는 사실에 있다. 합리적으로 사고한다는 것은, 모든 이성적 존재들에 보편적으로 부과된 법칙에 따라 사고하는 것을 의미한다. 도덕적으로 행위한다는 것은, 아무런 모순 없이 모든 의지들로 보편적으로 확장할 수 있는 준칙에 따라 행위하는 것을 의미한다. 다시 말해 과학과 도덕을 보면 개인이 자신의 특수한 관점을 넘어서 비개인적인 삶을 살 수 있다는 것을 알 수 있다. 사실상 이것이 사고 행위의 모든 보다 높은 형태의 공통적인 특징이 된다는 사실은 의심할 여지가 없다.[167]

이어서 칸트의 피안에 위치하는 뒤르케임은 다음과 같이 말하고 있다.

그러나 칸트 철학이 설명하지 못하는 것은, 인간이 직면하는 그와 같은 모순이 어디에서 기인하는가 하는 것이다. 왜 인간은 자신의 개인적 본성을 초월하기 위해서는 자신을 억압할 수밖에 없는가? 역으로 왜 비개인적 법칙이 개인들에게서 구현되면 나쁜 상태로 떨어질 수밖에 없는가? 만약 [칸트가 그리한 것처럼] 우리가 똑같이 참여하는 두 적대적인 세계, 즉 한편으로는 물질과 감각의 세계가 그리고 다른 한편으로는 순수하고 비개인적인 이성의 세계가 존재한다고 말한다면 답변이 될까? 그러나 그렇게 말하는 것은 고작해야 질문을 약간 다른 용어로 되풀이하는 것에 불과하다. 왜냐하면 우리가 알아내고자 하는 바는, 왜 우리가 동시에 이 두 세계에 속하는 존재가 되어야 하

167　같은 책, 651쪽.

는가 하는 문제이기 때문이다. 왜 서로 모순되는 것처럼 보이는 이 두 세계가 서로의 밖에 머물지 않으며, 왜 이 두 세계는 그 적대관계에도 불구하고 서로에게 스며드는 것일까? 이 독특한 필연성에 대해 지금까지 주어진 유일한 설명은 온갖 난점을 안고 있는 인류 타락의 가설인데, 여기에서 그 난점들을 굳이 되짚어 볼 필요가 없다. 이에 반해 비개인적 이성이 집합적 사고에 주어진 다른 이름일 뿐이라는 것을 인정하는 순간, 모든 신비는 사라져버린다. 왜냐하면 집합적 사고는 개인들의 집단화를 통해서만 가능하기 때문이다. 그러므로 집합적 사고는 개인들을 전제로 한다. 역으로 개인들은 집합적 사고를 전제로 한다. 왜냐하면 개인들은 집단화함으로써만 존속할 수 있기 때문이다. 비개인적 목적과 진리의 왕국은 개별적 의지들과 개별적 감성들의 협력을 통해서만 실현될 수 있다. 그리고 이 의지들과 감성들이 거기에 참여하는 이유는, 그들이 협력하는 이유와 똑같다. 한마디로 말해 우리 안에 사회적인 것이 있기 때문에 우리 안에 비개인적인 것이 있는 것이며, 또한 사회적 삶은 표상과 실천을 동시에 포괄하기 때문에 이 비개인성은 아주 자연스럽게 관념과 행위로 확장된다.[168]

요컨대 뒤르케임은 칸트가 철학적으로 논증한 사고와 관념 그리고 행위와 도덕, 그러니까 이론적(사변적) 이성과 실천적 이성을 비개인적인 집합적 이성 또는 사회적 이성으로 재정립하고 있다. 아마도 우리는 이처럼 인간정신의 가장 고매한 형태까지도 사회와 관련시키는, 철저하고도 일관된 사회학적 사고를 보고 ─ 뒤르케임의 말대로! ─ "놀랄 것이다."[169] 이에 대해서는 이 책의 결론 부분에서 다시 논의가 이루어질 것이다.

---

168 같은 책, 651~52쪽.
169 같은 책, 652쪽.

4. 정치사회학

뒤르케임의 사회학은 언뜻 보아도 크게 눈에 띄는 것이 한 가지 있으니, 그것은 그의 저작에서 정부, 의회, 정당, 선거, 관료제 등과 같이 전통적인 정치사회학의 주제들을 찾아볼 수 없다는 사실이다.[170] 이 점에서 뒤르케임은 막스 베버와 확연히 구별된다. 잘 알려져 있듯이, 베버는 정치사회학, 보다 정확히 말하면 지배사회학과 국가사회학에(도) 관심이 지대했다. 이는 그의 주저 가운데 하나로 간주되는 『경제와 사회: 이해사회학 개요』(1922)의 목차만 대충 훑어보아도 명백히 드러난다. 이 저작의 제1부 제3장은 '지배의 유형'에, 제2부 제8장은 '정치 공동체들'에, 제2부 제9장은 '지배사회학'에 할애되어 있는데, 이 가운데 지배사회학의 마지막 부분인 제8절은 다시금 국가사회학의 문제에 할애되어 있다.[171]

아무튼 정치사회학을 중요한 사회학의 영역으로 설정하고 이에 대한 풍부한 지적 유산을 남긴 베버와 완전히 대조적으로 뒤르케임은 정치적인 것을 독립적인 사회학적 인식의 대상으로 간주하지도 않았고, 이에 대한 독립적인 저작을 남기지도 않았다. 그뿐만 아니라 뒤르케임의 사회학 분류에서도 정치사회학은 찾아볼 수 없다. 그러니까 뒤르케임에게 정치사회학은 사회학의 분과가 아니었

---

170 Hans-Peter Müller, "Durkheim's Political Sociology", in: Stephen P. Turner (Ed.), *Émile Durkheim. Sociologist and Moralist*, London/New York: Routledge 1993a, 93~107쪽, 여기서는 93쪽.

171 Max Weber, 앞의 책(1972). 막스 베버의 정치사회학에 대해서는 무엇보다도 다음을 참고할 것. Wolfgang J. Mommsen, *Max Weber und die deutsche Politik 1890~1920*, Tübingen: J. C. B. Mohr (Paul Siebeck) 1974a (2., überarbeitete und erweiterte Auflage); Wolfgang J. Mommsen, *Max Weber. Gesellschaft, Politik und Geschichte*, Frankfurt am Main: Suhrkamp 1974b. 그리고 다음은 뒤르케임과 베버의 정치사회학을 비교하고 있다. Jeffrey Prager, "Moral Integration and Political Inclusion: A Comparison of Durkheim's and Weber's Theories of Democracy", in: *Social Forces 59*, 1981, 918~50쪽.

던 셈이다. 이미 제1장 제4절에서 언급한 바와 같이, 뒤르케임은 1887~88년 겨울학기 보르도 대학의 사회학 입문 강의에서 사회학을 풍속사회학 또는 관습사회학, 도덕사회학, 법사회학 및 경제사회학으로 분류하며, 이 가운데 법사회학은 다시금 형법사회학(범죄학)과 공법 및 사법의 사회학으로 세분된다. 그러나 정치사회학은 전혀 등장하지 않는다. 그 후에도 뒤르케임의 지적 세계에서 정치사회학의 부재라는 기조는 그대로 유지된다.

그리고 더 나아가 뒤르케임이 창간하고 주도한 『사회학 연보』에서도 정치사회학은 독립적인 연구 주제나 분야가 아니었다. 당시 프랑스 사회학을 주도하는 이 학술지는 일반사회학, 종교사회학, 경제사회학, 도덕성과 법의 사회학(제4권부터는 법과 도덕성의 사회학), 범죄사회학(제4권부터는 범죄사회학과 도덕통계학), 사회형태학 등의 분야로 구성되어 있었다. 그러나 정치사회학은 포함되어 있지 않았다. 다만 제5권부터 '정치조직'이라는 하위 분야에서 정치적인 것이 사회학적으로 다루어지긴 했다. 원래 제1권에는 '사회조직'이라는 하위 분야밖에 없었는데, 제2, 3, 4권에서 '사회조직과 정치조직'으로 확대되었다가 제5권부터 '사회조직'과 '정치조직'이 두 독립적인 하위 분야로 나누어졌다. 물론 그렇다고 해서 정치사회학이 사회학의 분과로 격상된 것은 결코 아니다.[172]

사실 이처럼 뒤르케임의 사회학에 정치사회학이 부재하다는 것은 쉽게 납득이 가지 않는 대목이다. 왜냐하면 뒤르케임이 사회학을 하나의 독립적인 개별과학으로 정착시켜 나가고 있을 당시 사회에 대한 모든 과학에는 정치(적인 것)의 과학이 확고한 자리를 차지하고

---

172 Pierre Favre, "The Absence of Political Sociology in the Durkheimian Classification of the Social Sciences", in: Philippe Besnard (Ed.), *The Sociological Domain. The Durkheimians and the Founding of French Sociology*, Cambridge: Cambridge University Press 1983, 199~215쪽, 여기서는 203쪽 이하.

있었기 때문이다. 그것은 누구에게나 자명했고 가능했으며 또한 대학에 제도화되어 있었다. 그리고 그 당시 다른 학자들이 제시한 사회에 대한 과학의 분류에서는 정치적인 것의 과학이 확고한 자리를 차지하고 있었다. 예컨대 프랑스 사회학자 르네 보름스(1869~1926)는 자신의 저서 『사회과학의 철학』(총 3권, 1903~07)에서 사회의 해부학과 생리학을 구분하면서 '정치과학'을 사회 생리학의 한 분야로 자리매김했다.[173] 게다가 뒤르케임이 자신의 사회학을 프랑스 제3공화정의 정치적 혼란과 사회적 · 경제적 갈등 및 위기를 극복하고 사회를 재조직하는 정신적 수단으로 간주했다는 사실을 고려하면, 뒤르케임의 사회학에 정치사회학이 부재하다는 것은 더욱더 납득이 가지 않는 대목이다.

왜 뒤르케임이 이처럼 정치사회학을 사회학적 인식체계로부터 배제했는가를 밝히는 작업은 좁게는 그의 사회학을, 그리고 넓게는 사회학의 역사를 보다 심층적으로 이해하는 데에 필요한 일일 것이다. 그러나 이 책의 범위를 한참 넘어서므로 여기서는 다만 몇 가지 가능한 이유를 생각해 보는 선에서 그치기로 한다. 첫째, 가장 단순한 이유로는 뒤르케임이 정치적 사실을 우발적인 것으로 간주했으며, 따라서 과학의 대상이 될 수 없다고 생각했을 수 있다. 물론 이 경우에는 왜 뒤르케임이 정치적인 것을 우발적인 것으로 간주했는가를 설명해야 하는 과제가 남는다. 둘째, 뒤르케임은 대학의 인문학부에서 사회학을 대학의 학과목으로 인정받기 위해 노력했으며, 따라서 처음부터 도덕과 종교의 영역에서 철학자들과 투쟁해야 했다. 그는 전략적으로 정치과학을 연구하고 가르치는 기관인 법학부나 '정치과학 자유학교' 등과 굳이 투쟁할 필요가 없었다. 셋째, 뒤르케임은 초창기에 정치적인 것에 커다란 관심을 가졌으며 진정한 의미의 정

---

173 같은 글, 199~200쪽.

치사회학을 발전시키기도 했지만 종교가 갖는 중요성을 발견하고는 종교적 사실을 중심으로 사회적인 것을 고찰하기 시작했다.[174]

(1) 뒤르케임 정치사회학의 성격

그런데 뒤르케임의 저작에서 정치적인 것이 논의되는, 그것도 아주 폭넓고 자세하게 논의되는 저작이 있으니, 그것은 다름 아닌 『사회학 강의: 도덕과 법의 물리학』(1950)이다. 거기에서 뒤르케임은 정치사회, 국가, 국가와 개인의 관계, 민주주의 등에 대해 논하고 있다. 그것은 진정한 의미의 정치사회학이다. 물론 이 저작은 독립적인 정치사회학적 연구가 아니다. 그 제목이 암시하듯이 도덕사회학적 관점에서 정치적인 것에 대한 접근을 시도한 것이다. 뒤르케임의 저작 가운데에는 정치사회학을 독립적인 주제로 하는 것은 단 한 편도 없다. 그의 정치사회학적 논의는 『사회분업론』, 『자살론』, 사회주의에 대한 강의, 『사회학 강의: 도덕과 법의 물리학』, 1900년과 1905년 사이에 행한 것으로 추측되는 한 강의에 단편적인 형태로 남아 있는 국가에 대한 부분, 그리고 1901년에 출간된 논문 「형법 진화의 두 법칙」 등에 상당히 넓게 분산되어 있다. 이 가운데 『사회학 강의: 도덕과 법의 물리학』이 가장 자세하고 체계적이다. 이렇게 보면 비록 뒤르케임이 정치사회학을 사회학의 분과로 보지도 않았고 독립적인 정치사회학적 연구물을 남기지도 않았지만 정치사회학이 그의 사회학에서 중요한 위치를 차지한다고 말할 수 있을 것이다.[175]

---

174 같은 글, 202~03쪽.

175 Kurt Meier, *Émile Durkheims Konzeption der Berufsgruppen. Eine Rekonstruktion und Diskussion ihrer Bedeutung für die Neokorporatismus-Debatte*, Berlin: Duncker & Humblot 1987, 41~42쪽. 다음의 총서를 보면 뒤르케임 정치사회학에 대한 일정한 조망을 얻을 수 있을 것이다. Émile Durkheim, *Durkheim on Politics and the State* (Edited with an Introduction

이 절에서 우리는『사회학 강의: 도덕과 법의 물리학』에 담겨져 있는 뒤르케임의 정치사회학을 재구성할 것이다. 거기에 더해『사회분업론』제2판의 서문인「직업집단에 관한 몇 가지 고찰」이 우리 논의의 지평으로 들어올 것이다. 그리하여 직업집단, 정치사회와 국가, 민주주의 그리고 조합주의를 정치사회학적 관점에서 살펴보는 것이 이 절의 과제가 될 것이다.

이미 제5장의 서두에서 언급한 바와 같이,『사회학 강의: 도덕과 법의 물리학』은 뒤르케임이 1890년부터 1915년까지 보르도와 파리에서 여러 차례에 걸쳐 강의한 내용을 그의 사후에 책으로 출간한 것이다(구체적으로 1898년 11월에서 1900년 5월까지 보르도 대학에서 한 강의가 출간되었으며 뒤르케임이 직접 교정을 보았다). 우리는 이 저작에서 ―이미 제3장 제1절에서 간략하게 언급한 바와 같이―『사회분업론』에 대한 일종의 실천적 답변을 얻을 수 있다. 거기에서 뒤르케임은 제도적 개혁을 통해 직업집단과 민주주의 국가 그리고 개인숭배 또는 도덕적 개인주의가 조화롭게 연결되면 분업화되고 개인화된 현대 산업사회에 적합한 유기적 연대가 창출될 수 있다는 논리를 전개한다.[176]

그런데 뒤르케임의 정치사회학을 구성하는 이 세 가지 요소는『사회분업론』에서 미해결된 상태로 남아 있다가『사회학 강의: 도덕과 법의 물리학』에서 한꺼번에 다루어진 것은 결코 아니다. 물론 정치사회, 국가, 국가와 개인의 관계 그리고 민주주의를 밀접하게 결합한 체계적인 논의는 거기에서 처음으로 접할 수 있다. 그러나 직업집단과 개인숭배 또는 도덕적 개인주의는 그 이전에 각각 다음에서 다루어진 바가 있다. 첫째, 뒤르케임은『자살론』등에서 직업집단의 문제를 다루었다(이에 대해서는 곧 다시 논의가 있을 것이다). 둘째, ―

by Anthony Giddens), Cambridge: Polity Press 1986c.
176 Hans-Peter Müller, 앞의 글(1993a), 98쪽.

이미 제5장 제3절에서 논한 바와 같이 ── 개인숭배가 뒤르케임의 지적 세계에서 중요한 위치를 점하게 된 것은 『자살론』에서이다. 이미 『사회분업론』에서도 개인숭배가 거론되었지만 아직은 이기적 개인주의와 동일시되었다. 만약 뒤르케임이 『사회분업론』 제2판을 내면서 단지 새로운 서문을 추가하는 데 그치지 않고 본문을 수정하거나 보충하는 데까지 나아갔더라면, 개인숭배에 대한 논의는 완전히 달리 채색되었을 것이다. 셋째, ── 역시 제5장 제3절에서 논한 바와 같이 ── 뒤르케임이 개인숭배와 같은 의미로 사용하는 도덕적 개인주의는 「개인주의와 지식인들」(1898)에서 체계적인 형태로 제시되었다. 이 모든 주제가 『사회학 강의: 도덕과 법의 물리학』에서 통합되면서 뒤르케임의 정치사회학을 구성하게 된다.

우리의 명제대로 『사회학 강의: 도덕과 법의 물리학』이 『사회분업론』에 대한 일종의 실천적 답변이라면, 이 저작에서 논의되는 정치적인 것은 규범적 성격을 띨 수밖에 없을 것이다. 거기에서 뒤르케임은 정치적인 것을 도덕의 관점에서 고찰하고 있다. 그가 추구하는 바는 도덕과 결합된 정치 또는 정치와 결합된 도덕이다. 그것은 '도덕정치', 보다 정확히 말하면 '개인주의의 도덕정치'이다.[177] 이 도덕정치는 현대 산업사회가 처한 도덕적 위기에 대한 대응의 일환으로서 정치적인 것, 즉 직업집단과 정치사회 및 국가 그리고 민주주의에 대한 이론을 제시하는 것이며, 따라서 규범적일 수밖에 없다. 뒤르케임은 처음부터 규범적인 입장을 채택했다. 다시 말해 현대 산업사회에 적합한 "역동적인 **그리고** 정당한 사회질서"를 추구했다.[178] 그것은 규범적이고 사회철학적이다.

---

177 Hans-Peter Müller, 앞의 글(2009). 다음도 같이 볼 것. Hans-Peter Müller, 앞의 글(1991), 333~34쪽.

178 Hans-Peter Müller, 앞의 글(1993a), 93쪽. 다음도 같이 볼 것. Hans-Peter Müller, 앞의 글(2009), 234쪽 이하.

물론 그렇다고 해서 뒤르케임의 도덕정치가 단순히 규범적이고 사회철학적인 성격만을 갖는다는 것은 결코 아니다. 그것은 동시에 경험적·실증적이고 사회(과)학적 성격을 갖는다. 그것은 사변적이고 추상적인 도덕철학의 틀에서 정치적인 것을 분석하고 설명하는 것이 아니라, 그러니까 도덕철학적 정치이론이 아니라, 경험적·실증적 도덕사회학의 틀에서 정치적인 것을 사회구조 및 그 역사적 발전과의 관계 속에서 분석하고 설명하는 것, 그러니까 도덕사회학적 정치이론인 것이다. 뒤르케임이 처음부터 추구한 규범적 실천을 가능케 한 것은 도덕철학적 정치이론이 아니라 바로 이 도덕사회학적 정치이론이다. 요컨대 뒤르케임의 도덕정치는 규범적인 동시에 경험적·실증적이고 사회철학적인 동시에 사회과학적이다. 이처럼 사회(과)학적 토대 위에서 도덕정치를 추구하며, 또한 바로 거기에 입각하여 규범적 실천을 제시한다는 점에서 『사회학 강의: 도덕과 법의 물리학』은 단순히 『사회분업론』에 대한 실천적 답변이 아니라 『사회분업론』의 이론적 확장과 심화인 동시에 그에 기반하는 실천적 답변이라고 볼 수 있다.

　그런데 뒤르케임의 도덕정치에서는 도덕이 좁은 의미의 정치적인 것과 연결되는 것이 아니다. 다시 말해 도덕정치는 정치사회학, 즉 직업집단과 정치사회 및 국가 그리고 민주주의에 대한 사회학적 분석과 설명을 추구하는 정치사회학과 동일시되는 것이 아니다. 오히려 정치사회학은 도덕정치의 한 부분을 구성할 따름이다. 뒤르케임의 도덕정치는 개인주의를 성공적으로 제도화하기 위한 이론적·실천적 프로그램이다. 보다 구체적으로 말하면, 프랑스대혁명의 정신적 유산인 자유, 평등, 박애의 이념과 가치를 제도적으로 실현하기 위한 사회개혁 프로그램 또는 사회 재조직 프로그램이다. 그것은 개인주의의 도덕정치인 것이다.[179]

　이러한 도덕정치는 다음의 세 가지 차원을 포괄한다. (1) 제도이론, 즉 현대사회의 도덕체계에 대한 제도적 이론, (2) 사회화 이론,

즉 사회화 이론으로서의 도덕교육, (3) 종교와 인식에 대한 이론. 이 가운데 (1)은『사회학 강의: 도덕과 법의 물리학』에서 찾아볼 수 있다. 거기에서 뒤르케임은 현대사회의 도덕 생태계를 이루는 다양한 보편도덕과 특수도덕을 논하고 있다.[180] 우리가 이 절에서 논하고자 하는 정치사회학은 바로 이 범주에 속한다. 또한 (2)는『도덕교육』에서 찾아볼 수 있다. 거기에서 뒤르케임은 도덕성의 세 가지 요소인 규율의 정신, 사회집단에의 결속 및 의지의 자율성을 논하고, 그에 입각하여 학교에서 아동들에게 이 도덕성의 요소들을 형성하는 방식을 논하고 있다.[181] 그리고 (3)은『종교적 삶의 원초적 형태들』에서 찾아볼 수 있다. 거기에서 그는 종교를 "구성적 세계관계, 인지적 분류체계, 평가적 도덕론 및 표현적 의례 지식"으로 파악한다. 종교는 환상이 아니라 그 교리에 "영원하고 자연적이며 인간적인 것", 다시 말해 "공동체에 대한 욕구, 의미의 추구, 이상화의 성향 및 초월성에 대한 열망"을 내포한다.[182]

그런데 내가 보기에는 뒤르케임의 도덕정치에는 이론적 분석과 진단, 그리고 (1)부터 (4)의 결과에 근거하는 실천적 대안의 제시라는 네 번째 차원과 다섯 번째 차원이 추가된다. 그 가운데 네 번째 차원은『사회분업론』과『자살론』에서 찾아볼 수 있다. 거기에서 뒤르케임은 엄밀한 경험적·실증적 연구를 통해 분업화된 현대 산업사회의 노녁석 체계와 그 병리적 현상을 분석하고 진단한다. 그렇다면 다섯 번째 차원은 어디에서 찾아볼 수 있는가? 사실 도덕의 실천적 대안만을 다룬 뒤르케임의 저작은 찾아볼 수 없다. 그것은 오히려 방금 언급한 저작에서 이론적 논의와 밀접한 관계 속에 제시

---

179 Hans-Peter Müller, 앞의 글(2009), 232쪽.
180 이에 대한 자세한 내용은 제5장 제2절 참조.
181 이에 대한 자세한 내용은 이 책 제5장 제4절 참조.
182 Hans-Peter Müller, 앞의 글(2009), 241~42쪽. 종교와 인식에 대한 뒤르케임의 이론은 이 책 제6장 제3절 참조.

되어 있다. 뒤르케임은 사회학자로서 사회개혁의 일반원칙을 제시하는 것에 만족하고 상세한 것은 정치가의 몫으로 남겨둔다. 예컨대 『사회분업론』 제2판 서문에서 뒤르케임은 동업조합의 재조직과 관련하여 다음과 같이 말한다. "사회학자의 역할은 정치가의 역할과는 다르다. 그러므로 이 개혁이 어떠해야 하는가를 상세하게 제시할 필요는 없다. 우리는 단지 앞에서 상론한 사실에 근거하여 일반원칙을 제시하는 것으로 만족한다."[183]

아무튼 뒤르케임의 주요 저작들은 도덕이라는 주제를 매개로 상호 긴밀하게 연결되어 있다. 그의 사회학은 어떤 의미에서 도덕정치의 이론적·실천적 과학이라고 규정할 수 있을 것이다. 이를 감안하면 ― 이미 제5장 서두에서 언급한 바와 같이 ― 뒤르케임이 『종교적 삶의 원초적 형태들』이 출간되고 나서 '도덕'이라는 제목의 방대한 저서를 기획했다는 사실이 충분히 납득이 갈 것이다. 그 기획은 만약 실제로 성사되었다면 뒤르케임의 지적 여정과 모험의 '총결집'이자 '총결산'이 되었을 것이다.

(2) 직업집단

사실 뒤르케임은 이미 『사회분업론』 초판에서도 직업집단의 사회학적 의미를 통찰하고 있었지만 나중에 이 주제에 대해 따로 단행본을 쓸 요량으로 거기서는 단지 암시적인 형태로 다루는 데 그쳤다. 그러나 그 후 다른 일들로 인해 실행에 옮길 수 없었고 또 언제 실행에 옮길 수 있을지 몰라서 『사회분업론』 제2판을 내는 기회에 ― 초판 서문의 30쪽 정도를 삭제하고 ― 꽤 긴 새로운 서문을 추가하여 직업집단이 이 책에서 다룬 주제와 어떻게 연관되는가를 보여 주고자

---

183 Émile Durkheim, 앞의 책(1988), 66쪽.

했다. 뒤르케임은 『사회분업론』 제2판의 서문 「직업집단에 관한 몇 가지 고찰」이 『사회분업론』의 일정한 부분을 분명하게 해줄 뿐만 아니라 그 이전에 출간된 저작들도 보다 분명하게 해줄 것으로 보았다.[184]

그렇다면 『사회분업론』 제2판 이전에 출간된 저작으로서 직업집단을 다루고 있는 것은 구체적으로 무엇이 있는가? 이는 초창기인 셰플레의 저서 『사회체의 구조와 삶』에 대한 서평(1885)으로까지 거슬러 올라간다.[185] 이어서 『정치경제학 저널』 제11호에 게재된 「셰플레의 경제적 프로그램」(1888), 보르도 대학의 가족사회학 강의(1891~92), 보르도 대학의 사회주의 강의(1895~96)가 뒤따른다(이 가운데 가족사회학 강의는 1921년에 『철학 저널』 제90호에 그 마지막 부분이 「핵가족: 가족사회학 강의 종결부」란 제목으로 게재되었으며, 사회주의 강의는 1928년에 마르셀 모스에 의해 『사회주의: 그 정의 ― 그 초기 형태들 ― 생시몽의 학설』이라는 제목으로 편집 · 출간되었다). 그리고 뒤르케임은 1897년에 나온 『자살론』에서 직업집단이 갖는 실천적 의미를 논증하고 있다. 구체적으로 이 책의 결론 부분인 제3부 제3장 제3절에서 자살의 급격한 증가라는 병리적 현상을 방지할 수 있는 대안은 가족, 국가 또는 종교가 아니라 직업집단임을 촘촘하게 따진다. 그 뒤를 이어 『사회학 강의: 도덕과 법의 물리학』에서 직업집단에 대한 논의가 가장 자세하고 체계적으로 이루어진다. 그리고 『사회분업론』 제2판 서문 「직업집난에 관한 몇 가지 고찰」이 나오는데, 거기에서 뒤르케임은 각주를 달아 『자살론』에서 직업집단을 다룬 부분을 "그 이전에 출간된 저작들"의 하나의 예로 언급하고 있다.[186] 이 모든 것은 직업집단이 초창기부터 뒤르케임의 사회학적 사고에서 매우 중

---

184 같은 책, 41쪽.
185 이에 대한 자세한 논의는 이 책 제1장 제2절 참조.
186 Émile Durkheim, 앞의 책(1988), 41쪽(각주 2번). 직업집단을 다루고 있는 뒤르케임의 저작에 대해서는 다음을 참조할 것. Kurt Meier, 앞의 글(1987), 35쪽 이하; 민문홍, 앞의 책(1994), 61쪽(각주 44번).

차대한 위치를 차지한다는 것을 단적으로 보여 주는 대목이다.

사실 『사회분업론』 제2판 서문은 『사회학 강의: 도덕과 법의 물리학』에서 — 구체적으로 제1~3장에서 — 제시한 직업집단 이론이 요약된 형태라고 할 수 있다. 이 둘이 우리 논의의 대상이다. 뒤르케임의 직업집단 이론은 당시의 유럽 사회가 아노미 상태라는 심각한 위기에 처해 있다는 시대 진단과 더불어 전개된다. 아노미는 — 이미 제3장 제1절에서 논한 바와 같이 — 무규제로 인한 사회적 연대의 부재를 의미하며, 사회가 급속한 변화를 겪으면서 기존의 사회적 질서가 사라지고 그 자리를 새로운 사회적 질서가 제대로 메우지 못할 때 일어난다. 뒤르케임에 따르면 당시 유럽 사회가 처해 있는 심각한 위기인 아노미 상태는 급속한 산업화와 경제발전에서 기인하는 것이다. 구체적으로 말해 유럽 사회에서는,

지난 2세기 동안 경제적 삶이 유례없는 발전을 했다. 그것은 열등한 계급에 맡겨져 있던 경멸스러운 이차적 지위를 벗어나 이제는 수위를 차지하게 되었다. 경제적 삶에 비해 군사적 · 행정적 · 종교적 기능은 점점 더 축소되고 있다. 단지 과학만이 경제와 수위를 다툴 수 있다. 그러나 과학조차도 오늘날의 눈으로 보면 실제적인 것, 다시 말해 근본적으로 경제적 직업에 기여할 수 있는 한에서만 위세를 가질 수 있다. 이렇게 보면 현대사회가 본질적으로 산업사회라고 말하는 것은 일리가 있다.[187]

요컨대 유럽 사회는 지난 2세기 동안 [뒤르케임이 활동하던 시기를 기점으로!] 농촌사회에서 경제가 인간의 사회적 삶에서 수위를 차지하며 가장 포괄적인 기능을 수행하는 산업사회로, 또는 달리 말

---

187 Émile Durkheim, 앞의 책(1991), 22~23쪽.

하면 경제사회로 탈바꿈했다. 그런데 뒤르케임이 보기에 산업사회 또는 경제사회 자체가 문제가 되는 것은 결코 아니다. 왜냐하면 그것은 다양한 요소가 장기간에 걸쳐 복합적으로 작용한 발전 과정의 산물이며, 따라서 불가역적인 것이기 때문이다. 문제가 되는 것은 오히려 이 불가역적인 산업사회 또는 경제사회가 도덕적으로 규제되지 않는다는 사실에 있다. 경제적 삶의 영역 전체에서는—이와 관련하여 뒤르케임은 주장하기를—

그 어떤 직업도덕도 존재하지 않는다. 아니면 설령 존재한다고 해도 너무나 단초적인 것이기 때문에 기껏해야 그 안에서 미래에 대한 전조나 볼 수 있을 뿐이다. 물론 개인들 사이에서는 필연적으로 접촉이 일어나며, 그로부터 몇몇 공통적인 관념이 나타나며 또한 그 결과로 몇몇 행위규칙이 나타난다. 그러나 그것들은 모호할 뿐이고 거의 아무런 권위도 갖지 못한다. 만약 우리가 다음의 관계들, 즉 피고용인 상호 간의 관계, 피고용인과 고용주의 관계, 노동자와 기업가 사이의 관계, 서로 경쟁하는 기업가 상호 간의 관계, 그리고 기업가와 일반 공중 사이의 관계에 대해 현재 통용되는 관념을 어느 정도 명확하게 표현하려고 한다면, 우리는 기껏해야 매우 불명료하고 불확정적인 공식이나 얻게 될 것이다. 사무직 직원들이나 노동자들이 그들의 고용주에게 보여야 하는 충실의무에 대한 불명확한 몇몇 상투어, 그리고 기업가들이 그들의 경제적 지배력을 신중하게 행사해야 하는 의무에 대한 불명확한 몇몇 상투어들, 그리고 너무 노골적으로 부당한 경쟁에 대한 모종의 비난—대략 이것이 지금 우리가 논하고 있는 다양한 직업의 도덕적 의식에서 볼 수 있는 전부일 것이다. 사실 그와 같이 모호하고 현실과 동떨어진 원칙은 행위에 별반 큰 영향을 끼칠 수 없다. 게다가 그 원칙들이 준수되고 있는지를 감시하는 기관도 없다. 그것들은 기껏해야 분산된 여론이라는 제재 수단을 갖고 있을 뿐이다. 그러나 이러한 여론은 개인 사이의 규칙적인 관계에 근거하지 않으며 따라서 개인적 행위에 충분한 통제력을 행사할 수 없기 때문에, 일관성과 권위를 결여하고 있다. 그리하여 직업도덕은 개인의 의식에 대해 아주 가벼운 구속력밖에 가질 수 없고 마침내는 도덕이라 할 수 없는 것으로 오그라들어 버린다. 요컨대 오늘날 집합적 행위의 한 영역 전체가 도덕의 바깥에 존재하는 채로 의무로부터 오는 제어 효과를 완전히 벗어나 있다.[188]

그러니까 당시 유럽 사회가 안고 있는 문제는 농촌사회에서 산업사회 또는 경제사회로 탈바꿈한 사실에 있는 것이 아니라 본질적으로 이 새로운 사회구조에 적합한 도덕적 규제가 부재하다는 사실에 있다는 것이 뒤르케임의 논지이다. 이 인용구절의 마지막 문장에 응축적으로 표현되어 있듯이, 오늘날 경제적 삶 전체가 도덕적 규제의 '치외법권적' 영역에 존재하며, 따라서 거기에서 행위하는 개인이 사회적 의무로부터 '면역'되어 있는 상태이다. 이처럼 산업사회 또는 경제사회와 도덕체계 사이에, 그러니까 사회구조와 문화체계 사이에 부정합성이 일어나며, 그 결과 경제적 삶의 영역은 심각한 아노미 상태에 빠질 수밖에 없다.

그런데 문제는 이 아노미 상태가 경제적 삶에 국한되는 것이 아니라 사회적 삶 전체로 이어진다는 사실이다. 경제적 아노미가 사회적 아노미로 이어진다. 그 이유는 산업사회 또는 경제사회인 현대사회에서는 경제적 삶이 수위를 차지하고 그 기능이 점점 더 확대되어 가며, 따라서 인구의 대부분이 산업과 상업에 종사하게 되기 때문이다. 뒤르케임의 말대로,

오늘날에는 한 나라의 에너지 대부분이 경제적 기능으로 결집된다. 수많은 사람이 산업과 상업의 영역에서 삶을 살아간다. 그런데 이는

---

188 같은 책, 20~21쪽.

그들의 삶 대부분이 모든 도덕적 행위와 멀리 떨어져 있음을 의미한다. 왜냐하면 이 영역에서는 도덕이 희미하게만 형성되어 있을 뿐이기 때문이다. 그와 같은 상태는 탈도덕화의 원천밖에 될 수 없다.[189]

말하자면 경제적 규율의 결여는 그 결과가 경제적 영역을 훨씬 넘어서 공중도덕의 타락을 가져오게 된다.[190] 경제의 탈도덕화가 사회의 탈도덕화로 이어진다. 그리고 그 결과로 변호사, 판사, 군인, 교수, 의사, 성직자 등의 직업에는 나름대로의 도덕이 존재함에도 불구하고, 다시 말해 경제를 제외한 모든 사회적 영역에는 직업도덕이 존재함에도 불구하고, 전(全) 사회적 차원에서 아노미 상태를 극복할 수 없게 된다. 뒤르케임은 이 상태를 '전쟁 상태', '무정부 상태', '무정부적 경쟁', (도덕적) '질병', '도덕적 진공 상태' 등으로 표현한다.[191]

그렇다면 왜 경제적 영역에는 직업도덕이 존재하지 않는가? 이에 대한 답변은 도덕에 대한 뒤르케임의 견해를 보면 쉽게 얻을 수 있다. 그에게 — 이미 제5장에서 자세하게 논한 바와 같이 — 도덕은 집단이 존재하는 곳에서 존재하고 사회가 시작하는 곳에서 시작한다. 그러므로 집단이 부재하거나 충분히 발전하지 못한 경우에는 도덕이 부재하거나 단초적인 형태로 존재할 수밖에 없다. 경제적 영역에서 직업도덕을 가능케 할 수 있는 집단으로는 우선 전체로서의 정치사회와 국가를 생각해 볼 수 있다.[192] 그러나 뒤르케임이 보기에 이 둘은 경제적 탈도덕화와 그로부터 기인하는 사회적 탈도덕화를 극복할 수 있는 도덕적 규칙체계를 구성할 수 없음이 자명하다. 그

---

189 같은 책, 24쪽.
190 Émile Durkheim, 앞의 책(1988), 44쪽.
191 같은 책, 43쪽 이하; Émile Durkheim, 앞의 책(1991), 23쪽 이하.
192 정치사회와 국가에 대해서는 곧 다시 자세한 논의가 있을 것이다.

것을 할 수 있는 것은 오로지 직업집단뿐이다.

왜냐하면 경제적 삶은 이미 아주 전문화된 상태이면서 날마다 더욱 더 전문화되며, 따라서 정치사회나 국가의 능력이나 행동범위를 벗어나기 때문이다. 특정 직업의 활동은 그것에 충분히 가까운 집단에 의해서만 효과적으로 규제할 수 있다. 그래야만 그 직업의 기능을 잘 알고 그것의 모든 욕구를 잘 느끼며 그것의 모든 변화에도 살아남을 수 있기 때문이다. 이 모든 조건을 충족할 수 있는 유일한 집단은 하나의 동일한 산업에 종사하는 모든 사람이 연합하여 조직하는 하나의 동일한 단체이다. 우리는 이것을 동업조합 또는 직업집단이라고 부를 수 있다.[193]

이 모든 것에도 불구하고 경제적 삶의 영역에는 그 어떤 직업집단도 존재하지 않으며, 따라서 직업도덕은 더더욱 존재하지 않는다. 그 이유는 18세기 말에 중세적 동업조합을 해체했지만 새로운 토대 위에 다시 동업조합을 조직하지 못했기 때문이다.[194] 물론 이른바 조합(신디케이트), 즉 노동조합이나 기업가 연합을 거론할 수 있다. 그러나 이 집단들은 다음과 같이 형태가 지극히 불분명하고 초보적이다. 첫째, 이 집단들은 사적 연합체로서 아무런 법적 권위도 규제력도 없다. 둘째, 이론적으로 이 집단들의 수는 무한하며 심지어 동일한 산업범주에서도 그렇다. 셋째, 이 집단들은 서로 독립적이기 때문에 그들의 직업을 통일적으로 표현하지도 통합적으로 조직하지도 못한다. 넷째, 노동조합들과 기업가 연합들은 서로 분리되어 있을 뿐만 아니라 서로 간에 규칙적으로 접촉하지도 않는다.[195]

---

193 Émile Durkheim, 앞의 책(1988), 46쪽.
194 이에 대해서는 이 책 제6장 제4절 '(5) 조합주의'를 참조.

그러므로 다양한 경제적 영역에서 직업도덕이 확립되기 위해서는 "동업조합이 혼잡하고 비통일적인 집합체의 상태를 넘어서 명확히 규정되고 조직화된 집단, 그러니까 공공의 제도가 되어야 한다. 아니 보다 정확히 말하자면 다시 그렇게 되어야 한다."[196] 여기에서 '다시'는 '이전처럼 다시'를 뜻한다. 그러니까 동업조합이 이전처럼 다시 경제적 직업도덕의 확립을 위한 공공의 제도가 되어야 한다는 것이 뒤르케임의 주장이다. 자명한 일이지만 이러한 주장은 시대착오적인 발상이나 퇴행적 시도로 비치기 십상이다. 왜냐하면 그것은 중세의 동업조합인 길드를 부활시키자는 복고주의로 해석될 여지가 다분하기 때문이다. 그러나 뒤르케임은 결코 복고주의자가 아니다. 그는 오히려 현대 산업사회 또는 경제사회에 적합한, 그러니까 중세의 길드와 전적으로 구별되는 현대적 동업조합을 추구하는 진보주의자이다. 그럼에도 불구하고 동업조합이 이전처럼 다시 공공의 제도가 되어야 한다고 주장하는 것은, 그의 경제적·도덕적 진보주의가 동업조합의 도덕적 기능에 대한 엄밀한 역사적 관찰, 즉 비교 연구라는 사회학적 실험에 근거하기 때문이다.

　　뒤르케임에 따르면 동업조합은 중세라는 한 특정한 시기에 나타나 중세와 더불어 사라진 일시적인 조직이 아니라 그보다 훨씬 더 오래된 기원을 갖는 조직이다. 일반적으로 수공업이 출현하고 그에 따라 산업이 더 이상 농업에만 국한되지 않았을 때부터, 즉 도시가 형성된 이래로 동업조합이 존재하기 시작했다. 로마의 경우 동업조합이 적어도 공화정 초기부터 거슬러 올라가며, 이미 키케로 시대에는 그 숫자가 상당히 늘어났으며 특정한 역할을 수행하기 시작했다. 그러나 로마제정이 무너지면서 동업조합도 더 이상 존속할 수 없게 되었는데, 그 이유는 후자가 전자에 노예 상태라 할 만큼 지나치게

195　Émile Durkheim, 앞의 책(1988), 46~47쪽.
196　같은 책, 47쪽.

종속되어 있었기 때문이다. 게다가 내전과 외적의 침입은 산업과 상업을 파괴했으며, 이를 틈타 수공업자들은 자신들에게 무거운 짐만 지우고 그에 상응하는 보상을 해주지 못하는 동업조합을 벗어나기 위해 도시를 떠나 농촌으로 도망갔다. 그리하여 동업조합은 거의 완전히 사라져버렸고 단지 갈리아 지방과 게르마니아 지방의 옛 로마 도시에 약간의 흔적을 남겼을 뿐이다. 그러다가 11세기와 12세기까지는 모든 유럽 사회에 새로운 형태의 동업조합인 길드가 나타났는데, 그 이유는 다시 도시가 발전하고 그 안에서 산업(수공업)과 상업이 발전하기 시작했기 때문이다. 이 중세적 동업조합은 13세기에 전성기를 맞이하고 18세기 말까지 존속했다.[197]

이러한 역사적 관찰에 근거하여 뒤르케임은 주장하기를,

그처럼 지속적인 제도가 자의적이고 우연적인 특수성에 의존할 수는 없다. 그것이 어떤 집단적 착란의 산물이라고 가정하기는 더더욱 불가능하다. 만약 동업조합이 도시의 건립부터 로마제국의 전성기까지 그리고 기독교 사회의 여명기에서 현대사회에 이르기까지 필요했다면, 그것은 항구적이고 심층적인 욕구에 대한 대답이었다. 특히 동업조합이 처음 사라진 다음에 자체적으로 그리고 새로운 형태로 재구성되었다는 사실을 보면, 18세기 말에 동업조합을 강제적으로 해체한 것이 동업조합이 집합적 삶의 새로운 조건과 더 이상 조화를 이루지 못했다는 증거가 된다는 주장이 완전히 설 땅을 잃게 된다. 게다가 오늘날 모든 위대한 문명사회들이 동업조합을 되살릴 필요성을 느끼고 있는데, 이는 동업조합을 그처럼 철저하게 억압한 것이 사회에 대한 치유책이 아니었다는 사실을, 그리고 튀르고[198]의 개혁이 무한정 연

197 이 구절은 다음을 요약한 것이다. Émile Durkheim, 앞의 책(1988), 48쪽 이하; Émile Durkheim, 앞의 책(1991), 31쪽 이하.

기할 수 없는 또 다른 개혁을 필요로 했다는 사실의 가장 확실한 징후이다.[199]

그렇다면 동업조합에 의해 그처럼 오랜 기간 동안 충족되어 온 항구적이고 심층적인 욕구는 무엇인가? 우선 경제적 욕구를 들 수 있다. 그러나 그것은 동업조합의 주된 목적도 기능도 아니었다. 오히려 도덕적 기능이 그 주된 목적이자 기능이었다. "우리는 직업집단에서 무엇보다" —— 이와 관련하여 뒤르케임은 말하기를 ——

몇 가지 도덕적 능력을 보는바, 그것은 개인의 이기심을 억제하고 노동자의 마음속에 그들이 서로 연대하고 있다는 생생한 감정을 유지해 주며 강자의 법칙이 노사관계나 상업적 관계에 노골적으로 적용되는 것을 방지하는 것이다.[200]

이렇게 보면 로마 시대나 중세 시대의 직업집단에서 종교가 아주 중요한 위치를 차지했다는 사실이 잘 설명된다. 당시에는 모든 종교 공동체가 도덕적 환경을 구성했으며 역으로 모든 도덕적 규율은 종교적 형태를 취하는 경향이 강했기 때문이다.[201] 물론 그렇다고 해서 당시 직업집단의 도덕적 기능이 전적으로 종교에 의존했다는 의미는 결코 아니다. 그것은 오히려 직업집단 자체의 존재와 더불어 형성된 것이다. 다만 그 당시는 종교적인 시대였기 때문에 직업집단이 종교적 형태를 띠게 되고 그럼으로써 자신의 도덕적 기능을 정당화하고 강화하게 되었을 뿐이다. 어찌 되었든 동업조합적 조직의 도덕

---

198 안 로베르 자크 튀르고(Anne Robert Jacques Turgot, 1727~81)는 루이 16세 때의 정치가이자 경제학자로서 길드의 폐지를 주장했다.

199 Émile Durkheim, 앞의 책(1988), 50~51쪽.

200 같은 책, 51쪽.

201 같은 책, 55쪽.

적 성격은,

다른 상황에서도 목격할 수 있는 아주 일반적인 원인이 작용한 결과이다. 한 정치사회에서 일정한 수의 개인이 공통의 관념, 이해관계, 감정 및 일거리를 갖고 그 사회의 나머지 사람들은 그들과 공유하지 못하는 순간부터, 이러한 동질성의 영향으로 그들은 필연적으로 서로에게 끌리는 것을 느끼고 서로를 찾게 되며 관계를 맺고 연합하게 되며, 그 결과 차츰 전체 사회 안에서 자신만의 고유한 특징을 지닌 소규모 집단이 형성된다. 그런데 일단 이러한 집단이 형성되고 나면, 그 안에서 도덕적 삶이 나타나게 되는데, 이것은 자연스레 자신이 형성된 특별한 조건의 흔적을 지니게 된다. 왜냐하면 사람들이 함께 모여 살고 규칙적으로 상호 교류하면서, 자신들이 연합하여 구성하는 전체에 대한 감정을 갖지 않는다는 것은, 그리고 이 전체에 결속하고 그것의 이해관계를 배려하며 거기에 따라 행위하지 않는다는 것은 불가능하기 때문이다. 그런데 이처럼 개인을 초월하는 어떤 것에 결속하는 것, 그리고 이처럼 개인적 이해관계를 사회적 이해관계에 종속시키는 것은 모든 도덕적 행위의 진정한 원천이다. 이러한 감정은 명확하고 분명한 모습을 갖추어야만 삶의 가장 평범한 상황이나 가장 중요한 상황에서도 작용할 수 있으며, 그러기 위해서는 특정한 공식으로 표현되어야 한다. 그 결과 도덕적 규칙의 체계가 형성된다.[202]

요컨대 직업집단은 그 속성상 도덕적 성격을 가질 수밖에 없다는 것이다. 직업집단이 존재하면 필연적으로 그리고 자체적으로 도덕이 형성된다. 이 도덕은 유용한 것이며 그것이 유용하다는 감정은 다시금 그것을 공고하게 한다. 그리고 방금 앞에서 살펴본 바와 같

---

202 같은 책, 55~56쪽.

이, 뒤르케임은 역사적 고찰을 통해 직업집단의 도덕적 성격을 경험적·실증적으로도 논증했다. 그런데 직업집단은 사회적 차원에서뿐만 아니라 개인적 차원에도 유용한 것이다. 개인의 행위를 규제하는 특수집단의 구성에 관심을 갖는 것은 사회만이 아니다. 그것은 동시에 개인들에게 기쁨의 원천이 된다.[203] 왜냐하면,

> 무정부 상태는 그들에게 고통스럽기 때문이다. 만약 개인 사이의 관계가 그 어떤 규제력에도 종속되지 않으면 번번이 갈등과 무질서가 생길 수밖에 없는데, 개인은 이로 인해 고통을 받을 수밖에 없다. 사실 바로 옆의 동료들과 전쟁 상태에서 살아가는 것은 인간에게 좋은 일이 아니다. 이처럼 서로에 대해 일반적으로 적대감을 느끼고 그로부터 상호 간의 불신이 생겨나며 거기에 필연적으로 긴장이 수반되는 상태가 만성적인 것이 되면, 우리는 고통을 받게 된다. 물론 우리가 전쟁을 좋아할 수도 있지만, 그래도 우리는 평화의 기쁨 역시 좋아한다. 그런데 이 기쁨은 인간들이 더 심층적으로 사회화될수록, 즉 더 심층적으로 문명화될수록(사실상 이 두 단어는 같은 의미를 지닌다) 그만큼 더 큰 가치를 지닌다.[204]

여기까지의 논의에 비추어보면 자연스레 오늘날에도 동업조합이 필요하다는 결론이 나온다. 그 필요성은 이론적으로도 역사적으로도 입증된다. 아니 어떻게 보면 오늘날은 과거 그 어느 시대보다도 직업집단의 존재가 필요한 시대이다. 왜냐하면 직업집단은 도시 및 산업의 존재와 밀접하게 결부되어 있는데, 오늘날은 과거 그 어느 시대보다도 도시화되고 산업화된 시대이며, 따라서 경제적 영역의 도덕적 무규제로 인한 아노미 상태는 사회 전체의 아노미 상태로 이

---

203 같은 책, 56쪽.
204 같은 곳.

어질 수밖에 없기 때문이다.

그렇다면 중세의 길드를 부활시켜야 하는가? 결론부터 말하자면, 그렇지 않다. 중세의 길드는 도시 공동체와 밀접한 관계에 있었다. 도시 공동체는 길드의 연합으로서 길드를 모델로 형성되었고 역으로 길드는 축소된 형태의 도시 공동체로서 도시 공동체 운동을 통해 나타난 모든 정치체제의 토대로 기능했다.[205] 그러나 현대 산업사회의 도래와 더불어 중세적 길드는 그 생명력을 상실할 수밖에 없었다. 왜냐하면 도시 공동체의 소규모 산업에 적합한 직업집단인 길드는 현대 산업사회를 특징짓는 대규모 산업과 조화를 이룰 수 없었기 때문이다. 대규모 산업은 특정한 지역에 얽매이지 않고 생산에 필요한 요소들을 가장 잘 조달할 수 있고 생산된 상품을 가장 잘 공급하고 판매할 수 있는 지역이면 어디에나 정주할 수 있으며(심지어 농촌 지역에도 정주할 수 있다), 또한 도처에 고객이 존재하기 때문에 그 영향권도 특정한 지역에 국한되지 않고 국가적 · 국제적 차원으로 확대된다. 이처럼 경제적 질서가 근본적으로 변화함에 따라 중세의 길드는 그 생명력이 다했고 프랑스대혁명 전야에는 "일종의 죽은 실체, 또는 오직 관성에 의해서만 사회적 유기체에서 잔존하는 이물체"가 되었다. 이 모든 것의 결과로 길드는 강압적으로 사회로부터 추방되었던 것이다.[206]

이러한 이론적 · 역사적 논의에 입각하여 뒤르케임은 오늘날의 직업집단은 어떻게 조직되어야 하는가에 대한 일반적인 원칙 — 정치적 또는 정책적 원칙이 아니라 사회학적 원칙! — 을 제시한다. 그에 따르면 대규모 산업은 중세의 소규모 산업과 달리 도시 공동체에 편입되지 않고 국가적 · 국제적 차원으로 확장되기 때문에 현대 산업사회의 직업집단도 그에 적합하게 재조직되어야 한다. 뒤르케임

---

205 같은 책, 63쪽.
206 같은 책, 65~66쪽.

이 염두에 두고 있는 것은 국가적 차원의 직업집단, 즉 한 국가에서 같은 직업에 속하는 모든 사람을 포괄하는 직업집단이다. 물론 국제적 차원에서의 직업집단도 생각해 볼 수 있다. 그러나 이는 어디까지 국가적 차원의 직업집단들 사이의 자유로운 협정에 의해서만 가능하다. 왜냐하면 국가만이 법률을 제정하고 집행할 수 있는 권한이 있기 때문이다. 이처럼 직업집단이 국가적 차원에서 조직되어야 한다면, 이 두 기관이 밀접한 관계를 갖는 것은 자명한 일이다. 그러나 중요한 것은 이 관계가 종속적 관계가 아니라 분화적 관계라는 점이다. 직업집단과 국가는 서로 구분되고 자율적이며 각자 고유한 기능을 수행하면서 밀접한 관계를 맺는다.[207]

그런데 오늘날에는 직업집단이 국가적 차원으로 확대되고 국가와 기능적 분화의 관계를 이룰 뿐만 아니라 더 나아가 정치조직의 토대가 되기도 하는데, 그 이유는 산업사회의 발전과 더불어 직업집단이 사회에서 점점 더 우월하고 중심적인 위치를 차지하기 때문이다. 직업집단이 비록 처음에는 사회적 체계의 외부에 존재했지만,[208]

경제적 삶이 향상함에 따라 사회적 체계에 점점 더 깊이 관여하게 된다. 그러므로 발전이 같은 방향으로 계속된다면 동업조합이 사회에서 점점 더 중심적이고 우월한 위치를 차지하게 될 것이라고 예측할 수 있는 근거가 충분하다. 이전에는 동업소합이 도시 공동체를 분할·조직하는 기본 단위였다. 그러나 한때 자율적인 조직이었던 도

---

207 같은 책, 66~67쪽.
208 예컨대 로마는 본질적으로 농업사회이자 전투사회였기 때문에 산업 기능은 아주 초보적인 수준이었으며, 따라서 국가의 정치구조에 영향력을 행사할 수 없었다. 게다가 수공업은 로마 말기까지 도덕적으로 불신을 받았기 때문에 국가 내에서 정상적인 위치를 차지할 수 없었다. 나중에 수공업이 국가에 편입되어 행정기구의 한 요소가 되었는데, 이는 수공업자들이 그들의 사회적 공헌에 따라 마땅히 차지할 권한이 있는 자리를 얻기 위함이 아니라 국가권력에 의해 적절한 감시를 받기 위함이었다. 같은 책, 61쪽.

시 공동체들은, 마치 도시의 시장이 국가적 차원의 시장으로 통합되면서 원래의 모습을 잃어버린 것처럼, 국가로 통합되면서 원래의 모습을 잃어버린다. 그렇다면 직업집단도 역시 거기에 상응하는 변화를 겪고 국가의 기본적인 조직, 즉 근본적인 정치적 단위가 된다고 생각하는 것이 정당하지 않겠는가? 사회는 오늘날도 여전히 그 모습인 상태, 즉 지역적으로 분할된 행정단위의 병렬적 집합체로 남아 있는 대신에 국가적 차원에서 구성된 직업집단들의 포괄적 체계가 될 것이다. 선거인단은 지역적 선거구가 아니라 직업에 따라 편성되어야 한다는 요구가 다양한 측면에서 제기되고 있다. 그렇게 되면 정치적 집회들이 사회적 이해관계의 다양성과 그것들 사이의 관계를 더 잘 표현하는 것이 확실하다. 정치적 집회들은 사회적 삶 전체의 보다 충실한 요약이 될 것이다. 그렇다면 국가가 자신을 의식하기 위해서는 직업들을 통해서 조직되어야 한다고 말하는 것은, 조직화된 직업 또는 동업조합이 공적 삶의 근본적인 기관이 되어야 한다는 것을 인정하는 것이 아니겠는가?[209]

요컨대 현대 산업사회에서 직업집단은 국가와 사회를 조직하는 토대이자 근본이 된다는 것이 뒤르케임의 확신이다. 그렇다면 이처럼 중차대한 의미를 갖는 직업집단은 구체적으로 어떻게 조직되어야 할까? 이미 앞에서 언급한 바와 같이, 직업집단은 한 국가에서 같은 직업에 속하는 모든 사람을 포괄하며, 이렇게 국가적 차원에서 구성된 직업집단들을 포괄하는 체계가 바로 사회이다. 직업집단은 전국적이고 보편적이며 통일적이면서도 복합적인 성격을 갖는다. 뒤르케임에 따르면 모든 직업집단의 정점에는 행정평의회, 즉 선거를 통해 구성되는 소규모 의회가 위치해야 한다. 직업집단의 일반적

---

209 같은 책, 69~70쪽.

인 관리를 담당하는 이 중앙기관에는 해당 직업에 특유한 사안, 즉 고용주와 피고용자의 관계, 노동조건, 임금, 경쟁자들 사이의 관계 등을 규제할 전권이 주어진다. 이어서 중앙기관에 종속되어 그 통제를 받는 지역기관이 형성되어야 한다. 이 하위기관은 중앙기관이 정하는 일반적인 규칙을 각 지역의 특수한 조건과 상황에 따라 세분화하고 다각화하여 적용하는 임무가 주어진다. 이 두 기관의 관계는 마치 국회 아래에 시(市), 도(道) 또는 주(州)의 지방의회가 있는 것과 같다. 이렇게 하면 경제적 삶은 다양성을 전혀 잃지 않고도 조직되고 규제되며 통제될 수 있다.[210]

그런데 뒤르케임에 따르면 이런 식으로 집단을 조직하는 방식은 경제적 영역에만 특유한 것이 아니라 국가적 차원의 다른 영역에서 이미 이루어진 개혁을 경제적 영역에서 만회하는 것일 뿐이다. 예컨대 도덕, 관습, 정치행정 등은 이전에는 지역적 성격이 강했지만 점점 더 통일적인 것이 되어왔다. 그리고 이전의 자치기관, 재판소, 정치권력의 봉건적 또는 도시적 담지자는 점점 더 국가라는 중앙 유기체에 종속되어 왔다. 아무튼 경제적 삶이 직업집단을 매개로 지역성과 전국성, 특수성과 보편성, 다양성과 통일성을 겸비할 수 있는 것은 국가적 차원에서 진행되는 동일한 시대적 조류와 동일한 발전 과정의 한 측면일 따름이다.[211]

마지막으로 직업집단의 조직과 관련하여 강제성과 대표성의 문제를 제기할 수 있다. 먼저 강제성과 관련하여 다음과 같이 물을 수 있다. 직업집단은 강제적이어야 하는가? 그러니까 개인들은 의무적으로 직업집단에 가입해야 하는가? 뒤르케임은 이 문제를 그리 중요하지 않게 본다. 그것은 사회집단의 속성에 의해 쉽게 설명된다. 직업집단이 설립되면, 개인이 그 조직의 밖에 머문다는 것은 아주 불

---

210 Émile Durkheim, 앞의 책(1991), 58쪽.
211 같은 곳.

리한 점이 많기 때문에 아무런 강제도 없이 자발적으로 가입할 것이다. "집합적 힘은 일단 형성되고 나면, 따로따로 존재하는 모든 개인을 끌어당기며, 거기에 결속하지 않는 사람은 누구라도 자기 자신을 유지할 수 없다."[212] 요컨대 직업집단은 비강제적 강제성 또는 자발적 강제성을 그 특징으로 한다고 볼 수 있다. 뒤르케임이 보기에 그보다 더 중요한 것은 대표성 문제이다. 다시 말해 직업집단에서는 고용주와 피고용자에게 어떠한 지위를 부여해야 하는가 하는 문제이다. 뒤르케임은 양자가 직업집단의 일반적인 관리를 담당하는 중앙기관에서 대표되어야 함을 자명한 일로 보는데, 그 이유는 직업집단이 이 두 요소 모두를 통합해야만 제대로 기능을 수행할 수 있기 때문이다. 그리고 뒤르케임은 고용주 집단과 피고용자 집단이 각각 독립적으로 자신들의 대표자를 선출해야 한다고 생각한다.[213]

그렇다면 직업집단은 어떠한 기능을 수행하는가? 뒤르케임은 직업집단에 광범위한 기능을 부여한다. 첫째, —그리고 이미 앞에서 자세하게 논한 바와 같이 —사회적 연대의 창출이라는 도덕적 기능을 들 수 있는데, 이것이 직업집단의 주된 기능이다. 둘째, 구성원들이 서로 도움을 주고받는 복지기능을 들 수 있다. 셋째, 기술교육과 성인교육 등과 같은 교육기능을 들 수 있다. 넷째, 심미적·문화적 기능을 들 수 있다. 구체적으로 말해 직업집단은 강연, 연주, 연극공연 등과 같은 고상한 놀이 또는 휴양 형태의 활동을 조직할 수 있는데, 이는 직업노동이라는 진지한 삶에 대한 평형추와 보완책으로 기능할 수 있다. 다섯째, 입법기능을 들 수 있는데, 이는 다음과 같이 삼중적이다. (1) 노동계약의 일반원칙, 피고용자 급여의 일반원칙, 산업안전의 일반원칙, 여성 및 아동 노동의 일반원칙 등, (2) 연금보험과 의료보험, (3) 노사갈등의 조정.[214] 여섯째, —그리고 이미

---

212 같은 책, 60쪽.
213 같은 책, 61쪽.

제5장 제2절에서 자세하게 논한 바와 같이 ─ 상속제도의 관리기능을 들 수 있다. 뒤르케임에 따르면 오늘날에는 가족이 더 이상 세대를 경제적 관점에서 연결할 수 없기 때문에 가족보다는 규모가 크고 국가보다는 규모가 작은 이차집단이 상속제도를 관리해야 하는바, 다름 아닌 직업집단이다.

(3) 국가

이제 뒤르케임은 국가의 문제로 사회학적 시선을 돌려야 할 차례인 것 같다. 왜냐하면 그는 오늘날 직업집단이 국가적 차원에서 조직되어야 하고 정치조직의 토대가 되어야 한다고 주장하기 때문이다. 그의 주장은 더 나아가 직업집단의 입법이 일반 입법의 한 특수한 경우이고 직업도덕이 일반 도덕의 한 특수한 경우이며, 따라서 직업집단이 중심기관인 국가와 밀접하게 연결되어야 한다는 데에까지 이른다.[215]

뒤르케임은『사회학 강의: 도덕과 법의 물리학』에서 정치사회라는 개념의 정의와 더불어 국가에 대한 논의를 시작한다. 그에 따르면 정치사회는,

> 동일한 권위에 송속된 다소 많은 수의 이차적 사회집단이 결합하여 형성되는 사회인바, 이 권위 자체는 정당하게 구성된 다른 어떤 상위의 권위에도 종속되지 않는다.[216]

---

214 Émile Durkheim, 앞의 책(1988), 69쪽; Émile Durkheim, 앞의 책(1991), 61~62쪽.

215 Émile Durkheim, 앞의 책(1991), 61쪽.

216 같은 책, 68쪽.

이 정의에서 눈에 띄는 것은 이차집단이다. 이는 영토나 인구를 가지고 정치사회나 국가를 정의하는 기존의 방식과는 분명히 구별된다. 이에 따르면 한 사회가 다양한 이차집단으로 구성되고 이 사회 자체는 다른 더 큰 사회의 이차집단이 되지 않는 것이 정치사회를 규정하는 중요한 기준이 된다. 그러므로 가족은 비록 그 안에서 — 가장 또는 장로회에게 주어지는 — 권위를 관찰할 수 있지만 다수의 이차집단으로 구성되지 않기 때문에 정치사회가 될 수 없다. 정치사회는 수많은 이차집단을 포괄하기 때문에 필연적으로 다세포적이고 다분절적이다.[217] 정치사회를 구성하는 대표적인 이차집단은 직업집단이다. 곧 다시 논하게 되는 바와 같이, 이차집단은 뒤르케임의 정치사회학에서 아주 중요한 위치를 차지한다.

이러한 정치사회의 정의에 입각하여 뒤르케임은 국가에 대한 정의를 내린다. 정치사회가 자신을 구성하는 이차집단에 대해 최고의 권위를 갖는다면, 국가는 바로 이 권위를 대표하는 관료들의 특수집단이다. 국가가 최고 권위의 담지자라면, 정치사회는 국가를 최고기관으로 하는 복합적인 집단이다.[218] 이 집단은 해당 정치사회의 상황에 따라 단수일 수도 있고 복수일 수도 있다. 그리고 모든 정치사회가 반드시 국가를 갖는 것은 아니다.[219] 뒤르케임에 따르면 국가는 사회를 대신하여 사고하고 결정하는 기관이다. 그런데 국가가 사회를 대신하여 사고하고 결정한다면, "사회가 국가를 통해서 생각하고 결정한다고 말해서는 안 되고 국가가 사회를 위해서 사고하고 결정한다고 말해야 한다. 국가는 단순히 방향을 설정하고 집중하는 도구가 아니다. 국가는 어떤 의미에서 이차집단 자체를 조직하는 중심이다."[220] 국가가 사회를 위해서 사고하고 결정한다 함은 구체적으로

---

217 같은 책, 70쪽.
218 같은 책, 72쪽.
219 Anthony Giddens, 앞의 책(1980), 254쪽.

사회적 구속력을 갖고 사회적으로 유효한 표상과 의지행위를 창출함을 의미한다.

　국가는 자체적인 특성을 갖는(sui generis) 관료의 집단으로 그 안에서 비록 공동체의 작품은 아니지만 공동체에 대해 구속력을 갖는 표상과 의지행위가 창출된다. 국가가 집합의식을 구현한다고 말하는 것은 정확하지 않다. 왜냐하면 집합의식이 사방에서 국가를 둘러싸고 있기 때문이다. 대체로 집합의식은 불명료하게 확산되어 있다. 사회는 언제나 온갖 종류의 감정과 상태로 가득 차 있는데, 국가는 기껏해야 그 가운데에서 희미한 반향만 인지한다. 국가에는 단지 하나의 특별하고 한정된 의식만이 존재할 뿐이다. 그렇지만 이 의식은 [사회 전체에 분산되어 있는 집합의식보다] 더 예리하고 선명하며 자기 자신에 대해 더 생생한 표상을 갖는다. 국가에는 신화, 종교적 또는 도덕적 전설 등과 같이 사회 전체에 확산되어 있는 집합표상의 불명료함과 불확실성이 전혀 없다. 우리는 이러한 집합표상이 어디에서 오고 어디로 향하는지 모른다. 그것들은 우리가 의식적으로 결정한 것이 아니다. 국가에서 연원하는 집합표상은 [사회 전체에 확산되어 있는 집합표상보다] 언제나 자기 자신을, 자신의 원인과 목표를 더 강하게 의식하고 있다. 그것들은 더 분명한 방식으로 형성된다. 그것들을 창출하는 집합적 담지자들은 자신의 행위를 더 강하게 의식하고 있다. 물론 여기에도 종종 불명확성이 있다. 개인처럼 국가도 자신의 동기와 관련하여 자주 착각을 일으킬 수 있다. 그러나 이 결정이 잘못된 동기를 갖고 있든 아니든, 중요한 것은 그것이 어느 정도는 동기를 갖고 있다는 사실이다. 국가에서는 언제나 또는 적어도 보통은 외적으로 숙고를 관찰할 수 있다. 다시 말해 결정을 필요로 하는 상황 전체를 파악하려는 시도를 관찰할 수 있다. 이 숙고를 하도록 선정된 것

220　Émile Durkheim, 앞의 책(1991), 74쪽.

이 바로 국가의 내부 기관이다. 그러므로 이런저런 위원회, 이런저런 회합, 이런저런 담론, 이런저런 규정이 존재하는데, 이 모든 것은 그와 같은 종류의 표상이 어느 정도 완만하게 창출되도록 만든다. 결론적으로 우리는 다음과 같이 요약할 수 있다. 국가는 공동체에 유효한 특정한 표상을 창출하는 책무를 띤 특수 기관이다. 이들 표상은 더 높은 의식과 성찰을 내포하고 있다는 점에서 다른 집합표상과 구별된다.[221]

이처럼 국가가 사고하고 결정하는 기관이라면, 국가는 자신이 사고하고 결정한 것을 스스로 집행하는가? 결론부터 말하면 국가는 집행기관이 아니다. 뒤르케임은 단언하기를, 국가는 "아무것도 집행하지 않는다." 국가기관인 내각, 군주, 의회 등은 스스로 행위하지 않고 행위에 대한 지침을 제시할 뿐이다. 이들은 "다양한 관념과 감정을 상호 결합하며, 그럼으로써 결정을 내리고 이 결정을 다른 기관들에 전달하여 실행하도록 한다. 그러나 그와 더불어 이들의 책무도 이미 끝난 것이다." 다시 말해 국가는 사회의 다양한 영역에 분산되어 있는 다양한 집합표상, 즉 다양한 사회적 관념과 감정을 포착하고 조정하고 체계화하며 이에 근거하여 사회적 구속력을 갖고 사회적으로 유효한, 즉 사회의 도덕성을 구현하는 집합표상은 무엇인가 또는 어떠한가를 결정하여 그 결과를 집행기관에 전달하는 기관, 즉 관료들의 집단이다. 이 점에서 의회와 모든 종류의 심의회(후자는 군주와 국가수반 그리고 정확한 의미에서의 정부, 즉 집행적 권력에 소속될 수 있다) 사이에는 아무런 차이도 없다. "정부가 집행적이라고 불리는 이유는 이것이 집행기관에 가장 가깝기 때문이다. 그러나 양자가 동일한 것은 아니다."[222] 오늘날 국가가 사고하여 결정하는 대표적인

221 같은 책, 74~75쪽.
222 같은 책, 75~76쪽.

집합표상으로는 법을 들 수 있다. 국가는 사회의 집합이상을 구현할 도덕적 규칙인 법률을 제정하여 그것을 집행할 기관에 전달한다. 이 집합이상은 — 곧 다시 논하게 되는 바와 같이 — 개인숭배 또는 도덕적 개인주의이다.

아무튼 뒤르케임은 국가의 중심적 기능을 사고에서 찾는다. 국가는 사회적 사고의 기관, 즉 사회적 표상을 위한 기관이고, 이를 집행하는 것은 행정기관의 권한이자 의무이다. 이와 관련하여 뒤르케임은 다음과 같이 말하고 있다.

> 진정한 의미에서 국가의 모든 생명은 외적인 행위나 운동에 있는 것이 아니라 사고, 즉 표상에 있다. 외적인 행위나 운동은 다른 기관들, 즉 모든 종류의 행정기관에 속한다. 행정기관과 국가의 차이는 근육계와 중추신경계의 차이만큼이나 명백하다. 엄밀히 말해 국가는 사회적 사고의 기관이다. 오늘날 상황에서 이 사고는 사변적인 목표가 아니라 실제적인 목표를 지향한다. 적어도 일반적 차원에서 보면 국가는 사고하기 위해 사고하거나 교조적 체계를 세우기 위해 사고하는 것이 아니라 집합적 행위를 인도하기 위해 사고한다. 그럼에도 불구하고 국가의 중심적 기능은 사고라는 사실에는 변함이 없다.[223]

그렇다면 국가의 사고가 지향하는 바는 무엇인가? 달리 묻자면, 국가가 추구하는 목표는 무엇인가? 이에 답하기 전에 뒤르케임은 기존의 지배적인 두 국가이론을 비판적으로 검토하는바, 그 하나는 개인주의적 국가이론이고, 그 다른 하나는 신비주의적 국가이론이다.

첫째, 개인주의적 국가이론은 한편으로 스펜서와 경제학자들 그리고 다른 한편 칸트, 루소 및 유심론적 학파에 의해 대표된다. 이 이

---

223 같은 책, 76쪽.

론에 따르면 개인은 사회에서 실재하는 유일한 것이며, 따라서 사회의 목적은 개인이다. 사회는 개인의 집합체에 다름 아니며, 따라서 개인의 발전 이외에는 그 어떠한 목표도 갖지 않는다. 이러한 개인-사회-관계로부터 국가의 역할이 도출된다. 국가는 개인의 천부적 권리가 유지되고 보호되고 있는가를 감시하는 특수 기관이다. 이 특수 기관의 과제는 다음과 같이 완전히 소극적인 정의의 관리에 국한되어야 한다. 국가는 개인 사이에 불법적인 침해가 일어나지 않도록 하고 개인이 개인이기 때문에 권리를 갖는 영역이 손상되지 않도록 하는 데에 그 기능을 한정해야 한다. 개인주의적 국가이론에 따르면 국가가 개인에 대해 주권적 권위를 가질 때는 오직 전쟁 상황뿐이다. 이 상황에서는 국가가 개인들에게 엄격한 규율을 요구하고 종교적 신념, 산업 등과 같이 원래 자신이 간섭해서는 안 되는 영역을 통제한다. 그러나 전쟁이 드물어질수록 국가의 권력을 제한하는 것이 더욱더 가능해지고 긴요해진다.[224]

뒤르케임은 이러한 개인주의적 국가이론이 객관적 사실과 명백히 모순된다고 비판한다. 언뜻 보기만 해도 역사를 알 수 있듯이, 사회가 발전함에 따라 국가의 기능도 더욱더 다양해지고 중요해지며, 이와 병행하여 국가의 기관도 더욱더 분화되고 복잡해진다. 인간의 두뇌처럼 사회의 두뇌도 연속적이고 부단하게 확대되어 왔다. 그것은 보편적인 진화 과정이다. 그리고 이 진화 과정에서 전쟁도 더욱더 간헐적이 되어왔다.[225]

둘째, 신비주의적 국가이론은 헤겔의 철학에서 가장 체계적으로 정립된 이론이다. 이 이론에 따르면 모든 사회는 개인적 목적을 초월하고 개인적 목적과 무관한 목적을 갖고 있으며, 국가의 역할은 이 진정한 사회적 목적의 실현을 추구하는 것이다. 이에 반해 개인

---

224 같은 책, 77쪽 이하.
225 같은 책, 79~80쪽.

은 자신이 세우지도 않고 자신과 관계도 없는 계획을 실행하는 수단에 불과하다. 그는 사회의 영광, 사회의 위대함, 사회의 풍부함을 위해 노동해야 한다. 이 국가이론이 신비주의적이라 함은 개인이 국가의 목적과 이것이 자기 자신과 갖는 관계를 이해할 수 없기 때문이다. 이 목적과 이 관계는 단지 수단에 지나지 않는 개인에게 이해할 수 없는, 그러니까 신비적인 상태에 있다. 이러한 신비주의적 국가이론은 그 당시에 르네상스를 맞이했으며, 그때까지 '면역' 상태에 있던 프랑스 사회도 이 이론을 기꺼이 수용할 조짐이 점점 더 커지고 있었다.[226]

뒤르케임이 보기에 이러한 신비주의적 국가이론은 개인주의적 국가이론이 안고 있는 문제점, 즉 개인주의적 국가이론이 제시한 개인적 목적이라는 것이 국가를 설명하기에 충분하지 못한 점에 대한 이론적 대안을 제시했으며, 그럼으로써 국가를 이해하는 데에 긍정적인 기여를 했다. 그러나 다른 한편 신비주의적 국가이론은 개인숭배를 거부하고 고대의 도시국가숭배를 새로운 형태로 부활시킨 것이라는 결정적인 문제점을 안고 있다. 그것은 고대의 집합주의와 신비주의가 부활한 것이다.[227]

요컨대 개인주의적 국가이론과 신비주의적 국가이론은 대척점에 놓여 있다. 개인주의적 국가이론은 개인을 사회의 목적으로 보고 개인의 천부적 권리의 유지와 보호에서 국가의 의미를 찾는다. 말하자

---

226 같은 책, 80~81쪽.

227 같은 책, 81쪽. 이 맥락에서 뒤르케임을 헤겔과 비교해 볼 수 있을 것이다. 한편으로 뒤르케임에게 국가는 헤겔에게서와 마찬가지로 집합이상을 담지하고 구현하며 사회로 하여금 자기의식을 갖도록 하고 일반적 이해관계를 관리하는 기관이다. 어쩌면 이 국가관은 헤겔의 법철학에서 기원했을 수도 있다. 그러나 다른 한편 국가를 집합이상의 대상으로 보는 헤겔과 근본적으로 달리 뒤르케임은 개인숭배를 집합이상의 대상으로 본다. 뒤르케임은 이 헤겔의 국가이론을 고대의 집합주의와 신비주의의 부활이라고 신랄하게 비판한다. Hans-Peter Müller, 앞의 글(1993a), 102~03쪽.

면 개인숭배를 그 특징으로 한다. 그러나 이 이론은 소극적 정의에 머문다. 이에 반해 신비주의적 국가이론은 개인을 초월하고 개인과 무관한 사회적 목적의 실현에서 국가의 의미를 찾는다. 말하자면 사회숭배를 그 특징으로 하며 국가에 적극적 정의의 과제를 부여한다. 그러나 이 이론에서는 개인이 사회의 수단으로 전락하고 만다.

이처럼 뒤르케임이 개인과 국가의 관계를 중심으로 기존의 지배적인 두 국가이론을 비판적으로 검토하는 것은, 그가 국가의 목표를 개인과의 관계에서 고찰하게 됨을 예시하는 대목이다. 결론부터 말하면, 뒤르케임은 개인주의적 국가이론을 제시한다. 보다 정확히 말하면, 개인숭배를 집합이상으로 설정하고 적극적 정의를 추구하는 개인주의적 국가가 뒤르케임이 표상하는 국가이다. 이렇게 보면 뒤르케임의 국가이론은 개인주의적 국가이론과 신비주의적 국가이론이 종합된 형태라고 할 수 있을 것이다. 그러나 그것은 이 둘을 사변적으로 절충한 결과가 아니라 역사적 사실에 대한 사회학적 관찰로 얻어진 결과이다.

뒤르케임은 국가가 점점 더 발전함에 따라 — 일반적으로 국가의 권리와 상충되는 것으로 생각하는 — 개인의 권리도 그와 병행하여 발전한다는 사실에 주목한다. 역사적 사실을 검토해 보면, 국가의 발전과 도덕적 개인주의의 발전은 모순적 관계가 아니라 인과적 관계에 있다는 것이, 따라서 — 비정상적인 경우를 제외하면 — 국가가 강력하면 할수록 국가는 더욱더 개인을 존중하게 된다는 것이 명백하게 드러난다.[228] 잘 알려져 있다시피

아테네 국가가 로마 국가보다 훨씬 덜 발전된 형태였으며, 로마 국가, 특히 도시국가 시대의 로마 국가는 우리 시대의 중앙집권화된 거대한 국가들에 비교하면 그저 단초적으로 조직되었을 뿐임이 분명하

---

228 Émile Durkheim, 앞의 책(1991), 84~85쪽.

다. 로마의 도시국가에서 국가의 기능은 그리스의 도시들에서보다 더 많이 집중되었으며, [……] 국가는 더 강력하게 통일되었다. 이 둘의 차이는 무엇보다도 로마에서는 종교적 의식이 국가의 손 안에 있었다는 사실에서 드러난다. 이에 반해 아테네에서는 종교적 의식이 다수의 성직자단(聖職者團)의 권한에 속했다. 그리고 아테네에서는 그 수중에 국가권력 전체가 집중된 로마의 집정관에 비교할 만한 기관을 전혀 찾아볼 수 없다. 아테네의 국가행정은 상호 조정되지 않은 수많은 관료에게 분산되어 있었다. 사회를 구성하는 모든 기본적인 집단들, 즉 씨족, 포족, 부족은 로마에서보다 훨씬 더 큰 자율성을 보장받았다. 로마에서는 이 집단들이 곧바로 사회의 대중에 의해 흡수되었다. 이 모든 점에서 현대 유럽 국가들과 그리스나 이탈리아 도시국가들 사이에 거리가 있음은 명백하다. 그리하여 개인주의도 로마에서는 아테네에서와 다르게 발전했다. 개인에 대한 로마인들의 현저한 존중은 로마 시민의 존엄성과 이 존엄성의 사법적 지표였던 자유가 보증된 유명한 성구에 표현되었다. [……] 그러나 로마의 개인주의가 그토록 현저할지라도 기독교 사회의 품에서 발전한 개인주의에 비하면 사소한 것이다.[229]

이 모든 역사적 사실을 보면 개인의 권리와 자유 그리고 존엄성이 이성적 존재로서의 개인이 전부적으로 타고나는 것이 아니라 국가 안에서만 그리고 국가를 통해서만 가능해지는 것임을 알 수 있다. 국가는 이를 억압하기 위해 창조된 것이 아니다. 오히려 이를 창출하고 조직하며 실현하는 것이 바로 국가이다.[230] 요컨대 개인주의는 국가 안에서만 그리고 국가를 통해서만 가능해진다.

그렇다면 이처럼 경험적·역사적으로 입증되는 국가와 개인주의

---

229 같은 책, 85~86쪽.
230 같은 책, 89쪽.

의 인과관계 또는 함수관계는 어떻게 이론적·사회학적으로 설명될 수 있을까? 그것은 개인-이차집단-국가의 관계를 통해서 설명할 수 있다. 자명한 일이지만 개인은 가족, 지역, 직업집단, 협회 등 다양한 이차집단에 속한다. 그런데 모든 사회적 집단은 만약 외부로부터 아무런 견제도 받지 않는다면 전제적(專制的)이 된다. 다시 말해 어떤 이차집단이 더 큰 사회 내에서 하나의 작은 사회가 될 만큼 큰 자율성을 누리게 되면 집합적 전제가 등장하며 그에 따라 개인주의가 억압된다. 왜냐하면 그리되면 이 집단은 "그 구성원들에 대해 마치 자신만이 존재하는 듯이 그리고 마치 [자신을 포괄하는] 전체 사회가 존재하지 않는 듯이 행동하게 될 것이기 때문이다."그리고 "자신을 구성하는 개인들을 아주 강하게 속박할 것이고 그들의 발전을 저해하게 될 것이다. 거기서는 집단의 정신이 개인들의 조건에 강요될 것이다."그러므로 "만약 어떤 사회가 병치된 씨족들, 크고 작은 정도로 독립적인 도시들이나 촌락들, 또는 상호 자율적인 수많은 직업집단으로 구성된다면, 마치 그 사회가 단 하나의 씨족, 단 하나의 도시 또는 단 하나의 직업집단으로 구성된 것처럼 개인성을 억압할 것이다."231

뒤르케임에 따르면 이러한 집단의 전제를 방지하고 개인주의를 발전시킬 수 있는 가능성은, 이차집단의 특수한 권위 위에 존재하는 보편적인 권위를 창출하는 데에 있다. 그것은 다름 아닌 국가이다. 개인주의의 발전을 위한 토양이 마련되려면 — 이와 관련하여 뒤르케임은 말하기를 —

개인이 넓은 범위에서 일정한 정도의 자유를 갖고 움직일 수 있어야 한다. 그는 이차집단에 의해서 속박되거나 장악되어서는 안 된다. 이 집단들이 구성원들의 주인으로 군림하면서 그들을 자신의 표상에

---

231 같은 책, 90~91쪽.

따라 주조하는 일이 있어서는 안 된다. 그러므로 이 모든 지역적·가족적 등 간단히 말해 모든 이차적 권위 위에 하나의 보편적인 권위의 존재가 필요하다. 이 권위는 모든 이차적 권위에 자신의 법률을 강제하고 이 권위들 각각은 자신이 전체가 아니라 전체의 한 부분에 지나지 않는다는 것을, 그리고 근본적으로 전체에 속하는 것을 자신이 붙들고 있어서는 안 된다는 것을 상기해야 한다. 그와 같은 집합적 특수주의와 이것이 개인에게 초래하는 모든 결과를 예방하는 유일한 방편은, 개별적인 집합체에 대하여 전체적 집합체와 이 집합체의 권리 및 이해관계를 대표할 책무를 지닌 특수한 기관을 설립하는 것이다. 그런데 이 권리와 이해관계는 개인의 그것과 합치된다. 그러므로 국가의 근본적인 기능은 개인적 인격의 해방에 있다. 국가는 오직 이 목적만을 위해서 자신을 구성하는 기본적인 사회를 억제함으로써 그것들이 개인들에게 — 만약 그렇지 않다면 행사하게 될 — 억압적인 영향력을 행사하지 못하도록 한다. 그런 까닭에 집합적 삶의 다양한 영역에 대한 국가의 개입에는 전제적인 것이란 존재하지 않는다. 그와 정반대로 국가의 개입은 존재하는 전제를 완화하는 목적을 가지며 또한 완화하는 효과가 있다.[232]

이러한 이론적 논리는 역사적으로도 입증된다. 예컨대 아동을 가부장적 지배와 가족적 전제에서 벗어나도록 한 것은 국가이고, 시민을 봉건적 집단에서 그리고 후에는 도시 공동체적 집단에서 자유롭게 한 것도 국가이며, 또한 노동자와 고용주를 길드의 전제에서 해방한 것도 국가이다.[233]

---

232 같은 책, 92쪽.
233 같은 책, 94쪽. 짐멜도 이와 유사한 논리를 전개하고 있다. 그에 따르면 중앙집권화라는 근대의 거대한 경향은 "그와 동시에 일어나는 개인화 경향과 결코 모순되지 않는다. 양자는 오히려 인격의 두 부분이 보다 첨예하게 분화되고 새로이 종합되는 한 과정의 두 부분을 구성하는데, 이 인격의 두 부분 가

방금 인용한 구절에서 잘 드러나듯이, 국가는 이차집단의 집단적 전제 또는 집합적 특수주의를 방지함으로써 개인주의의 발전을 촉진한다. 그렇다면 국가 자체는 전제적이 될 수 없는가? 그러한 가능성은 얼마든지 있다. 만약 국가가 유일한 집합적 힘이 되면 필연적으로 국가적 전제가 발생한다. 더구나 국가의 억압성은 그 어떤 이차집단보다도 강한데, 그 이유는 한편으로 국가가 작은 집단들보다 더 인위적이기 때문이고 다른 한편으로 개인들로부터 더 멀리 떨어져 있으며, 따라서 그들의 이해관계와 이것이 처한 특수한 상황과 조건을 고려할 수 없기 때문이다. 이러한 국가적 전제를 방지할 수 있는 유일한 길은, 국가라는 집합적 힘이 다른 집합적 힘들에 의해 구속되어야 한다. 국가가 개인의 해방자로 기능하려면 사회적 균형추 또는 저항력을 필요로 한다. 이 역할을 하는 것이 바로 이차집단들이다. 요컨대 개인주의의 발전은 전적으로 국가에만 의존하는 것이 아니다. 그것은 오히려 사회적 힘의 갈등에 의해서 비로소 가능해진다.[234] 그리고 그중에서 중심적인 역할을 하는 것이 다름 아닌 국가이다.

이렇게 보면 국가는 공리주의적 개인주의나 칸트주의적 개인주의의 주장처럼 개인적 권리의 보호라는 소극적 정의의 관리에 머물러서는 안 되고 적극적 정의를 추구해야 한다는 결론에 도달한다. 뒤르케임에 따르면 국가는,

　　자신이 균형추가 되어야 하는 사회적 힘에 상응하는 에너지를 방출해야 한다. 게다가 국가는 [……] 그 구성원들의 인격을 흡수하는 경향이 있는 이차집단들, 즉 가족, 동업조합, 교회, 지역사회 등에 스며

운데 한편은 사회에 지향되어 있고 다른 한편은 자아로 지향되어 있다." 게오르그 짐멜, 앞의 책(2013), 280쪽.

234　Émile Durkheim 앞의 책(1991), 92~93쪽.

들어가서 이 흡수를 방지하고 개인들을 해방하며 이 부분 사회에 그들이 홀로 존재하는 것이 아니고 그들의 권리 위에 또 다른 권리가 존재한다는 것을 상기시켜야 한다. 그러므로 국가는 부분 사회의 삶을 간섭해야 하고, 그것들이 작동하는 방식을 감시하고 통제해야 하며, 또한 이를 위해 모든 방향으로 가지를 뻗어야 한다. 이 과제를 수행하려면 국가는 법정으로 물러나서는 안 된다. 오히려 사회적 삶의 모든 영역에서 모습을 드러내고 적극적으로 행위해야 한다. 특수한 집합적 힘이 존재하는 곳에서는 언제나 국가의 힘이 그것을 상쇄해야 한다. 왜냐하면 이들 힘은 홀로 존재하고 제멋대로 둔다면 개인들을 자신의 배타적인 지배 속으로 끌어들일 것이기 때문이다. 그런데 사회는 점점 더 커지고 점점 더 복잡해지고 있다. 그리고 사회는 점점 더 다양한 영역과 점점 더 다원적인 기관으로 구성되는데, 이것들은 이미 그 자체로서 상당한 가치를 지닌다. 그러므로 국가가 자신의 기능을 수행하려면 그에 비례하여 성장하고 발전해야 한다.[235]

사실 이 인용구절은 ─ 그리고 그 앞에서 논의한 것도 ─ 마치 국가의 과제가 단순히 개인을 집단적 전제 또는 집합적 특수주의에서 자유롭게 하는 것이라는 인상을 주기 쉽다. 그러나 국가에 의한 개인의 해방은 거기에 국한되는 것이 아니다. 국가는 더 나아가 개인이 자신의 인격을 자신의 의지에 따라 자유롭게 발전시킬 수 있는 환경을 조성해 주어야 한다. 다시 말해 국가는 개인들로 하여금 사회적 상황과 조건이 허용하는 한 가장 완벽하게 자기실현을 추구할 수 있도록 해야 한다. 사회적 상황과 조건이 허용하는 한 가장 완벽한 개인화를 보장하는 것, 또는 달리 말해 사회적 상황과 조건이 허용하는 한 가장 완벽한 개인주의의 발전을 보장하는 것 ─ 이것이야

---

235 같은 책, 96~97쪽.

말로 국가에 의한 개인의 해방이 궁극적으로 지향하는 바이다. 그런데 국가가 그 발전을 지원하고 장려하는 개인은 이런저런 개인이 아니라 개인 일반 또는 인간으로서의 개인이다.[236] 그러니까 우리 모두를 포괄하면서 우리 중 누구와도 동일하지 않은 개인이다. 국가에 ─그리고 개인에게도─ 인간으로서의 개인과 그의 자유, 권리 및 인격은 성스러운 것이며, 따라서 숭배의 대상이다. 뒤르케임은 이를 개인숭배라는 개념, 즉 개인 일반에 대한 숭배 또는 인간으로서의 개인에 대한 숭배라는 개념으로 표현한다. 바로 여기에 국가의 근본적인 의무가 있다. 오늘날 인간으로서의 개인에 대한 숭배가 ─이와 관련하여 뒤르케임은 말하기를─

살아남을 수 있는 유일한 숭배로 보이기 때문에, 개인은 물론 국가도 이 숭배를 준수해야 한다. 더욱이 이 숭배는 이전에 종교적 숭배가 역할을 하는 데 필요한 모든 것을 가지고 있다. 먼저 그것은 종교적 숭배 못지않게 모든 사회적 삶의 기본적인 전제조건인 정신과 의지의 공유를 보장할 수 있다. 그리고 오늘날 사람들이 연합하여 인간의 위대함을 위해 일하는 것은 이전에 제우스나 야훼나 아테나의 영광을 위해 일한 것만큼이나 쉬운 일이다. 이 개인교가 이전의 종교에 비해 갖는 가장 큰 특징은, 그것이 숭배하는 신이 신자들에게 더 가까이 있다는 사실이다. 그런데 신이 비록 신자들로부터 멀리 떨어져 있지는 않을지라도 그들을 넘어서 있다. 그리고 이 점에서 국가의 역할은 이전과 다름없다. 말하자면 국가에는 숭배를 조직하고 주재하며 숭배의 규칙적인 집행과 지속적인 발전을 보장할 의무가 있다.[237]

요컨대 국가의 문제는 도덕의 문제로 수렴한다. 국가는 무엇보다

---

236 같은 책, 101~02쪽.
237 같은 책, 102쪽.

도 도덕적 규율기관으로서 사회의 집합적 도덕성을 구현한다. 그런데 — 이미 제5장 제3절에서 자세하게 논한 바와 같이 — 뒤르케임에게 개인숭배는 사적 행복과 이해관계를 신격화하는 이기적 개인주의가 아니다. 그것은 오히려 사회와 연결되고 인류와 연결되는 도덕적 개인주의의 다른 표현이다. 그러므로 국가의 근본적인 의무가 개인숭배의 수호에 있다고 말하는 것은 국가의 근본적인 의무가 도덕적 개인주의의 발전에 있다고 할 수 있다. 이렇게 보면 뒤르케임이 주창하는 국가는 개인숭배 또는 도덕적 개인주의를 집합이상으로 설정하고 적극적 정의를 추구하는 개인주의적 국가라는 결론에 도달한다.

그런데 뒤르케임의 국가이론은 기존의 국가이론에 비해 또 한 가지 중요한 특징을 보여 준다. 이미 앞에서 살펴본 바와 같이, 헤겔을 중심으로 하는 신비주의적 국가이론에 따르면 단지 수단에 지나지 않는 개인은 국가의 목적과 이것이 자신과 갖는 관계를 이해할 수 없다. 후자는 전자에게 신비적인 상태에 있다. 이에 반해 뒤르케임은 국가의 목적이 개인의 목적과 일치하는 것으로 본다. 개인숭배는 국가와 개인 모두에 적용되는 도덕적 원리이며, 따라서 개인의 의식을 초월하는 국가의 목적은 없다. 요컨대 뒤르케임의 국가이론에는 신비적인 것이 전혀 없다. 그것은 비신비주의적 국가이론이다. 그렇다고 해서 뒤르케임의 개인주의적 국가이론이 공리주의적 개인주의나 칸트주의적 개인주의처럼 개인을 자기충족적인 절대자 또는 자기충족적인 전체로 설정하는 것은 아니다. 그에 따르면 개인은 국가 안에서 비로소 도덕적인 존재가 된다.[238]

이렇게 해서 우리는 뒤르케임의 국가이론이, 개인숭배 또는 도덕적 개인주의를 집합이상으로 설정하고 적극적 정의를 추구하는 비

---

238 같은 책, 94~95, 101쪽.

신비주의적 · 개인주의적 국가이론이라는 결론에 도달한다. 그리고 우리는 이 국가이론에서 기존의 지배적인 두 국가이론인 개인주의 국가이론과 신비주의적 국가이론의 창조적인 종합을 본다. 그런데 그것은 이 둘의 사변적인 절충의 결과가 아니라 역사적 사실에 대한 사회학적 관찰, 즉 비교 연구라는 간접적 실험의 결과이다.

(4) 민주주의

뒤르케임의 정치사회학을 구성하는 또 다른 하나의 중요한 개념적 축은 민주주의인데, 이 역시 일반적으로 표상하는 민주주의와 상당히 다른 모습을 보여 준다. 아리스토텔레스 이래로 국가의 형태를 통치하는 사람들의 숫자에 따라 분류하는 것이 일반적이다. 주권이 단 한 명의 수중에 있는 경우를 군주제, 소수의 수중에 있는 경우를 귀족제, 그리고 모두의 수중에 있는 경우를 민주주의라고 한다. 그러나 뒤르케임이 보기에 통치하는 사람들의 숫자에 따라 국가의 형태를 분류하는 방식은 전혀 타당성이 없다. 사실 역사적으로 통치는 언제나 소수의 수중에 있었다. 그리고 일반적으로 통용되는 의미의 민주주의는 현대사회가 아니라 오히려 부족사회에서 관찰할 수 있다. 부족은 일정한 수의 씨족으로 구성되며, 각 씨족은 자치적으로 지배된다. 씨족장이 존재하는 경우에도 그의 권력은 아주 미약하다. 그리고 씨족 연맹은 대표자 평의회에 의해 지배된다. 그러나 부족사회는 국가가 아니고 심지어 정치사회도 아니며, 따라서 — '민주주의적'이라고 또는 '원시 민주주의'라고 부를 수 있을지 몰라도 — 민주주의 국가는 아니다.[239] 결국 기준의 방식으로는 국가의 형태를 분류할 수도 없고 민주주의라는 국가 형태를 정의할 수도 없음이 드러난다.

---

239 같은 책, 114, 120쪽.

이에 반해 뒤르케임은 국가의 본질에서 출발하여 민주주의의 정의에 도달하는 방식을 택한다. 그에게 국가란 — 이미 앞에서 살펴본 바와 같이 — 사회적 사고의 기관으로서 사회의 나머지 부분과 구별된다. 그렇다고 해서 국가가 사회적 사고를 독점하는 것은 물론 아니다. 오히려 사회에는 두 가지 종류의 사고가 존재하는바, 그 하나는 국가라고 불리는 특수한 기관에 의해 만들어지는 사고이고, 그 다른 하나는 집합적 대중에서 비롯되는 사고이다. 후자는 해당 사회집단을 구성하는 개인의 의식 속에 분산되어 있는 반면, 전자는 성찰과 심의 기관인 국가에 의해 조직되고 집중되어 있다. 후자는 이 조직적이고 집중적인 성격 덕분에 전자의 불명료하고 불확실한 상태를 벗어날 수 있다. 그런데 이 둘은 서로 구별되지만 다른 한편으로는 상호작용 관계에 있다. 전체 사회에 확산되어 있는 다양한 집합적 대중의 사고, 즉 다양한 사회집단에서 형성된 감정·이상·신념 등은 국가의 사고에 영향을 끼치는 반면, 국가가 사고를 통해 내린 결정은 전체 사회에 전파되면서 집합적 대중의 사고가 수정되거나 변경되도록 한다.[240] 국가와 사회의 관계가, 그리고 국가적 사고와 대중적 사고의 관계가 이러하다면,

민주주의를 스스로 통치하고 국민 전체가 통치에 참여하는 사회의 정치적 조직이라고 말해서는 안 된다. 그와 같은 정의는 자체적인 모순이다. 이는 마치 민주주의가 국가 없는 정치사회라고 말하는 것과도 같다. 만약 국가가 나머지 사회와 구분되는 기관이 아니라면, 사실상 그것은 아무것도 아니다. 만약 국가가 모든 곳에 존재한다면, 그것은 아무 곳에도 존재하지 않는다. 국가는 특정한 개인의 집단을 집합적 대중과 분리하는 집중화 과정을 통해 존재하게 되는데. 이 집단에서 사회적 사고는 특수한 정교화 작업을 거쳐서 고도의 명료성에 이

---

240 같은 책, 115~16쪽.

르게 된다. 그와 같은 집중화 과정이 없는 경우, 그리하여 사회적 사고가 완전히 분산되어 있는 경우, 사회적 사고는 모호한 상태로 남아 있게 되고 정치적 사회를 구별할 수 있는 특징은 없어질 것이다. 아무튼 이 특수한 기관과 사회의 다른 기관 사이의 의사소통은 더 긴밀할 수도 있고 덜 긴밀할 수도 있으며 더 연속적일 수도 있고 더 간헐적일 수도 있다.[241]

바로 이 의사소통이 — 또는 방금 앞에서 언급한 상호작용이 — 뒤르케임의 정치사회학에서 국가의 형태를 결정짓는 기준이다. 거기에서는 국가의 형태가 의사소통 정도에 따라 구분되며, 따라서 국가의 다양한 형태 사이에는 아무런 본질적인 차이도 없고 다만 정도의 차이가 있을 뿐이다. 모든 국가의 형태는 의사소통의 완전한 불가능성과 의사소통의 완전한 가능성이라는 두 극단 사이의 어딘가에 위치한다. 이렇게 보면 귀족제적 사회와 군주제적 사회를 구분하는 것은 어려울 수도 있다.[242] 그보다는 국가의 형태를 민주주의적이냐 비민주주의적이냐로 구분하는 것이 더 타당할 것이다. 이처럼 국가의 형태를 의사소통 정도에 따라 분류한다면,

국가 의식과 나머지 사회의 의식 사이의 의사소통이 긴밀하면 할수록, 그리고 이 의식이 광범위하면 할수록, 그리하여 수많은 사물을 포괄하면 할수록, 사회의 성격은 더욱더 민주주의적이 될 것이다. 그러므로 민주주의라는 개념은 이 의식의 최대한 확대로 정의되며, 따라서 이 [최대한으로 확대된] 의사소통에 의해 결정된다.[243]

---

241 같은 책, 119~20쪽.
242 같은 책, 122쪽.
243 같은 곳.

이러한 민주주의의 정의에 입각하여 뒤르케임은 통치하는 사람들의 숫자와 같은 기존의 민주주의 개념이 혼란만 야기할 뿐 경험적 현실을 인식하는 데에 도움을 주지 못한다고 비판한다.

> 우리가 민주주의에 대한 보다 명확한 개념을 얻고자 하면, 우리는 먼저 우리의 생각을 뒤죽박죽으로 만들기만 하는 일련의 친숙한 개념으로부터 벗어나야 한다. 통치하는 사람들의 숫자는 고려에서 제외해야 하며, 그들이 지닐 수 있는 직위는 더더욱 제외해야 한다. 그리고 민주주의는 필연적으로 국가의 권력이 미약한 사회라고 믿어서도 안 된다. 국가는 민주주의적이면서도 강력한 조직을 가질 수 있다. 민주주의의 진정한 특징은 다음과 같이 두 가지로 규정지을 수 있다. (1) 국가 의식의 보다 큰 확장, (2) 이 의식과 대중적인 개인의식들 사이의 보다 긴밀한 의사소통.[244]

이렇게 보면 민주주의는 사회가 자기 자신을 가장 순수하게 의식할 수 있는 정치체계라고 할 수 있다. 그런데 민주주의는 근대의 산물이 아니라 역사의 시작과 더불어 점진적으로 발전해 온 정치조직이다. 민주주의는 — 이와 관련하여 뒤르케임은 말하기를 —

> 사회로 하여금 자기 자신을 가장 순수하게 의식할 수 있도록 하는 정치체제로 보인다. 공적 사안을 처리하는 과정에서 숙고, 성찰과 비판정신이 큰 역할을 하면 할수록 국민은 더욱더 민주적이 된다. 그리고 역으로 무의식, 미지의 관습, 모호한 감정, 간단히 말해 일체의 검토를 벗어나는 편견의 비중이 크면 클수록 국민은 더욱더 비민주적이 된다. 이것은 민주주의가 우리 세기에 발견된 것도 부활한 것도 아님을 뜻한다. 오히려 사회들이 점점 더 민주주의의 특징을 취해 가고

---

244 같은 책, 127쪽.

있다. 만약 우리가 명확한 사고를 해치기만 하는 통속적인 고정관념에서 벗어날 수 있다면, 우리는 17세기의 사회가 16세기의 사회보다 더 민주적이었으며 봉건적 토대를 가진 어떤 사회보다 더 민주적이었다는 사실을 인식할 수 있을 것이다. 봉건제는 사회적 삶의 분산을 그 특징으로 한다. 우리 시대의 대규모 사회에서는 제한적인 모호성과 무의식성이 봉건제에서는 극에 달했다. 군주제는 집합적 힘을 점점 집중시키고 모든 방향으로 가지를 뻗고 사회적 대중 속으로 아주 촘촘히 스며들었으며, 그 결과로 미래의 민주주의를 준비했다. 그 이전에 존재했던 것과 비하면 군주제 자체도 이미 민주주의적인 국가 형태였다. 당시에 국가수반이 국왕이라는 칭호를 가졌다는 사실은 완전히 부차적인 것이다. 결정적인 것은 그가 국가 전체와 유지했던 관계이다. 이때부터 국가 전체에 사회적 관념의 명확성이 확산되었다. 그러므로 민주주의가 도도히 흐른 것은 겨우 지난 사오십 년 이래의 일이 아니다. 그것은 오히려 역사가 시작된 이래로 지속적으로 발전해 왔던 것이다.[245]

이어서 뒤르케임은 다음과 같이 민주주의의 발전을 결정짓는 사회적 요소가 무엇인가를 분석하고 있다.

사회는 그 규모와 복잡성이 증가하면 할수록 자기 자신을 조종하는 데 더욱더 많은 성찰을 필요로 한다. 맹목적인 관례와 획일적인 전통으로는 그와 같이 정교한 메커니즘의 운행을 통제할 수 없다. 사회적 환경이 복잡하면 할수록 그 유동성도 더욱더 커진다. 그러므로 사회조직도 그와 같은 정도로 변화되어야 하며, 또한 그러기 위해서는 사회조직이, 이미 살펴본 바와 같이, 자기 자신을 의식해야 하고 성찰적이 되어야 한다. 사물이 항상 동일한 방식으로 진행된다면, 그것을 통

245 같은 책, 128~29쪽.

제하는 데 습관이면 충분하다. 그러나 상황이 끊임없이 변화한다면, 어떠한 경우에도 습관이 최상의 원칙으로 작동해서는 안 된다. 오로지 성찰을 통해서만 새롭고 유용한 실천을 발견할 수 있는바, 그 이유는 오로지 성찰을 통해서만 미래를 예상할 수 있기 때문이다. 이것은 심의회들이 점점 더 일반적인 제도가 되어가고 있는 이유이기도 하다. 심의회들은 사회가 자기 자신에 대해 숙고하는 기관이며, 따라서 집합적 실존의 현대적 조건으로 인해 필연적으로 요구되는, 거의 부단한 변화의 수단이 된다. 오늘날의 삶을 위해서는 사회적 기관이 늦지 않게 변화하는 것이 필요하다. 그리고 사회적 기관이 적기에 그리고 신속하게 변화하려면, 사회적 성찰이 삶의 상황에서 일어나는 변화를 주의 깊게 추적해야 하며, 그리고 나서 그 변화에의 적응을 가능케 하는 수단을 제공해야 한다. [246]

그런데 뒤르케임에 따르면 민주주의가 필연적으로 발전하는 이유는 그와 같은 사회적 환경의 측면 때문만이 아니라 도덕적 측면 때문이기도 하다. 민주주의는 다음과 같이 다른 국가 형태에 비해 도덕적 우월성을 갖는다.

> 민주주의는 성찰의 지배 형태이기 때문에 시민들로 하여금 국가의 법률을 더 지적으로, 따라서 덜 수동적으로 받아들일 수 있도록 한다. 시민과 국가 사이에는 끊임없이 의사소통이 일어나기 때문에, 국가는 개인에게 더 이상 완전히 기계적인 자극만을 주는 외적인 힘이 아니다. 개인과 국가 사이의 끊임없는 교류 덕분에 국가의 삶이 개인의 삶과 연결되어 있고 개인의 삶이 국가의 삶과 연결되어 있다.[247]

---

246 같은 책, 129~30쪽.
247 같은 책, 131쪽.

요컨대 민주주의는 도덕적 개인주의에 가장 적합한 정치조직인
것이다. 여기까지의 논의를 바탕으로 뒤르케임의 민주주의 이론을
다음과 같이 요약할 수 있을 것이다. 민주주의는 장기간에 걸친 역
사적 발전 과정의 산물로서 사회적 사고의 기관이라는 국가의 본질
에 가장 잘 부합하며 국가의 근본적인 의무인 개인숭배 또는 도덕적
개인주의를 가장 잘 구현할 수 있는 국가의 형태이다.

(5) 조합주의

그렇다면 국가와 나머지 사회 사이의 의사소통은 어떠해야 하는
가? 이 민주주의의 실천에 대한 뒤르케임의 답변에서 우리는 그의
조합주의 이론을 접하게 된다. 민주주의적 의사소통 하면 무엇보다
먼저 루소의 정치철학을 떠올리게 된다. 이에 따르면 국가는 개인의
일반의지를 반영하고 표현할 뿐이다. 이렇듯 루소의 일반의지 이론
은 엄격히 개인주의적이다. 그리고 사회에서 활동적인 존재는 오직
개인뿐이며 따라서 어떤 의미에서 국가는 오직 개인에 의해서만 만
들어진다는 점에서 이 이론은 확실히 타당성을 갖는다. 그러나 다른
한편 국가가 개인으로부터 비롯되지만 개인을 넘어선다는 점을 제
대로 설명할 수 없다는 한계가 있다. 뒤르케임이 보기에 루소의 일
반의지 이론은 개인주의적 국가이론이 분명하지만 그로부터 얻을
수 있는 것은 개인주의적 특수주의에 지나지 않는다.[248]

잘 알려져 있다시피, 루소의 철학은 프랑스대혁명의 정신적 지주
였으며 프랑스 민주주의의 철학적 기반이 되었다. 프랑스 사회는 대
혁명 직후인 1791년 3월 '알라르드 법'에 의해서 공식적으로 중세의
동업조합인 길드를 폐지함으로써 개인과 국가가 아무런 중간집단의

---

248 같은 책, 135, 141, 149~50쪽.

매개도 없이 직접적인 관계에 있도록 만들었다. 개인의 자율성과 국가의 공동체성을 강조했던 것이다. 이 과정에서 루소의 사상이 절대적인 영향력을 행사했음은 불문가지이다. 그러나 이차집단의 부재는 사회조직의 토대와 정치조직의 토대를 와해시켰으며, 그 결과 사회적 불안과 정치적 불안을 초래했다. 뒤르케임에 따르면 정치적 불안은,

> 우리에게 고통을 안겨 주는 사회적 불안과 원인이 동일하다. 그것은 국가와 나머지 사회 사이에 개입하는 이차적 기관의 부재이다. 우리는 이미 국가가 개인을 압제하는 것을 막는 데 그와 같은 기관이 필수적임을 보았다. 이제 우리는 개인이 국가를 흡수하는 것을 막는 데 마찬가지로 그와 같은 기관이 불가결함을 알고 있으며, 그것들은 존재하는 두 힘을 서로 자유롭게 하는 동시에 이 둘을 서로 연결한다. 우리는 이미 빈번하게 거론한 바 있는 내적 조직의 부재가 얼마나 심각한 결과를 초래하는지 알고 있다. 사실 그 부재는 우리의 사회적 · 정치적 구조 전체를 깊이 뒤흔들고, 말하자면 유약하게 만든다. 이전에 개인을 둘러싸고 있었고, 말하자면 사회의 골격으로 기능했던 사회적 형태는 사라져버렸거나 해체되었지만 어떤 새로운 형태도 그것들을 대신하지 못하고 있는 실정이다. 남아 있는 것은 유동하는 개인 내중뿐이다. 왜냐하면 국가 자체가 그들에게 흡수되었기 때문이다. 오직 행정기구만이 안정성을 유지하고 있으며 계속해서 이전과 동일한 자동적 규칙성을 갖고 작동하고 있을 뿐이다.[249]

물론 뒤르케임이 중세의 직업집단인 길드를 옹호하는 것은 결코 아니다. 길드는 — 이미 직업집단을 논하면서 언급한 바와 같이 —

---

249 같은 책, 150~51쪽.

산업사회의 도래와 더불어 그 사회적 생명력이 다했다는 것이 그의 견해이다. 여기에서 뒤르케임이 말하고자 하는 바는 오히려, 프랑스 사회가 18세기 말에 길드를 해체한 것은 민주주의적 의사소통에서 국가와 개인 사이에 위치하는 이차집단의 의미를 간과한 결과이며, 이 과정에서 루소의 개인주의적 특수주의가 결정적인 영향을 끼쳤다는 것이다. 그런데 방금 인용한 구절의 끝부분에 나오는 "국가 자체가 그들에게 [개인에게] 흡수되었다"라는 문장은 국가가 개인에 의해 완전히 해체되었다는 식으로 해석해서는 물론 안 된다. 그보다는 사회적 사고의 기관으로서의 국가가 개인에게 흡수되었다는 식으로, 그리고 그 이유는 국가의 균형추인 이차집단이 재조직되지 않았기 때문이라는 식으로 해석하는 것이 타당할 것이다. 국가는 이차집단의 부재라는 상황을 틈타 여전히 안정적이고 규칙적으로 작동하는 행정기구를 이용해 권력을 집중할 수 있었으며, 개인은 그렇게 초(超)국가가 된 국가에 의해 지배되고 통제되었다. 프랑스 사회는 대혁명의 와중에서 "조직되지 않은 개인이라는 무수한 파편으로 구성된 사회를 초국가가 속박하고 억압하려는 사회"가 되고 말았다. 그것은 "진정한 사회학적 괴물"이다.[250] 결국 루소의 개인주의적 특수주의는 프랑스 사회에 사회학적 괴물을 그 사회적 · 정치적 유산으로 남겼던 것이다.

이렇게 보면 국가와 개인들의 직접적인 접촉은 민주주의적 의사소통이 아니라는 결론에 이른다. 아니 그 경우에는 국가가 더 이상 국가일 수 없다. 그렇다면 해결책은 도대체 어디에 있단 말인가? 그것은 다름 아닌 조합주의이다. 뒤르케임에 따르면 이차집단이 국가와 개인의 중개자로 기능함으로써, 그것도 일시적이 아니라 지속적으로 그리함으로써, 양측이 직접적으로 접촉하지 않으면서도 서로

---

250 Émile Durkheim, 앞의 책(1988), 71쪽.

긴밀하게 연결되어야만 비로소 진정한 의미의 민주주의적 의사소통이 가능해진다. 만약 그렇지 않으면 개인들은 국가를 흡수하려고 하고 국가는 개인들을 전제적으로 속박하고 억압하려고 하는 역설적 상황이 벌어진다. 국가와 개인들의 중개자 역할을 할 수 있는 이차집단은 다름 아닌 직업집단이다. 기존의 정치조직은 지역에 그 토대를 두고 있다. 그러나 현대 산업사회에서 지역집단이 개인들의 삶에 대해 갖는 중요성은 점점 더 작아지고 있는 반면, 직업집단이 점점 더 큰 중요성을 얻고 있다. 직업집단은 "영구적인 집단, 개인이 자신의 삶 전체를 바치는 집단, 개인이 가장 애착을 갖는 집단"이며, 따라서 사회조직의 토대가 되면서 정치조직의 토대가 된다.[251]

이러한 직업집단이 정치조직의 토대가 되면, 다시 말해 선거가 직업집단에 기초하게 되면 국가와 나머지 사회, 그러니까 국가-이차집단-개인의 진정한 민주주의적 의사소통이 가능해진다. 그 이유는 다음과 같다.

> 각 직업의 이해관계에 관한 한, 거기에서 노동하는 모든 개인이 정통하다. 그러므로 이들은 자신들이 속한 직업집단의 공통적 사안을 가장 잘 관리할 인물을 선출할 수 있다. 다른 한편 그들에 의해 정치적 의회로 보내지는 대표들은 자기 나름의 특별한 역량으로 무장하고 갈 것이다. 그리고 이 의회의 과제는 무엇보다도 다양한 직업 사이의 관계를 규제하는 것이기 때문에, 그와 같은 문제들을 해결하는 데 가장 적합한 방식으로 구성될 것이다. 그러면 정부 평의회들은 사실상 유기체에서 두뇌가 하는 일과 같은 일을 할 것이다. 그것은 다름 아닌 사회체(社會體)의 재생산이다. 거기서는 모든 생명력과 모든 생명 기관이 그 각각의 중요성에 따라 대표될 것이다. 이와 같은 방식으로 형성된 집단에서 사회는 진정으로 자기의식과 통일성을 얻게 될 것이

---

251 Émile Durkheim, 앞의 책(1991), 139쪽.

다. 이 통일성은 거기에서 긴밀하게 접촉하는 다양한 직업집단의 대표자들 사이에서 발전하는 관계로부터 자연스럽게 생겨날 것이다.[252]

뒤르케임이 보기에 조합주의 사회는 다음과 같이 세 가지 장점을 갖는다. (1) 조합주의는 경제가 국가에 의해 통제되도록 한다. (2) 경제적·정치적 통제는 민주주의 국가가 개인을 위해 간섭할 수 있도록 한다. (3) 이 두 조건이 충족되면 도덕적 개인주의가 성취될 수 있다.[253] 그리고 더 나아가 조합주의 사회는 경제적 공리주의와 사회주의의 이론적 문제점을 극복할 수 있다. 첫째, 공리주의와 마찬가지로 뒤르케임은 현대 산업사회에서 경제가 수위를 차지한다는 사실을 인정한다. 그러나 공리주의는 국가와 직업집단이 경제를 조직하고 조정하는 역할을, 그리고 사회적·문화적 요소가 경제적·정치적 행위에 끼치는 영향을 간과한다. 둘째, 뒤르케임은 사회문제, 사회정의 및 경제의 정치적 규제라는 측면에서 사회주의와 공통적이다. 그러나 수단과 방법 측면에서는 전혀 다른 입장이다. 그에게 사회변동의 진정한 수단이나 방법은 폭력적 혁명이나 생산수단의 사회화가 아니라 합리적인 제도적·구조적 개혁이다. 게다가 뒤르케임이 보기에 사회주의는 단순히 노동자나 특정한 집단 또는 계급의 문제가 아니라 사회 전체의 문제이다.[254]

---

252 같은 책, 148~49쪽.

253 Hans-Peter Müller, 앞의 글(1993a), 101~02쪽.

254 같은 글, 102쪽. 뒤르케임의 사회주의 이론은 매우 독특하고 흥미로우며, 따라서 자세히 다루어볼 만한 가치가 있다. 그러나 여기서는 지면 관계상 다음 기회로 미루기로 한다. 뒤르케임의 사회주의 이론은 다음에 잘 정리되어 있다. Émile Durkheim, *La Socialisme. Sa Définition—Ses Débuts—La Doctrine Saint-Simonienne* (Introduction par Marcel Mauss), Paris: Alcan 1928. 다음은 이 책의 영어 번역본이다. Émile Durkheim, 앞의 책(1959). 우리는 여기에서 뒤르케임의 조합주의가 전통적 조합주의 및 무솔리니(1883~1945)의 조합주의적 파시즘과 관련이 있는가 하는 질문을 던질 수 있을 것이다. 먼저 구체제(앙시앵 레짐)의 조합주의는 뒤르케임의 조합주의와 유사하게 중

마지막으로 뒤르케임은 —국가와 개인의 관계, 직업집단, 민주주의 및 조합주의 등에 대한 논의에 입각하여— 시민도덕, 즉 개인이 국가에 대해 갖는 의무를 제시하면서 정치사회학적 논의를 마친다. 뒤르케임이 『사회학 강의: 도덕과 법의 물리학』에서 제시하는 시민도덕적 의무는 첫째로 법률을 존중하는 것이고, 둘째로 선거권의 행사를 통해 법률을 정교하게 만드는 데 참여하는 것, 보다 일반적으로 말하면 공적 삶에 참여하는 것이다. 뒤르케임이 보기에는 모든 시민이 어떤 의미로는 정치인으로 바뀌어야 한다.[255]

여기까지 논의하는 과정에서 분명히 드러나듯이, 뒤르케임의 정치사회학은 통상적인 의미의 정치사회학과 근본적으로 다른 모습을 보여 주며, 또한 그런 이유로 많은 비판을 받아왔다. 그러나 다른 한편 바로 그런 이유로 통상적인 의미의 정치사회학과 다른 방식으로 영향을 끼쳐왔다. 먼저 뒤르케임 정치사회학에 대한 비판은 크게 다음의 네 가지로 요약할 수 있다. (1) 전체주의적 정치사회학이다. (2) 계급갈등을 개념화하지 못한다. (3) 자유주의 시각을 넘어서는 사회주의적 관점이다. (4) 권력정치를 개념화하지 못한다.[256] 그러나 다른 한편 뒤르케임의 정치사회학은 조합국가와 복지국가의 사회학적 논리를 제공했고, 기든스가 주장한 제3의 길을 주창했으며, 또한 민주주의를 국가와 시민사회의 긴밀한 의사소통으로 파악하는 방식온 하비마스의 민주주의 이론에노 큰 영향을 끼쳤다.[257] 사실 이 모

간집단의 역할을 강조한다. 그러나 구체제는 합법화된 불평등과 신분적 특권에 기초하는 위계질서 사회이다. 그리고 파시즘적 조합주의는 직업집단을 전체주의적 국가에 복속시키며, 이 점에서 직업집단과 국가의 상호 자율성과 그에 기반하는 양자의 긴밀한 상호작용을 강조하는 뒤르케임의 조합주의와 근본적으로 구별된다. Hans-Peter Müller, 앞의 글(1993a), 102쪽.

255 Émile Durkheim, 앞의 책(1991), 152쪽 이하.

256 여기서는 지면 관계상 이 비판을 자세하게 검토하지 않고 다만 다음을 언급하는 선에서 그치기로 한다. Anthony Giddens, 앞의 책(1980), 263쪽 이하; 민문홍, 앞의 책(1994), 73쪽 이하; 민문홍, 앞의 책(2001), 132쪽 이하.

든 것은 뒤르케임의 정치사회학이 갖는 규범적 · 도덕적 성격 때문이다.

그런데 내가 보기에 뒤르케임의 정치사회학으로부터 얻을 수 있는 가장 큰 지적 유산은 국가를 도덕적 관점에서 접근하는 것이다. 뒤르케임에 따르면, 국가의 근본적인 의무는 개인숭배의 수호 또는 도덕적 개인주의의 구현에 있다. 그가 주창하는 국가는 개인숭배 또는 도덕적 개인주의를 집합이상으로 설정하고 적극적 정의를 추구하는 개인주의적 국가이다. 이러한 국가는 개인주의는커녕 개인도 제대로 발견되지 못하고 있는 한국 사회에 특히 절실히 요구된다. 이 문제는 결론 격인 '논의를 마치면서'에서 다시 한 번 거론하기로 한다.

(6) 정치사회학과 도덕정치

이로써 우리는 뒤르케임의 정치사회학을 간략하게 살펴보았다. 이제 그 결과를 가지고 ─ 그리고 그 앞에서 논한 결과와 함께 ─ 도덕정치를 요약적으로 정리하면서 뒤르케임 사회학에 대한 논의를 마치기로 한다. 뒤르케임이 추구하는 개인주의의 도덕정치는 ─ 이미 앞에서 뒤르케임 정치사회학의 성격을 규정하면서 언급한 바와 같이 ─ 다음의 다섯 가지 측면으로 구성된다. (1) 제도이론, 즉 현대 사회의 도덕체계에 대한 제도적 이론, (2) 사회화 이론, 즉 사회화 이론으로서의 도덕교육, (3) 종교와 인식에 대한 이론, (4) 도덕적 상황에 대한 이론적 분석과 진단, (5) 이 모든 것에 근거하는 실천적 대안의 제시.

이를 간략하게 설명하면 다음과 같다. (1) 제도이론에서는 민주주

---

257 민문홍, 앞의 책(2001), 144쪽 이하.

의 국가와 직업집단의 도덕적 의미와 역할을 논한다. (2) 사회화 이론에서는 도덕성의 세 가지 요소에 입각하여 학교에서 아동에게 도덕성을 형성하는 방식을 논한다. (3) 종교와 인식에 대한 이론에서는 개인숭배 또는 도덕적 개인주의가 분업화된 현대 산업사회의 시민종교임을 논한다. (4) 도덕적 상황에 대한 이론적 분석과 진단에서는 현대 산업사회에 적합한 사회적 연대와 그 병리적 현상을 논하며, (5) 이 모든 것에 근거하여 실천적 대안을 제시한다.

이 다섯 차원에 걸친 논의의 결과는 다음과 같다. 분업화된 현대 산업사회에 적합한 사회적 연대는 유기적 연대이며, 이는 다시금 도덕적 개인주의에 의한 통합과 직업집단에 의한 규제라는 두 가지 차원으로 구성된다. 그러나 현대 유럽 사회는 개인주의의 과도한 발달로 인한 이기주의가 만연하고 직업집단에 의한 규제의 부재로 인해 아노미가 만연하는 병리적인 상태에 처해 있다. 진정한 유기적 연대가 창출될 수 있으려면 도덕적 개인주의에 의한 사회적 통합과 직업집단에 의한 사회적 규제가 긴밀하게 결합되어야 한다. 다시 말해 도덕적 개인주의와 직업집단이 조화를 이루어야 한다. 이를 위해서 사회적 사고의 기관인 민주주의 국가는 전(全) 사회적으로 도덕적 개인주의 또는 개인숭배를 구현할 수 있고 학교에서 합리적 · 세속적 도덕을 교육할 수 있는 집합표상(법률, 교육과정 및 내용, 문화정책 등)을 창출하여 집행기관에 전달해야 한다. 그리고 도덕정치의 이론적 · 실천적 과학인 사회학은 엄밀한 관찰과 실험을 통해 사회적 사실로서의 도덕과 그 병리적 현상을 분석하고 진단하며, 그에 근거하여 사회개혁에 대한 일반적 원칙을 제시해야 한다. 여기까지의 논의를 도표 19로 나타내면 보다 가시적으로 와닿을 것이다.

도표 19 뒤르케임의 도덕정치의 구조와 논리

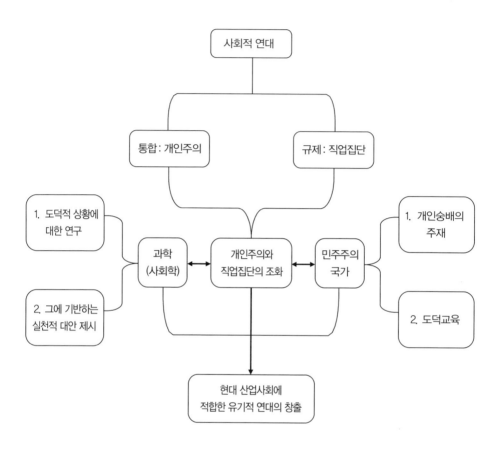

논의를 마치면서:
뒤르케임으로부터 무엇을 배울 것인가?

이렇게 해서 우리는 '김덕영의 사회학 이론 시리즈'의 첫 번째 결실을 거두었다. 이제 뒤르케임에게서 무엇을 배울 것인가를 간략하게 생각해 보면서 결론을 대신하기로 한다. 사실 우리가 뒤르케임과 같은 거장에게서 배울 수 있는 것은 항구적이고 무한하다. 그런고로 여기서는 큰 줄기만을 짚어보기로 한다. 물론 이 큰 줄기라는 것도 아마추어 뒤르케임 연구자에 의해 자의적으로 결정된 것이다.[1]

내가 보기에는 제6장 제3절 '지식사회학 2(사회학적 인식론): 사회학적 칸트주의 2'와 더불어 논의를 시작하는 것이 좋을 듯하다. 우리는 그 절의 마지막을 다음과 같은 구절로 장식했다. "요컨대 뒤르케임은 칸트가 철학적으로 논증한 사고와 관념 그리고 행위와 도덕, 그러니까 이론적(사변적) 이성과 실천적 이성을 비개인적인 집합적

---

[1] 다음은 뒤르케임 전문가가 21세기 한국 사회에서 뒤르케임을 읽어야 하는 이유를 일목요연하게 정리하고 있다. 민문홍, 「뒤르케임 탄생 150주년에 다시 읽는 에밀 뒤르케임의 사회학: 21세기 한국 사회에서 여전히 뒤르케임 독해가 필요한 10가지 이유」, 한국사회이론학회 (엮음), 『뒤르케임을 다시 생각한다: 에밀 뒤르케임 탄생 150주년 기념』, 동아시아 2008, 83~117쪽. 다음도 같이 볼 것. 민문홍, 앞의 책(1994), 309쪽 이하; 민문홍, 앞의 책(2001), 351쪽 이하.

이성 또는 사회적 이성으로 재정립하고 있다. 아마도 우리는 이처럼 인간정신의 가장 고매한 형태까지도 사회와 관련시키는, 철저하고도 일관된 사회학적 사고를 보고 ─ 뒤르케임의 말대로! ─ 놀랄 것이다. 이에 대해서는 이 책의 결론 부분에서 다시 논의가 이루어질 것이다." 이 마지막 문장대로 뒤르케임이 얼마나 철저하고도 일관된 사회학적 사고를 했는가를 좀 더 자세하게 살펴보기로 한다. 우리는 제6장 제3절의 마지막 부분에서 뒤르케임이 칸트의 차안과 피안에 위치한다는 것을 논증하기 위해 『종교적 삶의 원초적 형태들』에서 꽤 긴 구절을 인용했다. 여기서는 그다음의 ─ 역시 꽤 긴 ─ 구절을 인용하기로 한다.

아마도 사람들은 우리가 인간정신의 가장 고매한 형태까지도 사회와 관련시키는 것을 보고 놀랄 것이다. 우리가 결과에 부여하는 가치에 비하면 원인은 매우 보잘것없어 보인다. 감각 및 욕망의 세계와 이성 및 도덕의 세계 사이의 거리는 너무나도 커서 후자는 창조행위에 의해서만 전자에 덧붙여질 수 있는 것처럼 보인다. ─ 그러나 우리의 본성이 생성되는 과정에서 사회에다가 그처럼 우월한 역할을 부여하는 것은 이러한 창조를 거부하는 것이 아니다. 왜냐하면 사회는 그 어떤 관찰 가능한 존재도 필적할 수 없는 창조력을 지니고 있기 때문이다. 모든 창조가 과학과 이성이 포착할 수 없는 신비한 힘의 작용이 아니라면, 그것은 사실상 합성의 산물이다. 그러므로 각 개인의 의식 속에서 개별적인 표상이 합성되는 것이 이미 그 자체로서 새로운 것을 창조하는 것이라면, 사회를 이루는 모든 의식에 의한 이 거대한 합성은 훨씬 더 효력이 클 수밖에 없다! 사회는 자연이 우리에게 제공할 수 있는 가장 강력한 물리적·도덕적 힘의 다발이다. 다른 어느 곳에서도 그처럼 다양하고 풍부한 소재들이 그처럼 집중되어 있는 것을 발견할 수 없다. 그러므로 사회에서 더 고매한 삶이 나타난다는 것은 놀랄 만한 일이 아니다. 역으로 이 삶은 자신을 창출한 요소에

영향을 끼치면서 그것들을 더 높은 존재 형태로 고양시키고 변화시킨다.[2]

이 인용구절에는 사회에 대한 뒤르케임의 견해가 아주 집약적으로 나타나 있다. 사회는 — 이 인용구절을 요약하면 — 자연에서 가장 다양하고 풍부한 소재들이 가장 집중되어 있는 곳, 다시 말해 가장 강력한 물리적 · 도덕적 힘의 다발이며, 따라서 자연에서 가장 큰 창조력을 지닌 존재이다. 그러므로 이성과 같이 — 사변적 이성 및 실천적 이성과 같이 — 인간정신의 가장 고매한 형태도 집합적 삶 안에서 그리고 집합적 삶을 통해서 형성되고 발전하는, 사회의 작품이다. 이성은 — 그것이 사변적 이성이든 실천적 이성이든 상관없이 — 사회의 창조적 행위의 산물이다. 이성은 결국 집합적 이성 또는 사회적 이성인 것이다. 이렇게 보면 인간정신의 가장 고매한 형태까지도 사회와 관련시키는 것은 결코 놀랄 일이 아니다. 왜냐하면 결과에 비해, 즉 인간정신의 가장 고매한 형태에 부여하는 가치에 비해 그 원인, 즉 사회는 결코 보잘것없는 것이 아니기 때문이다. 이러한 논의에 입각하여 뒤르케임은 사회학이 인간과학의 새로운 지평을 활짝 열어젖히라는 '소명'을 받았다고 생각한다. 방금 인용한 구절에 이어서 뒤르케임은 다음과 같이 말한다.

그러므로 사회학은 인간과학에 새로운 길을 열라는 부름을 받은 것 같다. 지금까지 우리는 다음과 같은 양자택일에 직면해 있었다. 먼저 인간의 우월하고 특수한 능력을 인간 존재의 열등한 형태로 환원함으로써, 예컨대 이성을 감각으로, 정신을 물질로 환원함으로써 설명하는데, 이는 결과적으로 그것의 특수성을 부인하게 된다. 그렇지 않으면 인간의 우월하고 특수한 능력을 어떤 초경험적인 실재로 환원하는

---

2 Émile Durkheim, 앞의 책(2007), 652~53쪽.

데, 이 존재는 공리로 전제될 뿐 그 어떤 관찰을 통해서도 그 존재를 확증할 수 없다. 정신이 이처럼 혼란한 상태에 빠지게 된 것은, 인간이 '자연의 궁극점'(finis naturae)으로 간주되었기 때문이다. 마치 개인을 넘어서는 더 이상 아무것도, 적어도 과학이 도달할 수 있는 것은 아무것도 존재하지 않는 것처럼 보였다. 그러나 개인 위에 사회가 존재한다는 것을, 그리고 사회는 이성에 의해 고안된 명목적 존재가 아니라 행위하는 힘의 체계라는 것을 인식한 순간부터, 인간을 설명하는 새로운 방식이 가능해졌다. 인간의 독특한 속성을 보존하기 위해서 이제는 더 이상 그 속성을 경험의 밖에 둘 필요가 없다. 이 궁극점으로 가기 전에, 적어도 개인 안에 있지만 개인을 넘어서는 것이 초개인적인 그러나 경험에, 즉 사회에 주어진 이 실재에서 기인하는 것인지 검토해야 할 것이다. 물론 현재로서는 이러한 설명이 어디까지 도달할 수 있으며 모든 문제를 해결할 수 있을지 말할 수 없다. 그러나 이러한 설명이 넘어서지 못할 한계를 미리 설정하는 것 또한 불가능하다. 그보다는 가설을 세우고 그것을 가능한 한 체계적으로 사실을 통해 검증해야 할 것이다. 바로 이것이 우리가 여기에서 시도한 것이다.[3]

　　이것이 『종교적 삶의 원초적 형태들』의 마지막 구절이다. 그러니까 뒤르케임은 자신이 살아생전에 마지막으로 출간된 책을 사회학(자)의 소명의식으로 맺고 있는 것이다. 개인 위에 사회가 존재하며 사회는 이성에 의해 고안된 명목적 존재가 아니라 행위하는 힘의 체계라는 대전제 아래 인간과학의 새로운 지평을 활짝 열어젖히려는 소명의식! 다시 말해 인간과 그 존재 및 삶의 구석구석까지 사회학적 인식의 끈을 던지라는 소명의식! 그리고 실제로 뒤르케임은 이

3　같은 책, 653쪽.

사회학(자)의 소명의식에 따라 이성과 같이 전통적으로 철학의 전유물처럼 생각되어 온 주제도 사회와 관련시켜 재구성하고 있다. 사변적 또는 이론적 이성(인식)과 실천적 이성(도덕)의 두 차원에서의 사회학적 칸트주의가 이를 단적으로 보여 준다. 내가 보기에는 이처럼 놀랄 정도로 철저하고도 일관적인 사회학적 사고가 무엇보다도 뒤르케임한테서 배울 점이다.

우리는 또 다른 곳에서 뒤르케임의 이 철저하고도 일관적인 사회학적 사고를 만날 수 있으니, 그것은 1914년에 발표한 「인간본성의 이원성과 그 사회적 조건들」이라는 논문이다. 이 글에서 뒤르케임은 1912년에 출간된 『종교적 삶의 원초적 형태들』에 접목하면서 전통적으로 철학의 영역에 속하며 멀리 플라톤으로까지 거슬러 올라가는 인간본성에 대한 논의를 사회학적 논의로 대체하려고 한다. 뒤르케임이 보기에 칸트의 선험적 또는 초월적 이원론에서 그 어떤 철학보다도 — 그것도 이론적 측면과 실천적 측면 또는 인식적 측면과 도덕적 측면 모두에서 — 인간 존재의 이중성을 깊이 통찰하고 그에 대한 가장 심층적이고 체계적인 이론을 발견할 수 있다. 칸트는 인간에 내재하는 두 상반되는 선험적 또는 초월적 능력에 의해 인간의 이원성을 근거지우려고 한다. 그 하나는 개인적 측면에서 사고하고 행위하는 능력이고 그 다른 하나는 보편적이고 초개인적인 측면에서 사고하고 행위하는 능력이다. 인식론적 측면에서는 감성과 이성이 대립하고, 실천적 측면에서는 감각적 욕구와 도덕적 행위가 또는 감각적으로 결정된 행위와 이성적으로 결정된 행위가 대립한다. 그러나 뒤르케임은 개인적 삶을 영위할 능력과 초개인적 삶을 영위할 능력을 상정하는 방식은 인간 존재의 이중성에 대한 언어적 답변에 지나지 않는다고 비판한다. 그것은 인간 존재의 한 측면에는 이 이름을 달아주고 다른 한 측면에는 저 이름을 달아주는 것과 같다.

이 모든 것은 뒤르케임이 한편으로는 칸트처럼 인간 존재의 이중성을 인정하면서도 다른 한편으로는 칸트와 전혀 다른 방향에서 인간 존재의 이중성을 설명하려 한다는 것을 암시한다. 실제로 뒤르케임은 철학적 접근방식이 아니라 사회학적 접근방식을 선택한다. 그리하여 인간은 개인적인 것이라는 인력의 중심과 사회적인 것이라는 인력의 중심을 갖는 이중적 존재라는, 그리고 이 두 중심은 선험적 또는 초월적으로 주어진 것이 아니라 사회적 발전의 결과이며 따라서 역사적으로 변화하는 것이라는 통찰에 도달한다. 인간 안에는 두 가지 존재가 있다. 그 하나는 개인적 존재인데, 이 존재는 유기체에 그 토대를 두며, 따라서 그 행동반경은 매우 제한적이다. 그리고 다른 하나는 사회적 존재인데, 이 존재는 지적ㆍ도덕적 질서에서 우리에게 나타나는 가장 높은 실재이다.

뒤르케임은 그의 저작 곳곳에서 개인 위에 사회가 존재하며 사회는 이성에 의해 고안된 명목적 존재가 아니라 행위하는 힘의 체계임을 강조하고 있다. 그리고 때로는 '장광설'에 가까울 정도로 강조하고 있는 모습도 볼 수 있다. 이로 인해 뒤르케임은 전체주의자라는 오해와 비판을 받곤 한다. 그러나 이 모든 것은 인간과학의 새로운 지평인 사회학을 확립하려는 소명의식의 발로일 뿐, 그가 전체주의자이기 때문이 결코 아니다. 뒤르케임은 개인주의자, 그것도 철저한 개인주의자이다. 이 철저한 개인주의자는 철학이나 심리학처럼 개인을 통해 사회를 설명하지 않고 사회를 통해 개인을 설명하고자 한다. 이 점에서 뒤르케임의 사회학은 방법론적 전체주의이다. 뒤르케임에게서는 방법론적 전체주의와 윤리적 또는 실천적 개인주의가 아무런 모순 없이 양립한다. 아니 그의 지적 세계에서 이 둘은 동전의 양면과도 같다.

내가 보기에 사회학(자)의 소명의식 다음으로 뒤르케임한테서 배울 점은 개인과 개인주의의 문제이다. 전자가 사회학자들에게만 해당되는 논리라면, 후자는 사회학자들뿐만 아니라 한국 사회 전체에 해당하는 논리이다. 근(현)대사회의 구성원리 또는 조직원리는 개인과 개인주의이다. 그러므로 개인과 개인주의는 근(현)대사회의 가장 중요한 사회학적·철학적 '화두' 가운데 하나이다. 그런데 한국 사회의 실정은 어떠한가? 이에 답하는 대신에, 아니 이에 대한 답으로 지난 2014년에 출간된 나의 짐멜 번역서 『개인법칙: 새로운 윤리학 원리를 찾아서』에 실린 「옮긴이의 말」에서 일부분을 따오기로 한다. 거기에서 나는 말하기를,

> 결론적으로 한국 사회에는 개인이 존재하지 않는다. 개인은 가족에 의해, 연장자에 의해, 각종 사회집단에 의해, 국가와 민족에 의해, 제도와 조직에 의해, 법에 의해, 교육에 의해, 전통에 의해, 역사에 의해, 미래에 의해, 윤리와 도덕에 의해, 종교와 신조에 의해, 주의(主義)와 이념과 운동에 의해 짓눌리고 질식되며 추방되고 있다. 개인은 왜소화되고, 부정되고, 파괴되며, 종내는 무화되어야 할, 사악한 그 무엇으로 간주된다.[4]

---

4 김덕영, 「옮긴이의 말」, 게오르그 짐멜 지음, 김덕영 옮김, 『개인법칙: 새로운 윤리학 원리를 찾아서』, 도서출판 길 2014b, 193~204쪽, 여기서는 199쪽. 이 인용구절의 맨 앞에 나오는 '결론적으로'라는 단어는 그 앞에 개인에 대한 논의가 나온다는 것을 암시한다. 실제로 그러한데, 거기에는 한국 사회에서 개인이 처한 상황을 아주 적나라하게 표현하고 있기 때문에 여기에 한 번 그대로 옮겨 놓을 가치가 있다. "누가 한국 사회에서 무시되고, 차별받고, 배제되고, 소외되고, 통제되며, 억압될까? 노동자? 비정규직 종사자? 농촌 지역 거주자? 청소년? 여성? 노인? 장애인? 성적 소수자? 혼혈인? 외국인 노동자? 그렇다. 분명 이들은 사회적 소수자이다. 그렇다면, 이들을 한군데로 묶는 것은 과연 무엇일까? 한국 사회의 구성원? 그렇다. 분명 이들은 사회적 존재이다. 그런데 이들은 사회적 존재이면서 동시에 개인은 아닐까? 그렇다. 그들은 자율적이고 주체적인 인격체로서의 개인들이다. 결국 한국 사회에서 무시되고, 차별받고, 배제되고, 소외되고, 통제되며, 억압받는 존재는 다름 아닌 개인들인 것이다. 노동자들도, 청소년들도, 여성들도, 노인들도, 장애인들도 모두 사회를 구성하고 사회가 외적으로 부여한 역할과 기능을 수행하는 객체적 자아로만 간주할 뿐, 결코 그 어디로도 소급될 수 없고 그 어디로부터 도출될 수 없는, 그 자체로서 의미와 가치를 지니는 주체적 자아로는 간주되지 않기 때문에 무시되고, 차별받고, 배제되고, 소외되고, 통제되며, 억압받는 것이다. 비단 사회적 소수자들의 문제만은 아니다. 이른바 사회적 다수자들도 역시 초개인적 논리에 의해 구속되기는 마찬가지이다. 노동자에 반대되는 자본가가

그리고 계속해서 말하기를,

> 한국 사회에서는 개인에 대한 논의는 아예 이루어지지도 않는다. 개인을 이야기하는 것은 바로 이기주의를 옹호하는 것과 동일시된다. 한국인들이 가장 불쾌하고 모욕적으로 받아들이는 표현들 중 하나가 바로 개인주의자라는 말일 것이다. 사실 개인주의와 이기주의는 그 근원부터 그리고 그 본질상 결코 양립할 수 없는 '상극'임에도 불구하고 한국 사회에서는 동일시된다. 부정적이고 사악한, 그리하여 반드시 없어져야 할 그 무엇으로![5]

이처럼 개인도 존재하지 않고 개인에 대한 논의도 없는 한국 사회에서는 뒤르케임의 도덕적 개인주의가 이론적으로나 실천적으로 아주 좋은 길잡이가 될 수 있을 것이다. 사실 한국인들은 개인주의를 개인적 차원에만 머무는 이기적 개인주의 또는 이기주의와 혼동한다. 이에 반해 도덕적 개인주의는 이기주의가 아니라 사회와 연결되고 더 나아가 사회를 포괄하는 인간 일반, 이상적인 인간성 또는 인류에 연결되는 관념, 그러니까 개인적이고 사회적이며 세계주의적인(사해동포주의적인) 관념이다. 이기주의는 개인에서 시작하여 개인에서 끝나지만 도덕적 개인주의는 개인-집단-사회-인류라는 연결고리를 갖는다. 만약 이러한 뒤르케임의 도덕적 개인주의에 접목한다면 개인주의에 대한 한국인들의 강한 심리적 저항을 극복하고 한국 사회에 근(현)대사회의 구성원리 또는 조직원리인 개인과 개인주의에 대한 진정한 이론적 탐색과 실천적 모색이 이루어질 수 있을

존재하고, 여성에 반대되는 남성이 존재하고, 비정규직 종사자에 반대되는 정규직 종사자가 존재하지만, 이들은 모두 초개인적 사회집단의 구성요소로서 간주할 뿐이다. 개인과 인격으로서의 자본가, 개인과 인격으로서의 여성, 개인과 인격으로서의 정규직 종사자는 존재하지 않는다." 같은 글, 198~99쪽.

5 같은 글, 199쪽.

것이다. 이러한 탐색과 모색이야말로 전근대적 집단주의적 사회가
아니라 근(현)대적 개인주의적 사회를 건설하는 유일한 이론적 · 실
천적 대안이다.

이와 밀접한 관련 속에서 음미해 볼 것은 뒤르케임의 종교사회학
과 정치사회학이다. 먼저 뒤르케임의 종교사회학에 따르면 오늘날
에는 집단이 아니라 개인이 숭배의 대상이 된다. 개인숭배는 오늘날
의 집합의식이자 집합이상이다. 그것은 개인이 신자인 동시에 신이
되는 종교, 즉 세속적 종교 또는 시민종교이다. 인간으로서의 개인과
그의 인격 및 그가 향유하는 자유와 권리는 신성불가침한 것이다.
현대사회의 종교인 개인숭배의 으뜸가는 교리는 이성의 자율성이고
으뜸가는 의례는 자유로운 사고이다. 그리고 뒤르케임은 정치사회
학적 논의에서 개인숭배 또는 도덕적 개인주의를 집합이상으로 설
정하고 적극적 정의를 추구하는 개인주의적 국가이론을 제시한다.
국가의 근본적인 의무는 개인숭배를 조직하고 주재하며 개인숭배의
규칙적인 집행과 지속적인 발전을 보장하는 데에 있다. 오늘날 인간
으로서의 개인에 대한 숭배가 ─ 뒤르케임의 정치사회학을 논하면
서 인용한 구절을 다시 한 번 되풀이하면 ─

살아남을 수 있는 유일한 숭배로 보이기 때문에, 개인은 물론 국가
도 이 숭배를 준수해야 한다. 더욱이 이 숭배는 이전에 종교적 숭배가
한 역할을 하는 데 필요한 모든 것을 가지고 있다. 먼저 그것은 종교
적 숭배 못지않게 모든 사회적 삶의 기본적인 전제조건인 정신과 의
지의 공유를 보장할 수 있다. 그리고 오늘날 사람들이 연합하여 인간
의 위대함을 위해 일하는 것은 이전에 제우스나 야훼나 아테나의 영
광을 위해 일한 것만큼이나 쉬운 일이다. 이 개인교가 이전의 종교에
비해 갖는 가장 큰 특징은, 그것이 숭배하는 신이 신자들에게 더 가까
이 있다는 사실이다. 그런데 신이 비록 신자들로부터 멀리 떨어져 있
지는 않을지라도 그들을 넘어서 있다. 그리고 이 점에서 국가의 역할

은 이전과 다름없다. 말하자면 국가에는 숭배를 조직하고 주재하며 숭배의 규칙적인 집행과 지속적인 발전을 보장할 의무가 있다.[6]

　요컨대 뒤르케임의 사회이론과 국가이론은 개인숭배를 집합이상으로 하는 개인주의적 사회와 개인주의적 국가로 수렴하는데, 내가 보기에는 ─ 어디까지나 내가 보기에는(!) ─ 이것이야말로 오늘날 한국 사회에게 주어진 이론적·실천적 정언명령이다.[7] 뒤르케임이 드레퓌스 사건을 계기로 쓴 「개인주의와 지식인들」(1898)에서 제시한 명제, 즉 개인숭배 또는 개인교를 신성모독하는 당시 프랑스 사

6　Émile Durkheim, 앞의 책(1991), 102쪽.
7　이 점에서 가족이나 국가는 "개인주의를 적극적으로 실현시켜 주는 '좋은 제도'이어야" 하며, 따라서 "'개인주의'를 헌법의 가치로 분명히 새겨넣어야 한다"라는 다음의 주장은 상당한 이론적·실천적 호소력과 설득력을 갖는다. "한국인은 지난 반세기 이상 가족과 국가의 성장을 위해 죽어라 노동만 해왔다. 그 결과 자랑스러운 '대한민국'은 세계 경제 10위권으로 우뚝 올라섰다. 그런데 국민 다수가 비정규직이나 외주업체 노동자와 같은 좀비나 유사좀비로 전락했다. 운이 좋은 사람은 더러 무기 계약직과 같은 생존주의자로 남았지만 좀비에게 물리는 건 시간문제이다. 이를 피한답시고 집 안에만 머물러 있다가는 아버지-포주-좀비에게 물어뜯길 수 있다. 좀비 사회, 이 처참한 메타포는 지금까지 한국인이 믿고 의지해 왔던 친밀성 제도(家)와 공적 국가 제도(國)가 사실상 딸을 팔아먹는 '가부장적 포주-좀비'였다는 기막힌 사실을 폭로한다.
바야흐로 헌법 개정 논의가 공론화되기 시작했다. 권력분산이나 지역균형 발전. 물론 중요하다. 그럼에도 가족과 국가의 성장을 위해 죽어라 노동만 하다 좀비로 전락한 기성세대와 이제 노동시장에 들어가자마자 좀비에게 물리도록 예정되어 있는 청년세대를 두루 살펴야 한다. 무엇보다도 '국민 성장'이나 '지속가능한 성장'을 들먹이며 여전히 가족과 국가의 '성장'을 최고의 가치로 놓는 가족주의와 국가주의를 폐기해야 한다. 대신 누구나 '자신의 좋은 삶'이 무엇인지 질문하고 이를 중심으로 독자적인 삶을 기획하고 살아가야 한다는 '개인주의'를 헌법의 가치로 분명히 새겨넣어야 한다. 가족과 국가는 맹목적으로 따라야 할 절대 가치가 아니라 개인주의를 적극적으로 실현시켜 주는 '좋은 제도'이어야 한다는 점을 명확히 밝혀야 함은 물론이다. 좋은 제도 아래에서만 개인의 좋은 삶이 가능하기 때문이다." 최종렬, 「좀비 사회」, 『경향신문』 (2018년 3월 23일).

회의 국가주의는 "도덕적 자살"에 다름 아니라는 명제는, 오늘날 한국 사회가 깊이 명심해야 할 절절한 '사회학적 경구'가 아닐 수 없다.

물론 이 대목에서 한 가지 질문이 제기될 수밖에 없다. 만약 국가의 근본적인 의무가 개인숭배의 구현에 있다면, 국가는 최소한의 사회질서나 유지하는 이른바 야경국가가 되어야 하는가? 다시 묻자면, 국가는 허약할수록 좋단 말인가? 실상은 그 정반대이다. 뒤르케임이 다음과 같이 역사적으로 논증한 바와 같이, 국가가 강력하면 할수록 국가는 더욱더 개인을 존중하게 된다는 것이 명백하게 드러난다.

아테네 국가가 로마 국가보다 훨씬 덜 발전된 형태였으며, 로마 국가, 특히 도시국가 시대의 로마 국가는 우리 시대의 중앙집권화된 거대한 국가들에 비교하면 그저 단초적으로 조직되었을 뿐임이 분명하다. 로마의 도시국가에서 국가의 기능은 그리스의 도시에서보다 더 많이 집중되었으며, [······] 국가는 더 강력하게 통일되었다. 이 둘의 차이는 무엇보다도 로마에서는 종교적 의식이 국가의 손 안에 있었다는 사실에서 드러난다. 이에 반해 아테네에서는 종교적 의식이 다수의 성직자단의 권한에 속했다. 그리고 아테네에서는 그 수중에 국가권력 전체가 집중된 로마의 집정관에 비교할 만한 기관을 전혀 찾아볼 수 없다. 아테네의 국가행정은 상호 조정되지 않은 수많은 관료에게 분산되어 있었다. 사회를 구성하는 모든 기본적인 집단들, 즉 씨족, 포족, 부족은 로마에서보다 훨씬 더 큰 자율성을 보장받았다. 로마에서는 이 집단들이 곧바로 사회의 대중에 의해 흡수되었다. 이 모든 점에서 현대 유럽 국가들과 그리스나 이탈리아 도시국가들 사이에 거리가 있음은 명백하다. 그리하여 개인주의도 로마에서는 아테네에서와 다르게 발전했다. 개인에 대한 로마인들의 현저한 존중은 로마 시민의 존엄성과 이 존엄성의 사법적 지표였던 자유가 보증된 유명한 성구에 표현되었다. [······] 그러나 로마의 개인주의가 그토록 현저할지라도 기독교 사회들의 품에서 발전한 개인주의에 비하면 사소한

것이다.[8]

그리고 더 나아가 역사적으로 개인을 해방한 것은 다름 아닌 국가라는 사실을 상기할 필요가 있다. 예컨대 아동을 가부장적 지배와 가족적 전제에서 벗어나도록 한 것은 국가이고, 시민을 봉건적 집단에서, 그리고 후에는 도시 공동체적 집단에서 자유롭게 한 것도 국가이며, 또한 노동자와 고용주를 길드의 전제에서 해방한 것도 국가이다.

자명한 일이지만, 오늘날의 국가는 그 어떤 역사적 시기의 국가보다 강력해야 한다. 다시 말해 오늘날은 그 어떤 역사적 시기보다도 적극적 정의를 추구하는 국가를 필요로 한다. 왜냐하면 사회가 점점 더 커지고 복잡해지며 다원적이 되기 때문이다.

국가는 자신이 균형추가 되어야 하는 사회적 힘에 상응하는 에너지를 방출해야 한다. 게다가 국가는 [……] 그 구성원들의 인격을 흡수하는 경향이 있는 이차집단, 즉 가족, 동업조합, 교회, 지역사회 등에 스며들어가서 이 흡수를 방지하고 개인들을 해방하며 이 부분 사회에 그들이 홀로 존재하는 것이 아니고 그들의 권리 위에 또 다른 권리가 존재한다는 것을 상기시켜야 한다. 그러므로 국가는 부분 사회의 삶을 간섭해야 하고, 그것들이 작동하는 방식을 감시하고 통제해야 하며, 또한 이를 위해 모든 방향으로 가지를 뻗어야 한다. 이 과제를 수행하려면 국가는 법정으로 물러나서는 안 된다. 오히려 사회적 삶의 모든 영역에서 모습을 드러내고 적극적으로 행위해야 한다. 특수한 집합적 힘이 존재하는 곳에서는 언제나 국가의 힘이 그것을 상쇄해야 한다. 왜냐하면 이들 힘은 홀로 존재하고 제멋대로 둔다면 개인들을 자신의 배타적인 지배 속으로 끌어들일 것이기 때문이다. 그런데

---

8 Émile Durkheim, 앞의 책(1991), 85~86쪽.

사회는 점점 더 커지고 점점 더 복잡해지고 있다. 그리고 사회는 점점 더 다양한 영역과 점점 더 다원적인 기관으로 구성되는데, 이것들은 이미 그 자체로서 상당한 가치를 지닌다. 그러므로 국가가 자신의 기능을 수행하려면 그에 비례하여 성장하고 발전해야 한다.[9]

아무튼 방대한 뒤르케임 사회학이 한국 사회에 주는 이론적 · 실천적 함의를 — 공자의 말을 원용하면 — "한마디의 말로 대표할 수 있으니"(일언이폐지[一言以蔽之]), 그것은 다음과 같다.

> **개인숭배를 집합이상으로 하는 개인주의적 사회와 개인주의적 국가**

오늘날 한국 사회에서는 사회통합에 대한 논의가 활발하게 이루어지고 있는데, 이 역시 개인숭배를 집합이상으로 하는 개인주의적 사회와 개인주의적 국가라는 큰 틀에서 추구되어야 한다. 아니 더 나아가 간(間)주관성, 상호주체(관)성, 관계성, 호혜성, 타자성, 공동체성과 공동체주의, 연대성과 연대주의 등에 대한 철학적 또는 사회학적 논의도, 그것이 전통에 젖줄을 대든 아니면 서구에 젖줄을 대든, 또는 전통을 극복하고자 하든 아니면 서구를 극복하고자 하든 상관없이, 바로 개인숭배를 집합이상으로 하는 개인주의적 사회와 개인주의적 국가를 기본전제로 해야 한다.

그런데 뒤르케임을 개인주의적 사회 및 개인주의적 국가와 연결하는 것은 모순적이고 역설적으로 보인다. 뒤르케임은 개인의 위에다가 사회를 설정하며, 그리하여 줄곧 전체주의자라는 비판을 받아 온 사회학자 아니던가? 그러나 뒤르케임은 전체주의자가 아니다. 아

---

9 같은 책, 96~97쪽.

니 그의 전체주의는 방법론적 차원에 국한된 것이다. 그는 윤리적으로 또는 실천적으로 개인주의자이다. 뒤르케임에게 사회는 개인을 초월하는 동시에 개인에 내재한다. 개인은 사회-내-존재이며 사회는 개인들-내-존재이다. 그에게 개인은 단순히 사회로부터 영향을 받고 사회에 의해 결정되는, 그러니까 단순한 사회의 산물이 아님을 알 수 있다. 개인은 동시에 행위의 주체로서 사회를 창조하며, 따라서 사회의 산물인 동시에 창조자이다. 개인은 "창조된 인간"(Homo creatus)인 동시에 "창조하는 인간"(Homo creator)이다. 또는 달리 말하면 개인은 "소산적(所産的) 인간"인 동시에 "능산적(能産的) 인간"이다.

이처럼 개인이 사회 내에 존재하고 사회가 개인 내에 존재한다면, 개인과 개인주의의 문제는 사변적 방법에 의해 추상적으로 연역할 수 있는 것이 아니라 사회구조와의 관계 속에서 실증적으로, 즉 관찰과 실험으로 접근해야 한다. 결국 뒤르케임의 사회학은 개인(성)-사회(성)-관계의 합리주의적 실증주의로 귀착되며, 그럼으로써 기존의 철학과 ─ 그리고 콩트와 스펜서의 형이상학적 실증주의와 ─ 결정적으로 구별된다. 이 점에서 『사회분업론』 초판 서문의 맨 끝 구절을 인용할 만하다. 거기에서 뒤르케임은 『사회분업론』의 궁극적인 인식관심이 개인(성)과 사회(성)의 관계에 있음을 분명히 밝히고 있다. 그런데 그것은 단지 『사회분업론』에 국한된 것이 아니라 뒤르케임의 지적 세계 전체를 관통하는 인식관심이다. 뒤르케임은 다음과 같이 말한다.

이 책을 쓰기 시작할 때 내가 가졌던 질문은, 개인적 인격과 사회적 연대의 관계였다. 어떻게 개인이 더욱더 자율적이 됨에도 불구하고 더욱더 사회에 더 의존하게 될까? 어떻게 개인이 더 개인적이면서 동시에 사회와 더 연대감을 가질 수 있을까? 이 두 운동은 비록 모순적으로 보이지만 병행한다는 사실을 부정할 수 없다. 바로 이것이 우리에게 주어진 문제였다. 우리에게 이 표면상의 이율배반은 더욱더 강화되는 분업에서 비롯되는 사회적 연대의 변화를 고려해야만 해결될 수 있는 것으로 보였다. 우리가 분업을 우리의 연구 대상으로 삼게 된 것은 바로 이 때문이었다.[10]

---

10 Émile Durkheim, 앞의 책(1988), 82쪽.

에밀 뒤르케임 주요 저작 목록[*]

1892년 「정치과학의 창시에 대한 몽테스키외의 기여」(Quid Secundatus Politicae Scientiae Instituendae Contulerit)(1937년에 『사회과학의 창시에 대한 몽테스키외의 기여』[*La Contribution de Montesquieu à la Constitution de la Science Sociale*]라는 제목으로 프랑스어로 번역·출간)

1893년 『사회분업론』(*De la Division du Travail Social*)

1895년 『사회학적 방법의 규칙들』(*Les Règles de la Méthode Sociologique*)

1897년 『자살론』(*Le Suicide*)

1903년 「분류의 몇몇 원시적 형태에 대하여: 집합표상 연구에의 기여」 (De Quelques Formes Primitives de Classification. Contribution à l'Étude des Représentations Collectives, 마르셀 모스와 공저)

1912년 『종교적 삶의 원초적 형태들』(*Les Formes Élémentaires de la Vie Religieuse*)

_* 여기에 수록된 목록은 1903년에 뒤르케임이 모스와 함께 쓴 논문인 「분류의 몇몇 원시적 형태에 대하여: 집합표상 연구에의 기여」를 제외하고는 모두 뒤르케임 생전이나 사후에 출간된 저서임을 일러둔다.

1915년	『모든 것 위의 독일: 독일의 심성과 전쟁』(*L'Allemagne au-dessus de Tout. La Mentalité Allemande et la Guerre*)
1922년	『교육과 사회학』(*Éducation et Sociologie*)
1924년	『사회학과 철학』(*Sociologie et Philosophie*)
1925년	『도덕교육』(*L'Éducation Morale*)
1928년	『사회주의: 그 정의 ─ 그 초기 형태들 ─ 생시몽의 학설』(*La Socialisme. Sa Définition ─ Ses Débuts ─ La Doctrine Saint-Simonienne*)
1938년	『프랑스 교육학의 발달』(*L'Évolution Pédagogique en France*)
1950년	『사회학 강의: 도덕과 법의 물리학』(*Leçons de Sociologie. Physique des Moeurs et du Droit*)
1953년	『몽테스키외와 루소: 사회학의 선구자들』(*Montesquieu et Rousseau. Précurseurs de la Sociologie*)
1955년	『실용주의와 사회학』(*Pragmatisme et Sociologie*)
1969년	『사회학 저널』(*Journal Sociologique*)(『사회학 연보』[*L'Année Sociologique*]에 실린 뒤르케임의 글 모음집)
1970년	『사회과학과 행위』(*La Science Sociale et l'Action*)
1975년	『텍스트』(전 3권). 제1권: 『사회이론의 요소들』(*Éléments d'une Théorie Sociale*), 제2권: 『종교, 도덕, 아노미』(*Religion, Morale, Anomie*), 제3권: 『사회적 기능과 제도』(*Fonctions Sociales et Institutions*)
2004년	『뒤르케임의 철학 강의: 1883~1884년 상스 고등학교 강의록』(*Durkheim's Philosophy Lectures. Notes from the Lycée de Sens Course, 1883~1884* (이 책은 영어로 편집 · 번역)

에밀 뒤르케임 연보

1858년 다비드-에밀 뒤르케임이 4월 15일 로렌 지방의 작은 도시 에피날에서 아버지 모이즈 뒤르케임과 어머니 멜라니 이시도르 사이에서 5남매 중 막내로 태어나다. 아버지는 유대교 랍비이고 어머니는 부유한 유대인 상인의 딸이다

1866년 루이즈 줄리 드레퓌스(후일 뒤르케임의 부인)가 9월 2일 파리에서 태어나다

1867년 에피날 중학교에 입학하다

1875년 에피날 중학교를 졸업하다

1876년 파리의 명문 루이 르 그랑 고등학교에서 파리고등사범학교 입학을 준비하다

1879년 두 번이나 고배를 마시고 1879년 세 번째 도전한 끝에 파리고등사범학교 입학시험에 합격하다. 그곳에서 철학자 앙리 베르그송과 역사학자이자 사회주의 정치가인 장 조레스를 만나며, 샤를 르누비에, 퓌스텔 드 쿨랑주, 에밀 부트루에게 지적으로 큰 영향을 받다

1882년 7월 중·고등학교 철학교사 자격을 취득하면서 파리고등사범학교를 졸업하고 그해 10월에 르 푸이 고등학교에서 철학을 가르치기 시작하나 그다음 달에 상스 고등학교로 자리를 옮기다

| 1884년 | 2월부터 이듬해 10월까지 생캉탱 고등학교에 재직하다 |

1885년   10월부터 이듬해 1월까지 유급휴가를 얻어 파리에 머물면서 연구
          하다

1886년   1월부터 8월까지 프랑스 문부성의 장학금으로 독일의 라이프치히
          대학, 베를린 대학 및 마르부르크 대학에서 유학하다

          10월부터 이듬해 7월까지 트루아 고등학교에서 철학교사로 재직
          하다

1887년   독일 대학을 관찰하고 연구한 결과를 「독일 대학의 철학」과 「독일
          의 실증적 도덕과학」이라는 두 편의 논문으로 발표함으로써 학자
          적 명성이 높아지다

          7월 29일에 보르도 대학의 사회과학 및 교육학 전임강사가 되다.
          이 임용 과정에서 방금 언급한 두 논문이 결정적인 요소로 작용하다

          10월 17일에 유대인 여성 루이즈 줄리 드레퓌스와 결혼하다. 뒤르
          케임 부부는 슬하에 딸 마리 벨라와 아들 앙드레-아르망을 두다

1892년   「정치과학의 창시에 대한 몽테스키외의 기여」라는 라틴어 논문과
          「사회분론: 고등 사회들의 조직에 대한 연구」라는 프랑스어 논문
          으로 소르본 대학에서 박사학위를 취득하다

          라틴어 박사학위 논문이 책으로 출간되다

1893년   프랑스어 박사학위 논문이 책으로 출간되다

1894년   '사회학적 방법의 규칙들'을 주제로 일련의 논문을 발표하다

          보르도 대학의 사회과학 및 교육학 부교수가 되다

1895년   1894년에 발표한 일련의 방법론적 논문을 단행본으로 묶어서 『사
          회학적 방법의 규칙들』을 출간하다

보르도 대학의 사회과학 부교수가 되다

1896년 보르도 대학의 사회과학 정교수가 되어 1902년까지 재직하다. 이
교수직은 특별히 그를 위해 설치된 것으로 사실상 프랑스 대학 최
초의 사회학 교수직으로 간주되다

1897년 『자살론』이 출간되다

1898년 「개인주의와 지식인들」이라는 논문을 발표하여 도덕적 개인주의를
제시하고 그에 근거하여 친드레퓌스파를 옹호하다

친드레퓌스파의 공적 활동의 장인 '인권연합' 창립에 적극적으로
참여하고 보르도 지부장이 되다

프랑스 최초의 사회과학 저널인 『사회학 연보』를 창간하고 주도하다

1901년 『사회학적 방법의 규칙들』 제2판이 나오다

1902년 『사회분업론』 제2판이 나오다
소르본 대학의 교육과학 전임강사가 되다

1903년 『사회학 연보』에 마르셀 모스와 함께 「분류의 몇몇 원시적 형태에
대하여: 집합표상 연구에의 기여」를 발표하다

1906년 소르본 대학의 교육과학 부교수가 되다

1912년 『종교적 삶의 원초적 형태들』이 출간되다

1913년 소르본 대학의 교육과학 정교수가 되어 1917년 세상을 뜰 때까지
재직하다(뒤르케임의 소망에 따라 그가 정교수가 되면서 강좌가
교육과학에서 교육학 및 사회학으로 변경되는데, 이는 프랑스 대학
에서 '사회학'이라는 명칭이 붙은 최초의 강좌이다)

1914년 제1차 세계대전이 발발하자 프랑스 국민들에게 전쟁을 독려하는
데에 진력하면서 제대로 건강을 돌보지 못하다

1915년 『모든 것 위의 독일: 독일의 심성과 전쟁』이라는 책을 펴내 독일의

국가주의를 강력하게 비판하다

1916년 외아들 앙드레-아르망이 불가리아 전선에서 사망하자 큰 정신적 충격을 받아 가뜩이나 좋지 않던 건강 상태가 더욱더 악화되어 더 이상 연구를 할 수 없게 되다

자신이 관여하던 수많은 위원회 중 한 위원회의 회의에 참석한 후 뇌졸중으로 쓰러져 몇 달간 요양하다

1917년 필생의 연구결과를 총집결하기 위해 기획한 '도덕'이라는 제목의 책의 첫 부분을 집필하다. 3월과 9월 사이에 쓴 이것이 생전에 남긴 마지막 글이다

다시 일어나지 못하고 11월 15일 59세를 일기로 파리에서 세상을 뜨다

1922년~ 뒤르케임이 남긴 다양한 강의와 글이 유고작으로 출간되다('에밀 뒤르케임 주요 저작 목록' 참조)

1926년 뒤르케임의 부인이 2월 27일 56세를 일기로 파리에서 세상을 뜨다

참고문헌[*]

1. 에밀 뒤르케임

뒤르켐, 에밀. 1994, 『교육과 사회학』, 배영사 (이종각 옮김; 원제는 Émile Durkheim, *Education and Sociology*).

────. 1998, 『직업윤리와 시민도덕』, 새물결 (권기돈 옮김; 원제는 Émile Durkheim, *Professional Ethics and Civic Morals*).

────. 2002, 『사회학적 방법의 규칙들』, 새물결 (박창호 · 윤병철 옮김; 원제는 Émile Durkheim, *The Rules of Sociological Method*).

────. 2008, 『자살론』, 청아출판사 (황보종우 옮김; 원제는 Émile Durkheim, *Suicide: A Study in Sociology*).

뒤르케임, 에밀. 2012, 『사회분업론』, 아카넷 (민문홍 옮김; 원제는 Émile Durkheim, *De la Division du Travail Social*).

────. 2017, 『종교 생활의 원초적 형태』, 민영사 (노치준 · 민혜숙 옮김; 원제는 Émile Durkheim, *Les Formes Élémentaires de la Vie Religieuse. Le Système Totémique en Australie*).

뒤르케임, 에밀 · 마르셀 모스. 2013, 『분류의 원시적 형태들: 집단표상 연구에의 기여』, 서울대학교출판문화원 (김현자 옮김; 원제는 Émile Durkheim · Marcel Mauss, *De Quelques Formes Primitives de Classification. Contribution à l'Étude des Représentations Collectives*).

---

[*] 번역서 가운데 원제가 영어로 표기된 것은 프랑스어가 아니라 영어를 번역한 것, 즉 중역한 것임을 가리킨다.

Durkheim, Émile. 1928, *La Socialisme. Sa Définition—Ses Débuts—La Doctrine Saint-Simonienne* (Introduction par Marcel Mauss), Paris: Alcan.

──── . 1937, *Les Règles de la Méthode Sociologique*, Paris: Presses Universitaires de France.

──── . 1959, *Socialism and Saint-Simon* (Edited and with an introduction by Alvin W. Gouldner), London: Routledge & Kegan Paul.

──── . 1960, *Montesquieu and Rousseau. Forerunners of Sociology*, Ann Arbor: The University of Michigan Press.

──── . 1969, "Der Dualismus der menschlichen Natur und seine sozialen Bedingungen", in: Friedrich Jonas, *Geschichte der Soziologie 3: Französische und italienische Soziologie*, Reinbek bei Hamburg: Rowohlt, S. 178~90.

──── . 1972, *Erziehung und Soziologie*, Düsseldorf: Pädagogischer Verlag Schwann.

──── . 1973a, "Sociology in France in the Nineteenth Century", in: ders., *On Morality and Society* (Edited and with an introduction by Robert N. Bellah), Chicago/London: University of Chicago Press, pp. 3~22.

──── . 1973b, "The Principles of 1789 and Sociology", in: ders., *On Morality and Society* (Edited and with an introduction by Robert N. Bellah), Chicago/London: University of Chicago Press, pp. 34~42.

──── . 1973c, "The Intellectual Elite and Democracy", in: ders., *On Morality and Society* (Edited and with an introduction by Robert N. Bellah), Chicago/London: University of Chicago Press, pp. 58~60.

──── . 1975, *Durkheim on Religion. A Selection of Readings with Bibliographies and Introductory Remarks* (Edited by William S. F. Pickering), London/Boston: Routledge & Kegan Paul.

──── . 1976, *Soziologie und Philosophie* (Mit einer Einleitung von Theodor W. Adorno), Frankfurt am Main: Suhrkamp.

──── . 1977, *Die Entwicklung der Pädagogik. Zur Geschichte und Soziologie des gelehrten Unterrichts in Frankreich*, Weinheim & Basel: Beltz.

──── . 1981a, "Einführung in die Sozialwissenschaft an der Universität Bordeaux 1887~1888. Eröffnungsvorlesung", in: ders., *Frühe Schriften zur Begründung der Sozialwissenschaften* (Herausgegeben, eingeleitet und übersetzt von Lore Heisterberg), Darmstadt-Neuwied: Luchterhand, S. 26~52.

——. 1981b, "Einführung in die Soziologie der Familie. Studienjahr von 1888~1889", in: ders., *Frühe Schriften zur Begründung der Sozialwissenschaften* (Herausgegeben, eingeleitet und übersetzt von Lore Heisterberg), Darmstadt-Neuwied: Luchterhand, S. 53~76.

——. 1981c, "Montesquieus Beitrag zur Gründung der Soziologie", in: ders., *Frühe Schriften zur Begründung der Sozialwissenschaften* (Herausgegeben, eingeleitet und übersetzt von Lore Heisterberg), Darmstadt-Neuwied: Luchterhand, S. 85~128.

——. 1982a, *The Rules of Sociological Method and Selected Texts on Sociology and its Method* (Edited with an introduction by Steven Lukes), London: Macmillan.

——. 1982b, "Marxism and Sociology: The Materialist Conception of History"(1897), in: *The Rules of Sociological Method and Selected Texts on Sociology and its Method* (Edited with an introduction by Steven Lukes), London: Macmillan, pp. 167~74.

——. 1982c, "Sociology and Social Sciences"(1903), in: *The Rules of Sociological Method and Selected Texts on Sociology and its Method* (Edited with an introduction by Steven Lukes), London: Macmillan, pp. 175~208.

——. 1982d, "Debates on the Relationship between Ethnology and Sociology"(1907), in: *The Rules of Sociological Method and Selected Texts on Sociology and its Method* (Edited with an introduction by Steven Lukes), London: Macmillan, pp. 209~10.

——. 1982e, "Debate on Explanation in History and Sociology"(1908), in: *The Rules of Sociological Method and Selected Texts on Sociology and its Method* (Edited with an introduction by Steven Lukes), London: Macmillan, pp. 211~28.

——. 1982f, "Debate on Political Economy and Sociology"(1908), in: *The Rules of Sociological Method and Selected Texts on Sociology and its Method* (Edited with an introduction by Steven Lukes), London: Macmillan, pp. 229~35.

——. 1982g, "The Contribution of Sociology to Psychology and Philosophy"(1909), in: *The Rules of Sociological Method and Selected Texts on Sociology and its Method* (Edited with an introduction by Steven Lukes), London: Macmillan, pp. 236~40.

——. 1982h, "Social Morphology"(1899), in: *The Rules of Sociological*

Method and Selected Texts on Sociology and its Method (Edited with an introduction by Steven Lukes), London: Macmillan, pp. 241~42.

———. 1982i, "The Method of Sociology"(1908), in: *The Rules of Sociological Method and Selected Texts on Sociology and its Method* (Edited with an introduction by Steven Lukes), London: Macmillan, pp. 245~47.

———. 1982j, "Society"(1917), in: *The Rules of Sociological Method and Selected Texts on Sociology and its Method* (Edited with an introduction by Steven Lukes), London: Macmillan, p. 248.

———. 1982k, "The Psychological Character of Social Facts and their Reality"(1895), in: *The Rules of Sociological Method and Selected Texts on Sociology and its Method* (Edited with an introduction by Steven Lukes), London: Macmillan, pp. 249~50.

———. 1982l, "The Nature of Society and Causal Explanation"(1898), in: *The Rules of Sociological Method and Selected Texts on Sociology and its Method* (Edited with an introduction by Steven Lukes), London: Macmillan, pp. 251~52.

———. 1982m, "The Psychological Conception of Society"(1901), in: *The Rules of Sociological Method and Selected Texts on Sociology and its Method* (Edited with an introduction by Steven Lukes), London: Macmillan, pp. 253~54.

———. 1983a, *Der Selbstmord*, Frankfurt am Main: Suhrkamp.

———. 1983b, *Pragmatism and Sociology* (Edited by John B. Allock), Cambridge: Cambridge University Press.

———. 1984a, *Die Regeln der soziologischen Methode* (Herausgegeben und eingeleitet von René König), Frankfurt am Main: Suhrkamp.

———. 1984b, *Erziehung, Moral und Gesellschaft. Vorlesung an der Sorbonne 1902/1903* (Mit einer Einleitung von Paul Fauconnet), Frankfurt am Main: Suhrkamp.

———. 1986a, "Einführung in die Moral", in: Hans Bertram (Hrsg.), *Gesellschaftlicher Zwang und moralische Autonomie*, Frankfurt am Main: Suhrkamp, S. 33~53.

———. 1986b, "Der Individualismus und die Intellektuellen", in: Hans Bertram (Hrsg.), *Gesellschaftlicher Zwang und moralische Autonomie*, Frankfurt am Main: Suhrkamp, S. 54~70.

———. 1986c, *Durkheim on Politics and the State* (Edited with an introduction by Anthony Giddens), Cambridge: Polity Press.

―――. 1987, *Schriften zur Soziologie der Erkenntnis* (Herausgegeben von Hans Joas), Frankfurt am Main: Suhrkamp.

―――. 1988, *Über soziale Arbeitsteilung. Studie über die Organisation höherer Gesellschaften*, Frankfurt am Main: Suhrkamp.

―――. 1991, *Physik der Sitten und des Rechts. Vorlesungen zur Soziologie der Moral* (Herausgegeben von Hans-Peter Müller), Frankfurt am Main: Suhrkamp.

―――. 1994, *Durkheim on Religion* (Edited by William S. F. Pickering), Atlanta: Scholars Press.

―――. 1995a, "Die Philosophie an den deutschen Universitäten"(1887), in: ders., *Über Deutschland. Texte aus den Jahren 1887 bis 1915* (Herausgegeben von Franz Schultheis und Andreas Gipper), Konstanz: Universitätsverlag, S. 27~83.

―――. 1995b, "Die positive Moralwissenschaft in Deutschland"(1887), in: ders., *Über Deutschland. Texte aus den Jahren 1887 bis 1915* (Herausgegeben von Franz Schultheis und Andreas Gipper), Konstanz: Universitätsverlag, S. 85~175.

―――. 1995c, "Die Soziologie nach Gumplowicz"(1885), in: ders., *Über Deutschland. Texte aus den Jahren 1887 bis 1915* (Herausgegeben von Franz Schultheis und Andreas Gipper), Konstanz: Universitätsverlag, S. 177~89.

―――. 1995d, "Bau und Leben des sozialen Körpers nach Schäffle"(1885), in: ders., *Über Deutschland. Texte aus den Jahren 1887 bis 1915* (Herausgegeben von Franz Schultheis und Andreas Gipper), Konstanz: Universitätsverlag, S. 189~216.

―――. 1995e, "Gemeinschaft und Gesellschaft nach Tönnies"(1889), in: ders., *Über Deutschland. Texte aus den Jahren 1887 bis 1915* (Herausgegeben von Franz Schultheis und Andreas Gipper), Konstanz: Universitätsverlag, S. 217~25.

―――. 1995f, "Eduard Meyers 'Anthropologie'"(1906~1909), in: ders., *Über Deutschland. Texte aus den Jahren 1887 bis 1915* (Herausgegeben von Franz Schultheis und Andreas Gipper), Konstanz: Universitätsverlag, S. 226~35.

―――. 1995g, "Stellungnahme zum deutschen Einfluss auf die französische Soziologie"(1902), in: ders., *Über Deutschland. Texte aus den Jahren 1887 bis 1915* (Herausgegeben von Franz Schultheis und Andreas Gipper),

Konstanz: Universitätsverlag, S. 237.

———. 1995h, "Zwei Briefe üden den deutschen Einfluss in der französischen Soziologie. Antwort auf Simon Deplogie"(1907), in: ders., *Über Deutschland. Texte aus den Jahren 1887 bis 1915* (Herausgegeben von Franz Schultheis und Andreas Gipper), Konstanz: Universitätsverlag, S. 238~42.

———. 1995i, "Kontroverse üden den deutschen Einfluss und die Moraltheorie"(1913), in: ders., *Über Deutschland. Texte aus den Jahren 1887 bis 1915* (Herausgegeben von Franz Schultheis und Andreas Gipper), Konstanz: Universitätsverlag, S. 242~44.

———. 1995j, "'Deutschland über alles'. Die deutsche Gesinnung und der Krieg"(1915), in: ders., *Über Deutschland. Texte aus den Jahren 1887 bis 1915* (Herausgegeben von Franz Schultheis und Andreas Gipper), Konstanz: Universitätsverlag, S. 245~90.

———. 2004a, *Durkheim's Philosophy Lectures. Notes from the Lycée de Sens Course, 1883~1884* (Edited by Neil Gross & Robert Alun Jones), Cambridge: Cambridge University Press.

———. 2004b, *Sociologie et Philosophie*, Paris: Libraiirie Felix Alcan.

———. 2007, *Die elementaren Formen des religiösen Lebens*, Frankfurt am Main: Verlag der Weltreligionen.

———. 2009, "Die Soziologie und ihr Wissenschaftsbereich"(1900), in: *Berliner Journal für Soziologie 19*, S. 164~80.

———. 2010, *Sociology and Philosophy*, Oxon: Routledge.

2. 기타 문헌

위키백과, 「국대안 파동」(https://ko.wikipedia.org/wiki).
Wikipedia, École normale supérieure (Paris) (https://en.wikipedia.org/wiki).

강준만. 1996, 『서울대의 나라』, 개마고원.
『경향신문』, 2008년 4월 6일.
『경향신문』, 2013년 5월 3일.
『경향신문』, 2013년 5월 4일.
『경향신문』, 2013년 7월 2일.
『경향신문』, 2015년 8월 25일.

김덕영. 2003,『논쟁의 역사를 통해 본 사회학: 자연과학 · 정신과학 논쟁에서 하버마스 · 루만 논쟁까지』, 한울아카데미.

──. 2004,『짐멜이냐 베버냐? 사회학 발달과정 연구』, 한울아카데미.

──. 2007a,『게오르그 짐멜의 모더니티 풍경 11가지』, 도서출판 길.

──. 2007b,『입시 공화국의 종말: 인재와 시험에 대한 생각을 바꿔야 대한민국이 산다』, 인물과사상사.

──. 2009,『프로이트, 영혼의 해방을 위하여: 사회학자의 눈을 통해 본 프로이트의 삶과 사상 그리고 정신분석학』, 인물과사상사.

──. 2012,『막스 베버: 통합과학적 인식의 패러다임을 찾아서』, 도서출판 길.

──. 2014a,『환원근대: 한국 근대화와 근대성의 사회학적 보편사를 위하여』, 도서출판 길.

──. 2014b,「옮긴이의 말」, 게오르그 짐멜 지음, 김덕영 옮김,『개인법칙: 새로운 윤리학 원리를 찾아서』, 도서출판 길, 193~204쪽.

──. 2015,『사상의 고향을 찾아서: 독일 지성 기행』, 도서출판 길.

──. 2016a,『사회의 사회학: 한국적 사회학 이론을 위한 해석학적 오디세이』, 도서출판 길.

──. 2016b,『국가이성비판: 국가다운 국가를 찾아서』, 다시봄.

김명희. 2012,「한국 사회 자살현상과『자살론』의 실재론적 해석 ─ 숙명론적 자살(fatalistic suicide)을 중심으로」,『경제와 사회』제96호, 288~327쪽.

──. 2017,『통합적 인간과학의 가능성: 맑스와 뒤르케임의 실재론적 귀환』, 한울아카데미.

김상봉. 2004,『학벌사회: 사회적 주체성에 대한 철학적 탐구』, 한길사.

김은화. 2012,「영 · 유아의 생활시간 및 부모-자녀 공유시간 실태 연구」, 경희대학교 박사학위 논문.

김종엽. 1996,「에밀 뒤르켐의 현대성 비판에 대한 연구」, 서울대학교 박사학위 논문.

김종영. 2015,『지배받는 지배자: 미국 유학과 한국 엘리트의 탄생』, 돌베개.

김현자. 2013,「역자 해제」, 에밀 뒤르케임 · 마르셀 모스 지음, 김현자 옮김,『분류의 원시적 형태들: 집단표상 연구에의 기여』, 서울대학교출판문화원, 10~52쪽.

뉴턴, 아이작. 1999,『프린키피아』, 서해문집 (조경철 옮김; 원제는 Isaac Newton, *Philosophiae Naturalis Principia Mathematica*).

데카르트, 르네. 1997,『방법서설 ─ 정신지도를 위한 규칙들』, 문예출판사 (이현복 옮김; 원제는 René Descartes, *Discours de la Méthode ─ Regulae ad Directionem Ingenii*).

루만, 니클라스. 2012, 『사회의 사회』, 새물결 (장춘익 옮김; 원제는 Niklas
　　　Luhmann, *Die Gesellschaft der Gesellschaft*).

『매경이코노미』, 2013년 6월 19일.

몽테스키외, 샤를 드. 2015, 『법의 정신』, 문예출판사 (이재형 옮김; 원제는
　　　Charles de Montesquieu, *De l'esprit des loix*).

『문화일보』, 2002년 11월 11일.

민문홍. 1994, 『사회학과 도덕과학』, 민영사.

──. 2001, 『에밀 뒤르케임의 사회학: 현대성 위기극복을 위한 새로운 패러
　　　다임을 찾아서』, 아카넷.

──. 2006, 「뒤르케임 문화사회학의 지평과 과제: 한국에서의 연구를 중심
　　　으로」, 『문화와 사회』 1, 19~54쪽.

──. 2008, 「뒤르케임 탄생 150주년에 다시 읽는 에밀 뒤르케임의 사회학:
　　　21세기 한국 사회에서 여전히 뒤르케임 독해가 필요한 10가지 이유」,
　　　한국사회이론학회 (엮음), 『뒤르케임을 다시 생각한다: 에밀 뒤르케임
　　　탄생 150주년 기념』, 동아시아, 83~117쪽.

──. 2012a, 「해제: 에밀 뒤르케임의 생애와 사상」, 에밀 뒤르케임, 민문홍
　　　옮김, 『사회분업론』, 아카넷, 607~735쪽.

──. 2012b, 「프랑스 제3공화정 당시의 이념 갈등과 사회통합: 뒤르켐의 공
　　　화주의 이념과 사회학의 역할을 중심으로」, 『담론 201』 48, 73~107쪽.

박선웅. 1998, 「뒤르켐주의 문화사회학: 분류체계와 의례를 중심으로」, 『한국
　　　사회학』 32, 905~31쪽.

박영은. 1995, 『사회학 고전연구: 실증주의의 형성과 비판』, 백의.

부동, 레이몽. 2004, 『사회변동과 사회학』, 한길사 (민문홍 옮김; 원제는
　　　Raymond Boudon, *La Place du Désordre*).

셸링, 프리드리히. 1999, 『자연철학의 이념』, 서광사 (한자경 옮김; 원제는
　　　Friedrich Schelling, *Ideen zu einer Philosophie der Natur*).

신용하. 2012, 『사회학의 성립과 역사사회학: 오귀스트 꽁트의 사회학 창설』,
　　　지식산업사.

아리스토텔레스. 2009, 『범주들 · 명제에 관하여』, 이제이북스 (김진성 옮김;
　　　원제는 Aristoteles, *Categoriae · De Interpretatione*).

아리에스, 필립. 2003, 『아동의 탄생』, 새물결 (문지영 옮김; 원제는 Philippe
　　　Ariès, *L'Enfant et la Vie Familiale sous l'Ancien Regime*).

양영진. 1988, 「사회제도의 원천으로서의 종교: 뒤르켐의 종교사회학에 대한
　　　일고찰」, 일랑고영복교수화갑기념논총간행위원회 (편), 『사회변동과 사
　　　회의식』, 전예원, 293~315쪽.

──. 1990a, 「종교집단에 대한 일고찰: 베버와 뒤르켐의 비교」, 『한국사회

학』 23, 13~36쪽.

———. 1990b, 「뒤르켐의 종교사회학 이론에 대한 비판적 고찰」, 『사회와 역사』 24, 187~215쪽.

SBS 스페셜 제작팀. 2013, 『학교의 눈물: 어른들이 모르는 아이들의 세계에서는 무슨 일이 벌어지고 있는가?』, 프롬북스.

『오마이뉴스』, 2016년 2월 12일.

이두휴. 2004, 「대학서열체제의 형성과 현황」, 경상대학교 사회과학연구원 (엮음), 『대학서열체제 연구: 진단과 대안』, 한울아카데미, 39~89쪽.

이스라엘, 아르망. 2002, 『다시 읽는 드레퓌스 사건』, 자인 (이은진 옮김; 원제는 Armand Israel, *Les Vérités Cachées de L'Affaire Dreyfus*).

이원규. 1997, 『종교사회학의 이해』, 나남출판.

정병준. 2005, 『우남 이승만 연구: 한국 근대국가의 형성과 우파의 길』, 역사비평사.

정순우. 2011, 「교육공간에 대한 역사적 성찰」, 한국교육사학회 (펴냄), 『역사 속의 교육공간, 그 철학적 조망』, 학지사, 19~50쪽.

졸라, 에밀. 2005, 『나는 고발한다』, 책세상 (유기환 옮김; 원제는 Émile Zola, *J'accuse*).

짐멜, 게오르그. 2013, 『돈의 철학』, 도서출판 길 (김덕영 옮김; 원제는 Georg Simmel, *Philosophie des Geldes*).

최종렬 (엮고 옮김; 박건·박종서·류제철·정수남 함께 옮김). 2007, 『뒤르케임주의 문화사회학: 이론과 방법론』, 이학사.

———. 2018, 「좀비 사회」, 『경향신문』(2018년 3월 23일).

칸트, 이마누엘. 2002, 『실천이성비판』, 아카넷 (백종현 옮김; 원제는 Immanuel Kant, *Kritik der praktischen Vernunft*).

콩트, 오귀스트. 2001, 『실증주의 서설』, 한길사 (김점석 옮김; 원제는 Auguste Comte, *Discours Préliminaire l'Ensemble du Positivisme*).

쿨랑주, 퓌스텔 드. 2000, 『고대도시: 그리스·로마의 신앙, 법, 제도에 대한 연구』, 아카넷 (김응종 옮김; 원제는 Fustel de Coulanges, *La Cité Antique. Étude sur le Culte, le Droit, les Institutions de la Grèce et de Rome*).

테일러, 찰스. 2015, 『자아의 원천들: 현대적 정체성의 형성』, 새물결 (권기돈·하영주 옮김; 원제는 Charles Taylor, *Sources of the Self. The Making of the Modern Identity*).

푸르니에, 마르셀. 2016, 『프랑스 인류학의 아버지, 마르셀 모스』, 그린비 (변광배 옮김; 원제는 Marcel Fournier, *Marcel Mauss. A Biography*).

푸코, 미셸. 2003, 『감시와 처벌: 감옥의 탄생』, 나남출판 (오생근 옮김; 원제는 Michel Foucault, *Surveiller et punir. La naissance de la prison*).

하버마스, 위르겐. 1994, 『현대성의 철학적 담론』, 문예출판사 (이진우 옮김; 원제는 Jürgen Habermas, *Der philosophische Diskurs der Moderne. Zwölf Vorlesungen*).

──. 2006a, 『의사소통행위이론 1: 행위합리성과 사회합리화』, 나남출판 (장춘익 옮김; 원제는 Jürgen Habermas, *Theorie des kommunikativen Handelns 1: Handlungsrationalität und gesellschaftliche Rationalisierung*).

──. 2006b, 『의사소통행위이론 2: 기능주의적 이성 비판을 위하여』, 나남출판 (장춘익 옮김; 원제는 Jürgen Habermas, *Theorie des kommunikativen Handelns 2: Zur Kritik der funktionalistischen Vernunft*).

『한겨레신문』, 2013년 3월 28일.

한국사회이론학회 (엮음). 2008, 『뒤르케임을 다시 생각한다: 에밀 뒤르케임 탄생 150주년 기념』, 동아시아.

한용진. 2011, 「근대적 교육공간의 성격과 한국의 근대학교」, 한국교육사학회 (펴냄), 『역사 속의 교육공간, 그 철학적 조망』, 학지사.

홍태영. 2002, 「'사회적인 것'의 탄생과 뒤르카임(É. Durkheim)의 '신'자유주의」, 『한국정치학회보』 제36집 제4호, 7~25쪽.

Albert, Gert. 2005, "Moderater methodologischer Holismus. Eine weberianische Interpretation des Makro-Mikro-Makro-Modells", in: *Kölner Zeitschrift für Soziologie und Sozialpsychologie 57*, S. 387~413.

──. 2011, "Moderater Holismus — emergentistische Methodologie einer dritten Soziologie", in: Jens Greve & Annette Schnabel (Hrsg.), *Emergenz. Zur Analyse und Erklärung komplexer Strukturen*, Frankfurt am Main: Suhrkamp, S. 252~85.

Adorno, Theodor W. 1976, "Einleitung", in: Émile Durkheim, *Soziologie und Philosophie*, Frankfurt am Main: Suhrkamp, S. 7~44.

Allen, N. J., W. S. F. Pickering & W. Watts Miller (Ed.). 1998, *On Durkheim's Elementary Forms of Religious Life*, London/New York: Routledge.

Alexander, Jeffrey C. 1982, *The Antinomies of Classical Thought: Marx and Durkheim*, Berkley & Los Angels: University of California Press.

── (Ed.). 1988, *Durkheimian Sociology: Cultural Studies*, Cambridge: Cambridge University Press.

Alexander, Jeffrey C. & Philip Smith (Ed.). 2005, *The Cambridge Companion to Durkheim*, Cambridge: Cambridge University Press.

Allardt, Erik. 1968, "Émile Durkheim — Sein Beitrag zur politischen Soziologie", in: *Kölner Zeitschrift für Soziologie und Sozialpsychologie 20*, S. 1~16.

Allcock, John B. 1983, "Editorial Introduction to the English Translation", in: Émile Durkheim, *Pragmatism and Sociology* (Edited by John B. Allock), Cambridge: Cambridge University Press, pp. XXIII~XLI.

Alpert, Harry. 1993, *Émile Durkheim and His Sociology*, Hampshire: Gregg Revivals.

Anastasopoulos, Charis. 2014, *Nationale Zusammengehörigkeit und moderne Vielfalt. Eine Auseinandersetzung mit den Arbeiten Émile Durkheims*, Wiesbaden: Springer VS.

Aron, Raymond. 1979, *Hauptströmungen des Modernen Soziologischen Denkens: Durkheim — Pareto — Weber*, Reinbek bei Hamburg: Rowohlt.

Balog, Andreas. 1999, "Der Begriff 'Gesellschaft': Konzeptuelle Überlegungen und Kritik seiner Verwendung in Zeitdiagnosen, in: *Österreichische Zeitschrift für Soziologie 24 (Heft 2)*, S. 66~93.

——— . 2001, *Neue Entwicklungen in der soziologischen Theorie. Auf dem Weg zu einem gemeinsamen Verständnis der Grundprobleme*, Stuttgart: Lucius & Lucius.

——— . 2004, "Handlungen und Tatsachen: Weber und Durkheim über die 'Objektivität' des Sozialen", in: *Berliner Journal für Soziologie 14*, S. 485~502.

——— . 2006, *Soziale Phänomene: Identität, Aufbau und Erklärung*, Wiesbaden: VS Verlag für Sozialwissenschaften.

Bauman, Zygmunt. 2005, "Durkheim's Society Revisited", in: Jeffrey C. Alexander & Philip Smith (Ed.), *The Cambridge Companion to Durkheim*, Cambridge: Cambridge University Press, pp. 360~82.

Beetz, Michael. 2009, "Was können Soziologen Moral verstehen? Gesellschaftliche Praxisfelder und ihre moralischen Kompetenzerfordernisse", in: *Berliner Journal für Soziologie 19*, S. 248~67.

——— 2010, *Gesellschaftstheorie zwischen Autologie und Ontologie. Reflexionen über Ort und Gegenstand der Soziologie*, Bielefeld: transcript.

Bellah, Robert N. 1973, "Introduction", in: Émile Durkheim, *On Morality and Society* (Edited and with an introduction by Robert N. Bellah), Chicago/London: University of Chicago Press, pp. ix~lv.

Besnard, Philippe. 1993, "Anomie and Fatalism in Durkheim's Theory of

Regulation", in: Stephen P. Turner (Ed.), *Émile Durkheim. Sociologist and Moralist*, London/New York: Routledge, pp. 169~90.

Bloor, David. 1981, "Klassifikation und Wissenssoziologie: Durkheim und Mauss neu betrachtet", in: Nico Steher & Volker Meja (Hrsg.), *Wissenssoziologie*, Opladen: Westdeutscher Verlag, S. 20~51.

Boudon, Raymond & François Bourricaud. 1992, *Soziologische Stichworte. Ein Handbuch*, Opladen: Westdeutscher Verlag.

Boutroux, Émile. 1907, *Ueber den Begriff des Naturgesetzes in der Wissenschaft und in der Philosophie der Gegenwart. Vorlesungen gehalten an der Sorbonne 1892~1893*, Jena: Eugen Diederichs.

Callinicos, Alex. 1999, *Social Theory. A Historical Introduction*, New York: New York University Press.

Collins, Randall & Michael Makowsky. 2005, *The Discovery of Society*, Boston: McGraw-Hill (Seventh Edition).

Campbell, Donald T. 1974, "'Downward Causation' in Hierarchically Organised Biological Systems", in: Francisco Jose Ayala & Theodosius Dobzhansky (Ed.), *Studies in the Philosophy of Biology: Reduction and Related Problems*, London/Basingstoke: Macmillan, pp. 179~86.

——. 1990, "Levels of Organization, Downward Causation, and the Selection-Theory Approach to Evolutionary Epistemology", in: G. Greenberg & E. Tobach (Ed.), *Theories of the Evolution of Knowing*, Hillsdale, N. J.: Lawrence Erlbaum, pp. 1~17.

Castoriadis, Cornelius. 1990, *Gesellschaft als imaginäre Institution. Entwurf einer politischen Philosophie*, Frankfurt am Main: Suhrkamp.

Ceri, Paolo. 1993, "Durkheim on Social Action", in: Stephen P. Turner (Ed.), *Émile Durkheim. Sociologist and Moralist*, London/New York: Routledge, pp. 135~62.

Comte, Auguste. 1973, *Plan der wissenschaftlichen Arbeiten, die für eine Reform der Gesellschaft notwendig sind*, München: Carl Hanser.

——. 1974, *The Positive Philosophy* (With a New Introduction by Abraham S. Blumberg), New York: AMS Press.

Cuvillier, Armand. 1983, "Preface to the French Edition of 1955", in: Émile Durkheim, *Pragmatism and Sociology* (Edited by John B. Allock), Cambridge: Cambridge University Press, pp. XI~XXIII.

Davies, Christie & Mark Neal. 2000, "Durkheim's Altruistic and Fatalistic Suicide", in: William S. F. Pickering & Geoffrey Walford (Ed.),

Durkheim's Suicide. A Century of Research and Debate, London/New York: Routledge, pp. 36~51.

Descartes, René. 2011a, Discours de la Méthode. Von der Methode des richtigen Vernunftgebrauchs und der wissenschaftlichen Forschung. Französisch-Deutsch, Hamburg: Felix Meiner.

——. 2011b, Regulae ad Directionem Ingenii. Cogitationes Privatae. Lateinisch-Deutsch, Hamburg: Felix Meiner.

Delitz, Heike. 2013, Émile Durkheim zur Einführung, Hamburg: Junius.

Dombrowski, Gisela. 1976. Sozialwissenschaft und Gesellschaft bei Durkheim und Radcliffe-Brown, Berlin: Duncker & Humblot.

Douglas, Jack D. 1967, The Social Meanings of Suicide, Princeton: Princeton University Press.

Evans-Pritchard, Edward E. 1956, Nuer Religion, Oxford: Clarendon Press.

Endress, Martin. 2012, Soziologische Theorien kompakt, München: Oldenbourg.

Fauconnet, Paul. 1984, "Das pädagogische Werk Durkheims", in: Émile Durkheim, Erziehung, Moral und Gesellschaft. Vorlesung an der Sorbonne 1902/1903 (Mit einer Einleitung von Paul Fauconnet), Frankfurt am Main: Suhrkamp, S. 7~33.

Favre, Pierre. 1983, "The Absence of Political Sociology in the Durkheimian Classification of the Social Sciences", in: Philippe Besnard (Ed.), The Sociological Domain. The Durkheimians and the Founding of French Sociology, Cambridge: Cambridge University Press, pp. 199~215.

Fetscher, Iring. 1956, "Einleitung", in: Auguste Comte, Rede über den Geist des Positivismus. Französisch-Deutsch (Übersetzt, eingeleitet und herausgegeben von Iring Fetscher), Hamburg: Felix Meiner 1956, S. XV~XLV.

Firsching, Horst. 1994, Moral und Gesellschaft. Zur Soziologisierung des ethischen Diskurses in der Moderne, Frankfurt am Main/New York: Campus.

——. 1995, "Die Sakralisierung der Gesellschaft. Émile Durkheims Soziologie der 'Moral' und der 'Religion' in der ideenpolitischen Auseinandersetzung der Dritten Republik", in: Volkhard Krech & Hartmann Tyrell (Hrsg.), Religionssoziologie um 1900, Würzburg: Ergon, S. 159~93.

Fish, Jonathan S. 2002, "Religion and the Changing Intensity of Emotional

Solidarities in Durkheim's The Division of Labour in Society (1893)",
in: *Journal of Classical Sociology 2*, pp. 202~23.

——. 2005, *Defending the Durkheimian Tradition. Religion, Emotion and
Morality*, Aldershot: Ashgate.

Fournier, Marcel. 2013, *Émile Durkheim. A Biography*, Cambridge: Polity
Press.

Fuchs-Heinritz, Werner. 1998, *Auguste Comte. Einführung in Leben und Werk*,
Opladen: Westdeutscher Verlag.

——. 2008, "Zum Gesellschaftsbild der Soziologie: Durkheims
Rezeption von Comte", in: Wieland Jäger & Rainer Schutzeichel
(Hrsg.), *Universität und Lebenswelt*, Wiesbaden: VS Verlag für
Sozialwissenschaften, S. 229~39.

Gasché, Rodolphe. 1973, *Die hybride Wissenschaft. Zur Mutation des
Wissenschaftsbegriffs bei Émile Durkheim und im Strukturalismus von
Claude Lévi-Strauss*, Stuttgart: J. B. Metzlersche Verlagsbuchhandlung.

Gane, Mike. 1994, "A Fresh Look at Durkheim's Sociological Method",
in: William S. F. Pickering & H. Martins (Ed.), *Debating Durkheim*,
London/New York: Routledge, pp. 66~85.

——. 2000, "The Deconstruction of Social Action: The 'Reversal' of
Durkheimian Methodology from *The Rules* to *Suicide*", in: William S. F.
Pickering & Geoffrey Walford (Ed.), *Durkheim's Suicide. A Century of
Research and Debate*, London/New York: Routledge, pp. 22~35.

Gephart, Werner. 1992, "Soziologie im Aufbruch, Zur Wechselwirkung von
Durkheim, Schäffle, Tönnies und Simmel", in: *Kölner Zeitschrift für
Soziologie und Sozialpsychologie 34*, S. 1~25.

Giddens, Anthony (Ed.). 1974, *Positivism and Sociology*, Aldershot: Ashgate
Publishing Limited.

——. 1978, *Durkheim*, Hassocks(Sussex): The Harvester Press.

——. 1980, *Studies in Social and Political Theory*, London et al.: Hutchinson
& Co.

——. 1982, *Profiles and Critiques in Social Theory*, Berkeley/Los Angels:
University of California Press.

——. 1990, "Durkheim's Political Sociology", in: Peter Hamilton (Ed.),
Émile Durkheim: Critical Assessments, Volume 4, London/New York:
Routledge, pp. 184~219.

Giesen, Bernhard. 1981, *Die Entdinglichung des Sozialen. Eine evolutionstheoretische Perspektive auf die Postmoderne*, Frankfurt am Main: Suhrkamp, S. 81~82.

Gilcher-Holtey, Ingrid. 1997, "Menschenrechte oder Vaterland? Die Formierung der Intellektuellen in der Affäre Dreyfus", in: *Berliner Journal für Soziologie 7*, S. 61~70.

Gipper, Andreas & Franz Schultheis. 1995, "Einleitung — Émile Durkheim und Deutschland: Eine ambivalente Wahlverwandtschaft", in: Émile Durkheim, *Über Deutschland. Texte aus den Jahren 1887 bis 1915* (Herausgegeben von Franz Schultheis und Andreas Gipper), Konstanz: Universitätsverlag, S. 7~25.

Godlove, Terry F. 1989, *Religion, Interpretation and Diversity of Belief. The Framework Model from Kant to Durkheim to Davidson*, Cambridge: Cambridge University Press.

Gouldner, Alvin W. 1959, in: Émile Durkheim, *Socialism and Saint-Simon* (Edited and with an introduction by Alvin W. Gouldner), London: Routledge & Kegan Paul, pp. VIII~XXIII.

Greshoff, Rainer. 2011, "Emergenz und Reduktion in sozialwissenschaftlicher Perspektive", in: Jens Greve & Annette Schnabel (Hrsg.), *Emergenz. Zur Analyse und Erklärung komplexer Strukturen*, Frankfurt am Main: Suhrkamp, S. 214~51.

Greve, Jens & Annette Schnabel (Hrsg.). 2011, *Emergenz. Zur Analyse und Erklärung komplexer Strukturen*, Frankfurt am Main: Suhrkamp.

Greve, Jens. 2011, "Emergenz in der Soziologie: Eine Kritik des nichtreduktiven Individualismus", in: Jens Greve & Annette Schnabel (Hrsg.), *Emergenz. Zur Analyse und Erklärung komplexer Strukturen*, Frankfurt am Main: Suhrkamp, S. 286~316.

Gülich, Christian. 1991, *Die Durkheim-Schule und der französische Solidarismus*, Wiesbaden: Deutscher Universitäts-Verlag.

Halfpenny, Peter. 1982, *Positivism and Sociology. Explaining Social Life*, London: George Allen & Unwin.

Hall, Robert T. 1987, *Émile Durkheim. Ethics and the Sociology of Morals*, New York et al.: Greenwood Press.

Heintz, Bettina. 2004, "Emergenz und Reduktion. Neue Perspektiven auf das Mikro-Makro-Problem", in: *Kölner Zeitschrift für Soziologie und Sozialpsychologie 56*, S. 1~31.

Heisterberg, Lore. 1981, "Einleitung: Durkheims Weg zu einer Wissenschaft von der Gesellschaft", in: Émile Durkheim, *Frühe Schriften zur Begründung der Sozialwissenschaften* (Herausgegeben, eingeleitet und übersetzt von Lore Heisterberg), Darmstadt–Neuwied: Luchterhand, S. 11~23.

Hohm, Hans–Jürgen. 2006, *Soziale Systeme, Kommunikation, Mensch. Eine Einführung in soziologische Systemtheorie*, Weinheim/München: Juventa (2., überarbeitete Auflage).

Hughes, John A., Wes W. Sharrock & Peter J. Martin. 2003, *Understanding Classical Sociology: Marx, Weber, Durkheim*, London et al.: Sage (Second Edition).

Hunt, Lynn. 1988, "The Sacred and the French Revolution", in: Jeffrey C. Alexander (Ed.), *Durkheimian Sociology: Cultural Studies*, Cambridge: Cambridge University Press, pp. 25~43.

Isambert, François–Andre. 1993, "Durkheim's Sociology of Moral Facts", in: Stephen P. Turner (Ed.), *Émile Durkheim. Sociologist and Moralist*, London/New York: Routledge, pp. 187~204.

Jarring, Henk. 1979, "A Rational Reconstruction of Durkheim's Thesis Concerning the Division of Labour in Society", in: *Mens & maatschappij: driemaandelijks tijdschrift voor sociale wetenschappen 54*, pp. 171~201.

Joas, Hans. 1987, "Durkheim und der Pragmatismus. Bewusstseinspsychologie und die soziale Konstitution der Kategorien", in: Émile Durkheim, *Schriften zur Soziologie der Erkenntnis* (Herausgegeben von Hans Joas), Frankfurt am Main: Suhrkamp, S. 257~88.

———. 1992, *Pragmatismus und Gesellschaftstheorie*, Frankfurt am Main: Suhrkamp.

Jonas, Friedrich. 1968a, *Geschichte der Soziologie 1: Aufklärung — Liberalismus — Idealismus*, Reinbek bei Hamburg: Rowohlt.

———. 1968b, *Geschichte der Soziologie 2: Sozialismus — Positivismus — Historismus*, Reinbek bei Hamburg: Rowohlt.

———. 1969a, *Geschichte der Soziologie 3: Französische und italienische Soziologie*, Reinbek bei Hamburg: Rowohlt.

———. 1969b, *Geschichte der Soziologie 4: Deutsche und amerikanische Soziologie*, Reinbek bei Hamburg: Rowohlt.

Jones, Robert Alun. 1977, "On Understanding a Sociological Classic", in: *American Journal of Sociology 83*, pp. 279~319.

──── . 1998, "Religion and Science in *The Elementary Forms*", in: N. J. Allen, W. S. F. Pickering & W. Watts Miller (Ed.), *On Durkheim's* **Elementary Forms of Religious Life**, London/New York: Routledge, pp. 39~52.

──── . 1999, The Development of Durkheim's Social Realism, Cambridge: Cambridge University Press.

Jones, Sue Stedman. 1998, "The Concept of Belief in *The Elementary Forms*", in: N. J. Allen, W. S. F. Pickering & W. Watts Miller (Ed.), *On Durkheim's* **Elementary Forms of Religious Life**, London/New York: Routledge, pp. 53~65.

Junge, Matthias. 2002, *Individualisierung*, Frankfurt am Main/New York: Campus.

Kant, Immanuel. 1983a, *Kritik der reinen Vernunft: Werke in zehn Bänden, Bd. 3~4* (Herausgegeben von Wilhelm Weischedel), Darmstadt: Wissenschaftliche Buchgesellschaft.

──── . 1983b, *Grundlegung zur Metaphysik der Sitten*, in: Immanuel Kant, *Werke in zehn Bänden, Bd. 6* (Herausgegeben von Wilhelm Weischedel), Darmstadt: Wissenschaftliche Buchgesellschaft, S. 7~102.

──── . 1983c, *Kritik der praktischen Vernunft: Werke in zehn Bänden, Bd. 6* (Herausgegeben von Wilhelm Weischedel), Darmstadt: Wissenschaftliche Buchgesellschaft, S. 103~302.

Karsenti, Bruno. 2006, *La Société en Personnes. Etudes Durkheimiennes*, Paris: Economica.

Kempski, Jürgen von. 1974, "Einleitung", in: Auguste Comte, *Die Soziologie. Die positive Philosophie im Auszug* (Herausgegeben von Friedrich Blaschke), Stuttgart: Alfred Kröner (2. Auflage), S. IX~XXXVII.

Kippele, Flavia. 2013, *Was heisst Individualisierung? Die Antworten Soziologischer Klassiker*, Wiesbaden: VS Verlag für Sozialwissenschaften.

König, Matthias. 2002, *Menschenrechte bei Durkheim und Weber. Normative Dimensionen des soziologischen Diskurses der Moderne*, Frankfurt am Main: Campus.

König, René. 1976, "Emile Durkheim. Der Soziologe als Moralist", in: Dirk Kaesler (Hrsg.), *Klassiker des soziologischen Denkens, Bd. 1: Von Comte bis Durkheim*, München: C. H. Beck, S. 312~64.

──── . 1978, *Émile Durkheim zur Diskussion. Jenseits von Dogmatismus und Skepsis*, München/Wien: Carl Hanser.

Kon, I. S. 1973, *Der Positivismus in der Soziologie. Geschichtlicher Abriss*, Berlin: das europäische buch.

Krisam, Raymund. 1972, "Vorwort", in: Émile Durkheim, *Erziehung und Soziologie*, Düsseldorf: Pädagogischer Verlag Schwann, S. 7~19.

Krossa, Anne Sophie. 2016, *Gesellschaft: Relevanz eines Kernbegriffs der Soziologie im Wandel*, Wiesbaden: Springer VS.

Laguna, Theodore de. 1920, "The Sociological Method of Durkheim", in: *The Philosophical Review 29*, pp. 213~25(Descartes).

Lindemann, Gesa. 2011, "Differenzierung der modernen Gesellschaft. Eine grenzregimetheoretische Perspektive", in: Thomas Schwinn, Clemens Kroneberg & Jens Greve (Hrsg.), *Soziale Differenzierung. Handlungstheoretische Zugänge in der Diskussion*, Wiesbaden: VS Verlag für Sozialwissenschaften, S. 135~56.

Lockwood, David. 1992, *Solidarity and Schism. The Problem of Disorder in Durkheimian and Marxist Sociology*, Oxford: Clarendon Press.

Luhmann, Niklas. 1975, "Die Weltgesellschaft", in: *Soziologische Aufklärung, Bd. 2: Aufsätze zur Theorie der Gesellschaft*, Opladen: Westdeutscher Verlag, S. 63~88.

――. 1984, *Soziale Systeme. Grundriss einer allgemeinen Theorie*, Frankfurt am Main: Suhrkamp.

――. 1985 (Hrsg.), *Soziale Differenzierung. Zur Geschichte einer Idee*, Opladen: Westdeutscher Verlag.

――. 1988, "Arbeitsteilung und Moral. Durkheims Theorie", in: Émile Durkheim, *Über soziale Arbeitsteilung. Studie über die Organisation höherer Gesellschaften*, Frankfurt am Main: Suhrkamp, S. 19 - 38.

――. 1992, "Die Selbstbeschreibung der Gesellschaft und die Soziologie", in: *Universität als Milieu. Kleine Schriften* (Herausgegeben von André Kieserling), Bielefeld: Haux, S. 137~46.

――. 1997, *Die Gesellschaft der Gesellschaft*, Frankfurt am Main: Suhrkamp.

Lukes, Steven. 1973, *Émile Durkheim: His Life and His Work; A Historical and Critical Study*, New York: Harper & Row.

――. 1982, "Introduction", in: Émile Durkheim, *The Rules of Sociological Method and Selected Texts on Sociology and its Method* (Edited with an introduction by Steven Lukes), London: Macmillan, pp. 1~27.

Mackert, Jürgen. 2003, "Reorganisation und Stabilisierung. Soziale Mechanismen in Émile Durkheims politisch-soziologischen Schriften", in: *Berliner Journal für Soziologie 13*, S. 415~33.

Marske, Charles E. 1987, "Durkheim's 'Cult of the Individual' and the Moral Reconstitution of Society", in: *Sociological Theory 5*, pp. 1~14.

Mayeur, Jean-Marie & Madeleine Rebérioux. 1984, *The Third Republic from its Origins to the Great War, 1871~1914*, Cambridge: Cambridge University Press.

Mayntz, Renate, 2011, "Emergenz in Philosophie und Sozialtheorie", in: Jens Greve & Annette Schnabel (Hrsg.), *Emergenz. Zur Analyse und Erklärung komplexer Strukturen*, Frankfurt am Main: Suhrkamp, S. 156~86.

Meier, Kurt. 1987, *Émile Durkheims Konzeption der Berufsgruppen. Eine Rekonstruktion und Diskussion ihrer Bedeutung für die Neokorporatismus-Debatte*, Berlin: Duncker & Humblot.

――. 1995, "Gibt es einen 'Bruch' in Durkheims früher Religionssoziologie", in: Volkhard Krech & Hartmann Tyrell (Hrsg.), *Religionssoziologie um 1900*, Würzburg: Ergon, S. 129~57.

Mémedi, Dénes. 1995, "Collective Consciousness, Morphology, and Collective Representations: Durkheim's Sociology of Knowledge, 1894~1900", in: *Sociological Perspectives 38*, pp. 41~56.

Meštrović, Stjepan Gabriel. 1988, *Émile Durkheim and the Reformation of Sociology*, New Jersey: Rowman & Littlefield Publishers.

Moebius, Stephan. 2006, *Die Zauberlehrlinge. Soziologiegeschichte des Collège de Sociologie (1937~1939)*, Konstanz: UVK Verlagsgesellschaft.

Mommsen, Wolfgang J. 1974a, *Max Weber und die deutsche Politik 1890~1920*, Tübingen: J. C. B. Mohr (Paul Siebeck) (2., überarbeitete und erweiterte Auflage).

――. 1974b, *Max Weber. Gesellschaft, Politik und Geschichte*, Frankfurt am Main: Suhrkamp.

Montesquieu, Charles Louis de Secondat de. 1992a, *Vom Geist der Gesetze, Band 1* (Übersetzt und herausgegeben von Ernst Forsthoff), Tübingen: J. C. B. Mohr (Paul Siebeck).

――. 1992b, *Vom Geist der Gesetze, Band 2* (Übersetzt und herausgegeben von Ernst Forsthoff), Tübingen: J. C. B. Mohr (Paul Siebeck).

Morrison, Ken. 2006, *Marx, Durkheim, Weber. Formations of Modern Social Thought*, New York: Sage.

Müller, Hans-Peter. 1983, *Wertkrise und Gesellschaftsrefom. Émile Durkheims*

Schriften zur Politik, Stuttgart: Ferdinand Enke.

———. 1986, "Gesellschaft, Moral und Individualismus. Émile Durkheims Moraltheorie", in: Hans Bertram (Hrsg.), *Gesellschaftlicher Zwang und moralische Autonomie*, Frankfurt am Main: Suhrkamp, S. 71~105.

———. 1991, "Die Moralökologie moderner Gesellschaften. Durkheims 'Physik der Sitten und des Rechts'", in: Émile Durkheim, *Physik der Sitten und des Rechts. Vorlesungen zur Soziologie der Moral* (Herausgegeben von Hans-Peter Müller), Frankfurt am Main: Suhrkamp, S. 307~41.

———. 1992, "Gesellschaftliche Moral und individuelle Lebensführung – Ein Vergleich von Émile Durkheim und Max Weber", in: *Zeitschrift für Soziologie 21*, S. 49~60.

———. 1993a, "Durkheim's Political Sociology", in: Stephen P. Turner (Ed.), *Émile Durkheim. Sociologist and Moralist*, London/New York: Routledge, pp. 93~107.

———. 1993b, "Soziale Differenzierung und gesellschaftliche Reformen. Der politische Gehalt in Émile Durkheims 'Arbeitsteilung'", in: *Beliner Journal für Soziologie 3*, S. 507~19.

———. 2000, "Émile Durkheim (1858~1918)", in: Dirk Kaesler (Hrsg.), *Klassiker der Soziologie, Bd. 1: Von Auguste Comte bis Alfred Schütz*, München: C. H. Beck (Zweite, durchgesehene Auflage), S. 150~70.

———. 2008, "Verstehen und Erklären bei Émile Durkheim", in: Rainer Greshoff, Georg Kneer & Wolfgang Ludwig Schneider (Hrsg.), *Verstehen und Erklären. Sozial- und kulturwissenschaftliche Perspektiven*, München: Wilhelm Fink, S. 51~72.

———. 2009, "Émile Durkheims Moralpolitik des Individualismus", in: *Berliner Journal für Soziologie 19*, S. 227~47.

Müller, Hans-Peter & Michael Schmid. 1988, "Arbeitsteilung, Solidarität und Moral. Eine werkgeschichtliche und systematische Einführung in die 'Arbeitsteilung' von Émile Durkheim", in: Émile Durkheim, *Über soziale Arbeitsteilung. Studie über die Organisation höherer Gesellschaften*, Frankfurt am Main: Suhrkamp, S. 481~521.

Münch, Richard. 2002, *Soziologische Theorie, Band 1: Grundlegung durch die Klassiker*, Frankfurt am Main/New York: Campus.

O'Neill, John (Ed.). 1992, *Modes of Individualism and Collectivism*, Aldershot: Gregg Revivals.

Paoletti, Giovanni. 1998, "The Cult of Images: Reading Chapter VII, Book

II, of *The Elementary Forms*", in: N. J. Allen, W. S. F. Pickering & W. Watts Miller (Ed.), *On Durkheim's **Elementary Forms of Religious Life***, London/New York: Routledge, pp. 78~91.

Parijs, Philippe van. 1981, *Evolutionary Explanation in the Social Sciences. An Emerging Paradigm*, London & New York: Travistock Publications.

Parsons, Talcott. 1968a, *The Structure of Social Action. A Study in Social Theory with Special Reference to a Group of Recent European Writers, Vol. 1: Marshall, Pareto, Durkheim*(1937), New York: The Free Press.

――. 1968b, *The Structure of Social Action. A Study in Social Theory with Special Reference to a Group of Recent European Writers, Vol. 2: Weber*(1937), New York: The Free Press.

Pickering, William S. F. 1984, *Durkheim's Sociology of Religion. Themes and Theories*, London: Routledge & Kegan Paul.

――. 1993, "The Origins of Conceptual Thinking in Durkheim: Social or Religious?", in: Stephen P. Turner (Ed.), *Émile Durkheim. Sociologist and Moralist*, London/New York: Routledge, pp. 51~68.

Pickering, William S. F. & H. Martins (Ed.). 1994, *Debating Durkheim*, London/New York: Routledge.

Pickering, William S. F. & Massimo Rosati (Ed.). 2012, *Suffering and Evil: The Durkheimian Legacy. Essays in Commemoration of the 90th Anniversary of Durkheim' Death*, New York/Oxford: Berghahn Books.

Pickering, William S. F. & Geoffrey Walford (Ed.). 2000, *Durkheim's **Suicide**. A Century of Research and Debate*, London/New York: Routledge.

Plé, Bernhard. 1996, *Die "Welt" aus den Wissenschaften. Der Positivismus in Frankreich, England und Italien von 1848 bis ins zweite Jahrzehnt des 20. Jahrhunderts. Eine wissenssoziologische Studie*, Stuttgart: Klett-Cotta.

Poggi, Gianfranco. 1972, *Images of Society. Essays on the sociological theories of Tocqueville, Marx and Durkheim*, Stanford: Stanford University Press.

――. 2000, *Durkheim*, Oxford/New York: Oxford University Press.

Prager, Jeffrey. 1981, "Moral Integration and Political Inclusion: A Comparison of Durkheim's and Weber's Theories of Democracy", in: *Social Forces 59*, pp. 918~50.

Ramp, William. 1998, "Effervescence, Differentiation and Representation in *The Elementary Forms*", in: N. J. Allen, W. S. F. Pickering & W. Watts Miller (Ed.), *On Durkheim's **Elementary Forms of Religious Life***, London/New York: Routledge, pp. 136~48.

Rawls, Anne Warfield. 1996, "Durkheim's Epistemology: The Neglected Argument", in: *The American Journal of Sociology 102*, pp. 430~82.

Riley, Alexander. 2015, *The Social Thought of Émile Durkheim*, Los Angeles et al.: Sage.

Rosa, Hartmut & David Strecker, Andrea Kottmann. 2007, *Soziologische Theorien*, Konstanz: UVK Verlagsgesellschaft.

Ruel, Malcolm. 1998, "Rescuing Durkheim's 'Rites' from the Symbolizing Anthropologists", in: N. J. Allen, W. S. F. Pickering & W. Watts Miller (Ed.), *On Durkheim's **Elementary Forms of Religious Life***, London/New York: Routledge, pp. 105~15.

Rüschemeyer, Dietrich. 1985, "Spencer und Durkheim über Arbeitsteilung und Differenzierung: Kontinuität oder Bruch?", in: Niklas Luhmann (Hrsg.), *Soziale Differenzierung. Zur Geschichte einer Idee*, Opladen: Westdeutscher Verlag, S. 163~80.

Runciman, W. G. 1990, "The Sociological Explanation of 'Religious' Beliefs", in: Peter Hamilton (Ed.), *Émile Durkheim: Critical Assessments, Volume 3*, London/New York: Routledge, pp. 305~45.

Sawyer, R. Keith. 2001, "Emergence in Sociology: Contemporary Philosophy of Mind and Some Implications for Sociological Theory", in: *American Journal of Sociology 107*, pp. 551~85.

――――. 2002a, "Durkheim's Dilemma. Toward a Sociology of Emergence", in: *Sociological Theory 20*, pp. 227~47.

――――. 2002b, "Nonreductive Individualism. Part 1—Supervenience and Wild Disjunction", in: *Philosophy of the Social Sciences 32*, pp. 537~59.

――――. 2003, "Nonreductive Individualism. Part 2—Social Causation", in: *Philosophy of the Social Sciences 33*, pp. 203~24.

――――. 2005, *Social Emergence. Societies as Complex Systems*, Cambridge: Cambridge University Press.

――――. 2011, "Emergenz, Komplexität und die Zukunft der Soziologie", in: Jens Greve & Annette Schnabel, *Emergenz. Zur Analyse und Erklärung komplexer Strukturen*, Frankfurt am Main: Suhrkamp, S. 187~213.

Schluchter, Wolfgang. 2006, *Grundlegungen der Soziologie. Eine Theoriegeschichte in systematischer Absicht, Bd. 1*, Tübingen: Mohr Siebeck.

――――. 2007, *Grundlegungen der Soziologie. Eine Theoriegeschichte in systematischer Absicht, Bd. 2*, Tübingen: Mohr Siebeck.

Schimank, Uwe. 2000, *Theorien gesellschaftlicher Differenzierung*, Opladen:

Leske + Budrich (2. Auflage).

Schroer, Markus. 2000, *Das Individuum der Gesellschaft. Synchrone und diachrone Theorieperspektiven*, Frankfurt am Main: Suhrkamp.

———. 2017, *Soziologische Theorien. Von den Klassikern bis zur Gegenwart*, Paderborn: Wilhelm Fink.

Schwinn, Thomas. 2011, "Von starken und schwachen Gesellschaftsbegriffen. Verfallsstufen eines traditionsreichen Konzepts", in: Thomas Schwinn, Clemens Kroneberg & Jens Greve (Hrsg.), *Soziale Differenzierung. Handlungstheoretische Zugänge in der Diskussion*, Wiesbaden: VS Verlag für Sozialwissenschaften, S. 27~44.

Simmel, Georg. 1970, *Grundfragen der Soziologie. Individuum und Gesellschaft* (1917), Walter de Gruyter.

———. 1989a, *Über sociale Differenzierung. Sociologische und psychologische Untersuchungen*, in: *Georg Simmel Gesamtausgabe 2*, Frankfurt am Main: Suhrkamp, S. 109~295.

———. 1989b, *Einleitung in die Moralwissenschaft. Eine Kritik der ethischen Grundbegriffe, Bd. 1: Georg Simmel Gesamtausgabe 3*, Frankfurt am Main: Suhrkamp.

———. 1991, *Einleitung in die Moralwissenschaft. Eine Kritik der ethischen Grundbegriffe, Bd. 2: Georg Simmel Gesamtausgabe 4*, Frankfurt am Main: Suhrkamp.

———. 1992a, *Soziologie. Untersuchungen über die Formen der Vergesellschaftung: Georg Simmel Gesamtausgabe 11*, Frankfurt am Main: Suhrkamp.

———. 1992b, "Das Problem der Sociologie", in: *Georg Simmel Gesamtausgabe 5. Aufsätze und Abhandlungen 1894~1900*, Frankfurt am Main: Suhrkamp, S. 52~62.

Sintomer, Yves. 2009, "Émile Durkheim zwischen Republikanismus und deliberativer Demokratie", in: *Berliner Journal für Soziologie 19*, S. 205~25.

Smith, Philip. 2001, *Cultural Theory. An Introduction*, Malden (Mass.): Blackwell.

Stagl, Justin. 1974, *Die Morphologie segmentärer Gesellschaften. Dargestellt am Beispiel des Hochlandes von Neuguinea*, Meisenheim am Glan: Anton Hain.

Stephan, Achim. 2011, "Emergenz in sozialen Systemen", in: Jens Greve & Annette Schnabel (Hrsg.), *Emergenz. Zur Analyse und Erklärung komplexer Strukturen*, Frankfurt am Main: Suhrkamp, S. 133~55.

Stichweh, Rudolf. 2005, "Zum Gesellschaftsbegriff der Systemtheorie: Parsons und Luhmann und die Hypothese der Weltgesellschaft", in: Bettina Heintz, Richard Münch & Hartmann Tyrell (Hrsg.), *Weltgesellschaft. Theoretische Zugänge und empirische Problemlagen* (*Sonderheft "Weltgesellschaft" der Zeitschrift für Soziologie*), Stuttgart: Lucius & Lucius, S. 174~85.

Šuber, Daniel. 2011, *Émile Durkheim*, Konstanz: Universitätsverlag.

Tenbruck, Friedrich H. 1981, "Émile Durkheim oder die Geburt der Gesellschaft aus dem Geist der Soziologie", in: *Zeitschrift für Soziologie 10*, S. 333~50.

Terrier, Jean. 2009, "Die Verortung der Gesellschaft: Durkheims Verwendung des Begriffs 'Substrat'", in: *Berliner Journal für Soziologie 19*, S. 181~204.

Thompson, Ken. 2002, *Émile Durkheim*, London/New York: Routledge (Revised Edition).

Tomasi, Luigi. 2000, "Émile Durkheim's Contribution to the Sociological Explanation of Suicide", in: William S. F. Pickering & Geoffrey Walford (Ed.), *Durkheim's **Suicide**. A Century of Research and Debate*, London/New York: Routledge, pp. 11~21.

Turner, Jonathan H. 1984, "Durkheim's and Spencer's Principles of Social Organization. A Theoretical Note", in: *Sociological Perspectives 24*, pp. 21~32.

——. 1991, *The Structure of Sociological Theory*, Belmont, California: Wadsworth.

Turner, Jonathan H., Leonard Beeghley & Charles H. Powers. 1995, *The Emergence of Sociological Theory*, Belmont: Wadsworth Publishing Company (3. Edition).

Turner, Jonathan H. & Alexandra Maryanski. 1979, *Functionalism*, Menlo Park: Benjamin-Cummings Publishing Co.

Turner, Stephen P. 1983, "Durkheim as a Methodologist. Part I: Realism, Teleology and Action", in: *Philosophy of the Social Sciences 13*, pp. 425~50.

——. 1984, "Durkheim as a Methodologist. Part II: Collective Forces, Causation, and Probability", in: *Philosophy of the Social Sciences 14*, pp. 51~71.

———. (Ed.). 1993, *Émile Durkheim. Sociologist and Moralist*, London/New York: Routledge.

———. 2010, *The Search for a Methodology of Social Science. Durkheim, Weber, and the Nineteenth-Century Problem of Cause, Probability, and Action*, Dordrecht: Kluwer.

Tyrell, Hartmann. 1985, "Émile Durkheim — Das Dilemma der organischen Solidarität", in: Niklas Luhmann (Hrsg.), *Soziale Differenzierung. Zur Geschichte einer Idee*, Opladen: Westdeutscher Verlag, S. 181~250.

———. 2008, "Religion und Politik. Émile Durkheim und Max Weber", in: Richard Faber & Frithjof Hager (Hrsg.) *Rückkehr der Religion oder säkulare Kultur? Kultur- und Religionssoziologie heute*, Würzburg: Königshausen u. Neumann, S. 192~208.

Varty, John. 2000, "Suicide, Statistics and Sociology. Assessing Douglas' Critique of Durkheim", in: William S. F. Pickering & Geoffrey Walford (Ed.), *Durkheim's* **Suicide**. *A Century of Research and Debate*, London/New York: Routledge, pp. 53~65.

Vogt, W. Paul. 1979, "Early French Contributions to the Sociology of Knowledge", in: *Research in Sociology of Knowledge, Sciences and Art 2*, pp. 101~201.

———. 1993, "Durkheim's Sociology of Law. Morality and the Cult of the Individual", in: Stephen P. Turner (Ed.), *Émile Durkheim. Sociologist and Moralist*, London/New York: Routledge, pp. 71~94.

Wallwork, Ernest. 1972, *Durkheim. Morality and Milieu*, Cambridge: Harvard University Press.

Weber, Max. 1972, *Wirtschaft und Gesellschaft. Grundriss der verstehenden Soziologie*, Tübingen: J. C. B. Mohr (Paul Siebeck) (5. Auflage; 1. Auflage 1922).

———. 1973, *Gesammelte Aufsätze zur Wissenschaftslehre*, Tübingen: J. C. B. Mohr (Paul Siebeck) (4. Auflage; 1. Auflage 1922).

———. 2012, *Briefe 1918~1920, 2. Halbband: Max Weber Gesamtausgabe II/10*, Tübingen: J. C. B. Mohr (Paul Siebeck).

Wolff, Kurt H. (Ed.) 1960, *Émile Durkheim, 1858~1917: A Collection of Essays, with Translations and a Bibliography*, Ohio: The Ohio State University Press.

Wundt, Wilhelm. 1886, *Ethik. Eine Untersuchung der Tatsachen und Gesetze des sittlichen Lebens*, Stuttgart: Ferdinand Enke.

인용문헌

「가치판단과 현실판단」(Jugements de Valeur et Jugements de Réalité, 에밀 뒤르케임의 『사회학과 철학』 제4장)

「개인주의와 지식인들」(L'individualisme et les Intellectuels, 에밀 뒤르케임)

「개인표상과 집합표상」(Représentations Individuelles et Représentations Collectives, 에밀 뒤르케임의 『사회학과 철학』 제1장)

『경제와 사회: 이해사회학 개요』(*Wirtschaft und Gesellschaft. Grundriss der verstehenden Soziologie*, 막스 베버)

『고대도시: 그리스 · 로마의 신앙, 법, 제도에 대한 연구』(*La Cité Antique. Étude sur le Culte, le Droit, les Institutions de la Grèce et de Rome*, 퓌스텔 드 쿨랑주)

『고대 아라비아의 혈족관계와 혼인』(*Kinship and Marriage in Early Arabia*, 로버트슨 스미스)

『고대 프랑스 정치제도사』(*Histoire des Institutions Politiques de l'Ancienne France*, 퓌스텔 드 쿨랑주)

『교육과 사회학』(*Éducation et Sociologie*, 에밀 뒤르케임)

「교육학과 사회학」(Pédagogie et Sociologie, 에밀 뒤르케임의 1902년 소르본 대학 취임강연)

『과학』(*Scientia*)

『국제 교육 저널』(*Revue Internationale de l'Enseignement*)

『국제 사회학 저널』(*Revue Internationale de Sociologie*)

「나는 고발한다」(J'accuse, 에밀 졸라)

「다양한 자살 유형의 개인적 형태」(Formes Individuelles des Différents Types de Suicides, 에밀 뒤르케임의 『자살론』 제2부 제6장)

『대백과사전』(*La Grande Encyclopédie*)

『도덕과학 서설: 윤리학 기본개념 비판』(*Einleitung in die Moralwissenschaft. Eine Kritik der ethischen Grundbegriffe*, 게오르그 짐멜)

『도덕교육』(*L'Éducation Morale*, 에밀 뒤르케임)

「도덕과 교육」(Morale et Éducation, 에밀 뒤르케임의 1902~03년 소르본 대학 강의)

「도덕적 사실의 규정」(Détermination du Fait Moral, 에밀 뒤르케임의 『사회학과 철학』 제2장)

『도덕형이상학 정초』(*Grundlegung zur Metaphysik der Sitten*, 이마누엘 칸트)

「독일 대학의 철학」(La Philosophie dans les Universités Allemandes, 에밀 뒤르케임)

「독일의 실증적 도덕과학」(La Science Positive de la Morale en Allemagne, 에밀 뒤르케임)

『돈의 철학』(*Philosophie des Geldes*, 게오르그 짐멜)

『라우로르』(*L'Aurore*)

『르뷔 데 되몽드』(*Revue des deux Mondes*)

『르뷔 블루』(*Revue Bleue*)

『맥베스』(*Macbeth*, 윌리엄 셰익스피어)

『모든 것 위의 독일: 독일의 심성과 전쟁』(*L'Allemagne au-dessus de Tout. La Mentalité Allemande et la Guerre*, 에밀 뒤르케임)

『미래의 무종교: 사회학적 연구』(*Irréligion de l'Avenir. Etude de Sociologie*, 장-마리 귀요)

『민족심리학: 언어, 신화 및 도덕의 발전법칙에 대한 연구』(*Völkerpsychologie. Eine Untersuchung der Entwicklungsgesetze von Sprache, Mythos und Sitte*, 빌헬름 분트)

『민족심리학의 문제들』(*Probleme der Völkerpsychologie*, 빌헬름 분트)

『민족심리학의 요소들: 인류의 심리학적 발달사 개요』(*Elemente der Völkerpsychologie. Grundlinien einer psychologischen Entwicklungsgeschichte der Menschheit*, 빌헬름 분트)

『방법서설』 → 『이성을 올바로 인도하고 과학적 진리를 탐구하기 위한 방법서설』

『법의 정신』(*De l'Esprit des Loix*, 몽테스키외)

「분류의 몇몇 원시적 형태에 대하여: 집합표상 연구에의 기여」(De Quelques Formes Primitives de Classification. Contribution à l'Étude des Représentations Collectives, 에밀 뒤르케임 & 마르셀 모스)

「분류의 원시적 형태들: 집합표상 연구에의 기여」→「분류의 몇몇 원시적 형태에 대하여: 집합표상 연구에의 기여」

「비사회적 요인들」(Les Facteurs Extra-Sociaux, 에밀 뒤르케임의 『자살론』 제1부)

「비판에 대한 반론」(Réponses aux Objections, 에밀 뒤르케임의 『사회학과 철학』 제3장)

「사회」(Société, 에밀 뒤르케임)

「사회과학 및 사회정책 인식의 '객관성'」(Die 'Objektivität' sozialwissenschaftlicher und sozialpolitischer Erkenntnis, 막스 베버)

『사회과학의 철학』(Philosophie des Sciences Sociales, 르네 보름스)

『사회과학의 창시에 대한 몽테스키외의 기여』(La Contribution de Montesquieu à la Constitution de la Science Sociale, 에밀 뒤르케임)

『사회분업론』(De la Division du Travail Social, 에밀 뒤르케임)

「사회분업론: 고등 사회들의 조직에 대한 연구」(De la Division du Travail Social, Étude sur l'Organisation des Sociétés Supérieures, 에밀 뒤르케임)

『사회분화론: 사회학적 및 심리학적 연구』(Über sociale Differenzierung. Sociologische und psychologische Untersuchungen, 게오르그 짐멜)

「사회적 원인들과 사회적 유형들」(Causes Sociales et Types Sociaux, 에밀 뒤르케임의 『자살론』 제2부)

「사회적 자살 유형의 병인학적(病因學的)-형태학적 분류」(Classification Étiologique et Morphologique des Types Sociaux du Suicide, 에밀 뒤르케임의 도표)

「사회적 현상 일반으로서의 자살에 대하여」(Du Suicide comme Phénomène Social en Général, 에밀 뒤르케임의 『자살론』 제3부)

『사회주의: 그 정의 ─ 그 초기 형태들 ─ 생시몽의 학설』(La Socialisme. Sa Définition ─ Ses Débuts ─ La Doctrine Saint-Simonienne, 에밀 뒤르케임)

『사회체의 구조와 삶』(Bau und Leben des sozialen Körpers, 알베르트 셰플레)

「사회학」(Sociologie, 폴 포코네와 마르셀 모스가 1901년 『대백과사전』에 게

재한 글)

『사회학 강의: 도덕과 법의 물리학』(*Leçons de Sociologie. Physique des Moeurs et du Droit*, 에밀 뒤르케임)

『사회학 개요』(*Grundriss der Soziologie*, 루트비히 굼플로비치)

「사회학과 그 과학적 영역」(La Sociologia e il suo Dominio Scientifico, 에밀 뒤르케임)

『사회학과 철학』(*Sociologie et Philosophie*, 에밀 뒤르케임)

『사회학: 사회화의 형식들에 대한 연구』(*Soziologie. Untersuchungen über die Formen der Vergesellschaftung*, 게오르그 짐멜)

『사회학 연보』(*L'Année Sociologique*)

『사회학 원리』(*Principles of Sociology*, 허버트 스펜서)

『사회학적 방법의 규칙들』(*Les Règles de la Méthode Sociologique*, 에밀 뒤르케임)

「사회형태학」(Morphologie Sociale, 에밀 뒤르케임)

『셈족의 종교』(*Lectures on the Religion of the Semites*, 로버트슨 스미스)

「셰플레의 경제적 프로그램」(Le Programme Économique de M. Schaeffle, 에밀 뒤르케임)

「소송 이후에」(Après le Procès, 페르디낭 브륀티에르)

『순수이성비판』(*Kritik der reinen Vernunft*, 이마누엘 칸트)

『실증철학강의』(*Cours de Philosophie Positive*, 오귀스트 콩트)

『실용주의와 사회학』(*Pragmatisme et Sociologie*, 에밀 뒤르케임)

『실천이성비판』(*Kritik der praktischen Vernunft*, 이마누엘 칸트)

「19세기의 프랑스 사회학」(La Sociologie en France au 19e Siècle, 에밀 뒤르케임)

『역사의 유물론적 이해에 대한 에세이』(*Essais sur la Conception Matérialiste de l'Histoire*, 안토니오 라브리올라)

'오스트레일리아 토테미즘의 체계'(Le Système Totémique en Australie, 뒤르케임의 저서『종교적 삶의 원초적 형태들』의 부제)

『유대 교회에서의 구약성서』(*The Old Testament in the Jewish Church*, 로버트슨 스미스)

『윤리학: 도덕적 삶의 사실들과 법칙들에 대한 연구』(*Ethik. Eine Untersuchung der Tatsachen und Gesetze des sittlichen Lebens*, 빌헬름 분트)

「위계적으로 조직된 생물학적 체계들」('Downward Causation' in Hierarchically

Organised Biological Systems, 도널드 캠벨)

『의사소통행위이론』(*Theorie des kommunikativen Handelns*, 위르겐 하버마스)

『이데올로기와 유토피아』(*Ideologie und Utopie*, 카를 만하임)

『이성을 올바로 인도하고 과학적 진리를 탐구하기 위한 방법서설』(*Discours de la Méthode pour Bien Conduire sa Raison, et Chercher la Vérité dans les Sciences*, 르네 데카르트)

『이탈리아 사회학 저널』(*Rivista Italiana di Sociologia*)

「인간본성의 이원성과 그 사회적 조건들」(Le Dualisme de la Nature Humaine et ses Conditions Sociales, 에밀 뒤르케임)

「인식의 사회학적 조건」(Les Conditions Sociologiques de la Connaissance, 에밀 뒤르케임 & 셀레스탱 부글레)

『자살론』(*Le Suicide*, 에밀 뒤르케임)

『자살론: 사회학적 연구』(*Le Suicide. Étude de Sociologie*, 에밀 뒤르케임)

「자살의 사회적 측면」(L'Element Social du Suicide, 에밀 뒤르케임의 『자살론』 제3부 제1장)

『자연법칙의 우연성』(*De la Contingence des Lois de la Nature*, 에밀 부트루)

『자연철학의 수학적 원리』(*Philosophiae Naturalis Principia Mathematica*, 아이작 뉴턴)

『정신 지도를 위한 규칙들』(*Regulae ad Directionem Ingenii*, 르네 데카르트)

『정치경제학 저널』(*Revue d'Économie Politique*)

「정치과학의 창시에 대한 몽테스키외의 기여」(Quid Secundatus Politicae Scientiae Instituendae Contulerit, 에밀 뒤르케임)

『종교적 삶의 원초적 형태들』(*Les Formes Élémentaires de la Vie Religieuse*, 에밀 뒤르케임)

「종교적 현상의 정의에 대하여」(De la Définition des Phénomènes Religieux, 에밀 뒤르케임)

「직업집단에 관한 몇 가지 고찰」(Quelques Remarques sur les Groupements Professionnels, 에밀 뒤르케임의 『사회분업론』 제2판 서문)

『철학 저널』(*Revue Philosophique*)

「토테미즘에 관하여」(Sur le Totémisme, 에밀 뒤르케임)

『파우스트』(*Faust*, 요한 볼프강 폰 괴테)

『프랑스 철학회 회보』(*Bulletin de la Société Française de Philosophie*)

『프린키피아』(*Principia*) → 『자연철학의 수학적 원리』(*Philosophiae Naturalis*

Principia Mathematica)

「핵가족: 가족사회학 강의 종결부」(La Famille Conjugale: Conclusion du Cours sur la Famille, 에밀 뒤르케임)

『현대 과학과 철학에서의 자연법칙의 개념에 대하여』(*De l'Idée de Loi Naturelle dans la Science et la Philosophie Contemporaines*, 에밀 부트루)

『현대 사회과학』(*La Science Sociale Contemporaine*, 알프레드 푸예)

「형법 진화의 두 법칙」(Deux Lois de l'Évolution Pénale, 에밀 뒤르케임)

『형이상학 및 도덕 저널』(*Revue de Métaphysique et de Morale*)